世界传世藏书

【图文珍藏版】

世界通史

刘宇庚⊙主编

线装书局

自由党在英国大选中获胜

1906 年 1 月 13 日,议会选举的第一天,自由党大显身手。赢得 39 个竞选席位中的 22 个,其中包括工党赢得的席位数。前保守党首相阿瑟·巴尔弗出乎意料的失败以及目前出现的强有力的势头,可望对持续两周的选举结果产生巨大的影响。他的对手自由党人 T·G·霍里奇虽然是一个出色的律师,但是鲜为人知,因此巴尔弗的失败更加令人注目。霍里奇大胆的竞选策略在选举中无疑起了作用,但他的胜利主要反映出国民对自由党的支持。为了在议会的反对派中保持领先的地位,巴尔弗将不得不在大选结束之前谋求一个保险的席位。自由党人中的获胜者还有温斯顿·丘吉尔,他是被西北的曼彻斯特选举区的选民选进议会的。

英国妇女积极争取参政权

英国一个妇女团体 1906 年 1 月 31 日发表声明,她们已厌倦等待,并将不惜任何代价以争取妇女投票权。英国妇女社会与政治联盟的领导者潘克赫斯达夫人则公开宣称妇女们为达此目的,可能采取激进的行动,以获得参政的权利。同时,在法国也有一群参与女权运动的妇女,正要求政府减少税收,并迫使反对妇女参政的议员领不到薪资。而美国有好几个州早已赋予女性公民投票权。

英国"无畏"号战舰下水

1906 年 2 月 10 日,世界上最大的战舰——英国皇家海军的"无畏"号下水。

该舰是 20 世纪战列舰的始祖,1905 年 10 月开始建造,全部完工耗资 750 万美元。该舰排水量为 179000 吨,航速 21 节,武器装备为 305 毫米火炮 10 门,分别配置在 5 座炮塔内,其中 3 座在首尾线上,2 座在 2 舷;76 毫米炮 24 门,供抗击雷击舰用。它的两舷、炮塔和指挥室的装甲厚达 280 毫米,还有 5 具 457 毫米水下鱼雷发射管,4 台螺旋桨推进器。这种军舰是第一种用汽轮机做主机的军舰,是当时世界上最先进和最庞大的战列舰,而且是第一艘全部装备大口径火炮的军舰。"无畏"号战舰的出现标志着现代军舰时代的到来。

现代戏剧之父易卜生辞世

1906 年,现代戏剧之父、挪威作家和诗人易卜生在奥斯陆去世,享年 78 岁。

1828 年 3 月 20 日,易卜生出生于挪威东南海岸希恩城的一个富裕的家庭。1844 年至 1850 年,他离开中学,在药店当学徒,繁重工作之余,他刻苦自修,并学习文艺创作。1850 年写出第一部历史悲剧《卡蒂林纳》,从此开始创作生涯。1851 年来到首都奥斯陆创办《文艺新闻周刊》,并继续参加民族独立运动。1851 年至 1862 年曾任剧院经理和艺术指导。1862 年剧院破产,他靠借债度日,但仍孜孜不倦地创作。1864 年离开挪威,侨居罗马、德累斯顿、慕尼黑等地。27 年后,即 1891 年,易卜生回国定居。

易卜生的剧作布局不凡、结构紧凑、对话简洁生动,善于运用倒叙法,强烈地激起观众的思想共鸣。因他的作品大多以社会问题为主,而获得了"问号大师"的美誉。其主要作品包括:《社会支柱》(1877 年)、《玩偶之家》(1879 年)、《群鬼》(1881 年)、《人民公敌》(1882 年)、《海上夫人》(1888 年)等。

后期印象大师保罗·塞尚逝世

塞尚(1839~1906)是后期印象派大师,西方现代画家称他为"现代绘画之父"。他于 1839 年 1 月 19 日诞生于法国南部埃克斯的一个富商家庭。父亲要他学法律,他却坚持学绘画,因考巴黎美术学校未被录取,便自己钻研,开始与一些印象派画家交往,并参加印象派画展,但由于个人粗放的用笔和结实的立体造型,使他很快与其他印象派分道扬镳。

塞尚追求的是实在的形体和永恒的视觉,他不太注意光的表现,认为"光线对绘画来说在本质上是不存在的"。1904 年在秋季沙龙中塞尚的作品再次轰动了法国,也为他确立了"现代绘画之父"的名望。但两年后,他不幸离开人世。

英法意瓜分埃塞俄比亚

1906 年,英、法、意三国背着埃塞俄比亚政府,签订伦敦协定。根据这个协定,埃塞俄比亚的西部和西北部为英国势力范围,北部和亚的斯亚贝巴以西地区为意大利势力范围,邻近法属索马里的区域和修筑吉布提至亚的斯亚贝巴铁路的地带为法国势力范围。三国还商定共同保护他们在埃塞俄比亚的侵略利益。与此同时,美国、德国和俄国的侵略势力也纷纷进入埃塞俄比亚。1903 年,以斯金纳为首的美国正式外交代表团来到埃塞俄比亚,签订了美埃商约,在亚的斯亚贝巴开设了美国领事馆,1906 年升格为大使馆。1914 年订立的美埃条约,又给予美国公司以治外法权。德国代表团也在 1903 年来到埃塞俄比亚,建立了外交关系。1905 年签订的德埃商约,给予德国人在埃塞俄比亚境内"居住、迁徙、经商和从事各种行业"的完全自由,使德国的势力大为增长。沙皇俄国也不甘落后,它利用同埃塞俄比亚在宗教信仰上的接近,一再派遣使节、考察团、教会使团等,到埃塞俄比亚积极进行侵略活动。沙俄的目的是企图取得一个红海沿岸的基地,以便使俄国舰队能够自由地航行到远东。在帝国主义各国的侵略下,孟尼利克虽然在政治上仍保持着国家独立,可是埃塞俄比亚在经济上却已部分地被欧洲列强的垄断资本所控制了。国内手工业生产凋敝,商人破产,对外贸易几乎全部操纵在外国人手中。1908 年,孟尼利克因生病而不能理政,埃塞俄比亚的政局又陷入动荡之中。1913 年孟尼利克死后,里吉·雅苏登上帝位。里吉·雅苏在第一次世界大战时采取亲德政策。1916 年,受到协约国支持的封建上层人物发动政变,推翻了里吉·雅苏。孟尼利克的女儿佐迪图即位为女皇,由塔法里·马康南亲王担任摄政。塔法里·马康南亲王后来成为埃塞俄比亚皇帝,称海尔·塞拉西一世。

英国成为世界上最大的帝国

1906 年 3 月 24 日,英国统治着全球的 1/5 地区。这是最近结束的"大英帝国人口普查"所得到的触目惊心的数据。根据普查,共有 4 亿人生活在英国殖民地、属地和保护国的 1200 万平方英里上。这些数字和 1861 年相比,增长了 40%。根据这次人口普查,大英帝国在南北美洲共有 700 万人,分布面积为 400 万平方英里;澳大利亚有 500 万人,面积为 300 万平方英里;亚洲有 300 万人,面积为 200 万平方英里;非洲有 4300 万人,面积为 250 万平方英里。尽管只有 4150 万人居住在联合王国的本土上,"但是大英帝国的太阳是永远不落的。"

摩洛哥协议达成

在西班牙阿尔赫西拉斯就摩洛哥改革问题所举行的会议,经过两个多月的谈判于 1906 年 3 月 31 日胜利结束。这次会议是因为法德之间的争端而举行的。看来法德双方对会谈的结果都很满意。会议达成的协议坚持摩洛哥独立和开放的原则,所有同摩洛哥具有贸易往来以及在摩洛哥经商的国家都具有平等的商务和经济权利。这样,德国人在摩洛哥的投资安全得到了保证。在法国和西班牙维持摩洛哥治安问题上,各国代表的意见最不一致。由于法国同德国的意见分歧,会议一度陷入僵局。德国人曾同意派遣警察部队,但是对警察审查的问题,在美国使节提出建议之前一直悬而未决。他们建议警察监察人员既向苏丹,同时也向在丹吉尔的外交使团汇报工作,这样他们就有权对任何棘手的问题进行调查。这一建议被各方所采纳。这一5年协议规定,法国将管辖4个港口,西班牙将管辖两个港口;而法国和西班牙两国将共同管辖丹吉尔和卡萨布兰卡。

高尔基在纽约为起义者募捐

著名俄国作家和革命家马克西姆·高尔基,1906年4月11日上午抵达纽约,为俄国的起义者筹集资金购买武器。"如果俄国革命获得成功,我们将按照你们的方式建立一个包括芬兰和波兰那样的国家在内的国家的联邦,而不是州的联邦,"高尔基说。一个同情高尔基事业的委员会已经建立起来,协助进行筹款,美国作家马克·吐温是这个委员会的发言人。"如果我们能够建立一个俄罗斯共和国,使沙皇统治下受压迫的人民和我们一样享受充分的自由,就让我们行动起来去实现这个目标吧!"马克·吐温说。

中英两国在西藏问题上达成协议

1906年4月27日,中国已经同意英国提出的协议条款。根据这项协议,未经英国许可,任何外国不得派代表驻西藏,不得接受运输或开矿的特许权,不得占领或租借任何西藏领土。印度总督寇松男爵曾试图同西藏统治者达赖喇嘛进行对话,但是未能成功。一支英国的武装远征队一路挺进,抵达西藏首府拉萨,终于达成了这一协议。

维苏威火山爆发

由灼红的岩石、泥沙、灰烬、火焰和黑烟组成的使人致命的火山熔岩流1906年4月10日早些时候再次从维苏威火山喷出,流向庞贝。数百人已经死亡或受伤。奥塔雅诺已经被完全毁灭,从那里已经发现50具尸体。那不勒斯一个面积为600平方英尺的市场倒坍,12人当场丧命,126人受伤,其中有1/5伤势严重,生命垂危。使人震撼心肺的呼救声同营救人员的哭泣声混成一片。在圣圭塞彼教堂,有105人死亡。火山灰烬弥漫在大气中,使人难以呼吸。

美国旧金山发生强烈地震

1906年4月19日,在强烈地震袭击了整个海湾地区一天之后,数英里的大火将旧金山的大部分城区烧成灰烬。据军方人士估计,有近千人被火烧死,或被倒塌的建筑物砸死。城市的商业区已经成了一片废墟,由于风向转变,火焰向诺伯山的上流社会住宅区蔓延。损失估计高达 2 亿美元。为了保证安全,旧金山已经下达了戒严令。军队协同警方行动,防止有人趁火打劫。据报道,有些窃贼已被处决。数千名惶恐不安的市民乘船和火车撤离该市,更多的人因交通工具不足而尚未疏散。码头上的人们排着长队。全市半数居民在公共广场上、公园里或其他空地上过夜。早些时候,余震再次震撼全城,使许多人离家逃走。一位记者说,陈尸所里堆放的尸体正在不断增加。在一家精神病院中有270 人丧生。数百名身受重伤的居民正在这座被地震破坏的、使人恐怖的城市的医院中接受治疗。

美孚石油公司遭非难

美孚石油公司 1906 年 5 月 10 日被指责以阴谋诡计来破坏自由竞争。这一针对石油巨头的指控是在芝加哥州际商业委员会的听证会上做出的。包括该石油公司的前雇员在内的见证人在会上陈述了铁路工作人员的舞弊情况:他们以削价手段使独立的石油经营者破产,对有关的较小的独立石油公司的雇员进行贿赂,以获取重要情报。一位证人作证说美孚公司有时把劣质油充当优质油出售,同时却做出质量保证。州际商务委员会将把这些证实材料上报美国国会。

俄沙皇主持杜马开幕式

1906 年 5 月 10 日,沙皇尼古拉二世主持了隆重的、俄国第一个民主议会杜马的开幕式。数千名武装卫兵保护这位无精打采的沙皇出席开幕式,使这一壮观隆重的场面,以及新议会的重要意义都大为逊色。沙皇在他的反应冷漠的演讲中说:“不仅仅自由是必不可少的,而且建立在公正之上的秩序也是必不可少的。”沙皇没有宣布对政治犯进行大赦,公众们一直在期待沙皇能够下大赦命令。沙皇的讲演结束后,杜马的第一次会议开会,代表们立即呼吁进行大赦。杜马是国会的下院,其代表是由全国男性普选产生的。虽然选举法对农民有利,人们认为农民们更加保守。上院叫作“帝国会议”,其代表大多数是任命的。

艺术家易卜生逝世

1906 年 5 月 23 日,挪威诗人和剧作家亨利克·易卜生逝世,享年 78 岁。他是现代散文剧的创始人,被称为我们这个时代最伟大的剧作家。他创作的戏剧,尤其是《玩偶之家》(1879),《群鬼》(1881),《人民公敌》(1882),在戏剧史上第一次显示了戏剧舞台对社会行为所起的推动作用。易卜生之所以闻名,主要是因为他擅长描写人与人之间翻云覆雨的关系,他揭露的事实往往是上流社会讳莫如深的。

伟大的挪威剧作家亨利克·易卜生于 5 月 23 日去世,享年 78 岁。他的剧作有《玩偶之家》和《赫达·加布勒》等等。

摩洛哥危机后德国陷入孤立状态

摩洛哥危机和比约克条约失败所产生的一个重要结果是德国陷入孤立状态。德国政府及其外交当局确信:比约克条约以及通过将法国拉入大陆联盟的方法来破坏法俄同盟和离间法英两国的企图遭到了失败。在柏林认识到这一点后,便重新对法国施加压力。于是德国又利用那个摩洛哥问题来做文章。帝国主义政论家、历史学教授施曼在《十字报》上发表了一篇授意炮制的文章。文章阐述了下列思想:如果英国发动战争并把德国的舰队消灭掉的话,那么就拿法国作为人质;德国要从法国那里索回他所受的损失。霍尔施泰因是"人质论"的发明者。德国总参谋长施里芬在 1905 年 12 月向德皇呈递了一份奏折,对于他的通过比利时入侵法国的著名计划提出了一个新的方案。现在他只派遣德军 10 个师到东部战线去。施里芬注意到俄国暂时已经精疲力竭了。因此,他认为这是发动对法战争的最好时机。1906 年 1 月,摩洛哥危机已经结束。根据德国和法国在 1905 年 7 月达成的协议,于阿耳黑西拉斯召开了马德里条约参加国会议。这次会议是在令人感到不安的情况下召开的:出席会议的国家料想,德国会把谈判搞到破裂的地步,而且可能引起战争。但是很快就出现了一种使德国感到惊恐万状的情况,因为德国已经陷入孤立的境地。不仅是英国而且连美国也支持法国。俄国是法国的后盾,俄国出了很大力气帮助自己的盟国在摩洛哥冲突中取得胜利。在形式上仍然是三国同盟的成员国的意大利,根据 1900 年的法意协定也站到法国一边了。只剩下一个奥匈帝国支持德国。但它对德国的支持也是有气无力和无可奈何的。比洛和德皇在这样的国际形势下失去了发动战争的决心,何况为了摩洛哥而打仗在德国显然是不得人心的。德国未能利用由于 1904~1906 年沙皇俄国被削弱而造成的有利形势。德国外交当局既未能使俄国脱离法国,也未能破坏英法协约。恰恰相反,由于摩洛哥危机,英法协约反而巩固了,尽管这种协约并未具有正式的军事同盟性质。

俄国农民袭击 142 座庄园

1906 年 9 月 10 日,俄国南部渥伦纳兹省的农民在革命者的煽动下把 142 个庄园烧为平地。为了报复,被调入镇压狂暴行为的哥萨克士兵残忍地把领头人处以死刑或遣送到西伯利亚,并把其余的人关进监狱。引发这次暴力事件的原因是省长取消了一次集会。在这次集会上一位当地杜马代表,将向他的选民报告土地改革情况。徒步许多公里前去听报告的农民遭到哥萨克士兵的鞭打,被逼迫返回他们的村庄。鼓动者于是发动农民三天后起来暴动,并宣传说享有他们应得到的土地是他们的合法权利。3 天后,遍布全省的教堂大钟开始鸣响,农民们从一个庄园来到另一个庄园燃烧房屋,摧毁艺术珍品,杀死牲畜。大部分头面人物逃往城里。

美国国防部长任古巴临时总督

1906 年 9 月 28 日,美国国防部长威廉·霍华德·塔夫脱宣布他自己任古巴临时总督,以填补前总统帕尔马 8 月辞职造成的空缺,并结束政府与自由力量的对峙。塔夫脱说他只期望在古巴逗留两个星期,一旦恢复和平,马上举行大选。帕尔马将前往纽约。许多古巴人对这个消息感到宽慰,他们相信美国的干预将能平息这场动摇他们国家的骚乱。据说,帕尔马和他领导的温和派政府的辞职是为了迫使美国介入,而不向自由主义反叛分子做任何让步。自由主义者称这次让位为"叛国",但是帕尔马政府中的许多人感到满意。尽管他们的政府解体了,但自由主义者失败了。

阿蒙森环绕北美大陆航行

从马克-卢尔发现所谓西北通道起经过了 50 年,卢阿尔·阿蒙森在 1903 年~1906 年乘一只小艇约阿号最先完成了环绕北美大陆的航行。他从格陵兰岛出发,按马克-克林托克的书所指明的航线,起初重复了惨遭不幸的富兰克林探险队走过的路线,然后从兰开斯特海峡向南航行,穿过皮尔海峡和富兰克林海峡到达威廉王岛的北端,但是,他注意到富兰克林所犯的致命错误,所以他没有从西面绕过该岛,而是从东面穿过詹姆斯·罗斯海峡和雷伊海峡,从而绕过了威廉王岛。他在威廉王岛东南海岸附近的约阿港湾度过两个冬天,然后于 1904 年秋天乘小船由此启程考察了辛普林海峡最狭窄的一段水区。一年以后,即 1905 年夏天,他沿大陆海岸径直向西航进,把北部加拿大北极群岛抛了一边。他顺利地渡过了一系列浅水的海峡和海湾,这些海峡和海湾里岛屿密布。最后,他遇到了一些从太平洋前来加拿大西北海岸的捕鲸船。在加拿大西北海岸的某地度过了第三个冬天后,阿蒙森于 1906 年夏季穿过了白令海峡,从北冰洋航行到太平洋,这次航行的终点是加利福尼亚的圣弗朗西斯科港。就这样,在延续 40 余年的漫长岁月(始自卡博特,终于阿蒙森),只有阿蒙森的这艘航船沿西北海路完成了环绕北美大陆的航行——从大西洋驶进太平洋。

罗斯福获诺贝尔和平奖

挪威诺贝尔委员会 1906 年 12 月 10 日颁发诺贝尔和平奖给美国总统罗斯福,表扬其调停日俄战争的成就。罗斯福表示,他将用诺贝尔奖奖金在华盛顿成立永久性的工业和平委员会,结合资方与劳方代表,共同讨论工业问题,并找出解决问题的方法。1906 年度诺贝尔奖的其他得主是:英国的汤姆逊获物理学奖;法国的莫瓦桑获化学奖;意大利的戈尔季和西班牙的拉蒙—卡哈尔共获生理学奖;意大利的诗人卡尔杜齐获文学奖。

德潜艇 U1 号下水

1906 年 12 月 14 日,德国在波罗的海的基尔军港,为其第一艘潜水艇(U1 号)举行下水典礼。德国潜水艇 U1 号,由德国最大的兵工厂克鲁伯公司制造。排水量为 238 公吨,装有二座发动机,一座重油发动机用于水面航行,一座电动发动机用于潜行,共有 800 马力,并有 45 公分口径的鱼雷发射管。德国潜水艇后来经过不断的改良,成为其海军的战斗主力。在第一次世界大战期间出没大西洋、地中海等地区,摧毁不少协约国的军舰及商船,因其舰身的伪装色彩是灰色,被人称为"灰狼"。

《性与社会》引起非议

1907 年 1 月 20 日,"野蛮人和女人不是我们所说的有知识的人,因为他们没有学会掌握和使用知识"。芝加哥大学的社会学家 W·T·托马斯教授断言说。他的新作《性与社会》肯定会引起一场轩然大波,因他把现代妇女的智力放在和野蛮人同一水准上。托马斯写道:由于地理原因"野蛮人处于这一进程之外"。而妇女没有参与是因为这项活动"既不需要也不适合妇女",他承认"美国妇女在努力接近本职工作需要的学术水平"并且"一些天资聪颖、个性倔强的妇女正在实现明确的目标"。不过,他仍旧认为这些例子只是"偶然的例子"。

牙买加首都发生大地震

牙买加官方 1907 年 1 月 22 日称,当月 14 日在首都金斯敦发生的大地震与火灾,已使数百人丧生。实际死亡人数尚未统计出来。救援人员每天仍由残破瓦砾堆中发现许多尸体。地震发生的时间是 14 日 15 时 30 分，几分钟之内便将金斯敦市区震为平地。目击者声称这次地震所造成的损害一如 1906 年 4 月的旧金山大地震。

英国妇女冲击国会

1907 年 2 月 13 日，一群要求参政的妇女冲击国会，但是她们组织得很好的进攻被警察击退了。大约 60 名妇女被捕。很多人在与骑警激烈搏斗时受了伤。这次示威游行正午一过就开始了，一直到晚上 10 点。当天晚上，在一次集会之后，妇女们又试图冲入议会大厦，但是骑在马上和徒步的警察抵挡了妇女们的每一次冲击。这些妇女中的几位控诉伦敦警察的野蛮行为。为了引起更多的人注意妇女参政的问题，这些从事女权运动的妇女中有 100 多人发誓要使自己被捕。女权运动领导之一是安妮·肯尼曾经保证：如果这次会议结束时，英国妇女仍得不到选举权，她将带领 1000 名妇女进入众议院。

门捷列夫逝世

1907 年 2 月 2 日，俄国杰出的化学家门捷列夫逝世。门捷列夫最大的贡献是在 1867 年发现了著名的化学元素周期律，并根据这一规律，科学地预言了一些元素的存在及它们的性质。他的这一发现，对近代化学史产生了巨大的推动作用。

门捷列夫出生于俄国西伯利亚的托波尔斯克市，读书时就擅长数学、物理和地理学。1848 年人彼得堡专科学校，1855 年取得教师资格，并获金质奖章。1856 年获化学高等学位，1857 年大学毕业，两年后，他被派往德国海德堡大学进修。在此期间，他与法国化学家和意大利的化学家进行了交往，这些化学家在区别原子量和分子量方面的坚决主张，对他产生了很大影响。1865 年，仅 31 岁的门捷列夫通过博士论文的答辩，被选为彼得堡大学的教授。

在当时，门捷列夫发现的元素仅有 63 种，他在制定周期表时对当时尚未发现的元素留下空格，并着手进行研究。1871 年他将 3 种未知元素暂称之为"类铝"，"类硼""类硅"。

随后十几年里镓、钪、锗相继被科学家发现，得出的结论正与门捷列夫所预言的一致，它表明了科学理论对于实践的指导意义至关重要。

路易·卢米埃尔发明彩色照相技术

20 世纪初，人们开始认识到彩色摄影的魅力，尽管在当时的彩色工艺制作起来确实不容易,但也未能阻止科学探索者的步伐。电影的发明者法国的路易·卢米埃尔兄弟开始将自己的天赋用于彩色摄影上,1907 年 6 月 10 日,他们发明了一种新的彩色工艺,首先将马铃薯淀粉染成红、绿、蓝三色,再把它们完全混合后,均匀地涂在玻璃板上,制造出了照相微拉屏干版,干板可以在透光观察时呈现出几乎完美彩色的效果。

微拉屏干版,法语音译为"奥托克罗姆"。奥托克罗姆的问世,标志着彩色相片可以成功拍摄了。至此,卢米埃尔兄弟终于为人类圆了一个彩色梦。

日俄两国军队撤离满洲

日本军队 1907 年 4 月 15 日全部撤离满洲,将最后一个省份的行政权力移交给中国,落实了朴茨茅斯条约最后一个条款。这一条约是 4 年前在新罕布什尔州朴茨茅斯由西奥多·罗斯福总统巧妙调停谈判达成的,它结束了日俄战争。据说日本人因担心战争的长期持续和军备供应短缺而请求美国从中调停议和的,俄国人则因为在旅顺口、奉天和对马岛遭到惨重损失才同意和谈的。日本从奉天撤离之后,中国方面向日方发了感谢信。说明他们计划在满洲三省配备军队以便迅速接管行政权力。徐世昌负责监督这一领土的行政管理并被授予帮助实现改组全权。中国军队已经接管了俄国军队最后撤离的两个城市——吉林和齐齐哈尔。俄国比条约规定的 8 个月的期限提前 1 个月完成了撤军任务,但留下了 8000 名铁路人员。俄国外交部发布的一项声明中说这些人与陆军部无关,他们的任务仅限于监护铁路,而且他们的人数是在条约允许范围之内的。

俄国政府查禁托尔斯泰的《社会自由化之路》

1907 年 4 月 27 日,俄国文学家托尔斯泰的著作《社会自由化之路》,因具有革命煽动性质而被俄国政府禁止发行。他在书中指责政府压榨农民,并赞同借由武力促使政府进行改革。托尔斯泰讲述了两个劳动者的痛苦经历,讲述了他们经受折磨和饥饿的故事。这一切激励他起来行动。他们使我明白,托尔斯泰写道:"只有制止政府方面的各种强制和暴力行为——不仅是死刑,还包括拘捕和流放——才能使人民的可怕的、野兽一般的暴力行动停止下来。"

海伍德涉嫌谋杀一案开始审理

激进的工运领导人、产联组织的创建者大比尔·海伍德 1907 年 5 月 9 日在爱达荷州的博伊西市受审。在此很早之前,一个叫哈里·奥查德的矿工曾交代参与了 1905 年 12

月放置炸弹谋杀前州长弗兰克·斯托伦堡一案。斯托伦堡因 1899 年镇压爱达荷矿业工人罢工而断送了他的政治生涯。当天讨论的是奥查德的供词，他说他在那次谋杀和其他一些工人暴力事件中，一直是为海伍德、西部矿工联合会和活跃分子乔治·佩蒂鲍恩充当职业杀手（佩蒂鲍恩对花炮烟火颇有研究，以其绰号"魔王"而著称）。久负盛名的律师克拉伦斯·达罗花了一年的时间为争取从科罗拉多州引渡产联领导人而奔走。与此同时，这个案件成为阶级对立情绪的焦点。审讯前夕，平静安宁、绿树成荫的博伊西街道同全国其他地方形成鲜明的对比。在波士顿，有 5 万人游行支持被告。在旧金山，示威游行者高唱着马赛曲。这些场面证实了达罗的论断：这次审判打响了"劳资之战，而这里的审讯只是（这一战役的）公开形式而已"。

卢米尔兄弟发明彩色摄影技术

法国化学家卢米尔兄弟 1907 年 6 月 20 日发表彩色摄影的实用方法。这种方法是分离一张风景照片为三种影像，每一种影像再制出三原色之一的一张底片，然后适当地使用色彩过滤器，经打光处理之后，银幕便呈现出彩色的影像。1895 年，卢米尔兄弟开始制作影片。他们使用一架轻型手提式电影机，在 5 年之内拍出数百卷胶片，堪称电影技术的领导人物。

挪威妇女赢得了选举权

首先是芬兰，之后是挪威。它成为欧洲第二个给予妇女选举权的国家。挪威议会 1907 年 6 月 24 日投票裁决同意妇女参加选举，投票结果是 95∶26。新宪法同意妇女参加选举，只要她或者她丈夫按期纳税。挪威的政治观察家估计大约有 30 万妇女因而有资格参加选举。挪威选举法的重大变化发生在这个国家历史的转折时期。两年前，议会解散了自 1805 年一直存在的政府与瑞典的联盟。议会还驱逐奥斯卡二世回瑞典做国王，并且选定哈康七世作挪威的国王。政府关于妇女参政的决定可能引发包括美国在内的其他国家的政治运动。在英国从事妇女参政运动的妇女的战斗力正在不断增长壮大。

第二次海牙和平会议

第一次海牙国际和平会议后，各帝国主义国家的扩军备战有加无减，引起普遍的不安。1904 年 11 月，美国总统西奥多·罗斯福由于竞选的需要，提出召开新的国际和平会议，并且建议由沙皇政府出面邀请。但是，日俄战争和 1905 年革命使会议的召开推迟了。日俄战争失败后，俄国急需重整军备、恢复实力，对裁军已不感兴趣，只是不愿放弃"和平"的旗帜，沙皇政府才同意召开新的和平会议。其他帝国主义国家也大多对裁军表示冷淡。德国反对裁军最激烈，因为它在军备竞赛中处于领先地位。只有英国希望限制德国的海军，保持自己的海上优势，积极主张把裁军问题提交和会讨论。在这种形势下，第二次海牙国际和平会议于 1907 年 6 月 15 日至 10 月 18 日举行。参加会议的国家增加到 44 个。由于参加会议的主要国家对和平并无诚意，这次会议干脆把限制军备问题搁置一边，没有列入议程，却花费许多时间和精力去讨论和制定有关海战和陆战法规的细则。会议只是确认第一次海牙会议所通过的关于限制军费开支的希望，重申第一次会议通过的关于和平解决各国争端的三项公约，并新通过了关于中立国问题和海战法规等 10 个公约。和第一次海牙国际和平会议一样，这次会议除了空洞的决议和宣言之外，仍没有取得任何实际的结果。会议虽然未能就军备问题达成协议，但作战公约补充了 11 条新规定。这些新规定涉及战争期间，中立国家和商船的地位，并要求战争行为开始时应该宣战。第二次海牙国际和平会议以后，军备竞赛愈演愈烈，世界的局势更加动荡不安。

俄国发生"六三"政变

1907 年的"六三"政变是反动力量疯狂进攻的出发点。沙皇政府和统治阶级痛恨退却了的，但是并没有瓦解的人民运动，害怕新的革命，不惜以任何代价防止革命。反动派对工人阶级进行了最大的打击。解放斗争的参加者，成百上千地被处死，几万人被投入监狱，流放去服苦役。沙皇当局竭力摧毁无产阶级的组织。从 1906～1912 年，有 600 多个工会被查封，至少有 700 个工会不得立案。革命的社会民主党遭到最残酷的迫害。参加无产阶级政党这一个事实，就是作最严厉的判决的论据。资本家广泛采取经济的恐怖：同盟歇业，"黑名单"，惩罚性地解雇先进工人。1907～1908 年来临的新的工业危机，引起了大批的失业，特别是在金属工人中间。因此，在工人运动中起领导作用的那些无产阶级阶层削弱了。在这些条件中，资产阶级得以消灭了工人阶级所取得的一系列经济成果。工作时间又拉长了，平均达到 10～12 小时。除了旧的剥削方法而外，又有旨在增加劳动强度的新剥削方法来补充。用比较廉价的妇女和儿童的劳动代替了男子的劳动。在农村中，对参加农民骚动的人进行镇压。地主拼命捞回他们在革命时期所受的"损失"：对土地的租价，关于砍伐地主森林和踏坏草地的罚款等等，都增长了。在沙皇政府的民族—殖民政策中，侵略方针加强了。政府用一系列的行动，把 1905 年革命迫使它对芬兰所做的让步中的相当大一部分抹杀了。警察对被压迫各民族的民族文化展开了进军，在革命年代产生的许多报刊和杂志、文化团体都被封闭了；用本民族语言教授儿童的教师们遭到了迫害。依靠一切地主和资产阶级政党的直接或暗中支持，政府举行了黑帮上层蓄谋已久的政变。1905 年 12 月 11 日的选举法被新选举法代替了，这个选举法是如此公开和粗暴地保证了一小撮大土地占有者和资本家在"六三"杜马中的完全统治地位，以致立法者本身在自己中间都称之为"无耻的"法律。

立体派绘画艺术诞生

一群巴黎艺术家正在一片未被开垦的领域中开拓,在二维的画布上表现三维的世界。巴勃罗·毕加索、胡安·格里斯、乔治·布拉克和其他一些人用支离破碎的几何平面来表现各种各样静物和人物。感官的色彩与结构不见了。这些画家抛弃传统的明暗配合的技法(修饰美化他们的表现对象),超越传统去研究摹仿非洲和埃及古老的艺术。他们被那些因歪曲而变得生动有力的假面具和壁画所吸引。巴黎的画家们的作品也同样强而有力。

巴登·鲍威尔创建了童子军

1907 年 7 月 29 日,著名的英国将军巴登-鲍威尔男爵招募到 12 名上层社会和 29 名下层社会的少年,在普尔港褐海岛的森林里他们逗留了两个星期。这位将军组织这次旅行是为他的文章《童子军:一个建议》做现场实验。他的计划,是要在孩子们身上培养集体观念,培养骑士精神,帮助造就下一代,培养其强健的体魄。无论是属于什么阶级什么教派,无论在国内还是在殖民地都能使之成为好公民。在巴登·鲍威尔男爵的指导下,孩子们将在野营中受到教育,学习射击、侦察、追踪、救生、急救和林中识路技能。四支童子军小队还将在游戏中比赛,考查他们已获得的技能知识。关于童子军的想法是巴登与《桦皮纸》作者汤普森·塞顿的一次会见时产生的。《桦皮纸》这本书激励这位英国将军去写他自己关于童子军的文章。

日俄签订密约

日本与俄国 1907 年 7 月 30 日在圣彼得堡签署一项协定,公开表示维持远东现状,互不侵犯彼此在中国已得的权利,并宣布两国皆尊重中国领土完整及门户开放政策。私人则将各自在东北的势力范围划分为南满(日本)与北满(俄国),日本承认俄国在外蒙的特殊地位,俄国则默许日本在朝鲜及满洲的优越权益。日俄两国以此为基础开始瓜分满蒙,史称日俄第一次密约。

英俄协约签订

英帝国主义在日本的帮助下削弱了沙俄在远东的阵地之后,现在竭力同沙俄接近,因为它认为沙皇政府是它在镇压东方的民族解放运动时和一旦发生对德战争时所需要的可能的同盟者。在沙俄方面,它对于西欧资本的依附性日益增大,在日俄战争以后,也开始想要同英国达成协议,以反对自己的另一个竞争者——德国。德国外交界本来以为日俄战争会使英俄之间的矛盾尖锐化,德国利用这些矛盾就可以更顺利地进行争取世界霸权的斗争,但是由于上述原因,他们的如意算盘落了空。在英俄谈判的进程中,对于争持不下的殖民地问题达成了协议,并于1907年8月31日在协定上签了字。伊朗被划分成3个区域:北区为俄国的势力范围,南区为英国的势力范围,而国家的中部为"中立"区——两个强国"自由"竞争的场所。承认阿富汗实际上是英国的势力范围。双方保证不干涉西藏的内部管理。在英俄协定签订以前,沙俄和日本缔结了协定,确定了他们在中国东北的势力范围。三国协约(或称三协约国)——与另一个帝国主义集团三国同盟(德国、奥匈和意大利)相对立的英法俄三国军事外交帝国主义集团的建立,以1907年英俄协定的缔结而告结束。欧洲彻底地分裂成两个相互敌对的军事集团。

温哥华骚乱

1907年9月10日晚,由大约1万名工人举行反东亚人的示威游行将2000多名中国人赶出他们在英属哥伦比亚的温哥华家乡。这一示威行动是在旧金山和西海岸一带发生的反对东亚人示威的继续。温哥华的警察几小时内无法平定这次暴乱,但最后终于控制了局势并逮捕了一些人,除了将中国人赶出家乡外,示威工人还造成价值5000美元的财产损失。这些工人和英属哥伦比亚的其他人一直不断地反对政府鼓励东方人和其他外国人移居这一地区。

第一架直升飞机在法国飞起

1907年11月13日,法国发明家保罗·科尔尼第一次实现了飞机垂直从地面起飞,但这次飞行大大辜负了人们的期望。这架装有一台24马力发动机驱动水平方向的双螺旋桨飞起几次,但只有几秒钟,一旦升空飞机就无法控制。科尔尼的试验是根据勒纳尔上校几年前设计的无人驾驶的直升飞机模型的性能。凡尔纳科幻小说中主人公驾直升飞机环球飞行,使他的尝试受到启发。

印度国大党分裂

印度人民于 1905 年掀起反英运动后,国民大会党内部对反英斗争出现了严重分歧。温和派主张用和平请愿和抗议方式取得在大英帝国内的自治,争取实行保护关税措施;激进派要求推翻英国殖民统治,实现民族完全独立,实行关税自主。1907 年反英运动出现高潮,吓坏了温和派,它认为反英斗争将导致革命,温和派鼓吹暴力是危险的,决定从国民大会党内清除激进派。这年 12 月,在国民大会党的常务会上,温和派决定停止反英斗争。会前布置好打手,召来警察,用卑鄙的手段把以提拉克为首的激进派逐出会场。激进派于第二天立即组织"民族主义党",领导人民继续从事反英斗争。

吉卜林获诺贝尔文学奖

1907 年度诺贝尔文学奖颁给拉迪亚德·吉卜林,一位宣称在三个大陆上旅游就是他的正式教育的英国作家。吉卜林的护照上虽写明是英国人,但他的创作灵感多半来自英国的殖民地——印度。吉卜林出生于孟买,在伦敦长大,后又回到印度担任报社记者。他以诗歌开始其文学生涯,其中最著名的一首是《冈加丁》。旅居美国期间,写出有名的几部著作:《丛林故事》(1894)、《勇敢的船长》(1897)以及《吉姆》(1901)。1907 年度的其他诺贝尔获奖者是:美国的迈克尔逊获物理学奖;德国的毕希纳获化学奖;法国的拉韦朗获医学奖;意大利的莫内塔和法国的雷诺共获和平奖。

美国大怀特舰队环球航行

1907 年 12 月 19 日,日本人欢迎罗斯福总统宣布大怀特舰队在做环球航行期间将周游太平洋,并且说这支舰队如果访问日本,将受到隆重的接待。尽管美国舰队的旅行被视为一次友好的行动,然而面对日益壮大的日本海军舰队,这次环行同时也意味着是一次展示美国力量和决心的示威行动。在过去的几年内,自从占领菲律宾、夏威夷、关岛和萨摩亚部分岛屿以来,美国对太平洋的兴趣与日俱增。日本枢密顾问官卡内科子爵说他最近对前任总统格罗弗·克利夫兰说过,由于美国大西洋一侧已充分开发,并且使贸易得以发展,很自然,美国应该把力量转向太平洋。他还说:"商业一旦得以发展,为商业利益而展开的竞争自然会导致战争的爆发。美国人对太平洋区域非常关心,所以说太平洋不会保持安宁。"

移植器官手术将施行于世

1908 年 1 月 1 日,洛克菲勒医药研究院的负责人西蒙·弗莱克斯纳预言说,不久医药学将会使器官移植手术成为可能,这种手术是用健康人的器官取代病人的器官。弗莱克斯纳在为美国科学进步同盟所写的文章中写道,他对动物进行动脉移植手术的成功是外科手术史上的先例。这表明对人体进行移植心脏和其他器官的手术是可行的,而且这一天不会太远。他说:"只要努力就会达到既定的目标。"

威廉·布希辞世

1908 年 1 月 9 日,德国画家和诗人威廉·布希在梅希特豪森去世,享年 75 年。布希曾在杜塞尔多夫、安特卫普、慕尼黑等地求学。1859 年开始在报纸《传单》及《慕尼黑连环画》周刊工作。此后,以连环画与插图故事享有德国最具民族风格的幽默画家之美名。其作品讽刺、揭露虚伪道德与自诩公正的弊病,戏谑中隐含着悲观主义。著名的作品包括《迈克斯与莫里兹》(1865 年)、《汉斯·胡克拜茵》(1867 年)、《猴子菲甫斯》(1879 年)等。此外,他还出版了几卷诗集。

欧洲首次圆圈飞行成功

法国飞行家亨利·法尔曼 1908 年 1 月 13 日在塞纳河畔的伊席城练兵场展现欧洲首次的圆圈飞行。他以一架瓦赞推进式双翼飞机成功地绕飞了 1 公里,获得奖金 2000 英镑。这架双翼飞机由法尔曼与其弟莫里斯共同改良设计而成,具有 50 马力,平均时速约 38.6 公里。

爱迪生获得发明电影放映机专利权

在托马斯·爱迪生领导下,美国主要电影制片公司 1908 年 1 月 11 日达成一项专利权协议。这将使竞争者永远停业。这项协议结束了长期以来一系列的诉讼以及爱迪生对其他公司侵犯他于 1891 年获得的动画片专利权而提出的反诉讼。

葡萄牙国王遇刺身亡

1908 年 2 月 1 日,在里斯本,刺客暗杀了葡萄牙的国王及其王子,但是他们发动暴乱的企图没有得逞。卡洛斯国王背部两处中弹,路易斯王子被刺客用步枪近距离平射中弹。他们两人在乘坐的马车行近内政部时遭到枪杀,当场死亡。一位持枪者还试图暗杀王后,但被卫兵用刀拦住。一位目击者说:事情发生时,周围的人惊慌失措,许多妇女和儿童被踩在脚下,有的受了重伤。警察乱开枪。被乱枪击毙的刺客头目原来是葡萄牙部队的一名中士。事情发生以后,佛朗哥总理,这位葡萄牙独裁者,真正掌握葡萄牙权力的核心人物,发誓维护君主统治,防止暴乱再度发生。佛朗哥和一些保皇党人紧密团结在他们的新国王周围。新国王曼努埃尔,年仅 19 岁,是遭杀害的卡洛斯国王的另一个儿子。

美国司机要求发驾驶证

1908 年 3 月 28 日,来自全国各地的汽车司机在国会暗中活动,支持联名注册,获取驾驶许可证的提案,然而这项提案似乎不可能被通过。美国汽车协会和全国汽车制造协会委托一名哥伦比亚法学教授为他们申辩。查尔斯·特里把联邦政府管理的水路,比作土路,并且说明水路和陆路都是洲际运输动脉。他争辩说道路及其旅行者都应该遵守同样的法规。汽车迷愿意接受联邦政府的道路控制,而不愿接受许多州有时多变的法规。有一些州对仅仅过境的汽车也要收税。

四国彼得堡宣言发表

波罗的海四国曾根据俄德议定书举行会谈。会谈于 1908 年 4 月 23 日结束时发表了一项共同声明,声称它们"断然决定"维护"波罗的海国家"中每一国的领土不受侵犯。如果波罗的海区域"现有的领土秩序"受到威胁,四国政府即相互进行联系,经过协商后采取必要的措施。在特别备忘录里附带一项说明:本声明并不涉及四大国对其领土"自由行使最高权力"。这就为俄国保留了要求废除限制它对阿兰群岛行使主权的规定的权力。在与波罗的海各国就协定问题进行谈判的同时,德国也开始同英国和北海的其他国家进行谈判,谈判结束时通过一项共同声明,这项声明是在波罗的海国家共同声明签字的同一天(1908 年 4 月 23 日)签字的;这两项声明内容也一模一样。在共同声明上签字的有德国、英国、法国、丹麦、荷兰。挪威和比利时两国没有参加签字,因为它们的不受侵犯(对前者说)和中立地位(对后者说)在这以前就已得到了保障。由于德国想要破坏比利时的中立(施里芬计划),所以德国政府竭力避免承认它以前承担过的遵守比利时中立的义务。

阿斯奎斯成为英国首相

1908年4月8日,财政大臣赫伯特·H·阿斯奎斯将接替生病的亨利·坎贝尔-班纳曼任首相。据传阿斯奎斯将挑选现任贸易委员会主席大卫·劳合-乔治来担任新的财政大臣。除了工党党员和该党部分爱尔兰民族自治论者外,大多数自由党成员对选择阿斯奎斯表示满意。

俄国音乐家科隆科夫逝世

1908年6月21日,俄国音乐家里姆斯基·科隆科夫因病在圣彼得堡附近的卢贝斯克家中去世,享年64岁。里姆斯基·科隆科夫为俄罗斯音乐派的创始人之一,他继承了格林卡传统,所做的歌剧与交响乐颇具东方色彩。主要作品包括:歌剧《雪姑娘》(1882年)、《萨特阔》(1898年)、《沙皇的新娘》(1899年)以及交响组曲《天方夜谭》(1888年)等。

美国共和党提名塔夫脱为总统候选人

共和党1908年6月18日提名威廉·霍华德·塔夫脱为总统候选人,但直到被提名前的最后时刻,他还在提心吊胆。作为即将离任的罗斯福总统精心挑选的候选人,现任军事部长的塔夫脱,本来会很容易获得成功。不过,在他被提名的前夕,芝加哥共和党的代表们为现任总统举行了将近50分钟的示威。他们打断会议,高喊着"再任四年,再任四年。"拒绝考虑连任的总统听到为他采取的行动时正同塔夫脱在白宫商谈。两人对这场意外的游行表示忧虑,但最终还是安下心来了。党代表会为提名塔夫脱投了第一票,尽管对他的欢迎比不上罗斯福。詹姆斯·S·谢尔曼被选为他的竞选伙伴。

日本东京"赤旗事件"

日本社会主义分子1908年6月22日13时在东京神田锦辉馆召开欢迎山口义三出

狱大会。大会在即将结束时,揭示两面红色旗帜,旗上绣有"无政府主义""无政府"等白色大字,由社会主义直接行动派(强硬派)的荒烟寒村、大杉荣等高举游行上街。其用意原为刺激议会政策派(缓进派),却与警察发生冲突,而演变为大规模的械斗事件。事后,荒烟寒村、大杉荣、界利彦等 14 人遭到逮捕。8 月,分别被判处 1 年 6 个月至 2 年 6 个月的有期徒刑。

第四届伦敦奥运会

1908 年,在英国伦敦举行第四届奥运会,时间长达 6 个多月,参赛国家共 22 个。首次参赛的有冰岛、新西兰、俄国、土耳其和芬兰。1900 年,亚洲的印度曾有一名运动员随同英国队参加了巴黎奥运会,使欧美亚及大洋洲均有代表参加当届运动会,只是缺少非洲国家;1904 年,非洲与欧美及大洋洲均有代表,但亚洲缺席。本届奥运会世界五大洲都有国家出席,这对奥林匹克日益国际化起到了重要的历史意义。

奥运会于 7 月 13 日正式开幕。英国国王、王后和国际奥委会主席顾拜旦出席了开幕式。本届奥运会也首次规定:开幕式上各代表团应统一着装,在本国旗帜引导下列队入场。

这次大会共设有 24 个大项,首次列入的有曲棍球、花样滑冰、水上摩托和一些奇异不常见的项目,如热杰球,这是一种古老的类似网球打法的球。但这项比赛在奥运会上寿命不长,很快被取消了。

伦敦奥运会首次公布了各国得奖统计表,它对以后各国进行这方面统计或计算正式得分产生了积极影响。本届获奖牌最多的前三名国家是英国、美国、瑞典。

通古斯卡大爆炸

1908 年 6 月 30 日,位于今俄罗斯西伯利亚的通古斯卡地区,一团巨大的火球划破苍茫的夜空,随即,一场毁灭性的大火,烧毁了周围数百英里内的原始森林,成群的驯鹿在大火中化为灰烬。大爆炸后的数日内,通古斯卡地区方圆 9000 英里的天空,被一种阴森的橘黄色的烟雾所笼罩。另外在北半球广大地区连续出现了白夜现象。

这次爆炸的能量相当于 1000 枚广岛原子弹爆炸能量的总和。关于这次爆炸至今仍没有一个肯定的说法。为了解开通古斯爆炸之谜,近百多年来科学家不断进行探索并提出了多种假设,然而每一种假设都不能给予确切的解释。目前最为流行的是陨石撞击说,但至今未能找到残存的陨石碎片。

里姆斯基·柯萨科夫逝世

1908 年 6 月 8 日,俄罗斯著名的作曲家、歌剧艺术的巨匠里姆斯基·柯萨科夫,因心脏病发作病逝。

里姆斯基·柯萨科夫于 1844 年出生一个贵族家庭,从小受到家庭音乐气氛的熏陶,6 岁开始学钢琴,11 岁尝试作曲。1856 年他进了海军士官学校,这期间他常去听音乐会及歌剧。1860 年他跟卡尼尔学习钢琴,并结识了巴拉基列夫,得到他的赏识和帮助。1865 年 12 月,他首演了《第一交响曲》获得成功,1871 年夏他应聘兼任彼得堡音乐学院教授,后兼任海军军乐队督察员和免费音乐学校校长,从此正式成为专业音乐家。

里姆斯基·柯萨科夫从事教学工作近 30 年,有很多位音乐家在他的门下学习,其中有:阿连斯基、阿萨菲耶夫、格拉祖诺夫、李亚多夫、伊波里托夫·伊凡诺夫、朱亚斯科夫斯基和普罗科菲耶夫等著名作曲家。1905 年俄国革命时期,他因支持青年学生的革命行为而被学校撤职。不久,在进步大学生的声援和彼得堡音乐学院新院长的努力下,学校又重新聘请他归校复职。

里姆斯基·柯萨科夫唯一的遗憾就是没能看到他那最后一部象征沙皇制度必定灭亡的讽刺歌剧《金鸡》的首演(1909 年)。

里姆斯基·柯萨科夫主要作品有:《普斯科夫姑娘》《五月之夜》《雪女郎》(1882 年)《圣诞节前夜》《萨特阔》(1898 年)《沙皇的新娘》(1899 年)《萨旦王的故事》《金鸡》《第一交响曲》交响组曲《安塔尔》《天方夜谭》(1888 年)等。

国际母亲节

每年 5 月第二个星期日是全世界人们向伟大母亲表示敬意的日子——母亲节。

母亲节起源于希腊,古希腊人在这一天向希腊神话中的众神之母赫拉致敬。在 17 世纪中叶,母亲节流传到英国,英国人把封斋期的第四个星期天作为母亲节。在这一天里,出门在外的年轻人将回到家中,给他们的母亲带上一些小礼物。而现代意义上的母亲节起源于美国,由安娜·贾维斯(1864~1948)发起,她终身未婚,一直陪伴在她母亲身边,在母亲于 1905 年逝世时,她悲痛欲绝,为了怀念母亲她决定用节日来纪念母亲。两年后,安娜·贾维斯和她的朋友开始写信给有影响的部长、商人、议员来寻求支持,以便让母亲节成为一个法定的节日。不久,安娜·贾维斯的提议得到了政府的支持。

第一个母亲节于 1908 年 5 月 10 日在西弗吉尼亚和宾夕法尼亚州隆重举行,在这次节日里,康乃馨被选中为献给母亲的花。1913 年,美国国会通过了一份议案,将每年 5 月的第二个星期天作为法定的母亲节。母亲节从此流传开来。

美国摄影家海因镜头里的童工

　　1908 年间美国摄影家、社会学家路易斯·海因,通过自己的内心感受用摄影机拍下了在美国底层的童工悲惨生活照片。他拍摄的童工照片,有的以群体出现,巨大的厂房、瘦弱的群体;有的以个体特写出现,童稚的面孔、沉重的负担。这些直面现实的照片,以不可怀疑的直观性揭露了美国现实生活中存在黑暗的一面。这些作品登出后直接导致美国立法改革,通过了《儿童劳工法》,从而改善了工农劳动者和童工的社会地位和物质待遇。

国际劳动妇女节

　　国际劳动妇女节是世界各国劳动妇女为争取和平、民主、解放而斗争的节日。1909年 3 月 8 日,美国芝加哥的劳动妇女和全国纺织服装工业的女工举行大规模的罢工和示威游行,要求增加工资,实行 8 小时工作制和拥有选举权。这是美国历史上妇女的第一次游行示威。这一举动得到美国和世界各国劳动妇女的热烈支持和响应。

　　1910 年 8 月,第二届国际社会主义妇联大会在哥本哈根举行,有 17 个国家代表参加。会议讨论的中心议题是反对军国主义扩军备战、保卫世界和平,同时还讨论了保卫儿童权益、争取 8 小时工作制和妇女选举权等问题。德国社会主义革命家、国际妇女运动领袖克拉拉·蔡特金在第二次国际社会主义妇女代表大会上,建议每年 3 月 8 日为世界妇女斗争日,该提议获得一致通过,大会将 3 月 8 日定为国际劳动妇女的节日。

飞机首次飞越英吉利海峡

　　1909 年 7 月 25 日,法国飞行员布莱里奥成功地飞越了英吉利海峡,这是人类首次飞越英吉利海峡。飞行从加莱桑加特起飞,降落在多佛堡,历时 43 分钟。此次飞行布莱里奥也赢得了不菲的奖金。

　　布莱里奥驾驶的飞机是用钢丝连接的木制单翼飞机,带有 1 个双翼螺旋桨,由 3 台汽缸的引擎作动力,其重量仅为 20 千克,飞行器上没有指南针,他只能照着下面的班轮确定航线,可见飞行难度之大。其实这次飞行有三位选手参加,他们是布莱里奥、兰伯特伯爵和休伯斯·莱瑟姆。他们共同来到加莱海峡,准备尝试飞行史上的一次跨越。但是兰伯特的飞机途中损坏了,无法飞行,所以没有成功。休伯斯·莱瑟姆因病中途退出。

印度孟买大罢工

1907 年春天,由于增加水捐和田赋,旁遮普的农民发生严重的骚动。"极端派"的领导者号召农民起来做斗争。根据总督的命令,警察逮捕了旁遮普"极端派"领袖拉支帕特·兰意和他最亲密的战友们,不经法院审判,就把他们驱逐出境。这种专横行为引起了工人的示威。"极端派"的传单深入孟加拉的乡村,它们号召同殖民者做斗争,号召印度教徒和穆斯林团结一致。工人和农民还不能够很明确地表述自己的要求,但是,他们参加民族解放斗争,就使这一运动有了巨大的力量和规模。以提拉克为首的"极端派"马上召开新政党(自称民族党)的成立大会。但是,这个政党只存在了很短时期。在国民大会党分裂以后不久,提拉克就被捕了。1908 年 7 月,他到孟买最高法院受审,罪名是"企图煽动对当局的仇恨和不敬、对政府的不满,在各阶级和陛下臣民中间扶植敌对的感情"。为了抗议对提拉克的判决:"极端派"号召孟买居民举行抗议性示威。1908 年 7 月 23 日,孟买开始了政治性的罢工。依照提拉克被判处徒刑的年数,这次罢工一连举行了 6 天。参加罢工的有纺织工人、铁路工人、装卸工人和城市运输工人,共达 10 余万人。孟买的政治罢工是 1905—1908 年印度民族解放运动的最高峰。

比利时正式兼并刚果

中非的刚果自由邦历经多年的虐待、折磨、耻辱于 1908 年 8 月 19 日实际上取消了。这一地区不再是比利时国王利奥波德个人所开发的采邑了。刚果正式被比利时政府所兼并。在布鲁塞尔,国民议会同意支付刚果将来的债款。议会还投票同意支付给国王利奥波德 1.2 亿法郎来买这块土地。大约 30 年前亨利·斯坦利爵士报告说刚果河可使刚果的资源运到欧洲,那时国王利奥波德便对赤道非洲发生了兴趣。斯坦利帮助组成了刚果自由邦,由比利时国王统治。后来,利奥波德借着出口刚果的矿产和农业资源,靠剥削当地人,常常用强制劳动的办法,发了大财。1907 年通过的一项条约,为兼并行动铺平了道路。

美国第一架军用飞机

奥维尔·莱特 1908 年 8 月 21 日表示将进行一系列的试飞活动,证明其与威尔伯所制造的飞机,符合美国国防部的要求。1907 年 2 月,美国陆军通讯队同意莱特兄弟以 25000 美元建造一架军用飞机。但其验收条件是这架军机必须以时速 64 公里在空中停留1小时,且便于货车装运。下个月,奥维尔将接受军方的测试,在维吉尼亚州的福特米尔举行试飞。同时,法国一家企业亦邀请其兄弟威尔伯前往当地展示一架经过改良的新型飞机。

杜南特成立通用汽车公司

威廉·杜南特为建立汽车托拉斯,1908年9月16日在美国新泽西州成立通用汽车公司。1904年,杜南特负责重建别克汽车公司,在制造、开发、销售等各方面大胆推行各项改革措施,终于将别克公司提升至汽车工业的领导地位。如今杜南特计划以收购股份合并其他公司,实现建立汽车托拉斯的梦想,新泽西州的通用汽车公司即在此目的之下成立。此后,杜南特以持股的方式,在3年间(1908—1911年)逐渐合并了生产凯迪拉克、奥尔兹、欧克兰等汽车的几家汽车公司。唯独1910年收购福特汽车公司的计划遭到失败。

别克公司老板威廉·杜南特

霍乱肆虐俄国

1908年9月27日,霍乱肆虐俄国全境,依病菌传染的速度推测所造成的死亡人数将超过1892年的纪录。9月的病患者已高达15500人,而且,有7102人死亡。而圣彼得堡发现的4931件病例中,也有1875人死亡,其中2名患者接受诊治不到15分钟即去世。

俄国沙皇所居住的冬宫内,也出现 1 名病患者,但沙皇本人与皇后目前正在芬兰水域的一艘度假船上。俄国首相斯托雷平已积极采取补救措施,改善圣彼得堡的水道,但效果不大。而俄国工人与农民皆因迷信或恐惧,不愿接受免费的疫苗接种。圣彼得堡完全笼罩在死亡的阴影中,处处可见来不及掩埋的死尸。

福特公司正式发售 T 型车

1908 年 10 月 1 日,美国福特汽车公司正式发售 T 型车。这种新式的敞篷车,具有双人座,结构简易,操作方便,售价仅 850 美元。因易于保养而被称为"便宜的小汽车"。由于亨利·福特一直致力于实现大量生产汽车的计划,截至 1927 年为止,福特 T 型车共出厂 1500 万辆,每辆售价亦降为 290 美元。

克里特岛重归希腊

1908 年 10 月 6 日,克里特岛决定脱离土耳其帝国而并入希腊。克里特岛自 1898 年以来即为土耳其帝国的奥斯曼自治省。希腊政府对克里特岛问题一直采取审慎的态度。当这项消息公布之后,希腊任其国人自由庆祝,未加以干涉。10 月底,法国、英国、意大利和俄国共同向该岛的监察委员会提交一份外交文书,表示他们站在保护国的立场认为,克里特岛并入希腊的问题,原则上应经过保护国的同意。

英女权运动者围攻议会

伦敦议会大厦 1908 年 10 月 13 日晚遭到约 10 万名女权运动者的围攻。围攻的人们要求给予妇女选举权。有一名妇女因接近下议院大门而被 3 个男子拖出。议会立即通过了一项命令,禁止妇女进入议会大厦,24 名女权运动者与 12 名抗议失业现象的人被逮捕。

塔夫脱当选美国总统

威廉·赫华德·塔夫脱 1908 年 11 月 3 日以绝对优势击败威廉·詹宁斯·布赖恩,当选为第二十七任美国总统。塔夫脱在选举团中以 314 比 169 获胜,他在选民投票中多得 100 多万张选票。布赖恩曾三次参加竞选,这次失败得最惨。塔夫脱的政策将会得到国会的坚强支持。因国会中参议院的优势牢牢掌握在共和党人手中。另外,塔夫脱的共和党在众议院中的席位的优势增加到比对方多 65 席。为确保胜利,塔夫脱以灵活的策略获得了东北和西部地区的选票,虽然在南部未能获胜,但那里共和党选票却令人吃惊地增加了。塔夫脱在纽约也获得了大多数选票。共和党在总统竞选中能在纽约州获得多数票,这在历史上还只是第 2 次。塔夫脱是西奥多·罗斯福选定的继任人。在塔夫脱担任首席司法官和驻菲律宾市政总督之后,是罗斯福提拔他为国防部长。作为总统的塔夫脱,人们预料他会继续执行罗斯福所制定的进步政策。

1908 年度诺贝尔奖颁奖

1908 年度的各项诺贝尔奖 12 月 10 日开始颁奖,具体分配如下:法国的李普曼因发明彩色照片复制法而获物理学奖;英国的卢瑟福因研究元素的蜕变和放射化学而获化学奖;德国的埃利希和苏联的麦奇尼科夫因在免疫学上的贡献共获生理学与医学奖;德国的哲学家欧肯获文学获;瑞典的阿诺尔德松和丹麦的贝耶共获和平奖。

杰克·约翰逊获拳击冠军称号

来自得克萨斯州葛维斯顿的杰克·约翰逊 1908 年 12 月 26 日成为获重量级拳击冠军的第一个黑人,他巧妙地击败了汤米·伯恩斯。约翰逊多次击倒对手,从而获得冠军。比赛是在澳大利亚悉尼市举行的。由于他把伯恩斯打得太重,当比赛进行到第 14 个回合时,当地警察不得不进入拳击场来制止这一场恶战。1906 年 2 月 3 日,伯恩斯首次获重量级冠军称号。当时在一场难解难分的 20 个回合的比赛中,伯恩斯战胜了马文·哈特。

西西里岛发生强烈地震

1908 年 12 月 28 日,意大利发生地震。这次地震是欧洲遭受的最严重的破坏性地震,死亡人数已超过 10 万。同时还毁坏了一些古老的建筑,这些建筑也许永远也无法修复了。地震波及墨西拿海峡两岸。震中在西西里东北海岸的墨西拿城。据报道该城已有 8.4 万人丧生,90%的地方已成为一片乱石和灰尘笼罩的世界。数十座教堂和宫殿被毁,仅剩下断壁残垣。在意大利最南端的亚勒佐加拉勃利亚,还有数以千计的受害者死亡。医生和救援人员从欧洲各地赶往地震灾区。世界各地都展开募捐活动以帮助地震灾区的难民。谁也没能预见到这场灾难。但墨西拿海峡在古希腊神话中总能预见到灾難的来临。墨西拿是妖怪西拉的盘据之所,这里有查里波底斯漩涡。奥德修斯在旅途中逃脱了这些危险,但不幸的是墨西拿城却未能逃脱这场灾难。

纽约建成多座摩天大楼

大都会人寿保险公司拥有当时全纽约市也是全世界最大的办公楼,位于麦迪逊大街和第24街交叉处的这座办公大厦1909年1月29日竣工。有4只大钟分别安装在办公大厦第25层处的四面墙上。钟面上的每一个数字都有4英尺高,每一个分针重达500公斤。大都会人寿保险公司如何能买得起这座柱石状的大厦呢?像其他保险公司一样,大都会人寿保险公司把他的成就归功于把保险业务扩大到劳动阶层。1908年该公司向靠工资收入为生的家庭售出了900万份保险单。公司的资产已超过2.36亿美元。随着大都会大厦和弗莱特伦大厦(1902年建成)这样的高层建筑的落成,纽约摩天大楼的数量可以与芝加哥的相提并论。自1890年以来建造这类大楼的技术已经存在。当时兰德麦克纳里大厦已在芝加哥落成。这座大厦的钢筋结构和高效率的电梯系统使大楼具有可靠的实用价值。现在的摩天大楼还具有观赏价值。大都会人寿保险公司大厦是模仿意大利威尼斯圣马克教堂的钟楼建造的。

禁酒运动在美国各地蔓延

1909年1月21日,因为美国大部分酒馆不再对公众开放,所以禁酒大军与酒类制造商之间的矛盾去年达到了新的高峰。站在禁酒运动前列的是妇女,许多州已把贩酒规定为违法行为。另有许多州采取以市镇为范围的禁酒法。如纽约州已有315个市镇宣布禁止酒馆在其区域内营业。禁酒运动是以多种形式进行的。田纳西州法律规定,制造和贩卖酒类将被判轻罪。俄亥俄州的66个市镇中有57个已经投票赞成关闭酒馆。在科罗拉多州,有48个市镇取缔了酒馆。反禁酒势力并没有袖手旁观,他们向美国人散发各种宣传小册子对禁酒运动领导人"酒精是贫困之根"的说法进行批驳。纵然他们也承认大量饮酒在某些情况下也可能会导致贫困,但反禁酒者说,统计数字表明平均每个工人只将年收入768.54美元中的12.44美元用于饮酒。这笔钱不多于他们用来买烟的花销。酒类制造商也出版了小册子,其中对他们称之为"禁酒运动的副作用",进行了详细说明,如诈骗、伪善、秘密饮酒等。以前的饮酒者还有转而使用可卡因和吗啡等毒品的可能。此外,亲酒势力还争辩说,关闭酒店并不能根除堕落、犯罪和那些贪赃枉法的政客。

巴尔干半岛发生骚乱

1909 年 1 月 24 日,巴尔干半岛上的居民对紧张、骚乱和边境争端已习以为常。最近,又一次因国民感情引起的冲突再次威胁着这一多事地区的和平。一个由军官和知识分子组成的"青年土耳其党"1908 年在保加利亚证实有可能驱逐外族势力。当保加利亚宣布已脱离土耳其获得独立时,塞尔维亚人用羡慕的眼光密切注视着这一切。当时,塞尔维亚人正在武装自己,并要求奥匈帝国的人离开 1908 年他们刚刚吞并的波斯尼亚-黑塞哥维那。自从 600 年前失去这一地区后,塞尔维亚一直梦想能收复它。西欧各国力图阻止巴尔干半岛发生武装冲突,他仍正向塞尔维亚施加压力,让其放弃领土野心,以换取奥地利对它的经济补偿。然而,塞尔维亚人对此不屑一顾。总理斯托津·诺瓦克维克的目标是建立一个泛斯拉夫帝国。他说:"我们的民族不仅仅包括 300 万塞尔维亚和门地内哥罗人,这只是整个国家人口的三分之一,另外三分之二,包括达尔马提亚、克罗地亚、斯拉夫尼亚、波斯尼亚—黑塞哥维那的 700 万人民都在受奥匈帝国的奴役,他们正渴望得到自由。"塞尔维亚人说,他们愿意以和平方式实现巴尔干半岛的自由,但同时也感到,一旦需要,俄国会再次伸出援助之手。

印第安领袖杰罗尼莫逝世

在圣路易斯世界博览会和罗斯福总统的就职典礼上公开露面之后,杰罗尼莫即成为知名人士,但是,最主要的是他将作为美国印第安人不屈精神的象征而被永久纪念。杰罗尼莫,这位阿帕切族人的首领,在最后定居下来成为农场主之前,曾 4 次从美军手中逃出。1909 年 1 月 17 日享年 80 的杰罗尼莫在弥留之际说:"我与我的家人过着宁静的生活……我很满足。现在,我们的人已所剩无几了。"

十三国在上海召开禁烟会议

第二次国际禁烟会议 1909 年 2 月 1 日上午 11 时在上海举行,共有中、英、美、法、德、日、俄等 13 国参加,会期长达 1 个月。会中各国一致通过禁止走私鸦片、关闭中国租界地所有鸦片烟馆等几项议案。但另一项限制鸦片贸易与罂粟栽培的议案,则因英国的极力反对而未能成立。由于英国仅同意"尽量限制使用鸦片……",使会议无法达成禁绝鸦片的目的而告失败。

白里安出任法国总理

　　1909 年,白里安接替了克雷孟梭,他首先继续进行社会战争。一次铁路工人总罢工对整个经济造成极大损失。白里安这位前律师,工团主义者的辩护人,现在毫不犹豫地以国家利益为名,下令动员罢工工人入伍。在议会里,他在社会主义者激烈的抗议声中,竟敢斥责"罢工为非法"。从 1910 年起,政治和社会形势确实发生了变化。社会主义者有 100 名议员当选,激进派有 250 多名议员。但是,左翼集团已经过时。激进派内部也发生分裂,约瑟夫·卡约等人要求实行一种进步的税收政策,即"所得税"。另一些人对孔布的过火政策表示遗憾,害怕卡约分子的过激政策。他们声称所得税有"苛税"性质,这种税在激进派的广大选民中十分不得人心。外省的激进派同意对教会采取强硬措施,同时谴责军队在教产清查期间使用暴力。只要国外局势发生变化,一种爱国联合的思想就会重新取代社会战争的气氛。在阿加迪尔事件之后,爆发了第二次摩洛哥危机,它恰好加速了法国国内政治的这种演变,使激进派不能再垄断政权。

俄国拒绝美国收买东清铁路

　　俄国因日本不肯出售南满铁路,1909 年 3 月 22 日决定拒绝美国收买东清铁路。美国铁路业巨子哈里曼有志于建立世界交通路线,自 1908 年 11 月开始与日、俄两国商议购买南满及东清铁路。至 1909 年 1 月,日本表示无意出售南满铁路,并请美国将来亦勿做此类交涉。俄国则因日本不肯出售南满铁路,决定拒绝美国收买东清铁路。

剧作家辛格逝世

　　戏剧艺术家约翰·米林顿·辛格于 1909 年 3 月 24 日逝世。他身后一群创造了爱尔兰文艺复兴的多产作家,如 W·B·叶芝,格里戈里夫人和旭恩·奥凯西在继续写作介绍爱尔兰的传说,歌颂爱尔兰的农民。然而辛格那辛辣的笔触却是独具一格的。辛格 1871年生于都柏林郊外,成年后就读于三一学院。其间,他漫游了欧洲大陆。在巴黎,他结识了叶芝。正是他使辛格彻底转变了对位于爱尔兰西海岸之外的阿兰群岛的态度。那片荒芜的土地上到处可见凯尔特人遗迹。这些唤起了辛格对爱尔兰的爱。尽管如此,辛格并没有忽视爱尔兰人的不足之处。他的第一部喜剧《狭谷阴影》就充满了坦率和辛辣的讽刺。1904 年,他的另一部喜剧《骑马下海人》更受欢迎。他于 1907 年写的《西方世界花花公子》一剧却激怒了爱尔兰观众,他们向演员扔蔬菜。辛格留下了一部未完成的剧作,名叫《祸水黛特》。

文学家乔治·梅逝世

1909 年 5 月 18 日,81 岁的英国小说家和诗人乔治·梅于萨利他的家中去世。他出生于汉普郡,很早就成了孤儿。他早年负债累累,据说曾有一整年的时间他几乎只靠麦片粥过活,1859 年,他第一部成功的小说《理查德·弗维莱尔的苦难》宣告了英国一位新的散文大师的到来,在后来出版的大量其他书目中,最著名的是《利己主义者》。梅杰出的创作能力表现在他能刻画在日常生活中所遇到的普通的男女人物。

金融奇才罗杰斯逝世

亨利·赫特尔斯顿·罗杰斯,这位使美孚石油公司超乎寻常的崛起的金融界奇才,1909 年 5 月 18 日由于中风发作,在家中去世,享年 68 岁。他是个家资超过几百万的大富翁。罗杰斯是新英格兰一个乡村店主的儿子,他最早的工作是卖报,赶过运货马车,在铁路上做过司闸员,后来便在金融界开始迅速发迹。华尔街分析家们估计,罗杰斯的资产约有 7500 万美元之多,他不仅在美孚石油公司拥有大量股份,而且在铁路、铜矿和天然气等行业均有大量股份。罗杰斯本应该在那天晚些时候会见他的老朋友塞缪尔·L·克莱门斯,也就是人们更为熟知的马克·吐温。"太不幸了,太意外了,我不知道说什么才好。"当这位作家得知罗杰斯死讯的时候十分惋惜地说道。

路易斯·亨利·摩尔根

轻型飞机在法国诞生

　　1909 年 3 月,世界上最早的轻型飞机出现在法国的上空。这架飞机的主要结构是 3 根竹竿,飞行员座位于机翼下方,并固定在两根竹竿之间的一块帆布上,发动机装在机翼上。这架飞机是由巴西人桑托斯·杜蒙制造的,并取名为"蜻蜓"。这架飞机在航空史上很重要,因为它也是世界上第一架"家庭制造的飞机",桑托斯·杜蒙没有为飞机申请专利,并免费向任何人提供制造技术。

　　如今,人们将飞机自身重不超过 150 千克、载人不超过 2 名、飞行速度不超过 100 千米/小时的飞机称为超轻型飞机。由于重量轻、结构简单、容易驾驶,而且价格便宜,这种飞机在一些国家发展很快。超轻型飞机具有广泛的用途,不但可以作为体育、娱乐和个人交通工具,同时也能用于农业、护林、交通监视等。

染色体学说创立

　　1910 年,美国遗传学家摩尔根和他的学生一起用野生型红眼果蝇作材料,证明了遗传变异与细胞中染色体的变化是密切相关的,创立了遗传染色体学说,另称之为连锁与交换律。至此,生物间各物种的遗传和变异有了夯实的基础,变得有据可循。

　　摩尔根的连锁与交换律的要点是:每对染色体上有许多基因,各对基因在染色体上有一定位置,这一定的位置叫作位点。在同一条染色体上的基因是不能分离的,这种现象称为连锁律。同源染色体相互之间发生交换而使基因连锁群发生了重新组合,这种现象称为交换律。

挪威人阴蒙森和英国人斯科特争夺南极点

　　1910 年,英国斯科特探险队和挪威阿蒙森探险队都宣布将向南极点进军,两支探险队之间展开了一场激烈的角逐。阿蒙森一行五人,乘狗拉雪橇,经过千辛万苦于 1911 年 12 月 14 日成为第一批到达南极极点的人。而斯科特探险队一行五人,使用的是马拉和人拉的雪橇,结果马在严寒中陷入了泥沼。他们用雪橇拉着设备,顶风冒雪经过 82 天,于 1912 年 1 月 16 日终于到达南极点。在得知挪威探险家阿蒙森一行已于一个月前率先抵达的事实后,失落之余,斯科特一行在回程途中由于天气的恶劣外加饥饿劳累,队员全体罹难。两队攀登南极点的角逐为南极考察热留下光辉悲壮的一页。

英王爱德华七世

1910 年 5 月,大英帝国国王爱德华七世(1841~1910)驾崩。爱德华七世是维多利亚女王的长子,59 岁时继位,在位 10 年。

爱德华七世堪称欧洲"吸烟先驱者"。他从当王太子时起就开始在早饭前吸一支雪茄烟、两支纸烟。晚饭后,也立刻吸烟,平均每天要吸 20 支粗雪茄烟和 20 支纸烟;结果,爱德华七世到 40 岁时就患了严重的肺炎。御医们劝他减少吸烟量,但他把医生的话当作耳边风,根本不加以理会。到了 60 岁,他呼吸已很困难,他在巴尔莫勒尔堡的围场上狩猎时,不能亲自逐鹿于原野,只能端着枪等着随从们把猎物撵到跟前来,再行射击。

1910 年 5 月 6 日中午,爱德华国王吸了一支粗雪茄。刚用过午餐,他回到寝室,就昏倒在敞开的窗前。这天夜里,他便带着烟香离开了人世。

父亲节诞生

世界上的第一个父亲节,1910 年诞生在美国。

1909 年,住在美国华盛顿州士波肯市的杜德夫人,在参加完教会举办的母亲节祭祀之后,心里有了很深的感触,她认为父亲在养育儿女过程中所付出的爱心与努力,并不亚于任何一个母亲的辛苦。她心里想着:为什么这个世界没有一个纪念父亲的节日呢?

杜德夫人将她的感受告诉教会的瑞马士牧师,她希望能有一个特别的日子,向自己亲爱的父亲斯马特先生致敬,并能以此纪念全天下伟大的父亲。瑞马士牧师听了她的想法之后,表示支持。于是杜德夫人在 1910 年春天开始推动成立父亲节的运动,不久得到各教会组织的支持。在杜德夫人的奔走努力下,美国华盛顿州便在 1910 年 6 月 19 日举行了全世界的第一次父亲节聚会。

1924 年,美国总统柯立芝支持父亲节成为全美国的节日;1966 年,美国总统约翰逊宣布当年 6 月第 3 个星期日,也就是斯马特先生的生日为美国父亲节;1972 年,美国总统尼克松签署正式文件,使之成为美国永久性的法定纪念日。

英国轮船首先使用 SOS 求救信号

英国古纳德公司的轮船斯拉维尼亚号,1909 年 6 月 10 日在葡萄牙亚速尔群岛遇难,发出 SOS 求救信号,有两艘船只接到讯息,前往救援。"SOS"在 1906 年定为国际求救信号,1908 年正式获得各国的认可。

德国汉萨同盟成立

　　德国贸易、银行、手工业、工商界代表 1909 年 6 月 12 日在柏林舒曼广场召开会议，联合组成维护民族自由、市民利益的商业协会——汉萨同盟。汉萨同盟与农业的保守主义针锋相对，是工商业资产阶级的代表。

德法两国总理易人

　　1909 年 7 月，欧洲两个国家的政府因两位知名领导人的下台而有所变化。在德国，冯·比洛亲王退休，特奥尔德·芳·贝特曼·霍尔维格博士继任他的职位，成为帝国第五位总理。大多数观察家认为这次变化将给德皇威廉二世提供更多的自由以玩弄政治花招。过去作为德国政府的首脑，冯·比洛对皇帝的权力有所控制。贝特曼-霍尔韦格却是另一种情况，他被认为是"在微妙的外交和外国政治领域中极善于周旋的"。此外，他和德皇早就是朋友，他们的友谊可以追溯到他们在波恩大学读书的时候。法国总理乔治斯·克里孟梭在国会中经过一场激烈的争论后愤然辞职。从政几十年的克里孟梭之所以会下台，主要是由于他在前任外交部长面前大发雷霆。前任外交部长是德尔卡塞，目前在调查法国海军的腐化情况。在国会行将对政府信任案举行投票的时候，克里孟梭把 1905 年摩洛哥危机时期，德尔卡塞从德国人手里的一条法国船中被驱逐出来的事件提了出来。总理大叫："你让我们遭受了法国 20 年来所经受的最大侮辱，"克里孟梭的多数拥护者都背弃了他，迫使他辞职。阿里斯蒂得·白里安继任总理，政治前景可望有所变化。

布莱里奥飞越英吉利海峡成功

　　法国飞行员路易·布莱里奥乘他的飞机飞过英吉利海峡以后，1909 年 7 月 25 日上午在多佛成功着陆。这样他就成为第一个飞越海峡成功的人。为此，《伦敦每日邮报》奖给他 2500 美元奖金。这种飞行在 1909 年夏天曾经是欧洲 3 个最优秀飞行员的进攻目标，他们是布莱里奥、兰伯特伯爵和休伯斯·莱瑟姆。他们三人都赶到加来海峡安营扎寨，准备尝试飞一下。但是兰伯特的飞机坏了，无法飞行。他 6 天前试飞过一次，没有成功。兰伯特当时驾驶的是一架"安托瓦妮特"号单翼飞机。他于早晨 6 点 40 分从加来附近的桑戈特白垩断壁顶上起飞。天气条件很理想，他飞得相当不错，一直飞到大约 1000 英尺高空（他说这是一个新的高空飞行纪录）。飞机飞到海峡中央时，突然出了故障。兰伯特缓缓地将飞机降落在水面,然后被一直与飞机并肩前进的一条法国鱼雷艇安全救出。布莱里奥是4天前到达加来海峡的,他驾驶的单翼飞机与兰伯特的设计相似,但略小些,带有1个双翼螺旋桨,由3台汽缸的引擎作动力。布莱里奥原打算当时立即就飞行,但因天气不好而推迟了。当天的飞行条件不错,因此,布莱里奥于早晨5点起飞,37分钟之内完成了21英里的飞行。美中不足的是他着陆时受了点轻伤。这次成功是布莱里奥飞行事业的一个顶峰。1907年,他开始飞行时仅仅飞行600英尺远。第二年,他飞行了近半英里,获得法国飞行俱乐部授予的奖章。以前,他最显著的成绩是1909年7月3日在杜埃飞行中取得的:在47分钟多一点的时间里,飞行了26英里多。1908年11月,他死里逃生,当他打算在夏尔特尔附近降落时,飞机翻了过来,布莱里奥跳伞得救。1909年7月24日天,布莱里奥和另外两名飞行员利昂·德莱戈兰治和欧内斯特·阿奇迪肯一起被吸收为法国勋级会荣誉军团的成员。

克里特岛政治危机加剧

英法意三国的军队自克里特岛撤退之后,加剧了这座爱琴海上小岛的政治危机。土耳其与希腊同时向克里特岛提出合并要求,并各自秘密动员,以防万一。1909年7月,希腊民族主义分子在克里特岛首府卡内亚城升起希腊国旗,以示其对克里特岛主权的要求。但暂时控管该岛的保护国,则斥责此一举动。土耳其认为,让克里特岛居民自行管理是解决问题的唯一办法。希腊则提出领土的主权问题,并派兵保护岛上的希腊居民。

伊藤博文遇刺身亡

1909年10月26日,72岁的日本政治家伊藤侯爵,被朝鲜一民族主义者杀害。伊藤就其贡献来说,曾被比作美国的托马斯·杰弗逊和普鲁士的奥比托·冯·俾斯麦侯爵。其原因第一是因为他起草了日本宪法,第二是他把日本建成了一个世界强国。他临死之前,刚刚结束了以朝鲜总督身份进行的一次"巡视访问任务"。他对反抗日本统治的朝鲜起义的严厉镇压,可能是他被暗杀的原因。伊藤是日本一个封建贵族武士之子。他被送到英国研究武器,但他却了解到只有通过宪法使国家政府成为现代化的政府,日本才能成为一个大国。19世纪末叶,伊藤担任了两届首相的职务。他因为成功地领导了侵略中国的战争,赢得侯爵爵位。伊藤侯爵是1905年日俄战争中非常有影响的人物。

哈佛大学法学院拒收一名女学生

一名年轻的瓦萨大学女毕业生,未被批准进入哈佛大学法学院,因此1909年10月

22 日向从事妇女参政运动的妇女请求帮助。这位名叫伊内兹·米尔霍兰德的女学生从波士顿来到纽约市,想把她的遭遇讲述给即将参加争取妇女参政权会议的领导者们。米尔霍兰德小姐说,法学院教授照顾她,同意接受她为这里的一名学生,但评议员们却反对这么做。她引用了一位议员的话,意思是说,他们怕申请入学人数下降,因为人们对男女在一起读书怀有偏见。她还说,另一个评议员对她讲,他反对一切变革,包括铁路和电话。米尔霍兰德小姐正打算申请到另一所大学的法学院学习。

美国决定在珍珠港建立海军基地

1909 年 11 月 14 日,美国总统塔夫脱选定在夏威夷珍珠港建立海军基地,平息了海、陆军双方对太平洋军事据点的争议。美国海军原定在菲律宾塞比湾建立基地,但陆军以其不易防守为由,极力反对。塔夫脱认为位居太平洋中心的珍珠港更具防御性,能牵制来自日本的潜在威胁,此一决定反映出巴拿马运河在美国总统心目中极具战略价值。

阿尔伯特接任比利时国王

1909 年 12 月 23 日,在令人目眩的仪式上,阿尔伯特王子傲然骑马前行,穿过布鲁塞尔街区去宣誓,继他已故叔叔利奥波德,接任比利时国王。拂晓,数千名群众就沿着皇家队伍必经之路挤占立脚的地方,其他的人则从窗子里或站在屋顶挥手欢呼。一些社会主义者试图破坏典礼,但他们的声音被"国王万岁"的声音淹没了。当如雨的鲜花纷纷撒落在王后伊丽莎白的车上时,阿尔伯特由微笑转为露着牙齿笑了一下。在演讲中,阿尔伯特国王允诺要保证比利时人享有自由,并要公平地对待刚果。他为其叔叔对有争议的赤道非洲的方针辩护。这位新国王声称"殖民化的使命就是一个高度文明的使命"。在利奥波德统治下的大部分时期,人们对他在刚果的残暴统治和采取的暴力给予严厉批评,他的私生活中也有许多丑闻。9 天前就在他去世时,还有记者打听,他是否娶了前来参加为他举行最后仪式的沃恩女男爵。

美国通过白奴议案

美国众议院 1910 年 1 月 12 日通过一项法案,取缔美国境内的"白奴"买卖。这项白奴买卖议案由伊利诺州的议员詹姆士·罗伯特·曼所提出。如果法案也获得参议院通过,则来往各州之间,从事卖淫活动的妇女将会被取缔。为严格实施这项法案,以后任何以不道德目的替这些妇女购买一张越州车票的人士都会被起诉。若异国妇女因此被捕者则予以递解出境。

美国童子军建立

芝加哥出版商威廉·博伊斯 1910 年 8 月在首都华盛顿成立美国童子军。最初童子军组织成立于英国,2 月它的发起人是罗伯特·巴登-鲍威尔。博伊斯是在去年前往伦敦经商的时候,首次认识这种组织的。有一次,他在伦敦的大雾中迷了路,一名提着灯的小孩走过来,帮他找到正确的方向。事后博伊斯想给这名小男孩一点奖赏,可是他说:"不,先生,我是一名童子军。童子军是不接受金钱之类的回报的。"这件事情让博伊斯印象深刻。博伊斯和其他的发起人(例如丹·比尔德)希望招收那些有志于学习"爱国心、勇气、自信和诸如此类美德"的男孩加入美国童子军。

普鲁士邦抗议风潮

1910 年 2 月 10 日,德国皇帝威廉二世在 1908 年的议会闭幕演说中,提到了将要在普鲁士改变三等级选举权。各党派对皇帝的许诺表示欢迎。中央党和国家自由党希望取消间接的选举人制度,并且希望根据居民人口重新划分选区。左派自由党和社会民主党则要求议会选举应该是自由、平等、直接和不记名的选举,尤其是要废除选举等级制,并采用秘密投票方式。但是,各党派的希望却落空了。2 月 4 日,帝国首相兼普鲁士部长会议主席特奥尔德·芳·贝特曼·霍尔维格提出选举权修改草案。在该草案中,三等级选举制度仍被保留,只是对第一等所占的比重有所削弱。受过较高等教育(中学毕业)的人可以进入更高一层的选举等级中。在将来,不必先通过间接选举权来选出更高一级的选举代表人,而是直接选出议员。但是公开投票法并未被废除。政府对这个决定所提出来的理由是:选票公开的话,选民要为自己的选票负责,会使他们比较不容易受到"煽动的蛊惑"。各党派都反对政府的改革草案。保守党抱怨第一选举等级地位的下降。自由党和社会民主党则认为这是一个虚假的改革。社会民主党党报《前进报》在 5 日版中,称这个草案是对德国社会民主党"残酷和讥讽的宣战"。第二天,众多的工人不只在普鲁士,而且还在布伦瑞克举行了要求平等和不记名投票权的示威游行。13 日,柏林有 5 万人走上街头,抗议新的选举法。在慕尼黑,有 1000 人集结在普鲁士公使馆门外,要求实施平等而不记名的选举法,这种选举法在巴伐利亚早被采用。但是,选举法草案最后却被普鲁士上议院——贵族议院否决,因为此法案对地主们而言,过于激进。

X 光用于医学治疗

纽约市贝斯·以色列医院外科医生 1910 年 2 月 27 日透过一台 x 光仪器,在一名 9 岁大男孩的肺部内发现一根铁钉。这名小男孩名叫雅各·米勒。最近他的体重无缘无故地骤减,米勒的父亲很担心,于是把他带到医院治疗。在此之前,米勒的父亲曾经请教过几位医生,他们也是大惑不解。原来小雅各没有告诉他们,他吞下一根 1 寸长的铁钉——因为怕父亲责罚他。小雅各的主治医师法兰西斯·于贝尔透过一张 X 光片发现了这根钉子。于贝尔邀请其他医师来为他的手术作见证。他首先在小雅各的颈部开个切口,然后随着 x 光片影像的指引下,用镊子将铁钉取出。

德国将建造无畏号级巡洋舰

1910 年 3 月 14 日,报纸报道了德国将要在两年内建造无畏号级巡洋舰的消息。这个消息使英国下议院日益不安。英国海军大臣罗伯特·麦克唐纳企图利用议员这种不安情绪,让下议院同意建造更强大的舰队装备。1910 年,英国将建造 5 艘鱼雷快艇。麦克唐纳仍然抱怨计划不够庞大。保守党议员温斯顿·丘吉尔反对这个计划,并在下议院援引了《北德意志汇报》。他指出,德国建造大型战斗舰需要 3 年的时间。1909 年开始启用的战斗舰拿骚号和威斯特法伦号,耗费 40 个月的建造时间。预计在 4 月份下水的莱因兰号和波林号,也花了 36 个月的建造时间。丘吉尔努力减少海军预算,其原因是英国罢工日益频繁,政府应该致力于扩展社会福利。海军部则担心,德国的军备将会影响到英国的原则。这个原则是:把英国海军实力保持在仅次于他的两个列强的舰队总和之上。但尽管如此,国会并不准备提高军备开支。

第一架水上飞机试飞成功

1910 年 3 月 28 日,法国人亨利·法比尔在马赛西北的马蒂格试飞其自行制造的水上飞机,结果成功地飞行了 500 公尺,完成了第一架水上飞机试飞成功的创举。

比利时皇家举行世界博览会

比利时国王阿尔伯特及皇后伊丽莎白,1910 年 4 月 23 日在布鲁塞尔举行世界博览会,首相弗朗兹·斯科拉尔特予以协助。比利时希望通过这次展览显示其工业的重要性,并表明它意欲统治世界工业的野心。已经为人们十分熟悉的登位仅 4 个月的阿尔伯特试图提高比利时的名望。在某种程度上说,阿尔伯特的叔叔利奥波德在刚果的暴行玷污了比利时的名誉。

马克·吐温去世

几年前,一家报纸误载马克·吐温的死讯,马克·吐温致函该报"说我已经死了,是极度的夸大其词"。但 1910 年 4 月 21 日,他真的死了。塞缪尔·朗霍恩·克莱门斯(马克·吐温的原名),这位美国著名的作家与幽默大师享年 74 岁。克莱门斯生于 1835 年 11 月 30 日。12 岁时,父亲去世,年轻的克莱门斯为帮忙家计,而到一家印刷厂去工作。自 22 岁起,他在密西西比河的一艘轮船上担任船员,生活暂时获得改善。之后,他曾到加利福尼亚淘过金;在夏威夷、欧洲和巴勒斯坦从事报社记者,也创办过出版社,却因经营不善而破产。为清偿债务,到处演讲筹措资金。他的笔名"马克·吐温"取自船员的一句习惯用语,意指两英寸的深度。他日后把这段生活的经历写在《密西西比河上的生涯》(1883 年)一书之中。1867 年,克莱门斯出版了他的第一本作品(短篇故事集)《卡拉韦拉斯郡驰名的跳蛙》。其他流行作品还包括《汤姆历险记》(1876 年)、《王子与贫儿》(1882 年)和《哈克贝里·费恩历险记》(1884 年)。

细菌学家科赫逝世

1910 年 5 月 27 日,著名的医生和细菌学家罗伯特·科赫在巴登逝世,享年 67 岁。他的一生成就卓著。他在 1876 年发现炭疽病菌、1882 年发现了结核杆菌、1883 年还发现了霍乱病菌。他研究了瞌睡症,并发现了病源。1880 年至 1904 年间,他出任柏林大学卫生学院的院长,且在这里研究治疗传染病的方法。他是现代细菌学的奠基者。他在 1905 年荣获诺贝尔医学奖。

美国出兵干预尼加拉瓜内政

1910 年 5 月 20 日,美国总统威廉·塔夫脱在南美洲及中美洲的问题上,仍然继续奉行其前任罗斯福的大棒政策。无论是什么地方发生社会动乱,美国就借口保护美国公民的权益而进行干预。尼加拉瓜爆发革命后,美国就派遣海军陆战队干涉尼加拉瓜的内政。塔夫脱在匹兹堡公开解释说,美国政府所做的,仅仅是要求受到损害的美国人之权益获得赔偿。

英王爱德华七世逝世

　　大不列颠国王、印度皇帝爱德华七世1910年5月6日晚于白金汉宫突然死于肺炎。他统治英国9年时间。政权立即转给其子威尔士亲王乔治,称作国王乔治五世。68岁国王的突然逝世,使国家陷入一阵惊慌。皇后亚历山德拉得到丈夫生病的消息后,立即从法国急匆匆地赶回家中。然而,没有想到他离去得这么快。爱德华显然是由于到桑德灵厄娜——他的那座地面潮湿的庄园访问而感冒的。但是,他继续处理国家事务。而且,就在他去世的下午,他还在问他的马"飞跑女巫"是怎样在肯普滕公园获胜的。爱德华国王听到他的马取胜的消息很高兴。在这一天之内,人群聚集在白金汉宫的周围,焦急地等待着关于国王的最新消息。当太阳从云雾后面钻出,并且比一年中的任何时候更加光彩夺目的时候,人们开始振奋起来;而当寒冷的小雨又下起来的时候,人们的心便又沉了下去。不久,传来消息,国王处于病危关头,5名守卫的医生迅速奔到他的床前,可是已经无济于事,就在午夜之前,国王逝世了。《伦敦时报》称爱德华是"有远见的,受人爱戴的,谨慎的,勇敢而又机智的人"。《伦敦时报》说,"就在我们国内危机最为严重的时刻,在我们为限制上议院否决权的努力遇到宪法危机的时刻",国王逝世了。爱德华国王虽然在这一问题上与自由党政府共同努力,但态度不积极;危机在加剧,因此,伦敦希望乔治国王能够彻底地解决这个问题。

美国画家霍默去世

　　一位真正的美国画家温斯洛·霍默1910年7月31日去世,终年74岁。在去世前的几年,他过的是隐居生活,他的作品也反映了这一点。他最后的一些水彩画主要强调大海的广阔无边,画面上如果有人物形象,也几乎难以引起人们的注意,霍默之所以离群索居,可能只是为了把他的精力倾注到他更加热爱的大自然之中去。霍默于1836年2月24日出生于波士顿。他在那里做过石印工人和杂志的插图画家。1861年《哈泼周刊》派他去内战前线画纪实作品,他的素描赢得了世界范围的赞赏。战争一结束,霍默便前往法国,但他并未被意象派作品所打动,他主张用粗线条和生气勃勃的色彩勾画客观现实。直到19世纪80年代早期,霍默开始描绘普通的美国景色。《抽鞭子》(1872)画的是一群赤足的孩子正在田野里追逐,这是这个时期人们非常喜爱的一幅作品。1884年创作的《生命线》向我们展示了来自大海的震撼人心的场面。它表现的凶恶的海水正在威胁一个被水吞没的受难者,他的纤细的生命之线只能借助一条细绳拉住。霍默对自然的爱与他对自然的敬畏融合在一起。

日本计划正式并吞朝鲜

日本将在 1910 年 8 月底正式并吞朝鲜的消息 1910 年 8 月 24 日在汉城引发了暴动的危机。但日本几乎已经控制了朝鲜的每个生活领域。大部分的观察家都认为,日本朝鲜合并条约不外是既成事实的正式化罢了。日本侵略朝鲜已经有一段很长的历史,它对朝鲜的全面支配则始自 1904 年。后来,俄国人开始对朝鲜发生兴趣,他们在南满的基地上对朝鲜虎视眈眈。此举激怒了日本,因为日本一直把朝鲜视为禁区。日俄之战,俄国损失惨重,两国在美国总统罗斯福的调停下签订了朴茨茅斯条约。这项条约不仅结束了战争,也同时确立了日本对朝鲜的支配权。日本驻美大使拜会了美国国务卿费兰德·诺克斯,保证美国的商业利益将会在日本朝鲜合并条约中得到维护。

爱迪生发明有声电影

托马斯·阿瓦尔·爱迪生 1910 年 8 月 27 日晚上展示了他的最新发明:有声电影。一批见证人被邀请到爱迪生位于新泽西州西奥兰治的实验室,去参观他发明的"电影放映机"。这部机器可以把留声机的声音和电影的影像结合在一起。其他的人也尝试发明有声电影,但成就有限。爱迪生成就的过人之处在于他可以把声音和影像同步收录。利用一部部分是摄影机、部分是留声机的机器,爱迪生让演员可以自由活动。爱迪生过去两年来一直在研究发展有声电影,他说他的目标是在两年内完成一部可以在电影院里放映的有声电影。他说,如果他研究成功,那电影不只可能有声音,它还可能会有各种的色彩。自学成功的爱迪生有一份辉煌的事业。他发明过的东西包括:自动电报收发机(1874 年)、留声机(1877 年)、碳粒话筒(1877 年—1878 年)和碳丝电灯(1879 年)。

提灯女士南丁格尔逝世

1910 年 8 月 13 日,19 世纪伟大女性南丁格尔在睡眠中溘然长逝,享年 90 岁。她的一生,历经整个维多利亚女王时代,对开创护理事业做出了超人的贡献。

弗罗伦斯·南丁格尔于 1820 年 5 月生于意大利一个富有的移民家庭,后随家迁居英国,曾就读于法国巴黎大学。她的父母希望她发展文学、音乐才能,跻身名流社会,而她对此兴致淡薄,最终选择了护士的道路。1853 至 1856 年,为争夺巴尔干半岛的控制权,英、法、土与俄国进行了著名的克里米亚战争,英国战地士兵死亡惨重。南丁格尔主动申请志愿前往担任战地护士工作。她率领 38 名护士抵达前线,在四所战地医院服务。她竭力排除各种困难,为伤病员解决必需的用物和食品,认真护理,使战地医院面貌大为改观。因她每夜都手持油灯巡视伤病员,士兵们都亲切地称呼她为"提灯女士"。

1856 年,南丁格尔任陆军医院妇女护理总监。战后回国,被尊为民族英雄。1860 年,南丁格尔用英国政府奖励的资金,创建了世界上第一所正规护士学校,随后又创办了助产士及济贫院护士培训班。1907 年,英王颁发命令,授予南丁格尔功绩勋章,她成为英国历史上第一个接受这一最高荣誉的妇女。

侦察机诞生

侦察机是专门用于从空中获取情报的军用飞机,是现代战争中的主要侦察工具之一。在飞机诞生后,军队刚刚装备了飞机,人们想到了飞机在战争中的第一个用途便是侦察敌情。

1910 年 6 月 9 日,法国陆军的玛尔科奈大尉和弗坎中尉驾驶着一架亨利·法尔曼双翼机进行了世界上第一次试验性的侦察飞行。这架飞机本是单座飞机,由弗坎中尉钻到驾驶座和发动机之间,手拿照相机对地面的道路、铁路、城镇和农田进行了拍照。可以说,从这一天起,最早的侦察机便诞生了。

第一次进行实战侦察飞行发生在 1911 年 10 月爆发的意大利-土耳其战争中。10 月 23 日,意大利皮亚查上尉驾驶一架法国制造的布莱里奥 X1 型飞机从的黎波里基地起飞,对土耳其军队的阵地进行了肉眼和照相侦察。此后,意军又进行多次侦察飞行,并根据结果编绘了照片地图册。

博塔将军担任南非总理

1910 年 9 月 19 日,民族主义党领袖路易斯·博塔将军尽管在大选中被联邦主义者珀西·菲茨帕特里克击败,但他仍担任南非总理。代表荷兰利益的博塔将军在两天前联邦大会上争取再次当选,但败于菲茨帕特里克。菲茨帕特里克代表开普殖民地前总理詹姆森领导的英国人和矿业的利益。民族主义党对博塔开始的失败感到震惊。但该党在联邦大会中却赢得了多数席位,紧接着他们便任命他们的候选人博塔为总理。

法国画家卢梭逝世

自学成材的法国画家亨利·卢梭 1910 年 9 月 2 日在巴黎逝世。卢梭的雅号是"税务官",因为他年轻时候是巴黎市海关的一名官员。事实上,卢梭 40 岁的时候才举行第一次个人画展。由于大获好评,使他得以辞掉税务官的工作,专心绘画。卢梭是在1880年开始创作的,当时他怀着浓厚的兴趣,以"周日画家"所特有的朴素现实主义风格作画。他那色彩灿烂的浪漫主义式绘画,把梦幻与真实共冶一炉,深受巴黎艺术爱好者的青睐。

葡萄牙共和国建立

19世纪末20世纪初,葡萄牙布拉甘王朝的封建教权主义的反动统治和对英国的依附关系,使国内阶级矛盾十分尖锐,佛朗哥独裁政权的高压政策,激起了葡萄牙各阶层人民的反抗斗争。资产阶级共和主义者乘机发动运动,要求推翻布拉甘王朝的反动统治,建立共和国。1908年2月,国王卡洛斯一世(1899—1908年在位)和王位继承人路易斯在王室广场遭到枪击死亡,佛朗哥政权随之垮台。新继位的国王曼努埃尔二世不到19岁,没有形成足够的威信来收拾这个濒于灭亡的君主政体。在此形势下,1910年10月4日,共和主义者、烧炭党人协会主席安东尼奥·桑托斯在海军的支持下发动了武装起义,推翻了布拉甘王朝在葡萄牙的反动统治,年轻的国王曼努埃尔二世和母后逃亡英国。10月5日,起义的共和主义者宣布废除布拉甘王朝,成立葡萄牙共和国(史称第二共和国),组成了以布拉加为首的临时政府。新政府实行了一系列改革,推动了社会的进步,但改革未能从根本上触及封建的土地制度和消除对英帝国主义的依附性。

希法亭著《财政资本》

鲁道夫·希法亭是德国社会民主党和第二国际修正主义的领导者和理论家。1923年和1928年先后担任斯特赖泽曼和密图内阁的财政部长,后被纳粹逮捕而自杀。希法亭在大学读书时就开始研究马克思主义,他加入德国社会民主党,曾经促成德国独立社会民主党和德国社会主义民主党的合并,并成为该党领袖之一。在此期间,他对帝国主义最初阶段的新现象作了较系统的考察,写了专著《财政资本》,于1910年出版。他在书中分析了"资本主义最新发展阶段"和历史倾向。他认为金融资本是"由银行支配而由工业资本家运用的资本"。他对帝国主义的一些现象,如银行信用、虚拟资本、垄断组织和资本输出等作了较有价值的分析。列宁指出希法亭对"资本主义发展的最新阶段""做了一个极有价值的理论分析"。书中提供了关于借贷资本同工业资本相结合的许多有价值的资料。本书共分5篇,从流通过程开始,认为银行垄断和工业垄断的发展会消除生产的无政府状态和经济危机,完全抹杀了资本主义的基本矛盾。希法亭的《财政资本》对研究帝国主义提供了一些有价值的材料和分析,为此他赢得了马克思理论家的声誉,但是他在分析帝国主义时,试图把马克思主义同机会主义调和起来,忽视了金融资本的本质。第一次世界大战后则鼓吹"有组织的资本主义"和"经济民主",积极宣扬国家垄断资本主义,歪曲马克思主义,破坏工人的革命运动。列宁称他是资产阶级"从社会党内部影响无产阶级的机会主义派别"。

德国作家拉贝辞世

1910年11月5日,德国诗人兼作家威廉·拉贝在布伦瑞克去世,享年近80岁。当他在马格德格一家书店当学徒的时候,他发现了自己的写作才华。他以笔名雅各布·考文纽斯发表了许多小说。由于他现实主义的描写手法、深刻的幽默感和光芒四射的人道主义,使他的作品深受读者的喜爱。他最著名的作品有《麻雀巷的编年史》《饥饿的牧师》《舒德伦姆甫》。文中主角以自我、内向和厌世态度自处。

墨西哥革命爆发

由弗朗索斯·马德罗所发起的反迪亚斯总统的革命运动1910年11月17日在墨西哥爆发。但除了在一个村庄中出现的零星战斗外,整个国家出奇的宁静。波菲利罗·迪亚斯将军在1876年夺得政权。虽然迪亚斯使墨西哥成功地迈向现代化,并获得国际的承认,但他所使用的方式却非常苛刻。他的政权拉拢有钱人,而忽视贫穷与土地改革的问题。反对党政治家马德罗在12月1日的墨西哥大选前的演讲中表示,墨西哥需要更多的民主,他的格言是:"要真正的选举,不要迪亚斯连任。"当迪亚斯再次以非法手段连任时,马德罗呼吁人民起来革命。他和农民领袖埃米利阿诺·萨伯塔及土菲首领潘乔·比利亚联合起来展开游击战反对迪亚斯。

凯迪拉克轿车率先装置电力起动马达

1911年2月17日,美国通用汽车公司(GM)所出产的高级轿车凯迪拉克率先装置电子起动马达,使汽车的发展又向前迈进了一大步。在此之前,汽车引擎的起动装置是一手摇式曲柄轴。对老弱妇孺而言,转动曲柄轴既费时又费力,而曲柄轴链条发生故障时,更有受伤的危险。美国通用汽车公司有鉴于此,乃着手开发安全性高的电力起动马达。这种马达是俄亥俄州发明家查理·凯特林所发明的。

麦克唐纳成为英国工党领袖

英国工党最具说服力的演讲者詹姆斯·赖姆塞·麦克唐纳1911年2月6日接替詹

姆斯·凯尔·哈丁成为工党领袖。由工党基层做起,迄今成为党魁的麦克唐纳是一位社会主义分子。据说,他早先认为党魁不过是一种象征性的地位而不愿放弃原来的党秘书长之职,但其个人 1901 年遇上失母丧子之痛,又因工党官员游说其于此刻接受党魁之职是英国劳工运动最大利益,才首肯出任工党领袖。

英国工人举行大罢工

1911 年 3 月,由于英国在世界资本主义市场上的地位的削弱使得工人阶级处境恶化,以致罢工运动出现了这样的高潮。工人阶级以罢工来回答生活条件的恶化,其范围之广,斗争之顽强,远远超过了 20 世纪最初的 7 年。在战前年代,工业冲突首次波及全国的煤炭、纺织、铁路和海运等工业部门。1911 年有近百万工人参加罢工,1912 年差不多有 150 万人。结果,1912 年大约损失了 4100 万个工作日,成为英国工人运动史上创纪录的数字。现在,运动的主力已经不是属于工人阶级上层的熟练技术工人,而是身受资本主义沉重压迫的无产阶级基本群众。正是他们使这个时期的罢工具有顽强的斗争性。弗·伊·列宁写道:"非熟练工人群众使工会空前活跃"。在很多情况下,罢工都是从下面发起的,这是对英国工联主义传统策略真正的反叛,同时工人往往拒绝遵守工联领导与企业主达成的折衷协议,有时甚至将这些首领赶下台来。工人阶级下层的这种决定性作用在 1911 年夏天港口工人的总罢工(这个时期的首次大罢工)中表现得最为明显。1912 年春天的煤矿工人总罢工是工人运动高涨的顶峰,1912 年 2 月 28 日已有 10 万人参加罢工,到 3 月 1 日整个大不列颠便无一个矿工下井采煤。但是,罢工仅以工人获得局部胜利而结束。虽然颁布了规定最低工资的法令,但具体数目并未确定。尽管如此,列宁认为这次罢工还是在英国工人运动中"构成了一个时代",并且具有重大的国际意义。当比利时煤矿工人中间酝酿着风潮而在自己的代表大会上讨论罢工问题时,布尔什维克《明星报》记者就此写道:"从大会的全部发言中可以感觉到在英国展开的伟大斗争所引起的反响,仿佛风把火热斗争的气息从英吉利海峡彼岸吹过来了。"1913 年的都柏林罢工,同样表明英国阶段斗争已经尖锐化。列宁在评价爱尔兰罢工的意义时写道:"这个身受双重和三重民族压迫的国家开始变成有组织的无产阶级大军的国家","就工人的组织情况来说,都柏林有希望成为整个大不列颠的先进城市"。英国工人阶级这种急速向左转,迫使英国资产阶级必须实行新的社会政策,以便阻止阶级斗争的进一步尖锐化。

亨利·卢梭辞世

1910 年,法国著名画家亨利·卢梭逝于巴黎。
亨利·卢梭于 1844 年生于拉瓦尔。他是一个自学成才的画家,父亲是工人,母亲出身农家。青年时期曾在军中服役 4 年,结识了去过墨西哥的士兵,他们讲起的异国风情,使他十分向往。1868 年他定居巴黎,1870 年又参加了普法战争,退伍后在巴黎当了一名税关雇员,后因受骗失职而被解雇,只得在酒馆以演奏来糊口。当时,他也参加当地举办的绘画活动,但未经训练,所绘作品技巧拙朴,这种不是做作的"拙味"被当时著名诗人阿波里奈尔所赏识,并为他写文章推荐。从此,他在画坛上获得了一定声誉。后经表现主义艺术家的鼓励,他保持这种率真的观察事物方法,并在题材中杂以某种神秘主义,使他的艺术独具一格。

亨利·卢梭的主要作品有:《自画像》(1888 — 1890 年)、《弄蛇者》(1901 年)、《独立一百周年》(1892 年)、《足球选手》(1908 年)、《今与昔》(1907 年)、《诗神与诗人》(1909 年)、《梦》(1910 年)、《睡着的吉普赛人》。

铁面总理斯托雷平遇刺

1911 年 9 月 18 日,沙俄总理斯托雷平遇刺身亡。事件发生在 9 月 14 日晚的基辅歌剧院内,当时人们正陶醉于精彩的演出中,随着两声沉闷的枪声打断了原有的平静,剧场乱成一团,被打伤的沙俄总理斯托雷平倒在地上。肺部和脊椎严重受伤,送到医院时已经不省人事,没过几天就病死在医院中。经警方调查,凶手是社会党人迪来特里,是位律师,受人指使才实施了这次行动。

斯托雷平自 5 年前任总理以来,由于众所周知的不妥协和不留情面的作风结下了许多仇敌。在其任职期间,各政党、工会和新闻界都相对地得到一些自由,可是俄国立法机关第二届"杜马"由于否决了他的允许农奴充分享有财产权的提案,被他解散了。最使人不满的是,斯托雷平是激烈的俄罗斯民族主义者。他对俄国的少数民族的政策非常苛刻。他解散了大多数的乌克兰人和波兰人的文化团体,他对待芬兰人的态度尤为残暴。

1906 年,有人想在他的圣彼得堡城外别墅内暗杀他,他幸免于难。当时他刚刚进入别墅后部的书房,一颗炸弹炸响了,23 人死亡,其中就有斯托雷平的儿子和女儿。

革命家拉法格夫妇自杀

1911 年 11 月,马克思女儿、女婿拉法格夫妇自杀。

拉法格于 1842 年生于古巴,1851 年回法国。在巴黎学医,从事政治与社会问题研究,但受蒲鲁东主义思想影响。1865 年到伦敦学医,不久加入第一国际,为总委员会委员,并结识了马克思与恩格斯。1868 年与马克思之女劳拉结婚。1870 年回法国,在波尔多出版社工作。1871 年逃往西班牙,并积极参加第一国际内部反对巴枯宁主义的斗争。随后成为法国工人运动的领导人之一,建立法国工人党,宣传马克思主义思想,1883 年被捕入狱。1885—1894 年为议员,但反对社会主义者参加资产阶级政府。1911 年 11 月 25 日夫妻俩自杀。

卢瑟福提出原子核概念

英国物理学家欧内斯特·卢瑟福被称为"原子能之父",这个称谓是他在 1911 年得到的。当年,他根据 α 粒子通过金箔的散射实验发现了原子核,并进而提出了原子结构的行星模型:原子的结构与太阳系的结构相似,原子中心有一个带正电的核,带负电的电子围绕原子核转动;原子核所带的单位正电荷数等于核外的电子数,使整个原子呈中性。卢瑟福提出的原子核概念成了现代物理学的重要基础,被称为"人类自德谟克利特以来对物质这一概念的最重大的改变"。

英王乔治五世加冕

1911 年 6 月 23 日,英国国王乔治五世在伦敦威斯敏斯特教堂加冕。加冕仪式象征着君主制传统的继续。许多王室贵族都身着鲜艳华丽的礼服参加加冕仪式。当日,威斯敏斯特教堂和大街上挤满了准备在这里逗留一天的人们。他们共同的心愿就是想看上一眼皇家的队伍。加冕仪式开始了,整齐威严的皇家队伍护着国王来到威斯敏斯特教堂,经过皇家加冕时的各项仪式后,国王终于戴上了由印度政府支付的价值 6 万英镑、专为这次活动制作的新王冠。

乔治五世在位 25 年,1936 年驾崩,其长子爱德华八世(即历史上著名的温莎公爵)即位。

癌病毒的发现

1911 年 1 月 21 日,美国弗朗西斯·佩顿·劳斯发表医学报告,提出癌肿瘤是病毒所致,这一提法在医学史上属首次。劳斯是纽约市洛克菲勒研究所的内科医生。去年,一位养鸡人送给劳斯一只发育奇特的鸡。他从这只鸡的癌性肿瘤中抽出传染物,又注到另外几只健康鸡体内,于是癌症状传给了这几只健康鸡。既然这种污染物能穿透很薄的薄膜,看来它就是所有微生物中最小的——病毒。

《蒙娜丽莎》被盗

1911年8月22日晚,有人潜入巴黎罗浮宫,偷走文艺复兴时期画家达·芬奇的作品《蒙娜丽莎》。警方怀疑是心智不正常的人偷走了这一幅举世闻名的绘画作品。罗浮宫馆长对于名画失窃一事,十分震惊。该馆收藏这幅名画已超过100年,法国人民已将《蒙娜丽莎》视为国家财产。以"神秘的微笑"为主题而闻名于世的《蒙娜丽莎》,据说是一位佛罗伦萨商人之妻乔康脱·丽莎的肖像画。达·芬奇约在1504年完成这幅肖像画。达·芬奇是佛罗伦萨一名公证人的私生子,15岁时成为当时佛罗伦萨最有名望的大师维洛吉欧的学生,开始其画家生涯。一般人对于达·芬奇在美术方面的成就较为熟悉,事实上他也涉猎解剖、天文、植物及地质等方面的学问。在他的手札中可以看到许多关于解剖、数学、机械的记载与素描。

意为争的黎波里而战

摩洛哥危机为实现意大利帝国主义在的黎波里和昔兰尼加方面的计划创造了有利的局势。奥斯曼帝国的这些非洲省份,很早就已经引起与梵蒂冈有密切关系的罗马银行的注意以及意大利其他有势力的金融集团和工业集团的注意。意大利帝国主义者认为侵占的黎波里(包括昔兰尼加)是在建立自己对地中海区域的统治的道路上的第一步。他们也为自己的对内政策的利益利用了的黎波里问题。意大利的帝国主义断言:对土耳其的战争可以"团结意大利人"和用"民族斗争"代替"阶段斗争"。欧洲列强没有一个表示反对意大利的计划。德国担心的是:如果它反对侵占的黎波里,那么,意大利就会拒绝续订关于三国同盟的条约。奥匈根本就认为,把意大利的侵略野心从阿尔巴尼亚和巴尔干半岛的整个亚得里亚海沿岸吸引到的黎波里方面,对自己是有利的。法国远在1902年就订有密约,在的黎波里问题上有支持意大利的义务。根据1909年在拉康尼兹缔结的协定,俄国保证给意大利同样的支持。最后,英国由于它同德国的关系不断尖锐化,也不愿意使意大利反对自己。意大利对土耳其提出最后通牒(1911年9月28日),要求割让的黎波里和昔兰尼加,在被拒绝之后,就开始了军事行动。为了对土耳其增加压力,意大利舰队炮轰贝鲁特和达达尼尔海峡,而意大利军队在多德卡尼群岛登陆,予以占领。土耳其请求列强出面调停,毫无结果。在整个战争期间,土耳其处于孤立地位。巴尔干半岛上开始的危机和与此同时国内斗争的尖锐化,迫使土耳其政府向意大利让步,于1912年10月15日同它签订秘密条约,又过3天,在10月18日,已经签订公开的条约,根据这项条约,土耳其苏丹把自己在的黎波里和昔兰尼加的一切权益让给意大利。这样一来,意大利终于侵占了的黎波里和昔兰尼加,使它们变成自己的殖民地——利比亚。阿拉伯人在的黎波里战争中蒙受巨大的牺牲,他们在和约签订以后的许多年间,还继续抵抗意大利侵略者。

意大利国旗在土耳其的黎波里上空飘扬

1911 年 10 月早些时候,意大利水兵将意大利国旗插在的黎波里海岸。1911 年 10 月 20 日,他们进而占领了的黎波里的几个要塞,声称他们已是"的黎波里的主人"。在奥布里海军少将指挥下的一支意大利舰队炮轰班加西城,在激烈的速决战后意大利又控制了该城大部分地区。土耳其尽管损失惨重却拒绝投降。他们说目前国家领土完整处于危险时刻。意大利的胜利似乎证明了意大利确实是他们自诩的"军事大国"。

丘吉尔荣升海军大臣

1911 年 10 月 1 日,温斯顿·S·丘吉尔接受指令,将使英国海军处于"随时准备立即参加战斗"的状态,以防德国进攻。向他下达这一指令的是英国首相赫伯特·阿斯奎斯。阿斯奎斯任命丘吉尔为海军大臣。丘吉尔虽然只有 37 岁,却已在政府部门身兼两职:商务大臣和内政大臣。在他任内政大臣期间,他曾亲自赶到悉尼大街去指挥围困无政府主义盗贼,而不是将此事交给警察处理,因此引起人们的批评。丘吉尔刚刚在政府部门任职后,就引起了人们的关注。他在部队当中尉时,曾请假到波尔战争的战场上任战地记者,被捕后又逃脱。敌人悬赏要他的人头,但他说悬赏价格太低,只有 25 英镑。他的惊险经历为他写作和讲演提供了素材。他说:"我是仅够糊口。"

辛格的戏剧在纽约引起骚乱

爱尔兰剧作家约翰·M·辛格的《西方世界的花花公子》1911 年 11 月 26 日晚在马克辛·埃利奥特剧场开始演出,引起一个戏剧性场面。辛格辛辣的幽默唤起了观众的义愤,马铃薯、其他青菜和一种带臭味的块茎纷纷向爱尔兰演员们砸去。这场面一开始造成一片惊慌,然后臭气弥漫。捣乱者被奋力推出剧场。后来警察赶到,第一场戏重演,然而仍不时有人在喊:"可耻、可耻",而且又扔了一些杂七杂八的烂菜。这个国家的舞台上还从来没发生过这样的事。

居里夫人二度获得诺贝尔奖

玛丽·居里 1911 年 12 月 10 日获诺贝尔化学奖,成为世界上第一位二度获得诺贝尔奖的人。1903 年,居里夫妇与亨利·贝克勒尔因放射性研究,共同获得诺贝尔物理学奖,居里夫人则以镭与钋二种新元素的发现,再度获奖。这项研究成果是她与丈夫皮尔·居里共同完成的。但居里先生在 5 年前因车祸去世,无法共享这份荣耀。居里夫人在科学领域中创造出许多第一。1903 年,她成为第一位出席伦敦皇家研究所会议的妇女。1906 年,居里先生去世,她接替其教授的职务,成为第一位在巴黎大学任教的女教授。1911 年度其他诺贝尔奖得主是:德国科学家威廉·维恩以热辐射的研究成就,获物理学奖;瑞典医师居尔斯特兰德以眼的屈光系统研究,获得医学奖;比利时剧作家摩里斯·梅特林克获得文学奖;荷兰人托比亚斯·阿塞尔与奥地利人阿弗列德·费里德则因致力于世界和平工作共同获得和平奖。

两支探险队争相抵达南极

挪威探险家罗尔德·阿蒙森与其 4 名伙伴经过一年艰辛的旅程后,1911 年 12 月 14 日终于抵达南极,成为第一支在地球最南端驻足的探险队伍。阿蒙森一行于 1910 年 1 月 14 日到达南极洲鲸湾,扎营度过整个冬季之后,同年 10 月 28 日,驾着传统的狗拉雪橇展开南极探险。得助于良好的天气与详密的计划,这位挪威探险家终于到达南极,插上国旗。4 周以后,英国人罗伯特·史考特所率领的探险队也到达南极。史考特与 11 名伙伴于 1910 年 10 月 24 日从埃文思角出发,比阿蒙森早 4 天开始南极探险之行。但他选择的路线比阿蒙森长 96 公里,途中因遇上暴风雪,交通装备损毁,迫使部分队员不得不中途折回。最后仅剩史考特与 4 名队员继续前进。翌年 1 月,史考特一行人艰辛跋涉至终点时,非常失望地发现,他们是第二支到达南极的探险队。

赖希海尔德发明降落伞

1912 年 2 月 4 日,奥地利人弗朗茨·赖希海尔德从埃菲尔铁塔上跳下来,像一块石头一样坠地。虽然一位专家反对他这样做,这位业余降落伞发明者却说:"我有成功的把握。"

不列颠人基钦纳成为苏丹总督

　　不列颠的基钦纳勋爵 1912 年 2 月 27 日开放了连接喀土穆和乌拜伊德的铁路线。乌拜伊德位于喀土穆西南部 200 多英里处。这是他维护对苏丹的统治的总计划中的又一步骤。基钦纳在 20 世纪初就开始沿尼罗河修筑铁路。英国承认他的辉煌的军事胜利和出色的政绩,任命他为苏丹总督。自此帝国的其他地方也需要他。他曾到南非帮助镇压布尔人,还去过印度指挥那里的英国军队。1911 年他返回埃及,任总领事。

法国获得摩洛哥

　　数年来,法国一直在悄悄地把它的触角伸向摩洛哥。1912 年 3 月 30 日,法国在摩洛哥的地位合法化了。摩洛哥现在成为法国的保护国。按照非斯协定,常驻将军将驻扎在摩洛哥;他将尊重国王的宗教特权,尊重西班牙的利益和丹吉尔的特殊地位。几年来一直在与法国争夺对该地区统治权的德国去年同意了这一协定。

丹麦国王腓特烈八世病逝

　　1912 年 5 月 14 日,丹麦国王腓特烈八世病逝于德国汉堡,享年 68 岁。腓特烈八世在法国尼斯度完假后,回国途中下榻于汉堡的一家旅馆。晚间独自外出散步时,因突发脑中风,送医不治而亡。这位丹麦国王出生于 1843 年,21 岁时曾参加丹德战争,1906 年正式继承王位。由于他平易近人,生活简朴,颇得民众爱戴。

德籍豪华客轮元首号下水

　　德皇威廉二世 1912 年 5 月 23 日在汉堡亲自主持德籍客轮元首号的下水典礼。这艘 5 万吨级的豪华客轮,全长约 290 公尺,共有 11 层甲板。船上的豪华设施包括数座手球场、一座网球场、一间英国式的高级餐厅,以及方便乘客往来于甲板间的升降梯。元首号以 4 部 7 万马力的涡轮引擎推动,全速时可达 33 节(约等于时速 61.5 公里),并具备特殊的水槽装置,可减少船只的晃动,而其最大的特色是安全设备齐全。自英国巨轮泰坦尼克号发生沉没的悲剧之后,各国均十分重视客轮的安全设施。元首号不但具有双层底部和为数不少的不透水船舱,还备有足够的救生艇与救生筏,供 1100 名船员与 4100 位乘客在危难时使用。

第五届现代奥运会举行

1912 年 6 月 29 日,第五届现代奥林匹克运动会在斯德哥尔摩举行,有来自 28 个国家的 2541 名运动员参加比赛。7 月 22 日结束。国际奥林匹克委员会及其秘书长皮耶·迪·柯柏丁决定,本届奥运会放弃一切盛大的庆祝仪式,以体现体育思想,所以除了优胜运动员在体育竞赛项目中获得奖牌之外,秘书长柯柏丁以乔治·赫罗的化名在文学比赛中创作《体育颂歌》,被裁判委员会认为是最佳作品,也获 1 枚金牌,成为本届奥运会的一大佳话。最后,奥林匹克委员会选定德国柏林为下一届(1916 年)奥运会的举办地。

英国采取行动反击德国

1912 年 7 月 22 日,针对德国扩建海军这一情况,英国皇家海军部将其战舰从地中海召回派往北海。这一行动的起因是这两个欧洲国家最近进行的关于海军问题的谈判。德国最新制定的海军法中提出高速建设船厂的目标,英国对此计划存有戒心。在被称为霍尔丹使命中,英国与德国官员会晤,企图让德国放慢建设造船厂的速度。对此,德提出的条件是:两国要发表联合声明,保证任何一方卷入战争时,另一方要保持中立。英国担心这一声明将使它与法国和俄国的关系恶化,因此拒绝了这一条件。在这一谈判失败后,英法一致同意巩固 3 个条约国之间的关系,因此导致今天英国重新部署舰队的行动。

日本明治天皇病逝

日本明治天皇 1912 年 7 月 30 日清晨零时 43 分因心脏麻痹病逝,享年 60 岁。明治天皇生于公元 1852 年,是日本第 122 代天皇,于 1867 年继位,同年 10 月自幕府手中取回政权,日本人称之为"王政复古"。1868 年,率领公卿诸侯祭告天地,宣读《五条誓文》:①广奥会议,万机决于公论。②上下一公,共展经论。③文武百官以至庶人,务使各遂其志。④破除旧日陋习,一切从天地间公道。⑤求知识于世界,大振皇基。明治天皇励精图治,推行新政。新政重要内容包括:废藩置县(设 3 府 72 县),颁布征兵令,建立君主立宪,奖励工业生产等,在短时期内即使日本急剧进步,国力大增。1898 年,颁布宪法,翌年召集第一次国会。对外方面,明治曾发动两次战争,一次是 1894 年甲午战争,另一次是 1905 年日俄战争,日本均获胜,因而跃升为东方强权。

罗斯福被提名为美国总统候选人

1912 年 8 月 5 日新成立的进步党（即公麋党）提名罗斯福为总统候选人。他们的这一行动是将持不同意见的共和党人在 6 月召开的残余会议（大部分成员已离去因而无代表性的会议）的结果正式公布于众。那次会议是为了抗议共和党提名塔夫脱在白宫连任 4 年总统而召开的。进步党（又称公麋党）这次大会的会址和共和党两月前召开大会的会址相同，都是芝加哥大表演场。进步党的这次大会几乎带有宗教气氛，因此被比作"复活会议"。前总统罗斯福近年来常与塔夫脱发生摩擦，塔夫脱曾是他的副总统，是罗斯福亲自挑选塔夫脱作为自己的白宫接班人的。

巴尔干国家局势濒于沸点

1912 年 9 月 30 日，据最近来自伦敦的大多数报道，随着土耳其和巴尔干联盟的军备逐渐升级，巴尔干国家的形势变得越来越具有爆炸性。最近出现的新情况是，俄国在华沙已动员了 7 个军团，保加利亚、塞尔维亚和希腊认为，这一行动威胁这一地区的稳定。可是据俄国和大不列颠官员会谈发出的电讯表明，俄国的这一行动是为了维护和平。"俄国大使馆对此十分关切，因此正竭尽全力制止战争。"而且，俄国外交官已敦促其同盟国土耳其"改变它的（巴尔干）计划，使保加利亚不再担心"。显然，保加利亚对土耳其在阿德里安堡集结军队感到不安。现在土耳其政府已决定撤走阿德里安堡驻军，但将把这些部队重新布置在马其顿。保加利亚很可能对此做出强烈反响。据君士坦丁堡记者报道，保加利亚人"现在很激动，只要一个小小的原因，就会激起他们宣战"。有些人确信巴尔干联盟仅仅是在找理由打仗，希望战争中如果土耳其失败他们就会夺得更多领土。由于与意大利的消耗战，土耳其已经疲惫不堪了。

乃木希典随明治天皇殉死

日本大将乃木希典与其妻子静子 1912 年 9 月 13 日在明治天皇葬礼举行完毕时（20 时左右）双双在家中自杀，追随天皇殉死。乃木希典，日本山口县人，幼年时入明伦馆受教育，毕业后进伏见兵学校接受军事教育。1894 年甲午战争时，任第一旅团长，屡建大功。1896 年升任台湾总督，后因行政工作不能发挥其才能而辞职。1904 年日俄战争爆发，乃木希典任第三军司令官，攻破旅顺要塞，促使俄军投降，因而晋升为陆军大将，同时被授予伯爵之位。死后，因其战功及追随天皇殉死之义烈，被日本军人视为"军神"。

意大利与土耳其达成和平协定

1912 年 10 月 18 日,土耳其和意大利在瑞士的乌希经过为期 2 个月的谈判后已达成和平协定。根据条约,土耳其将利比亚割让给意大利,作为交换条件:意大利同意从爱琴海撤军。意大利一年多以前向土耳其宣战,并迅速占领了利比亚海岸。土耳其几乎没有抵抗,当意大利在德尔纳和西迪·比拉尔取得决定性胜利后,土耳其提出和谈。在谈判的最后阶段,巴尔干地区正面临爆发新的战争的威胁。土耳其在这一压力下急于迅速达成协议。

威尔逊当选为美国总统

被称为"政治教师"的伍德罗·威尔逊 1912 年 11 月 4 日当选为美国总统。虽然他在大多数州内都大获全胜,但却是以微弱多数而当选的,他的票数少于两个竞选对手选票的总和。威尔逊的选票为 6294293 张,准备连任总统的共和党人塔夫脱总统的选票数为 3486000 张,而进步党(或称公麋党)的候选人,从前担任总统的共和党人西奥多·罗斯福选票为 4117000 张。社会党候选人尤金·德布斯的选票为 897011 张。现任新泽西州州长的威尔逊提出为在国内进行改革而实行"新自由"。他的当选结束了共和党对白宫长达 20 多年的统治。威尔逊生于弗吉尼亚州的斯汤顿,在普林斯顿大学毕业后,先从事法律工作,后到大学任教。1902 年任普林斯顿大学校长,后来在任州长期间发动了广泛的改革。可望在任总统一职时,他也会实行改革。

卡雷尔获诺贝尔医学奖

法国医生阿力克西斯·卡雷尔 1912 年 12 月 10 日以外科方面的成就,荣获诺贝尔医学奖。卡雷尔生于里昂,1900 年获得里昂大学医学博士学位,1904 年赴美,目前任职于纽约洛克斐勒医学研究所。这位法籍医师发明出一种缝补血管的外科技术,并成功研究出人体器官体外存活的方法。1912 年度其他诺贝尔奖获得主还包括:瑞典工程师尼尔斯·古斯塔夫·达伦,以发明航标灯自动调节器获得物理学奖;法国科学家维克多·格利利亚与保罗·萨巴提尔,以研究催化有机合成而获得化学奖;德国作家格哈特·豪普特曼获得文学奖;美国陆军部长艾利胡·鲁特获得和平奖。

吉米·索普退回多项奥运奖牌

1913 年 1 月 27 日,吉米·索普在 1912 年奥运会上夺得数项冠军,许多人都认为他是世界上最优秀的运动员,但他现在承认他曾是一位职业棒球运动员,因此不配获得只奖给业余运动员的奖牌。他这一自白使仍然为他在斯德哥尔摩的精彩技艺而兴奋的美国体育界大为震惊。这位运动员说他将退回由瑞典国王颁发给他的 5 项全能奖牌和沙皇授予他的 10 项全能奖牌。这些奖牌将发给名次在索普之后的运动员。这位来自宾夕法尼亚州卡莱尔市印第安学校的运动员在一封写给业余运动员协会登记委员会主席詹姆斯·E·沙利文的回信中,承认在 1909 年至 1910 年他曾是职业棒球运动员。"我不太善于处理问题,当时也没认识到这是错误的",索普这样说。在 1912 年奥运会上,索普分别获得 200 米短跑、1500 米赛跑、跳远、投掷铁饼等 5 项全能赛中的第一名。在 10 项全能赛中他获得跳高、1500 米赛跑和推铅球第一名。

吉米·索普在奥运会上夺数项冠军

青年土耳其党发动政变夺得政权

1913 年 1 月 31 日,青年土耳其党和土耳其军方革命者联合发动的政变已经推翻了奥斯曼帝国,使大动荡的 1 月份里的和谈受到严重破坏。在全国大会投票决定接受巴尔干联盟和平条约的第 2 天,进步党(青年土耳其党)委员会中的激进成员塔拉特·贝和军方高级领导人马姆德·谢夫科特帕夏推翻了科尔米尔·帕夏的政府。这场动乱随即开始。欧洲各国建议土耳其放弃阿德里安堡,但遭到革命者们的拒绝。为了达到这一目的,并把战争继续下去,他们夺得政权,声明如下:"妥协绝不可能,改换内阁意味着我们要么挽救祖国的荣誉,要么就为之而战死。"大多数观察家都认为他们确实会死去。由于一切进行得很秘密,科尔米尔·帕夏的内阁并没有充分防备内讧,因此青年土耳其党人迅速推翻了这一政府。更主要的原因是帕夏的内阁全力忙于对付巴尔干联盟,还承受着来自欧洲各国的压力。起义军冲上政府大楼的台阶,高喊"打倒政府"的口号。敢于阻拦他们的全被打死,其中包括前国防部长纳奇姆·帕夏。这些新出现的情况使巴尔干和谈代表团举棋不定。伦敦和谈会议上有两种主张:一种认为立即停止和谈,重新开战;另一派认为停止谈判4天,由欧洲国家向青年土耳其党施加压力。被采纳的是第2种意见。现在只有时间才会告诉人们是否还会继续流血。

美国纽约中央车站启用

美国纽约中央车站1913年2月2日正式启用。纽约于1900年开始兴建地下铁路网,位于市中心第42街的中央车站也包括在此建设计划之内。这座车站共占地32公顷,车站分为两层,上层有42个月台,为远程路线,下层为近郊路线。车站大厅可容纳1043节车厢,乘客多半留在大型候车室内,待火车进站后,才到月台搭车。

墨西哥前总统马德罗遇刺身亡

墨西哥被黜总统弗朗西斯科·马德罗与副总统1913年2月23日深夜在首都的大街上被害死。马德罗和先于他被杀死的兄弟都是"逃跑法"的牺牲品,该条法律规定可以开枪打死任何被认为是拒捕的人。在死一般寂静的深夜中,两辆载有士兵的汽车押送马德罗去监狱,这可能是为了他的安全。据早些时候就已宣布为临时总统的维多利亚诺·韦尔塔将军说,有一伙带有武器的人向卫兵发动袭击,两名在押者都想逃跑。韦尔塔答应进行"严格调查"。马德罗曾领导了为推翻独裁者波菲里奥·迪亚斯而进行的1910年革命。他被称为"民主改革者"。可是事实证明并非如此。2月9日突然爆发了另一场革命,其领导者是被驱逐的独裁者的一个侄子——费利克斯·迪亚斯。这场革命9天就结束了。当马德罗走进国家宫内的大使厅时他发现自己成了自己部队的俘虏。马德罗总统的兄弟古斯塔沃已先于他在迪亚斯控制的兵工厂被害。迪亚斯与一直反对他的军队司令韦尔塔达成一笔交易。众所周知,古斯塔沃是他兄弟马德罗的行政当局内的实权派,许多人指控他犯有贪污罪。他遗留的财产为500万美元。古斯塔沃在他被害的那天犯了一个错误:他与韦尔塔和其他人在餐馆吃饭,当韦尔塔将军知道总统已被俘后,就将古斯塔沃交给了迪亚斯。美国人没有介入这场斗争,但为了防备万一,已有4000人的军队开往边境。

首届远东运动会在菲律宾举行

1913年2月1日,第一届远东运动会在菲律宾马尼拉举行,与会国家有中国、日本与菲律宾。此次赴菲的中国代表队,由北部各学堂选15人,长江流域汉口至上海地区选派10人至12人,广东、香港派出足球队及其他竞技者20人;随队者有专门体育监督1人,同行者还有北京清华学校监督唐介臣、聂管臣及天津的朱神惠博士等人。运动会至9日闭幕,总成绩为菲律宾第一,中国第二,日本第三。第二届运动会拟于明年在日本举行,第三届运动会拟订于1916年在中国举行,以后每3年举行1次,视情形决定举办地点。

废奴主义者塔布曼去世

曾帮助黑奴同胞由"地下铁道"(协助黑奴逃亡的秘密交通网——译者)逃向自由的勇敢、目不识丁的庄稼人——哈丽特·塔布曼,1913年3月10日在她的纽约家中去世,享年92岁。她出生在马里兰州东部海岸的一个庄园中。1849年逃到北方。此后她又帮助了300个或者更多的黑奴逃往北方。内战期间,在南卡罗来纳州的联邦军队中她当过厨师、护士、侦察员和侦探。内战结束后,奴隶获得了自由,废奴主义者们和黑人同胞们称她为真正的女英雄。

财政奇才摩根去世

华尔街财政奇才J·皮尔庞特·摩根1913年3月31日在罗马的豪华大旅馆去世,享年76岁。在议会开庭调查金融托拉斯控制美国企业一事刚过几星期后,这位拥有数百万美元财产的银行家1月份乘船从纽约来到埃及。在开庭时,他看上去身体很好,但到了开罗后,还没来得及去罗马他就病了。摩根的医生认为他是由于神经极度疲惫而死亡的。他去世的消息公布后,意大利国王维克多·埃曼纽尔、教皇庇护十世和数百名在美国国内国外的老朋友发来唁函。他的遗体已经火化,骨灰将运回纽约家中。摩根是金融界的天才,他的家财已形成巨大的银行王国。据估计他的总财产将近1亿美元。摩根还是个慈善家,他向许多博物馆捐献的名画不计其数。

齐柏林飞艇的发明者费迪南德·齐柏林伯爵于1890年成立促进飞艇航行股份公司,该公司股票销售良好,所以在路德维希港的造船厂中,一艘艘的飞艇问世。然而飞艇遇难事件和完成速度成正比。在接地系缆绳时,巨大的雪茄形的飞艇常断裂破碎。在气候不良,必须采取紧急降落措施时,不能按部就班地使用缆绳让飞艇着陆,不幸事件因此发生。1913年4月初,一架齐柏林飞艇迷航,事件还威胁到德法关系。由于强大的东风,致使飞行员在雾中迷失方向,飞进法国领空,不料又降落在法国军队的练习场。当德国艇长强调飞艇的治外法权,不愿让法国官方登艇时,法国立刻认定这是一项间谍活动,情况僵持到艇长接获德国的电报命令,方做让步。3天后法国并未发现任何间谍活动,让飞艇返回德国。德国总理对此特向法国政府表示感谢。

舞蹈家邓肯痛失子女

1913 年 4 月 20 日,舞蹈家伊莎多拉·邓肯在得知她的孩子在巴黎惨死的消息后,无限期地取消了她的一切演出活动。当她年幼的女儿迪尔德丽和儿子帕特里克与他们的女保姆坐车从塞纳河桥上经过时,轿车失控从桥上掉下落入河中,3 人全部淹死。邓肯小姐的悲剧是她的事业达到成功之巅时降临到她头上的。邓肯 1877 年生于旧金山,她摒弃了她在孩提时受到的微不足道的芭蕾舞训练,创造出自己的优雅、奔放、无拘无束的舞蹈风格。她曾到过英格兰、俄国、法国演出,用她自己的话说她曾在"柏林风靡一时"。在匈牙利,她在李斯特作品《拉克西进行曲》的快速节奏下特意为纪念匈牙利革命者而翩翩起舞。全世界爱戴她的数百万人民在分担着她的悲痛。当克洛德·德彪西听到这一消息后,走进她的工作室肃立后,坐在钢琴前弹奏起他的作品《死亡舞蹈》。

第一次巴尔干战争结束

1913 年 5 月 30 日,土耳其与巴尔干联盟的成员国在伦敦圣詹姆斯宫签订了和平条约,巴尔干战争也随之正式结束了。这次和谈的主要人物爱德华·格雷勋爵主持签字仪式。除此之外,保加利亚和土耳其代表还签订了一项各自从对方撤军的草约。这次伦敦会议的成果之一是制定了一个阿尔巴尼亚宪法。塞尔维亚和保加利亚的总理们似乎明天还要举行会谈,解决有关管理马其顿的争端。马其顿以前受土耳其管辖,今后可能要由这两个国家共同管理。结束为时 8 个月的战争,这件事受到欧洲人民的欢迎。昔日他们总是忐忑不安地注视巴尔干局势。正如匈牙利一位代表 S·戴思弗博士说的那样,"我非常高兴,这不仅意味着保加利亚获得了和平,而且意味着全面和平,因为欧洲了却了一件最棘手的近东问题。"

卡庞捷赢得欧洲拳击冠军

1913 年 6 月 1 日,令人瞩目的欧洲次重量级拳击锦标赛的桂冠已由能力非凡的法国人乔治斯·卡庞捷摘走。他胜过了强有力的英国冠军邦巴迪尔·韦尔斯,并在第四轮将他击倒从而获胜。卡庞捷把韦尔斯逼至绳边并左右开弓地猛击。

第二次巴尔干战争爆发

1913 年 7 月,欧洲的火药库——巴尔干半岛再度燃起战火。1912 年 10 月至 1913 年 5 月间,塞尔维亚、希腊、保加利亚在巴尔干战争中连连取胜,迫使土耳其在伦敦签署了一项和平条约,放弃博斯普鲁斯与达达尼尔海峡一线以西的欧洲领地。但是战争结束后,巴尔干同盟国对马其顿地区的归属问题又发生争执,塞、保、希三国最后决定由俄国仲裁领土分配问题。但在俄国出面仲裁之前,保加利亚军队已开进马其顿地区。此举引起塞尔维亚与希腊相继对保加利亚宣战。而夹在两敌对国之间的罗马尼亚,也于翌月 10 日占领布莎,从保加利亚手中夺回部分领土。土耳其则乘机参战,夺回 1913 年 3 月 25 日失去的要塞亚得连堡。

都柏林发生冲突事件

都柏林 1913 年 9 月 21 日发生血腥的冲突事件。罢工的电车工人以瓶子及其他投掷物袭击警察,警察亦以警棍驱逐罢工者。1 万名罢工工人及其支持者相拥穿越都柏林市街,阻挡电车,捣毁车厢,警方则派出大批警力镇压。这是爱尔兰工人罢 13 周以来最混乱的局面,也是柏林 30 年来最严重的一次暴动事件。截至 8 月,受伤人数已超过 500 人。罢工者毫无节制地向警方发动攻击,警方亦因过度使用武力而遭到批评。另一方面,反对爱尔兰自治的联邦主义分子正在爱尔兰组织一支志愿军。来自贝尔发斯特的消息指出,已有 10 万人加人志愿军,加入人数仍在增加。领导联邦主义分子反对爱尔兰自治的爱德华·卡森已经在贝尔发斯特检阅这支志愿军,准备在爱尔兰自治法案通过时起来进行武装战斗。

加罗斯飞越地中海

法国飞行员罗兰·加罗斯 1913 年 9 月 23 日从夏纳附近的弗雷朱斯飞行 558 英里(437 英里在海空上)到达突尼斯附近的在比塞大。很长时间以来加罗斯就计划飞越地中海。虽然他的朋友们试图劝阻,加罗斯还是决定尝试一下,他甚至拒绝了法国海军当局所提供的派一队鱼雷艇护送他的援助,以便在他万一被迫坠落入水时进行援救。1913 年 9 月 21 日早晨 6 点钟,他乘坐一架装配有格诺米机器的莫拉尼-索尔尼单引擎机朝南飞去。天气似乎很晴朗,能见度很理想,但是却逆风而行。上午 7 点到 8 点间从科西卡的阿雅克修,传来无线电报道说他已经通过那里。他于下午 1 点 45 分降落在比塞大,只剩下 1.3 加仑的汽油了。加罗斯的直达飞行是目前曾完成的最长距离的海上飞行，肯定了他作为飞行员的世界荣誉，他赢得了欧洲一些最著名的长距离比赛。他还参加了许多国家的飞行运动会并创了一些高度纪录。这一惊人的成绩在他的硕果累累的航空成就上又多了一个成果。

福特汽车厂建立活动装配线

1913 年 10 月 7 日，亨利·福特在密执安州海兰帕克的汽车制造厂建立了一条活动装配线，大大提高了生产效率。不像其他工厂那样用工人们去安装正在制造中的汽车，福特是使汽车沿 250 英尺长的装配线传送而来，工人们沿线装配零件。这种装配线使一台汽车在不到 3 小时内就制造出来。这项革新适应了对福特 T 型汽车日益增长的需求。仅明年里，即可预期生产出近 25 万辆汽车。

巴拿马运河凿通

美国总统威尔逊 1913 年 10 月 10 日在华盛顿按下启动 8 吨炸药装置的电钮，炸开了巴拿马运河最后一道障碍，大西洋与太平洋的海水同时汇入运河通道内。小型船只已可在河道内行驶，较大型船只的航道则可望在数星期内开放。运河的全长约 83 公里，宽152 至 304 公尺，两端各有 3 对水闸。船舶通过运河约需 7 至 8 小时。

泰戈尔获诺贝尔文学奖

1913 年 12 月 10 日，印度诗人和哲学家拉宾德拉纳得·泰戈尔以抒情诗集《吉檀迦利》的英译本，获得诺贝尔文学奖。这是诺贝尔奖自 1901 年设立以来，亚洲第一位获此殊荣的文学家。泰戈尔早年曾前往英国求学，所以他的作品受到西方文学相当大的影响。其诗文具有宗教气息，也充分表现出印度传统的文学风格。泰戈尔在获奖后，即前往欧洲、美国、中国、日本、马来西亚和印尼等地演讲旅行。1913 年度诺贝尔奖的其他得主为：荷兰的欧奈斯获物理学奖；瑞士的维尔纳获化学奖；法国的里谢特获医学奖；比利时的拉方丹则获和平奖。

《蒙娜丽莎》失而复得

1911 年巴黎罗浮宫失窃的名画——《蒙娜丽莎》1913 年 12 月 13 日在佛罗伦萨出

现。经过专家鉴定,证实这幅画是达·芬奇的原作,且毫无损伤。偷画人是一位画家,名叫文森卓·佩鲁加,现已入狱。意大利当局说明全案的经过:佩鲁加于 1911 年 8 月停留巴黎期间,乘机偷走了《蒙娜丽莎》,当他设法将画卖给古董商格里时,格里通知警方,佩鲁加因而被捕。专家表示,由于这幅画太具知名度,任何人都无法将其出售。《蒙娜丽莎》在运回巴黎之前,将在佛罗伦萨展出一周。16 世纪时达·芬奇即在此地完成带有神秘微笑的《蒙娜丽莎》。

美国新联邦储备系统建立

大约有 213 家国家银行申请加入在威尔逊总统 1913 年 12 月 23 日刚刚签署的一项法令下产生的新联邦储备系统。这项新的联邦银行系统将提供银行票据和信用卡,是在商业景气时自动增长和营业量下跌时自动缩小的一种手段。通过建立 12 家联邦储备银行,作为成员银行的存款保藏处。美国现在即将有一个中央机构来为银行服务而无须有一个诸如英格兰银行那样单个巨大银行。在签署这项议案形成法令的时候,威尔逊总统使用了几支金笔,并开玩笑地说:"我正在金子储藏上签字"。

福特实施革新行动

亨利·福特 1914 年 1 月 5 日宣布将付给工人们每天最低工资 5 美元,并分享前一年 1000 万美元的利润,使企业界大吃一惊。这位汽车巨头还透露福特汽车公司要改变现在的两班倒,每班 9 小时的工作制度,而将实行昼夜工作,三班倒,每班 8 小时的工作制度。这将提供几千人以上的就业机会。这项新计划的另一方面规定任何人都不会被解雇,除非证明他是不忠诚或是工作效率不高者。任何一个人如果在一个部门工作不好的可以给予在工厂另一部门好好工作的机会。大约 10% 的工人,大多数是妇女和儿童不会得到任何红利。然而,所有的工人都会得到最低 5 美元的工资,甚至是扫地板的儿童。这项惹人注目的行动将影响到 26000 名雇员,其中大约 15000 名现在正在底特律工厂工作,而其他人在世界各地的福特分厂工作。这个公司 1914 年的财务报表表明有 3500 多万美元资产和 28 万多美元的盈余。在 1914 年 1 月 5 日宣布新计划的时候,一位福特公司的代表说:"我们相信,社会公道在国内开始了。我们想让那些帮助我们产生这一伟大制度并正在帮助保护它的那些人和我们一起分享我们的成果。"

美军官任巴拿马运河区总督

1914 年 1 月 23 日,乔治·华盛顿·戈赛斯,负责修建巴拿马运河的美国陆军工程师已被任命为运河地区的总督。这一地区由邻近巴拿马地峡水路的 10 英里宽的地带组成。1903 年的海约翰-比诺-瓦里亚条约准予美国永远地使用和控制这一地区。1880 年从西点学校毕业后,戈赛斯在内地的几个水利工程上工作过,包括田纳西河坝和马斯尔浅滩船闸。西奥多·罗斯福在约翰·F·史蒂文斯辞职之后于 1907 年任命他为巴拿马运河委员会的总工程师。运河的开凿始于 1879 年,由费迪南·德莱斯普斯、苏伊士运河的建造者负责,但是他不得不停下来,因为法国公司无法筹集足够的资金继续这项工程。穿过洛基山脉分水岭开辟一条 50 英里的通道,这一巨大任务有几个复杂因素:在建造三个巨大船闸方面出现的未事先计划的问题导致了工程的延误;在开凿卡利巴隧道过程中不稳定的下层土造成了困难。天气和一些黄热病的爆发使工人们损失很大;简陋的工作条件造成了工作上的困难,但是戈赛斯在人们中的思想灌输了合作精神,运河比预期提前完成。兴建这条运河耗资 3 亿多美元,在建设过程中死亡大约 4000 人。

好莱坞成为世界电影中心

美国舞台剧经理和剧作家赛西尔·B·德米尔,前舞台监督兼剧作家,已在加利福尼亚的好莱坞建立了一个电影中心,1913 年,德米尔正在寻找拍摄他第一部具有西部特征的电影的地点。亚利桑那的弗拉格斯塔弗是德米尔的第一个选择,但是这座城市比他预想的要多一些白雪盖顶的山。好莱坞这座洛杉矶郊外的自然而恬静的城镇提供了理想的风景。它的乡景千姿百态,各不相同,使德米尔能够在那里拍摄各种电影。德米尔并不是独立一人,从新泽西和纽约逃来的投资商,几乎被东方专利企业联合组织扼杀的改革家都加入了他的行列。好莱坞成了他们的绿洲。思想和技术在这个小圈子内进行交换和相互窃取。特写、横切、渐隐和闪回得到探讨,其结果都是一些好影片。

英国女权运动趋于激烈

前些时候,在争取妇女选举权的斗争中,英国女权立法者放弃了非暴力行动。1914 年 2 月中他们继续斗争,砸毁了内政部长伦敦办公室窗格玻璃和放火焚烧了惟一的草坪网球俱乐部。埃米琳·潘克赫斯特在绝食罢工后从伦敦监狱释放,她是妇女社会与政治联盟的领袖。这个组织是她于 1903 年建立的。1912 年以来,潘克赫斯特屡次遭到逮捕、入狱,然后释放。但是玛丽·理查森,她的一位争取平等斗争的主要伙伴的情况却不顺利,她因捣毁油画被判处 6 个月徒刑。为了获得释放,理查森也开始绝食斗争,但是监狱医生决定使她强迫进食。

法国财政部长夫人枪杀报社主编

法国财政部长约瑟夫·卡约夫人1914年3月16日晚在《费加罗报》编辑部开枪射杀该报主编加斯顿·卡尔梅特。法国右翼报刊《费加罗报》曾大肆抨击财政部长卡约的征税政策,主编卡尔梅特并宣称将公开发表他在几年前写给夫人的私人函件。为此卡约夫人来到报社与卡尔梅特谈判,要求他交还信件,但被拒绝。卡约夫人被捕时表示:"既然法国无正义可言,我只有求助于手枪。"当时在场的作家保罗·布尔杰曾劝卡尔梅特不要接见部长夫人,但这位主编说:"她是个女人,我不能拒绝她的谈话要求。"

"不沉之城"泰坦尼克号葬身洋底

1912年4月10日,被称为"世界工业史上的奇迹"的"泰坦尼克"号载着2224名乘客和船员,从英国的南安普顿出发驶往美国纽约。4月14日,"泰坦尼克"号在距离纽芬兰150千米处撞上冰山沉入大西洋。除了登上救生艇的711人幸存外,共有1513人葬身冰海。死者中包括一些工业界的精英人物,如创建著名的美国麦荫百货公司的约翰·雅各布·阿斯特和伊希多·施特劳斯,以及泰坦尼克号的设计师托马斯·安德鲁斯等。

由于"泰坦尼克"号称是当时世界上最大、最先进、最舒适的邮轮,又是第一次横渡大西洋,许多有钱人都想先试为快。他们拖儿席女,甚至带上佣人,浩浩荡荡一家子上船旅行。

4月14日,"泰坦尼克"号以最高时速前进到加拿大纽芬兰洋面上。当在它前面几海里航行的通讯船发来电讯,告知前面是浮动冰山区时,"泰坦尼克"号船长未予理睬,照样高速前行。午夜23时,两名在前桅楼上观望的水手惊呼有冰山,值班长下令转舵,可惜为时已晚,惯性将船首推向冰山水线以下的尖棱角,撞开了10多米长的口子,海水汹涌进舱。全船一片混乱,接着传来一声巨响,巨轮被齐切成两截。船员比较镇定,引导妇幼老弱先登上救生艇,乐队不间断地演奏,起了安定人心的作用。15日凌晨2时,全船倒竖沉入冰海。在几个小时的生死搏斗中,许多人表现了惊人的勇气,礼让妇女儿童下艇,甲板上出现一幕幕生离死别、催人泪下的场景。

大陆漂移学说首次提出

1912年,德国科学家魏格纳(1880—1930)发表论文,首次正式提出了"大陆漂移学说",他在其专著《海陆的起源》中了详尽地阐述了这一理论。

　　魏格纳的主要论点是:地球上所有的大陆在中生代以前曾经是统一的巨大陆块,称之为"泛大陆"或联合古陆。中、新生代时期,泛大陆分裂并漂移,逐渐达到今天的海洋和陆地分布的格局。他认为大陆地壳是较轻的花岗岩的硅铝层,并在较重的、黏性的大洋地壳——玄武岩质的硅镁层上漂移。

　　魏格纳的大陆漂移说一经提出,就在地理学界引起轩然大波。年轻一代为此理论欢呼,认为开创了地质学的新时代,但老一代的地质学家仍然保守着过去的传统观念,对这一理论进行抨击和围攻。直到魏格纳去世30年后(1960年),板块构造学说席卷全球,人们才终于承认了大陆漂移学说的正确性。

奥运会上首次升起五环旗

　　奥林匹克委员会会旗系1913年根据顾拜旦的构思而设计制作的。1914年6月15日,为庆祝复兴奥林匹克运动20周年,在巴黎举行的奥林匹克代表大会上首次升起了这面旗。这面第一次使用的会旗在第一次世界大战中毁于战火。

　　国际奥委会的会旗为白底无边,中央有五个相互套连的圆环,即奥林匹克环。环的颜色自左至右为蓝、黄、黑、绿、红,象征五大洲的团结,全世界的运动员以公正、坦率的比赛和友好的精神,在奥运会上相见。

IBM 公司创立

　　IBM 即国际商业机器公司,1914年创立于美国。最初它只是一个生产计时器、穿孔卡、统计分类机、称量器具等产品的小公司。1924年改为现在的名字。几十年过后,IBM以超前的技术、出色的管理和独树一帜的产品、尽善尽美的服务,终于成为当今美国最大的电子公司,并在计算机领域居于世界领先地位。目前,IBM 公司是世界上最大的信息工业跨国公司,拥有全球雇员20多万人,业务遍及150多个国家和地区。

奥匈王储斐迪南夫妇遇刺身亡

　　奥匈帝国王储斐迪南大公和他的夫人1914年6月28日在塞尔维亚波斯尼亚省首府萨拉热窝访问时,双双遇刺身亡。此暗杀事件是一名19岁的波斯尼亚学生普林西普所为。他一共射出了7发子弹,一发击中斐迪南大公的颈部,另一发则击中公爵夫人的腹部。斐迪南几乎是立即毙命的,公爵夫人则在送往医院途中死去。来自警方的报告指出,凶手普林西普对自己的所作所为毫无悔意。他告诉法官是要为受压迫的塞尔维亚人出一口气。有消息来源显示,这次暗杀仅是塞尔维亚所策动的政治阴谋的一部分。在当日较早时分,也曾经有过另一起意图暗杀斐迪南大公的事件发生。当时斐迪南夫妇正前往在市政厅所举行的欢迎会途中,1 枚炸弹扔向他们的座车。一名目击者说:"行刺没有成功,这要归功于大公的敏捷反应和沉着。他从车内座位上拾起炸弹,掷到街上去。我简直不敢相信自己的眼睛。"当这枚炸弹爆炸时,包括大公的侍从武官在内一共有 8 个人受伤。警方逮捕了一名名叫加布里洛维克斯的年轻人。据警方表示,他是一名塞尔维亚的民族主义者。他也一点都不后悔干了这件事。斐迪南大公忽视塞尔维亚部长要他放弃波斯尼亚之行的警告。这位部长曾经说过,巴尔干人对奥匈帝国的恶感太深了。然而具讽刺意味的是,斐迪南大公是所有奥地利皇族中最愿意与这块紧张地区人民妥协的一位。他曾经希望给予南斯拉夫民族更大的自治权,甚至让巴尔干半岛上建立第三君主国家。整个欧洲对这件暗杀事件似乎都有一种不祥的预感。在罗马,病重的圣庇护十世在为去世的斐迪南大公祷告后,不支晕倒。在德国,威廉二世匆匆结束在波罗的海举行的一项竞赛活动,赶回柏林。在伦敦,《日监报》的评论表示:"对欧洲来说,这件暗杀事件犹如一声惊雷。"

欧洲列强摩拳擦掌世界性战争一触即发

1914 年 6 月,一名年轻的塞尔维亚民族主义者在萨拉热窝开枪时,从他的手枪里射出的子弹可能是一场欧洲战争的第一枪。暗杀大公弗兰茨·斐迪南夫妇事件破坏了欧洲本来就难以保持的平静。这块大陆是个炸药桶。各国迅速武装起来,耗竭他们的国力并使全世界震惊。德国已跃上军费开支的首位。它决定大幅度扩军,德国军费预算增加了 50%,猛增到 22.4 亿马克。而且并不只是德国一个国家,俄国花费了 18 亿卢布,英国和法国也并不落后许多。过去在俄德之间存在的友谊已完全消失,而奥地利和俄国之间在巴尔干半岛的竞争愈演愈烈。两国都想在这一地区扩大他们的势力。俄国担心奥国将通过进攻塞尔维亚和加强它在巴尔干半岛的势力对暗杀大公事件进行报复。沙皇尼古拉二世上星期很显然和法国总统普安克雷讨论了他所关心的问题。会谈后几小时沙皇就宣布他支持塞尔维亚,尽管有迹象表明暗杀大公在塞尔维亚是有计划的。德国也向奥地利施加压力,证明它在巴尔干半岛是难以对付的。7 月的早些时候,威廉二世收到德国驻维也纳大使捎来的一封信。德皇在页边的空白处写道:"机不可失,时不再来。我们必须永远把塞尔维亚消灭掉。"对于在巴尔干半岛使用武力的问题,奥地利一直在犹豫。但是这次暗杀和德国的压力结束了这种举棋不定的状况。7 月下旬,维也纳向塞尔维亚发出最后通牒。奥地利要求准许它援助塞尔维亚警察调查暗杀事件。塞尔维亚表示抗议,但是最后同意了。很明显德国担心一旦俄国人完成了重新武装自己的任务之后,将在 1916 年向德国进攻。为此,德皇和他的政府可能正在筹划向俄国发起先发制人的进攻。那样德国在其西侧将会发生麻烦。俄国和法国结成盟国 20 多年,毫无疑问法国想从德国手中夺回阿尔萨斯和洛林。不列颠是否将参战还不太清楚。

第一次世界大战全面爆发

　　1914 年 8 月,战争席卷了欧洲大陆。德国总参谋长艾尔弗雷德·马·施利芬伯爵已对军事计划研究了多年,一旦欧洲发生战争,以供他的政府需要有效地使用这些策略时应用。这条策略是在两条战线上向敌人进攻。现在,施利芬的计划已被起用。7 月 31 日至 8 月 1 日之间的午夜,德国大使庞尔塔利斯伯爵提出了威廉二世皇帝的最后通牒。如果俄国在 12 小时内不停止在奥地利领土附近的 4 个地区内动员军队,德国将下令总动员。在那 12 个小时内已经从混乱的夏季得到加热的民族情绪在俄国达到疯狂的程度。沙皇尼古拉拒绝让步,相反,命令 400 万军队处于警戒状态,以防可能发生的德国的进攻。因为不这样做将招致灾难。到了限期时,德皇对俄国宣战,并向欢呼的德国群众高声喊道:"让你们的心脏为上帝而跳动,让你们的拳头落在敌人身上。"从那时起,欧洲已坠入血海之中。在触怒俄国人时,德国曾问法国在这场德俄冲突中能否保持中立。法国回答说"她将考虑她自己的利益"。为了对德国的突然袭击做好准备,勒内·维维亚尼总理命令动员法国武装力量,并在象征性的政治换班中任命德国的死对头奥菲尔·德尔卡塞为国防部长。德皇宣战后,德国迅速地于 8 月 2 日入侵了俄国,几乎没有遇到抵抗,就控制了一些铁路车站和埃德特库南城。沙皇尼古拉对德国的挑衅十分惊恐,他发布了措辞强硬的声明,保证"俄国人将团结一致,合力击退敌人的傲慢进攻"。尽管在东线已开战,当推进的俄国人向普罗斯特、东普鲁士的德军开火时,第一大回合在法国进行。德军从两条战线上跨过法国边界,一处在卢森堡附近的西南部入侵,另一处在东南部的南锡附近入侵,2 万名德兵从那里涌过边界,这次侵略没有正式宣战,因此,在几小时内,施利芬的计划就得以实现:两条战线,一条在东部,一条在西部。德军 8 月 3 日对俄国入侵的成果是占领了琴斯托霍瓦、本德和卡利什市。同时,德皇的军舰炮轰了俄国海军军港,波罗的海岸的利鲍,使之成为一片火海。然而,在俄国,德军的最初进攻基本上是防御性的。德国的 9 个师要对付俄国在西北部的 22 个师。德军从 1870 年到 1871 年的战争中认识到俄国军队需要 3∶1 的军队优势;运送部队的铁路设施在德国这边十分方便,而在俄国那边就困难些了。这个计划要尽可能多地把俄国士兵和武器从奥地利前线转移开。奥地利已完全介入了战争,于 8 月 6 日正式向俄国宣战。8 月末,8 个国家的 1700 万人卷入了众所周知的全欧洲大战,战争规模之大是前所未有的。

德国人开进中立的比利时和法国

　　1914 年 8 月,德军入侵比利时和法国,把这两个国家,还包括后来的英国、塞尔维亚和门的内哥罗拖入到德俄冲突中。从而,整个西欧成了一个大战场。在 1839 年的一项国际条约中已确立比利时为中立国,然而,德国总理虽然承认德国将破坏协约,但辩解说

1914 年 8 月,德国先后和俄法英等国宣战。图为德军在大战中运用的野战炮。

比利时将同法国合作,因而,向比利时发布了最后通牒:允许德国军队进入比利时国土,否则将要与之开战。比利时拒绝了这种要求。8 月 2 日德国向比利时宣战,随即入侵了比利时。西方国家立即行动起来。比利时国王艾伯特向英国国王乔治发了电报请求援助。电报说:"我恳请陛下政府的外交干预,以维护比利时的领土完整。"大不列颠做出了反映,向德国发出最后通牒:尊重比利时的中立地位,否则不列颠将参战。德皇拒绝了通牒,认为不列颠不至于为了 1839 年条约这样"一张碎纸片"而流血。4 日,英国下院拨款 5.25 亿美元作为军费,向德国宣战。爱德华·格雷先生在议会讲话,呼吁比利时和法国结成联盟,并说:"我们不能袖手旁观。"同时,德国声称法国飞机轰炸了德国。很明显,法国是德国宣传的受害者。法国动员了军队,担心德国强大的军队可能进入她的国土。2 日,德国军队确实没有宣战就跨过了法国边界。有人猜测,这会使得法国落入吹嘘已久和施利芬计划的圈套。该计划就包括把战火蔓延到法国前线。两国间的战争就这样爆发了。比利时军队在英国和法国的帮助下,在与德国入侵者作战中打得很出色。6 日,在阿姆斯特丹,比利时军队打死、打伤德军 3500 人。同时,在阿姆斯特丹附近的烈日也爆发激烈的战斗。据报道,一支 10 万人的德军,有 2.5 万人死于只有 3 万人的比利时人手中。这次战斗再次证明了战争是多么残酷;战斗的结果是无辜的百姓尸横遍野。德国新闻界否认死亡人数如此之多,相反声称他们的骑兵表现了"无比的英雄气概"。德国政府把重炮运到了前线向比利时要塞猛烈轰击。经过两个星期的战斗,德国迫使比利时投

降。当德国军队沿 150 英里的比利时前沿猛烈进攻时，比利时初期抗击的势头已逐渐减退。

法军同英军一起在马恩河地区挡住了德军的进攻

1914 年 9 月 14 日，巴黎的危险已过，协约国现在可以宣布他们在精神上和战略上都取得了胜利。从 9 月 8 日开始撤离马恩地区的德军目前已完全退到了努瓦永-凡尔登一线的后面。而且，据从德国发表的一篇报道说，参谋总长赫尔马斯·冯·毛奇将军已被解职。当德国 8 月对法宣战时，他知道进入法国领土的路线只有有限的几条，冯·毛奇决定从荷兰广阔的平原地带进逼法国。也许他觉得这条路线太引人注目，于是，他相反地指挥亚历山大·冯·克卢克和卡尔·冯·比洛的军队进犯比利时，费尽力气地渡过法国的大河—默兹河、索姆河、埃纳河和韦勒河，最后，这两支军队到达了流经巴黎市中心的马恩河。前一周，当一些德国士兵看见了埃菲尔铁塔塔尖时，曾高呼过胜利。如果说有人立下了彻底扭转战局之功的话，那就是约瑟夫·霞飞。在 8 月底，他曾制定一个沿乌尔克河北上，然后于 9 月 6 日攻打德国右翼的方案，但实际执行情况并未完全像他所计划的那样。9 月 5 日，莫努里将军的部队与克卢克军团不期而遇，当即发生了马恩河战役。在整个 6 天的战斗中，霞飞始终同前线保持着密切的联系。其对手毛奇的错误在于消息闭塞，没有及时听到不利的消息。莫努里的军队得到第六集团军的增援。他们在 9 月 7 日和 9 月 8 日同克卢克军队展开了恶战。法军难以坚持；两个团的步兵加入随即赶来增援的第六集团军，在约瑟夫·加列尼霞飞将军率领下，乘坐 700 辆巴黎出租汽车冲往战场。除非德国有过先例，否则，这是有史以来第一次用汽车交通工具调动兵力。克卢克和比洛相互不肯增援。据说克卢克天性固执、独断，不愿意为比洛军队牺牲自己的兵力。不管是因为什么，反正他们这两翼之间出现了一条长 30 英里的缺口，英国军队和法国第五集团军正是从这一缺口攻进来的。比洛被打得惨败，率领剩下的半数军队撤了回去。9 月 8 日是马恩河战役的关键时刻，费迪南·福煦的第九集团军一支由摩洛哥人和塞内加尔人组成的老少混杂、衣衫褴褛的军队，驻扎在第五集团军东部，德军对他们发动突袭，福煦发给霞飞一份急电："我右翼受到强有力的攻击。我的中部已抵挡不住。不能调动部队。形势极为有利。我要进击！"那天晚上，比洛和克卢克似乎看到了那份急电，他们撤到了埃纳河以北。在过去的五个星期里，协约国伤亡 25 万人，德军伤亡稍多一些。这是一次付了极大牺牲而得到的胜利，但毕竟是胜利了，毛奇在离职前所做的最后能做的事情就是要向德皇禀告，他说："陛下，我们在这场战争中已经失败了！"

兴登堡再次打败俄国人

1914 年 9 月中旬，在保尔·冯·兴登堡将军和埃里希·威廉·鲁登道夫将军指挥下的德国军队在不到一个月的时间里第二次在马苏里亚恩湖战役中击退俄国军队的进军。俄军损失了 12.5 万士兵、150 门火炮和大约半数的运输工具。但德军在这场血战中也并非没有伤亡,他们当中有 4 万人被伦南康普夫指挥的俄军打死。尽管在人数上占优势,但是俄军无法战胜兴登堡的军纪严明的军队。这次战斗的观察家批评俄国指挥太差,缺乏有效的侦察和隐蔽手段以及联络失误,这一切都导致了俄国人打败仗。这次胜利是德军在 8 月末的坦纳贝格战役中令人心悦诚服地取胜之后的又一次胜利。这一次,在这条靠近波罗的海的东普鲁士战线上,兴登堡军队打败了由 A·V·萨姆索诺夫将军率领的俄国第二集团军,使他们没有占领柯尼斯堡。10 多万俄军被打死,500 多门火炮被缴获。此外,失魂落魄的萨姆索诺夫无法承受这次失败的耻辱而自杀身亡。德国损失兵员总计有 1 万至 1.5 万之多。坦纳贝格之战的胜利不仅提高了德军在这场欧洲战争中的战略地位,而且更主要的是在心理上激发了德军的士气,另外,协约国对俄国的信心正在减弱。很明显,兴登堡的指挥以及他的经验大大提高了德国军队的战斗力。他的辉煌生涯开始于 1866 年普奥战争期间,在 1870~1871 年的普法战争中崭露头角。他在 1878 年奉命到总参谋部工作后到 1911 年退休前始终是一名强有力的、有影响的军官,于是,当战争爆发时,兴登堡被召回,统帅德军保卫东普鲁士,他立即任命鲁登道夫为军队参谋长。

英法德马恩河战役

第一次世界大战初期爆发于德国境内马恩河一带的法国、英国与德国军队的激战。1914 年 9 月 5 日开始,12 日结束,以德军失败告终。1914 年 8 月,德国军队在取得边境之战的一系列胜利之后,向法国中南部长驱直入,直逼法国首都巴黎。德军企图沿东南方向打击法英联军,迫使法军放弃首都。9 月 3 日,德军越过马恩河。5 日,法军完成军队的重新部署。6 日,法英联军开始沿巴黎-凡尔登全线反攻。几天后便给德军以沉重打击。德军在英法部队的强大攻势面前被迫退却。法军至 15 日停止进攻。马恩河战役标志着德国军队西线闪击战的失败,是大战中具有战略意义的事件之一。

德军攻陷安特卫普

1914 年 9 月 9 日,经过德军的猛烈攻击以后,安特卫普这个比利时的沿岸城市已遭攻陷。艾伯特国王已藏匿在城西的一处地点,没有生命危险。比利时军队在伊普尔河的后方,重新整编。德军自 8 月 4 日侵入比利时以来,没有碰到过法国的军队。比利时人在列日和那幕尔的碉堡中奋起抵抗。艾伯特命令他们"坚持到最后一刻。"而当最后一座碉堡在三星期以前陷落的时候,英国海军大臣丘吉尔(他本人已奉召回国)即派遣海军陆战队驰援比利时。比利时人抗德的表现虽然英勇,但终究败下阵来。在安特卫普的攻防战中,有数千比利时人死亡,其中包括5000名老百姓。

行刺斐迪南夫妇凶手入狱

1914 年 10 月 28 日,奥地利法庭对谋杀弗兰茨·斐迪南大公夫妇的刺客及其帮凶作

1914 年 11 月 13 日,英国殖民地南非的军队参加战斗。

出判决:5 人被判死刑,1 人被判处终身监禁,9 人被判处 7 至 20 年的监禁。开枪射击斐迪南夫妇的普林西普因未满 20 周岁未被判处死刑。6 月 28 日皇储夫妇就是死于他的枪下。开枪后他本人立即被擒获。先前投掷炸弹的加布里洛维克斯被判处终身监禁。证据显示,刺案是由塞尔维亚秘密组织"黑手社"所策划的。该组织首领是塞尔维亚上校兼秘密警察头子德拉古丁·迪米特里耶维奇。黑手社为建立一个包括奥地利的波斯尼亚在内的大塞尔维亚帝国进行斗争。塞尔维亚拒绝了维也纳政府引渡迪米特里耶维奇的要求。塞尔维亚政府事先知情,其反间谍部门曾予协助。当时对塞尔维亚政府牵连的程度并不知悉,不过由于塞尔维亚境内的舆论和民族组织一直仇奥,使奥国政府觉得有理由可以谴责塞尔维亚。奥国认为这是一个惩治塞尔维亚以使其停止仇奥煽动的好机会。

英德海战激烈进行

1914 年 10 月 15 日,英国巡洋舰"霍克"号在苏格兰海近岸海域被鱼雷击中,人们担心,500 名船上人员已被淹死。上个月德国 U-9 型潜艇曾在靠近荷兰的海域击沉 3 艘巡洋舰,造成 400 人死亡。这次击沉"霍克"号巡洋舰可能仍是 U-9 型潜艇。这一损失对英国来讲甚为惨重。他们最初同敌军在 8 月 28 日交战时取得了胜利,击沉 3 艘轻型巡洋舰和 1 艘驱逐舰,自己没有任何损失。英军在数量上占优势,拥有 24 艘"无畏"号战舰,而德国仅有 13 艘军舰。英国人可以封锁住北海,从而使德国对外贸易难以进行。但德国人在潜艇战中却占上风,使双方打成平局。

土耳其向协约国宣战

土耳其 1914 年 10 月 29 日炮轰俄国在黑海沿岸的城市。土耳其当天的炮击行动无异于向协约国宣战。由于土耳其国防部长恩维尔·帕夏是个亲德派,土耳其投向同盟国阵营原是意料中事。现在停泊在君士坦丁堡港口的 2 艘土耳其驱逐舰,就是德国所提供的。土耳其在投向同盟国的阵营以后,很可能会封闭达达尼尔海峡,这是俄国与协约国交通的主要路线。土耳其的舰队目前正由德国海军上将索汉所指挥。土耳其的参战势必将改变协约国战略上的形势。英国海军大臣丘吉尔立刻采取行动对抗土耳其,以求恢复通往俄国的重要补给路线的畅通。

诗人特拉克尔自杀身亡

1914 年 11 月 3 日,奥地利诗人格奥尔格·特拉克尔企图以古柯碱自杀,后死于克拉考的野战医院。特拉克尔曾在维也纳学习医学,后任军队药剂师。1912 年,他放弃原来的职业,改以写诗和小说为生。他的诗里流露出的情绪基调是阴暗的。战争爆发以后,他被派到奥俄前线任军医,每天都目睹伤员的可怕伤势。特拉克尔个人在战时所遭受的苦难使他成为奥地利在描写腐败和死亡方面的一个重要作家。

德国巡洋舰埃姆登号被击沉

1914 年 11 月 9 日,德国巡洋舰埃姆登号在印度洋科科群岛附近被澳大利亚巡洋舰雪梨号击沉。在这之前,这艘德国巡洋舰在印度洋上已经拦截并击沉了22艘英国商船。英国印度洋舰队几星期以来都在搜索这艘战舰,但未果。俄国巡洋舰谢姆楚克号和法国驱逐舰木盖号也先后成了埃姆登号的牺牲品。10月10日,埃姆登号炮轰印度马德拉斯港内的加油站,引起大火。同月28日,伦敦《泰晤士报》甚至以《埃姆登号的牺牲品》为标题,对这艘巡洋舰作了评论。当英国民众听说这艘低速(每小时20海里)战舰竟然能够避过英国舰队而击沉总吨位为70825吨的22艘英国商船的时候,莫不感到惊讶。11月9日,埃姆登号被击沉。船上的幸存者绝大部分被关进战俘营,其中49人后来逃脱。他们抢了一艘停泊在季林岛的三桅帆船艾莎号,并于1915年1月15日在阿拉伯海岸登陆,然后取道君士坦丁堡回国。

美军组织橄榄球比赛

在整个欧洲成为战场的同时,美国武装部队却在运动场上进行训练。在1914年11月28日的橄榄球比赛中,陆军队在费城富兰克林球扬以20∶0胜了海军队。也是在这个季节里,陆军队击败了鲜为人知的"圣母"队,从而报了去年的一箭之仇。青年四分卫格斯·罗累斯和端锋队员克努特·罗克尼曾挫败了陆军队,在前所未闻的前进传球过程中5次触地得分。但是训练有素的陆军队防守得很严密,海军队仅得了7分。引人注目的还有由跑回来的约翰·伊姆雷率领的密苏里矿工队。伊姆雷成绩卓著地30次触地得分,使得他的球队在8场比赛中同对方打成540∶0。这使人们联想到1900年那场精彩的比赛,在那次比赛中,迪金森以227∶0胜哈佛福德队。

兴登堡任德奥军队总司令

1914年11月初,正值波兰在长期战争中处于决定性发展阶段之时,保尔·冯·兴登堡将军被任命为德-奥军队的总司令。这位将军将其毕生精力献给德国军队,并在1914年秋季的早些时候于东普鲁士挫败了俄国的进军;这次任命是对他的褒奖。在波兰的罗兹战役中,德国在双方总共投入了70万兵力的战线上,向俄国发动了一次全面进攻。由现在的奥古斯特·冯·马肯森将军指挥的第九军同俄军第一、第二军之间展开作战。俄国的这两支军队驻扎在北部边地,是"大公"进攻战略的一部分。马肯森的部队顺着东南部一个大突破口蜂拥而至,给伦南康普夫统辖的俄军以接连不断的打击。然而,由于赖因哈德·冯·谢弗·博亚德尔将军指挥的德国第二十五后备军团试图在俄军中间穿插过去,并与马肯森的兵力一起夹攻敌人,可是大公的士兵反而变得顽强了。谢弗的进攻看来产生相反的恶果,因为,被包围的是他的军队,而不是俄军。正当德国的后备军团看来似乎要被歼灭之际,形势意外地出现转机:谢弗率领他的部队冲出包围圈,并且还俘虏了 1.6 万名敌兵,缴获了 64 门宝贵的大炮。在 11 月份寒冷的 9 天里,他的军队一直在不屈不挠地前进。然而,他们中的确也有伤亡,有 1500 人被打死,2800 人负伤。人们用长达一周的时间分析罗兹之战后,可以说虽然俄军可能在战术上取得胜利,但德军已迫使俄军的攻势停顿。这的确是场血战,德国总共损失 3.5 万人,俄军有 9 万名士兵阵亡。如果不是因为兴登堡指挥的 10 月 9 日的军事行动冲破了防线,在俄军组织反攻之前就将其击溃。那么,这个事实上的相持局面是不可能出现的。前进以及后来的撤退推迟了俄军要进行进攻的计划。

德国工业界要求兼并国外领土

德国工业界战争委员会和德国企业家中心联合会要求通过领土的兼并以扩大德意

1915 年 4 月 22 日,英国军队在法国耶普尔战场向德军发动春季攻势。

志帝国的版图。1914 年 12 月 8 日,工业界联合会主席施特赖塞曼与罗特格与首相霍尔维格举行会议。两位企业界的代表一致认为,在海上把英国击败是不可能的,这意味着德国人不能得到通向海外原料基地的出海口。因此企业家联合会认为必须在大陆上开拓原料基地。企业家的要求与中央党议员马蒂亚斯·埃茨贝格在 9 月 2 日制定的方案不谋而合。他在方案里要求吞并法国布莱-龙威周围的领土,夺取比利时和从加莱至布格涅的法国的沿海地区的主权。在东方,使所有非俄罗斯民族脱离俄罗斯国家联盟,并把这些国家置于德国的保护之下。在非洲,他要求建立一个中非殖民帝国。霍尔维格并未做出允诺,他不想危及与社会民主党人之间脆弱的和平;但他也没有宣布放弃这项计划。

1914 年度诺贝尔奖颁奖

德国的马克斯·芳·劳厄受业于马克斯·普朗克,是法兰克福大学物理学教授。1912 年,他发现 X 光射线的干扰现象,并创建了一套有关的理论。他以此获得了 1914 年度诺贝尔物理学奖。维也纳大学的耳科助教罗伯特·巴兰尼因为对内耳前庭器生理学和病理学方面的贡献,而获得诺贝尔医学奖。美国的威廉·理查兹获得诺贝尔化学奖。因战争爆发故未颁发和平奖。文学奖亦空缺。

空战成为一种新的战争形式

1914 年 12 月 25 日,当濒海的绍森德的英国居民准备坐下来进圣诞节之餐时,突如其来的飞机声将他们吸引到大街上呆呆地观望,数千人向天空中望去,只见两架德机被两架英国飞机追赶着向泰晤士河上游飞去。一阵枪炮射击,但没有一架飞机被击落。不过,还是英国飞行员胜利了,因为他们在 9000 英尺的高空以惊人的每小时 70 英里的速度同敌机展开空战,解除了德国飞机将要造成的危险。为了对付这种威胁,伦敦人当晚奉命将灯弄暗,以便在德军再次袭击时,使德军飞行员不易看清目标。

战争不断扩大伤亡人数上升

1914 年 12 月 31 日,当我们合上这血腥的一年的日历时,我们领悟到战争带来的巨大的伤亡、毁灭和恐怖。这场战争始于 8 月的三伏天,当时只有德国、俄国和奥地利之间的一个地区性冲突,尔今却发展成为世界规模的战争,成千上万的人处于恐慌之中。死亡人数在上升,从而搅乱了人们的头脑和感情。在每天、每次的战役中,或某一国家的武装部队中,报道伤亡人数的消息源源而来。比如,在 11 月末,大不列颠报道了皇家海军的伤亡人数:4327 人死亡,473 人受伤,968 人失踪,1573 人被俘。据估计,塞尔维亚在 5 个月的战争中已有 17 万人阵亡,奥地利报道说有 22.7 万人死亡。这些数字很难确实,但是多数消息表明战争中的每一方都已经令人吃惊地损失了 100 万的兵力,而且据估计协约国的 57.7 万多名士兵已成俘虏。德国在开始时认为她的训练有素的军队会很快将防守的敌军赶跑,但是,协约国的顽强奋战,证明他们错了。战争的扩大,将远东、中东、南太平洋和非洲也卷了进来。人们一定会问:对于这种疯狂,我们还要忍受多久?

德国舰队受重创

1915年1月24日,英国的战斗巡洋舰击沉了德国的布吕歇尔号装甲巡洋舰,并且重创另外2艘德国战舰。这支德国分遣队意图重施故伎,如1914年一样的炮轰英国沿岸的斯卡伯勒和哈特尔浦。但它们在1915年1月24日清晨的时候被英国舰队盯上。上午9时30分5艘英国的战斗巡洋舰在海军中将比提的指挥下朝它们开火。德国舰队向东撤退,英国海军尾随追击。德国巡洋舰布吕歇尔号被击中、翻覆,然后沉没。另3艘德国战舰虽然受到重创,却仍然继续奋战,最后终于抵达德国的布雷区,并在德国潜艇的保护下脱险。英国的损失轻微。这一仗英国人报了1月1日的一战之仇,当时英国主力舰无畏者号在英伦海峡被击沉,全舰750人中只有150人获救。英国的海上战略为预防德国入侵不列颠地区,制止德、奥从海上取得补给和在北海及英吉利海峡驻守舰队以围堵德国公海舰队。德国则用袭击与潜艇及水雷来削弱英国海上实力。

枢机主教梅西耶被德国人拘留

枢机主教梅西耶1915年1月4日在他的马林丝宫被德国人拘留,因为他发表的给教区居民的公开信,题为《爱国主义与忍受》。在这封信中,红衣主教梅西耶谴责了欧洲的这场战争,并指控德国人不守誓言,因为他们无视比利时的中立地位。一份给教皇庇护十四的官方报道说,德国人在马林丝宫毁掉了1.5万份公开信,对梅西耶枢机主教进行审问并让他收回对德国的指控,但遭到拒绝。他的被捕引起了教皇和整个罗马天主教会的抗议。

德国命令全面展开潜艇战

1915年2月23日,美国"加勒比"和"伊夫林"号在德国附近海域内被击沉,挪威"雷金"号船遭到鱼雷的袭击,说明德国对不列颠群岛海域中立国船只的袭击已逐步升级。2月2日德国宣布大不列颠及爱尔兰周围水域在2月18日以后成为作战区,预示了这次袭击中立国船只事件的发生。柏林声明说,在这个区域的每一艘商船都将被摧毁,而且不可能避免危及船员和旅客的安全。德国人还说,对敌国船只的进攻可能会危及中立国船只。德国政府宣称有必要发布上述命令,因为英国海军部已经命令英国商船挂中立国的旗帜。早些时候,英国曾命令说,装有谷物和面粉的货船如被皇家海军截获,应当作违禁品处理。并应予扣留以防落入德国人手中。在一份外交照会中,美国曾警告德国,不要在战区攻击美国船只。德国声称,对于中立国船只可能发生的一切概不负责,并警告说在不列颠及爱尔兰周围水域可能布雷。柏林将这个步骤称为"仅为针对英国的封锁而采取的自卫措施"。纽约的一位律师弗雷德里克·C·库德特称之为"野蛮的一着"。

法军在香槟地区大举进攻

1915 年 2 月 12 日,法军在香槟地区大举进攻,第一天就俘虏 2 万名未受伤的德兵。同时,英军在拉巴瑟运河两岸拉开了一个 5 英里的战线向北进攻,一直推进到距里尔 12 英里处。法军在进攻之前先进行非常猛烈的炮击。进攻的步兵占领了 20 英里长的战壕,在有些地方攻入敌方 2.5 英里。德国人去年在马恩河战役中被打败了以后,便在这里构筑工事;从那时到现在,这是他们所遭受的第一次猛烈攻击。法军也收复了苏什镇和阿拉斯防区几英里范围内的德国战壕。同时,法军左侧的英军俘虏 2600 名德国人,缴获 9 门野战炮。德国公报当天晚上承认自己失利。

英法军舰炮轰加利波利堡垒

19 日,英法两国军舰猛烈炮击加利波利半岛上守卫马穆拉海入口处和君士坦丁堡入口处的土耳其堡垒。最后夺取土耳其首都,是协约国的出击目标。海军大臣温斯顿·丘吉尔和其他内阁成员确信,进攻这个地区将会使德国减轻对守卫高加索前线的俄军造成的压力。俄国人尽管两次要求协约国在这一地区采取行动,但却怀疑协约国对君士坦丁堡采取的任何作战行动。他们将这座城市看作自己的军事目标之一。协约国的炮击起了作用,半岛上几乎所有高级堡垒都被严重摧毁,土耳其炮兵撤退,据皇家海军报道,土耳其的炮火力量远不及敌方。英国舰队的炮击是由海军飞机上的航空观察员指挥的。据说"伊丽莎白女王"号的重射炮很有杀伤力。皇家海军扫雷艇报告说他们已经将土耳其人在德国指挥下布置的鱼雷全部扫清。还有报道说,一艘土耳其船在原雷区以外的地点又布下一排新的鱼雷。英国海军在半岛的尖端登岸,以摧毁土耳其炮兵撤走后留在堡垒里的大炮。

美国电影《一个家庭的诞生》获奖

1915 年 3 月 3 日,有史以来第一部大型故事片在纽约获奖。美国的导演大卫·格里菲斯(1875~1948 年)放映他摄制长达 3 小时的力作《一个家庭的诞生》。该片大获成功,但也引起争议。许多影评家称赞该片拍摄技术完美,称道摄影师比利·比策尔拍摄的特写镜头,赞美情节的紧张和演员表演出色。但是该片流露出来的种族主义在美国公众中引起强烈抗议。《一个家庭的诞生》一片描写美国南方各州善良温淳的民风,讲述由北方发动的内战的残酷以及战后时代的恐怖。该片无论在摄影技术、底片加工、情节铺排和音乐伴奏方面都使纽约的影评人为之倾倒。他们认为该片是电影艺术的顶峰之作。另一些观察家则认为,这部电影意味着美国种族斗争的新高潮。

格里菲斯在导演电影

俄国维特伯爵去世

塞尔吉耶·维特伯爵 1915 年 3 月 13 日因流行性感冒病逝于彼得格勒。维特是俄国现代化的倡导者,1892 年 8 月任财政大臣。他提出了发展俄国经济的远大计划,例如:改组国家银行,把现有资金用于工业部门;建立俄国轮船公司,开办航海和工程学校。他还设法向英、法、比、德等国贷款,为工业化筹集资金。他全力推进铁路的修建工作,特别是修建西伯利亚大铁路,这条铁路于 1904 年完成。1906 年 4 月,辞去首相的职务。

德国飞艇夜袭巴黎火车站

1915 年 3 月 22 日,一艘德国飞艇在夜袭中轰炸了巴黎的火车站和工厂设施。法国根据 1914 年 9 月德国空袭巴黎的经验,晚间都实行灯火管制。但飞艇上的人员仍找到了攻击的目标。他们从 150 公尺的高度用小气球把长型发光物体吊在城市上空。发光体把这个城市笼罩在带红色的幽灵般的光线之中。借助这种光线,飞艇得以发现攻击目标。飞艇投下的炸弹摧毁了火车北站和圣·拿撒勒火车站。

拳王约翰逊比赛失利

1915 年 4 月 5 日，对"白人伟大希望"的寻求在哈瓦那一个拳击场上已经结束。杰克·约翰逊，第一位获得世界重量级冠军的黑人选手，在第 26 回合比赛中被白人选手杰斯·威拉德打倒，杰斯是个体重 250 磅的庞然大物。这样，拳击史上汹涌狂暴的一章就结束了。由于约翰逊在美国有法律麻烦，故比赛设在哈瓦那举行。他因把一名妇女从一个州运送到另外一些州从事卖淫活动而被判徒刑。约翰逊不服上诉，而在等待上诉的保释期间，他逃离了美国。在巴黎、南美和古巴艰难流亡之后，约翰逊同意参加哈瓦那这场所谓"波塔沃托米巨人"比赛。据说，价值 50 万美元的实况电影的拍摄，可补偿门票收入的不足。约翰逊在 1908 年澳大利亚悉尼比赛中经过 14 回合，将汤米·伯思斯击倒而赢得冠军，他的胜利触发了席卷全美国的种族骚乱，至少有 6 名黑人死亡。

英军在加利波利登陆

1915 年 4 月 30 日，尽管土耳其守卫部队拼命顽抗，英军还是在加利波利半岛 6 个地点登陆。而在亚洲方面的达达尼尔海峡，法军已将土军从库姆卡莱角上的战略地点赶跑。这两次登陆都是在盟军的海军炮火掩护下进行的。英国的"伊丽莎白女王"号战舰上的远射程大炮，在空中飞机的指引下，将一艘土耳其运兵船在马尔多斯海面击沉。到 28 日夜幕降临时分，英军已经在半岛主要道路上的克里塞阿停下来，而奥地利和新西兰军队则在半岛西端挖壕待命。

达达尼尔海峡战役

1915 年，协约国（主要是英国）发动海陆战役，夺取黑海的达达尼尔海峡、博斯普鲁斯海峡和伊斯坦布尔。在关于这次战役与俄国政府进行预先谈判时，英法两国说：他们必须与俄国建立直接联系，必须把土耳其的兵力从高加索和苏伊士引开。另外，他们又说，进攻两个海峡和土耳其首都就可以切断德国集团与近东之间的交通，迫使土耳其退出战争。可是在实际上，英国统治集团，特别是发动达达尼尔远征的温斯顿·丘吉尔，首先是追求这样的政治目的：在根据 1915 年密约将君士坦丁堡和两个海峡划归沙俄以前，由英国抢先占领。起初，他们计划只用海军攻占海峡。2 月 19 日，英法舰队在达达尼尔海峡入口开始行动。英法舰队遭受重大损失，于 1915 年 3 月 18 日被迫撤退。此后，4 月

25 日,英法军指挥部在加利波利(格利博卢)半岛进行大规模的登陆作战。但是,在这里,协约国军也没有取得胜利。年底,英法军指挥部决定放弃加利波利,停止夺取海峡的战役。

德军在西线战场使用毒气

1915 年 4 月 22 日,德军在西线战场首次使用毒瓦斯。毒瓦斯压缩后储存在坚固的容器里。当天凌晨 5 时,在朗马克至于盆之间战线上的德军顺着风向施放毒瓦斯。顷刻间,身处最前列战壕中的法国士兵就看见浓烈的黄烟从德军的工事上升腾而起,并缓慢地向法军阵地飘。时值东北风向,风势使烟雾如地毯一般沿地表散开,烟柱离地面仅几公尺高。烟雾在法军阵地上造成毁灭性的后果。许多士兵当场丧生,部分士兵虽然逃离雾区,但他们所吸入的毒气几分钟后也使他们面部呈黑色,咳血死亡。这次毒气进攻是在 6 公里长的战线上进行的。施放毒气的一刻钟后,德军离开掩体向前推进。打头阵的士兵戴着防毒面具,面具可以保护他们的安全。毒气散尽以后,德军在这段战线上发起全线进攻,没有遇到任何抵抗。但是德军缺乏人力物力,未能利用法军战线的缺口展开攻势。这种有毒的气体是由普鲁士科学院研制而成的。1 月份的时候,德军曾经在东线战场试用,但毒瓦斯因为寒冷时散不开而效果不佳。因此在本日使用时,其效果实为德军最高统帅部所始料不及,统帅部没有发起进攻,使协约国赢得充裕的时间来填补战线上的缺口。

卢西塔尼亚号客轮被德国潜艇击沉

1915 年 5 月 12 日,英国"卢西塔尼亚"号客轮被击沉,至少有 124 名美国人丧生,威尔逊总统为此向德国政府提出强烈抗议。威尔逊的照会 5 月 13 日将由大使杰拉德转交德国外交部。照会指控德国的行动违反国际法。"根据人道主义和国际法",照会中指出,美国提出如下要求,中立国人员有权利乘坐中立国船只或交战国船只,保证不再发生袭击运载非战斗人员的商船的事件。肯纳德轮船公司的"卢西塔尼亚"号客轮是在 5 月 8 日被一艘德军潜水艇发射的两颗鱼雷击中的。当时它从纽约返航,驶近英格兰的利物浦港,船上载有 1251 名旅客和 650 名船员。一颗鱼雷击中了船的前方,另一颗则击中了船尾的发动机舱。当时是下午大约 2 点钟。该轮位于爱尔兰岛金塞尔镇附近 10 英里的海域。轮船几乎是立即便开始倾斜,其速度之快致使很多救生艇来不及下水。船左侧的救生艇除两只外,其余全部挤满了人。很多幸存者扎上了救生带,跳入海里,其他人在船员们的指挥下挤入救生艇。尽管这样努力,但是据统计伤亡仍然很大。旅客当中有 1000 多人还没有被找到下落,其中包括 124 名美国人。伤亡人员中一等舱旅客较多,因为当鱼雷击中时,他们大多数人正在吃午餐。当时很多人到甲板下面的客舱去了,回到甲板时发现船正在下沉。"卢西塔尼亚"号客轮的沉没及许多美国人的丧生所引起的愤慨胜过任何一次潜艇战争事件。德国对这次事件做出了反应,他指出报纸上曾刊登过广告,警告中立国人员不要乘坐参战国的船只。这个广告在"卢西塔尼亚"号出发前登出的。德国政府还争辩说,"卢西塔尼亚"号装有运给英国的军火,而英国对此予以否定。威尔逊总统给德国的照会可能平息国内一些政敌的怒气,因为威尔逊最近在费城的一次讲话激怒了他们。在那篇演讲中,总统说到"自尊者不屑动武,正义之邦不必以武力使人信服其主义"。威尔逊的讲话受到很多持不同政见者的批评。其中一个是前任总统西奥尔·罗斯福,他指责击沉"卢西塔尼亚"号客轮的行为是一种"海盗行为"。

意大利退出三国同盟

1915 年 5 月 23 日,在意大利与奥一匈帝国交战的第一天,奥地利飞机轰炸了意大利亚德利亚海岸上的 7 个城市。意大利于 5 月 22 日下午 8 点 15 分向奥地利宣战并下达总动员令。宣战及总动员令在全国范围内得到了热烈的响应。5 月初,意大利退出 3 国同盟。3 天前,内阁获得了战时的一切权力,与此同时,德国召回他的驻罗马大使,与奥地利共同对意大利作战。意大利已经同英、法、俄联合起来反对同盟国。德奥阻止 3 万多名意大利人离开这两个国家回国参战,这已在意大利国内引起了强烈愤慨。奥地利首先发起攻击。奥地利飞机轰炸了亚得里亚海岸的威尼斯、波托、科尔西尼、安科纳和其他 4 个地方的军火库。据报,意大利高射炮击退了奥地利的飞机,然后,两艘奥地利作战舰参加了进攻。据意大利最新报道,奥军战舰被意方鱼雷艇击退。意大利在两个关键地点准备战斗,其中之一是亚德里亚海,奥地利海军已经在那里部署了舰队。但是,意大利相信他自己的舰队更为强大。意大利同奥匈帝国接壤的西北边界是另一个易受攻击的前线。在那里,国王维克多·伊曼纽尔的军队面临着奥地利善于山地作战十分难于对付的部队,他们还可能得到德军的增援。据报一支意大利军队今晚将向的里雅斯特方向推进。奥地利政府已经把那座城市置于军管之下。据透露,意大利的盟军不相信这个时候法国军队会提供援助。

阿图瓦战役异常激烈

1915 年 5 月 9 日,法军正陷入"难以摆脱的处境"中,损兵折将。当晚,在阿图瓦乡间德军曲曲弯弯的战壕网里,到处是炸翻的泥土和尸体。早晨 6 点钟,法、英两国发起一次进攻之后,1000 名盟军士兵丧生。这是自马恩河战役胜利以后的第一次全面进攻。英军没有法军那么多兵力和弹药,因此,想攻打他们认为德军较少的阵地。他们在费斯蒂贝尔附近战区的北部安下阵脚,然后以密集队形跃出战壕,向德军战壕冲去。可他们像玩具士兵一样被射来的子弹打倒了。冲在后面的幸运一些,便倒在铁丝网上了。即使英军能冲到第一道战壕,德军也能退到第二道战壕里。苏谢的法国第十军为他们又向自己的目标——维米山脉推进了几步而兴高采烈,他们的好几百门重炮正在轰击德国军队的工事。亨利·菲利普·贝当将军正在前线指挥,他要求他的士兵严守纪律。他统率9个师,都是新入伍的没有什么经验的新兵,另有9个师在20英里以外待命。预料盟军不会很快取得胜利,也不会马上有什么变化,正如法军司令霞飞将军解释的那样:"我正在一口一口地吃掉他们。"战争结束时,伤亡最少的一方便是胜利者。

日本向中国提出 21 条无理要求

中国发觉自己被粘在一个日本人结的网上,因为日方威胁,如果中国不满足他们的某些要求,就要进行新的侵略。1915 年 5 月 9 日,日本公使馆提出的 21 项条件,其中包括广泛采矿、捕鱼权利,和其他一些领地特权,使得东方陷入一片恐慌,因为这两个国家都在做最坏的准备:战争。西方通讯员已经获悉日本向中国领导人袁世凯提出了一项基本原则,即要求袁在日军进攻他的军队之前 48 小时内默许提出的要求。据一份中国公报说,中国已呼吁美国遏制日本的侵略并伸出援救之手。然而,美国方面表示,打算在这场冲突中保持中立。日本报道说日本不想进行战争,但如果他的民族荣誉遭到损伤,他就不得不跟随形势的发展而采取行动。

德国在非洲的殖民地丧失于协约国之手

南非联盟军队在路易斯·博塔的领导下 1915 年 5 月 12 日占领了德国统治的西南非洲的首府温得和克。这座拥有 3000 名欧洲人和 12000 名本地人的城市并未进行什么抵抗。在德属西南非洲,现在实行了戒严令。仍然在首府的妇女和小孩将由博塔军队管理。博塔将军在一篇胜利演讲中,将温得和克的攻占说成是"对帝国和南非联盟具有最重要意义的事,因为这意味着事实上已拥有了全部德国统治的西南非洲"。对温得和克的迅速攻战并不奇怪,南非联盟军队在 4 月中旬占领了基特斯曼斯库普,从而控制了通往首府的铁路线。撤退的德军往井里放毒,违反了海牙公约。

土耳其屠杀亚美尼亚人

"今天清白的人明天就可能犯罪。"土耳其内政部长塔拉特·帕夏批准可随意"放逐"亚美尼亚人。土耳其人大多数为穆斯林教徒,信奉基督教的亚美尼亚人只占人口的少数。如果亚美尼亚人面临的命运真的仅仅是被放逐的痛苦,他们倒可以谢天谢地。可事实上,亚美尼亚人是被赶到一个隐秘的地点,迅即遭到杀害。1915 年 6 月 17 日,德国驻君士坦丁堡大使向国内发回一份电报,描述了土耳其的策略。"奥斯曼法庭",他在电报上写到,"借这次战争之机,在没有任何外交干涉的情况下,将国内敌人——基督教徒置于死地"。军队围捕"叛逆"的亚美尼亚人,把他们赶上大篷车,运到北部沙漠深处的荒野,在那里将他们枪杀。亚美尼亚人已经当了几个世纪的替罪羊。19 世纪 90 年代,30 万亚美尼亚人被屠杀。去年 1 月,土耳其军队中的成百名亚美尼亚人被指控有间谍行动,被解除武装,处决。

美国国务卿辞职

威廉·布莱安 1915 年 6 月 9 日辞去美国国务卿的职位,他是第一位退出威尔逊总统政府的阁员。布莱安表示,他辞职的最主要理由是想避免战争。担心威尔逊总统最近的一连串政策会导致美国介入欧战。威尔逊同时表示他个人感到相当遗憾地接受了布莱安的辞呈。他已经提名罗伯特·兰辛接替布莱安的职位。兰辛是纽约州的民主党员,现任国务院的顾问。

东线战场俄军惨遭失败

1914~1915 年冬季期间,交战双方的视线转移到加里西亚战线上,在那里,俄军为夺取喀尔巴阡山隘和喀尔巴阡山脉而进行顽强的战斗。3 月 22 日,奥匈驻守普热密斯尔要塞的 12 万军队投降了。但是,俄军已经无力扩大战果了。尖锐地感到武器弹药的不足,特别是缺乏炮弹。敌方指挥部特别担心俄军闯过喀尔巴阡山的威胁,而能够集中大批的兵力。4 月中旬,俄军精疲力竭,转攻为守。不久,德军对俄国西南战线右翼大举进攻。按照德国指挥部的意图,这次战役的最初目标是消除俄军侵入匈牙利平原的威胁。但是到了后来,它已经发展成为战略"钳子"的一环了。这个战略"钳子"就是从喀尔巴阡山和东普鲁士同时出击,首先包围在加里西亚和波兰的全部俄军,然后加以消灭。德军从西欧战场抽调几个精锐军,新编一个第 11 集团军。他们决定在戈尔利查地区突破俄国战线。在突破地段,德国大炮比俄国多 5 倍;如果按重炮来说,则多 39 倍。俄军阵地没有良好的工事,后方阵地完全没有准备。5 月 2 日,德军突破了战线。俄军指挥部不赶紧把部队撤到新的地区,而让他们与德军进行徒劳无益的血战,这种战术上的错误使俄军处境更加困难。结果,德奥联军把俄军远远赶到东方去了。5 月末,普热密斯尔要塞易手;6 月 22 日,俄军失里沃夫城。同时,德军对俄国的战线的北翼也展开攻势,占领了利巴瓦

（利帕雅）。6月末，德国最高统帅部企图实现"钳"形夹攻俄军的计划。他们打算使右翼从西布格河和维斯拉河进攻，使左翼从纳列夫河下游进击。可是，兴登堡和鲁登道夫所设计的"坎尼会战"并没有实现。俄国最高统帅部决定撤兵，摆脱德国准备好的袭击，并放弃波兰。7月13日，德军进攻开始，8月初占领华沙，然后又占领新格奥尔吉耶夫斯克（莫德林）。9月下旬，德军的进攻缓慢下来。1915年末，形成西德维纳河－纳罗奇湖－斯泰尔河－杜布诺－斯特雷巴河战线。就整个来说，1915年东欧战场的战局造成了巨大的后果。沙俄的惨败暴露出它自己的军事组织的一切缺点和国民经济的落后性。士兵群众蒙受巨大的牺牲。开战以来，俄国折兵300余万，其中阵亡达30万名。同时，由于打败仗，也加速了军队革命化的过程。但是，德帝国主义者并没有达到德国及其同盟国的紧张经济情况和政治情况所要求的主要目的。尽管1915年德奥两国把一半以上兵力集中到俄国战线上，可是俄军并没有失去作战能力，而德国和奥匈帝国却遭受了重大的损失。1914—1915年，波兰的大部分地区都变成了战场。交战的德国、奥匈帝国和沙俄都想侵占波兰的全部领土。这3个国家的政府一致用虚伪的诺言拉拢波兰人民，企图在作战时利用他们。1914年，3个强国的集团军司令纷纷发表告波兰人民书，允许波兰"自治"和统一领土等等，就是为了这个目的。波兰、加里西亚的资产阶级和地主们不依靠人民的解放运动，而希望得到某个帝国主义强国的支持。国家民主党和其他一些资产阶级集团主张由"俄皇统治"波兰领土，波兰在俄罗斯帝国的范围内实行自治。加里西亚的资产阶级、地主和小资产阶级分子，波兰王国的一些政治集团（特别是右翼社会党人和农民协会），都主张波兰归属奥匈帝国。以毕苏斯基为首的"波兰民族组织"投靠德国，它同占领波兰王国一部分的德军指挥部缔结秘密协定，建立协同中欧强国作战的波兰军团。

德国大量生产人工合成氨

　　1915年7月，德国的兵工厂获得了充足的氨以生产炸药。位于路德维希港附近的工厂竣工后，巴登苯胺苏打公司在大气氮的基础上开始生产合成氨。在此以前，人们一直都是从智利硝石中提取氨，大战以后，由于北海被封锁，德国与智利的贸易中断。制造氨的技术是由化学家弗里茨·哈贝尔和卡尔·博施开发出来的。1913年，巴登苯胺苏打公司开始小规模生产工业用的合成氨。最初年产量仅7000吨，占世界苯胺产量的1%。但到了1915年中期，沃泡工厂的年产量已突破10万吨。德国战时物资局局长拉特瑙委任哈贝尔为原料部门的化学科科长。哈贝尔将德国境内所有的大型化学公司协调起来，共同生产军用物资。在大战期间，他们的努力促使了生产范围的日益扩大，从原料延伸到苯胺、弹药和化肥。

德国化学师在前线简易实验室里制造毒气

沙皇亲自指挥俄军

1915 年 8 月 5 日,为了力挽狂澜,以阻止德国军队向俄国的推进,沙皇尼古拉二世从他侄儿尼古拉大公手中接过俄国军队的指挥权。对德国的推进,这位大公除了下令撤退以外,别无选择,因为装备短缺的俄军根本不是训练有素的德军的对手。据估计,只能从阵亡者手中获得步枪。撤退使得俄国人必须放弃 75 万名俘虏和他领土南部一片相当可观的土地,其中包括立陶宛、白俄罗斯及乌克兰的一部分地方。虽然沙皇没有战场上的经验,但由他来接掌兵权,或可望鼓舞俄军的士气。

列强解释参战目的

1915 年 8 月,战争爆发 1 周年之际,拥有 700 家报纸的美国通讯社合众社敦请各交战国澄清参战的目的。德首相霍尔维格非正式地电告美国人说:"我们争取的和平将替所有民族创造海上自由,并通过全线自由贸易为世界各国开启进步和文明大业的可能性"。法国总统朋加莱否认法国有任何扩张领土的想法。他说,法国当然要收复阿尔萨斯-洛林地区,法国还坚持比利时应保持独立。俄国要求占有博斯普鲁斯海峡。英国政府既支持阿尔萨斯—洛林划归法国,也支持中立的比利时保持独立。

德军占领华沙

　　德军击溃了俄军的防线,夺取了内外要塞,1915 年 8 月 6 日晚占领了华沙。一份俄国官方公告说,部署在俄帝国第 3 大城市波兰首都华沙的军队奉命撤过维斯图拉河没有受到攻击。秘密协定,建立协同中欧强国作战的波兰军团。

　　作为一个防御策略,俄军将河上的桥梁全部炸毁。俄军在撤退之中已将军事装备和其他军用物资运出华沙。在争夺占领首都华沙过程中,双方展开激烈战。巴伐利亚军队组成德军先遣军,同俄军展开几次激烈交锋。华沙的沦陷显然削弱了俄军在东线中部地段的地位,这一地段有 4 支德奥军队。俄军向所有这 4 支军队反复发起反击,但只是拖延了他们的进程,并没有阻止他们。德国人声称俘虏了俄军大批士兵,中立国的观察家还报道了俄军战俘的一些变节行为。同时,在东北部又一个潜在的军事危险在威胁着俄军。德国将军冯·比洛正沿维尔纳一彼得格勒铁路向德林斯移动,首都处于危险之中。

协约国开始大规模进攻

　　1915 年 9 月 26 日,在法国境内,为减轻俄军身上过重的压力,协约国发起了一次进攻。这次进攻中,英法前线部队继续向前推进。到黄昏时分,协约国据报道已经俘虏未受伤德军 2 万人,其中有 1.2 万人落入法军手中。20 英里长的德军战壕被占领。在法国战线上有几处向前推进 2.5 英里。法军最主要战果是在香槟,那里经过一次十分猛烈的炮轰之后,陆军迅猛地向前推进。这些战果据认为可以削弱德军在凡尔赛周围的力量。英军进攻了拉巴瑟运河以北的地区,向前推进了 4000 码,并占领了 5 英里长战线上的德军战壕,他们还切断了德军的主要道路。双方在运河两岸的激战迫使德军把后备军转向这个地区。这个战线上的德军大约有 94 个师,180 万人。

英法联军登陆萨罗尼加

　　英法联军 1915 年 10 月 5 日在港口城市萨罗尼加登陆,因而破坏了希腊的中立。协约国对这座城市的占领得到希腊首相韦尼泽洛斯的认可,却有违希腊国王康斯坦丁的意愿。他坚持维护国家的中立。虽然他在战争的第一年两次向协约国表示愿意站在他们一边作战,但英国和法国对这个表示未做答复。而希腊军方的将领们最终也使得康斯坦丁国王确信希腊不宜参战:因为保加利亚和土耳其都虎视眈眈,希望占领希腊的北部;而在战争中夺取君士坦丁堡的想法是不切实际的,因为即使打败了土耳其人,希腊也得顾及俄国人的领土要求。在萨罗尼加被占领以后,康斯坦丁向协约国提出抗议。韦尼泽洛斯因而引退,政府改组。然而康斯坦丁也不敢采取反对英法联军的措施,因为他担心协约国对希腊进行贸易封锁。尽管希腊有义务在战争中支援盟国塞尔维亚,但在保加利亚进攻塞尔维亚以后,他却宣布严守中立。英法联军在登陆萨罗尼加之后,随即整装搭乘火车,准备前往塞尔维亚支援作战。另一方面,韦尼泽洛斯的辞职却引发了雅典群众示威声援。

卡弗尔

护士卡弗尔被判死刑

1915 年 10 月 12 日德国军事法庭在布鲁塞尔判处英国护士卡弗尔死刑。她 15 日上午被枪决。卡弗尔曾帮助无数协约国的战俘经荷兰逃回家乡。她的处决激起了比利时人民的愤怒。

保加利亚向塞尔维亚宣战

保加利亚 1915 年 10 月 14 日向塞尔维亚正式宣战。在两星期以前,保加利亚就已经侵入马泽多尼。为了这次的参战,保加利亚获得中欧列强(德国和奥地利)2 亿法郎的战争资助,并且得到不反对它吞并整个马泽多尼的许诺。塞尔维亚军队无力抵抗陆军元帅马肯森指挥下的德奥联军和 4 个保加利亚师团的进攻,逃向阿尔巴尼亚。门的内哥罗王国曾试图支持塞尔维亚,但奥地利人包围了门的内哥罗的军队,他们只得投降。

同盟国迫使塞尔维亚人撤退

1915 年 10 月 20 日,德国、奥地利和保加利亚军队正在深入塞尔维亚,并威胁这个国家退出战争。同时,俄国继英国和意大利之后向保加利亚宣战,成为四国同盟的一名最新成员。从前俄国曾帮助保加利亚摆脱了土耳其的统治。罗马尼亚已经决定在不断恶化的冲突中,继续保持中立。在塞尔维亚西北部边界,萨夫河畔受阻的奥地利军队已经攻破并占领了奥布雷诺瓦茨。这个消息的传来使塞尔维亚军队所面临的局势显得越发严峻。德奥军队还占领了贝尔格莱德,并沿铁路线向城市南部前进 312 英里。尚无作战经验的保加利亚军队也占领了弗拉涅,并破坏了协约国的基地萨罗尼加和尼斯之间的铁路。军方人士怀疑,无论哪个协约国成员都不能派出足够的兵力到塞尔维亚以阻挡进犯者。10月早些时候,协约国军队在萨罗尼加登陆开赴塞尔维亚。铁路交通严重不足,公路质量差。海上力量可以提供一些援助。一只意大利海军中队已经前去保证保加利亚贸易活动和港口安全。

法国力图夺回阿尔萨斯—洛林

1915年11月3日,法军官员说尽管1914年阿尔萨斯-洛林的进攻没有成功,但法军总参谋部对重新获得这个地区仍然持有信心。这块领土是45年前普法战争中输给俾斯麦统治的德国的。这个损失对法国人是一个严重的打击,他们将不惜一切代价夺回这个省份,并把这一目标视为关系到民族荣辱的重大问题。法军8月份对阿尔萨斯-洛林的进攻中有得有失。当对阿尔萨斯的进攻明显地遭到抵抗时,法军放弃了继续进攻,向西撤离。法军对洛林的进攻则不是决定性的,根据"进攻到底"的方针,勇猛冲锋的法军发现德军火力足可对付他们的英勇行为。不久德军发动一次反攻,使法军大为震惊,在莫朗日-萨尔堡战斗中德军打退了法军。最后法军在他先前的防线内站住脚,坚持抵抗,打退了德军的进攻。从那时起,两军进入了相持状态。

丘吉尔辞职参战

温斯顿·丘吉尔1915年11月12日宣布已经从内阁中辞职,并且准备随时赴法参战。他的辞职进一步表明阿斯奎斯首相领导的联合政府内部存在着分歧。去年春天辞职的海军大臣丘吉尔,曾受阿斯奎斯请求参加一个小的战争委员会。然而,丘吉尔在辞职书中说,委员会的角色已经变了,他不能接受一个实际上没有指挥和控制权的官职。

爱因斯坦提出广义相对论

1915年12月,柏林普鲁士科学院的爱因斯坦教授提出了有关时间、空间与引力性质的新理论。如果这个理论成立,那么人类对宇宙的观念将会产生180度的改变。这个新理论是爱因斯坦从他1905年发表的《狭义相对论》引申出来的。狭义相对论认为并没有绝对的时间和空间,任何运动都是相对的,而时间流逝的速率要视运动中的物体速度而定。爱因斯坦的新理论"广义相对论"推翻了牛顿在200多年前提出的引力观念。牛顿把引力视为一物体对另一物体所施的力;但根据广义相对论之见,引力无疑是空间的一种属性,并有赖物质作为媒介而产生。由于广义相对论的理论非常细密,而且它所预测的物理现象只有在一种强烈的引力场之中才会出现,因此科学家们要等到欧战结束,正常的科学研究工作恢复以后,才有机会去实验它的正确性。

罗曼·罗兰获诺贝尔奖

1915 年 12 月 10 日,法国作家罗曼·罗兰以他的小说《约翰·克利斯朵夫》荣获本年度的诺贝尔文学奖。小说的主人公约翰·克利斯朵夫是一位年轻的德国天才音乐家,他的性格就是罗兰本人的写照。小说的人物反映了作者的基本思想:德国人和法国人都是欧洲人,无论什么情况也不能把他们分开。罗兰的获奖对法国人来说是不能理解的。法国人把他视为德国人的朋友,认为他无视于政治形势;德国人在法国进行侵略,而他却没有得到教训。诺贝尔化学奖由慕尼黑大学教授威尔施泰特获得;物理学奖则由伦敦大学教授威廉·布拉格及其儿子曼彻斯特维多利亚大学讲师劳伦斯·布拉格获得。他们的贡献在于以 X 光来研究晶体的结构。由于战争关系,1915 年并未颁发诺贝尔和平奖。诺贝尔医学奖亦空缺。

福特乘坐和平之舟前往欧洲

1915 年 12 月 24 日,亨利·福特去欧洲的和平使命在失望中结束。他同其他 120 名和平主义者,其中包括 54 名记者和 4 名主要记录这一事件的电影制作者,于 12 月 4 日从新泽西州霍博肯乘船出发。就在他们即将到达斯德哥尔摩时,医生建议他返回。据信他的病情严重,但目前尚无生命危险。这位汽车制造商已为此行花掉了 6 万多美元。他中途返回时,给同伴留下了一张 27 万美元的支票。他的口号是"圣诞节前离开战壕"。他认为只要战争能缩短一天,就能拯救 3 万条生命,然而他实现和平的方针从没有定型,这次他的欧洲之行曾受到一些人物的讥笑。福特一行中的其他人将在国际妇女和平协会的率领下继续前进。他们已给美国的威廉·J·布莱恩发了电报,催促他加入他们的队伍。

英法联军撤出加利波利

1915 年 12 月 8 日,由于失去了战略优势,英法组成的联军已经撤离了达达尼尔的加利波利半岛。据伦敦发来报道说,由于土耳其兵力强大,因此撤退是很危险的,然而还是成功了。英军指挥官查尔斯·门罗将军报告说,撤退过程中协约国仅损失了一个人,17

件武器。考虑到土耳其军队有利的战略位置，英军如此顺利地撤退是很了不起的。然而土军对这次撤退的报道则大不一样，他们说击沉了一艘英军战舰，使敌军损失惨重。但是有一点可以肯定，联军在达达尼尔战役中损失是很大的。

喀麦隆首都被占领

据巴黎报道，比利时联盟军队和一支法国劲旅 1916 年 1 月 28 日成功地打败非洲前线的德国部队，协约国军队左右夹击后，控制了喀麦隆首都雅温得。该市坐落在西非萨纳加河附近。法军将军艾默里奈向比利时军队表示崇高的敬意，赞扬他们在炮火的袭击下毫无畏惧。自从 1914 年 9 月起一支由 500 人组成、配有重炮的比利时军队一直守卫着法国要塞，抗击德军的频繁进攻。德国在 1884 年宣布喀麦隆为它的一个保护国，随后又将它变为殖民地。在这次战争中，这一地区虽然不是关键战场，但这里土地肥沃，有着发展商业的巨大潜力。

霞飞任命贝当为前线总指挥

1916 年 2 月 25 日，法国将军约瑟夫·霞飞下决心阻止德军在凡尔登进一步推进，任命亨利·菲利浦·贝当将军担任凡尔登前线法军总指挥。此举表明了霞飞新的战略方针。1915 年 12 月，他同协约国首脑进行了会晤，目的是为了重新组织军队反击德军。他坚持认为，对部队的控制和指挥不力，致使协约国军队的进攻失败。贝当是一位杰出的法军指挥官，他应能有助于凡尔登防线的形成。德国虽然在进攻中有所进展，但也遭受了严重的损失，从巴黎发来的报道说 15 万多名德军士兵已死于法军猛烈的火力之下。法军虽然失去一些地盘，但是在战斗中死亡人数较少。

美国小说家詹姆斯去世

亨利·詹姆斯 1916 年 2 月 28 日去世，享年 72 岁。为了更好地观察美国，他的一生大部分时间是在欧洲度过的（他讲一口流利的法语）。他的 22 部小说和 113 个短篇中，很多都是描写眼睛清亮的美国人如何使欧洲人乐观起来。随着创作生涯的推移，詹姆斯越来越耽于内省。他的作品根据心理探索，和他称之为"灾难的想象"而展开。詹姆斯于 1843 年 4 月 15 日出生于纽约市。他的哥哥是哲学家威廉·詹姆斯，他的父亲是一位古怪的百万富翁，送他们去欧洲受教育。当亨利·詹姆斯年龄还小的时候，他背部受了伤，这使他从此离开社交界，成为一名旁观者。1878 年，詹姆斯发表了《黛西·密勒》，是描写一位勇敢的美国姑娘如何毁于欧洲世俗的故事。《贵妇人的画像》(1881)探索了同样的主题,但有所创新。它发表后,立即被誉为作者的代表作。《螺丝在拧紧》(1898)是一部描写心理恐怖的小说,这部作品像詹姆斯许多作品一样,将天真纯洁同世故的罪恶进行了对比。

妇女在兵工厂里担当起最繁重的工作,在整个战争期间男子酗酒问题一直困扰着政府,雇用女性则不会因嗜酒而耽误工作。

德军进攻凡尔登

1916年2月26日,德国7个军团共28000人——向凡尔登的一系列法国要塞发动了一次进攻,进攻战线长达25英里,是自1915年9月香槟战役以来规模最大的一次进攻。凡尔登的要塞对法国的防御有着极为重要的战略意义。这些要塞控制着大规模入侵法国所必经的最重要的路线,它们一旦陷落,整个协约国军队就会处于危险境地。法国军事陆军部目前承认,在德军最初进攻中,法军失去了几个战略据点。但是法国人声明,他们的反击,阻碍了德军向其他地区的推进,并给进攻的德军造成了巨大的伤亡。德军方面则声明,他们已经俘虏法军3000人。德方最高司令部还报道说,他们利用埋设地雷的战术已经夺取法军的几道战壕。战壕里的地雷一爆炸,德陆军便涌向法军阵地,法军目前正在调动援兵以补充这里死去的士兵。伦敦和巴黎一带的军方人士预料,将进行一场旷日持久的恶战。

法英在中东划分势力范围

1916 年 3 月 9 日,英法正在签署一项协定,以在中东划分势力范围。为了策划在协约国之间划分奥斯曼帝国,英方的马克·赛克斯爵士和法方乔治·皮科特正在分别代表两个大国进行谈判。迄今为止,双方均同意将土耳其的城市君士坦丁堡,土耳其海峡及其邻近地区割让给俄国,条件是君士坦丁堡要成为一个开放口岸,土耳其海峡应当继续对商船开放。俄国认为这种安排对融洽战后关系十分重要。作为交换条件,大不列颠将控制美索不达米亚及马勒斯坦,而叙利亚、阿德纳、彻利阿和库尔德斯坦南部将归法国管辖。某些阿拉伯地区将留给阿拉伯人自己管理。但是肯定阿拉伯人会对欧洲人所持的动机产生怀疑。为了着重说明这一安排的重要性,法国外交官乔治·莱格评论说,“如果叙利亚能归我们管辖,我们就只在地中海自由活动。”伦敦主要关注的是要消除埃及的潜在威胁。

德军潜艇战略遭到谴责

1916 年 3 月 15 日,阿尔弗雷德·冯·提尔皮茨辞职。他对德国海军的统治以及他的战略原则就此告终。据说,这位海军大臣同首相贝特曼·赫尔维希之间在德国潜艇战略问题上存在着严重分歧。冯·提尔皮茨所主张的潜艇战略方针是,不仅攻击敌方武装商船,并且攻击中立国船只。但是首相唯恐这样做会引起中立国的敌对情绪,因此主张潜艇战应有所节制。外交部强调说,现行的潜艇战略方针不会改变。冯·提尔皮茨海军上将以“德国海军之父”而闻名。他的职务由冯·卡佩拉接替。后者原是海军后勤署署长。

潘兴率美军进入墨西哥

1916 年 3 月 31 日,由小约翰·潘兴准将率领的美军到达墨西哥的两周后,在第一次交战中打败了比利亚的军队。战斗发生在清早,由乔治·多德率领的一支神速的美国骑兵分队,在 17 小时内疾行 55 英里,然后向格雷罗地区比利亚的军营发动了突然袭击。总数 400 人的骑兵小分队经过 5 小时的连续作战,比利亚的 500 人的军队有 30 多人被打死,另有多人受伤。4 名美国士兵受轻伤。据潘兴的公报说,比利亚本人这次没有在场,但其他人报道说,有人看见比利亚乘马车逃跑了。他不能骑马,因为断了一条腿,可能是从马上摔下时折断的。这支美国讨伐军是在比利亚越境袭击了亚利桑那和新墨西哥后奉命进入墨西哥,追捕比利亚的。

英国特遣部队向土耳其投降

1916 年 4 月 29 日,查尔斯·汤森少将指挥的英国军队已在美索不达米亚的库特阿马拉放下了武器,这支军队有 8070 人,全部投降。在这场战争中整个战斗部队全体投降的情况寥寥无几。在伦敦对此消息甚感沮丧之时,它还称赞汤森非凡地坚守阵地 196 天。汤森首先在 1915 年 6 月占领阿马拉。那里他率领 4 万盎格鲁-印度士兵,他们向北向西移动,企图包围土耳其防御设施并向 200 英里外的巴格达靠近,但没有多大进展。汤森带领几千人撤到自 12 月 3 日以来就驻扎在那里的库特。库特-阿马拉位于底格里斯河畔,是一座肮脏的小镇。汤森在这里筑起堑壕后,这座小镇经常被包围。几个月来,一支援兵就驻扎在 20 英里外,但土耳其的炮火粉碎了这支部队与汤森会合的企图。汤森投降与其说是由于炮火猛烈,不如说因为物资匮乏。士兵们缺少食物和淡水。由于土耳其的袭击和底格里斯河经常泛滥,载有必需品的汽船无法到达。乔治国王的来信曾使士兵的士气大增。在投降之前,汤森将军毁掉全部军火储备。敌军除了要养活更多的人外,一无所获。

威尔逊建议成立国际联盟

威尔逊总统 1916 年 5 月 27 日晚号召在欧洲战争结束后建立一个国际联盟以维护世界和平。总统的建议是在加强和平联合会上的发言中提出的,此次联合会正在华盛顿举行,会议主席是美国前总统威廉·霍华德·塔夫脱。威尔逊总统说,应该停止运用武力实行统治。他坚持美国愿意参加这样一种组织,它会保障航海的自由,会保护所有的弱小国不受侵略并能阻止因违背条约而引起的战争。他说,世界有和平生活的权利。

英德两国舰队激战

德国公海舰队在北海经过两天同英国舰队的激战后,于 1916 年 5 月 31 日晚退至威廉港海军基地。在这两支世界上最强大的舰队第一次的冲突中,英军损失惨重。据报道,皇家海军失去了一艘战列舰、一艘战列巡洋舰、四艘轻巡洋舰和五艘驱逐舰。英军伤亡人数为 6907 人。德军失掉了一艘战列舰、一艘巡洋舰和一艘驱逐舰。德军的几艘主力舰被英军击中,毁坏严重。德军死亡 2545 人。这两支战列巡洋舰队于 5 月 30 日下午

1916年英德两国舰队激战中，英舰"玛丽女王"号中弹起火，这是一艘英国驱逐舰上拍下的照片。

2时45分展开激战，一共持续了两小时。他们4发炮弹一齐发射，每发炮弹都有半吨重。英军在船只的数量、速度和火力上都占优势，但由于通讯联络不畅，司令官约翰·杰利科爵士没有充分发挥这些优势，结果在紧要关头让德国舰队逃走了。由于舰队没能以战术队形行进，他只好重新调整编队，从而失去了22分钟的时间。摆在英国海军部面前的问题是德军会不会在这场战斗的激励下，卷土重来。

兴登堡任德军东线总司令

1916年7月20日，奥地利总参谋长赫茨恩道夫伯爵要求德军支援他们在沃尔辛尼亚和加里西亚一带与俄国人的战斗。奥军已经没有后备部队可以抵挡俄国的进攻。德军最高统帅法尔肯海恩认为，抽调二线的德军支援奥军，将会危及他们的"凡尔登计划"。但兴登堡和鲁登道夫等德国的东线将领则觉得奥国的求援声正好给予他们一个中止"凡尔登计划"的机会，他们从一开始就反对这个计划。鉴于最高统帅部在二条战线上孰先孰后存在分歧，首相霍尔维格进行了干预，他向德皇提议授予兴登堡一人以全权，并委任他为东线总司令。皇帝同意了这个建议。

意军在萨罗尼加与协约国军队会合

1916 年 8 月 22 日,协约国士兵在萨罗尼加欢呼意俄军队的到来,这些军团强行登岸以支援希腊前线。法英军队 7 月因疾病流行而受困,现已逐渐恢复。最近在与德国和保加利亚联合部队的战斗中节节取胜,人们认为援兵的到来会加速协约国的胜利。

罗马尼亚对奥地利宣战

1916 年 8 月 27 日,罗马尼亚突然向奥地利宣战。这个哈布斯堡君主国没有料到会出现新对手,因此显得猝不及防。柏林的最高统帅部同样也未料到罗马尼亚会报效协约国。在此以前,罗马尼亚人曾同时与同盟国及协约国两方面进行谈判。8 月 17 日,他们与俄国签订了一项秘密协议。如果他们向奥地利宣战,俄国答应将来把布柯维耶·特兰西瓦尼亚和整个巴那特让给他们。1916 年 8 月 27 日维也纳的霍夫堡皇宫出现罗马尼亚的宣战书。翌日,德国向罗马尼亚宣战。德国最高统帅法尔肯海恩因为没有及时认识到罗马尼亚的战备情况,而失去了皇帝信任。随即被解除最高统帅职务,由兴登堡接替。由于奥地利没有后备部队同罗马尼亚作战,德国最高统帅部因此组建了一支新的部队——第九军。法尔肯海恩被任命为这支新军的统帅。另外,马肯森将军则统辖德国人和保加利亚组成的联军,从保加利亚向罗马尼亚发起进攻。

齐柏林飞艇空袭伦敦

政府宣称:德军一中队的齐柏林飞艇 1916 年 9 月 3 日夜对英国进行了空袭,显然是把该国东部各郡作为袭击的目标。据悉,其中一架飞艇在飞越伦敦市区时被击落。官方声称:"在广阔的区域内投掷了炸弹。"但没有人员伤亡的报道。这是迄今由德国的齐柏林飞艇进行的最大的一次空袭。

坦克首次在战场上亮相

1916 年 9 月 15 日,在法国北部的河眠,英国人首次把装甲车坦克投入战场。这种由强有力的马达推动的装甲履带式车辆设计独到,可以克服弹坑和壕堑的障碍。英军统帅部期望能用这种装甲车突破德军在索姆河的前沿阵地。英国的工厂在 9 月初提供了 49

辆坦克,但其中有 17 辆在开赴前线的途中抛锚。至 9 月 15 日,只有 9 辆可以真正投入战斗。这 9 辆坦克突破了弗雷斯村的德军阵地长驱直入。但英国人未能利用这次突破来组织大规模的进攻,因为他们缺乏后援。德国人后来甚至俘虏了一辆坦克。一位德国记者在德国报刊上对这辆"堑壕装甲车"做了如下的描述:这种装甲车辆的目的,是要制服架设机关枪的掩体。它们同样能够克服极度崎岖不平的地形、弹坑和堑壕所造成的困难,并冲破铁丝网的障碍。有些英国人对坦克在索姆河所展示的威力一则喜,一则忧。力主利用坦克作战者之一的就是丘吉尔。他一方面为本日的战果感到高兴,但另一方面却也担心这种秘密武器用得不是时候,徒然叫它失去敌人措手不及的战略效果。他们相信,在还没有充足数量的坦克可供对德国的防线进行一次大突破以前,不应该轻易动用这种武器。事实上,由于英军缺乏足够数量的坦克,这种装甲车在索姆河的战斗中始终不会起决定性的作用。

桑格夫人提出控制生育见解

除非我们开始限制家庭成员的增长,否则任何社会进步都是不可能的,尤其是在贫穷的地方。这就是曾经在伦敦同哈夫洛克·埃利斯及其他人共同学习的公众健康护士玛格丽特·桑格观点的简明扼要的一句概括。桑格夫人曾因在纽约布鲁克林开办了荷兰以外的头一个控制生育的诊所而被押入狱中 30 天。去年,她由于将印制成英、意和意第绪语的控制人口出生的信息通过美国邮递系统邮寄而被控告。

美国第一位女议员

珍妮特·兰金成为选人美国国会的第一位妇女成员,1916 年 11 月 7 日引起了不小的轰动。30 多岁的兰金女士是一名蒙大拿共和党人,由于她骑马走遍了全州,因此 1916 年在竞选活动中成为一名为人所熟悉的人物。虽然蒙大拿州选举了民主党人威尔逊总统,但兰金小姐比其民主党对手要多获大约 2.5 万张选票,这个胜利,她的解释是妇女"在蒙大拿州赢得了选票,因为拓荒者的精神至今尚存"。

威尔逊再次当选美国总统

1916 年 11 月 11 日,经过几天的动荡,最后的选举结果是威尔逊以微弱多数获胜,再次当选总统。各州选票汇总表明,威尔逊总统是因为赢得了加利福尼亚州的选票而在竞选中击败了共和党人、前美国最高法院陪审法官查理·埃文斯·休斯。各州代表的选举结果是:威尔逊 272 票,休斯 259 票;全国选民选举结果是:威尔逊 912.9 万票,休斯 8538221 票。在 11 月 7 日全国投票的第二天,《纽约时报》及其他一些报纸纷纷猜测休斯必胜无疑,但选举结果却出现了戏剧性的变化。威尔逊的竞选口号是:"他把我们置身于战争之外。"

波兰王国成立

1916 年 11 月 5 日,德皇威廉二世和奥皇弗郎兹·约瑟夫一世共同宣布成立波兰王国。这一新国家将同奥地利和德国保持紧密的关系;其国界尚未确定,等将来战争结束时,视主权的转移再作决定。在这段时间内,将有一支波兰军队站在德、奥一方同俄国交战。这次宣告引起波兰人极其热烈的欢呼;只有少数人认识到建国的主要目的,是为了建立一支与俄国作战的波兰军队。后来担任波兰国家领袖的约瑟夫·毕苏斯基,对于这次宣布独立在波兰人中所引起的反应做了描述:对于 11 月 5 日的国家庆典和建立一支所谓的波兰军队及一个波兰政府的可能性,而表现出的那种愚蠢的欢欣鼓舞是如此之巨大,以至于一部分波兰青年也受到了感染。德国大众对于波兰建国一事深感意外,尽管德国新闻有审查制度,但舆论界还是对这种做法提出了尖锐的批评。

机关枪的发明者马克沁去世

1916 年 11 月 24 日,海勒姆·马克沁爵士,第一支全自动机关枪的发明者,于伦敦家中去世,终年 76 岁。马克沁生于缅因,14 岁时跟一个马车制造商学徒,并在马萨诸塞他叔叔的工厂里开始他的发明事业,1883 年他移居英国。翌年,他制造出机关枪,他利用枪管的后座力退出了弹壳,并重新装弹入膛。马克沁机关枪在一次演示中每分钟发射 600 发子弹,因此英国政府定了一大批货。马克沁在无烟火药的研制中也做出很大贡献,这种火药使他的机关枪更能发挥效力。这种机关枪被战争双方拼命用于作战当中。

奥地利国王弗朗兹·约瑟夫去世

1916 年 11 月 30 日,本想试图将成分复杂的国家统一为一个帝国,但却导致了欧洲战争的奥地利国王弗朗兹·约瑟夫去世了。他统治时间长达 2/3 个世纪。王位继承人是 29 岁的卡尔·弗朗西斯·约瑟夫大公。这位国王是大公爵弗朗西斯·斐迪南的弟弟,斐迪南被寻求波斯尼亚独立的塞尔维亚民族主义者暗杀,从而导致奥地利和塞尔维亚之间的战争。又由于各国都结有同盟,这样大战就涉及欧洲大部分的国家。弗朗兹·

约瑟夫于 1908 年吞并波斯尼亚。弗朗兹·约瑟夫个人受到人民的爱戴,但在长期统治中,他为之奋斗的将 17 个民族统一为一个帝国的愿望却始终未能如愿。上个世纪许多次失败的战争使奥地利失去了它在意大利的领地,削弱了它对匈牙利的控制,并且失掉了它对德国的权威。

劳合·乔治就任英国首相

1916 年 12 月 10 日,大卫·劳合·乔治已经组成新政府。战争委员会仅包括 5 名成员:劳合·乔治;即将领导委员会的卡尔宗勋爵;财政大臣安德鲁·博纳·劳;亚瑟·亨德森和米尔纳勋爵;亚瑟·鲍尔弗将成为外交大臣。赫伯特·H·阿斯奎斯是在他的内阁就委员会的组成和领导权问题无法达成协议时辞职的。

罗马尼亚首都被攻占

1916 年 12 月 6 日,德军陆军元帅马肯森率领德国、保加利亚联军攻占罗马尼亚首都布加勒斯特。鉴于罗马尼亚的迅速溃败,俄军勃鲁西洛夫部在东战场的攻势中断以及西战场的协约国在索姆河攻势结束,德军作战部估计协约国将愈来愈疲于作战。攻下罗马尼亚首都后,德皇威廉二世下令在普鲁士和阿尔萨斯-洛林鸣放礼炮,举行升旗仪式并敲响教堂的钟。帝国首相霍尔维格于 12 月 12 日向协约国递交了一份和平建议。该和平建议事项已先和盟国奥地利、保加利亚和土耳其谈妥。在德国这项和平建议中,没有提出任何有关战争目的的具体看法。到了 23 日,德国和奥匈帝国私下就下列战争目的达成一致意见:承认独立的波兰王国、拒绝归还阿尔萨斯-洛林地区、重建独立自主的比利时、卢森堡作为一个独立邦国加入德意志帝国,以及刚果作为殖民地转让给德国。奥地利要求门的内哥罗划归奥地利,及修改罗马尼亚与塞尔维亚的边界线。至 30 日,协约国驳回了德国的这项建议。复函中表示,他们拒绝研究一个缺乏诚意和没有意义的建议。德意志帝国政府以协约国的这项答复,来反驳帝国内部的和平派,说明协约国逼迫德国继续作战。

凡尔登死亡人数高达 70 万

法军 1916 年 12 月 15 日冲破德军在凡尔登地区的防线。这个防线设置在杜瓦蒙特要塞以北,战线长 76 英里半,有些部分宽达 2 英里。法国陆军部宣布取得大胜,俘虏德军 7500 人,其中包括 300 名军官。这次作战的胜利为法国陆军在凡尔登失败复了仇。据非

妇女们在后方缝制衣服

官方统计,德、法军至此已损失 70 万兵力,其中法军占多数。不知法国在即将到来的重要的 1917 年战争中会担任什么样的角色。

飞艇之父齐柏林去世

　　齐柏林 1917 年 3 月 8 日以 78 岁的高龄在柏林过世。齐柏林的名字与飞艇的历史是不分开的。从 44 年以前开始(即 1874 年),齐柏林便致力于建造飞艇。1900 年 7 月 2 日,这艘飞艇从康斯坦茨湖出发,进行首次试飞,时速达 32 公里。这艘飞艇的很多特点都成为以后建造飞艇的范本。第一次世界大战期间,有很多齐柏林式飞艇执行巡逻及轰炸任务。从 1915 年 1 月 19 日到 1918 年 8 月 5 日这段时间,有 51 艘齐柏林式飞艇负责轰炸英国的城市。3 月中,正在建造中的巨型飞艇 LZ70 号船身长 225 公尺,最高可达 5000 公尺的高空。在美国对德国宣战以后,LZ70 号的副船长彼德·施特拉赛尔甚至计划用 LZ70 号来攻击纽约,但计划未及实行,LZ70 号就在一次攻击英国的任务中坠毁。

俄国二月革命

　　1917 年春天,欧洲大战仍在进行,而帝国主义势力最弱的俄国,新的革命时机却臻于成熟。沙皇及其反动政府已经坐在火药桶上。在战争中,俄军 550 万人伤亡和被俘。面对天灾、人祸、战乱、饥荒,人民再也不能忍受下去了。在革命形势发展的关键时刻,以列宁为首的布尔什维克党人在理论上、行动上积极领导人民从事革命斗争的准备。俄历1917年1月9日(公历1月22日),彼得格勒工人在纪念1905年1月22日"流血的星期日"12周年时,举行了大规模罢工与游行,莫斯科、巴库等城市也爆发了类似的罢工与游行。3月8日,彼得格勒妇女9万多人走上街头,借纪念国际妇女节之机为面包呐喊;次日,参加罢工示威的人数增加到20万,人们冲破封锁线,进入市中心,喊出了"打倒专制"的革命口号;10日,首都的所有工厂和工业企业陷于停顿,示威的工人已不再只求一片面包了,郊区的工人甚至解除了警察的武装,并与军队发生冲突。沙皇命令首都卫戍司令部以武力镇压罢工,但卫戍部队为开枪与否竟争论了一个晚上。同一天,沙皇发布命令解散形式上的民主机构杜马。这项命令无疑是火上浇油,全俄人民被激怒了。3月12日,工人们举着大旗,喊着"要面包"和"打倒沙皇政府"的口号,冲向沙皇的统治机关,掀起了二月革命高潮,手无寸铁的起义者在宪兵和哥萨克的镇压下尸体遍地,但参加起义的2个团士兵却用枪回答了沙皇的命令,当晚,又有6万士兵加入了起义队伍。起义者攻占了军火库、兵工厂、炮兵总部和火车站,电话被切断了,关押政治犯的俄国"巴士底狱"施利塞尔堡要塞被打开了。工人们得到了武器,整个首都被起义者控制了,沙皇成了笼中的困兽,卫戍部队早成了起义者的一部分。宪兵、大臣和将军们被抓了起来,杜马所在地塔夫利达宫被占领了。当日晚,罢工委员会领袖、工厂代表和各社会主义政党的代表举行集会,成立了工人代表会议——苏维埃。由此,无产阶级继巴黎公社之后,再一次建立了自己的政权。十月党人、立宪民主党人和社会党议员控制领导权,宣布废除旧政权,建立新政权。3月15日,选出了以李沃夫大公为首的资产阶级临时政府,社会革命党人克伦斯基以个人身份参加政府任司法部长,苏维埃迫使沙皇退位并将其监禁,从此,统治俄国300多年的罗曼诺夫王朝被推翻了。二月革命是一次成功的资产阶级民主革命,但布尔什维克党人却被排斥在领导权之外。1917年4月,在国外侨居10年之久的列宁回到了俄国,提出了"社会主义革命万岁"的响亮口号,并发表了著名的《四月纲领》,标志着俄国社会主义革命的开始。

美国对德宣战

1917年4月6日,美国参战。就在伍德罗·威尔逊总统在国会通过的宣战决定上签字使它成为法律之后几分钟,这个消息立刻传遍了全世界。美国对德宣战的确切时间是1917年4月6日下午1点18分,当时总统坐在白宫入口门廊旁边的一个小房间里,签署了参战文件。威尔逊总统,在4月2日一次两院的联席会上发表了一篇雄辩的演说,号召美国加入欧洲战争。他说,"为了民主,世界必须安全"。在讲话中,他还说:"让爱好和平的人民去参加战争,而且是最恐怖的战争,这是一件可怕的事情。但是权力比和平更为珍贵,我们应当为我们一直珍视的东西——为民主而斗争,为小国的独立和权力而斗

争，为使支配的权力能为如此众多的自由人们所享有，以致将给所有国家都带来和平和安全，最后使世界本身获得自由而斗争。为了这个任务，我们可以献出我们的生命和财富，献出我们本身的一切，所拥有的一切。美国应当为实现这一切而流血，而献出自己的力量，我们知道实现的日子终将到来，我们将为此而感到骄傲。上帝帮助美国，美国舍此没有别的选择。"据说刚回到白宫，就听总统说道："我的咨文是让年轻人去送死，为此而鼓掌看来是多荒唐可笑。"说着他将头埋在手中，哭了。参战决定是参议院在两天前争论13小时以后以90:6的选票通过的，而众议院是在今天凌晨经过长达17小时激烈争论后以373:50的选票通过的。在议会西院，边座上拥挤的人们听到宣布选票结果，无不热烈地欢呼。投票反对美国参加战争的人中有蒙大拿共和党人珍妮特·兰金，她是被选入国会的唯一女议员。她泪流满面，慢慢站起来说道："我想站在祖国的一边，但是我却不能投票拥护战争，我投反对票。"美国在几星期以前就开始有参战的趋势，当时威尔逊总统已经通知国会说，"德国政府"已经宣布它将击沉靠近大不列颠、爱尔兰或各个地中海港口的每一艘船只。总统说，德国以前曾允诺，客船不会遭到袭击，而且在任何潜艇战之前德国都会发出警告，而现在这个立场则是与先前的允诺相违背的。总统说，新政策表明德国"穷凶极恶"，而且说明德国已经"对所有国家宣战"。美国政府的第一个战争行动是俘获了91艘德国船只，其中27艘是泊在纽约港。今天下午同内阁成员会晤时总统获悉，大约有65名人员据怀疑是德国间谍，现已命令将他们逮捕，海军将接收所有电台。大卫·劳合·乔治在伦敦一次记者招待会上对美国的参战给予称赞。他说："在某种意义上说，美国已经一跃成为一个世界大国，过去的美国从来没有像现在这样强大。"

法国部队发生兵变

1917年5月7日，法军统帅部发动突袭，希望能出其不意进攻索姆河一带的德国军队。然而德军得知了法军的进攻计划，秘密将部队后撤，结果法军炮火所袭击的，只是德军已遗弃了的阵地。法军旋即发起冲锋，但阵地空无一人。当法军挺进至德军构筑的坚固防线时，弹药已消耗殆尽。德军发起反攻，法军损失惨重。5月初，双方又进入了胶着状态。法国方面补给严重不足，医药极其短缺，早已出现军心不稳的现象。当日，法军士兵拒绝进入营地。在某些阵地上，法军士兵与德军士兵握手言欢。法军有几个营甚至要求进军本国首都。总计有16个军，共45个师，发生了兵变。索伊松至巴黎之间，驻守着两个可以完全信赖的法国师。法国总统雷蒙·朋加莱解除了乔治·尼韦勒的司令职务，并任命亨利·菲立浦·贝当接任总司令。一年前，尼韦勒曾把不走运的贝当从凡尔登撤下来。贝当上任后，采取了严厉手段，兵变部队被送上军事法庭，共有412人被军事法庭判决死刑。

一三八二

苏维埃举行第一次会议

1917 年 6 月 16 日,由工人委员会和士兵代表组成的全俄代表大会已拒绝奥地利单方面的和平建议。两位发言人,陆军部部长亚历山大·克伦斯基和代表弗·伊·列宁是整个辩论的主要人物。刚从前线归来的克伦斯基极力主张继续进攻,列宁却赞成和解,并把卷入这场战争说成是"对国际社会主义胜利的背叛"。克伦斯基说列宁曲解了马克思主义,认为和解将"是和敌人亲善。"

潘兴率美军在法国登陆

有"黑杰克"之称的约翰·J·潘兴少将率领的美军 1917 年 6 月 27 日晨到达法国海港。第 2 支分遣部队在离威廉·L·赛伯特少将率领的第一分遣部队驻扎营地不远处安置下来。步兵们迅速地横渡大西洋。尽管海上布满水雷并有潜水艇活动,但路上并未损失一兵一卒。他们当中有些是自愿入伍的,有些是 5 月份开始征兵后征集来的,另一些则是身经百战的老兵,他们那粗硬的棕褐色皮肤表明他们曾和潘兴将军一起在墨西哥打败潘奇·比利亚。他们都来自小农场及城镇。法国村民奔向海岸,称他们为英雄。潘兴,当年 56 岁,曾因 1913 年在墨西哥和菲律宾大败摩洛人而被授予美国远征军总司令头衔,他计划使其部队保持为一个整体,不受协约国其他领袖支配,最终就是希望能指挥每个师有 28000 人的大军队。在西线的法军、英军和其他协约国军队认为美国人仍缺乏经验,因此他们不能上前线,至少目前不能。

克伦斯基任俄国总理

1917 年 7 月 20 日,一位律师兼非马克思主义劳工组织的前任领袖接替了李沃夫的俄国临时政府总理职务。亚历山大·克伦斯基仍担任陆军和海军大臣的职务,他是在国家一片混乱之际登临领导职位的。7 月 1 日作为陆军大臣的克伦斯基指挥发动了一场向在加利西亚的奥地利军队的进攻。战斗开始时他们获得了胜利,但昨天遭到了德军的拼命反攻。俄国目前正在溃逃。在过去的两周里,数千名乌克兰人反叛,要求自治,乌克兰是俄国的粮仓,临时政府不会轻易地将它放弃,也不会允许很多其他渴望独立的少数民族地区做出类似的事情。面对混乱的局面临时政府采取了哪些措施呢?他们引进了陪审团审讯制度,允许言论、出版和集会自由,答应全部赦免政治犯和宗教犯,给劳工组织以罢工的权力。但是这些都没有超出人们过去要求过的权利。仍有大批群众涌向街头,愤怒的喊声仍很高涨。克伦斯基1917年7月20日下午收到了一封从乌克兰激进社会主义团体打来的电报。电报说他们愿意制止内战。当天上午，尽管克伦斯基在一次暗杀行动中受到枪击，但他收到了电报后觉得宽慰多了。

俄国沙皇及其眷属迁出皇宫

1917年8月15日，原俄国沙皇尼古拉二世、妻子亚历山德拉及其子女在警卫人员的监视下离开了彼得格勒皇村的皇宫。据传，他们将被押解到西伯利亚西部的托博尔斯克，监禁他们的布尔什维克军队担心正在攻打这座城市的反革命军队会来把他们劫走。自3月以来，沙皇夫妇、他们的四个女儿和那患血友病的儿子亚历克西斯一直处于监禁之中。跟随他们的还有几位仆人和侍女。究竟如何处理这家被废黜的皇族，临时政府还没有做出最后决定。

德国暴动水兵被判刑

1917年8月25日，威廉港事件中暴动的水兵，经德国军事法庭宣判，5人处死刑，数人判有期徒刑。舰队最高指挥官、海军上将莱因哈特·谢尔将其中的三个死刑改为有期徒刑。但是，23岁的锅炉长马克斯·莱西比奇和25岁的锅炉工阿尔宝·科比司还是难逃一死。德国舰队数月以来即已骚动不安。自去年斯卡格拉海战之后，舰队一直未有重大行动。膳食的匮乏、生活的单调以及繁苦的舰务，在水兵中间造成不满，到舰队司令部报怨诉苦者络绎不绝。7月间各舰成立了舰务管理委员会，水兵们将自己的代理人选派进去，委员会的工作旨在协调各方面的意见，被选入委员会的大多数都是有革命思想的水手，他们与独立社会民主党互有联系，并且策划一些甚至超出该党目标的行动：拒绝遵守命令、破坏以及为迫使政府进行和平谈判而进行的舰队总罢工。8月2日，停泊在威廉港的班轮摄政王路易波特号上的49名锅炉工未经许可即离船上岸。翌日，400名水兵在阿尔宝·科比司的带领下离船，他们强行推开阻止其登岸的卫兵，并聚集在吕斯特西尔一家旅店召开抗议集会，然后才又返回船上。军事法庭指控事件首领犯了战时变节罪。法官认为被告企图发动一场舰队罢工，乃做出死刑判决。

法国画家德加逝世

1917年9月26日，83岁的法国画家埃德加·德加逝世。德加是一位公认的印象派画家，但他却与其他印象派画家有所不同，他很少把风景作为自己绘画的主题。他长于色彩柔和的室内群像,题材大多取自剧院、咖啡馆及妓院。他笔下的芭蕾舞演员常常是处在刺目且真实的舞台灯光之下。德加青年时代曾在意大利学习文艺复兴时期的绘画艺术。1862 年,他的艺术创作出现了一次飞跃。那一年他结识了爱德华·马奈,后者对他产生了重大影响。

威尔逊呼吁船坞工人复工

1917 年 9 月 23 日,一场使造船业濒于瘫痪的罢工已经结束,几万名美国工人正在返回工作岗位,他们的行动表明他们把热爱祖国放在第一位。引起这场罢工的首要问题是工人的工资问题,大约有 25 个工会的 50000 名工人参加了这次罢工。100 多家工厂、造船厂和机器制造车间的 25000 名工人,其中大多数是技术工人,加入了这次太平洋海岸有史以来规模最大的罢工。不过,旧金山、西雅图以及波特兰造船厂当天已经有 30000 名炼钢工人响应了威尔逊总统从华盛顿直接向他们发出的请求。在打给他们的电报中,威尔逊总统一边唤起工人们的爱国主义,一边要求他们接受对工资问题临时的解决办法,以免妨碍政府的造船计划,而这项计划又将是决定目前这场战争胜负的重要因素。他新近任命的造船业劳工调解委员会在努力寻求更长远的解决办法。与此同时,纽约的 6500 名码头装卸工人也同意接受仲裁,他们意识到如果他们耽搁了军需物质和邮件的运输就会直接伤害到在法国作战的美国官兵。

美国大力推销“自由公债”

1917 年 10 月 25 日,“自由公债”的销售额已超过 35 亿美元大关,预计可达 50 亿美元。10 月 24 日,鼓励购买债券的游行达到高潮,“要么买债券,要么受奴役”,“建起一座民主的纪念碑”,“在凯泽的棺材上钉上你的一颗钉子”,“让自由的火炬永远燃烧”等口号得到全体美国人民的响应。过去的两天里,许多银行都延长了营业时间。在纽约,有 2 万人参加了推销“自由公债”的游行,他们当中有 5 岁的儿童,也有 70 岁的老人。所有的成年人手中都拿着债券。旁观者还目睹了各种可怕的现代战争武器。有几千名士兵和水手也参加了游行,并受到了群众的热烈欢迎。游行队伍中还有一辆英国的坦克,几架意机,美军的装甲车、救护车、运输车和 20 辆表现各种与战争胜负密切相关的工业活动的彩车,大大增强了游行的气氛。

法国以间谍罪处死玛塔·哈莉

世界著名舞蹈演员玛塔·哈莉 1917 年 10 月 15 日在维赛纳森林被法国政府以间谍

罪名处决。玛塔·哈莉 1876 年生于荷兰,1897 年随其夫前往爪哇,学会当地的巴里亚舞蹈。离婚后,于 1903 年返回巴黎当一名舞蹈演员。哈莉的裸舞在巴黎曾轰动一时,崇拜者一掷数千法郎以求一夜之欢。她的巡回表演使全欧洲为之狂热不已。1914 年的时候她住在柏林,战争的爆发让她深感震惊。她避居于荷兰,此后她的舞蹈不再为人所热衷,经济日渐陷入困境,德国领事馆向她提供了 2 万马克,要她在法国从事间谍活动。1916 年她回到巴黎,在巴黎时她同样领受一份法国情报局的谍报经费。当她在马德里去找德国武官芳·卡勒的时候,法国情报人员盯上了她,她回巴黎后立刻被捕。她徒劳地申辩说,找那位德国武官只是为了从他口中套取情报。结果军事法庭判她死刑。

电影史上第一部大型商业片获得成功

1915 年 3 月,美国著名导演格里菲斯拍摄的影片《一个国家的诞生》上演后获得空前的成功。这部长达 3 个小时的影片,也是电影史上第一部真正意义上的商业片。此前的电影,其长度基本上限于一卷胶片,即 10 分钟左右。而《一个国家的诞生》的长度却达到了近 3 个小时,从而彻底改变了电影作为一门艺术的样式和面貌。《一个国家的诞生》投资 10 万美元,票房收入超过百万,这在金本位制的金融制度下简直是一个神话。尤为值得一提的是,格里菲斯在影片中开创性使用了许多表现手法,极大地丰富了电影语言,如遮光片的使用、垂直 90°拍摄镜头、夜景布光等等,都可以在《一个国家的诞生》影片中找到。

世界战争史上首次使用毒气

1915 年 4 月,第一次世界大战进入了第二年,德军与法军的战线呈现出僵持的局面。4 月 22 日,在比利时境内的伊普雷前线,坚守阵地的法军发现在一阵炮击后有一股黄绿色的烟云慢慢向他们飘来。等到飘到面前时,他们开始感到窒息,痛苦得喘不过气来,眼睛和喉咙烧灼般疼痛。原来他们遇到了德国刚发明的一种新武器——毒气。德国兵凭借风势,用圆筒施放了 160 多吨有毒的氯气。然而用圆筒施放毒气有时也会出问题,若是风向临时改变,毒气反而会被吹回自己的阵地上来。为此德国人又研制出了毒气炮弹。这种炮弹的弹药装得很少,主要装液体毒剂,在爆炸时液体毒剂会转变为气体。除氯气外,德国还研制出芥子气,这是一种油状腐蚀剂,粘在人身上会使人的皮肤起泡,引起溃烂。为了防备毒气,人们发明了防毒面具。早期的防毒面具用多层纱布制成,作用不大,后来改用橡皮防毒面具,效果明显改善。为对付防毒面具,德国还在毒气炮弹中用了一种能透过防毒面具的化学药品,使戴防毒面具的人感到憋闷难受,迫使他们扯掉面具。不久,英国和法国也对德国使用毒气。

在一战期间,双方使用毒气造成的伤亡人数超过 100 万人,其中不少人因被毒气烟熏而暂时或永久失明。这次毒气之战,是世界战争史上第一次。

医药学家埃尔利希逝世

埃尔利希(1854~1915),出生在德国西里西亚的斯特恩,父亲是一位犹太医生。他自幼便饱尝了种族歧视的痛苦,立志当一名良医,普济世人。当时,传染病正在欧洲和世界猖狂肆虐,已夺去千万人的生命。埃尔利希目睹这一悲惨现实,在他刚进军医学院时就立下宏愿:"我一定要发明一种神奇的子弹,让它只射杀人体内的病菌,而不致伤害人体。"

1878 年,埃尔利希获得莱比锡大学医学博士学位,并到当时欧洲规模最大的病理研究院工作。他从染色分析法做实验入手,通过比色,区别出人体、动物体内的病菌和正常细胞组织,被称为"埃尔利希反应"。不久,他又创立了"侧链学说",即有机体和周围化学物质(食物、药物等)结合的学说,进而又科学地导出免疫化学和化学疗法理论。

埃尔利希在医学理论上做出巨大贡献之后,就把晚年的全部精力投入到化学药物的研制上。1904 年,他终于找到了一种能杀死鼠体内锥虫的染料"阿托克西尔",即对氨基苯胂。但这种药虽能杀死病菌,治疗后果却很惨,病人虽不致死,却变成瞎子。他决定改变对氨基苯胂的化学结构,经过不懈的努力终于合成了二氨基二氧偶胂苯(人们常用的药名"六零六"),实现了他的宏愿。1908 年,埃尔利希以此获得诺贝尔医学奖。

1915 年,这位医学界的先驱于 8 月 20 日逝世于巴特霍姆堡。但是,他的名字和他发明的"六零六"却永载史册。

第一艘航空母舰诞生

1917 年 3 月,英国海军将"暴怒"号巡洋舰改装为世界上第一艘搭载常规起降飞机的航空母舰,航母从此诞生。航母的出现导致了海战场从水面、水下扩展到了空中,夺取海上制空权成为夺取制海权的关键,"大炮巨舰"时代的海战方式被彻底变革。

在第二次世界大战中,航母一举取代战列舰成为海上霸主,显示出强大的作战威力。二战后,航母在技术上有了长足进步。1950 年,英国研制成功弹射能力强、加速性能好的蒸汽弹射器。1952 年,英国海军提出斜角甲板方案,可同时起降喷气式舰载机。1961 年,美国建成第一艘核动力航空母舰"企业"号。

为了适应未来战争的要求,美国正在研制新一级大型核动力航母,其他国家则着重发展中小型航空母舰。有些国家还在研究小水线面双体船、气垫船等形式的航空母舰。

《巴塞尔宣言》

在 1910 年举行的第二国际哥本哈根大会上,代表们决定下一次大会于 1914 年 8 月在维也纳召开,以庆祝国际成立二十五周年。

但是急剧紧张的国际形势改变了这一最初的计划。

1911 年 5 月,爆发了第二次摩洛哥危机,几乎燃起德、法之间的战火。同年 10 月,摩洛哥上空的战云犹密,意土战争猝然爆发。意大利公然出兵占领北非的黎波里和昔兰尼加。

更尖锐的是,1912 年 10 月,爆发了更大规模的第一次巴尔干战争。巴尔干联盟各国塞、保、希、黑等联合对土耳其开战。由于俄国支持巴尔干联盟,而德、奥等支持土耳其,因此,这场战争又有转入更大规模的欧洲战争的危险。

帝国主义的世界大战日益临近了。

在这种形势下,1912 年 11 月在巴塞尔召开了第二国际第九次(非常)代表大会。大会专门讨论了反对帝国主义与战争的问题,并就这一问题发表了著名的《巴塞尔宣言》,即《即际局势与反对战争的行动统一》。

当时整个国际工人运动的高涨形势,对这次大会及其宣言的制定起了决定性的影响。

1910 年,德国开始了工人运动的高涨。3 月 5 日柏林工人举行的要求普选权的大示威遭到警察的屠杀。这一天,称为"德国血的星期日"。1912 年 3 月,鲁尔爆发了 25 万煤矿工人大罢工。列宁十分重视德国工运的高涨,认为这是革命的前奏。

从 1910 年开始,英国罢工浪潮风起云涌。1910 年,参加罢工人数为 51 万五千人,1912 年达到 140 万人。1912 年爆发了有 100 万人参加的、持续了五个星期的煤矿工人总罢工。列宁称这次罢工为"划时代"罢工运动。

1912 年俄国发生了连拿流血事件。连拿地方的矿工们为反对半农奴制的剥削和压迫,举行了大罢工。沙皇军队进行了野蛮的镇压和屠杀。血腥的镇压激起全国的义愤。仅 4 月下旬,罢工人数就达 30 万。全年罢工人数达到百万。连拿事件标志着新革命高潮的到来。

法国、意大利等国的工人运动也都高涨起来了。

在各国无产阶级的高昂战斗情绪和他们反对帝国主义战争的强烈义愤的情势下,巴塞尔大会再次肯定了斯图加特大会和哥本哈根大会关于反对战争的主要原则,重申了列宁和卢森堡加于斯图加特决议中的那两段著名的文字:

"如果有宣战的危险一切有关国家的工人阶级及其在议会中的代表应尽一切努力采取他们认为最有效的措施,来制止战争的爆发,当然,这些措施又要随阶级斗争的尖锐化及总的政治局势而变更和加强。"

"如果战争终于爆发,那么他们必须积极争取尽快地结束战争,并尽一切力量利用战争所引起的经济和政治危机,呼唤起人民群众的政治觉悟的加速资本家阶级统治的崩溃。"

大会针对帝国主义准备进行战争,严正警告各国资产阶级政府:"在欧洲的当前的形势和工人阶级现今的情绪下,要使战争凶神得逞而不给自己带来危险是不可能的。"并提醒他们记住:"普法战争引起了巴黎公社的革命,日俄战争唤起了俄国人民的革命运动"。宣言郑重宣称:"工人阶级认为,为了资本家的利润、王朝的野心或秘密外交条约的荣誉互相开火是一种罪恶的行为。"宣言大声疾呼地向人世界无产阶级发出战斗号召:"世界各地用一切方法来表达你们的意志! 尽一切力量在议会中提出你们的一致抗议,联合起来举行示威游行的发起群众运动,利用无产阶级组织和威力所赋予你们的一切手段,以便让各国政府经常看到敏于观察、生气勃勃、坚决保卫和平的工人阶级的意志!

第二国际的机会主义首领们慑于国际无产阶级的战斗声威,不敢公然抛出自己的修正主义货色,不敢公然反对列宁和卢森堡提出的、斯图加特大会决议的反战基本原则。于是,他们采取两面派手法,就如列宁所揭露的那样,"起先通过最'左的'最革命的决议,然后极无耻地忘记或抛弃这些决议"。(列宁:《第二国际的破产》,《列宁选集》第2卷,第616页)他们根本不打算将宣言付诸实行。只有俄国布尔什维克党坚持实行宣言的要求。

列宁对巴塞尔宣言给予充分肯定,认为它是"总结了各国许多反战的宣传鼓动文献,最确切而全面地、最庄严而正式地阐述了社会党人对战争的观点和策略",比起其他决议来,"恰恰是空话较少而具体内容较多"。(列宁:《第二国际的破产》,《列宁选集》第2卷,第615、617页)后来,在《第二国际的破产》一文中,更用这个文献来无情揭露第二国际机会主义首领们的无产阶级叛徒的嘴脸。

俄国 1917 年七月事变

临时政府成立后,战争与和平问题成为临时政府迫切需要解决的问题。彼得格勒、莫斯科等城市多次举行争取和平的示威游行,要求立即停止战争。4月18日(5月1日),俄国人民第一次公开庆祝五一国际劳动节。彼得格勒工人清晨便举行反对帝国主义战争的示威游行,但在同日,临时政府外交部长米留柯夫却向协约国发出照会,表示要"把世界大战进行到彻底胜利",遵守沙皇政府签订的各种条约。

照会在4月20日公布后,立即引起工人和士兵的愤慨。彼得格勒的士兵和工人自发地组织起来。20~21日,10万名示威者高呼"打倒战争!""打倒米留柯夫!""公布秘密条约!""全部政权归苏维埃!""打倒侵略政策!"等口号。彼得格勒军区司令科尔尼洛夫企图用枪炮镇压示威群众。士兵拒绝向示威群众开火,他们声明,没有工兵代表苏维埃的同意,任何人的命令都不能生效。彼得格勒的示威游行很快扩展到莫斯科、下诺夫哥罗德、明斯克、哈尔科夫等地。

四月示威游行是反对临时政府的政治性示威游行，是临时政府危机的开端。临时政府为了摆脱危机，解除了民愤最大的外交部长米留柯夫和陆海军部长古契柯夫的职务，并提出吸收苏维埃代表参加政府的建议，以维持它摇摇欲坠的统治。这时，苏维埃有可能根据群众的要求，把全部政权夺到自己手里。但孟什维克和社会革命党的首领不但没有利用这个机会，反而以参加临时政府的行动，帮助临时政府渡过了这次危机。

5月5日，新的临时联合政府成立。原临时政府主席李沃夫任总理。在这个政府里有10名代表资产阶级的部长和6名代表小资产阶级政党的部长。克伦斯基任陆海军部长；社会革命党首领切尔诺夫任农业部长；孟什维克策列铁里任邮电部长；原财政部长捷列申柯改任外交部长。彼得格勒苏维埃的领导人违反了他们以前所做的不能加入资产阶级政府的决定，他们还认为，临时联合政府的成立是革命民主制度的胜利，是资产阶级的重大让步。实际的情况正好相反。

临时联合政府执行的仍然是反人民的政策，对内，竭力把农民运动引上"合法斗争"的轨道，欺骗农民，要农民等待立宪会议召开后再分得土地，而不要去"强占"地主的土地。在工业方面，政府帮助大资产阶级成立了"保护工业委员会""私营铁路委员会""联合工业同盟"等组织，要求冻结工资，拒绝任何形式的监督。这些政策使垄断资产阶级的势力了有较大的发展，1917年上半年，俄国便新成立了206家股份公司。对外，临时联合政府加强对协约国帝国主义的依赖，以换取它们的政治、经济方面的支持。1917年5月，美国国务卿鲁特率领军政代表团访问俄国。临时联合政府以继续作战作为交换条件，得到美国3亿2千5百万美元的贷款，用来购买美国的武器、弹药和其他军用物资。临时联合政府还表示，它同英法帝国主义的利益是一致的。5月31日向英法发出的照会宣布，它仍将坚定不移地忠于盟国的共同事业。

临时联合政府的内外政策充分暴露了它的资产阶级帝国主义性质，引起广大人民的极大愤慨，加速了无产阶级革命斗争的发展。列宁及其他布尔什维克领导人基洛夫、布尔任斯基、古比雪夫、奥尔忠尼启则等积极参加工人、士兵集会，鼓舞人民斗志。5月12日，列宁在普梯洛夫工厂两万人参加的群众大会上发表演说，指出只有工人农民夺取政权才能解决战争问题、土地问题和工人生活问题。5月14日，列宁在海军士官学校发表讲演，指出只有通过革命才能结束战争。5月22日，列宁在全俄第一次代表大会上发表演说，表示布尔什维克党坚决支持农民反动地主斗争，农民应该无偿地得到土地。1917年夏，工人运动全面开展。6月底，索尔莫夫工厂两万名工人举行罢工。7月初，莫斯科市和莫斯科省五金工人罢工，彼得格勒、乌拉尔、巴库、顿巴斯的工人及莫斯科的铁路工人也展开了斗争。到1917年7月，布尔什维克党员增加了两倍。工会组织迅速壮大，6月底已有会员140万人。在工人运动的影响下，农民运动开始高涨。3月份共发生农民骚动50余次，而在5~6月间增加1 600多次。在部队中，二月革命后，布尔什维克在士兵中建立了党的军事组织，并出版了《士兵真理报》和《战壕真理报》，向士兵进行革命教育。波罗的海舰队所有的大军舰都成立了党组织，全舰队的布尔什维克党员已达4000

人。6月,布尔什维克全俄军事组织代表会议在彼得格勒举行,选举出了全俄军事组织中央局。会议决定更广泛地将广大士兵团结在布尔什维克周围,实行人民普遍武装,迎接新的战斗。

6月3日,在全俄不断高涨的革命形势下,全俄工兵代表苏维埃第一次代表大会在彼得格勒开幕。在宣布自己党籍的777名代表中,布尔什维克占105名,社会革命党人占285名,孟什维克占248名。6月4日和9日,列宁代表布尔什维克两次发表演讲。列宁指出,新型的人民政权绝不可能与资产阶级政府同时存在,只有进行社会主义革命才能摆脱战争。孟什维克和社会革命党的代表坚持同资产阶级结成联盟。策列铁里在会上发言说:现在俄国没有一个政党会说,你们把政权交给我们,你们走开吧,我们要取而代之。俄罗斯没有这样的党。这时列宁站起来打断了他的发言,高声说:有这样的党!列宁表示,布尔什维克随时都准备夺取全部政权。一个政党,如果在可能取得政权的时候拒绝掌握政权,那它就没有权利存在下去,就不配称为政党。

当工兵代表苏维埃第一次代表大会正在开会时,彼得格勒工人群众决定举行游行示威,向代表大会表示对临时政府内外政策的强烈不满。6月6日,布尔什维克党中央委员会举行扩大会议。出席会议的除中央委员外,还有彼得格勒委员会和军事组织的代表。会议决定6月10日下午举行和平示威。为了保证这次活动有组织地进行,而且要有工人参加,布尔什维克党中央委员会在6月9日发表了《告彼得格勒全体劳动人民、全体工人和士兵书》,上面写道:"工人们!加入士兵的队伍吧……同志们,都到街上去!士兵们,向工人伸出援助之手……同志们,都到大街上去!全部政权归全俄工人、士兵、农民代表苏维埃。"当时还提出"打倒10个资产阶级部长!""面包、和平、自由!"等口号。

示威游行即将在布尔什维克领导下有组织地进行时,孟什维克和社会革命党决定破坏这次活动。6月9日,他们在苏维埃代表大会上通过了在3天内禁止一切示威的决议。为了平息群众的不满,他们提出在6月18日,举行示威游行,其目的是由他们来领导这次活动,并将其变成信任临时政府、反对布尔什维克的游行。这使布尔什维克的处境十分困难。如果按原定时间举行示威游行,就会违反苏维埃代表大会的决议,给人以口实,说布尔什维克搞阴谋诡计,挑起公开的决战。这恰巧是资产阶级所盼望的,因为布尔什维克还没有做好战斗的准备,资产阶级会以此为借口,对布尔什维克进行公开镇压。

6月9日晚,布尔什维克中央委员会做出决定,取消次日的示威,并将这一决定通过10日晨出版的《真理报》公布。但为了领导群众,揭露孟什维克、社会革命党同资产阶级临时政府相勾结的真面目,布尔什维克中央委员会、彼得格勒委员会在6月17日的《真理报》发表了《告彼得格勒全体劳动人民、全体工人和士兵书》,号召他们参加18日的示威游行,把这一天变成"革命的彼得格勒强烈反对复活的专横和压迫的日子"。

6月18日,约50万人参加了示威游行,除哥萨克团队、分裂分子和普列汉诺夫的《统一报》3个集团外,其余游行者高呼布尔什维克提出的口号:"打倒十个资产阶级部长!""全部政权归苏维埃!"这次示威游行迅速地提高了布尔什维克在全国人民中的威望,标志着资产阶级临时政府反动的内外政策和孟什维克、社会革命党投降政策的破产。在6月18日和以后的几天，莫斯科、伊万诺沃-沃兹涅先斯克、索尔莫沃、科洛姆纳、基辅、哈尔科夫、叶卡捷琳诺斯拉夫等地，也都举行了声势浩大的示威游行。米留可夫当时说，从彼得格勒开始的示威变成了"布尔什维克的庆祝大会"。

6月18日彼得格勒举行示威游行的这一天，临时政府在苏维埃第一次代表大会的支持下，命令俄军在西南战线发起进攻。但是，士兵们不愿当帝国主义战争的炮灰。接到命令的15个师中，有10个师拒绝执行命令。仅北部战线的第5集团军，就有13,000名士兵被交付法庭审判。临时政府强迫军队进攻，结果使俄军在前线遭到惨败，仅10天时间，俄军伤亡6万人。消息传来，激起了群众极大的愤怒，加深了临时政府的危机。

7月3日，彼得格勒再次爆发了工人和士兵的示威游行。布尔什维克党认为推翻临时政府的时机尚未成熟。这是因为军队和外省支持彼得格勒的革命力量还没有做好准备，处于孤立中的彼得格勒的革命群众如贸然行动，极易遭到资产阶级的血腥镇压。布尔什维克党中央于3日下午做出劝阻群众行动的决定。但群众已积极行动起来，为了领导运动并使其具有和平有组织的性质，党中央在当天深夜决定领导群众参加示威。第二天，50多万工人、士兵和喀琅施塔得的水兵上街游行，要求苏维埃中央执行委员会主席立即夺取政权。

把持苏维埃领导权的孟什维克和社会革命党人完全站在临时政府一边，做出决定禁止示威游行，并同意临时政府从前线调部队到彼得格勒，用武力镇压群众运动。4日下午2时，彼得格勒军区司令波洛夫采夫将军以"维持市内秩序"为名，下令哥萨克和士官生向示威群众开枪，造成400余人伤亡。随后，临时政府宣布彼得格勒戒严，封闭布尔什维克的《真理报》和《士兵真理报》，逮捕布尔什维克和革命工人，并通缉列宁，要以"叛国"和"组织武装暴动"的罪名把他送交法庭审讯。临时政府还解除工人武装，解散或调离参加示威的部队，并颁布了在前线恢复死刑、禁止举行群众大会等命令。

七月事变后，临时政府完全掌握了政权，孟什维克和社会革命党人领导的苏维埃成了它的附庸。7月24日成立的以克伦斯基为首的新的联合政府，开始推行赤裸的反革命政策，而全俄苏维埃中央执行委员会竟然通过决议，承认这个政权是"拯救革命的政府"。

七月事变标志着两个政权并存局面的结束。由于孟什维克和社会革命党首领的叛变，政权完全集中到反革命临时政府的手中，二月革命后出现的革命的和平发展道路已被堵塞。布尔什维克党转入地下，准备武装起义。

近代世界未解之谜

尼古拉二世处决之谜

东京遇刺与日俄战争

1856 年,俄国在克里木战争的惨败,使它在国际争霸中遭到沉重的打击,迫使其将扩张重点转向远东及太平洋地区。

尼古拉·亚历山德罗维奇·罗曼诺夫是俄国的末代沙皇,1894 年即位。在此之前,他的身份是俄国皇位继承人——皇太子。1890~1892 年,皇太子尼古拉先后访问了希腊、埃及、印度、中国和日本等东方国家。

1891 年 10 月,皇太子尼古拉接受日本皇室邀请准备出访日本。

日本在明治维新之后,国力迅速增强,到 19 世纪末时,已成为亚洲强国。一心想成为亚洲霸主的日本,面对俄国在远东扩张的咄咄逼人架势也深感恐慌,日本国民中也充满着强烈的仇俄情绪。因此,在尼古拉赴日之前,反俄组织已开始筹划刺杀他的行动。

1892 年 4 月,俄国皇太子尼古拉抵达日本。因为这是两国关系史上俄国皇室成员第一次访日,尼古拉又是未来皇位继承人,日本官方和皇室都予以特别规格的接待。相互拜会后,俄国皇太子提出要游览东京市容,以示对日本国民的友好情谊。就在他乘马车在东京观光时,一名长得粗壮的日本武士拨开人群,飞步冲上前去,挥动日本马刀向尼古拉头部砍去。幸亏尼古拉的随从及时将他一推,才免于刀下做鬼,但头部还是被削掉了一块头皮。

皇太子立即被送往医院,刺客当场被日本警察抓获。日本官方立即前往医院道歉,日本皇室也对此事深表歉意,挽留尼古拉多住几日,静心养伤。但尼古拉不顾外交礼节,带领随从匆匆结束了对日本的访问,经西伯利亚回到彼得堡。从此,尼古拉二世头上便留下一个永久的疤痕。

从远东归来,尼古拉表示:这次游历深刻地影响了他,使他对远东发生了兴趣。

1894 年,中日甲午海战后,日本与俄国在远东的矛盾冲突日益公开化,双方都在加紧做战争准备,终于在 1904 年 2 月 8 日爆发了日俄战争。

日俄战争爆发后,许多西方报纸在报道中都重提尼古拉访问日本遇刺一事,并将此事与日俄战争联系起来,认为此事的发生导致尼古拉二世仇日,也是他对日宣战的重要原因。美国人马洛泽莫在《俄国远东政策》中就特别强调:"恐怕他很难说已经忘却而没有对此访问留下什么印象。"

在战争之前,尼古拉二世也总是愤愤地称日本人是"讨厌的黄色蛮猴",称日本天皇是一个"动作可笑的家伙",经常使用带有强烈的仇日情绪色彩的语言。

然而,有很大一部分学者不这么认为。他们认为,沙皇俄国参加对日战争是19世纪后半期俄国对外扩张的重点转移,而导致在远东及太平洋地区帝国主义之间矛盾加剧的必然结果,尼古拉二世在19世纪前的不愉快经历和他个人的好恶,是不可能左右国家对外政策的,更不可能因为自己的一段不愉快经历而发动战争。

谁下的枪杀令?

1917年3月12日(俄历2月27日),俄国首都彼得堡被起义的工人与士兵占领。3月15日,尼古拉二世在普斯科夫城下诏宣布退位。从此,统治俄国长达三个世纪之久的罗曼诺夫王朝寿终正寝,俄国二月革命取得胜利。

新成立的彼得格勒苏维埃和俄国临时政府将尼古拉二世及其全家幽禁在彼得格勒郊外的皇宫中。同年8月,因安全原因移监至遥远的托博尔斯克。

十月革命胜利后,沙皇全家依旧呆在那里。直到1918年4月,苏维埃政权代表才抵达托博尔斯克,正式接管看守职责,并决定将沙皇一家人转移到乌拉尔山脉东侧的叶卡捷琳堡。4月26日启程,30日到达叶卡捷琳堡。

1918年5月,被苏维埃政权遣返回国的捷克军团在途中与白卫分子发动大规模叛乱,叶卡捷琳堡很快陷入叛军包围之中,危在旦夕,关押在城内的末代沙皇随时都可能被叛军救走,后果堪忧。

在这紧急时刻,7月16日深夜,沙皇及他的一家人由一个行刑队执行枪决。死刑的执行是一个名叫尤罗夫斯基的人指挥的。沙皇一家没有接到通知。当他们走进地下室时,被安排坐在一排椅子上,尤罗夫斯基向他们开了第一枪,接着行刑士兵们一串排射,11具尸体横在地上,士兵又用刺刀和步枪托做了检查,以证实他们是否确实死亡。

次日清晨,尸体被堆放到一辆卡车上,运往22公里外的四兄弟矿场,在那儿,尸体被浇上汽油烧掉,残存的部分被扔进沼泽中,私人财物则被放进酸液中浸泡后倒入矿井。

7月23日,叶卡捷琳堡被叛军攻陷。

由于枪杀沙皇全家事先未经法庭审判,而且连亲属和仆役也死于非命,这遭到了不少非议。当时,布尔什维克已与法国签了约,允许沙皇离开俄国,此举获得西方的好感。既然这样,为什么要杀死他及他全家?如此重大的处决究竟是谁下的命令呢?

包括《大百科全书》在内的一种传统观点认为:当时白军士兵攻到叶卡捷琳堡城下,为了防止尼古拉二世被他们夺走,虽最初计划由莫斯科和乌拉尔州两级审判机关对前沙皇及其妻子进行公审,但后因情况紧急,全俄中央主席团授权来莫斯科汇报的乌拉尔苏维埃主席团委员戈洛谢金返程后立即组织审判。戈洛谢金 7 月 12 日返回叶卡捷琳堡,乌拉尔州苏维埃执行委员会当天开会,会上通过枪决沙皇的决定,四名主席团成员当即在判决书上签字。同时,会议决定由尤罗夫斯基负责执行处决。

《尼古拉二世及其一家的悲惨命运》的作者日里亚尔对上述说法提出异议。此书作者从 1906 年起就在俄国宫廷担任法语教师,尼古拉二世遭监禁后,他同沙皇一家继续朝夕相处,直到沙皇离开托博尔斯克为止。叶卡捷琳堡陷落后,他又积极参与白卫当局对沙皇被杀一事的"侦查"工作。作者在书中断然否认枪杀沙皇一家的命令是乌拉尔州地方苏维埃做出的,他认为命令是全俄中央执行委员会主席斯维尔德洛夫亲自下达的。鉴于日里亚尔的特殊经历,这种说法当时颇为流行。

后来又有一些人认为,像处决尼古拉二世这等大事,恐怕斯维尔德洛夫也不能独自做出决断。这种说法在西方很有市场。

营救为何失败?

从 1917 年 3 月 21 日正式逮捕沙皇,到 1918 年 7 月 16 日将他处死,其间整整经历了 16 个月。在此期间,从俄国保皇分子到临时政府的头面人物,以及一些外国使节,一直在想方设法营救尼古拉二世。

就在沙皇刚刚被捕时,临时政府的司法部长、负责领导警卫沙皇工作的克伦斯基便开始同英国大使进行秘密接触,传闻他们已经商定将尼古拉二世送到摩尔曼斯克搭乘英国军舰出国。后来,又是克伦斯基做主,将尼古拉二世全家转移到托尔博斯克,因为有人认为把沙皇从这里送出境外不那么引人注目。但是,十月革命胜利后,克伦斯基一伙作鸟兽散。

转移到托博尔斯克后,当地大主教格尔莫根与陆续尾随而来的前宫廷人员、军官及一些外国人策划新的阴谋。据说,一直停泊在城外河中的"圣玛丽亚号"帆船就是供沙皇出逃乘坐的。但是,没等到河面解冻,沙皇就被押送到叶卡捷琳堡去了。

在送往叶卡捷琳堡途中,苏维埃全权代表雅科夫列夫本人试图调转火车行驶方向,将沙皇送到远东再行出国,可是被人发觉。后来雅科夫列夫投奔叛军高尔察克,却又被当作红军间谍处决了,内情也就无从知晓。

为什么一次又一次的营救计划全部落空?是不是在整个监禁期间完全没有半点营救希望?不是这样。当时俄国政局极其混乱,看守卫队也几经更换。即使在十月革命胜利后,监禁也十分松弛。乌拉尔苏维埃认为,1918 年春,尼古拉二世实际上处于"没有监禁"状态,可是 16 个月过去了,如果不把雅科夫列夫那次真伪难辨的"营救"算在内,连一次尝试性的营救行动也没有,这又是为什么呢?

很多人把失败的原因归结为营救各派的涣散、怯懦和自私,他们都不愿意为营救沙皇承担风险。

民间保皇分子可以说没有政府那种顾忌。他们又是在什么地方失算的呢?很多人认为,他们都是投机分子,主要是想借救驾一事捞取名利,所以也不敢轻易冒险,结果一事无成。可事实上也有不少死心塌地的保皇派,不惜重金,冒着生命危险,千里迢迢尾随沙皇来到托博尔斯克,最后却毫无动静,个中缘由,由于时过境迁,恐怕很难彻底揭开了。

最后,有人认为症结在沙皇本身,说他优柔寡断,态度消极,怕冒风险。他们认为,沙皇想由政府安排出国,因为这样既体面又安全。后来,他又一直坚持要选择绝对稳妥可靠的方案,所以延误了许多机会。但此种说法又缺乏有力的证据。

沙皇遗骸迷案

根据资料,被拘禁的沙皇一家包括尼古拉二世、皇后亚历山德拉、13 岁的沙皇王子亚历克塞以及 4 位公主。此外,还有 1 名医生和 3 名侍从。

1918 年 7 月 22 日,苏联的官方报纸宣布:据"工农兵苏维埃"的命令,沙皇已于 7 月 16 日夜在西伯利亚埃克特堡被处死。同时,报纸也说明了沙皇家族的去向,报道说:"皇室的其他成员,已从埃克特堡转移到一个安全地方。"

八十多年来,苏联的官方公告一直受到人们的怀疑和猜测:有人认为,沙皇的家属已被全部处死;也有人相信,美如天仙、聪明善良的小公主安娜西塔西娅逃脱了杀身之祸,是唯一的幸存者。

此外,还有人声称自己是小王子亚历克塞,虽然没有小公主那样有人相信,却也闹得沸沸扬扬。关于沙皇后裔的下落,不光被写了多部小说,有的还拍成了电影,轰动一时。

寻找皇室下落的行动,在沙皇被处决后六个月就开始了。有人找到可能的埋葬处,但没有找到任何遗骸。因此,西方一直流传着"满门抄斩,毁尸灭迹"的传说。

十多年前,又有人确定了沙皇遗骨的真实埋藏处,同时还挖出过几具骨骼,但由于某些原因,他们又把尸骨埋回原处了。这一行动,虽然给后来的工作带来了不少麻烦,但也多亏了他们,这些尸骨才能在人们能够展开科学研究的时代重见天日。

1989 年,有报纸报道发现了沙皇的葬址。于是,试图揭开这个"世纪谜案"的侦破工作又重新开始。两年后,俄罗斯总统叶利钦下令调查沙皇家属的死亡遗案。

挖掘组在埃克特堡的松林深处开始挖掘,共挖出 1000 多块骨头。这些骨头,被科学家拼接成 9 具较为完整的骨架,4 男 5 女。问题顿时变得复杂起来。

据现有文件记载和有关人士的回忆,当时沙皇全家被秘密关押在一个地下室中。除了沙皇和他的家属 6 人外,还有 1 名皇家医生,3 个侍从,共 11 人。而当时决定枪决的是所有拘押者。这就是说,还有两个人的骸骨没有找到。

无奈之下,挖掘组向科学家求助,希望能通过 DNA 鉴定辨明死者的身份。科学家首先对这 9 具尸骨样品进行了 DNA 分析,结果表明,其中 5 人肯定有亲缘关系,3 个女性是其中年龄较大的 1 男 1 女的女儿;而另外 4 人与这 5 人没有血缘关系,这 4 人之间的血缘也各不相关,很可能,他们就是那个医生与 3 个侍从。

但是,DNA 结论只能证明这 5 具遗骸的亲缘关系,并不能最终证明他们就是沙皇一家。于是,俄罗斯人决定开展国际合作,从多方面寻找和收集线索。

一是从皇后和沙皇的亲属方面寻找遗传证据。

亚历山德拉皇后是英王维多利亚的外孙女,因此世界各国不乏这个家族的传人。科学家将皇后和维多利亚家族传人的一些线粒体 DNA 序列进行比较,初步证明了皇后的身份,实验的可靠性达到 98.5%。

沙皇还有一个亲兄弟,名叫乔治斯,他在 1899 年 28 岁时死于肺结核。1994 年 7 月,科学家们打开了彼德堡教堂里乔治斯的大理石棺材,取了两截骨骼,送到美国马里兰美军病理研究所的 DNA 实验室。

第二个办法是寻找沙皇的遗物。历史记载,沙皇在访问日本时曾经受过伤,而那块沾有沙皇血迹的手帕,现在还存放在日本的一个博物馆里。于是科学家赶赴日本,终于从几十年前的陈旧血迹中分离出了沙皇的 DNA。

接着,在圣彼得堡皇宫的一个小柜里,人们又找到了沙皇 3 岁时理发留下的头发。毛发也能用于 DNA 的提取,于是,科学家又得到另一个证据。

现在,所有的鉴定都一致证明:埃克特堡的残骸确为沙皇一家。可靠性几乎达到百分之百,或者说,错误的可能性是亿分之一。

DNA 鉴定真假沙皇公主

如果说,有血缘关系的 5 个人就是沙皇夫妇和他们的 3 个女儿,那么,他们的另一双儿女的骸骨到哪儿去了?

当时所有人都说,子弹是射向 11 个人的,并用一辆车将 11 具尸体运出去"处理"了,那么,王子和另一名公主的尸体怎么会脱离群体,以至于丢失呢?

是不是他们真的死而复生,流落在外呢? 那些自称为公主、王子的无名之辈,是不是真的就是末代沙皇的后裔呢?

最后,科学家还是运用 DNA 鉴定的方法,来验明那些自称沙皇的儿子或女儿的真实身份。

最有名的"小公主"自称者是安德斯,后来移民美国。她出现在处决沙皇仅 19 个月之后,长得同照片上的小公主一模一样。她还能如数家珍地说出许多宫中秘闻和自己的脱险经历,最后,连沙皇的几个亲戚也都信以为真了。她曾经要求继承沙皇在倒台前存在美国和英国的"近四亿美元"的遗产,但是,她不能提供沙皇的存款账号,同时,也没有一个法院愿意判定她的沙皇遗产继承人的身份。

安德斯于 1984 年去世,尸体也已火化,不过,她曾在美国弗吉尼亚的一家医院里做过肠癌切除手术。

于是,科学家奔赴这所医院,终于找到了一些安德斯的组织石蜡块,从石蜡块上,取得了几块 6 微米厚的切片,连同她夹在书中信封里的六根头发,分别送进三个科学家实验室。在对这两个样品的 DNA 放大扩增后,科学家首先比较了它们与安德斯外甥的

DNA 异同,确定了它们是安德斯的 DNA。然后再将它们与遗骸中的 DNA 比较,结果出人意料,两者之间没有任何血缘关系。这个妇女是个冒名者!

至于那个自称为小王子亚历克塞的男子,实验证明也是个冒牌货。

一切都到此结束。1998 年 8 月 17 日,尼古拉二世及其家人的遗骸在圣彼得堡重新落葬。

到底小沙皇与小公主的命运如何?看来真成了千古之谜了。没有证据,基因分析术再神奇,也是无能为力的。

拿破仑死亡之谜

1821 年 5 月 5 日,近代伟大的资产阶级军事家,文治武功盛极一时的拿破仑,在圣赫勒拿岛上度过了六年的流放生活之后,停止了呼吸。

尽管遵照死者的遗嘱对尸体进行了解剖,但当时在场的几名英国军医和拿破仑的私人医生都清楚地知道,任何意外的结果都会掀起难以预料的政治风波。解剖结果秘而不宣,所以,直至今日,拿破仑之死仍然是医学界和史学界饶有趣味的话题。

旋风般的崛起

1793 年 7 月,法国地中海著名港口城市土伦叛乱,英国和西班牙的联合舰队对叛乱分子进行了直接支援。共和国军队包围了土伦,但久攻不下。炮兵上尉拿破仑就是在这样的情况下拿到炮兵副指挥官的委任状的。

文治武功盛极一时的拿破仑

交给他的是四门大炮和两门臼炮,既无弹药,也无维修工具,有的只是一群从未受过训练、不会使用大炮的士兵。

他威风凛凛地巡视了他的阵地,禁不住狂啸起来:

"一群饭桶!这里离英国船舰三个射程,离海岸两个射程,难道我们宝贵的大炮,是用来轰击我们自己的农舍的吗?"

六个星期以后,他搞来了 200 门各种口径的大炮和装备,训练出一支进攻力量很强的炮兵部队。他利用一座茂密的橄榄园做掩护,设置了 13 个可以直接攻城的炮兵阵地。

总攻开始了,大雨滂沱,七八千发炮弹暴雨般地向敌人的阵地倾泻,然而反击的炮火也非常猛烈。就在这个紧要关头,拿破仑带领后备军冲了上来,一发炮弹击毙了他的战马,一颗流弹打伤了他的小腿,但他毫无畏惧,毫不惊惶,指挥着他的炮队对准敌人的炮

台,对准港口,对准英、西两国的舰队,猛烈射击。

受到重创的英国军舰逃跑了,土伦叛乱平息。从此,一个从未听说过的名字在巴黎上空震响,那就是拿破仑!

1796年,拿破仑远征意大利。

皎洁的月光下,利沃里山谷处处营盘。一名睡着的法国哨兵突然惊醒,朦胧中看到有个人正拿着他的枪在替他站岗。这人有点面熟,哨兵揉揉眼睛,禁不住大叫起来:

"啊,上帝!"

哨兵认出了这张轮廓分明的脸,他"扑通"一声跪在地上,惶恐和绝望使他不敢抬头。

"朋友,"拿破仑说,"这是你的枪。你太辛苦了,我正好不困,就替你站了一会儿,下次可要小心啊!"

这是27岁的拿破仑作为法国意大利军团总司令第一次率兵出征中的一幕。后来,这个哨兵所在的部队,四天内跑了一百多公里路,参加了三次出生入死的战斗,没有人发出过一句怨言。

4月9日,他在英舰不断炮轰下,翻越了阿尔卑斯山的沿海天险,进入意大利,半个月六战六捷,迫使撒丁国王单独求和,从而打破了奥撒同盟。5月10日,在洛迪大败奥军。五天后占领伦巴第首府米兰。7月,他的部队包围了欧洲最坚固的要塞曼图亚。

在此后一年多的时间里,他带领着43000士兵,打了65次胜仗,俘敌16万,迫使奥地利在《坎波福米奥和约》上签字。从此,全欧洲怀着前所未有的震惊,认识了一个非凡的法国将军,那就是拿破仑!

1798年,拿破仑作为远征军总司令出征埃及。在这场与英国争霸的殖民战争中,他占领了马耳他岛,征服了上下埃及,进军叙利亚,消灭了两支土耳其军队,洗劫了巴勒斯坦和加里列,树立了不朽的威名。

从皇帝到囚徒

就在这时,法国政局动荡不安。国内,西部和南部发生了封建复辟势力的叛乱;国外,俄、奥、英等六国又组成了"反法同盟",从三面向法国发动进攻。形势危急,督政府软弱无力,不知所措。大资产阶级渴望着"铁腕人物和利剑",来保障其政治上的特权和经济上的利益。

"为了法兰西,我的战场在巴黎!"

他毅然地丢下了在埃及的2万法军,只率领500名随从,巧妙地绕过英国海军的严密封锁,经历了40个昼夜的艰苦航行,突然出现在巴黎街头。

巴黎沸腾了,一连三昼夜,市民在酒店痛饮,在街上唱歌,首都卫戍部队高奏军乐,走遍市区。几乎所有的阶层都在欢迎他的出现。

1799年11月9日(雾月18日),拿破仑在大资产阶级的支持下发动了"雾月政变"。

他派兵包围了圣克卢的议会,自己则闯进正在开会的大厅。当这些代表明白了他的意图后,谩骂和喧嚣向他涌来。有人拉住他的手臂,有人扼住他的咽喉,还有人掏出了匕首、手枪,拿破仑及时地召来了他的部队。

"持枪,把他们统统赶走!"

鼓声大作,荷枪实弹的士兵冲进会场,不到5分钟,议员们夺门跳窗,仓皇逃窜。

当晚,他又派人抓来了部分议员,在刀光剑影中通过了解散议会和成立执政府的决议。拿破仑政治上平步青云,登上了第一执政的宝座。

他南征北战,成功地捍卫了法兰西。整个西欧和中欧都匍匐在他的脚下,在他的铁蹄下颤抖。

1804年,当了五年第一执政的拿破仑,被加冕为法兰西皇帝,建立了法兰西第一帝国。

从1799年执政到1815年止,法国经历了六次反法联盟战争。其中有许多战役足以显示拿破仑卓越的军事才能,特别是在奥斯特里茨的"三皇会战"中,他以少胜多,不只打得俄皇亚历山大、奥皇弗兰西斯抱头鼠窜,而且使英国首相皮特心力交瘁,一病不起。皮特临终前,要人摘下挂在墙上的欧洲地图,悲伤地说:

"卷起来吧!今后十年不需要它了。"

言下之意是,拿破仑的军事胜利将大大改变欧洲的政治地图。

1812年,拿破仑发动了对俄国的远征,他势如破竹,很快就占领了莫斯科,但由于严寒、饥饿、孤军深入,最后不得不以失败告终。

1813年,英、俄等一些国家,利用各国人民反法解放斗争的良好时机,组成了第六次反法联军,与法国的50万大军决战于莱比锡,法军大败,巴黎失守。在内外交困、军事失利的情况下,拿破仑被迫退位,被囚禁于地中海的厄尔巴岛。

波旁王朝宣告复辟。

卷土重来

厄尔巴岛方圆220平方公里,只有三个小镇和几千居民。根据条约,拿破仑保留皇帝称号,容许有一支400人的武装卫队。但是,另有700名老近卫军士兵,自愿到岛上保卫他。

拿破仑退位后,复辟的波旁王朝以百倍的疯狂进行反攻倒算,激起了广大农民、士兵甚至资产阶级的恐惧和愤怒,历史的机遇再一次地选中了拿破仑。

1815年2月26日,45岁的拿破仑带着七只小船,悄然离开了放逐他的厄尔巴岛,3月1日,在法国儒安港顺利登陆。狂热的士兵们立即举着象征革命的蓝、白、红三色旗,跟随着他,向着北方挺进。

拿破仑戴着三角帽,穿着那件人人熟悉的灰大衣,神采奕奕地走在队伍的前列。

一星期后,拿破仑与前来剿灭他们的军队在格勒诺布尔狭路相逢,对方配备着大炮的两个半步兵团和一个骑兵团,截断了道路。力量对比如此悬殊,拿破仑沉吟了片刻,对他的士兵说：

"左手持枪，枪口朝下，前进！"

他一边下命令，一边带头向着对方的炮口走去。对面士兵们面色苍白，全身发抖，端着枪呆立不动，目不转睛地看着这个迈着坚定步子，径直走向他们炮口的人。他仍然穿着那件人人熟悉的灰大衣，头戴三角帽。

"第五团的士兵们，"拿破仑在死一般的寂静中首先开口，"你们还认识我吗？"

说着，他掀开大衣。

"你们当中谁想打死自己的皇帝，那就开枪吧！"

刹那间，对方的队形突然大乱，士兵流着眼泪，如痴如狂地争相扑向拿破仑，吻他的手，吻他的膝，"皇帝万岁"的呼声震天动地。

负责拦击他的士兵们一批批倒戈了，不到十天，他的几百人的队伍，滚雪球似的变成了浩浩荡荡的 10 万大军。法兰西再一次地沸腾了，一个城市接着一个城市，一省接着一省，都毫不抵抗地向拿破仑大开绿灯。

3 月 17 日，拿破仑带领 15000 名战士进入巴黎，受到几十万群众的狂热欢迎。人们叫着，哭着，疯了似的冲向他，挤走卫兵，把他高高举起，抬进王宫，抬上皇帝的宝座。

拿破仑创造了一个空前绝后的奇迹：赤手空拳，没费一枪一弹，在短短的 19 天里，通过无数道以剿灭他为目的的军事防线，从地中海重返巴黎，赶走波旁王朝，恢复了他的统治。

滑铁卢

拿破仑的卷土重来，对正在维也纳为如何瓜分法国而吵闹不休的欧洲君主们，无异于五雷轰顶。他们立即组成第七次反法同盟，拼凑了 100 万大军，宣布拿破仑是"人类公敌"，迅速地向法国挺进。

这时，法国由于连年征战，国库枯竭，兵力不足二十万，武器、弹药和军事指挥人员奇缺，而且有九名能征惯战的元帅拒绝参加作战。

但是，拿破仑再一次地显示出他的军事天才，他决心乘盟军主力尚未进入法国之时，先发制人。他亲自率领 70000 法军，在比利时迎战英国和普鲁士军队。

1815 年 6 月 18 日，大战在比利时南部的一个很不起眼的小村庄——滑铁卢附近打响。

拿破仑主动出击，向威灵顿公爵率领的英国军队连续发动了四次排山倒海似的进攻……

千钧一发，进攻和抵抗都到了最后极限。突然，一支生力军出现在硝烟弥漫的战场。拿破仑大喜过望，以为是他事先安排，并经三令五申催来的格鲁歇将军所部投入了战斗。事实恰巧相反，布吕歇尔将军率领的 30000 普军，成功地摆脱了法军的追击，突然地出现在滑铁卢战场。拿破仑苦苦等待的格鲁歇将军，却始终没有露面。

英普联军开始反攻，拿破仑失败的命运在滑铁卢定格。战场上留下了25000名死伤的法国战士和20000名死伤的英普联军士兵。

败退到巴黎的拿破仑，异常平静地签署了退位诏书。

从他重新登上王位，到滑铁卢战败退位，只有短短的100天时间，历史上称之为"百日王朝"。

三个月后，一艘英国轮船把拿破仑运载到大西洋南部、远离大陆2000多公里的圣赫勒拿岛，以免他再次兴风作浪，让他在这偏远的荒岛上了却残生。

死亡之谜

在圣赫勒拿岛上，拿破仑度过了六年严加看管的囚徒生涯，终于在1821年5月5日下午4时45分去世。

死于胃癌，是一种最早最为普遍的说法。理由有三：其一，从遗传学的角度考察，癌症是其家族的遗传病；其二，拿破仑本人也一直认为自己得的是癌症；其三，据传在尸体解剖时，发现其胃已溃烂，肝部微肿，其他内脏完好，这一结论性的病情报告，在相当长的一段时期内，在史学界享有绝对的权威。最近，瑞士巴塞尔大学与苏黎世大学医学史研究所合作，通过对拿破仑在被流放期间不同时期穿过的12条裤子的腰围尺寸进行研究后断定，拿破仑确是死于胃癌。科学家把拿破仑的腰围变化和一些活着的胃癌病人的腰围变化进行比较，结果发现完全一致。拿破仑穿的最大号裤子腰围尺寸是110厘米，而在他1821年去世前，裤子腰围已缩小到了98厘米。

但是，20世纪50年代初期，法国和德国的几家医学杂志多次发表文章，否定拿破仑死于胃癌。文章认为，拿破仑得的是一种热带病，是他在进攻埃及和利比亚时染上的，圣赫勒拿岛是热带气候，因而导致旧病复发。然而，随拿破仑在圣赫勒拿岛生活了六年的蒙托隆将军，当时就否认了这种可能性。他认为，拿破仑是死于岛上流行的肝病。

1982年初，《谁是杀害拿破仑的凶手》一书在法国问世，此书以大量的"史料""科学的凭证"，推翻了一个多世纪来的"权威"结论，"证实"了拿破仑是被砒霜毒死的。

这本书的作者是瑞典医生、毒物学家斯坦·福舒夫伍德。他认真研究了拿破仑的病历，发现他在生命垂危之际有慢性砷中毒的各种症状：心悸，身体两侧、双肩和腰部剧痛，肝脏肿大，四肢无力，除头发外全身汗毛脱落……

为了从科学上找到凭证，他四处奔波，几经周折，终于弄到了几绺拿破仑的头发。在化学分析中，测定出受害人体内砷的含量是正常人的13倍。多次化验的结果都证明：拿破仑是被小剂量的砒霜慢慢毒死的。

为了证实这一结论的可靠性，他对拿破仑身边的人进行了逐一分析，找到实施这一计划的重大嫌疑人，那就是他过去的部下，在战场上毫无建树的蒙托隆将军。他利用供应拿破仑生活用品的便利条件，在他专用的淡葡萄酒中施放砒霜，日积月累，使他逐渐中毒死亡。

蒙托隆完全有作案动机，一方面是他与拿破仑的私怨，另一方面则是受阿图瓦伯爵的委托，为波旁王朝消除最后的隐患。

福舒夫伍德的"砷谋杀"推断遭到了一些人的非难。有人认为，拿破仑流放荒岛之后常常借酒消愁，而当时的酿酒者用含砷溶液清洗酒桶，有毒物质可能因此渗入酒中；还有人认为，当时的砷被广泛加入护发素中，拿破仑头发中的砷含量过高是因为使用了这种护发素的缘故。

法国拿破仑协会著名毒物学家帕斯卡尔·金茨近日反驳说，拿破仑确系死于砷中毒，而与癌症或其他疾病无关。

金茨强调说，有关资料表明，拿破仑并不酗酒，每天喝酒不超过一杯，而且还掺了水。清洗酒桶用的是另一种砷，根本不是在拿破仑头发中发现的矿物砷。研究还表明，该毒素是通过毛细血管进入人体的，因而也与拿破仑用不用护发素无关。

拿破仑协会发言人达马姆还郑重宣布：这一检验结果可以作为决定性的证据，从而结束多年来围绕拿破仑死因产生的种种争执。

这能不能算是最后的结论呢？我们认为，随着这位一代伟人去世200周年纪念的到来，他的死因之谜，将会再度泛起波澜。

亚历山大一世归隐之谜

亚历山大一世是俄国罗曼诺夫王朝的第十三位沙皇，后人称他为"神秘沙皇""北方的斯芬克斯"。他活得声名显赫，却死得黯淡无光。他的死，给后世留下了许多未解之谜。

是弑父自立吗？

亚历山大一世的父亲保罗是女皇叶卡特琳娜二世与情夫萨尔蒂柯夫一夜风流后的产物。保罗出生后，女皇就对这个不该出生的儿子极其冷淡。保罗成人后，母子关系更加紧张，相互都避免在公开场合见面。孙子出生后，女皇叶卡特琳娜二世身上的母性突然复苏，给了他连自己儿子保罗都没有得到过的母爱，百忙之中还亲自制定详细的培养计划。她认定这个新生儿将取代保罗成为真正的皇位继承人，因此亲自为孙子取名亚历山大，希望他将来有俄国古代名君亚历山大·涅夫斯基的性格和功业。

亚历山大长大后，逐渐察觉到父亲与祖母间的严重不和，从而被迫在两人之间周旋。他很清楚，头戴皇冠的祖母可以给他一切，所以他努力讨取祖母的欢心，常常以自己的聪明和机智博得祖母的夸奖。

女皇叶卡特琳娜二世到了垂暮之年，更将皇位继承人的选择看成一件大事。她在宫中曾公开表示：只有孙子亚历山大继位才能善掌朝纲。亚历山大知道此事后，立即给祖母写信表示心领神会。同时,他也给父亲保罗写信,在信中提前称他为"皇帝陛下",表示自己并无野心,而宫中所传的一切,实为谣言。

据说,女皇已秘密起草了一份诏书,宣布废除保罗的皇位继承权,立亚历山大为未来沙皇。她准备在1796年11月24日正式公布诏书,晓谕天下。然而突发的事故使亚历山大的希望落空,荒淫无度的女皇突然于1796年11月4日中风,命在旦夕。保罗闻讯后立即赶到宫中,到处搜查传闻已久的密诏,最后在女皇的梳妆台里找到了诏书,并立即付之一炬。11月6日,显赫一时的叶卡特琳娜女皇去世,保罗在苦苦等待34年之后,终于登上了皇帝的宝座。

保罗即位之后,一方面削弱军人集团的权势,另一方面则加强思想禁锢,俄国上下怨声载道。不久,一个以近卫军为主、有朝廷显贵参加的阴谋集团悄悄形成。

1801年3月11日晚11时,阴谋集团的主要成员朱波夫、本尼格森带领亲信,杀气腾腾地冲进保罗卧室,他们宣布:

"陛下无力掌管国家,请在退位书上签字。"

保罗死命拒绝,但烛光突然熄灭,黑暗中,有人把一条军官绶带套在保罗的脖子上,几分钟后,保罗一命归西。

当夜,亚历山大被推上皇位。亚历山大公开宣称,他的父亲保罗一世是死于中风。

人们当然不会相信保罗一世死于中风的谎言,但对于亚历山大是否直接参与了政变阴谋,是否直接杀害了他的父亲,却有三种不同的说法:

其一是,亚历山大直接参与了密谋策划活动,其弟君士坦丁还亲自参加了3月11日晚的暗杀活动。亚历山大"弑君杀父"难辞其咎。

其二是,亚历山大事先知道谋杀活动,但未加制止,置身事外,静观其变,等待着事态向有利于自己的方向发展。这种说法比较可信,但这同直接参与政变阴谋并没有本质的区别。

第三种说法认为,无论出于人伦纲常,还是出于父子亲情,亚历山大都不可能参加密谋活动。理由是亚历山大与保罗父子关系一直不错,而且,保罗即位之初,就颁布了嫡长子皇位继承法,已在法律上确定了亚历山大的首席皇储地位,亚历山大没有理由要抢班夺权,给自己的政治形象留下阴影。

是驾崩,还是出走?

亚历山大执政时期,正是拿破仑百战百胜、席卷欧洲之时。他的最大的功绩就是击败了拿破仑的入侵,遏制了拿破仑独霸世界的野心和势头,这使得他声名远扬。可是,卫国战争胜利不久,他便走向反动。在国内,他任用奸臣阿拉克切也夫,推行极端专制主义的政策,致使国家动乱不已。在国外,他伙同奥、普等国组织所谓的"神圣同盟",充当镇压各国人民革命的刽子手。

在生活中,他逃避现实,笃信宗教;痛苦似乎总是纠缠着他,使得他思想日益阴暗。

这时,恰逢莫斯科洪水泛滥,房屋严重损坏,五百多人因此毙命。与此相似的洪灾,在亚历山大出世那年也曾发生过。这种巧合,使他精神上受到严重打击,把这看成是"上帝对自己的惩罚"。因为,父亲的死多年来一直是缠绕在他心头的心病。

精神濒临崩溃的亚历山大,为了摆脱内心忧惧,于1825年9月同皇后伊丽莎白一道,去亚速海岸边的一个叫塔冈罗格的小镇休养。不久,俄国皇室发出讣告:沙皇陛下在休养地因病驾崩,终年47岁。

他的死,引起了人们一连串的疑问。

第一,为什么沙皇会选择此处为休养地? 这个名叫塔冈罗格的小镇并非风光宜人的休养胜地,它的一侧与风沙不断的大草原毗邻,另一侧则紧挨着臭气熏人的亚速海,除非是另有意图,否则,把这样一个偏远而又闭塞的小镇选为休养地是大大不宜的。

第二,在皇后到达之前,亚历山大在这里并没有安心休养,而是尽量地找了许多体力活干。他对其手下说:"要习惯过另一种生活。"这个"另一种生活"指的是什么,实乃耐人寻味。

第三,10月末,亚历山大喝了杯滚烫的伏牛花果子露,从那以后,他便一直觉得身上有些发烧。11月初,病情略有好转,但还有种说法是他的病情正日趋严重。19日,突然传来了沙皇驾崩的噩耗。他到底是什么病死的? 含糊不清,扑朔迷离。

第四,被召去治病的十名医生中,只有两名在证书上签字。病情报告中所述亚历山大病况,又多处与实际情况相悖。证明书中说他患的是间歇热,因而肝脾肿大,但沙皇实无此病。两天后,即21日,人们参加了他尸体防腐典礼,然而,死者的面目已经完全腐烂,人们已无法辨认这位昔日沙皇的仪容了。次日,棺木便被禁止打开,而且灵柩迟迟不能运回首都。当沙皇家人向遗体最后告别时,普鲁斯亲王对死者的模样大吃一惊……种种情形都不合情理,这是为什么?

第五,皇后伊丽莎白的日记,在亚历山大驾崩前,竟然中断了八天! 他的继任人尼古拉一世即位之后,迫不及待地下令焚毁亚历山大一世最后几年留下的大量文件。这一切都告诉我们,他们在试图掩盖什么。但到底在掩盖什么呢? 人们不得不产生种种猜疑。

一名普通的流浪汉

就在沙皇死后不久,传说和猜测不胫而走:有人称,沙皇乘坐一艘英国游艇到圣地巴勒斯坦朝圣去了;也有人说,沙皇被哥萨克人劫走,藏匿起来了;还有人透露,沙皇已秘密前往美洲,准备在那里隐居。尽管众说纷纭,但都一致认为沙皇未死。1921年,苏联发掘了亚历山大的坟墓,棺材里竟是空空然无一物。历史学家设想,那个为沙皇"替身"的尸体早已被悄悄地搬走了。

沙皇死了十年以后的一天,在乌拉尔山区的一个村子里突然出现了一个雍容高雅,仪表超俗,自称费道尔·库兹米奇的老人。他无法证明自己的身份和经历,警察问他,他对自己一无所知。据说,他的外貌极似亚历山大。按法令,他被罚二十大板,随即流放西伯利亚。先是不断迁居,最后由一位富商克罗莫夫资助才有了自己的小屋。

这位库兹米奇博古通今,对重大政事了如指掌,他常谈论莫斯科大主教菲拉雷特,修道院院长福狄斯,历数库图佐夫元帅的赫赫战功,描述俄军开进巴黎的盛况,甚至还记得当时沙皇的左右人员。人们相信,这位名叫库兹米奇的老人一定曾与政界要人有过密切的交往。

有人说,他在某一段时间内常收到一个名叫玛丽·菲欧多果夫娜(亚历山大一世的母亲)的女人寄来的钱和衣物。还有一位农民说,伊尔库茨克的主教曾亲自来看望他,并同他作了长时间的交谈。

他的举止也酷似沙皇,喜欢将拇指插入腰带中间。亚历山大二世的长子以及亚历山大三世的幼弟,都曾前来拜访过这位长者。一位随行的老兵曾当着库兹米奇的面失声喊出:

"这是我们的沙皇。"

还有件事值得人们注意。他收养了一个孤女,很像亚历山大与其情妇的孩子。当村民为她说媒时,总遭到养父的阻拦。他说:

"你比农民的身份高,将来可以嫁一个军官。"

他介绍养女走访名门望族和沙皇尼古拉一世。沙皇接见了她,并询问了养父的情况。后来,这位养女果然嫁给了一位军官。

库兹米奇死于1864年1月20日,直到临终前,他始终没有暴露自己的身份。遇到有人恳求他透露自己的身世时,却总是用"上帝会认出自己的亲人的"这句重复无数遍的老话,来回答别人的期待。

死后,人们为他建了一个小祠堂,墓碑上写着:"这里安葬着上帝的选候——费道尔·库兹米奇。"

而"上帝的选候",正是亚历山大一世在战胜了拿破仑之后正式接受的称号。

此外,还有两个发人深思的问题。

问题一,一位曾参与治疗亚历山大的医生,从不参加每年11月19日纪念亚历山大之死的祷告仪式;而1864年1月的一天,他却亲领人们为亚历山大的亡灵祈祷,他流着眼泪说:"沙皇这下可真是死了!"

问题二,在亚历山大二世的办公室的墙壁上,有人看见不知何故,却挂上了库兹米奇的画像。

一切都清楚了吗?

一切似乎很清楚了,但也有相当多的人持与上述看法截然不同的见解,提出许多疑问。

1.当时伊丽莎白皇后身患严重的肺病,已离死期不远,亚历山大一世同她重修旧好后,对她一片深情,十分体贴,绝不可能出于一时冲动将她弃之不顾。就算要走,也要等皇后去世后再作打算。

2.如果沙皇出走是酝酿已久的，为什么未在离去之前妥善解决继位人人选问题呢？

3.沙皇如果施行调包计，运回一具与他外表相似的尸体，一定得有许多人相助，其中必然包括军官、医生、秘书以及伊丽莎白皇后本人，皇后在最后时刻一直守候在病人的床前，沙皇死后，她即给母亲和皇太子等亲人写了悲恸欲绝、令人肝肠寸断的信件。她不可能会如此镇定地演出这样一场令人心碎的闹剧，也做不到仅仅为了避免外人怀疑而整天以泪洗面。

4.亚历山大一世的侄孙尼古拉·米哈伊洛维奇大公，在仔细翻阅了皇宫秘密档案之后，也断定亚历山大一世确实在塔冈罗格驾崩。他认为，以亚历山大的性格特点，他不会有如此雅兴，演出这一闹剧。沙皇当时已经人到中年，如此不计代价，无牵无挂地去苦修苦行，实在与他性格不相符合。

如果调包计纯属奇谈，那么，这位突然出现的长者费道尔·库兹米奇究竟是什么人呢？

尼古拉·米哈伊洛维奇大公曾经就此问题进行过研究，他倾向于认为这位长者是保罗一世的私生子、海军军官西蒙·维利基。但也有人认为，他是禁卫军骑兵队的军官乌瓦洛夫。据说乌瓦洛夫于 1827 年离家出走，下落不明。还有一些人认为，这位长者只是一个为了改换环境而背井离乡的俄国贵族。

费道尔·库兹米奇到底是不是亚历山大一世？亚历山大一世的灵柩里到底躺的是不是他的替身？而后，这个替身又是什么时候被人从棺材中请出，只剩下一具空棺的？给后人留下了一个个不可解释的谜团。

李熙暴死之谜

朝鲜皇帝李熙的突然去世，直接引发了震动世界的朝鲜"三一运动"。但由于日本统治者的严密控制，资料匮乏，有关李熙暴死的原因，至今还是一个无法理清的谜团。

傀儡皇帝

李熙是朝鲜最后一个封建王朝——李朝的第二十六代皇帝，公元 1863～1907 年在位，是大院君李昰应的第二个儿子。1863 年即位时年仅 12 岁，实际上由其父摄政。在深宫后院里，孩提时代的李熙，享尽了封建皇帝荣华富贵的生活。然而，好景不长，1874 年他长大亲政后，朝廷内部倾轧不止，外来侵犯频繁，国力日益衰落；加上他生活奢靡，造成朝政失修，危机四伏。

1897 年，李熙改国号为"大韩帝国"，加皇帝尊号，是为"高宗"。

李熙生性懦弱，亲政不久，他的王后闵氏与他的父亲大院君展开了长期的争权夺利的斗争。为了达到目的,斗争的双方都想借助外力制服自己的对手。因此,日、俄帝国主义便窥伺时机,乘虚而入,为霸占朝鲜进行了激烈的角逐。从此,不仅平民百姓陷入了被奴役的境地,而且九五之尊的皇帝也落到任人欺凌的苦难之中。

1894年6月21日,日本驻朝公使,竟然无视国王尊严,公然领兵闯入王宫,把李朝积聚五百余年的珍宝,抢掠一空,然后扬长而去。李熙吓得魂不守舍,满朝文臣武将相对愕然,谁也不敢出面阻止。

1895年,日本帝国主义为了打击沙俄势力,决定除掉倾向俄国的王后闵氏。经过日本公使三浦梧楼和汉城日军守备队长马尾原务的周密策划,10月8日凌晨3时,日军包围了朝鲜王宫,并向王宫卫队开火,百余名日本浪人、军人冲进王宫,逢人便砍,大臣、宫女惨遭屠杀,最后在坤宁殿把王后闵氏杀死。

历史上把日本人制造的这个阴谋屠杀事件,称为"乙未事变"。目睹王妃大臣被惨杀、王宫被抢劫,高宗只有惊恐战栗,束手无策。

在杀掉王后闵氏之后,日本帝国主义又强行要朝鲜人改变传统习俗,实行"断发"。声言"要留发者不留头,要留头者不留发",妄图以此来磨灭朝鲜人民的民族意识。李熙以居丧为理由,要求推迟执行,然而却遭到日本公使的怒斥,并且再次派军队围攻王宫,以枪炮相威胁。在暴力威逼之下,国王只得和太子一起率先断发。

受尽欺凌的皇帝,在走投无路的情况下,想依靠俄国人的势力来与日本人抗衡。

1896年2月11日凌晨,李熙戏剧性地乘坐宫女的花轿潜出内宫,躲进了俄国公使馆内,组成了一个完全亲俄的新政府。哪知刚出虎口,又入狼窝,俄国人竟挟持国王而作威作福,这遭到了朝野人士的激烈反对,纷纷吁请皇帝赶快摆脱俄国人。

1897年2月20日,李熙终于离开俄国公使馆,返回王宫。失望的俄国人看到他不听摆布,便收买亲俄分子,趁为李熙祝寿庆典之机,在寿茶中暗投毒药,是为"荼毒事件"。李熙发现茶中散发异味,未敢启口,太子李坧略尝一口,便立即昏倒在地,摔断了两颗门牙,经紧张抢救,才脱离险境。

但是,毒药永久地损害了他的脑神经和身体,以至于他一生身体虚弱,而且不能生育。因此,在他即位后只好把弟弟英亲王李垠立为王世子。

1905年,日本又炮制了《乙巳保护条约》,规定朝鲜是日本"统监"之下的附属国。为了保障国家的独立,维护王位的尊严,李熙曾派专使秘密前往海牙,参加第二次"万国和平会议",要求世界各国保护朝鲜独立,废除日本炮制的保护条约。此举不但没能制止日本的侵略,反而惹恼了日本人。

1907年,日本令李熙退位,把他幽禁在德寿宫中,扶植其子李坧上台,是为纯宗,李熙被尊为李太王。

此时的朝鲜,已完全失去了独立,名存实亡。日本统监成为朝鲜实际上的最高主宰。

皇太子李垠

1910年,日本公开抛出了《日韩合并条约》,朝鲜名义上的独立也被取消了。

因李坧没有生育能力,日本人决定,要李坧册封他的弟弟、李熙的第四子李垠为储君。为了使这位王位继承人早早地接受日式奴化教育,日本设在朝鲜的统监府决定把他送到日本去"深造",朝鲜王室只能顺从,谁也不敢非议。1808 年 12 月,刚满 11 岁的李垠乘日本军舰启程,踏上了去国离乡的道路。

行前,日本人曾向王室许诺,每逢学校放假,即让李垠回国探亲。然而,事实并非如此。李垠在日本皇族学校里除了学习英、日语言外,就是接受奴化教育。假期则乘坐豪华轿车赴日本各地观光,禁止回国省亲。令人寒心的是,李垠的生母病危时,朝鲜王室请示日本统监当局满足一个弥留之际的母亲与儿子作最后一次会面的愿望,日本人却怀疑这是王室骗取储君回国的计策,直到摸清确实病重的情况后,才准许李垠回国。此时严妃却已撒手人寰。

小学毕业后,他进入了日本陆军士官学校受业,1917 年离校,获得了陆军少尉军衔。

为更好地控制李垠,日本人决定让他同日本皇族姑娘芳子结婚。当日本当局把结婚的日期通知朝鲜王室时,又一次受到严重刺激的高宗李熙便一病不起。日本人只好推迟了李垠的婚期。但是,1919 年高宗李熙去世时,日本人却禁止李垠回国参加父亲的葬礼。

一年后,李垠即与日本姑娘芳子成婚,违反了父丧"守孝三年"的朝鲜传统习俗。

1922 年,李垠经允许偕妻子和一个不满周岁的婴儿回国,后来,被日本当局授予陆军少将军阶,但这只是一种荣誉称号,作为一个朝鲜人,根本不可能在日军中担任任何实际职务。

李熙暴死和"三一运动"

1919 年 1 月 22 日凌晨 3 时,李熙突然死亡,终年 67 岁。这一消息震动了朝鲜举国上下。尽管他早已失去权位,然而,朝鲜人民仍然把他当做国王,看成是国家和民族独立的象征。

对于他的死因,一般有两种说法。

一说是日本当局公布的:李熙于 1 月 22 日凌晨 3 时因脑溢血而突然死亡。但未公布详细病情报告。这一说,人们普遍认为,不可相信。

另一说是,朝鲜人传说李熙是被日本人指使的一个姓安的宫廷医生毒死的。王宫中有人传出,李熙食用了放毒药的醋后,不久便毒性发作。李熙在痛苦中还问:"我吃的是什么东西,这样难过。"话后片刻,随即死去。死后,两眼赤色,全身有红斑,且有腐烂迹象。尽管被毒死之说流传甚广,但也没有找到确凿的证据。

李熙被毒死的消息风传全国之后,整个朝鲜半岛人心激愤。全国各地的男女老少自动地身着孝服吊丧,只有幸灾乐祸的日本人仍然歌舞宴乐,若无其事,这更加激起民愤,因此,朝鲜爱国者决定把李熙的葬礼变成一次反日的示威大游行。

3 月 1 日,数万名群众集合在汉城塔洞公园,当大会宣读《独立宣言书》时,整个会场立刻沸腾起来,人民挥舞着小国旗,散发传单,振臂高呼:"朝鲜独立万岁!"随即,人群拥到停放李熙灵柩的德寿宫前,不断高呼"日本和日本军队滚出去""朝鲜是朝鲜人民的朝鲜"等口号。

祭灵之后,激愤的人群分成东西两路,在首都八个区内进行声势浩大的游行示威。到下午3时20分,参加游行示威的朝鲜群众已达30万人,席卷了整个汉城。在爱国群众的感召下,一部分朝鲜巡警也加入了游行队伍。日本统治当局派出大批警察、宪兵封锁游行群众前进道路,但赤手空拳的朝鲜民众"不惧锋刃,勇往直前,势如怒涛山崩,不可遏止"。

接着,在平壤、南浦、安州、宣川、义州、元山、仁川等地也发生了群众示威和暴动,他们在和日本军警搏斗的同时,还袭击了官厅和公署,破坏铁路和通信设备,处决了日本官吏、亲日派、民族败类和恶霸地主。示威游行演变、发展成了全国性的反日民族大起义。历史上把这次由悼念李熙之死而触发的爱国民主运动称为"三一运动",也称"三一起义"。

从3月1日到5月31日的三个月期间,抗日起义在整个朝鲜迅速蔓延开来,共发生了上千起示威和暴动,参加斗争的超过200万人。反日的烽火迅速地燃遍三千里江山。

血腥镇压

但是,朝鲜人民的反侵略斗争遭到日本占领者的血腥镇压。他们露出豺狼本性,用极其残忍的手段虐杀朝鲜人民。日本军警到处用军刀或铡刀砍掉起义者的头颅,在街上示众;把爱国者绑在街头十字架上,四肢钉上铁钉,将他们活活折磨致死。在令人发指的堤岩里屠杀事件中,日本军警把村内的基督教徒三十余人押进教堂并封锁出口,接着向教堂开枪扫射。此时,一名妇女把自己的婴儿举出窗外,央求免孩子一死。但是,兽性发作的日军却用刺刀刺入婴儿的头颅,使其当即死亡。接着日军又纵火焚烧教堂,将这些平民活活烧死。日本侵略者的滔天罪行引起国际舆论的关注,但日本殖民当局竭力掩盖称:没有杀死一个人,只有两个人受了重伤。

根据日本官方缩小的数字,在整个"三一运动"过程中,有近八千朝鲜人被杀,一万六千人受伤,还有数万人被投入监狱,最终被折磨而死。日本侵略者还采取种种卑劣手段,收买亲日派,从内部分化瓦解朝鲜人民的民族独立运动。

尽管"三一起义"最终被日本殖民当局镇压下去了,但朝鲜的革命运动从此踏上了民主革命的崭新阶段。1919年4月13日,流亡的朝鲜爱国志士在中国上海法租界宝昌路成立了"大韩民国临时政府",制定临时宪法,推选了临时政府总统和政府负责人。

由于朝鲜人民不断地团结斗争,世界反法西斯阵线的武装打击,日本侵略者终于在二战中被彻底击败,最终滚出了朝鲜。这距离李熙之死已经整整26年。

由于日本人早已彻底毁灭了罪证,胜利了的朝鲜人民仍然无法对李熙之死做出正确的判断。所以,李熙皇帝究竟是患脑溢血病死的,还是被人毒死的,至今仍然是一桩历史疑案。

圣马丁引退之谜

1822 年 9 月 22 日,在秘鲁利马召开的国会上,"南美洲的解放者",秘鲁、智利、阿根廷三个共和国的"祖国之父"圣马丁发表辞职演说,交权让位,并于当夜悄然离去。圣马丁的突然隐退,为世界留下一个难解之谜。多少年来,人们纷纷猜测,导致圣马丁做出这一异乎寻常决定的原因到底是什么,但一直没有定论。

神秘的会谈

圣马丁 1778 年 2 月 25 日诞生在阿根廷北部的一个小镇,其父是西班牙驻殖民地官员。他 8 岁时和家人一起到西班牙,在西班牙曾当过军官。1812 年阿根廷爆发了独立战争,圣马丁于同年回到阿根廷参加了战斗。1814 年任阿根廷北方总司令。阿根廷独立后,他又率军先后解放了智利和秘鲁,被秘鲁人拥戴为"护国公"。

1822 年,独立战争全胜的大局已定,然而,仍有两万多名西班牙殖民军盘踞在秘鲁东部山区,他们凭险顽守,伺机反扑,摆在革命者面前的任务仍然十分艰巨。为了彻底消灭殖民军,取得南美独立战争的彻底胜利,圣马丁决定谋求与南美北部的另一位杰出的革命领袖,当时任大哥伦比亚共和国最高元帅和总统的玻利瓦尔联合。

1822 年 7 月 26 日,是拉丁美洲史上的一个难忘的日子,两位卓越的政治、军事领袖终于在厄瓜多尔的瓜亚基尔会晤了。

据载,先期到达瓜亚基尔的玻利瓦尔于 26 日中午以隆重的仪式欢迎了圣马丁的到来。玻利瓦尔身着戎装,威武庄严,向迎面而来的圣马丁伸出热情的手说:

"我终于实现了见到威震四方的圣马丁将军并和他握手的愿望。"

圣马丁则高兴地说:"美洲将不会忘记我们两人相互拥抱的一天。"

载歌载舞的姑娘将一顶镶金的桂冠戴到圣马丁头上,但他却取下金冠,笑着说:"我没有资格戴它,有人应该戴这顶荣誉的桂冠!"

人们推测,这个"有人",当然是指玻利瓦尔。

玻利瓦尔为圣马丁举行的欢迎仪式结束后,二人并肩走进了一间早已准备好的接待室。玻利瓦尔的陪同人员和圣马丁的两名副官同时退出了房间,门迅速关了起来。密谈开始了,无人记录,更无

玻利瓦尔

录音，无任何一个第三者参加。直到一个半小时后，第一轮会谈才结束。翌日下午1时，第二轮会谈以同样的方式进行了四个钟头。

秘密会谈结束后，圣马丁神情严肃、沮丧、默默无语地走出了大厅，似有难言的苦衷。玻利瓦尔的面庞上似笑非笑——带着一种神秘的表情。在宴会上，玻利瓦尔首先举杯祝酒，他说：

"为南美洲的两位最伟大的人物圣马丁和我本人干杯！"

而圣马丁则说："为了战争早日结束，为了美洲大陆各个共和国建立，为了解放者的身体健康，干杯！"

28日凌晨1时，当盛大的舞会在欢乐的乐曲中继续进行时，圣马丁决定退场。他对手下的人说：

"我们走吧！这里的喧嚣让我受不了。"

他起身悄悄地与玻利瓦尔告别，在任何人不注意的情况下，由玻利瓦尔的一名副官引路，走出小门，登船起航。

9月22日，圣马丁在秘鲁国会上发表了最后一次演说，他郑重其事地取下自己身上的权力与最高荣誉的象征——两色绶带，镇定自若地对全体议会成员说：

而今胜利布满了整个南美洲战场，我的头颅却要躲避最后胜利的桂冠！我的心灵从来没有被甜蜜的感情激动过，然而今天却激动了我的心！对一个为人民的自由、民主、幸福而战斗的斗士来说，胜利的喜悦只能使他更加诚心诚意地成为使人民享有权利的工具……我异常高兴地见到了国会的成立，在这届国会上，我辞去……一切最高权力……我今天讲话的目的只有一项——请所有议员先生都不要投我继续执政的选票！

人们惊诧莫名！纷纷请求圣马丁收回辞呈。但他心坚如石，解释了许许多多辞职原因，就是不提瓜亚基尔会谈的内容。并且当晚取道智利回到了阿根廷。1824年2月，圣马丁带着女儿梅塞德斯去欧洲，1850年8月病逝在法国。

玻利瓦尔在完成南美洲解放任务后，曾设想在南美组建大联邦，但由于各国间的矛盾和各国内部矛盾的激化，未能如愿。不久，南美陷入混乱之中，1830年5月他辞去了大哥伦比亚总统职务。同年12月因病去世。

两位伟人虽然去世，但这次瓜亚基尔会谈的内幕，却成了历史学家长期以来探讨和争议的课题，人们称之为"瓜亚基尔迷雾"。

种种猜测

到底会谈了哪些问题，达成了什么协议呢？人们只能从会晤时留下的蛛丝马迹和两人往返的私人信件中，做出一些推测。

较普通的看法是，这次会谈涉及的内容有：玻利瓦尔和圣马丁的两支军队协同作战，两人军事指挥关系，瓜亚基尔归属，独立后拉美政体形式，秘鲁建立何种形式的政府，以及如何确定秘鲁北方疆界等。

事态的发展显示,谈判没有就此达成任何协议。因为:关于政权形式,圣马丁一贯认为,刚刚独立的秘鲁不具备实行共和制的条件,应有一个过渡阶段,而玻利瓦尔则坚决主张共和制;至于疆界问题,瓜亚基尔早已控制在玻利瓦尔手中,根本没有谈判的余地;在两军联合作战的问题上,玻利瓦尔对圣马丁主动提出由他指挥两国联军的诚意表示怀疑,玻利瓦尔以自己势单力孤,难以胜任总司令之重责为由加以推辞。

玻利瓦尔还强调,哥伦比亚国会不会批准他率全军支援秘鲁,只能提供三个营的军事援助。这一切,可从1822年8月19日圣马丁给玻利瓦尔的信,以及在圣马丁对这次会晤的回忆中找到证明。

三个营的兵力,对当时秘鲁面临的敌我形势来说,无异于杯水车薪。当时,西班牙在秘鲁尚有两万余名殖民军,而且装备精良,训练有素。圣马丁所能率领和指挥的仅一万多人,其中还有很多刚入伍的新兵。如果不能同玻利瓦尔联合,就不能顺利击败殖民者的军队。所以,学者们普遍认为争取友军的支持,是圣马丁此次瓜亚基尔之行的主要任务。

然而,事实使圣马丁悟出了一点:玻利瓦尔是不愿在完成拉丁美洲独立事业的历史篇章中,让别人也分一份夺目的光辉的。

二十年后,圣马丁在给朋友的一封信中提道:"他率领他的部队来秘鲁的唯一障碍,只是因为圣马丁将军的存在。"这也许能给大家的猜测,提供一些颇有说服力的史料依据。

为何引退?

对于圣马丁的突然引退,研究者做出了许多不同的解释。

有人认为,在瓜亚基尔会谈中,玻利瓦尔和圣马丁发生了权力之争。玻利瓦尔不容别人在独立战争中和他并驾齐驱。圣马丁为了避免革命队伍内部的分裂和不必要的牺牲,顾全大局,不计较个人得失,主动引退。他在给玻利瓦尔的信中也表明了自己的心迹。他说:"将军,现在留给你的是光荣的战场,你将在美洲的解放事业上打下最后的印记。"

他在另一封信件中写道:"美洲因我们的不和而流出的每一滴血,都会使我感到痛苦;美洲因我们的不愉快而流出的每一滴血,都直刺我的心房。"

可见,在权力斗争中顾全大局,主动退让,以换取南美解放斗争的最后胜利,才是圣马丁引退的初衷。

事实果如圣马丁所料,在圣马丁引退不久,玻利瓦尔于1824年解放了秘鲁全境,西班牙殖民者盘踞的最后堡垒土崩瓦解,在南美三百多年的统治也就此结束。

但也有人认为,圣马丁的引退并不是出于"高姿态",而是他在权力之争中的失败。圣马丁当时已44岁,病魔缠身,体衰力竭,在人民中威望不断下降,他对完成独立战争并在战后指导各国政治,既无才能,又无兴趣。而玻利瓦尔则正好相反,他年仅39岁,身体健康,精力充沛,对领导独立战争至最后胜利,并在战后指导各国政治充满信心。因此圣马丁无法与玻利瓦尔相匹敌,可他又不甘心听从玻利瓦尔摆布,所以只得引退。

还有人认为,圣马丁的引退是内部派系分裂的结果,与玻利瓦尔无关。他们认为,阿根廷独立后,内部派系林立,四分五裂,圣马丁已无法从阿根廷得到援助。瓜亚基尔会谈之前,秘鲁已有人起来反对他,当他在瓜亚基尔会谈时,秘鲁又出现了反对他的密谋活动。这些迹象表明,圣马丁在阿根廷和秘鲁的权威和声誉已丧失殆尽,所以他不得不辞职。

除此之外,也还有些人认为,圣马丁的引退纯属健康原因,与权力和军事、政治无关。因为他从1814年起就患有严重胃病,1819年,病情曾一度恶化。在门得斯萨时,他不得不用书信指挥军队作战。独立战争中,他的病始终未能得到良好的治疗,所以他的引退是为了治病。

但是,也有人对上述所有观点持完全否定的态度。他们认为,圣马丁的引退与上述原因毫无关系,圣马丁自从在利马担任首脑以来,决心执政不超过一年,他只想领导独立战争胜利,从没有想在胜利后当官。他在去瓜亚基尔前四个月,就已同他的外交部长详细商定了他辞职或引退的具体方法。

推测终究是推测。瓜亚基尔会谈的内幕究竟如何?圣马丁引退的原因究竟是什么?所有这些问题,还需有更强有力的证据来回答。

莎士比亚剧中的"黑肤夫人"原型是谁?

莎士比亚是欧洲文艺复兴时期最著名的剧作家。莎士比亚一生创作了包括《哈姆雷特》《李尔王》《奥赛罗》等剧在内的许多惊世骇俗的剧作,并以其独到的表现手法和深邃的思想内涵享誉全球。除此以外,他所创作的十四行诗,也以其隽永、清新的风格在世界文坛上独树一帜。

"黑肤夫人"就是莎士比亚十四行诗中颇令世人注目的一个形象。

作家笔下的"黑肤夫人"是一位绝色美女,极具诱惑力。后人挖空心思想弄清楚这位黑眼睛、黑皮肤、黑头发的"黑肤夫人"的生活原型到底是谁。

西方一些研究者认为,那位迷人的"黑肤夫人"就是位于斯特拉特福与伦敦之间的一家客栈老板的妻子。

因为莎士比亚诗中描绘的内容与这家客栈的情形相当吻合,而且私下里客栈老板的儿子曾自称是莎士比亚的私生子。

但经过调查研究后,研究者们发现,那家客栈在"黑

莎士比亚

肤夫人"问世之时并不存在。显然这在时间上就有些出入。

大部分人认为,宫女玛丽·菲顿就是作品中"黑肤夫人"的原型。玛丽·菲顿是美艳照人、放荡不羁的佳人,许多风流男子及达官显贵与她的关系都极为暧昧,她经常毫无所避讳地跟她的小情人幽会。后来尽管被逐出王宫,但她一刻也没有停止对浪漫、风流的追求。

但是,"黑肤夫人"是一位有夫之妇,身份与独身的玛丽·菲顿大相径庭。

也有一些人认为,其实,莎士比亚的妻子安娜就是"黑肤夫人",安娜在莎士比亚的眼中是最多情、最美丽、最令人销魂的女子。真相到底如何呢?那就不得而知了。

梵·高画过多少幅《向日葵》?

梵·高(公元1853~1890年)是荷兰画家,现代印象派绘画艺术的杰出代表。

《向日葵》是梵·高的代表作之一,但终其一生共画过多少幅油画《向日葵》呢?据不精确的统计,约有6幅。早先梵·高画过4幅油画《向日葵》,画面上的向日葵数目不一,其中一幅画面上只有3朵向日葵,另一幅画面中有5朵向日葵,另2幅画面中分别有12朵和14朵向日葵。其中画有14朵向日葵的那幅画于1888年创作,它也就是曾被认作梵·高所作并拍得3950万美元的那一幅油画《向日葵》。

高更

享誉法国画坛的法国印象派画家高更(公元1848~1903年)与梵·高相交甚密,他向梵·高索画,梵·高便把画面上向日葵为12朵的画和画面上向日葵为14朵的画送给了高更,得到这两幅画后高更非常兴奋。见高更如此欢喜,梵·高于是又画了两幅《向日葵》送给了高更。至此,梵·高所画的6幅《向日葵》油画作品应该已经齐全了。这个数字与梵·高的书信中所提到的共有6幅《向日葵》这个数字完全符合。

1911年,即梵·高谢世11载后,在法国巴黎的一个画展上,一幅署名为梵·高的油画《向日葵》引起了人们的关注。这幅作品的拥有者是与梵·高同时代的法国三流画家许费纳克。当时,没有一个人怀疑它是伪作。

1987年,在一次拍卖会上日本安田保险公司见到了这幅梵·高名作《向日葵》,便把这幅稀世名作以当时世界第一高价3950万美元拍得,震惊了整个画坛。当时,这幅画的拥有者是切斯特·贝蒂家族。

但是,英国人诺曼经过调查研究,在10年之后发布了振聋发聩的消息,他指出:被日本安田保险公司拍得的这幅梵·高名作是出自三流画家许费纳克之手的赝品,并非梵·高所画。诺曼称,因自己的画无人赏识、少人问津,许费纳克为证明自身的价值,证明自己的水平,曾一度痴迷于模仿名师名画,其以假乱真程度,连绘画鉴赏家都没办法识别。

有意思的是,虽多家报纸转载报道了诺曼的上述怀疑,这幅《向日葵》的主人——日本安田保险公司却没有任何反应。这不仅是因为对此说安田保险公司本身持有怀疑,就连一般读者也抱有怀疑:证据不充分。

有3点原因:其一,没有充分证据表明梵·高究竟画过几幅《向日葵》,虽在信中梵高提到过"6"这个数字,在以后梵·高会不会再画一幅《向日葵》或者更多就不得而知了。其二,称日本安田保险公司所拥有的《向日葵》是许费纳克伪造的,证据也不充分,仅限于猜测而已。一个三流画家是否能造出大师手迹值得怀疑。其三,许费纳克与切斯特·贝蒂家族究竟有何关系?1901年许费纳克在巴黎展出的这幅画与日本安田保险公司拍得的那幅《向日葵》是否是同一幅画呢?

这终究还是一个谜,谜底仍有待于后来人揭开。

意大利比萨斜塔为何斜而不倒?

意大利比萨市奇迹广场上的比萨斜塔是著名建筑师那诺·皮萨诺建造的,1173年8月9日,工程正式开始。比萨斜塔奇特的结构和宏伟的外观很快吸引了众多游人,它与大教堂、洗礼堂和公墓构成了比萨"奇迹区"。原设计塔高为100米左右,但动工五六年后,建好的3层塔身开始倾斜,斜塔完工后,倾斜仍在继续。截止到现在,塔顶已南倾(即塔顶偏离垂直线)5.3米。

在实际工作中,许多有关专家对比萨斜塔的全部历史以及塔的建筑材料、结构、地质、水源等方面进行充分的研究,并采用各种先进的仪器设备进行测试。比萨中古史学家皮洛迪教授研究后认为,建造塔身的每一块石砖都是一块石雕佳品,石砖与石砖间的粘合极为巧妙,有效地防止了塔身倾斜引起的断裂,成为斜塔斜而不倒的一个因素。但他仍强调指出,现在当务之急是弄清比萨斜塔斜而不倒的全部奥妙。

毫无疑问,比萨塔的倾斜与土质有密切关系。早在19世纪,建筑师拉德斯卡通过在斜塔地基中钻孔取样,证实土壤条件是塔身倾斜的原因。据此,一些专家研究后推测,比萨塔的倾斜在建筑师意料之中,几百年来斜塔斜而不倒与设计、建筑者有关。这种观点在当时盛行一时。

观测该塔的专家盖里教授根据比萨斜塔近几年来倾斜的速度推测出如果按此倾斜速度计算,而又不在某些部位承受特殊的压力下突然坍塌,斜塔将于250年后因塔身的重心超出塔基外缘而倾倒。但是公共事务部比萨斜塔服务局的有关人员针对盖里教授的看法进行了反驳,认为只按数学方式推算是不可靠的,比萨斜塔是"一个由多种事实交织成的综合性问题"。另一些研究者调查发现比萨斜塔塔身曾一度向东倾斜,尔后又转向南倾斜,他们同样认为该塔在过去几百年间斜而不倒,250 年后倒与不倒恐怕不能局限于简单的假设和预测。

当然,最关心斜塔命运的自然是比萨人,尽管他们也对斜塔的倾斜感到担忧,但更多的是骄傲和自豪,为自己的故乡拥有一个可与世界上著名建筑相媲美的斜塔而感到自豪。他们坚信它不会倒下,他们有这样一句俗话:比萨塔像比萨人一样健壮结实,永远不会倒下去。他们对那些把斜塔重新纠直竖正的建议最为深恶痛绝。说来也怪,每当专家们采取加固斜塔地基的措施时,塔的倾斜速度反而加快。如 1934 年,在地基及四周喷入 90 吨水泥,实施基础防水工程,塔身反而更加不稳,向周围移动,倾斜得更快;1973~1975 年,政府关闭了斜塔方圆 3 公里以内所有私人水井并禁止其他方法取用地下水,塔的倾斜速度放慢下来了。

可以看出,比萨人的自信也许过分些,还是皮洛迪教授的看法现实些:只有弄清斜塔斜而不倒的奥妙才能"对症下药"。人们正为此而做出不懈的努力。相信不久的将来,比萨斜塔为何斜而不倒将不会作为困扰人们的疑难问题而存在。

比萨斜塔

"泰坦尼克号"沉没之谜

最新影片《泰坦尼克号》取得了十几亿美元的票房佳绩,轰动世界每一个角落。观众们在被电影中壮观的沉船场面所震撼并深深地为露丝和杰克的爱情所感动之余,不禁对"泰坦尼克号"沉没故事本身发生了浓厚的兴趣,那么,这到底是怎么回事呢?

1912 年 4 月 15 日凌晨 2 点 20 分,"永不沉没的泰坦尼克号"连同 1500 多名乘客的船员,一起葬身大西洋底,灾难发生后,西方国家媒体迅速对沉船事件予以大篇幅的报道,对于沉船的原因和场景有许许多多的说法。而世界上许多国家的船舶设计工程师们也对这一沉船事件极为关注,为了揭开这个谜,他们搜索并分析了当时各种报道,推断造成泰坦尼克号沉船的原因应该是部分船舱施工建造不符合要求,以至于船遇到冰山后船体内的钢板被撞得变了形,撞松了铆钉,并从接缝处将船体撕开了一个大口。当然,也并不是所有工程师都认同这一观点,这也只是一种可能。

海洋地质学家在 1985 年 8 月找到了泰坦尼克号的残骸。他们发现,泰坦尼克号沉没时船体已被分裂成船头和船尾两部分。可喜的是,1991 年,海洋地质学家史蒂夫·布拉斯科和他的同伴们在泰坦尼克号沉没现场又把一块船壳钢板打捞上来,他们发现,这块钢板碎块的边缘参差不齐,随后,他们在实验室里检验了这块钢块,冶金学家肯·卡利斯利用 charpy 技术检测了该钢板的易碎性。实验结果显示,泰坦尼克号船壳钢板的质地出奇地脆。人们由此认定,是冶炼技术问题导致了船体的沉没。因此史蒂夫"那时的造船技术超前了,但冶金技术没有跟上"的说法得到了证实。

这些观点都是基于科学和事实认定的。对于泰坦尼克号沉没的原因,还有其他带有迷信性质的说法,那就是被"诅咒沉没"的说法,其中最有名的说法是沉没于"木乃伊的诅咒"。

大约在 1900 年前后,考古学家在埃及古墓中发掘出一具石棺,石棺上有"凡是碰到这具石棺的人,都会遭难"这样的咒语,可科学家们才不会理会这些,他们打开了石棺,一具木乃伊在他们的面前展现。

石棺很快被运回英国并在大英博物馆中展出。10 年后,一位富有的美国人希望英国能将石棺和木乃伊卖给他,英国人也真把它卖给了这位美国人。正当他考虑如何将这"宝贝"运回美国的时候,恰逢泰坦尼克号首航,于是他便将他的"宝贝"带上了泰坦尼克号。可惜谁都没有注意到,在石棺上刻着的最后一句咒语是"将被海水吞没",与前面的连在一起就是"凡是碰到这具石棺的人,都会遭难,将被海水吞没"。

不管怎样,泰坦尼克号毕竟沉没了,作为人类航海史上的一大悲剧,其原因虽然到今天还是一个谜,但它的沉没给人类带来的却是极大的警醒。

普希金之死和沙皇尼古拉一世有关吗?

普希金是 19 世纪俄国著名的诗人。1837 年 2 月,他在与情敌丹特斯的决斗中身亡,俄国文坛从此陨落了一颗巨星。诗人的英年早逝震惊了俄国人民,人们纷纷举行活动悼念这位伟大的诗人,同时也在思考着普希金死亡背后的真正原因。

年轻的普希金风流倜傥,才华横溢,很早便显露其诗人才情。他在与莫斯科的绝色佳人娜塔莉娅·尼古拉耶芙娜·冈察洛娃相遇后,二人便一见钟情,共同坠入爱河。不久之后便结为夫妻。

几年后,沙皇禁卫军军官、法国纨绔子弟乔治·丹特斯在一次舞会上偶然结识冈察洛娃,对她展开猛烈的攻势。普希金对这位第三者,气愤之极。对于他人的夺己之爱的企图,他无法容忍。普希金为了维护自己的尊严与名誉,毅然决定同丹特斯决斗。奸猾的丹特斯在普希金尚未准备好时便开枪击中了普希金的要害。因枪伤严重,一代诗豪终于不治身亡。

俄罗斯人为诗人的悲惨命运而流泪,人们要求惩治凶手。但普希金难道真的是死于情场上的一场决斗吗?

在对有关史料做了详细研究后,有关专家指出:普希金之死,完全是一个阴谋。

原来沙皇尼古拉一世在此之前,就已经觊觎普希金妻子冈察洛娃的美色。丹特斯受沙皇指使,在各种公开场合引诱冈察洛娃,故意把普希金激怒,使其与他决斗,趁机把普希金杀害。此外,这件事也被沙皇在上流社会大肆传扬,致使普希金被多次中伤,名声大损,由此也挑起了这场血腥决斗。

普希金之死到底谁是真正的凶手? 这位"俄罗斯诗歌的太阳"为何在如日中天时突然失去光芒,人们对此一直心存疑惑。我们在诵读诗人美妙诗句的同时也希望能早日找出杀害诗人的真正的凶手。

普希金

托尔斯泰晚年离家出走之谜

列夫·托尔斯泰是俄国著名的大文豪,其一生创作颇丰。他的作品对欧洲文学影响极深,在世界文学史上也占有一席之地。这位享有世界声誉的作家晚年却做了一件让世人皆惊的事,即离家出走。托尔斯泰为何要离家出走,这还得从他晚年的思想变化及其生活说起。

晚年的托尔斯泰开始笃信宗教,宗教观、社会观都发生了很大的变化。73 岁时,托尔斯泰回到了故乡雅斯纳雅·波良纳庄园。然而晚年的托尔斯泰对他庄园的看法也发生了许多变化。他开始习惯于关注在他的农田上辛苦劳作的农民们,这些贫苦可怜的农民让托尔斯泰感到不安与自责。

为了减轻自己的内疚感,托尔斯泰开始改变自己的生活方式,甚至开始自我折磨:他变得厌恶人情世故和亲友间的应酬,也拒绝出席贵族的宴会。他经常戴着草帽,穿上旧衣服,脚踏树皮鞋,在农田里干活。

到了后来,托尔斯泰想要解放他的那些农民,把田地分给他们。同时,他也打算把他全部著作的版权,无偿地献给社会。

托尔斯泰不顾妻子反对,最终公开发表声明:从1881 年以后他出版的任何作品,可以由任何人免费出版。

在这样一个阶级社会里,托尔斯泰的朋友亲人都不理解他的社会观、宗教观。在家里,家人不时与他发生冲突;在社会上,许多报刊攻击他;科学家、教育、沙皇政府都表示对他不满。

正在作家受到了孤立与打击之时,切尔特科夫出现了,他用花言巧语取得了作家的信任,在作家生命的最后9年,切尔特科夫在老人众多家人、随从者中地位最特殊,对老人的思想也影响最大。

其实这个家伙的真正目的,是要夺取托尔斯泰那些作品的继承权,尽管作家自己的许多朋友都知道切尔特科夫的险恶用心,但他们都没有敢直接告诉托尔斯泰。

本来,作家的日记都是由妻子保管的。但由于与妻子产生了矛盾,再加上切尔特科夫的花言巧语,托尔斯泰把他最后10年的全部日记都交给了切尔特科夫这个骗子。

妻子索菲亚也敏感地猜到了发生的事情,她对此非常痛苦,脾气也越来越坏,把怒气全都撒在了作家的身上。

1910年8月30日晚,她又和作家发生了激烈的争吵,她甚至愚蠢地说她并不是痛恨切尔特科夫,而是不能原谅托尔斯泰。对于妻子的愤怒与谴责,作家采取的是宽容谅解的态度,因为他在晚年一直奉行"不抵抗主义",他总是把错误都想到自己身上,而尽量原谅别人的种种不对。在作家的最后一段岁月里,他的生活并不美好,他的周围充满了责难。为了能够平和地过完后面的日子,作家开始打算离家出走,以躲避这些纷争。

10月28日还不到早晨5点,作家就带着私人医生离开了波良纳。在火车上,作家病倒了。寒冷的天气使他不停咳嗽,并开始发高烧。他们在阿斯塔波瓦车站下了车,7天后他就病逝在这个荒凉的小站里。

有关托尔斯泰离家出走一事,很多专家和学者都曾对此进行过研究,许多复杂的因素纠合在一起促使这位巨匠做出了令人震惊之举,但这并不会影响这位文学巨匠在我们心中的地位。

俄国女皇叶卡捷琳娜二世是怎样登上王位的?

沙皇俄国在其长期的君主统治中出现了一位赫赫有名的类似中国的女皇武则天式的女沙皇——叶卡捷琳娜二世。那么叶卡捷琳娜二世是怎样登上皇帝的宝座呢?众说纷纭,有人说是继承,有人说是通过发动宫廷政变,那么她又是怎样发动宫廷政变的?这还得从她成为王室成员开始说起。

叶卡捷琳娜是俄皇彼得三世的妻子,她在为俄皇室完成传宗接代任务后,地位岌岌可危,丈夫彼得早已对其厌倦,人们早已将其忘记,她只是苦苦忍受耻辱和孤寂。

叶卡捷琳娜这位不同凡响的女人绝不可能心甘情愿做一名忠实的妻子和殉难者。她一方面靠追逐声色犬马的生活来满足自己已被激起的肉欲;另一方面,她在卧薪尝胆,耐心地等待着能使她成为女皇的机会。伊丽莎白通过没有流血的政变登上皇位就是她面前最好的例子。她将要在政坛上小试锋芒了。

叶卡捷琳娜为了达到目的,开始培植私党。她把禁卫军军官格里戈利·奥尔洛夫列为首选对象,奥尔洛夫的4个兄弟阿列克谢、费多尔、伊凡和弗拉基米尔都是禁卫军军官。叶卡捷琳娜如愿如偿，奥尔洛夫成了他的情夫。这既满足了她野马般的欲望，又为未来的宫廷政变提供了很好的机会。

彼得大公也并不是吃素的，他对叶卡捷琳娜的阴谋早有所闻，他也在积极行动。这个骨子里流着普鲁士的血液的昏庸之君，早就打算与他的情妇伊丽莎白·沃沦佐娃结婚而把叶卡捷琳娜甩掉。

1762年，荒淫暴戾的伊丽莎白终于死去。根据遗诏，彼得做了皇帝。新登基的彼得三世注定是俄罗斯的克星，他把俄国推到灾难的边缘。而他的登基，也将为他的妻子叶卡捷琳娜带来灭顶之灾。

爱骑马的叶卡捷琳娜

彼得决定把叶卡捷琳娜幽禁在舒吕塞尔堡要塞，并且以他凶残乖戾的性格，他下一步就要动手杀妻子。

彼得三世好像也预感到有某种阴谋正针对他而来。他将叶卡捷琳娜的党徒之一帕塞克逮捕了。叶卡捷琳娜明白只有先下手，否则就只能做阶下囚甚至是命归黄泉。事不宜迟，1762年，在奥尔洛夫兄弟的支持下，叶卡捷琳娜发动宫廷政变。士兵们穿着俄罗斯的传统军服，簇拥在新女皇叶卡捷琳娜周围并且冲上前吻她的手、她的脚和她的衣服的下摆。女皇置身于欢乐的喧嚣中。所有的俄国人好像都很兴奋，他们高呼着"叶卡捷琳娜！我们的母亲叶卡捷琳娜"，宫廷显贵、各国公使、神父争先恐后地欢迎他们的新女皇。

软弱无能的彼得三世被迫退位，接着又被软禁起来。在给叶卡捷琳娜的信中他这样写道："请陛下对我放心，我既不会想，也不会去做反对您本人和您的统治的事。"

虽然彼得对她已不构成威胁，但叶卡捷琳娜并不愿轻易放过曾给她耻辱的彼得，彼得不久就遭谋杀。叶卡捷琳娜的诏示说彼得死于剧烈绞痛，实际情况并非如此，彼得死时全身发黑，向遗体告别而吻他嘴唇的人自己的嘴都肿了。可见，叶卡捷琳娜对其十分怨恨，可能不管彼得对叶卡捷琳娜怎样，她都要当上女皇，但彼得对其确实起了极大的刺激作用。

日本皇女和宫下嫁将军德川家茂之谜

和宫是仁孝天皇的第八个女儿,贵为皇女的她在 4 岁时被许配给了贵族有栖川宫炽仁亲王。然而,在长大后,她却嫁给了将军德川家茂,这究竟是什么原因呢?

有人认为,正像历史上中外古今许多弱女子被作为政治交易的筹码一样,贵为天皇之女的和宫也身不由己地做了牺牲品,被政治的狂风怒涛推到历史舞台的前面。在德川幕府后期,掌握政权的幕府由于西方列强的侵犯,不得不屈从其强大压力,同意与西方各国通商,这种做法受到朝廷和尊王攘夷派的猛烈抨击。为了缓和与朝廷的紧张关系,同时,也为了平息普通百姓的不满情绪,幕府决策机构一方面重新明确幕府受命于朝廷的上下委任关系,另一方面推进"公武合体"运动。"公武合体"运动就是二者的联合,而作为"公武合体"的一项重大步骤,便是幕府奏请朝廷,希望将孝明天皇之妹和宫下嫁给第14 代将军德川家茂。为此,幕府进行了许多活动,首先,他们中止了家茂与贵族见宫贞教亲王之妹伦宫的婚姻谈判,并且散布和宫的婚约者有栖川宫因为封禄甚少而对与和宫结婚感到不安等流言。但尽管如此,和宫仍然一如既往地加以拒绝,但是幕府还是再三奏请。孝明天皇迫于无奈,最后 16 岁的和宫只得十分不情愿地于 1861 年 12 月从京都来到江户,第二年 2 月,与同年龄的德川家茂正式举行婚礼。

但是也有人持反对意见,比如据将军府中的人的说法,和宫与德川家茂夫妻感情甚笃,家茂出征前一夜夫妻俩彻夜长谈,和宫还要求家茂顺路到京都替她买西阵出产的腰带,这后来作为家茂最后的礼物按照家茂的遗言被送到和宫手中,和宫收到这个礼物后,睹物思人,竟然茶饭不思,终日饮泣。又如和宫在朝廷官兵临城之际为德川家族通融说情,也似乎不是完全被逼无奈。有人认为,就和宫而言,与有栖川宫炽仁亲王的婚约并非出于自由的选择,其实和宫本人希望避开传统的皇族内部通婚的习俗,为寻求新的人生而与家茂结婚。这样说来,和宫与家茂结婚应该是非常幸福的了。

下嫁将军的和宫究竟是一个勇于追求幸福生活的榜样,还是一个值得同情的对象,这个问题和她下嫁将军的原因一样,成为解不开的谜。

英王威廉二世真是死于意外吗?

自古宫廷多纷争。在权势和财富的驱使之下手足相残、杀母弑父之事可谓比比皆是。人称"红面庞"的威廉二世似乎也是因为此类原因而丧命于狩猎场的。

1100 年 8 月的一个下午,黄昏时分,英王威廉二世在新林骑马狩猎。新林占英国南部一大片土地,当时是皇家狩猎苑。威廉的弟弟亨利和一些随从同行。一行人分为几个狩猎小组,国王和他的亲信顾问蒂雷尔一组猎鹿。国王看见一只赤鹿跑过,立刻射了一箭,射中了赤鹿,但是它没有死。很长一段时间威廉坐在马鞍上不动声色,他用手挡着夕阳的斜照光线,想看清楚那只受伤的赤鹿的行走路线。

蒂雷尔就在此时射了一箭,鹿没有射到,却把国王射中,国王向前面倒下去,那支箭在国王摔到地上的时候更深地插入他的胸腔,国王当时便没了气息。蒂雷尔急忙跑出树林向法国逃去。亨利则和其他的人策马飞奔,赶到临近的收藏皇室财宝的曼彻斯特,亨利把财宝抢到并确实予以掌握后,便马上赶回伦敦,加冕登基为亨利一世。此时,距威廉去世之日仅3天,众人从猎鹿的树林离开时,威廉二世仍然暴尸荒野。

但是国王之死至今仍是疑点重重:威廉二世是死于意外,还是被他那充满野心的弟弟谋害了呢? 或是如最近有人所说的威廉二世心甘情愿依照异教徒的可怕教规自杀身亡呢? 大多数人当然相信传说中所出现的凶兆,这凶兆是威廉到新林行猎前夕所做的一个噩梦,梦见自己躺在血泊中而被惊醒,惊醒时不断狂叫。此外,还有人说听见国王命令蒂雷尔杀死他,因为根据威廉信仰的"宗教",他已经老而无用,作为一个权力逐渐衰落的国王,必须在仪式中引颈就戮。

威廉一世共有3个儿子,威廉二世是老二。威廉一世在世时已给3个儿子分家,留给长子罗伯特的是法国的诺曼底,给次子威廉的是英国,亨利则没有土地,只获得一笔财富。大哥与二哥经常争执不下,甚至兵戈相见,但是二人在1096年以诺曼底为抵押,向威廉借了他们所需的钱。罗伯特在1100年夏季启程返国时,还娶了一个十分富有的女人。威廉决定,决不让哥哥还债把诺曼底赎回,他开始计划强夺诺曼底。新林猎鹿驾崩事件就是在做这种准备的时候发生的。

同时,如果亨利真的企图篡夺英国王位,他一定已把形势看得非常清楚,出乎意料之外的新发展对他篡位的计划有所妨碍。所以亨利先下手为强,其后只需对付一个哥哥而不必再与两位兄长争雄。威廉驾崩,罗伯特又远在他乡,亨利就能篡夺他原本无权过问的王位。证明亨利要对猎鹿时发生"意外事故"负责的一个有力证据是:他从未试图抓蒂雷尔回来以弑君之罪论处,甚至没有没收蒂雷尔的土地以示惩罚。

可是,以亨利的本领和为人是否能组织这样一个谋朝篡位的大阴谋呢? 蒂雷尔跟主谋勾结杀掉恩公和朋友,又会得到什么好处呢? 事实上自惨祸发生后直到去世时,蒂雷尔都不承认他有弑君行为。

依上所述,亨利的嫌疑不可不谓是最大。但他要策划这样一个缜密的阴谋却也不是件容易的事情。真凶何在,我们拭目以待。

亚瑟王及其圆桌武士传说之谜

被誉为樱花之国的日本自古以来就极其崇尚武士道精神,其忠君、坚毅的主旨也正是大和民族生生不息的动力之源。古老的西方也曾流行着武士的传说,那便是亚瑟王和他的圆桌武士。在大多数人的心目中,亚瑟王及其所率领的圆桌武士便是一个充满罪恶的世界中的坚忍忠勇志士的代表,是维护文明、抵制蛮强入侵的英雄。

那么为何称其为圆桌武士呢?圆桌一词从何而来呢?

圆桌就放置在亚瑟王宫廷正中央。它象征了蔓延到全国各地的荣耀和王权,和国王加冕时手握的宝球作用相同。但圆桌的含义要比很多宝球深远。圆桌在实际意义上象征的是友爱与和谐。任何在圆桌周围坐着的武士都不会觉得地位比别人低,不会觉得委屈。圆桌是嫉妒、贪图权力与高位的解药,而中古时代战争与动乱正源于上述种种人类缺点。但是亚瑟王也规定,只有最杰出的"威猛无比、本事极大"的武士才能成为圆桌武士。

一位精通木工的专家认真检查了这张桌子。它大概是14世纪制成的。他的看法也得到了碳14年代测定法证实,断定圆桌用的大约是14世纪30年代所砍伐的树木制成。所以,如果这张桌子不是亚瑟王所制,又会是谁制这张桌子的呢?英王爱德华一世可能性最大,他当政年代是1272~1307年。

亚瑟王的传说,与11~13世纪日趋形成的见义勇为和保卫宗教的理想密切相关。每一个战士倘若要做成功的十字军士兵,倘若要追寻耶稣基督举行首次弥撒时所用的圣杯,都应该以亚瑟王的武力为效法对象。见义勇为的骑士精神到14世纪发展到极致。爱德华三世当时企图把法国征服,就像传说中亚瑟王要与罗马"独夫卢修斯"打仗一样。由于对骑士精神的崇尚,再加上亚瑟王的传说,设立一个新的武士精英组织的构想便在爱德华脑中形成。这个新组织以伦敦西边的温莎宫为活动中心。根据法国史学家让·福罗萨特记载,这是1344年4月23日圣乔治节,在一次盛大的马上比武庆典上宣布的。

不管亚瑟王及其武士是否曾经坐过这张圆桌。它的存在不再仅为单纯的家具之用,更成为亚瑟王及其武士忠勇坚毅的一种象征。真正的圆桌抑或早已灰飞烟灭,抑或至今尚存在某个不为人知的偏僻角落,而传奇的武士们则将千古流芳。

沙皇彼得三世死于叶卡捷琳娜之手吗?

雄才大略的彼得大帝1725年驾崩后,俄国就陷入了长期动荡中。1762年,沙皇彼得三世的王后叶卡捷琳娜发动宫廷政变,推翻了他的统治。7月彼得三世在狱中突然死去。彼得三世因何而死?他的死与叶卡捷琳娜是否有关呢?

彼得从小生活在德国,他非常崇拜普鲁士军事制度与德国文化,却对自己的祖国毫无兴趣。他甚至认为俄国是个令他厌烦的国家,他不愿意治理这种国家。1761年伊丽莎白女王逝世,彼得继位。由于国内政局长期动荡,人们都希望彼得三世可以整顿一下国家。然而刚刚上台的彼得三世却经常以自己的喜好对俄国现行制度和法令乱加改动,他推动的一些政策损害了教会与贵族的利益,令他们十分不满。尤其是在对外政策上,彼得三世的所作所为让政界和军界非常反感。

叶卡捷琳娜原名索菲亚·奥古斯特,出生于德国什末青一个贫穷的家庭。当她知道了自己成了彼得未婚妻后非常激动,她当即和母亲一起,不远万里来到俄国首府彼得堡。为了做个称职的皇后,她努力学习俄语,还改信了东正教,不久她就能用标准的俄语虔诚地朗诵东正教的誓言,在场的大主教和教徒们听后十分感动,并流下泪来。1745年8月,彼得正式娶叶卡捷琳娜为妻。但是婚后,叶卡捷琳娜才发现彼得是个好色之徒,他甚至把情妇领到家中。而同时伊丽莎白也对她这个异邦女子有所怀疑,并派人监视她,年轻的叶卡捷琳娜暗暗地记着这些仇恨,并未做过多的反抗。她一面刻苦读书学习如何治国,一面在政界和军队中扶植拉拢亲信,并将情夫们都安排到重要部门,以为她夺权做准备。

1762年6月24日彼得三世离开彼得堡去奥拉宁堡发动对丹麦的进攻,叶卡捷琳娜被留在彼得堡。7月9日凌晨5时,叶卡捷琳娜发动政变,控制了首都局势,成为女皇。彼得三世要求与女皇平分政权,但遭到了断然地拒绝。他只好宣布退位,最后的条件就是女皇能归还他的情人、小提琴和一只猴子,以便他能度过后半生。7月18日,叶卡捷琳娜在枢密院正式登基,史称叶卡捷琳娜二世。就在叶卡捷琳娜就任皇位的同一天,彼得三世暴死在了狱中。

俄国古老的封建宫廷中始终存在着阴险欺诈与不择手段的争斗,专制独裁与宫廷政变经常一起发生,彼得三世正是这种独裁政治的牺牲品。但彼得三世因何而死?一种说法称他是被人毒死的,当时法国外交部档案记载:一些人按照俄国风俗吻彼得三世的遗体以示告别,这些人的嘴唇后来却奇怪地肿了起来,还有种说法称彼得三世是在酒后与人打骂被人失手打死的。第三种说法则是为除后患,女皇派人勒死了彼得三世。彼得三世的真正死因是什么?叶卡捷琳娜又在其中做了什么手脚呢?这一切都不得而知了。

通古斯大爆炸

1908年6月30日早晨,在俄罗斯西伯利亚森林的通古斯河畔,突然爆发出一声巨响,巨大的蘑菇云腾空而起,天空出现了强烈的白光,滚滚浓烟直冲到约19千米的高空,灼热的气浪此起彼伏地席卷着整个浩瀚的泰加森林。这就是历史上有名的通古斯大爆炸。

奇怪的爆炸

一场突如其来的大爆炸,使通古斯附近的居民惊恐万分,爆炸引起的大火,烧毁了周围数百英里内的原始森林,成群的驯鹿在大火中化为灰烬。大爆炸后的数日内,通古斯地区方圆约4000千米的天空,持续被一种阴森的橘黄色笼罩着!

这场神秘大爆炸的威力是如此之大,以至于因爆炸而产生的地震波及美国的华盛顿、印度尼西亚的爪哇岛等地。同时,它那强大的冲击波横渡北海,使几千千米外的英国气象中心监测到了这次爆炸时大气次声波压力涨落的数据。监测结果显示，爆炸后大气压持续 20 分钟左右上下剧烈波动。

爆炸之后的若干年，科学家们先后在那里发现了 3 个类似于月球火山口的直径为 90 ~ 200 米的爆炸坑；成片的原始森林被冲击波击倒，至少 30 万棵树呈辐射状死亡；部分地方的冻土被融化变成了沼泽地。在随后的探险考察中，科学家们还发现爆炸地区的土壤被磁化；1908 至 1909 年的树木年轮中出现放射性异常，一些动物出现遗传变异。据伊尔库茨克地震站的研究人员测定，这次奇怪的爆炸所产生的能量，相当于 1000 万 ~ 1500 万吨炸药的能量，是 30 多年后广岛原子弹爆炸的能量的 1000 倍。

究竟是什么东西引起如此巨大的爆炸呢？这个问题深深吸引着天文学、地球学、气象学、地震学和化学等各个领域的科学家。

令人困扰的学说

由于通古斯地区地处偏远，在大爆炸发生的最初十几年中，一直无人问津。直到 1927 年，苏联的地质学家库利克才带队亲临现场考察。一望无际的被烧焦的树木，使考察队员得出结论：大火是在大范围内辐射的情况下燃烧起来的。也有部分考察队员推测，大火是由火山喷发引起的。但爆炸区内，并没有找到火山口，显然，这种推测是错误的。为了弄清大爆炸的真实原因，考察队访问了许多火球从天而降的目击者，并先后 4 次进入通古斯地区，进行了详尽的实地考察，最后，得出结论：是一颗庞大的陨石在快速运动中，与大气摩擦后，充分燃烧分解，引起了大爆炸。但是，如果真是这种情况，就一定能在该地区找到陨石碎片，遗憾的是，库利克和众多考察队员，费尽了周折，也没有找到任何陨石碎片。

二战期间，通古斯大爆炸的确定曾一度中断。二战后，由于人类首次领教了核爆炸的威力，因而，有人指出，只有核爆炸才会有如此巨大的摧毁力。但是，人类掌握核爆炸的技术是在 20 世纪 40 年代，那么 1908 年的核爆炸是如何产生的呢？只能有一个解释：外星人所为。这一观点曾轰动一时，科学家们纷纷推测：是外星人的飞船事故呢？还是外星人在地球上做的实验？然而，这种推测却找不到任何科学的依据。

20 世纪 50 至 60 年代，考察队在这个地区发现了极小的玻璃球洒在土地上。化学分析显示球内含有大量的镍和铱——在陨石中常见的金属，并没有辐射异常的迹象，这表示它并不是自然的核自爆现象，它们可能来自地球以外。

1973 年，一些美国科学家对此提出了新见解，他们认为爆炸是宇宙黑洞造成的。某个小型黑洞运行在冰岛和纽芬兰之间的太平洋上空时，引发了这场爆炸。但是关于黑洞的性质、特点，人们所知甚少。"小型黑洞"是否存在尚是疑问。因此，这种见解也缺少足够的证据。

在"黑洞撞击说"解释的基础上，苏联科学院院士彼得洛夫进一步推测了爆炸的原因——"彗星撞击说"。他认为引起通古斯爆炸的，是一个来自太阳系遥远地方的由稀松的雪团组成的彗星。当它以每小时 4 万千米的速度冲破地球表面的大气层时,由于摩擦产生了过热的气体。这种气体一接触地面,就发生了相当于数颗原子弹破坏力的巨大冲击波,由于彗星很快便蒸发完了,所以地球上没有留下任何残骸作为"物证"。

多年来,有关通古斯大爆炸的原因说法不一,从 1927 年开始寻找陨石碎片以来,人们不断提出各种假说。

但不管是哪种假说,通古斯爆炸依然是令人费解,直到今天,通古斯大爆炸之谜仍然神秘莫测。

失散的王冠珠宝

在法国,人们不会忘记法国王冠,这些在加冕时佩戴的饰品代表着国王至高无上的皇权,它拥有世界上最美丽的钻石与珠宝。历代国王都因为王冠添上新的珠宝成到荣幸。1792 年,这些耀眼夺目的奢华品突然被盗。在这起被盗案件的背后究竟隐藏了怎样的秘密?

钻石的背后

1792 年 9 月,法国国王路易十六因阴谋复辟而被废黜。此时,法国处在危机之中,外部面临欧洲联盟的入侵;国内山岳派与吉伦特派争斗激烈,到处是失业与饥荒、恐怖与暗杀。在这严峻的时刻,法国制宪议会一位议员却向公众提出了警告:内外敌人正在试图夺取王冠上的钻石。制宪议会马上组成了由 3 位议员和 11 位专家参加的专门委员会,负责清点法国王室的稀世珍宝。经过 3 个月的紧张工作,共清点出钻石 9547 颗,总值达 3000 万法郎之巨。在议员的警告下,珍宝贮藏室贴上了封条,但令人惊奇的是,这么多奇珍异宝,竟无人看守。

9 月 17 日,内务大臣罗兰在国民议会上突然宣布:"珍宝贮藏室门被撬,钻石全部丢失!"据称,自 9 月 11 日深夜至 14 日深夜,盗匪曾 3 次光顾珍宝贮藏室,而无人觉察。直到 15 日清晨,巴黎街头出现了残价的钻石,才引起人们注意,但是警察局长塞尔让只粗粗地到现场看了一下,并未做任何调查。16 日,当盗匪第 4 次企图行窃时被国民自卫军巡逻队抓获。至此,罗兰才于 17 日向外界宣布珍宝贮藏室失盗。

此后,这起骇人听闻的盗窃案,引起了人们一系列的疑问:为什么议员会事先提出珍宝被盗的警告?为什么不多派人看守珍宝贮藏室?为什么警察局长对此案十分冷淡?谁是幕后策划者?

9 月 21 日,刑事法庭审判了被抓获的 2 名盗匪,并判处他们死刑。不久,警察又逮捕了一个年仅 17 岁的盗匪。这个年轻人的父亲得知儿子入狱,大发雷霆,声称要揭发一桩耸人听闻的黑幕。十分奇怪的是,第二天早上,父亲被人毒死,儿子也死在监狱。这一连串的事情,让人感到匪夷所思。钻石被盗的背后是否存在不为人知的阴谋呢?

难解的胜利

在珍宝失盗的 1792 年 9 月,法国正处于内忧外患、形势危难之际。人们只知道拿破仑指挥瓦尔密战役取得了胜利,拯救了巴黎和法兰西民族。然而,瓦尔密战役胜利的奥秘却久久不为人所知。

当时敌人只遭到了轻微的损失,便立即撤退。从战略上讲,这是毫无道理的。这不禁使人怀疑,在战役的背后是否进行了某种交易。事实上,在两军开战前夕,双方举行了一次秘密会谈。会谈的结果就是这笔幕后交易,即法国须花一大笔钱,来换取敌方撤军。法国议员帕尼斯知道这笔交易后,就建议用珍宝贮藏室里的珠宝来充当交易资金。他的建议被采纳了。

一周后,双方举行了瓦尔密会议,于是出现了瓦尔密战役神秘的胜利。有人认为,是国防大臣丹东秘密策划了这起珠宝盗窃案。这位国防大臣会不会是接到了什么命令?在他的背后是否还有更强有力的对手呢?

失散珠宝的下落

1875 年法兰西第三共和国因《法兰西第三共和国宪法》的通过而正式建立。临时总统职位也被"共和国总统"所取代。虽然在麦克马洪总统领导的保皇党突然发起的 5 月 16 日政变失败之后,只有极少数的保皇党员还期待王室复辟,但是由极右势力保皇党成员挑起的持续骚动,以及出于对政变的恐慌,导致了激进分子代表提出变卖王冠珠宝的计划。他们希望这样能够削弱保皇党的势力,因为"没有王冠,就不需要国王"。这个有争议的决定最终还是付诸实施了。

1792 年的失窃案以后,人们开始追查珠宝的下落。它们其中的大部分都陆续地被找回。然而,两颗著名的钻石,桑西钻石和法兰西之蓝在此之后却再也找不到了。

1885 年,这一系列的珠宝最终被分散,其中大部分(包括许多的王冠、头冠、指环和其他物品等)都被当时的法兰西第三共和国卖出,只有一小部分具有重大意义并且用玻璃装饰的王冠珠宝由于历史原因而得以保存。它们现在在法国最高级的博物馆——卢浮宫(也是以前的王宫)里展出。

拿破仑的战利品

拿破仑统治法兰西后,欧洲的英国、奥地利等国多次组成反法联盟,征讨法国。1809年,英、奥组成第五次反法同盟,结果被拿破仑挫败。随后,俄国仑开表示支持反法同盟,这标志着俄国也加入了以英国为首的反法同盟一方。1811 年,拿破仑决定征伐俄国,把俄国版图纳入法兰西帝国范围之中。

失败的远征

1812 年春,拿破仑陈兵波兰,为征服俄国做最后的准备。拿破仑的计划是速战速决,不给俄国人一丝喘息的机会,争取在最短的时间内征服俄国。同年 6 月,踌躇满志的拿破仑率领着四十五万大军开始渡过涅曼河,进入俄国荒原。面对来势汹汹的法军,俄国沙皇亚历山大一世任命巴莱克为俄国陆军元帅。

战争开始后,进程朝着拿破仑所希望的那样发展。俄国军队一路撤退:先由维尔纽斯撤退到德里萨阵地,再由德里萨后退至斯摩棱斯克,最后又退到了莫斯科。尽管拿破仑的军队为此付出了极大的代价,但毕竟是在最短的时间内攻到莫斯科城下了。此时的法军,6 月份准备的粮食已经吃得差不多了,但自信的拿破仑却并不担心,他认为一旦攻下莫斯科,一切问题就都解决了。拿破仑甚至已经想象着,自己站在莫斯科那被视为俄国象征的克里姆林宫里,用眼睛挑拣着里面让人眼花缭乱的艺术珍品。因为在很久之前,拿破仑就听说克里姆林宫是一座宝库,里面收藏着丰富的珍品奇玩,这对他是一个极大的诱惑。

然而事情并不像他想象的那么美好。此时,俄国已换了元帅,库图佐夫替代巴莱克指挥俄国的军队。库图佐夫被认为是当时俄国最有军事才能的元帅,也是唯一能和拿破仑相抗衡的人。面对拿破仑的大军压城,库图佐夫竟然做出了一个惊人的决定——放火烧毁莫斯科城。按库图佐夫所说的:"我放弃莫斯科,是为了让拿破仑走向灭亡。"

9 月 14 日,法军终于攻占了莫斯科城。然而,当拿破仑走进莫斯科城的时候,对眼前的一切极度失望——昔日美丽繁华的莫斯科如今几乎成了一座空城,而这一座空城目前正在燃烧。拿破仑下令在莫斯科废墟中扎营,法军士兵在艰苦漫长的行军后,一到莫斯科城便狂饮得酩酊大醉,根本没有人想到去灭火。随后,莫斯科的建筑物一幢又一幢地被烧毁,大火烧毁了大半个城市,五天五夜才自行熄灭。

拿破仑的军队战线拖得太长,加之士兵疲惫,占领莫斯科后不久,拿破仑即有意与俄国议和。拿破仑向俄国放风,表示愿意与俄国缔结"最宽大、最轻松、最光荣、最不侮辱人的和约",然而沙皇俄国却置之不理,法军只能继续在一片片废墟中扎营整顿。当然,在此期间,法军没忘在莫斯科城中掠夺战利品。

俄国军队的战略意图似乎是想依靠俄国早到的严冬困住法军,然后伺机切断法军的供给线。果然,到 10 月的时候,莫斯科就下了一场雪,它预示着莫斯科寒冷的冬季就要来临。拿破仑的军队是从 6 月开始出征的,到现在仍然穿着夏装,这样的装束是根本无法在莫斯科过冬的。于是,拿破仑命令部队从 10 月 19 日开始撤退,没想到这一撤竟造成了更大的伤亡。

11 月初,暴风雪侵袭俄国,凛冽的严冬无情地吞噬着那些身着夏装的法军。在欧洲向来威风凛凛的拿破仑炮兵和骁勇善战的骑兵在面对大自然的"进攻"之时束手无策,士兵们被冻死无数。另一方面,库图佐夫率领的俄军向莫斯科东南方向退却,三天后又突然迅速向西挺进。库图佐夫的战略意图很明确,他就是要扼守通往俄国南部富庶地区的通道,袭扰法军所有的补给线,最后乘机消灭法军。

果然,拿破仑准备从南方撤回军队,但却遭遇库图佐夫率领的俄军。经过十八个小时的激战,法军被迫调头沿着入侵的原路撤回。而俄军仍继续追击。当法军撤退到比利西纳河岸时,再次遭到俄军的伏击,24000 名法军在此役中战死。12 月中旬,法军终于走出了噩梦般的俄国领土,拿破仑驰骋欧洲的 45 万大军此时只有 27000 人回到了巴黎。此次征讨俄国失败已经是个不争的事实。

失踪的战利品

历史学家对拿破仑这次征讨俄国讨论最多的就是库图佐夫火烧莫斯科城,以及拿破仑失踪的战利品。

原来,拿破仑的军队在占领莫斯科城后,虽然莫斯科城已被俄国人烧毁,但法军仍然从其中掠夺到了大量的战利品,这些战利品被装在马车里,跟随撤退的法军一起撤退。然而在一次撤退途中,其中二十五辆马车却突然失踪。拿破仑得知后,曾气急败坏地命令手下士兵前去寻找,然而并没有结果。那么,这二十五辆装满战利品的马车究竟在哪呢?

一位名叫瓦·斯戈特的英国历史小说家,曾在其所著的《法国皇帝拿破仑·波拿巴的生涯》一书中写道:"11 月 1 日,皇帝继续痛苦的退却。他在禁卫军的护卫下,踏上了向斯摩棱斯克的道路。由于担心途中会遭到俄军的阻截,所以应尽快往后撤。""因感到目前处境的危险,拿破仑深知在莫斯科所掠夺的古代的武器、大炮、伊凡大帝纪念塔上的大十字架、克里姆林宫中的珍贵物品、教堂的装饰品以及绘画和雕像等已无法带走,但又不甘心让俄军夺走,所以就命令士兵将这些东西沉入萨姆廖玻的湖里。"

瓦·斯戈特是一位注重史实的作家。他这本书的完成和出版时间是在 1831 年至 1832 年之间,离拿破仑远征莫斯科仅隔 20 年,时间不算很长。因此,另一位名叫尤·勃可莫罗夫的苏联学者认为该书所说可信度较高。

勃可莫罗夫还认为,那些曾参加了这次远征的人的手记或者回忆录应该会对这件事有所涉及,因此决定去查阅一些相关人的资料。最终,勃可莫罗夫有所收获。他从一些途径了解到,拿破仑在败退时,曾和两名亲信乘着雪橇往西疾驰。其中一人名叫阿仑·德·哥朗格尔。勃可莫罗夫在他的回忆录中见到如下一段话:"11 月 1 日,拿破仑从比亚吾玛退走。11 月 2 日,我们来到了萨姆廖玻。第三天,到达斯拉普柯布。在这里,我们遇到大雪的侵袭……"

哥朗格尔提到了萨姆廖玻,而斯戈特也说,拿破仑把战利品沉入萨姆廖玻的湖里。两人所说的日期和地点是完全一致的。后来,勃可莫罗夫还参阅了一些俄国人、英国人和法国人所记述的相关材料,里面都有一个一致的说法,那就是拿破仑把从莫斯科掠夺的战利品扔进了萨姆廖玻的湖中。为此,勃可莫罗夫得出一个结论:拿破仑的战利品就在萨姆廖玻的湖中。

不过,这中间也有几个疑问。假如拿破仑真的把这二十五辆车的宝藏沉入萨姆廖玻的湖中,那些参与此次事件的法国士兵又没有全部战死,那么,他们为什么后来不到此地寻找呢?还有,二十五辆马车的宝藏绝不是一个小数目,要把它们全部沉河应该会有一番不小的动静,附近的俄国居民会一点都不知道?知道后,等法国士兵走后,会不去捞取?

也有人分析认为,将战利品沉入湖中的决定是在前无退路后有追兵的特殊情况下,拿破仑突然做出的。参与此事的都是职业军人,而不是什么冒险家和探险家,对那些法国士兵来说,这个地方就是噩梦般的地狱,他们再也不愿意回到这里。而当地小村子里的村民即使知道此事,在兵荒马乱的战争期间他们恐怕也只能望湖兴叹,因为他们没有工具从深河里捞取东西。所以,勃可莫罗夫仍然深信,战利品确实沉入了湖里,而且它还在湖底某个隐蔽的角落"沉睡"。

为了证实自己的观点,勃可莫罗夫在列宁图书馆查阅了大量的资料,几乎翻遍了所有的地图。但结果令他感到失望——在比亚吉玛、萨姆廖玻一带根本就没有什么湖存在。后来,他又给苏联科学院地理研究所去了信,对方答复说:"在比亚吉玛西南29千米的沼泽地,拿破仑11月1日在比亚吉玛,第二天来到萨姆廖玻……"这样看来,萨姆廖玻湖是存在的,只是随着岁月的推移,这条湖已变成沼泽地了。

那么一百多年来,是否有人对这块地方进行过探索呢?勃可莫罗夫为此又查阅了许多资料,但收获甚微。后来,他给相关机构写了信,询问这方面的情况。大部分的回答都是无可奉告,只有斯摩棱斯克地方政府内政管理局记录保存室提供了一点信息:

1835年,根据斯摩棱斯克地区长官的命令,由夏瓦列巴奇中校率领的工兵部队曾对这个湖进行勘查。他们先测量了湖水的深度,在离水面5米左右深的地方,有堆像岩石般的堆积物,铅锥碰上去,似乎听到一种金属的声音。地区长官向国务大臣报告,国务大臣又呈报给沙皇。沙皇尼古拉一世拨款4000卢布,用来建立围堰,以便把水抽干。后来围堰完成了,水也抽干了,但呈现在眼前的仅是一堆岩石。搜寻就此中止。

随后,勃可莫罗夫的探索因故中断,拿破仑从莫斯科掠夺来的战利品从此也成为一个谜。

日本赤城山之谜

从17世纪初期德川家康受任征夷大将军在江户设幕府开始,日本进入德川幕府时期。经过260余年的统治,到19世纪中期,这个以军政大官僚掌握国家实权的幕府政权终于分崩离析。在行将覆灭之际,幕府最高执政当局制定了一个宝藏埋藏计划,这个计划涉及日本赤城山,因此有人称它为"赤城山藏宝计划"。

谜团缘起

德川幕府后期,日本国内面临严峻形势。当时,处于日本中下层的武士对幕府统治已十分不满,立意打倒幕府统治而实行革新。另一方面,当时世界的金银兑换率为1∶15,而日本仅为1∶3,由此造成了日本国内黄金的大量外流。为了保存黄金,储备军费,当时幕府的大老井伊直弼亲自制定了一个储金计划。赤城山被选为黄金储存地。

赤城山之所以被选为黄金储存地,原因有三:一是因为它是德川幕府为数较少的直辖领地之一;二是它属于德川幕府的"根据地",易于保守机密;三是它处于根川和片品川两河之间,四周是延绵起伏的高山,在战略地理上是一个易守难攻的所在地,在德川幕府垮台之时它可能是最后的凭借之地。

然而,就在计划被紧张地执行之际,1860年3月3日,井伊直弼被改革派武士刺死于江户(今东京)的樱田门外。井伊直弼死后,属下小栗上野介和林大学头继续暗中执行该计划。到了19世纪60年代末,倒幕派最终取得胜利,由明治天皇出掌大权,结束了幕府近三百年的统治。此时,赤城山的藏金计划也成了一个秘密。

谜仍然是谜

赤城山到底埋藏了多少黄金呢?据埋金计划执行人之一玉总兵卫在其所著《上野国埋藏理由略述书》记载:当时幕府从江户运出了360万两黄金。而据小栗上野介和其仆人中岛藏人的遗言,除了360万两黄金外,幕府还曾从御金藏中运出了24万两黄金,因此,加上其他的金制品,赤城山所埋的宝藏总量应该是400万两。

如此巨额的财富自然吸引人们争相追逐。100多年来,无数的探宝者在赤城山寻觅。他们中有失望而归的,也有有所收获的。1905年,岛追老夫妇幸运地在赤城山上捡到了几个装有黄金的木樽;1962年,57枚日本古代纯金薄片在一次修路过程中被修路工人发现,据说它们来自赤城山宝藏。

在众多的寻宝者中,水野智义家族是比较热心的一群人。水野智义是中岛藏人的义子,中岛藏人临终前曾告诉他,赤城山藏有德川幕府的黄金,藏宝点和古水井有关。知道这个信息以后,水野智义萌生了寻找宝藏的念头。他变卖家产筹措了16万日元,开始调查藏宝内幕。他得知,在1866年1月14日,赤城山附近突然出现了30名武士,他们监督着七八十个雇工运来了22个沉重的油桶和20捆重物。随后武士和雇工在此停留了近一年,他们秘密地分工行动,对那些运来物进行埋藏,完成后大部分人即被灭口。为此水野智义相信,赤城山上确实埋藏着大量黄金。1890年,水野智义在一口水井附近挖出了德川家康纯金像,推测金像是作为400万两黄金的守护神而埋藏的。此后数十年,水野智义又先后挖出了据认为是蕴藏着埋宝地指示图的铜板等。

在水野智义探寻的基础上,水野家第二代和第三代继续在赤城山上寻找宝藏的下落,但收获甚微。水野家三代在赤城山发掘的坑道总长达 22 千米,但仍然没有找到藏金点。因此有人认为藏金之事未必真实,或许只是谣传。但传言者言之凿凿,又有文字资料为凭;又幕府确实曾经保存了大量的黄金,而这些黄金最后却大多不知所终。事实究竟是怎样的呢? 赤城山上到底有没有埋藏巨额黄金? 要是有的话,这些黄金藏在哪呢? 谜团只有留给后人去解开。

魔鬼的颤音——帕格尼尼

人们都知道帕格尼尼是一位小提琴史上独一无二的天才。他开创了一个小提琴的时代,发明了许多前所未有的演奏方法,也创作了许多演奏难度较大的曲子。甚至有人说,是帕格尼尼给小提琴带来提前的荣光。而他一生却像被魔鬼诅咒一样,甚至死后,都不能正常下葬。对于音乐史来说,帕格尼尼是绕不开的一个谜题。

提琴的大师

帕格尼尼 1782 年出生在意大利北部靠近地中海的良港热那亚。3 岁开始学习音乐,后又与热那亚最有名的小提琴家学习。他幼年充分显露出音乐才能,8 岁就开始写小提琴奏鸣曲。11 岁,在热那亚举行公开演奏会,获极大成功。他 13 岁开始旅行演出。法国著名小提琴家罗多尔夫·克罗采听了帕格尼尼的演奏,也为他惊人的技巧而目瞪口呆,甚至在日记中写道:"犹如见到恶魔的幻影。"

1805 年,帕格尼尼担任卢加宫廷乐队小提琴独奏。1825 年后,他足迹遍及维也纳、柏林、巴黎和伦敦,成为当时最著名的小提琴演奏大师。其后,帕格尼尼疾病缠身,只有幼小病弱的儿子与他相伴。1828 年以后,他的演出越来越少。1840 年 5 月 27 日,这位被誉为"小提琴之神"的音乐家离开了人世,年仅五十八岁。

帕格尼尼的主要作品有《降 E 大调协奏曲》《二十四首随想曲》《女巫之舞》《无穷动》《威尼斯狂欢节》《军队奏鸣曲》《拿破仑奏鸣曲》《爱的场面》《魔女》《D 大调小提琴协奏曲》等。另外,还作有吉他曲二百首,以及各种室内乐曲。由于其人保守,所以他的曲谱多是后人辑成。

他的演奏将小提琴的技巧达到了无与伦比的地步,为小提琴演奏艺术的发展做出了不可磨灭的贡献,不仅影响了后来的小提琴作品,也影响了钢琴的技巧和作品。音乐家李斯特、肖邦、舒曼、柏辽兹等人,都在其作品中汲取营养。同时,他还学习了吉他的演奏,为吉他时代的到来打下了基础。

消失的五年

在帕格尼尼的生平中,其中有五年是空白,这五年帕格尼尼去了哪里,做了什么? 谁也不知道,对于这五年的生活,帕格尼尼自己也不曾提起过。这便不能不引起人们的好奇。

少年成名的帕格尼尼,在 1800 年正是其长大成人的年份,忽然离开热闹繁华的生活,从此不见踪影。五年之后,帕格尼尼重出江湖,人们惊愕地发现,帕格尼尼的演奏技巧又上了一个台阶,开拓了一个新的境界。那这五年是什么使得帕格尼尼能够尽力地发挥自己的天才,最终站在小提琴演奏史的顶峰呢?

有一种说法是,他在这五年间隐居起来,学习吉他和务农。但是他在哪里隐居,又是和谁学习吉他,不得而知。另外比较可靠的一种说法是,帕格尼尼在这五年开始他的初恋,他的初恋情人、贵妇人获达教他学习吉他,让他摆脱童年学琴的阴影,在身心上得到休养,使他终于能在琴艺上更上一层楼。

天才的手掌

传说帕格尼尼之所以能够达到这样的演奏水平,是因为他的与众不同的手掌,当时的人们形容他的手掌"像一片树叶那样优雅飘动"。帕格尼尼天生有一双特大的手,尤其是左手能够伸展到不平常的程度。据说他左手的食指和小指之间可以张到 20 厘米。

当然,今天我们再也听不到他的演奏,看不到他的手了。不过有一只他右手的模型却陈列于巴黎音乐学院博物馆。1929 年,一家职业小提琴家出版物发表过这个模型的照片,同时列出数据说,从掌关节到顶端,他右手拇指的长度是 67 毫米,食指的长度是 101 毫米。如果说这些数据准确的话,那么帕格尼尼的手也不比正常人奇怪多少。

有一位医生曾经对帕格尼尼的演奏做过仔细地观察和研究。他说:"帕格尼尼在长期的训练和演奏实践中,使得锁骨变形,因此他能够不用左手支撑而靠下颏,就能让小提琴牢固地保持姿势,人们以为他的指头非常长,实际上,他的手指只有在演奏的时候,才能够伸展开来。"

现在大多数人赞成,帕格尼尼在小提琴方面取得的成就,虽然与他的先天条件有关,但是他遭遇的魔鬼般的训练也不能忽略。据说他的父亲在发现他的音乐天分以后,就把他关在房间里,也有人说关在地牢里,逼着他练习演奏,每天连续十个小时以上。或许这才是后来帕格尼尼隐居调养的原因。

魔鬼的诅咒

帕格尼尼一直和魔鬼这个词语连在一起。据说,他出生时,他的接生婆被绊了一跤,在她诅咒魔鬼的那一刹那，传出了婴儿嘶哑的哭声。还有传说是，在他出生之前的一天夜里，一位天使出现在他母亲梦中，号称可以满足她的任何愿望。帕格尼尼夫人说，她希望她的儿子将来成为全世界最伟大的小提琴家，然后天使答应了这一要求。

还据说一名盲人听了他的琴声，以为是乐队演奏，当得知台上只有他一人时，大喝一声"他是魔鬼！"随即仓皇逃走。

在帕格尼尼死后，当地的教会把他当做魔鬼，不许下葬，还说他的琴弦是用死去的女人的肠子制成的。他的儿子为了他奔走了三十多年，最后向教会付了 150 万马克，方使已故之人入土为安。

凭空捏造的莎士比亚？

倘若说影响了几百年的世界文学、开创了英语文学里程碑的莎士比亚其实是凭空捏造出来的人物，历史上并没有莎翁其人，这样的奇谈，你会相信吗？然而，随着对莎翁研究的深入，莎翁的背景愈发地显得神秘不可解。莎翁不存在？研究者们言之凿凿，莎翁身世也的确疑问多多，叫人不得不感慨历史真是一处无法琢磨的迷藏啊！

正史所载的莎翁生平

莎士比亚，1564 年出生于英国一富裕的商人家庭，在他 13 岁那年，他的父亲破产，因此走上独自谋生之路。他做过学徒，在乡村学校教过书，还干过其他各种职业。后人从现存的文字资料中大概勾勒出莎士比亚的生活轨迹：20 岁后到伦敦，先在剧院当马夫、杂役，后入剧团，做过演员、导演、编剧，并成为剧院股东；1588 年前后开始写作，先是改编前人的剧本，不久即开始独立创作。在这期间，他的剧作征服了英国的观众，成功地成为当时的名剧作家。莎士比亚在伦敦住了二十多年，1597 年回到家乡购置房产，度过人生最后时光。莎士比亚在其五十二岁（即 1616 年）生日前后不幸去世，葬于圣三一教堂，死前留有遗嘱。

纵观莎士比亚的一生，人们常这样概括他：英国杰出的戏剧家和诗人、文艺复兴时期人文主义文学的集大成者。

存在的疑点

几百年收集到的莎翁疑点很多，现在试举部分。

第一，莎翁的签名。

目前已经找到的莎翁亲手书写的 14 个单词，其中包括 6 个签名（每个签名包含两个英文单词）。但奇怪的是，这些签名的拼写各不相同，且都不是正常的"威廉·莎士比亚"

（William Shakespeare）。有 Willm Shaksp、William Shakespe、Wm shakspe，还有 Willm Shakspere 等，就是没有现在人们使用的那个名字。

第二，长相。

世上现存有三件作品被认为最有可能是莎士比亚的，但这三个作品中的莎翁相貌却各不相同。

第一件作品是莎翁故里圣三一教堂里的一座雕像。这座雕像由一个名叫吉拉特·詹森的石匠在莎翁去世后雕刻完成。有人称此人很熟悉莎士比亚。但是，英国人觉得雕像中的人长得太丑，不是他们心目中的莎士比亚。

另外两件作品分别是：1623 年出版的莎翁作品集扉页上的铜版画和著名的"钱多斯画像"。前者是莎翁的两位好友整理的，后者则因英国钱多斯公爵而得名，现存于伦敦的英国国家肖像馆。尽管画的最初出处无人知晓，但画中人一直被认为是莎士比亚。而英国人仍然不承认这两幅画像是莎翁，原因还是那两人太丑了！

第三，莎翁是否是同性恋？

莎士比亚的十四行诗写得缠绵悱恻，然而在其中一首中莎翁自己揭示这些情诗是写给一位男子的。另外，有人收藏过莎士比亚女装打扮的画像。研究者们另外根据莎翁作品中所透露出来的痕迹，猜测莎翁可能有同性恋倾向。

第四，作品素材来源。

莎翁一生都呆在英国，绝大多数时间在伦敦，从未踏出国门，为何能在作品中把异国风光描绘得栩栩如生？莎翁出身只是平民家庭，后来也一直在社会手工业者一层奋斗，他又怎样能写出宫廷中的繁杂礼仪和阴险密谋？

谁是莎翁？

于是，历代猜测莎翁身份的研究著作层出不穷。

最初被人提及的是牛津伯爵。此人对剧作颇有兴趣，因要避开肯特贝利大主教和大臣的眼睛，所以用莎士比亚的名字发表作品。但是牛津伯爵死于 1 604 年，那么其后的许多"莎士比亚剧作"又如何解释？于是此说不能成立。后来，又有人猜测是鲁特兰德第五世领主，此人与莎士比亚有深交，死于 1612 年。

1856 年，美国作家德丽雅·培根提出，莎剧的真正作者应为英国哲学家弗兰西斯·培根。首先，莎剧上至天文，下至地理，外及异邦，内涉宫闱，面面所惧，博大精深，不像是受到教育不多的莎士比亚所能及，而培根是有可能的。其次，伊丽莎白王朝时期的出版审查十分严格，而且上流社会、知识层以写戏、演戏为耻事。但是有证据表明当时各大学仍有一些学生暗中写戏、演戏。这些作者中，唯独培根文才过众，阅历丰富，应是理所当然的剧作者。还有就是，在哲学家的遗嘱中、莎氏墓碑上以及莎剧剧本台词中居然可以拼出几行内容为"莎士比亚作品系培根所著"的"密码"！

尽管"培根说"颇像小说家言，不大为人所认可，但是对莎士比亚的"怀疑"还远未泯灭。有的人甚至断言伊丽莎白一世也是剧本的作者。总之,莎士比亚的种种疑点,似乎在暗示"莎士比亚"这个名字,极有可能是个笔名。而在这笔名之后会是谁,那就只有历史知道了。

《呼啸山庄》的作者是谁?

似乎有些文学常识都会对这个问题不屑。是的,在所有文学史中都清清楚楚地写着,《呼啸山庄》的作者是英国十九世纪著名诗人和小说家艾米丽·勃朗特。然而艾米丽一生只活了三十九岁,便撒手人寰了。一生未嫁、生活阅历和感情生活都如此单调的她怎么会写出如此深刻的小说来呢? 个中玄妙,我们希望得出答案。

唯"深刻"二字可形容

《呼啸山庄》确是一部奇怪的小说,这部小说所写的是两代家庭的恩怨情仇,塑造了一个极端的人物。

艾米丽·勃朗特沉默寡言,性格自闭,孤傲乖僻,挚爱荒原,一生中几乎没有朋友。艾米丽的诗感情奔放,情境却很冷清。她不喜与人交往,沉迷于自然之中,有人因此而将她视为神秘主义者。艾米丽在大好年华死去,她一生在体悟着人与自然的关系,在三姐妹中是一个隐士。

小说《呼啸山庄》故事发生地

批评家们对于艾米丽的《呼啸山庄》只有两个字的精恰评价,那就是"深刻"。对于这部小说,其所涉及人性的深度,除了"深刻"两个字之外还真没有别的词语可以形容。

所以人们就觉得奇怪了,艾米丽受到的教育不高,一生都没有过情感经历,她是怎样写出这样一部小说的呢? 人们把她的成功归于天才,但是我们知道小说和诗歌不同,小说的生活经历相当重要,也因为这一点,《呼啸山庄》作者之谜便被提了出来。

谜题由来

《呼啸山庄》一书的初版是在 1847 年 12 月问世的,作者当时的署名是"艾莉斯·勃哀尔",出版商是托马斯·科特雷。这部书一出版就很受青睐。当艾米丽去世之后,她的姐姐夏洛蒂·勃朗特主持再版《呼啸山庄》这部小说时,出版商却把原稿不慎丢失了。此书刚出版时就有人对其真正作者产生怀疑了。当听说小说原稿不复存在之后,《呼啸山庄》一书的著作归属问题就更是成为人们争论不休的谜题。

有人主张《呼啸山庄》的真正作者不是艾米丽·勃朗特,而是她的同胞哥哥布兰韦尔·勃朗特。当时布兰韦尔已经故去,其一位朋友爆料说,他曾经听布兰韦尔念过其中的部分情节,肯定那就是《呼啸山庄》。而在当时,英国作家盖斯凯尔夫人在写作《夏洛蒂·勃朗特传》一书中提到《呼啸山庄》系妹妹艾米丽所著,为此,一些人还专门为此书的作者问题公开责难过盖斯凯尔夫人。1879年,布兰韦尔的另一位朋友也认为《呼啸山庄》的著作权应归布兰韦尔。

对此,勃朗特一家的观点则一致肯定《呼啸山庄》就是艾米丽创作的,此书最初出版时的署名"艾莉斯·勃哀尔"正是她本人姓名的首字母,同时也承认了此书的著作权归她所有。布兰韦尔既没有写过《呼啸山庄》的任何文字,也未插手过该书的构思。《呼啸山庄》的真正作者就是艾米丽,并无他人。

夏洛蒂·勃朗特在《呼啸山庄》第二版序言中曾经说过:"《呼啸山庄》的主题构思与情节安排,在勃朗特一家人中间,只有艾米丽是最熟悉、最有体验的。"艾米丽做过家庭教师,小时候过得颇为辛苦,常为生计发愁。艾米丽性格倔强,文风简洁明快,罕言寡语却具有强烈自我感,她的几位兄弟姐妹在性格上都比她怯弱得多,这正是艾米丽能够创作出这部巨著的基础条件。另外,艾米丽还是一位卓越的诗人,她一生中写下了大量清丽而深刻的隽永诗文。《呼啸山庄》既是一部感人心腑的不朽小说,也是一首完美动人的叙事诗。所以说,从各方面来看,《呼啸山庄》作者非艾米丽莫属。

但是,这一争议到现在还时而有人提出来,补充各种新证据,疑问仍没有解决。

任你猜想

《呼啸山庄》的人物故事已经为成千上万的读者所熟悉,影响一代又一代的人,长久地留在人们永恒的记忆之中。而艾米丽是不是这部书的作者,会影响读者对这部书的喜爱吗?这种有争议的文学作品在文学史上屡见不鲜,这些作者、身世、版本花费了研究者们不少的时光去考证。这对我们爱好者而言,终究意义不大,而在书中汲取大量的文学养分才是最重要的。

至于这部巨著的作者到底是谁?不妨作为你掩卷之余的一种揣度。

华盛顿为何不想连任第三任总统?

乔治·华盛顿(1732~1799年)是美国的开国元勋。他自1789年至1797年连续两次任美国总统,在美国历史上有独一无二的地位。他领导独立战争并取得了胜利;组建了第一个合众国政府；确立了国家信誉。在他执政期间，促进了海上贸易发展，收回在联邦时期被侵占的领土，平息了白人叛乱，制定了影响深远的土地政策，以及使国内出现和平，国际上政治经济地位明显提高等。他在国民中享有很高的声誉。

拒绝竞选第三任总统

在华盛顿第二任总统任期即将结束时，仍有推举他继续担任总统的客观可能，也没有宪法上的限制，但他不以功臣自居，断然拒绝竞选第三任总统，并于1796年3月发表了著名的《告别词》，来说服国会，告诉国民，详细阐述他对治国安邦的见解。

对于华盛顿这一出人意料举动的真实原因，国内外许多历史学家进行了长期的探讨和研究，但是迄今仍然众说纷纭，没有确切结论。原因是华盛顿无论在当时，还是在他卸任以后，如返回他心爱的维尔农山庄时，都没有明确表露过心迹。尽管如此，历史学家们还是根据华盛顿的生平经历进行了大胆的猜测，以探究华盛顿拒任的原委。

华盛顿

《告别词》

有些历史学家认为，华盛顿担心会卷入激烈的党派斗争，因而不想继续从政。由于当时美国历史上第一次出现了激烈的党派斗争，华盛顿本人也觉察到选民中日益增长的忧虑情绪，因此在其告别演说中，语重心长地呼吁团结，反对党派斗争，反对其他分裂势力。华盛顿在其《告别词》中尖锐地指出了各种分裂的倾向：政客们施展手法，歪曲"其他地区的意见和目的"，以求在自己本地区内获得影响；形成各种结合以谋凌驾或控制合法的当局；一种"根源在于人心中最强烈的激情的党派精神起了有害的作用"。

不幸的是，在党派斗争中他虽然一直长期保持中立立场，但在其第二任总统的末期，他失去了非党派的立场。而成为联邦党人。在这种形势下，他中断他的从政生涯，看来是一个聪明政治家的最好选择了。在这一点上，美国著名历史学家约翰·A·卡锐蒂说得更为干脆。他说："他存心以它(指《告别词》)来冷却政治欲望。用一个联邦党人国会议员的话来说，人民把它(也指《告别词》)当作一个信号，像摘帽子一样，因为竞争即将开始。"

另一些历史学家认为,舆论的攻击对华盛顿拒绝连任三任总统的决定起了主要影响。英国一位历史学家则说得比较明确。他说:"由于想要空闲,由于感到体力衰退和受到反对派的谩骂而气馁,华盛顿拒绝接受要他担任第三任的要求。"

美国许多历史和政治学家也持有与此大同小异的看法。随着党派斗争的加剧,舆论界的斗争也愈演愈烈。在两派报刊互相攻讦的同时,华盛顿在其第二任总统期间,也受到反对派的无情攻击。这种攻击如此之激烈,以致弄得他心力交瘁。他被指责为"伪君子""恺撒",说他藐视公众。当他提出不想连任第三任总统时,许多杂志在其头版头条中,还把他的举动称为"恶毒的谎言"。费城的《曙光报》在华盛顿告退的次日宣称:"这一天应成为合众国的纪念日……因为,原是我国一切灾难根源的那个人,今天已降到与他的同胞们平等的地位。"

华盛顿在其执政的末年所受到的舆论攻击,几乎使他难以忍受。他在1797年3月2日写道:"我现在把自己比作要寻找一个休息之处,并正在屈身倚伏其上的疲惫旅客。但是,人们听任你安安静静地这样工作,这未免太过分了,非某些人所能忍受。"史学家们认为,综上考据就是华盛顿不想再连任第三任总统的理由了。

严格说来,上述两种意见是密切相关的。究竟哪一种在华盛顿的思想深处占主导地位,并起了决定性作用,仍然不够明确。除此之外,还有没有更深一层的原因促使华盛顿不想再继续担任总统之职,例如华盛顿本人是否对"权力欲"淡薄,也还是一个未解之谜。

创立了美国总统两任传统

不管怎样,华盛顿不顾公众的压力,坚决拒绝连任第三任国家总统,从而创立了美国总统两任传统之举,是有深远影响和意义的。如前文提到的,美国宪法原本没有对总统连任问题做出规定。华盛顿创立的这一传统一直延续到1940年富兰克林·德·罗斯福当选第三任总统为止。1947年国会鉴于总统权力不断扩大和有可能形成终身制的趋势,决然制定了第二十二条宪法修正案,即"任何人不得任总统之职两届以上"。该项修正案于1951年正式批准实行,从而又恢复了华盛顿创立的传统。

牛顿晚年得精神病之谜

伊萨克·牛顿(1642~1727年)是英国近代著名物理学家、天文学家、近代力学的奠基人。他的一生可以说是充满智慧和创造的一生,对人类世界贡献莫大。然而在他50至51岁时,这位勤奋的科学家突然精神失常。

有人认为外界强烈的刺激,引起了他精神的暂时紊乱,也有人认为他精神失常是汞中毒的结果,等等。

劳累、用脑过度所致？

对于牛顿患病的原因,当时及此后二百五十余年时间里,众多的科学家都试图找出一种合理的解释。但时至今日,人们显然并没有达成一致的认识。有人认为这主要是由于劳累、用脑过度所致。牛顿在 1687 年 7 月发表的《自然哲学的数学原理》(以下简称《原理》)是他一生最为重要的著作,该书以牛顿三大运动定律和万有引力定律为基础,建立了完美的力学理论体系。为做好这项工作,牛顿夜以继日地在实验室专心研究。他很少在夜间两三点钟前睡觉。有时一直要工作到清晨五六点钟。《原理》问世后,他又立即转入了光学的研究。如此的辛劳致使他不到 30 岁便已经须发皆白了。长期的过度用脑,极端紧张的工作,造成了科学家植物性神经性功能紊乱,最终使他患上了精神失常的疾病。

受外界的强烈刺激所致？

牛顿 18 岁便进入剑桥大学三一学院学习,开始了他的科学生涯。在浩瀚的科学海洋,他表现出惊人的创造力,成就巨大,名扬天下。然而在 1689 年他 47 岁时,他被选为英国国会议员。象牙塔中的学者,来到灯红酒绿的伦敦,开始了一种崭新的生活。在此期间,他的思想逐渐发生变化。平常的交往除了一些学者和朋友外,他还接触了一些上流社会人物。他们中有王公大臣、皇亲国戚,还有政府要员,各方面的应酬也日渐增多。但是,他当时的年薪仅有 200 镑。对于普通百姓来讲,这已经是一个巨大的数字,然而要过所谓的"上层社会生活",多少有点捉襟见肘。牛顿开始对金钱和地位深有体会。为摆脱困境,他积极寻求与他地位相称的供职,但都无法如意。最后,他郁郁不乐地回到了剑桥大学。

牛顿

在 1691 至 1692 年间,又有两件重大的事情,对他的精神产生了极为不利的影响。一件是他母亲的去世。据说,面对 81 岁高龄、处于弥留状态的母亲,牛顿因觉得自己没有取得什么荣华富贵的"成就",深感内疚。在处理完丧事后,他带着悲伤的心情回到了剑桥。在此后相当长的一段时期内,他都一直精神不振。另一件是他著作的手稿被烧毁。在他回到剑桥大学不久的一天早晨,当他从教堂做祈祷回来后,竟发现燃尽的蜡烛已将他书桌上摆放的有关光学和化学的手稿及其他一些论文都烧为灰烬了。《光学》是他一生中仅次于《自然哲学的数学原理》的最重要的一部著作;《化学》也是他花费一生中近四分之一时间辛勤研究的结晶。堪称一部科学巨著。对此,牛顿懊恼至极,几乎一个月昼夜不宁。他不得不重新整理《光学》手稿,至于《化学》他已完全没有精力再去管。有人认为,这是他一生中一个很大的遗憾。否则,后人提起他时,还应该再加上"化学家"的名号。

汞中毒导致?

两位研究牛顿生平的学者曾利用现代中子活化、中子衍射等先进手段,对牛顿的头发进行了综合分析。他们发现,牛顿头发中所含有毒微量元素的浓度很高,竟高出正常人的若干倍,尤其是汞的浓度达到了可怕的程度。许多学者由此断定:牛顿精神失常是由于长期接触汞而中毒所致。这主要是牛顿长期进行物理和化学实验,经常暴露在一些有毒金属蒸气中的缘故。

但也有不少人对此提出了怀疑。他们认为,人的头发在各个时期的金属微量元素的含量是有所不同的,上述那两位学者所测试的头发,很难断定就是牛顿发病前的头发。其次,牛顿的这些头发在历经二百五十多年后,不可避免地会受到外界环境的影响。因此,今天的分析很可能会产生较大的误差,很难据此断定牛顿的精神失常就是汞中毒所致。还有,有些学者从一些记载中发现,牛顿每年接触汞的时间不会超过 100 小时,这与接触汞导致发病的 2000 小时相去甚远。而且,这些学者也并没有发现牛顿汞中毒的其他任何迹象,即使在发病期间,牛顿也没有诸如手指颤抖、牙齿脱落等汞中毒的症状。

凡此种种,无法全部列举。时至今日,学者们还无法给出一个令人信服的说法。但这也体现出人们对这位伟大科学家的关注。

"奔驰"汽车大王本茨发迹之谜

现代社会中,汽车给人们带来的便捷自不待言。它在一定程度上改变了人类生活的节奏,改变了人们在距离方面的原有概念。在众多汽车品牌中,"奔驰"是德国乃至世界的著名品牌。当人们看见街上疾驶而过的"奔驰"时,当人们享受着汽车带来的方便时,会不会想到奔驰汽车的鼻祖、汽车之父——卡尔·弗里德利希·本茨呢?

"越败越战"

1886 年 7 月 3 日,德国《新巴登州报》刊登了一条不同寻常的消息:"本茨有限公司莱茵发动机厂制造出了一辆以燃烧石油为动力的自动车。今天早上在灵克大街进行了试车,据了解,这次试车是成功的。"报道里的自动车发明者就是本茨有限公司的股东——卡尔·弗里德利希·本茨。

本茨于 1844 年 11 月 25 日出生在德国卡尔斯鲁尔的一个火车司机家庭,父亲在他很小的时候就过世了。母亲对他的要求并不高,只希望他将来有一个比较稳定的职业,过一种顺当而又保险的生活。但本茨好胜心极强,不愿过那种一潭死水、毫无生机的生活,毅然选择了一条艰苦创业的道路。他从卡尔斯鲁尔科技学校毕业后,进了一家机械厂当了一名学徒工。由于勤奋好学、刻苦钻研,几年之后他成了一名学有所长的工程师。

年轻的本茨有一个梦想,就是要造出一种重量轻、功率大的二冲程发动机,然后把它安装在马车上,使马车变成自动车。1871 年,他自己办起一家作坊,并将作坊收入的大部分用在发动机的研制工作上。随后几年里,本茨几乎把全部精力和心思都投入了进去。然而,工作进展得并不顺利,他造出的机器总是"我自岿然不动"。一次次的失败并没有使本茨丧失信心,他对原来的设计进行了认真的反思,不断地做些修改工作。这种"愈败愈战"的精神,终于结出了丰硕的果实。1882 年元旦前夕,二冲程发动机终于试制成功了。消息一传开,许多灵敏的商家立刻嗅出了本茨发明的价值。他们纷至沓来,同本茨一道组建了"莱茵发动机厂"。雄厚的资本使企业迅速兴旺起来,不久,这种发动机就行销世界各地。

闻名于世的"奔驰"汽车

理智的成功者不会停留在已有的成绩上。通过一段时间的研究,本茨发现二冲程发动机并不适合于制造汽车,只有马力更强劲的四冲程发动机才是合适的动力。为此。他打算继续研制新的发动机。但是公司的其他富翁们却并不想把大笔的钱投在这一生死未卜的发明上。这些困难没有难住本茨,他很快开始了研制四冲程发动机的工作。多年的钻研使本茨积累了丰富的理论和实践经验,他对后来的工作驾轻就熟得多。经过一年的艰苦努力,他的四冲程发动机问世了。

新发动机的研制成功,为实现他的汽车计划提供了条件。这位有着丰富想象力的工程师,把他的发动机和马车巧妙地连成了一体,世界上第一辆三轮汽车就这样诞生了。1886 年 7 月,本茨的三轮汽车公开亮相,于是就有了《新巴登州报》报道的那一幕。这辆车当时的时速只有 11 公里,在街上也只走了 300 米,但无论车的结构还是性能,都已具备了现代汽车的基本特点。它的构造原理在今天的常规汽车制造上还在运用。

这辆车虽然是一项了不起的成就,但距投入使用还有相当大的距离。本茨的努力遭到了别人的嘲笑,但是他顶着压力不断改进他的汽车,最后终于赢得了公众的认可。1893 年,他的第一辆四轮汽车出厂了,这辆车已有了完整的制动和转弯系统。这时,德国国内和其他一些国家的汽车产业都已相继建立起来了。本茨的汽车厂同戴姆勒汽车公司开始了有力的竞争。在竞争中,本茨公司于 1911 年推出时速更快的汽车,使自己摆脱了劣势地位。或许是"不打不相识",1926 年两家曾是对手的公司走到一起,合并成"戴姆勒一本茨汽车有限公司"。于是有了闻名于世的"奔驰"汽车。

"奔驰"的问世,给我们清晰地描绘了本茨先生走向成功的轨迹。只有本茨先生那样的执着和倔强，才能"跑"出"奔驰"这样的名牌。

比才猝死的原因究竟是什么？

提到法国作曲家乔治·比才，许多人并不熟悉，然而他的歌剧《卡门》却为更多的人熟知。常收听中央人民广播电台的人会经常听到雄壮、欢快激昂的《卡门》序曲，这是广播电台中播放次数最多的歌剧序曲。事实也是如此，《卡门》比它的作者的名声更响，它如今成为世界十大著名歌剧之一，自 1875 年 3 月 3 日在巴黎首演后，60 年里先后被译成 24 种文字，在 35 个国家里盛演不衰，如今全世界的歌剧院都在上演它。

"卡门热"

20 世纪 80 年代，特别是 1984 年后，欧美出现了"卡门热"。继萨拉和加德斯导演的《卡门》、哥达尔的《名叫卡门的姑娘》和布鲁克的《卡门的悲剧》后，有关卡门的"压轴戏——罗西的影片《卡门》"又引起了震动。这种热浪的原因，据萨拉说是歌剧《卡门》的版权到了 1983 年便无效了的缘故。但更重要的原因应是《卡门》已深入人心，因为这出歌剧已成为许多大歌剧院的保留剧目。甚至其主角卡门也已成为"神话般的人物"。这在欧洲已是事实。

比才其人

如前所述，提到比才，必得谈其《卡门》。这里说到《卡门》，就应当说说比才。不太熟悉外国音乐的人们，也许对比才了解很少，实际上比才是世界少有的天才音乐家。他不到 37 岁便辞世，而且死得那么突然，至今众说纷纭，在解释原因之前，有必要介绍一下他的生平。比才于 1838 年诞生于巴黎附近的布吉伐尔，一生大部分时间在那里度过。他的父亲是位声乐教师。比才 4 岁开始学习音乐，9 岁进入巴黎音乐学院，师从当时名家巴列维，师生感情笃深，后来便娶了老师的女儿。1857 年 19 岁那年，比才获得罗马大奖，赴意大利进修，那时其杰作《C 大调交响曲》和轻歌剧《米拉克尔医生》已问世了。比才的音乐才能像李斯特、莫扎特及舒伯特等一样，很早便显示出来，只是后来才被大众认识。他的钢琴技巧和阅读复杂总谱的能力使李斯特感到震惊。大哲学家尼采称赞《卡门》的作者堪称"地中海艺术的太阳"。柴可夫斯基 1880 年给梅克夫人的信这样写道："我深信，大约 10 年之后，《卡门》将成为世界上最受欢迎的一部歌剧……这部作品自始至终都是引人入胜、妙不可言的。有许多强烈的和声、全新的组合，但这一切并非唯一的目的。比才是一位合乎时代要求而又怀有真正灵感的艺术家……"

十多年后剧院演出的统计数字证实了这一预言。

然而当《卡门》在1875年3月3日首演后，却遭遇了演出失败；3个月后它的作者在家乡意外地亡故，给后人留下了无穷的疑团。

关于他的死亡，当时报纸所载的原因是心脏病发作。音乐界亦传闻他因《卡门》失败而导致心脏病发作。

喉病

后来的医生们通过研究认为，1859年8月到10月，比才住在那不勒斯度过，在那里得了严重的喉病，终生未愈，在演出失败后因此病发作而猝死。这种喉病即今日之癌症的一种。

对此种解释拿出更有力的证据的，是一位传记作者，他从比才的同代人口述中得知下列"事实"：比才有个习惯，即亲自操持家务。死亡前的一天清早，起床后穿了薄薄的浴衣便到厨房去和洗衣妇算清一周的洗衣费。当时虽然是6月份，但从近旁小河吹来的徐徐凉风使他着凉，突发的肺炎两天内便夺去了他的生命。这种说法的旁证是比才一直就有肺病，而且是从其母亲那里传染来的，只是病情时轻时重，不为人所知罢了。所以比才猝死完全是由于突发的器质性病变。

比才

《卡门》首演失败

绝大多数人相信这种说法：比才猝死与《卡门》有着直接的关系。要知道《卡门》首演失败对作者影响如何之大，看看它的失败情况便不难了解。1875年巴黎还未从巴黎公社引起的"混乱和恐怖状态"里恢复过来，这部"叛逆"的歌剧的上演，便使巴黎上层社会的思想秩序大乱。因为歌剧一反过去千篇一律的以骑士、小姐为主角的格式，而它以现实主义的手法展现了下层人物的真实形象——女工、士兵和走私犯的生活。这里强盗、走私犯被描绘成英勇者（听听其组曲中《走私犯进行曲》便知），卡门这个"恶魔般的、只会勾引男人的美丽而邪恶的化身"被颂扬。剧中歌词的大胆引起上流社会的不安，《卡门》散发着"硫磺的火药气味，充满着犯罪恶习"，这是一部"伤风败俗的、现实主义的，至少也是不道德的"作品。这是当时社会的一般评价，至少上层社会这样认为。这对于生活在这个社会并力图使自己的作品受到它的赞誉的比才来说，无疑是惨败了。

当时首演失败也有"客观或偶然的"因素。首演头晚排练时，仍然吵吵嚷嚷不休，指挥迪洛克勒悲观丧气，毫无顾忌地宣称："这些音乐……我一点也不了解！"乐队伴奏捣乱,演出时鼓手的"失误",演员们"发挥不出来",甚至还抽起烟来。这使比才大为伤心。

在比才一系列作品遭受失败后,这部他寄予厚望的《卡门》的失败使他悲观失望,据说整个晚上他像幽灵一样游荡巴黎街头,加上他平时积劳成疾,身体本已有病,如果他真有心脏病或者喉肿之类的疾病,突然致死的原因也许是心力衰竭或喉肿突发性溃烂。但若没有《卡门》首演失败这一悲剧,没有伤心地彻夜游荡。比才会不会几天之内猝死呢?相反,如果演出大获成功,情形又将如何呢?

预示凶兆

对他的猝死之因有种种解释,最后一种是有一定道理的。但这里还有一件事不能忽视:在比才死亡的当天晚上,有一人已预感到巨大不幸之兆——加琳·玛琳夫人,《卡门》的演员,在三重唱中觉察出凶兆而大为悲恸,她的心脏剧跳,感到巨大的悲痛在空中旋转,她极力抑制自己,坚持演完,在退场的一刹那间,她昏倒了。当她苏醒后,仍感到比才死亡的凶兆在徘徊,次日早晨便听说比才在那晚已辞世了。这种情况被认为是真实的记述。果真如此,也许可用心理感应或人体生理的特异功能去解释,否则这又将成为一个供心理学家们研究的谜了。

贝多芬是怎么耳聋和死亡的?

人类有史以来最伟大的音乐家去世了,他那饱受折磨的一生终于能划上休止符号了。贝多芬一生与病痛为伴,特别是在他 32 岁时,耳聋加剧,这对当时正步入创作成熟期的贝多芬来说,打击特别沉重。他的性格开始变得更加暴躁、孤僻,并由绝望而企图自杀。那么,导致贝多芬耳聋的病因是什么呢?世界上有关音乐大师耳聋的病因文献极多,但都缺乏权威的说服力。

历尽沧桑的一生

1827 年 3 月 26 日下午 5 时 30 分,一代音乐大师贝多芬最终被病魔交响曲所淹没,在维也纳"黑西班牙人"公寓与世长辞。在两万多人的送殡行列中,一位悲伤无比的演员站在威陵公墓的台阶上,声泪俱下地朗诵着诗人葛里帕查撰写的感人肺腑的悼词:"一位音乐的最后大诗圣,高贵的音乐的艺术之媒人、前辈大师不朽的光荣的继承人,亨德尔、巴赫、海顿、莫扎特的伟大艺术的扩大者,如今已结束了他那历尽沧桑的一生。我们泪下沾襟,如断了琴弦,伫立在那行将消失的他的歌声前面……"

贝多芬病逝后,当时维也纳病理博物院乔·安华格纳医师被请来主持了对贝多芬的尸体进行病理解剖的工作,可惜的是乔的解剖报告只提供了死者死后的耳疾情况。于是,有人便从他早年的疾病中去寻找线索。在 1797 年夏天,贝多芬曾经患了严重的下痢,时好时坏,前后拖了 6 年之久。现在推测起来,可能是得了肠伤寒。伤寒是属于热病的一种,有可能造成年轻时发作的重听。在许多贝多芬的传记中,都描写其脸上有许多凹凸不平的小疤痕,或许他在孩童时代曾得过天花。这些都有可能造成耳聋。有人指出,贝多芬在听力衰退的 22 年里,曾使用了各种工具来帮助听力,有时还使用一支木质鼓槌,一端咬在上下牙缝之间,另一端则附在钢琴上,这样声音的振动可沿着鼓槌而到牙齿再经头骨传入耳内,可见贝多芬耳部负责传导声音功能的一些器官也有病变。

肺结核引起耳聋?

为确定贝多芬的耳聋病因,求得病理学上的印证,曾于 1863 年和 1888 年两度开棺检验贝多芬的头颅骨,一共获得 9 块头骨片,但偏偏找不到他的颞骨,这就无法使人研讨出音乐家耳聋的真正病因了。颞骨何在? 这又是个未解之谜。耳科学家波立兹是现代颞骨研究的权威人物,曾研究耳聋病理多年,对此同样没有结果。最近,英国尤维尔区医院风湿科顾问医师、业余大提琴手帕尔福曼在清理和研究了贝多芬私人信件、尸体解剖报告 10 年后,认为:“作曲家的胸腔感染、胃病、严重背痛和关节痛最后导致了贝多芬的耳聋。”他说,这种耳聋的最严重病症可以说是由肺结核引起的。当贝多芬 16 岁时,结核病夺去了他母亲的生命。贝多芬二十多岁时开始逐渐失去听力,后来的二十多年里他完全丧失了听力,忍受着腹泻、水肿、痢疾和痛风等病痛。

风湿病引起?

关于贝多芬死亡的原因,人们普遍认为,这位作曲家的死是由严重酗酒而引起的肝病所致,他是在 55 岁的时候发现得了置他于死地的严重肝病。但帕尔福曼对这种看法提出了异议。他根据自己新的研究成果提出,折磨了这位作曲家二十多年的许多病痛是由一种少见的风湿病引起的,这种风湿病慢慢侵袭身体,使身体的每个器官发炎。贝多芬的病痛如此之剧烈以至于他禁不住要自杀。最后,贝多芬被这种风湿病折磨致死。他同时指出,一种简单的现代药物本来可以治好使贝多芬耳聋的疾病,如果用现代的类固醇给他治疗和给他做肝脏移植手术,可以使贝多芬多活许多年,让他完成“丢失”的第十交响曲。

高烧肺积水?

法国著名作家、贝多芬的同时代人阿尔方斯·卡尔在《在椴树下》一书中,对贝多芬之死的原因和具体情况提供了新的线索,谈了自己的观点。他记叙道:作曲家死前不久的一天,他的侄子来信说自己在维也纳牵连进一桩麻烦的事件中不能摆脱,只有伯父出面才能帮他脱离困境。贝多芬接信后立即动身,为了省钱,他徒步上路。夜幕降临时,他停在一家简陋的小房子前,请求主人留宿。那晚,他疲惫不堪。主人接待了他,并邀他共进晚餐。之后,一家人弹起了贝多芬的乐曲。作曲家虽不能听见乐声,但看着主人愉快的神情,便走上前去看谱。没想到竟是自己的交响乐章。贝多芬蓦然坐在旧钢琴前,即兴弹起了不少曲子。这便是他最后的一次演奏。入夜,贝多芬辗转反侧,难以成寐。他感到浑身发烧,觉得气闷难忍,于是爬起身,赤着双脚到田野里徜徉。贝多芬在外面滞留了很久,夜的寒气砭人肌肤,回来时他已冷得发抖。他们(主人)从维也纳请来一位医生,经医生诊断是肺积水。医生说,即使精心护理,也只能维持一二日,他的生命已危在旦夕。这时,知道贝多芬病重的德国著名钢琴演奏家和作曲家胡梅尔来看他,但贝多芬已不能和老友交谈,仅用饱含感激的目光凝视着他。胡梅尔弯身俯视着贝多芬,用听音筒对他喊,表示他在这种情况下会见老友的悲伤之情。贝多芬从听音筒依稀听见几句大声地喊叫之后,顿觉畅然,他两眼奕奕闪光,对老朋友说:"胡梅尔,我果真是个天才吗?"说完这句最后的话,他两眼直勾勾地凝望着,张大了嘴,猝然断了气。

家庭关系?

最近几年来,有的研究专家还试图从贝多芬的家庭关系上来揭开作曲家的死亡之谜。我国学者赵鑫珊在《贝多芬之魂》一书中认为:贝多芬过早地离开人世,在很大程度上是由于忘恩负义的侄儿造成的。长期的烦扰,大大损害了他的健康,给他的精神带来了莫大的痛苦。比如他的侄子卡尔居然在别人面前管贝多芬叫"老傻瓜",只要人家看到他同贝多芬这个"老傻瓜"在一起,他就觉得丢脸。只要贝多芬对他严加管教,言语过重,这个无赖就会再度以自杀来威胁。但是尽管这样,贝多芬对他慈父般的爱还是有增无减,并且一再迁就他。1826年12月1日,卡尔不听贝多芬之劝,硬要去军队服役,贝多芬只好陪他上路。那天贝多芬衣着单薄,在旅途上得了严重风寒,从此一病不起。据当年44岁的医学博士瓦鲁特的报告说,那晚贝多芬只好落脚在一个乡村客店里过夜,房子年久失修,破旧不堪,既没有炉子取暖,也没有抗寒的窗户。第二天将近中午,他开始发寒热,浑身不住地发抖。12月2日,当他回到维也纳时,完全是个死去活来的老人。可卡尔获得伯父卧床不起的消息,竟无动于衷,依然在咖啡馆里打弹子。严重的肺炎过后,接着便是肝硬化,最后引起水肿。3月23日,贝多芬立下了仅一句话的遗嘱:"无条件地将自己的一切留给我的侄子。"翌日早晨,人们为他举行了最后一次洗礼仪式。有的学者更明确地说:贝多芬实际上是被侄儿气死或逼死的,没有他,作曲家还可活上好多年。

或许,探究贝多芬耳聋和死亡的原因已显得并不那么重要。重要的是,他在病痛的折磨和与尘音隔绝的状态下,仍创作出了一曲曲世界名曲的精神,令人无限敬仰。他的"我要卡住命运的咽喉"这句名言,不知激励了多少后来人。贝多芬是永存的。

"歌曲之王"舒伯特为何终身未婚？

古典音乐大师莫扎特曾言，单身汉的一生只是人生的一半。马丁·路德认为，没有妻子的生活比起没有饮食还要难受。但是著名作曲家、歌曲之王舒伯特却终身未婚，他从未触摸过女性便迅速走完了他31个春秋的人生历程。

一流作曲家

喜爱音乐的人们，已经十分熟悉音乐会上经常演唱的歌曲如《魔王》《菩提树》《鳟鱼》《死神与少女》《流浪者》；而舒伯特的九部交响曲中的《C大调交响曲》(《"伟大的"交响曲》)、《未完成交响曲》更是创造了19世纪著名抒情交响曲的新典范，仅仅这两部交响曲便足以奠定他一流作曲家的地位了。

弗朗兹·舒伯特(1797~1828年)生于维也纳近郊。他是19世纪著名大作曲家中唯一一位地道的维也纳人。其祖父是工匠，他父亲有了小学校长的职位。舒伯特是十几个兄弟姐妹中侥幸活下来的四人之一，由于音乐天赋极高，4岁时跟父亲和哥哥分别学习小提琴和钢琴，水平很快超过其父兄。由于他过分热衷于音乐，而从事这一职业的人又是没有地位和金钱的，所以后来其父一度终止了与其的父子关系。这位羞怯而又富于幻想的男孩的音乐天赋令同代人叹为观止，有人说他似乎是"直接从上帝那里学习的"，比如他在1815年8月份一个月的时间里便完成27首歌曲。同年共写了137首艺术歌曲，2部交响曲，1首四重奏，4首奏鸣曲，2首弥撒曲和5部歌剧。而在他短短的31年里，创作了约有1500首的作品，遍及所有的音乐题材和形式，其中包括634首艺术歌曲，其艺术价值无后人可比，因而他被后世誉为"歌曲之王"。比如《魔王》的名气大大超过了歌德的同名叙事诗，有人认为，假设舒伯特一生只写此一曲，其他都没有，也足以使他载入音乐史册。一位诗人在双目失明、生命将尽之时，提出的唯一要求便是听一遍《魔王》。本来对舒伯特歌曲不感兴趣的歌德首次听到此曲后，便要求演唱者重唱一遍。后来，李斯特和柏辽兹先后把此曲改编成钢琴曲和管弦乐曲。

相貌丑陋

本来，舒伯特具有诗人的性格，想象力也相当丰富，他的作品充满了浪漫主义的气息，

舒伯特

因而他对爱情也应该更为敏感才是,然而在他短暂的一生中,真正燃烧过爱情火焰的却只有两次。他曾把《少年时期的梦》献给泰蕾莎·格罗普,可是她却轻松地甩掉了舒伯特,嫁给了一位面包师,以确保她的生活;另外一个歌手也与舒伯特有过交往,她也嫁给了一位身份较高的人。我们的大作曲家为何如此难赢得姑娘的芳心?

有人把原因归结于舒伯特的相貌。确实作曲家对自己的容貌亦有自知之明。他身材矮小,大腹便便,厚厚的嘴唇,皮肤黝黑,脑门很大,维也纳人叫他"蘑菇"。这样的长相加上他羞怯内向的气质,自然难为女性所恭维。传记家们描述他"个子较常人矮,手臂满是肌肉,手指粗而短,脸部圆得像月亮,前额狭小,唇厚,眉毛如杂草,鼻子塌陷,而且上翘,眼睛虽好看,但总是藏在眼镜深处,即使躺在床上,也戴着眼镜",这样的男人怎么能赢得女人芳心呢?

经济窘困

有人把舒伯特不恋爱结婚的原因归因于他的经济状况及他的性格。他一生穷困潦倒,从未过上几天富裕日子。他的一生比莫扎特悲惨得多。在他生活的那个时代,专门作曲的人很难糊口。他不是一位演奏家,无法获得正式而长久的工作,只靠朋友们接济度日,这种朝不保夕的生活一直维持到最后。虽然他出售了成千上万份作品,但他每每得到的多是一顿饭钱,如最著名的那首《摇篮曲》只换了一盘烤土豆,而在他死后这首曲谱在巴黎竟以 4 万法郎成交。他死后的财产仅是一些衣物、被褥和"一堆价值 10 个弗罗林(1 弗罗林相当于 2 先令)的旧乐谱"。也许他明白自己可怜的经济地位,所以从未认真考虑过要结婚。

难博女人芳心

正如他画像表情上显示出的那样,他不是一个容易博得女人欢心的人。舒伯特性格内向、羞怯而优柔寡断;他虽然也爱欢乐,但只是终日与一帮"舒伯特派"的朋友们相聚。至于爱情,他表现出克制与谨慎,实际上是在压抑自己,如他曾恋上匈牙利一贵族之女、他的学生卡罗琳·埃斯特哈赛,但由于他的性格和处境,所以从未做出什么轻率的举动。他们那柏拉图式的"爱情"游戏没有留下关于何时中断的记载。然而,这位并不忠诚的贵族小姐在还未嫁给陆军少尉去过那"幸福的结婚生活"之前,舒伯特就早已去世了。这场毫无结果的"爱情"只会加深他那"当我想歌唱爱情的时候,它就转向悲伤"的孤独的忧郁。他在日记中曾写道:"发现密友的人,是幸福的,但是在妻子身上发现密友的人,更为幸福。今天的自由人,只要想到结婚,就会恐惧。""不论给予我的是爱情还是友情,全是一种痛苦。"可见他自己并未奢望得到爱情及爱情的结果。

受贝多芬的影响

使舒伯特独身的因素可能是受贝多芬的影响。一生未婚的贝多芬是舒伯特心中的偶像,他甚至把贝多芬当作神一样崇拜,他说:"有时候我也做过梦,但是在贝多芬之后,谁还能做什么事情呢?"当他第一次带着诚惶诚恐的心情去谒见贝多芬时,却未遇见;直至在贝多芬死前一星期才见过一面。在贝多芬的葬礼上,舒伯特是举着火炬送葬的少数人之一。他死后唯一的要求便是与贝多芬葬在一起,这个愿望最终在1888年才得以实现。贝多芬终生未婚,他在舒伯特那崇高的心灵中,有着一种神秘主义色彩。舒伯特像莫扎特一样预感到自己生命的衰竭(他在25岁时便染上了性病),他心目中也许只想到他的同代偶像,而把对于女性毫无兴趣的生活视为自然而满足,至少他不愿想到结婚。因为在他短暂的一生中,贝多芬的影响确确实实占据了重要的一席。

染上性病

一生命运坎坷。并未真正恋爱过的作曲家从未接触过女性,却在1822年末染上性病(可能是梅毒),这的确是莫名其妙的事,也给他为何终生未婚蒙上了一层更神秘的色彩,以致现在还成为人们脑海中的一个问号。

格列柯是天才还是疯子?

"他做出的好的东西,没有人能做得更好;他做出的坏的东西,也没有人做得更坏。"

长期以来,在西方绘画界,人们对格列柯议论纷纷,评价不一,直到现在,格列柯仍以神秘的形象萦绕在人们心头。除了他的生平和性格引起众多猜测外,它的绘画作品更引起长期争议。格列祠到底是个什么样的人物,他的作品又何以会引起如此激烈的争论呢?

著名画家

埃尔·格列柯是16至17世纪著名画家。我们只知道,他真名为多迈尼柯·西奥多柯波利,大约于1541至1548年诞生于神秘的克里特岛迦基城的一个村子里,这里属威尼斯共和国管辖,但其文化艺术受拜占庭风格的影响。他在克里特岛是如何生活的,我们无从得知。后来,他来到意大利,有人说是在1561年,有人说还要晚些。在意大利投师提香门下,并受到托莱、米开朗琪罗等的影响。再后来,他离开意大利,迁移到西班牙。一种说法认为,他到西班牙是去碰运气的,因为他在意大利生活得并不愉快。另一种说法是他曾经毛遂自荐修改米开朗琪罗的祭坛画《最后的审判》，并吹嘘可以铲掉原画重新创作，结果引起公愤，被迫离开意大利。1577 年，他来到西班牙，先到马德里。后定居于小城托莱多。为什么他选择这样一个小城市定居呢？我们不得而知。我们只知道，一到西班牙，他便成为一个有争议的人物。托莱多教堂委托他画一幅圣画，他创作了《艾斯波利奥》，当时人们对这幅作品评价不一，有人认为这幅画一文不值，是信手涂抹的；亦有人认为，这幅画价值连城，以至于无法用金钱来衡定其价格，为此还专门成立了评审委员会。

是否结过婚

　　格列柯是否结过婚，说法不一。有些人认为他确曾结过婚，并有个儿子，名叫乔治·曼努尔；有些人则认为他终身未娶，教堂里也没有他的结婚记录，所谓儿子只是他和情妇所生的私生子。格列柯本人是什么样子，我们亦无从得知。他确曾画过自画像，但都没有保留下来，人们只能在他画的油画上寻找他的踪迹，但时至今日，谁也未能提出确切证据来证明哪个是格列柯本人的形象。格列柯逝世的情形还算比较明晰，但仍然充满着神秘色彩。据记载，1614 年 4 月 7 日，多迈尼柯·格列柯逝世，他受过圣礼，葬于桑托·多敏哥·艾尔·安蒂古。但他的遗骨不久便被人遣走。遣往何处，我们不得而知，从此他的尸骨便这样神秘地消失了，至今，人们仍不知他安息何方。

格列柯油画

独特超群的绘画风格

　　摆在我们面前的便是这样一个神秘人物，除了他的绘画作品外，他给后人留下的东西很少,而正是他独特超群的绘画风格引起后世无尽的争论,使本来已经模糊的格列柯形象更加神秘莫测。一生中,他给后世留下了诸如《圣母升天》《基督被捕》《艾斯波利奥》《圣毛里斯的殉道》《奥尔加斯伯爵的埋葬》等画。他的绘画风格与当时崇尚的现实主义风格大相径庭,他以光线和色彩作为主要表现手段,人物充满一种敏感、激动的气质,甚至神秘不安的情绪,颤动、激荡而摇曳的光与色呈现于整个画面,并笼罩着一层难解的神秘气息。同时,他画的作品内容是一种难解之谜,人们搞不懂其确切含义。在《使徒彼得和使徒保罗》中,使徒彼得和保罗都有一双忧郁的大眼睛,他们伸着手,做询问的姿态,像在探索着什么,这幅画的含义似乎永远是一个不解之谜。再如他画的《托莱多风景》,说是风景,其实,他并不是对托莱多风景进行客观描述,而是带着强烈的主观成分,在他眼中的托莱多是悲剧性的,大自然完全改观,天空电闪雷鸣,乌云滚动,同时暗绿色的调子给人以沉重郁闷的感觉,天地混合,给人以眩晕之感。更使人难于理解的是他对人体解剖的理解,他绘画中的人物,在解剖学上看,手指无疑是最正确的了,然而,两腿和躯干却严重比例失调。他崇尚一种细长的身材,头部细小,两腿却很长,甚至有一种踩高跷的不稳定的感觉。他的这种画风引起诸多争论,基本上可以分三派。

"西班牙的心灵"

一派给予格列柯的绘画以高度评价。西班牙历史学家赛古埃斯说:"在他的画中,不仅有艺术,而且也有智慧。"苏联的伊戈尔·多尔格波诺夫评价道:"埃尔·格列柯的手法总是清新的不可思议,而且永不过时,它摒弃了平庸的细节,摆脱了哗众取宠,充满着崇高、纯洁的气息和诗意,饱蘸着艺术家精湛的技艺,格列柯像荷马、歌德、莎士比亚、贝多芬、托尔斯泰那样,将自己的才能和毕生精力贡献给了人类的文明。"中国的青年艺术史家吕澎同志在《现代绘画:新的形象语言》中亦给予格列柯充分的肯定:"格列柯的艺术在今天之所以能赢得广泛的赞叹,受到现代画家的青睐,就在于他的艺术是展示艺术家心灵的痉挛、忧愁、痛苦、迷惘的艺术,与其说他经常画基督,不如说他一生都在展示灵魂的悲剧。他的拉长的人体丧失了客体的意义而成了表现内心神秘的符号,狂放导致夸张,怪僻产生变形,所画人物的特征是次要的,触目惊心的是艺术家完全在表现自己的内心。格列柯的艺术之可贵,正在于它是一种用绘画的语言表达心灵的表现性艺术。"现代很多人倾向于称格列柯为近代印象派等现代画派的始祖先驱,称他为"西班牙的心灵",这是对他的艺术的充分赞赏与肯定。

精神病的产物

一派则截然相反,极力贬低格列柯的艺术,称格列柯的作品是精神病的产物。17世纪一位著名批评家胡塞·马尔金尼严厉地批评了格列柯,认为他是一个狂暴的画家,认为他的性格"超出事物的常规"。法国的戈蒂埃则说"他是一个天才的疯子"。很多人都说他晚年得了神经病和乱视症,他眼中所见之物已经变形走样。表现在绘画上则是神经质的乱涂。18 世纪,安东尼奥·巴洛米奥在他的一本传记里亦对格列柯晚期绘画进行否定,他提出格列柯早期和中期在模仿提香时,还是取得很大成功的,而后来,他背离了提香的传统而想独创一种风格。依巴洛米奥的意见是,格列柯所以改变自己的风格,只是因为怕别人说他和提香雷同,所以他故意来一番变化。巴洛米奥认为格列柯后来的变化证明是失败的。他评价格列柯在素描上达到了可笑地歪曲,无味的色彩也是可笑的。

反映了西班牙社会的现实

还有一种说法认为,对格列柯要一分为二、客观地来看,李春认为,格列柯绘画既有好的一方面,也有其局限性,虽然他在绘画技法等方面有其荒唐、扭曲的一面,但格列柯的作品正反映了当时西班牙社会的现实,因而,有其积极的一面。他说:"在西班牙阶级斗争和民族斗争十分激烈的年代格列柯看到了这个帝国的衰落和崩溃,他发出了叹息,在心中激起了骚动不安的感情,他没有像马德里宫廷画家那样去粉饰现实,掩盖矛盾,而是大胆地把它表现出来,这是他了不起的地方,他在天主教主宰一切的西班牙生活中感到苦闷而又看不到另外出路,往往把未来和希望寄托在宗教的理想上,这也是可以理解的。"

总之,对格列柯及其绘画作品的评价,众说纷纭。格列柯是天才,还是疯子? 是超越时代的人物,还是时代的落伍者? 对格列柯的评价至今仍是一个待解之谜。

柴可夫斯基是病死还是自杀?

被誉为"俄罗斯音乐巨匠"的伟大作曲家柴可夫斯基,于 1893 年 11 月 6 日凌晨 3 时溘然长逝。噩耗传出,全国震惊。据说,当时的俄国沙皇亚历山大三世闻讯悲恸欲绝,感叹道:"啊呀! 我的上帝,俄国有这么多人,但偏偏死了柴可夫斯基一个人!"

22 岁才从事专业音乐

柴可夫斯基生于 1840 年,用他自己的话来说:"我生长在偏僻的地方,从很小的时候起就受无法形容的俄罗斯民间音乐美丽的特性的熏陶。"但是他走上专业音乐的道路,却是从 22 岁开始的。那年,他毅然放弃司法部文官职业,到彼得堡音乐学院作曲班学习。4 年后,他以优异的成绩毕业,被莫斯科音乐学院聘请为作曲教师。从那时起,除了教学,他生活的全部意义就是作曲。脍炙人口的名曲从他笔下源源而出。据说有一次,俄国伟大作家列夫·托尔斯泰听了他根据民歌旋律改编的一个曲子,感动得泪流满面:"我听到了我们那忍受着苦难的人民的灵魂。"

由于婚姻的失败，柴可夫斯基的个人生活并不幸福。感情打击几乎一度使他陷于精神分裂的境地。从1878年到1885年，他大部分时间在国外旅游、创作。这期间他也有杰出作品问世，如歌剧《叶甫盖尼·奥涅金》《第四交响乐》《一八一二序曲》《意大利随想曲》等。后来他还在西欧举行大规模旅行演奏，并获得成功，英国剑桥大学授予他音乐博士。

柴可夫斯基的音乐擅长心理描写，表现细腻，旋律丰富，形象鲜明。他创作态度认真严肃。对自己不满意的曲谱，总是毫不珍惜地毁掉。他的创作大量吸收民间、民族素材，注重体现人民的思想、情感。他渴望人民喜欢自己的音乐，并从他的音乐中得到安慰和支持。他被誉为"歌唱人民的伟大歌手"，从这一点来看，他是幸福的。

官方报道死于霍乱

柴可夫斯基晚年定居莫斯科郊外。1893年去世时年仅53岁。成千上万的人为他送葬！表达了深切的怀念和哀悼。

这位享誉世界的音乐家的去世，当时就有传言。根据官方报道，柴可夫斯基死于霍乱。传闻却说，柴可夫斯基是自杀身亡。针对这个说法，彼得堡的《新时代》报马上"辟谣"。在柴可夫斯基去世的第二天，报纸发表了由作曲家的医生署名的、题为《柴可夫斯基因病逝世》的长篇文章。它详细叙述了柴可夫斯基死于霍乱的情况。此后八十多年来，所有官方提法都说这位伟大的作曲家是死于霍乱。

柴可夫斯基

然而长期以来，人们围绕柴氏的死因提出过不少疑问。柴可夫斯基去世时的情况。与官方报道多有矛盾之处。首先，按一般医疗原则，凡确诊为霍乱病患者的住宅要进行全面隔离，可在柴可夫斯基去世之前的四天，前去探望的人络绎不绝。在作曲家辞世时，当时守卫在他身旁的据说除四位医生、一名牧师外，还有他的兄弟姊妹、侄子以及护士、仆人等共16人之多。其次，在柴可夫斯基去世之后，有关当局根本没有采取任何惯常的预防措施。他的尸体停放了两天，任人凭吊，没有像当时所规定的那样，立即用镀锌的棺材密封起来。更使人感到惊异的是，据说许多人列队经过柴氏的棺材时，还低下头来，亲吻他们所崇敬的作曲家的脸庞。当时就有人疑惑不解地写道："多么奇怪呀！柴可夫斯基死于霍乱，但是人们却可以接近他的尸体，丝毫不受阻拦。"

因同性恋而被迫自杀身亡?

20世纪80年代,一个名叫亚历山大·奥尔洛娃的学者从苏联移居美国后,根据她所掌握的有关材料声称:柴可夫斯基根本不是死于霍乱,而是自杀身亡。

众所周知,柴可夫斯基早年学的是法律。据说,他在帝国法律学院的同班同学后来组成了一个"袋鼠法庭"(又称"荣誉法庭",指非法的或不按法律程序的非正规法庭),该"法庭"于1893年10月31日"判决"柴可夫斯基服毒自杀。做出这项判决的理由是"柴可夫斯基有同性恋行为"。

奥尔洛娃所掌握的材料,据说是出席过"荣誉法庭"的一个见证人伊丽莎白提供的,此人是当时俄国参议院公诉人尼古拉·亚科比的遗孀,而尼古拉·亚科比正是柴可夫斯基在圣彼得堡帝国法律学院的同班同学。

按伊丽莎白的叙述,事情经过是这样的:

1893年10月22日,柴可夫斯基到达圣彼得堡。正当他在音乐厅指挥演奏他的第六交响曲时,一位地位显赫的贵族写了一封控告信,信中说柴可夫斯基腐蚀他的侄子,引诱他搞同性恋。这封信当时交给了亚科比,还让他亲自交给沙皇。亚科比手持控告信左右为难。据说当时有不少人知道作曲家有同性恋倾向,但出于对柴氏的崇拜都对他抱宽恕态度。现在既有人指名控告,看来柴可夫斯基难逃一场官司。同性恋在当时为人不齿,此事不仅对俄国乃至对全世界来讲,都意味着是一件"丑闻"。何况,沙皇又非常尊敬柴可夫斯基和他的音乐,公开这件事将给皇室本身带来耻辱。

因此,亚科比权衡再三,最后决定组成一个"荣誉法庭",私下处理此事。"法庭"由亚科比本人及另外7名帝国法律学院毕业的同学组成。全体成员于10月31日在亚科比的办公室会晤了柴可夫斯基。经过长达5小时的激烈辩论,他们做出要求柴氏自杀的"判决"。这样,不仅可以挽回帝国法律学院和沙皇的面子,也可使柴可夫斯基本人保全"体面"。这个小组还为柴可夫斯基提供了毒药。在11月2日早上,柴可夫斯基就病倒了。他一直拒绝医生检查,结果4天后去世。

据说,了解作曲家的人都知道柴氏去世的真相,但却没有人公开这个秘密。因为他们都不愿使他死后再蒙受耻辱。无论是同性恋还是自杀,都是当时社会所不容的。真相一旦披露,柴可夫斯基就会立即被埋葬在某个边远的地方,而圣彼得堡的喀山大教堂也将拒绝给他举行隆重的教会葬礼。

无可否认,柴可夫斯基生前是位性格谦和、心地善良的艺术家,他以一生不懈的创造劳动,留给世界宝贵的精神财富。他同托尔斯泰、屠格涅夫和契诃夫一样,是俄罗斯的骄傲。他生前只希望自己的音乐能传播开去,并未料到自己的死也是一个为人们久久争论的话题。历史的复杂和真实就在于:它从不给予简单的毁、誉。

屠格涅夫是如何死的?

被誉为俄国文坛"三巨头"之一的屠格涅夫,最终没能再次回到祖国。1883年9月3日下午2时,屠格涅夫在法国巴黎的布日瓦尔逝世,结束了长期漂流海外的流亡生涯。屠格涅夫死而无憾。饶有兴趣的是,他究竟是怎么死的呢? 是患病而死,还是另有其因? 如果是因病而死,那患的又是什么病呢? 这些问题一时还很难取得可靠的答案。

轰动的葬礼

在为死者超度的宗教仪式上,屠格涅夫的灵柩周围站满了定居在法国首都的全体俄国侨民,很多他的崇拜者从各国赶来,向这位文豪表达最后的敬意。他的那些异国文坛挚友一边护送他的灵柩去车站,一边回忆着彼此的友好交往。遵照作家的遗愿,他的遗体从法国运回彼得堡,葬在沃尔科夫墓地别林斯基的墓旁。屠格涅夫生前曾向他的一位朋友说过:"等到我们归天,你将看到人们如何对待我们。"事实印证了作家的自信。他的葬礼果然像普希金的葬礼一样轰动了彼得堡,其盛况是继普希金之后人们所未见过的。成千上万的人群护送他的灵柩去墓地;恐怖党发表了一篇悼念他的声明;俄国所有监狱里的政治犯敬献了一个花圈,安放在他的灵柩上;年轻的一代在他生前对他抱有不信任的敌意,给他凄凉的人生增添了那么多痛苦,而今,在他逝世后却终于向他的遗体表达了无限的敬意。古往今来,似乎唯独死亡才会使人们宽恕一位天才。

死于心绞痛

有一种看法认为屠格涅夫患的是心绞痛病,作家因此病而死。从1882年起,屠格涅夫即抱病在身。第二年,大夫给他做了手术,切除了一个囊肿。当时法国的著名医生夏尔科曾为作家看病数年,经他长期观察、诊断,认为他患的是心绞痛。医生给他用了敷剂、氯醛和氯仿,但他还是剧痛难忍,不能入眠,吃尽了苦头。时间一长,即不治而死。

心灵的苦痛

有的学者认为屠格涅夫之死和他的爱情生活有关,他和维亚尔杜夫人那种似爱非爱的特殊关系,长期折磨着作家,伴随着病情的加重,屠格涅夫终于衰竭而死。维亚尔杜夫人是法国著名歌唱家,但长得相当难看:双眼鼓起,面部线条粗犷,驼背。但这是一种吸引人的丑陋。一位比利时画家曾说:"她奇丑无比,但要是我再见到她的话,我会爱上她的。"1843年11月,维亚尔杜夫人随意大利歌剧团到彼得堡演出,开始和屠格涅夫相识,并成为终生密友。他多次出国和侨居国外都同她有关,她给他的创作留下了深刻的痕迹。屠格涅夫对维亚尔杜夫人的一往情深在彼得堡传得人人皆知。第二年夏天,作家到巴黎去看望维亚尔杜夫人,在那儿成了她丈夫和孩子的朋友。过了一年,她到德国演出,他又追随到那里。1850 年作家回到俄国,但他仍一心思念着她。1856 年克里米亚战争结束,作家又去了法国,像从前那样追随在维亚尔杜夫人左右。1871 年普法战争结束后,作家同维亚尔杜一家迁居巴黎,直到逝世。作家一生的最后 10 年就是在杜埃街 48 号维亚尔杜夫妇的楼上度过的。然而,这毕竟是一种心绪纷乱的幸福。屠格涅夫终日为生"在另一个男人的安乐窝边"而痛苦。他曾对朋友说:"很久以来,在我的心目中,她就是女中豪杰,她永远使所有别的女子黯然失色。我自作自受。我唯有在一个女子踩着我的脖子,把我的脑袋按进泥地里时,才感到幸福。"他自己也不由地叹息道:"我的上帝!对一个长相丑陋的女子来说,这是多大的幸福啊!"尽管作家有好几次结婚的机会,但他都放弃了,对他来说,世上唯有一个人是重要的,那就是维亚尔杜夫人。屠格涅夫一生都陷在这种欲罢不能、欲行又止的境地中,对维亚尔杜夫人永远抱着不舍的眷恋。也有好几次,作家曾想摆脱她对自己的影响,但每次都以失败告终。就这样,心灵的苦痛和无情的病魔一起加速了作家的死亡。

患脊椎癌而死

国外一些研究屠格涅夫生平和创作生涯的学者、专家都认为作家实际上是患脊椎癌而死的。国际知名的文学传记作家、法国的安德烈·莫洛亚在其研究专著《屠格涅夫传》中,曾写道:"屠格涅夫因患癌而去世。所谓的心绞痛实际上可能就是脊椎癌。"苏联学者鲍戈斯洛夫斯基在《屠格涅夫》一书中,明确指出:"伊凡·谢尔盖耶维奇·屠格涅夫死于脊椎癌。"根据他的记载:1882 年 3 月,屠格涅夫患上重病;次年 4 月,健康状况恶化,他被从巴黎转送至布日瓦尔。5 月 12 日,他写信给若·波隆斯卡娅谈到自己的病情已无望好转。6 月底,他写最后一封信给列夫·托尔斯泰,吁请他重新从事文学活动。8 月,屠格涅夫把短篇小说《尽头》口授给波·维亚尔杜(即维亚尔杜夫人)。9 月 3 日,屠格涅夫在下午 2 时去世。当时的文献记录也可证明屠格涅夫确系死于脊椎癌:(1)作家生前曾感到背部剧烈疼痛。(2)作家死后,法医做了详尽的尸体解剖,发现作家的三节椎骨受损。我国外国文学研究学者也都主张此说。如王智量写道:"1882 年初患脊椎癌,次年 9 月 3日病逝于巴黎。"(见《中国大百科全书·外国文学》)郭家申说:"1882 年,他的脊椎癌病发,终于不治。"(见《外国名作家传·中》)

莫里哀死于何因?

莫里哀是 17 世纪法国最伟大的剧作家,是继莎士比亚之后欧洲戏剧史上成就最大、影响最深的戏剧家。18世纪之后，莫里哀的名字超越法国国界，在欧洲各国享有广泛的声誉，其作品成为世界戏剧艺术宝库中的珍品。

我们的光荣却少了他

莫里哀（1622~1673年），原名让·巴蒂斯特·波克兰，1622年1月15日诞生于巴黎富商让·波克兰家，1644年6月28日首次使用艺名莫里哀。目前为止，确知莫里哀所写的作品有30出戏和不多的几首诗，其中有一出戏是在他照顾年老贫困的高乃依时，与高乃依合写的。莫里哀既是编剧、导演和演员，又是剧团负责人。

一个编剧，死无葬身之地，但其作品却是法兰西喜剧院创办300年来上演次数最多的剧目。据载，从1680年法兰西喜剧院创立到1978年底，该院共上演莫里哀的剧作29664场，而名列第二与第三的拉辛与高乃依的剧作仅被演出过8669场和7019场。

莫里哀

一个作家，身后无手稿流传，却仍被称为"法语创作中最全面而最完满的诗歌天才"。

一个演员，不肯离开舞台，宁愿放弃法兰西学院"四十名不朽者之一"的荣誉。然而，法兰西学院却主动为他塑了一尊半身像，并将此像立于学院的地界内，石像上刻着：

他的光荣什么也不少，我们的光荣却少了他。

这些颇有兴味的事情都发生在一个人身上，他被伏尔泰尊称为："描绘法兰西的画家。"

莫里哀20岁时开始从事戏剧事业，直到他51岁死，一直勤奋刻苦，不断努力，使自己的艺术水平达到了炉火纯青的地步。但是，几十年来的生活并不平坦，复杂艰苦的斗争和数不清的磨难锻炼了他的意志，也影响了他的身体健康，使他过早地离开了人世。

1673年2月17日，在路易十四时代法国巴黎的王宫剧院里，灯火辉煌，人声嘈杂，池座里和包厢里到处挤满了观众。舞台上，大灯光照耀得通明雪亮，这里正在上演莫里哀的著名喜剧《无病呻吟》，这已是该剧的第四次公演，莫里哀本人亲自扮演剧中主角阿尔冈。此时的莫里哀已经51岁，而且是抱病演出。在那天的演出中，莫里哀本来就是勉强从事的，然而，他却以惊人的毅力，忍着病痛，在舞台上坚持到最后。他那高超的剧作和精湛的演技，不时博得台下观众一阵阵热烈的赞扬声和欢呼声。然而，莫里哀在台上，一边表演，一边忍不住咳嗽，难受得直皱眉头。观众还以为这是他主演的"心病者"的绝妙表演，急忙投以热烈的掌声。但当演到最后一场时，莫里哀已有些支撑不住，他忍不住一阵痉挛，细心的观众已经发现了他的病态，很是吃惊，莫里哀也注意到了台下观众的反应，他鼓起全身力气，大笑一声才遮掩了过去。戏演完后，莫里哀并未休息，而是步入后台,询问观众对演出的反应,最后才回到家里。回家后他却咳血不止,两个修女把他扶上了座椅,莫里哀在她们俩的胳臂里咽下了最后一口气。此时是当夜 10 点钟,离他卸妆下台还不到 3 个小时。

悬而未决的死因

后人对莫里哀这位喜剧大师的死因十分关注,进行了许多探讨。但是,莫里哀到底死于何因,长期以来一直是一个悬而未解的谜。

不少人认为,莫里哀的死亡原因是他得了一种"想象"不到的病,但这种想象不到的病究竟是什么病则无答案。

还有一种意见认为,莫里哀晚年遭受了种种不幸。1671 年冬季,他积劳成疾染上了肺病,后因病情加重而病倒了好几个月。1672 年 2 月,他的健康状况刚有好转,又遇上了种种打击:他在戏剧事业上长期合作的老朋友玛德隆·贝扎尔去世,他的爱子也不幸死去。噩耗传来,莫里哀悲痛不已,这又加重了他自己的病情。在这种情况下,莫里哀仍坚持写戏、坚持演出,最后死于肺病。

另有一种观点是,莫里哀的死因是多方面的,绝非仅肺病一种。他长期的创作、紧张的排演和疲劳的巡回演出,艰辛的生活、痛苦的流浪、家庭生活的不幸、晚年丧友丧子,激烈的竞争、错综复杂的政治角逐,特别是 1672 年冬他与其老朋友、音乐家吕理发生争执,被国王路易十四免去了文艺总管的职务,国王对他的宠信日减,这一切不幸,大大加重了晚年莫里哀的病情,最后使他丧生。

《不列颠百科全书》对莫里哀的死有过一段记述:"1673 年 2 月 17 日,莫里哀演出第九场《无病呻吟》时,在舞台上昏倒,被人抬到家中即与世长辞。"在这里,对莫里哀的死因未加说明,有意回避了。

时至今日,莫里哀到底死于何因仍无一个较一致的答案,这个问题尚待进一步研究。

诗人拜伦为何长期流浪国外?

英国诗人乔治·戈登·诺艾尔·拜伦(1788~1824 年)是享誉世界的 19 世纪浪漫主义文学的杰出代表,他那些热情洋溢、雄浑壮阔的诗篇不仅震撼了 19 世纪的欧洲,而且即使在今天也不失其灿烂的光芒。但就是这位独步当时文坛的诗人却于 1816 年离开了自己的祖国,此后再也没有重返故土,直至 1824 年 4 月 19 日在希腊迈索隆古翁病逝。只是在死后诗人的遗骸才被运回英国,葬在其故宅纽斯台德寺院附近一个偏僻的教堂墓地中,而他的心却永远留在了希腊。

在流浪意大利威尼斯的时候,拜伦曾经含着热泪在长诗《别波》中写道:"英国哟!我爱你,尽管你有那么多缺陷。"诗人热恋着自己的祖国,可是他为何要于 1816 年远离生他养他的故国,并从此一去不复返呢? 对于这个问题,世界各国的文史专家们长期争论不休,成了一桩历史公案。

"如果那都是谣言,我也不稀罕这个英国"

英国自由主义史学家麦考莱认为是英国上流社会舆论的反复无常促使拜伦远离国土。1809 年拜伦第一次离开英国到地中海沿岸各地游历,先后到过葡萄牙、西班牙、马耳他、阿尔巴尼亚,最后到达久恋之邦——希腊。1811 年拜伦结束长途旅行回到英国,随着诗作《恰尔德·哈罗德游记》等的不断问世,拜伦"一觉醒来,发现自己已经成名了"。诗人及其长诗即刻成了伦敦社交界的热门话题。而在贵妇中间,拜伦的声名更是如日中天,他的诗才,他的俊逸,他神秘的性格和举止等,正好投合了她们喜欢刺激的嗜好。她们赞美拜伦,憧憬拜伦,投身在拜伦脚下向他顶礼膜拜。请帖像雨点一样洒来,人人以一睹诗人风采为荣,拜伦成了英国社交界的王子。但到 1814 年伦敦全城却又开始了对拜伦的攻击,嚣张的责难出现在报刊上。那些显贵们不仅攻击拜伦的诗,还攻击他的政见、他的人格,甚至于痛骂他的跛脚。为寻求避风港,1815 年初拜伦与安娜贝拉·密尔班克成婚,但一年后两人又分居。这下,把婚姻制度的神圣视作信条的中产阶级也恼怒了,他们谴责拜伦的残酷和背德乱伦,上流社会的沙龙更是唯恐避之不及,纷纷对诗人关上了大门。这和出版《恰尔德·哈罗德游记》时的光景比较起来,真有天壤之别,拜伦感到不可思议。诗人悲愤地写道:"如果那些喊喊喳喳的流言都是真的,我没有脸面居住在英国;如果那都是谣言,我也不稀罕这个英国,况且'除了它,另有一个世界在'。"于是拜伦决定出国漂流。

政治信仰不同

另一说认为拜伦是由于其政治信仰而见弃于英国社会。持此说的主要是苏联学者,如叶利斯特拉托娃所著《拜伦》一书。该书指出,拜伦是以政治活动家和演说家的姿态在他的祖国出现的,他捍卫人权,抗议任何形式的暴政,他的政治理想是当时美国的资产阶级共和国。在如何解决卢德运动所产生的经济、社会、政治问题方面,拜伦不仅与托利党的寡头统治不合,而且与在野辉格党都有着严重的分歧。拜伦一再在上议院发表演说攻击本国政府,为暴动工人辩护,还作诗赞美英国的敌人拿破仑。拜伦在议会的大胆发言,他的诗歌所号召的政治和宗教自由思想——这一切使他成为统治集团的眼中钉。1816 年统治集团就趁机利用拜伦婚姻破裂对诗人展开政治迫害,甚至拜伦写的《拿破仑颂》也被当作"叛国"的"罪证"。据戴里泽·格维奇奥里回忆,拜伦曾讲过,在 1816 年,有个"陌生人"向他提出如果他肯改变自己的政治观点,那么就停止已对他开始的迫害。参加反拜伦运动的《伦敦评论》编辑约翰·司各特也承认,后来他也"像其他人一样,很严重地陷进了错误,当局为了促使他们这些人采取行动,竭尽全力地用了特殊的手段"。而拜伦坚决声明，对于敌人他不会做任何让步，"能够忍耐的，我将尽量忍耐；不能忍耐的，我将反抗，他们至多不过使我离开这个社会。对这个社会我一向不奉承，一向没满意过"。英国资产阶级贵族统治集团不能摧垮拜伦，也不能使他放下武器，于是他们只能把诗人逐出国门。

拜伦

家庭婚姻变故

　　亨利·托马斯与黛娜·莉·托马斯合著的《英美著名诗人传》认为拜伦不是那种喜欢成家立业的人，而他的妻子密尔班克却是当时英国社会中见识平庸的女人，既不会惹是生非，也不能宽宥别人的过失。拜伦那种愤世嫉俗的幽默并不投合其夫人的世俗之心，婚后一年密尔班克企图利用医生的证明，要诗人承认有神经病，这一企图失败后，拜伦夫人就带着刚出生不久的女儿离开了丈夫。还在盼望妻子回心转意的拜伦，不久就收到了岳父要他尽早选定法律代理人承办与密尔班克分居手续的通知。真是晴天霹雳，拜伦的心都碎了。而"不堪之中，最为不堪"的是，在社会上诸如"虐待妻子""与姐姐奥古丝塔乱伦"等谣言盛传一时。诗人不堪重负，他那满是创痛的心灵无论如何再也撑不起爱情的风帆了，他要到国外去追求放浪自在的生活，让悠悠岁月来医治这心灵的巨创。

　　在笔者看来，这种种解释皆在情理之中，但又不尽然。一个人做出一个重大决定，既有客观因素造成的必然性,同时又存在诱发这种必然结果产生的偶发因素。那么最后促使拜伦决定长期流落异乡的偶然因素又是什么呢?

莫扎特死因之谜

奥地利著名作曲家莫扎特英年早逝,当时的人们几乎一致认为他是死于疾病。但事隔多年,有人认为莫扎特是因遭嫉妒被人毒死的。

天才的音乐家遭人妒

"生活的苦难压不垮我。我心中的欢乐不是我自己的,我把欢乐注进音乐,为的是让世界感到欢乐。"

这是 18 世纪奥地利伟大音乐家莫扎特(1756~1791 年)的名言。在短暂而辉煌的一生中,他共创作了 50 部交响乐、28 部室内乐、21 部钢琴协奏曲、17 部钢琴奏鸣曲、17 部歌剧。虽然在贫困的泥沼中挣扎一生,但莫扎特使音乐充满欢乐与光辉。后人评价他的音乐"抒情流畅,真挚明朗,充满高尚的美感",给世界文化增添了光彩,也给人类带来莫大的精神享受。

1791 年 12 月 5 日凌晨,这位音乐天才与世长辞,年仅 35 岁。没有隆重的葬礼,连送葬的队伍都很零落;也没有体面的墓地、豪华的墓碑,他被草草地安葬在贫民公墓。几经岁月沧桑,当后人来此凭吊时,只能茫然地面对一片荒冢。然而有人觉得,上天对莫扎特的不公,可能还不仅仅如此。

莫扎特为何英年早逝?当时的医务界认为他死于尿毒症。尿毒症是由于肾功能衰竭晚期而发的疾病,这当然不需要另外验尸。莫扎特夫人也相信了医务界的观点,没有提出特别质疑。但是关于这位著名音乐家之死,当时就有一些传闻,似乎在向人暗示莫扎特死得"不明不白"。天才和成就使他遭人嫉妒,嫉妒者最终以卑劣的手段暗算了他。

音乐神童

"在伟大的音乐天才众神之庙里,恐怕找不到另外一个音乐家,他在这样早的年龄就能显露出像莫扎特那样的才华来。"莫扎特出生于一个音乐之家,3 岁时就显示出非凡的音乐才能,5 岁开始练习作曲,并写出一首钢琴协奏曲。6 岁那年,莫扎特登台献艺,"音乐之都"维也纳为之轰动。此后,在父亲和其他著名音乐大师的严格教育和指导下,莫扎特成绩不断提高。他 8 岁时创作了第一批奏鸣曲和交响乐作品,11 岁时写出一部歌剧。他曾经走遍欧洲各国,一边旅行演奏,一边拜师学艺,曾得到过"交响乐之父"海顿等名师指点。除了高超的演奏技艺,他对音乐的听觉、感受和记忆也令人惊叹,几乎是"过耳不忘"。欧洲各国称莫扎特为"神童""18世纪的奇迹"。

但当"神童"成长为音乐大师后,他前面的道路愈加坎坷。

当时,无论名望大小,音乐家们都不得不靠贵族社会的庇护为生。莫扎特虽然渴望成为一个自由音乐家,但这在当时几乎不可能。1781年,25岁的莫扎特来到维也纳谋生。在他来维也纳之前,奥匈帝国国王约瑟夫二世已经有了一名宫廷乐长,此人名叫沙里利。沙里利出生于意大利一个富商家庭,比莫扎特大6岁。他从小就开始学习音乐,16岁时因父母双亡只身一人来到维也纳。由于意大利音乐家在奥地利享有极高声望,再加上沙里利运气较好,不久他就被任命为维也纳宫廷的歌剧作曲家兼指挥,后来又升任乐长。

1787年,莫扎特出任奥地利宫廷作曲家一职。此时的沙里利也升任皇家乐队首席指挥。无论是职位还是薪俸他都比莫扎特高,但据说在维也纳音乐界和公众心目中,他的声望远远不如莫扎特。18世纪80年代沙里利也创作过一些歌剧,但由于其乐曲实在平庸,他的音乐被观众遗忘的速度和程度令人惊讶。与此同时,莫扎特创作了著名的歌剧《费加罗的婚礼》和《唐璜》。他的每一部歌剧上演都会掀起阵阵热潮,这与沙里利"无人喝彩"的情形形成了强烈反差。

莫扎特

毫无疑问,莫扎特当时成了维也纳公众心目中的天才偶像。沙里利会不会对他心怀芥蒂、甚至怨恨和嫉妒?也许他担心自己的地位和其他一切将会因莫扎特而变得岌岌可危?到目前为止,人们还没有看到有关他们之间发生过冲突的文字记载。他们的矛盾也只是人们根据材料推断出来的。但有人强调,正因为如此,沙里利对莫扎特来说可能是一个十分危险的人物。

蓄意谋杀

莫扎特的经典作品《魔笛》在维也纳正式上演时,无数观众如痴如醉。有人说,这段时间也许是沙里利一生中最难过的时期之一。1791年10月的一个晚上,在一次演出后,沙里利盛情邀请莫扎特到自己家里共进晚餐。据记载,那天晚上莫扎特是沙里利邀请的唯一客人,同时在座的只有沙里利的女友。据一位严谨的历史学家考证,那天沙里利实际上什么都没吃,但他一个劲地要莫扎特吃完所有的菜,而他的女友也只吃了一点点。当天夜里,莫扎特一回家就觉得头晕眼花,接着是呕吐和剧烈的胃疼,后来还出现了昏厥。据说从那以后,莫扎特的身体始终没有恢复,而且每况愈下。有记载说,莫扎特曾问过医生,在沙里利家吃东西是否有中毒的可能?但医生没有深入检查,只是说他的病是由劳累过度、体质下降所致。莫扎特也问过另外一个医生同样的问题,可见他对自己是否中毒是有怀疑的。1791年12月5日凌晨,这位著名的音乐家离开了人世,身边放着尚未写完的《安魂曲》。据说在死前,他还喊出了一句颇令人费解的话:"世界对它的孩子们干了什么?"

莫扎特的葬礼是在他去世的当天下午匆忙举行的。虽然当时就流传莫扎特遭人暗算而死的说法,但这均被斥为无稽之谈。"病死说"已盖棺定论,就连权威的《牛津音乐指南》也承认这一观点。然而近两百年来,一直有不少人怀疑莫扎特并非死于疾病,而是被人蓄意谋杀。俄罗斯大诗人普希金还曾就此写过一首长诗。但这些都是推测,没有可靠的证据。

事隔近两百年后,英国剧作家雪佛在其剧本《阿麦丢斯》中,又重新提起莫扎特之死,引起人们对这一过去两个世纪的悬案的注意。据以往说法,莫扎特葬礼那天有一场暴风雨,因此参加葬礼的亲友无法陪着灵柩去墓地。就这样,莫扎特的遗体在没有一个亲友在场的情况下入土。但雪佛在一个偶然的机会看到了一篇文章,该作者声称他看过1791年维也纳全年的气象记录,记录显示莫扎特下葬那天维也纳并没有暴风雨,根据维也纳的降水情况来看,12月的维也纳有暴风雨的可能性几乎为零。雪佛经过进一步调查还证实:"莫扎特葬礼遇暴风雨"的说法不是当时就有的,完全是后来以讹传讹的结果。在莫扎特死后50年,也就是1840年左右,这一说法才逐渐流传开来。这就引起了雪佛对莫扎特死因的怀疑。西德一位著名内科医生用现代医学技术观点,分析了莫扎特死亡的症状,认为他是死于氯化汞慢性中毒。如果此论能得以证实,其中奥妙大概就是出自沙里利请的那顿饭了。但由于莫扎特墓地至今无法确认,这也只能是个猜想。

安徒生身份之谜

在丹麦首都哥本哈根人民公园的海边,有一尊美丽的人身鱼尾雕像。她面对浩瀚的大海,似乎渴望回到母亲的怀抱。她就是安徒生著名童话故事《海的女儿》的主人公——举世闻名的"美人鱼"公主。每当人们看到她,很自然地想起汉斯·克里斯蒂安·安徒生。现在人们认为他并非出身贫寒家庭,而是一个真正的王子。

在不解和嘲笑中写作

1805年4月2日,安徒生出生在丹麦富恩岛上欧登塞城中一间低矮破旧的平房中。他的父亲汉斯·安徒生是一个迫于生计、整日奔波的鞋匠,他的母亲玛利娅是一位虔诚的基督教徒,一个勤苦的洗衣工。

安徒生从小便对大自然充满了热爱,这也使得他在后来酷爱旅行。14岁时,他便只身离开家乡,来到了喧闹的哥本哈根寻找自己的理想。从此,他凭着坚强的毅力在艰难和困苦中与命运抗争。他梦想当演员、歌唱家、舞蹈家,并为此尝尽了人生的酸甜苦辣。但这些理想都像肥皂泡那样在无情的现实生活中破灭了。最终他选择了文学,他要在作品中为孩子们创造幸福和快乐。在许多人的不解和嘲笑声中,他埋头写作。

1833年春,安徒生从丹麦国王那里得到了一笔津贴,开始了他一生中很重要的漫游。除俄国、芬兰和荷兰外,他的足迹遍及欧洲各国。旅行开阔了他的视野,并为他的创作提供了丰富的素材,《旅行剪影》《即兴诗人》等都是他旅行中灵感的产物。

童话大师——丹麦人民的骄傲

自他1822年写出了《维森堡大盗》《阿英索尔》等剧本后,《阿马格岛漫游记》等浪漫主义幻想游记和《卡尔里克·克里斯蒂安二世》等历史小说也相继问世。但最能代表他创作水平的是他的童话。1835年,他出版了第一本童话集《写给孩子们听的故事》,以后几乎每个圣诞节,他都要为孩子们送上一本童话作为礼物。在这些特别礼物中,《丑小鸭》《卖火柴的小女孩》《皇帝的新装》《夜莺》等,都成为脍炙人口的不朽名著。在近40年的创作生涯中,安徒生为世界人民贡献了一百六十多篇作品,影响了一代又一代儿童和少年。安徒生这个名字也因此家喻户晓,成为丹麦人民的骄傲。

国王的私生子

安徒生一辈子写下了无数美丽动人的童话故事,然而关于他个人的身世,却有不同的看法。1990年,在安徒生故乡的欧塞登大学,几百名学者举行了听证会,共同探讨这位童话大师的身世。历史学家延斯·约根森还专门写了《安徒生———一个真正的童话》,内称安徒生出身于贵族家庭,他是丹麦国王克里斯蒂安八世和劳尔维格伯爵夫人的私生子。在他出生后,王室为了避人耳目把他送到欧塞登一个鞋匠家中寄养。

另外,还有一位丹麦作家也得出了相似的结论,而且他还提供了一份比较有力的旁证。据说一位海军上将的女儿亨丽艾特·吴尔夫在1848年写给安徒生的信中曾提到过,安徒生也曾发现自己是一位"王子"。据此有人认为,若非与王室有着密切的关系,安徒生不可能在1833年轻易得到了国王的津贴;以他当时的出身和社会地位,能结交名流,往来于上层社会。必有某种神秘的"背景"。

但是这种说法也缺乏确凿的证据。就在这次听证会上,许多人就提出了这样的疑问:为什么安徒生在其自传《我一生的童话》中对此只字未提,或稍做暗示呢?更有的学者专门查出一百八十多年前安徒生教堂户口登记册的复印件,上面清楚地记有:(1805年)4月2日星期二凌晨1时,鞋匠汉斯·安徒生与其妻子安娜·安德斯达特得一贵子。

为了搞清这位世界著名大作家的身世,丹麦著名历史学家塔格·卡尔斯泰德曾被允

安徒生相片

许查阅大量的克里斯蒂安八世的档案,其中包括这位国王的大量信件和日记。但是他并没有发现关于此事的记载。不过,档案表明,当时的国王和贵族与一般平民妇女偷情的问题是存在的,而且一般也都会有小孩的出生。这种情况发生后国王会将孩子送交给有关的妇女,并且寄钱给他们直至孩子长大成人。根据档案记载,有一位国王还为这样的孩子之一的福雷德里克·里德安排工作,让他掌管王室的狩猎活动。但是卡尔斯泰德并未在档案卷宗中发现有关安徒生的材料,也没有找到有关他母亲安德斯达特的材料。

因此,安徒生是王子的说法目前尚无有力的根据。或许有人真的希望安徒生的身世是一个完美的童话,不过这一点并不重要。人们看重的是,安徒生在童话故事中塑造了许许多多善良美丽的形象,表明自己对美好世界的憧憬、渴望。

梵·高自杀之谜

作为西方现代绘画艺术的杰出代表,"梵·高"这个名字早已蜚声全球。如今,他的一幅绘画价值连城,然而这样一位画坛巨匠却一生穷困潦倒。在艺术上达到辉煌顶峰时,37 岁的梵·高用手枪自尽身亡。

"现代艺术之父"

梵·高是荷兰后期印象派大家,拥有"现代艺术之父"的称号。有艺术家评论,梵·高的画风对后来的野兽派、表现派都有极大的影响,他的艺术成就较之马奈和塞尚对后继者有更大的作用。他一生共创作了八百五十多幅油画和几乎同样数量的素描,他还留下了大批洋溢着情感的书简。在 1987 年 3 月 3 日伦敦克里斯名画拍卖中,梵·高的作品《鸢尾花》和《向日葵》分别以 5330 万美元和 3985 万美元拍出,高居排行榜榜首。1990 年 5 月 15 日,在纽约的一次拍卖会上,梵·高临终完成的《加歇医生的画像》更是以 8250 万美元的天价,创下了名画拍卖史上的记录。

然而,就是这位现在被公认为是"欧洲最杰出的艺术家"的梵·高,生前却一直默默无闻,一生坎坷。1890 年,正当 37 岁的他在艺术达到顶峰之时,用手枪结束了自己"一条具有无法预测深远意义的生命"。

对于梵·高的悲惨命运和自杀动机,人们早就表现出了极大的关注。一个世纪以来,有关梵·高的生平传记、绘画作品、通信书简也陆续问世,但是不少人认为,这些出版物都缺乏考证和说服力。近几年来,国际上也掀起了对梵·高死因的探寻热潮,使对梵·高死因的探讨成为一个国际性的问题。但迄今为止,囿于资料和确切的证据,无论是艺术界还是医学界抑或是化学界,都只能各持一说,还没有定论。

梵·高死于"精神病"

这种说法是当前绝大多数梵·高研究人士所持的主要看法。如权威的《不列颠百科全书》中"梵·高"条目说,画家"最后因精神绝望而自杀"。中国靳文翰等主编的《世界历史词典》中也认为,梵·高"艺术道路曲折,终因精神病自杀"。较为权威的《辞海》也认为梵·高"因精神病自杀"。这一说法的有力证据,就是梵·高的弟媳约翰娜于 1914 年公开出版的梵·高写给其弟的部分信件。这些直接的证据告诉我们,梵·高是一个为病魔缠身的艺术殉道者。

梵·高生前由于贫困,生活条件恶劣,然而这并没有遏抑他对艺术近乎狂热的追求。长此以往,梵·高的健康受到了严重的损害,而且他还时常受到各种幻觉和噩梦的困扰,再加上萦绕心头的忧愁和苦闷,最终使他患上了精神病。美国当代艺术史家阿纳森在《西方艺术现代史》中说:"仿佛梵·高完全清醒的时候,就能记下他精神病发作时的样子。"更有一些梵·高研究者试图用精神分析法,来解释梵·高精神上的这种"癫痫症"。他们指出,精神上的失常毁灭了艺术家自身。

但这一说法并非无懈可击。首先,这些公开的部分信件本身并不能全面地说明问题,如德国新闻周刊《明镜》就提出了异议:梵·高自杀数月前所做的一幅《自画像》,逼真地勾勒出一个目光呆滞、可怖的疯人形象。该画运用节奏颤动的线条,层次分明地表现了所画主题。文章认为,这幅画绝非出自一个精神病人之手。文章还指出,梵·高自杀前约半年的时间里神志清醒,并没有犯过精神病。由此可见,梵·高因精神病发作而自杀的说法,没有压倒性优势的说服力。

梵·高死于难以忍受的孤独

梵·高自 11 岁便被送到外地的寄宿学校学习,也许从那时起,他就有了一种被遗弃的感觉。在学校里因为他的独来独往,同学们对他避而远之,这导致日后梵·高不能友好地与他人相处,包括其家人在内。据记载,1890年5月17日,梵·高到巴黎看望刚结婚不久的弟弟泰奥,但不到两天,梵·高便离开了巴黎。据一封信件显示,梵·高与弟弟发生了激烈的争吵,以至于梵·高在信中称"希望我们头脑都冷静下来之后再见面,那时候说不定还能在一起生活几年,而不是互相毁灭"。这种家庭方面的孤独感再加上他爱情上的失意,更是雪上加霜。从梵·高的传记、自画像等一些材料来看,他相貌丑陋、秉性孤僻、处事怪异、急躁易怒,这本身就难讨人欢心。在短短的一生中,梵·高也曾有过几个恋人,如伦敦一家房东太太的女儿厄休拉、一个年长且有孩子的寡妇、一位遭到遗弃的怀孕女子。但这些恋爱均一一告吹,或是遭到拒绝,或是对方家人反对,或是弟弟泰奥反对。迁居奥维尔后,梵·高又结识并爱上了加歇医生之女玛格丽特,但最终这场恋爱也没有结果。这样,在性情孤僻的梵·高看来,除了艺术,再也得不到人间的一点关爱。他曾经说过:"只有通过绘画才能表达自己。"最后,他在孤独中决定结束自己的宝贵生命。

梵·高死于经济和社会原因

梵·高出身于穷苦的牧人家庭,一生颠沛流离,穷困潦倒。尤其在最后10年中,他只能依靠他的弟弟泰奥的接济度日。而就是这样,梵·高还是先把仅有的一点钱财首先用于艺术创作。他没有多余的钱聘请模特,就经常在镜子面前作自画像,因此他作品中自画像之多,在艺术界罕见。而更让他心酸的是,虽然他具有绘画艺术的天赋,而且创作极多,但在生前只有《红色的葡萄园》一幅被卖掉。这就意味着他作品并没有为世人理解和接受,对于一个画家来讲这是最痛苦不过的事情。冷酷无情的现实,使这个异常敏感的画家内心时时充满了矛盾和压抑。正因为如此,梵·高才毅然决定离开这个让他极度失意的世界。

梵高

梵·高自杀是因嗜酒,染上梅毒等

有人认为梵·高自杀是因嗜饮艾酒成癖所致。这种观点认为,在巴黎与弟弟住在一起时,梵·高经常到咖啡馆或俱乐部中饮用这种含有岩柏酮有害物质的饮料。在最后18个月中,梵·高身体所出现的胃痛、便秘、精神恍惚、幻觉等病症,皆为长期饮用艾酒所致。还有人认为,梵·高自杀是由于他染上了梅毒症,以致最后精神崩溃。梵·高家族的后裔们对此表示强烈反对，说这是对伟大画家的恶意诽谤。更有甚者，一些人从心理角度着手，认为梵·高自杀是由于强烈的"恋母情结"；也有人认为梵·高自杀根源在于他与画家高更关系破裂，等等。

劳累、用脑过度所致

流传世间、无稽可考的"名人轶事"，使得梵·高之死因愈加复杂化。无疑，当时的梵·高在艺术上是超前的；但以当时的艺术标准来衡量，他在人们眼中却是失败的。狂热、孤独、疾病、贫穷、痛苦，构成他极其复杂的内心世界。对此，也许没有人能真正理解。

"铁面人"之谜

路易十四在位期间（1643~1715年），法国的封建君主专制达到了极点。在宫廷和上层社会中，也笼罩着黑暗和恐怖的气氛，以至于当时出现了许多令人费解的谜案。"铁面人"就是其中典型的一个。

神秘的"铁面人"

根据法国著名作家大仲马的小说《布拉热洛公爵》改编摄制而成的电影《铁面人》，曾经引起相当大的轰动。在影片中，那个神秘的"铁面人"显然就是法国国王路易十四。在残酷的宫廷政治斗争中，他被权臣用一个和自己长相酷似的人"掉包"，从此过着暗无天日的"铁面生涯"。但这毕竟是小说的虚构。

然而，法国历史上确有那么一个神秘的"铁面人"。最早在作品中提到"铁面人"的，是法国伟大启蒙思想家伏尔泰（1649~1778年）。他曾说"这个因犯无疑是个重要人物"，但接着又说"他被押送到圣马格丽特岛时，欧洲并没有什么重要人物失踪"。这也确实为后人留下了一个未解之谜。

伏尔泰在其名著《路易十四时代》一书中这样记述：1661年，圣马格丽特岛上的一座城堡迎来了一位特殊的客人。那是一个身材修长、举止典雅的年轻人。与众不同的是这位年轻人头上被罩上了一个特制的铁皮面罩，无论是在其被秘密押送的途中，还是在因禁期间都被严令禁止摘掉。该面罩在下颌部位装有钢制弹簧，吃饭、饮水之时也无须摘下。因此，一直没有人见过他的真面目。

在圣马格丽特岛上关押了一段时间后，这个年轻人又被秘密押送到了令人不寒而栗的巴黎政治犯监狱——巴士底狱。在那里，这个人受到了特殊的优待：其住处舒适、饭菜可口、衣着精美。甚至他还可以弹奏心爱的吉他，另外还有专门的医生为他定期检查身体。由于此人在世时对自己的身世一直守口如瓶，因此监护人员只知道此人举止优雅、

神秘的"铁面人"

谈吐风趣,如此而已。1703年,这个在监狱中度过了大半生的囚犯结束了神秘的一生,当晚便被葬在圣保罗教区。随着他的死去,原本神秘的身世似乎更加神秘了。

伏尔泰的记述也到此为止,留给后人更大的臆测空间。据说在18世纪,法国国王路易十五、路易十六都曾下令调查过"铁面人",但至于结果如何,人们无从知晓。不过据说路易十六曾这样明确表示:要保守"铁面人"的秘密。

"铁面人"身份

目前人们对"铁面人"身份的猜测,大概有这么几种。

第一、该人是路易十四的生父多热。这一结论是人们从对路易十三和路易十四父子关系的怀疑中得出的。根据史料记载,路易十三和王后安娜不合,并长期分居。后来,经过担任首相的红衣大主教黎塞留从中调和,重归于好。据此,有人猜测当时王后已与贵族多热有了骨肉。孩子出生后,多热为掩人耳目被迫流落他乡。孩子后来长大登基,成为路易十四。多热悄悄返回,并以实情告之路易十四。但路易十四害怕丑闻暴露,又不好对亲生父亲下毒手,只有把他罩上面罩,送到监狱度过余生。这种说法在法国大革命后流传甚广且影响深远。法国社科院院士潘约里在其1965年出版的《铁面罩》一书中,就持这种观点。

尽管如此,这种说法的疑点也很多。据监狱犯人登记簿记载,"铁面人"突然死去时,是一个大约45岁左右的中年人,而当时的路易十四已经是65岁高龄的老年人了,这显然与伏尔泰等人的记述相去甚远。除非是监狱记录因政治原因而故意这样记载,否则这种说法显然无法成立。

第二、"铁面人"是法官兼警察头子拉雷尼。这种观点在维尔那多1934年出版的《皇后的医生》一书中提出。该书称,拉雷尼的叔叔帕·科齐涅是一位著名的医生,在宫中服侍路易十三的妻子安娜。路易十三死后,他奉命解剖尸体,竟然发现死者并非路易十四

的生父,于是将此事告知拉雷尼。后来,路易十四为防止丑闻外泄,便下令将拉雷尼拘捕入狱,并给他戴上铁面罩,以防被人认出。但是这种观点也是疑团重重。既然如此,为什么他在监狱中还有如此好的生活待遇?路易十四为什么不将其杀死以灭掉证据?而且,后来查明拉雷尼 1680 年善终于故乡。

第三、该人是路易十四时期的财政大臣富凯。这种观点早在 19 世纪就已经出现。1970 年,法国记者阿列斯在其出版的《蒙面人——最后揭开的一个谜》一书中,又运用大量材料来论证这一观点。书中称,富凯是路易十四的宠臣,1661 年因侵吞公款而被捕入狱,后来被法院判处终身流放。后来,路易十四下令要富凯死在监狱之中。据有关当局声称,富凯于 1680 年 3 月 23 日猝死在狱中,尸体由当局秘密处理。阿列斯认为,死者并非富凯本人,而是他的仆人。就这样,富凯一直在面罩中活了下来。果真如此,那么这个"铁面人"在死时应该是一个白发苍苍、步履蹒跚的老人了,而这又与有关史料和监狱记录簿记载相异。

第四、该人是意大利马基奥里伯爵。这一论点主要是由法国历史学家托拜恩提出的。为此,他曾同巴黎国立图书馆的一位管理员一起查阅了当时巴士底狱囚犯的全部档案资料。他认为,当时路易十四曾企图将意大利曼图亚斯公爵领地的卡赞列要塞据为己有,为此他答应事成之后给公爵 10 万艾克。公爵在慎重考虑后派自己的宠臣马基奥里伯爵前往法国谈判。路易十四则又企图以金钱贿赂,但马基奥里并不为金钱所动,反而将此事告知公爵夫人。而当时路易十四与公爵夫人关系暧昧,他很快就知道了这件事,结果马基奥里伯爵成了阶下囚。

时至今日,对于"铁面人"究竟是谁这一问题,人们还没有找到可信的答案。可见,有时要想揭开历史的真面目,非常困难。

林肯遇刺之谜

亚伯拉罕·林肯是美国历史上最受欢迎的总统,他因为领导北方取得了反对南方分裂运动的胜利,触怒了南方的叛乱者,结果自己也不幸成为美国历史上第一个遭暗杀的总统。一百多年来,这一桩谋杀案一直扑朔迷离。

获 100 美元就肯杀总统

亚伯拉罕·林肯总统是美国历史上最富有传奇色彩的总统。他出身社会底层,靠个人坚强的意志和不懈的努力跻身美国政坛,最后位居合众国总统之职。他领导南北战争,维护国家统一,废除黑奴制度,因而在美国历史上享有很高地位。但是,南北战争的枪声刚刚沉寂下来,这位劳累不堪的总统却在自己一个难得休闲的时刻,饮弹而亡。

从林肯被暗杀前的情形来看,当时要置他于死地的人好像很多。

1861 年，林肯第一次当选总统。据说，当他从家乡前往华盛顿时，就有南方特务打算在半路上干掉他。幸亏有人通风报信，林肯改道而行，才免遭不测。林肯就任总统后，南方的暗杀计划更趋猖獗。南方报纸上甚至有如下的公开广告："如果邦联政府愿出资 100 美元，我将前往华盛顿击毙林肯和西华德。凡欲接洽者请函信箱 119 号。"

被暗杀前梦中预感

据说，由于不断收到要暗杀他的恐吓信，林肯就专门搞了个写有"暗杀"二字的大纸袋来装它们。当旁人提醒他要注意安全时，他常一笑了之。有一次他甚至还对国务卿西华德说："我知道我处在危险中，但是我不想把这种恐吓放在心上。"

虽然表面上林肯对此并不在意，但过多的暗杀威胁也使他常常不由自主地预感到将来被暗杀的可能。有一天，《汤姆叔叔的小屋》作者斯托夫人到白宫见林肯。当他们谈及战争时，林肯说："不管战争如何结束，我预感到战争结束后，我是活不了多久的。"

1865 年 4 月，美国南北战争结束。就在他遇刺前不久，林肯告诉亲信瓦备·雷门自己所做的一个怪梦：

"大概十天前我很晚才就寝……入睡不久就开始做梦，梦境中感觉周围像死一般的寂静。接着我就听到呜呜咽咽的声音，像是好些人都在哭泣。我记得我当时就起床，迷迷糊糊地走下楼去。

楼下的静寂又被悲惨的哭声打破，可是依旧见不到哀哭的人。我一间一间房走过去，所到之处都见不到有人，可是各处都有哭声……我感觉又迷惑又惊慌……我决心要追根究底，查看这神秘而又奇怪的事，究竟是由何而起。一路走过去，来到东厅……忽然发现一幅令人难受的景象。只见一个灵柩，里面躺着一具尸体，穿戴整齐。灵柩周围有士兵守卫，厅里聚着一大堆人，有些人愁容满面地注视着蒙着面的死人，有些人号啕痛哭、悲痛欲绝。'白宫里谁死了？'我上前问一个卫兵。他回答道：'是总统。他遇刺逝世。'"

林肯梦中的预感，没几天就化为了现实。

4 月 14 日，林肯邀请格兰特将军夫妇去福特剧院看歌剧《我们美国的表兄弟》。傍晚，当他步行到陆军部的时候，突然预感到有人要谋杀他。于是便对身边人说，要不是已经邀请了将军夫妇去看戏，他是不愿去了。既然非得去，为了安全起见，他就亲自要求作战部长斯特顿派一个名叫埃克特的陆军上校做他的警卫。可斯特顿说，埃克特另有任务，结果就派布恩来担任当天晚上的警卫。

演出开始之后，大家受剧情的影响，逐渐进入状态。谁知就在这出歌剧演到高潮的时候，突然有人溜进总统的包厢，开枪击中了林肯的后脑。接着凶手立即跳下窗口，慌忙出逃。可就在他跳下来的时候，脚跟碰巧触在窗外一根旗子的梭镖上。但为了逃命，他还是忍着疼痛拼命往前跑。然而，脚伤引起的行动不便以及他沿途所留下的血迹，使得警察很快就发现了他的踪迹。可惜由于他负隅顽抗，最终警察只能在围捕时开枪击毙了他。

中弹后的林肯因抢救无效,于 4 月 15 日清晨 7 点 22 分与世长辞。遗体果然供在白宫的东厅。当时,人们都急于搞清楚:那个人为什么要杀总统?他又是怎么溜进包厢顺利得手的?

林肯

凶手是位演员

经过一番调查,事情终于有了一些眉目。凶手是一位名叫约翰·韦克斯·包斯的演员。

据说在内战期间他最初是站在北方这边的,但不久就转而同情南方,并表示:"干掉林肯而使自己名垂青史,那该多么荣耀啊!"林肯第二次就职宣誓时,他就站在离讲坛非常近的国会大厦的台阶上。后来他还对人说:"假如我早些动杀机的话,总统宣誓就职的那天就是千载难逢的良机啊!"在他看来,他杀林肯是为祖国除掉一个最大的"暴君"。

显然,包斯的这些经历和言语都在一定程度上表明了他的杀人动因。人们都觉得他这么做是出于对北方和总统的仇恨。但事实上,调查所得的另外一些证据却暗示着此案另有玄机。

据说,那天晚上林肯总统钦点的警卫埃克特事实上整晚都在家,不知作战部长斯特顿为何会骗林肯说他另有任务?而后来担任总统包厢警卫的警察布恩,据说一贯行为不轨。可令人奇怪的是,他却是由林肯夫人亲自指定来担任当晚的警卫的。其中奥妙至今无人知晓,却也是人们认为此案最值得探察的地方。

同时,因为许多问题要通过凶手本人才能弄清楚,所以在抓获罪犯的命令中,一再强调必须将其活捉。可遗憾的是在围捕过程中,包斯被一枪打死了。这一枪又是谁放的呢?更令人费解的是,后来报告说,包斯是自杀身亡的。

1926 年,林肯的儿子罗伯特·托德·林肯在自己去世前,焚毁了他父亲的一些私人文件。他对朋友说:"这些文件中的证据表明,林肯内阁中有一个人犯有叛国罪。因此,还是把这些证据付之一炬为好。"此人是谁?罗伯特为什么不将他公布于众?其中究竟有什么不可告人之事呢?

基德海盗之谜

威廉·基德是世界海盗史上最著名的海盗,他曾经是纽约的名商和财主,又曾经是海军英雄和国王御批的缉私船船长,无论在生前和死后,都被称为"海盗之神"。

基德案件之所以轰动一时和引起后代关注，是因为他的出海有着复杂的政治背景，大英帝国最上层的几个贵族掺和着他的海盗活动，而最后，他们却出卖了他。

基德之死

处决基德的仪式是非常壮观的。

在威风凛凛的仪仗队前面，有一辆敞篷四轮马车，车上坐着海军元帅奇克和副元帅，他们肩上扛着一把银质船桨，象征着海军的权威和力量。仪仗队后面是由两列警察押解的死囚车，车上挂着黑布，里面关押着基德和他的同船水手马林斯，以及一名与本案无关的末流海盗。

庞大而喧闹的人群尾随着基德的囚车，涌向刑场。

人群中，此起彼伏地唱着一首专门为基德谱写的叙事歌谣——《基德船长向大海告别》：

我是基德船长，我是基德船长，当我航行的时候，

我作恶多端，甚至不畏惧上帝的惩罚，

我从这个海峡游荡到那个海峡，发现了不少船只，

我把它们全部击沉或者烧毁，当我航行的时候。

我杀害了威廉·穆尔，把他抛弃在血泊之中。

永别了，诸位老少，所有快乐、勇敢的水手，

欢迎你们来分取我的金银财宝，因为我就要死了。

永别了，卢农镇，这个到处是漂亮姑娘的地方。

我将得不到宽恕，我要死了，我要死了，

永别了，因为我要死了。

在那可怕、悲惨的黑暗之处，

我将长眠，永世长眠。

基德的示众整整进行了两个小时，才到达位于泰晤士河泥泞河滩上的瓦滨刑场。

在绞刑架旁边，站着的是保罗·洛兰牧师。

不过，这位船长仍然不肯忏悔，也不要求别人的宽恕。

如果说，基德一生中有什么突出特点的话，那就是他命运多舛，直至他生命的最后一刻，也仍然如此。

他刚被吊上绞刑架，在空中摇晃了一会儿，绞绳经不住他的重量，就"啪"的一声断了，把他摔在泥塘里，惹起围观的民众一阵惊叫。被摔得晕头转向的基德又被人拖上一架梯子，重新被套在绞刑架上……

按照海事法庭的规定，他的尸体将被用铁链绑在柱子上，让泰晤士河潮水一起一落冲刷三次，然后用金属铠套和铁条固定，重新吊在位于泰晤士河口的另一副绞架上。这样，肌肉腐烂了，骨骼和头颅仍会保持原状，所有进出泰晤士河的人都可以清楚地看到

它。这样做的目的是,"可以当作对将要去犯罪的人的一个恐吓性的警告"。

从"缉私船船长"到海盗

威廉·基德是苏格兰人,1645年出生在格里诺克。据推测,当他还是孩提的时候,就出海航行了,20岁时移居美洲。到17世纪90年代初期,他已是纽约一位颇有财产的富人了。

当时的英国人在北美洲控制着大片的殖民地。除了宿敌法国人之外,猖獗的海盗也直接危害着英国人的利益。

基德的朋友、纽约和新英格兰两地总督贝洛蒙伯爵提议,由基德组建一艘强大的缉私船,其任务是:(1)缉拿海盗,缴获海盗赃物;(2)截捕敌对国法国人的一切船只和货物。

传说,贝洛蒙还同基德签了一份秘密协议:由贝洛蒙负责筹措4/5的款项,大约是6000英镑,这笔款子来自四位隐藏姓名的当政大臣。协议规定,国王按惯例分得掠获物的10%,贝洛蒙的幕后赞助人分54%,剩下的由基德处理。

没有人知道这个传说是真是假,但基德很快就得到了一份盖有英国国王御玺的委任书,上面写道:授权"我们忠诚的、敬爱的威廉·基德船长"——委任书这样称他——捉拿海盗,并查封他们的船只以及"一切商品、金钱、货物和器皿"。

基德以为,有国王和大臣们的庇护,他是安全的。

1695年,基德船长的"冒险号"从泰晤士河下水。这是一艘三桅战舰,装有34尊大炮,23对大桨,满帆时,时速可达14海里。

他驶往南非好望角一带,在海盗频繁出没的东非海岸游弋,但是,没有碰上一艘真正的海盗船。

原因是,大多数海盗船都把自己打扮成商民,有合法的航行证。碰上了战舰他们便是商船,碰上了商船他们就摇身一变,成了海盗。即使查出了武器弹药也无碍,因为海盗猖獗,商船也必须有足够的防御能力。

那就截捕法国货船吧,这也无济于事。因为所有的商船都有两手准备。碰到了英国战舰,他们便挂上英国旗,拿出英国人颁发的通行证受检;碰到了法国战舰,他们便挂上法国旗,拿出法国人颁发的通行证受检。叫你无可奈何。

吃的东西越来越少。一年之后,他几乎无力维持船上150号人的生计。光荣凯旋的梦幻开始破灭了,他已经陷入了进退维谷的境地。

特别是从纽约征集来的那批水手,本来就是些鲜廉寡耻的亡命之徒,他们开始牢骚满腹,骂骂咧咧,公开鼓吹干脆就当海盗。

依然维持着道德尊严的基德与水手的冲突在所难免。

1697年7月,"冒险号"在红海狭窄海口内的丕林岛抛锚。这里本是一个非常理想的伏击点,可是,他等来的却是一支英国人护航的商贸船队。英国东印度公司装备精良的护卫舰立即向这艘形迹可疑的船舰开火,基德只得驾舰逃窜。

传统的古代海盗形象

基德变了,变得暴戾恣睢,开始疑神疑鬼。炮长穆尔发了点牢骚,埋怨船长把他们带入了绝境,基德便操起一只外面包有铁条的水桶,把穆尔砸得颅骨折裂,第二天死去。

船上的气氛越来越坏。更重要的是,他们不得不设法谋生。

1697年9月,他们在印度果阿北部沿海抢劫了一艘摩尔人的小帆船,不料的是,船长是一名叫帕克的英国人。

从此,基德脱下了假面,不再道貌岸然,一步一步地走向深渊。是他强烈而潜在的海盗欲望终于得到了满足呢,还是他内受水手们饥饿的压迫,外受协议分红的约束,有着不得不如此的苦衷?我们不知道。

抢劫! 抢劫! 抢劫!

11月底,基德在离卡利卡特12海里的地方,发现了一艘帆船。基德把船迎上去,并命令在自己的船上升起法国旗——这是一种引诱对方也把法国旗升起来的狡诈做法。

果然,那艘船也升起了法国旗。

"老天爷,我可把你们逮住了!"基德喊叫道,"你们正是我们要寻找的目标!"

那位荷兰船长交出的是一张"法国通行证",而实际上,这艘"少女号"属于印度人所有。

基德把船上的货物运到岸上卖成了现款和黄金,然后把钱分给了他手下的人。

1697年圣诞节后第三天,基德又在马拉巴尔海岸附近抓住了一条摩尔人的双桅船,截获了几桶糖果和一口袋咖啡。

12天后,他又抢劫了一艘葡萄牙船,船上装的大部分是东印度公司的货物,以及一些火药、鸦片、大米、生铁、蜂蜡和黄油。

1698年1月30日是一次事关重大的抢劫。他又用升起法国旗的手段,诱捕了一艘载重500吨的"奎达商贾号"商船,船上的货物足足卖了10000英镑。然后,他带着他的战利品——"少女号"和"奎达商贾号",向着马达加斯加驶去。

航行了五六天后,"奎达商贾号"的真船长赖特露面。这才把基德吓了一跳,原来他抓获的竟是一艘地道的英国船。

此时的基德也许还良心未泯,他马上召集船上所有水手,站在前甲板上向他们宣布:"抢劫这条船会在英国引起轩然大波,我建议,把'奎达商贾号'交还给赖特船长。"

但是,水手们异口同声地喊道:

"不——,不!"

基德无奈,只好带着这两艘假想的敌船继续航行。

1698年的愚人节,老天爷给基德开了一个不大不小的玩笑。当他的小小船队到达马达加斯加的时候,一艘真正的海盗船"莫查号"快艇也停泊在这里。

基德直到这时,还在使命和欲望之间受着精神上的折磨,虽然他已经当上了海盗,但仍然梦想着追捕海盗。当他催促手下的人去缉拿"莫查号"时,得到的却是嘲弄的狂笑。他们告诉他说,他们宁愿向他开十枪,也不愿向海盗开一枪。

此时,基德才知道自己已经堕入苦海。

他的部下开始瓜分从"奎达商贾号"上抢来的东西。奇怪的是,他们按武装民船的规矩给基德留了整整40份,而不是按海盗船的规矩,船长只分两份。分完后,除了13个人外,其他水手都离开基德去投靠海盗卡利福德去了。

海盗们把"少女号"洗劫一空,然后放火把它烧掉。

基德把自己反锁在船长室里。最后,他向海盗船长卡利福德发誓投降,卡利福德船长也宽大为怀,饶了他的命。

基德先生的末路之旅

告发基德的文书雪片一样涌向伦敦法院。

在野的保守党政客摩拳擦掌,一定要追查派遣基德出海的内幕,一场头等重要的政治丑闻已经微露端倪。

不过,基德的同伙和后台当时都身居高位,他们是大法官萨默斯勋爵,海军大臣奥福特勋爵,首席法官施鲁斯伯里勋爵,枢密院顾问官罗姆尼勋爵。他们当机立断,立即发出通缉令。

为了彻底孤立基德,他们还宣布,除了基德和另外两名罪大恶极的海盗以外,好望角以东的所有海盗都可以得到赦免。

这个消息像烟云一样传遍了世界各地的港口,基德的同伙主张,将船触礁沉没,然后分散隐蔽,等风头过了再东山再起。

但是,基德不愿逃跑,他离家已有很长时间了,他的年纪也经受不了这种逃避法律的流窜生活。

他在伦敦和纽约都有一些大有权势的朋友。他确信,他现在仍然有足够的货物、珠宝、金银,同他的神秘的赞助人结账。

更重要的是,他手上还握有从那两只船上缴获来的"法国通行证",这足以证明他不是海盗,而是在打击敌船。

他决定先到纽约,他相信,他可以得到贝洛蒙总督的保护,贝洛蒙总督是"冒险号"出海的实际发起人和最早的支持者。

在漫长的归途中,他忧心忡忡,鬼鬼祟祟,常常在一些无人的荒岛寻寻觅觅,独来独往,惹起他的追随者们无尽的猜疑。

1699 年 6 月 10 日,"安东尼奥号"绕过长岛,停泊在奥伊斯特湾。至此,基德离家已近三年,总航程 4.2 万海里,比绕地球一周还要多。启航时的那艘船,已经成为热带孤岛上的一具残骸,当初出海的人大都已经死去,有的转变成了真正的海盗,他自己,则成了一个亡命之徒。基德这场为生命和自由而进行的令人绝望的赌博,已经到了最后关头。

他托他的老朋友埃莫特律师把那两张寄托了全部希望的"法国通行证"提交给总督贝洛蒙。总督立即回了信,信上说:

如果你确实像你,或者像你朋友埃莫特所说的那样清白,那么,你就该到我这里来。我肯定可以从国王那里为你求得赦免。

基德满心以为他将获得真正的保护,开始到处活动,慷慨大方,把本来应该留待海事法庭处理的钱财货物到处送人。在长岛东端加德纳先生的果园里埋藏了最后一批珍宝之后,他才开始在纽约市政厅露面。

但他立即遭到了逮捕,关进石头监狱的一间单人牢房,再加上了 16 磅重的脚镣手铐。

他的财宝遭到疯狂的追索。家被抄,赠送给朋友的礼品被收回,埋藏在加德纳果园里的财宝也被挖出。三个星期后,他窝藏的财物清单列出,计有:1111 盎司黄金,2353 盎司白银,1 磅多重宝石,57 口袋糖,41 捆杂货。全部财物在严密的监护下用船运回英国,收入国库。

替罪之羊,还是罪有应得?

1700 年 2 月 6 日,基德被带上一艘船,锁在舱底,走向了回归英国的末路之旅。

他被关进已有 500 年历史的新门监狱,精神常常处于错乱状态。他要求人们给他一把刀,好让他自杀。他手中举着一块黄金,要求送给他的妻子。他哀求把他枪毙,不要绞死。

在这间昏暗的、散发着恶臭的、喧闹的和残缺破烂的牢房里,威廉·基德被监禁了一年多。

到 1701 年 3 月底,基德突然被召到下议院。他粗鲁野蛮,像是喝醉了酒。其实,下议院想要了解的并不是基德本人的案情,而是在背后支持基德的民权党的几个勋爵所组织的辛迪加所应承担的罪责。如果他把发起这次远航的民权党的几个政府官员牵连进去,把他们说成是一帮恶棍,而把自己说成是他们的牺牲品的话,他或许会赢得保守党人的宽恕。可是基德对政治上的勾心斗角一窍不通，他看不到这一点，反而一味申诉自己的无辜，因此也等于为民权党的大臣们作了申辩。

"我原以为他只不过是一个恶棍，"一个下议院的议员这样评论，"现在我明白了，他还是一个十足的傻瓜。"

第二天，下议院建议，他的案子"根据法律应予以起诉"。

基德在伦敦法庭的表现也很差劲。在问及"冒险号"炮长威廉·穆尔死亡问题时，他说：

关押基德的新门监狱

"我没打算杀死他。"基德笨拙地为自己辩护。

"你的意思是，他确实是死在你的手里了。"检察长立即抓住了漏洞。

"不，这不是预谋的，当时我太动感情，对此，我从内心感到对不起他。"

"也许不是预谋，但结果是你杀死他了。是，还是不是？"

基德无言以对。事实上，那时的基德还不是海盗，他打死的只是一个煽动和胁迫他当海盗的恶徒。

在抢劫问题上，基德的辩护更是苍白无力。他说：

"'奎达商贾号'和'少女号'是我合法的战利品，因为他们有'法国通行证'，其他的船只是叛变的水手胁迫我去抢的，我不能对胁迫下的行为负责。"

"但是，你缴获的'法国通行证'呢？"

"在贝洛蒙总督那里。"

法庭上一阵哄笑，因为贝洛蒙远隔重洋，而且他早就郑重声明，他从来没有看到过什么通行证。

基德终于被判处了绞刑。

"我的上帝呵，"基德嘟嘟囔囔地嚷道，"这个刑罚太重了，我是最无辜的人，我是被作伪证的人给咒死的。"

基德是罪有应得，还是几个民权党人的替罪之羊？历史没有再做出新的结论。不过，基德早先交给贝洛蒙的那两张"法国通行证"，后来在伦敦档案局找到了。

基德如果在世，不知道会对此做出什么感想。

至于贝洛蒙勋爵，这个怂恿基德出海，最终把基德送到绞刑架上的人，在基德被处死之前大约三个月就死了。

"他耗尽了他的精力，"贝洛蒙的遗孀在给伦敦的一封信中诉苦说，"他为国王效忠，鞠躬尽瘁，死而后已。"

从"奎达商贾号"上没收的黄金、白银、珠宝、丝绸和印度纱,都上缴给了王国政府。经拍卖,卖了6472英镑。现在格林威治的国家海洋博物馆的一栋楼,就是用这笔钱买下的。

有传说说,基德被处死之前曾经提出:"我已将财宝埋入地下,除了魔鬼撒旦和我,没有人能找到它。"他表示,如果官方推迟对他的处决,他可以把一支舰队领到他的藏宝之地。

但是,他的要求遭到拒绝。于是,基德死后,又演绎出许多寻找基德宝藏的故事来。

希望钻石厄运之谜

钻石是自然界里一种极为罕见的矿物,它坚硬无比,光彩夺目,具有永久不衰的魅力,因而一直被世人视为珍宝。然而,美丽的钻石并非都是幸福的象征,有时它也可能成为带来厄运的源头,令人发疯,置人于死地。那颗被称为"希望钻石"的蓝色宝石,就是以它能带来厄运而闻名于世的。

最早的厄运

据传说,"希望钻石"出产于印度南部的基斯特那河流域,公元14世纪末,一位印度老人在一个废弃的钻石矿场的沙堆里发现了它,当时重约122.5克拉,是颗罕见的大钻石,号称"钻石之王"。莎拉里帝国的国王曾经这么说过:"如果拿这颗钻石与我的帝国交换,我一定会毫不犹豫。"这一豪壮的语言极有分量,大大地提高了"希望钻石"的身价。

然而,就是这颗闪烁着冷艳寒光的巨钻,却有一段颇为传奇、充满凶险的历史,几百年来,它无情地嘲弄着所有拥有它的主人,使几乎每一个接触过它的人都莫名其妙地遭到厄运。

传说中第一位因它而死的人,是500年前的一位印度僧侣。那时钻石刚被发现不久,并被人们供奉在一座印度教神庙的神像额头上,每天受到信徒们的顶礼膜拜。这位贪婪的僧侣经不住这颗巨钻的诱惑,在一个深夜里潜入神庙,从神像额头上凿取了钻石。结果是,他很快地被人发现,愤怒的教徒们拿起棍棒,把他活活打死。

钻石被再次安放在神像的额头上,并由教徒们严加看守,以防被盗。到了1642年,一位叫塔菲尼尔的法国冒险家兼珠宝商人,装扮成信徒,盗取了这颗钻石,然后辗转逃回法国。不过,他得到的仅仅是财富,却失去了安宁。塔菲尼尔先是欣喜若狂,接着就疑神疑鬼,总担心有人暗算他,于是就把钻石转手卖给别人,得了不少的钱,并且用这笔钱买了一个爵位,购置了一处房产。但是,这位老兄却有一个不肖的儿子,嗜赌如命,不到几年,弄得负债累累。塔菲尼尔无可奈何,只得变卖家产为儿子还债,自己则只身再回印度,寻找钻石,以图东山再起。不料此次在印度不但发财不成,反被一群野狗活活咬死,尸体支离破碎,惨不忍睹。

法国王室的血污

　　1660 年,这颗蓝色钻石又辗转落入法国国王路易十四手中,路易十四对它极其珍爱,特地从意大利请来了能工巧匠,重新琢磨钻石,"希望钻石"由原来的 122.5 克拉瘦身为 67.5 克拉,被称为"法国之蓝"。

　　这颗经过琢磨后的钻石,呈心形,光泽倍增,雍容华贵,精美绝伦。法王把它珍藏在珠宝库里,只在有重大庆典的场合里才拿出来炫耀一番。

　　有一次,路易十四正在凡尔赛宫举行盛大舞会,佩戴着"希望钻石"正在翩翩起舞的

法国大君主路易十四得到了钻石,也给他的家族带来了厄运。

莫蒂妮小姐,突然惊叫一声:"脖子上好难受啊!"随后倒在地上。这位被公认将是王妃的莫蒂妮小姐从此一蹶不振,摆脱不了厄运的纠缠,不久即死于非命。

　　兰巴尔公主曾经多次佩戴过这颗钻石,她后来被一些暴民打死。

　　路易十四手下有位名叫尼古拉斯·福奎特的亲信,是政府的经济大臣,因参加某国宴会而借用了"希望钻石",此君想用这颗钻石来抬高身价,炫耀他与法王的密切关系,以求带来好运。可是此人命运不佳,数年后,路易十五即位,有人在新国王面前告状,说福奎特企图盗窃王室珍宝。可怜的福奎特升官不成,反被判了个终身监禁。

　　路易十四本人穷兵黩武,给人民带来深重的苦难,最终在那场帝国兵变失败后死去。当他的灵车通过街道时,喧闹的人群以唾骂作为敬礼,用狂欢和痛饮来庆贺他的死亡。

　　路易十五没有戴过它,但他的一名曾戴过它的情妇,在法国大革命时上了断头台。

　　此后继承这颗钻石的,是显赫一时的路易十六。他是一个昏庸无道的国王。王后玛丽·安东尼娜荒淫无耻,挥霍无度。路易十六也命运不佳,其归宿是在 1789 年爆发的法国大革命中,与王后安东尼娜一起被送上了断头台。

　　1792 年,在清点王室珍宝时,缀有这颗钻石的皇冠不翼而飞。原来是一名宫廷侍卫浑水摸鱼,趁混乱之际偷走了它。从此,"法国之蓝"销声匿迹达 40 年之久。

　　这期间,法国珠宝商雅克·塞洛特从一位不愿透露姓名的人那里买下了这颗钻石。他虽获此至宝,但整日里忧心忡忡,因为当时政府到处张贴告示,谁私藏了王室珍宝,就

要以死罪论处。此君既不甘心交出了事，又不安心妥为收藏，不久变得精神错乱，最后自杀身亡。

慷慨的捐赠

一位富豪俄国亲王康尼托沃斯基用重金买下了它，把它送给他在巴黎的情妇。但不久之后，他亲手开枪把情妇打死，随后他也被谋杀身亡。

1830 年，这颗钻石出现在俄国皇宫中，风流女皇叶卡特琳娜特别喜爱这颗"法国之蓝"，决定再次琢磨后镶上皇冠。被选定的荷兰钻石琢磨匠费了不少心血，把它磨成了目前的 44.5 克拉。加工完毕时，已是半夜时分，他把钻石锁在保险柜里，然后回房睡觉，准备第二天再刻上女皇的名字。次日，他打开保险柜一看，顿时傻了眼，里面空空如也。原来是钻石匠的儿子偷走了钻石，已逃往英国。可怜的钻石匠自知无法交代，就服毒自尽了。

在"法国之蓝"不断易主的过程中，爱尔兰一位名叫亨利·霍普的银行家在一次公开拍卖中以 15 万美元的价格把它买了下来，并用自己的名字——Hope——给钻石命名。

"Hope"（霍普）是"希望"的意思，这是目前把它称作"希望钻石"的由来。

可是，重新命名之举并没有为这位霍普先生带来什么希望，而是带来了厄运，以致后来家破人亡。原来，霍普是单身汉，财产和钻石都由他的一个侄儿继承，他在去世之前立下遗嘱，让家人把这颗钻石代代相传，任何时候都不能卖掉。在此后 20 年中，这颗被命名为"霍普"的钻石被怀疑是这个家族四名成员惨遭不幸的罪魁祸首。到钻石传到他孙子弗朗西斯手里时，银行倒闭，弗朗西斯也因破产而死。

"希望钻石"几经拍卖，几度浮沉，辗转到 1903 年，土耳其皇帝哈密德二世花了 40 万美元把它买下，赐给皇后苏巴雅，后来国王又亲手把皇后刺死。9 个月后，即 1904 年，青年土耳其党发动军事政变，一年后，哈密德二世自己也失去了王位。

1911 年，"希望钻石"又运渡重洋来到美国，《华盛顿邮报》社长、商业巨贾麦克林以 15.5 万美元低价购得，他的夫人无所畏惧，藐视那些荒诞的传闻，常常将另一颗著名钻石"东方之星"与"希望钻石"同时佩戴在项链上。

她本人虽平安终老，在随后的 40 年中，给家庭带来的厄运却接踵而至：先是麦克林的儿子文森特被一辆汽车撞死，接着是他的女儿因服安眠药过量而离奇地死去。1947 年，麦克林先生自己也破了产，最后死在精神病院里。他的新任妻子伊芙琳则最终成了个嗜吗啡成癖的瘾君子。

麦克林夫人去世后，"希望钻石"被美国的一位钻石大亨哈瑞·温斯顿买下。这次交易是私下进行的，据说温斯顿出了 150 万美元的高价才得以成交。尽管温斯顿先生仍然不以为意，但这颗声名狼藉的钻石的离奇经历在西方世界里却是被炒得家喻户晓。常常出现这样的情况：当人们知道温斯顿一家，或者某一个人在车上时，同车的人则纷纷下车；人们知道温斯顿一家，或者某一个人在飞机上时，同机的人就纷纷退票。搞得温斯顿一家非常尴尬，哭笑不得。

由于这颗传奇的钻石确曾带给人们一些厄运,温斯顿毅然决定,将它捐献给了华盛顿的史密森博物馆。1958年12月8日,在博物馆举行的捐赠仪式上,温斯顿先生感慨地说:"'希望钻石'给人们带来的并不是希望,而是无穷无尽的罪恶。我今天把它捐赠给博物馆,更希望由此而把人类的罪恶也都在博物馆里陈列起来成为历史。"

最后的思索

如今,"希望钻石"在华盛顿白宫附近的史密森博物馆展览大厅里平静地度过了40多个春秋。它被安放在一个白色壁橱里的黑天鹅绒垫上,发出熠熠蓝光,更加迷人。它似乎在向每一位参观者娓娓诉说着它那不平凡的经历,诉说着它背后隐藏着的种种罪恶和血迹斑斑的人间悲剧。尽管每年都有不少好事之徒写来信函,要求博物馆把这颗魔鬼钻石转卖出去,以便嫁祸于他国,钻石却仍然在这座黑色展台上,享受着它生平以来少有的平静。

是人们该思考一下它的时候了。

一部分人认为,"希望钻石"确实是一只魔鬼钻石,灾难钻石,谁要是沾上了它,谁准

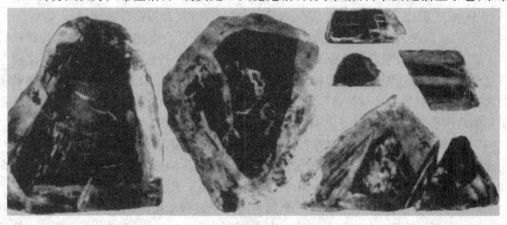

形形色色的天然钻石

就会交上厄运,几百年来的历史事实一再地证明了这一点。

另一部分人则认为,人总是要死的,在漫长的岁月里,钻石的拥有者和他的家族成员总是不得不因为这种或那种原因死去,平心静气而论,许多不拥有任何钻石的家族也是如此,把几十年内的死亡事件都扯到钻石身上是非常可笑的,不值得一驳。比如说,那不得人心的路易十四在位几十年,死去几个与钻石有关的人有什么奇怪呢?

还有一种意见认为,除了美不胜收以外,钻石本身是一笔巨大的财富,而在历史上,围绕着一笔巨大的财富而进行的惊心动魄的斗争则是屡见不鲜,与其说这颗钻石是个魔鬼,倒不如说它巨大的价值是个魔鬼。欲望与血腥同在。只要财富还在世界上发挥它无所不能的作用,类似"希望钻石"这样的血腥故事还会重演。你认为,这种说法对吗?

· 世界通史 ·

现当代世界史

导　读

　　世界现代史是指从 20 世纪初到现在,第一次世界大战是世界现代史的开端。主要包括:第一次世界大战、苏联社会主义道路的探索、凡尔赛—华盛顿体系下的西方世界、第二次世界大战、主要资本主义国家的发展变化、社会主义国家的改革与演变、亚非拉国家的独立和振兴、战后世界格局的演变、科学技术和文化。进入现代以来,世界日益成为密不可分的整体。在经济全球化推动下,历史进程渐趋国际化,世界各国发展模式则呈现民族化和多样化,这种全球化和多元化的矛盾统一,构成了世界各国相互依存又相互竞争的复杂局面。人类社会在取得空前进步和巨大发展的同时,也经历了前所未有的苦难。

　　世界当代史是讲述 1945 年第二次世界大战结束至今的世界历史。它是世界通史的一部分,也是人类社会从资本主义向社会主义、共产主义过渡的一个阶段的历史。和平与发展是当代世界两大主题。发展需要和平,和平需要发展。世界要和平,国家要发展,社会要进步,经济要繁荣,生活要提高,已成为历经两次世界大战灾难的当代各国人民的普遍要求。各国政府和人民争取世界和平与各国社会政治经济发展的斗争,成为世界当代史的中心内容。

现代世界史实纵横

俄国伟大十月革命的胜利

　　1917 年的秋天,俄国爆发全国性的危机。整个国民经济处于崩溃的境地。物价急剧上涨,工人的实际工资比战前几乎降低了一半,每 1 个卢布的购买力抵不上战前的 10 戈比。人民群众生活每况愈下。8 月,彼得格勒和莫斯科的居民,每天只能得到 200 克面包。资产阶级临时政府继续执行反革命的政策,日益尖锐的社会经济矛盾和政治矛盾促

进了革命运动的蓬勃发展,大规模的有组织的工人罢工持续不断,农民起义蔓延到欧俄部分 90% 以上的县。9 月份,农民起义的次数比 5 月份增加了 5 倍。前线的士兵再也不愿打下去了,官兵矛盾不断尖锐。整个兵团拒绝执行战斗命令的现象明显增多,前线开始崩溃。少数民族的解放斗争也大大增强,一些地区已发展为公开的武装冲突。小资产阶级政党内部开始分裂,社会革命党内出现了左派。8~10 月,皮尔姆、乌发、撒乌拉、梁赞、伊尔库茨克、明斯克、巴库等地的左派社会革命党人先后同社会革命党决裂,建立自己独立的组织。在彼得格勒,社会革命党员有 4.5 万人,其中左派有 4 万人。左派社会革命党人同布尔什维克的联系日益密切。他们反对同资产阶级联合,主张取消地主土地所

晚年的列宁

有制,孟什维克中形成的"国际主义者"集团也开始倾向于布尔什维克。

　　孟什维克和社会革命党人为了阻止革命的发展,把国家引向资产阶级立宪民主主义的道路,于 9 月 14 日到 22 日召开了所谓全俄民主会议。会议做出了同资产阶级联合组成政府的决定,并成立了一个"预备议会"。布尔什维克党对预备议会实行抵制,退出预备议会,同时展开了争取召开苏维埃第二次代表大会的运动,并加紧武装起义的准备。

　　彼得格勒七月事变之后,列宁转入秘密活动,他被迫居住在芬兰。9 月中旬,他在分

析了全国总的形势之后,认为举行武装起义的有利时机已经到来。他在写给布尔什维克党中央的信中,全面论证了武装起义的必要性。列宁认为,起义要获得胜利,应该靠先进的阶级,依靠人民的革命高潮,依靠革命发展进程上的转折点。这些条件在当时都已经具备。9月29日,列宁进一步指出:"危机成熟了。俄国革命的整个前途已处在决定关头。"他特别强调,拖延起义的准备工作就有毁灭整个革命事业的危险。

10月7日,列宁根据布尔什维克党中央委员会10月3日做出的专门决议,从芬兰秘密回到彼得格勒。10月10日,党中央委员会举行会议。列宁、季诺维也夫、加米涅夫、托洛茨基、斯大林、斯维尔德洛夫,乌里茨基、捷尔任斯基、柯伦泰、布勃诺夫、索柯里尼柯夫、洛莫夫等12名中央委员出席会议。列宁做了关于目前形势的报告,指出进行武装起义的政治条件已经成熟,党必须注意军事技术方面的问题,选择恰当时机,给敌人以致命打击。斯维尔德洛夫做了关于群众情绪和各地形势的报告。会议以10票赞成,加米涅夫、季诺维也夫两票反对,通过了列宁起草的关于武装起义的决议。根据党中央的决定,10月12日,在彼得格勒苏维埃中成立了准备和领导起义的机关——革命军事委员会。

10月16日,举行了布尔什维克党中央委员会扩大会议,讨论武装起义问题,出席这次会议的中央委员有25人,斯维尔德洛夫任会议主席。列宁在宣读了中央委员会10月10日的决议后指出:"根据对俄国和欧洲阶级斗争的政治分析,必须制定最坚决、最积极的政策,这个政策只能是武装起义。"加米涅夫、季诺维也夫继续反对起义,认为布尔什维克还没有足够的力量来取得胜利,应该等待立宪会议的召开。在辩论中,列宁3次发言批驳他们的观点。最后,会议以19票赞成、两票反对、4票弃权的表决结果通过了关于武装起义的决议。号召所有党组织、全体工人和士兵加紧武装起义的准备,并决定由中央委员会和彼得格勒苏维埃选择进攻的恰当时机和方式。会议还选出了由布勃诺夫、捷尔任斯基、斯维尔德洛夫、斯大林、乌里茨基组成的革命军事总部,作为党的领导核心参加彼得格勒苏维埃革命军事委员会的工作。

列宁像

正当全力准备武装起义的时候,10月18日的《新生活报》发表了加米涅夫以他本人和季诺维也夫的名义所写的文章,泄露了关于举行武装起义的决定。文中写道:"不仅我和季诺维也夫同志,而且许多其他做实际工作的同志也认为,在目前社会力量对比的情况下,在几天后即将召开苏维埃代表大会的情况下,发动武装起义是不允许的,这样做会给无产阶级革命带来灾难。"

为了扼杀正在准备中的武装起义，临时政府在10月17日举行秘密会议，讨论镇压布尔什维克的措施。会后，临时政府命令大本营火速把部队从前线调到彼得格勒；要求驻在首都的哥萨克团队做好战斗准备；加强对冬宫和其他政府机关的守卫，并由彼得格勒军区司令发布准备镇压起义的紧急命令。

　　但是，无论什么措施都不能挽救资产阶级临时政府的命运了。革命力量已充分地动员和组织起来，彼得格勒2万多人的工人赤卫队从19日起由革命军事委员会直接指挥。10月21日，布尔什维克召开了首都所有部队和舰队团连委员会会议。会上由托洛茨基做了关于目前形势的报告。从这一天起，彼得格勒卫戍部队完全承认苏维埃为唯一的权力机关，承认军事革命委员会为直接指挥机关。波罗的海舰队的水兵从喀琅塔得和赫尔辛福斯调往彼得格勒，"阿芙乐尔"号巡洋舰和其他一些军舰都接受了战斗任务。10月22日是"彼得格勒苏维埃日"，布尔什维克组织工人和士兵举行声势浩大的集会，要求立即把全部政权转归苏维埃。决战前夕，革命群众充分显示了自己的坚强决心和巨大力量，布尔什维克领导的社会主义革命大军进入了战斗状态。

　　酝酿已久的阶级大搏斗开始了。

十月革命期间，布尔什维克与政府军之间的街头战。

　　10月23日夜，临时政府下令占领武装起义的司令部——斯莫尔尼宫，拉开涅瓦河上的桥梁，以切断工人区和市中心区的联系。10月24日，彼得格勒军区司令下令驱逐革命军事委员会派在团队中的政治委员并将他们交付法庭审判。当天清晨，士官生袭击了布尔什维克党中央机关报《工人之路报》和中央军事组织的《士兵报》印刷所，抢去报纸，捣毁铅版。上午，市内交通中断，士官生占领了电话局。

在这种形势下,布尔什维克党中央委员会立即举行会议,决定采取紧急措施回击反革命的进攻。24日上午10时左右,工人赤卫队和革命士兵夺回了被占领的印刷所,立即出版报纸,发出推翻临时政府的号召。武装起义开始了。在几小时之内,一支总数超过20万人的革命队伍迅速行动起来。革命军事委员会通过"阿芙乐尔"号巡洋舰上的无线电台,号召彼得格勒以外的所有革命组织做好战斗准备,阻止临时政府的部队开往首都。

10月24日晚上,列宁秘密来到斯莫尔尼宫,直接领导已经开始的武装起义。25日凌晨,起义队伍夺取了涅瓦河上的桥梁,占领了电报总局、电话总局、邮政总局、通讯社、国家银行、发电厂、火车站等重要目标。到早上,除了冬宫等少数据点外,整个首都实际上掌握在起义者手中。旧的国家机器已经瘫痪。克伦斯基乘坐美国大使馆的汽车,仓皇逃往普斯科夫的北方战线司令部。

10月25日上午10时,革命军事委员会公布了列宁起草的《告俄国公民书》宣告"临时政府已被推翻。国家政权已转到彼得格勒工兵代表苏维埃的机关,即领导彼得格勒无产阶级和卫戍部队的军事革命委员会手中"下午,彼得格勒苏维埃在斯莫尔尼宫召开紧急会议,听取革命军事委员会关于推翻临时政府和起义胜利的报告。列宁在会上庄严宣布:"布尔什维克始终认为必要的工农革命,已经成功了。"

25日傍晚,数万名赤卫队员、革命士兵和水兵包围了反革命的最后巢穴——冬宫。革命军事委员会向临时政府发出最后通牒,令其在20分钟内停止抵抗,缴械投降。临时政府以需要与大本营协商为借口拖延时间。20分钟后,起义队伍冲进冬宫附近的军区司令部,控制了直接进攻冬宫的出击阵地。这时,守卫冬宫的反革命部队开始瓦解,300名哥萨克自行撤离冬宫,一部分士官生也发生动摇。晚8时后,革命军事委员会委员丘德诺夫斯基前往冬宫,限令临时政府无条件投降,但遭拒绝。列宁在听取了关于冬宫情况的汇报后,指示负责攻打冬宫的革命军事委员会主席波德沃依斯基迅速占领冬宫。晚9时40分,停泊在离冬宫不远的尼古拉耶夫桥边的"阿芙乐尔"号巡洋舰发射空弹,作为开始攻打冬宫的信号。起义者与据守冬宫的敌人英勇战斗,到深夜1时,以安东诺夫—奥夫申柯和丘德诺夫斯基为首的起义队伍冲进冬宫,与士官生进行了1个多小时短兵相接的搏斗。26日凌晨2点10分,完全占领了冬宫,逮捕了临时政府的部长,并把他们押送到彼得—保罗要塞。至此,彼得格勒武装起义取得了彻底胜利。

在攻打冬宫的同时,10月25日晚10时45分,全俄工兵代表苏维埃第二次代表大会在斯莫尔尼宫开幕。代表402个苏维埃出席大会的673名代表中,390名属于布尔什维克,160名属于社会革命党(大多数是左派社会革命党人),72名属于孟什维克,其余属于各个小党派或无党派。有505名代表带来了选民委托书,要求把政权交给苏维埃。布尔什维克掌握了大会的领导权,它是出席这次大会中最大的党。右派社会革命党、孟什维克和分裂分子的领导人拒绝参加主席团,并攻击布尔什维克领导的起义是"军事阴谋"。他们要求同临时政府进行谈判,并退出了代表大会。但左派社会革命党人拒绝退出大会,公开站在布尔什维克一边。它的首领卡列林在会上发言说:"整个革命的命运是同布尔什维克的命运联系在一起的,布尔什维克的灭亡将是革命的灭亡。"26日凌晨3时10

分，大会接到已攻下冬宫和临时政府成员被捕的报告。

26日晨5时，代表大会通过了由列宁起草、卢那察尔斯基代表布尔什维克党团宣读的《告工人、士兵和农民书》。这一历史性文献宣布："根据绝大多数工人、士兵和农民的意志，依靠彼得格勒工人和卫戍部队所举行的胜利起义，代表大会已经把政权掌握在自己手里"，"各地全部政权一律转归工兵农代表苏维埃"。

26日晚上，代表大会举行第二次会议，列宁在会上做了关于和平问题和土地问题的报告。会议一致通过了苏维埃政权的第一个法令——和平法令，在这个法令中，苏维埃政府向各交战国的人民及政府建议立即就缔结公正的、民主的、不割地不赔款的和约进行谈判，谴责帝国主义战争，宣布废除秘密外交，并呼吁英、法、德等国的工人帮助苏维埃国家把和平事业有成效地进行到底。会议还通过了涉及千百万劳动人民利益的土地法令，这个法令规定，立即无偿地没收地主土地，永久废除土地私有权；地主的田庄以及一切皇族、寺院和教堂的土地，连同其耕畜、农具、房屋和一切附属物，一律交给乡土地委员会和县农民代表苏维埃支配，把土地分给劳动者平均使用。大会还决定，在立宪会议召开以前，成立苏维埃人民政府——人民委员会来管理国家。

列宁在会上当选为人民委员会主席。斯大林当选为民族事务人民委员，安东诺夫—奥弗申柯、克雷连柯和迪宾科当选为陆海军人民委员，斯克沃尔佐夫任财政人民委员·卢那察尔斯基任教育人民委员，洛莫夫任司法人民委员，米留金任农业人民委员，托洛茨基任外交人民委员，李可夫任内务人民委员，阿维洛夫任邮电人民委员，特奥多罗维奇任粮食人民委员，诺根任工商业人民委员，什里雅普尼科夫任劳动人民委员。大会还选举成立了苏维埃全俄中央执行委员会。全俄中央执行委员会共选出委员101人，其中布尔什维克62人，左派社会革命党人29人。

苏维埃第二次代表大会的召开宣告了世界上第一个社会主义国家的诞生。

十月革命的胜利不是偶然的。

领导这次革命的俄国无产阶级具有丰富的斗争经验。在斗争中，无产阶级和占人口大多数的劳动农民结成了紧密的联盟，使十月革命的胜利有了可靠的基础。

十月革命胜利的重要重因之一，是俄国有一个用马克思列宁主义理论武装起来的无产阶级政党——布尔什维克党。十月革命之所以能够迅速取得胜利，还由于俄国资产阶级比较软弱。此外，国际环境也有利于俄国无产阶级。十月革命发生在帝国主义世界大战期间，主要资本主义国家分成两大营垒，它们正在互相厮杀，不能马上抽出大量兵力来援助俄国资产阶级；而国际无产阶级的声援和同情，则是对俄国革命的有力支持。

十月革命是人类历史上第一次成功的无产阶级革命。十月革命不仅是俄国历史的转折点，而且具有伟大的世界历史意义。十月革命的胜利冲破了世界帝国主义阵线，结束了帝国主义的一统天下，开始了人类社会从资本主义向社会主义的过渡。

反苏维埃的社会革命党

十月武装起义胜利以后,社会革命党右派不承认苏维埃政权,退出了苏维埃二大。以后他们就千方百计地要推翻新生的工农革命政权。当克伦斯基率领的部队攻占加特契纳和皇村并向彼得格勒逼近时,社会革命党中央发布宣言,号召群众支持叛军。与此同时,社会革命党的领导人阿夫克森齐也夫和郭茨等在首都组织士官生叛乱作为策应。

武装叛乱失败后,社会革命党又企图利用立宪会议来破坏十月革命的成果。1917年11月底它带头组织了"保卫立宪会议联盟",在群众中进行反苏维埃的宣传,同时继续策划叛乱。11月26日至12月5日,社会革命党召开第四次代表大会。这是左派正式分裂出去以后召开的第一次代表大会。切尔诺夫和晋季诺夫分别做了形势报告的中央工作报告。大会的一个中心问题是立宪会议。大会的决议指出:"社会革命党应当比任何时候都大声疾呼'全部政权归立宪会议!'的口号"。尽管社会革命党从苏维埃政权一诞生起就对它采取了敌视的立场和行动,直到1918年夏季为止,社会革命党始终作为一个合法的政党在国内开展活动。它不仅在苏维埃三大选出的中央执行委员会中有7个席位,而且在很多地方苏维埃和苏维埃执委会中有自己的代表。

《布列斯特和约》签订以后,社会革命党加紧了反对苏维埃政权的步伐。1918年3月,和约签订以后不久,社会革命党中央就发表声明说:"人民委员政府背叛了民主的俄国,也背叛了革命和国际,它应当被打倒……社会革命党将竭尽全力推翻布尔什维克统治"。1918年5月,社会革命党第八次会议的一个决议进一步指出:"党的基本任务是为恢复俄国的独立、为复兴俄国的民族和国家的统一而斗争……布尔什维克政权是实现这些目标的主要障碍。因此,一切民主力量当前的迫切任务是消灭这一政权"。在会议的另一个决议中还提道:"为了建立在全国性的立法会议基础上的有组织的民主政府的利益,可以允许盟国军队开入俄国领土"。

在制造舆论的同时,它也进行了实际活动。1918年3月,社会革命党人萨文科夫与原沙皇军队的上校彼尔胡罗夫相勾结,建立了"捍卫祖国与自由联盟",在雅罗斯拉夫尔、穆罗姆、雷宾斯克等地多次发动反苏维埃政权的武装叛乱。阿夫克森齐也夫伙同一些人民社会党人和立宪民主党人组织了"复兴俄国同盟",进行公开的反革命破坏活动。这两个组织都秘密接受协约国帝国主义分子的财政资助。社会革命党对1918年5月开始的捷克军团叛乱起了推波助澜的作用。它们相互勾结,在全国范围内发动了旨在推翻苏维埃政权的国内战争。

在国内战争初期,在被白卫军和武装干涉者暂时占领的土地上,如阿尔汉格尔斯克、萨马拉、西伯利亚、里海东部等地区,社会革命党组织了一系列反革命"政府"。它们废除了苏维埃政权的法令,恢复了革命前的很多旧制度,对布尔什维克和工农革命群众进行了残酷的镇压和迫害。在这些"政府"中,影响最大和最具有代表性的是萨马拉的"立宪

斯莫尔尼宫实景图

会议委员会"。

　　萨马拉是社会革命党的势力比较集中的一个地区。在萨马拉省苏维埃执委会中社会革命党人占很大比重,执委会主席克利穆什金便是社会革命党人。从1918年春季起,他们就在城乡开展反苏维埃政权的宣传鼓动,特别是煽动群众反对布尔什维克党的粮食政策。他们还组织武装力量,建立密谋组织,准备随时发动反革命暴乱。1918年6月8日,叛乱的捷克军团占领了萨马拉。社会革命党人以军团作后盾,在当天就宣布成立自己的"政府"。最初的"立宪会议委员会"共5名委员,都是社会革命党人,主席是沃尔斯基。到9月末委员增至97人,但仍是社会革命党独揽大权。该"政府"还建立了以社会革命党人罗哥夫斯基为首的"部长会议"。在16名"部长"中除1名孟什维克(伊·马伊斯基——劳动部长)和2名无党派人士外,都是社会革命党人。在1918年6—8月间,"立宪会议委员会"统治的范围包括整个萨马拉省、辛比尔斯克省、喀山省、乌发省以及萨拉托夫省的一部分。"立宪会议委员会"解除了银行、工厂和其他私人企业的国有化,将它们交还给原主经营;在农村,口头上仍坚持土地社会化的要求,但同时又明令规定1917至1918年度的冬季作物一概由播种者,即原来的地主来收获。从社会革命党领导的各个"政府"的所作所为可以看到,他们在反革命的道路上已经走得相当远了。

　　从1918年末开始,随着高尔察克、邓尼金等白卫反革命势力的崛起,国内战争进入了一个新的阶段。在这一阶段,地主资产阶级保皇派成了反苏维埃政权的主力。社会革命党和他们发生了激烈的矛盾。这就使社会革命党不得不改变原来的反革命策略,提出要走所谓"第三条道路",并称自己为"第三势力"。

1918 年 12 月 5 日,在乌发举行的社会革命党中央委员会议上正式提出要改变对苏维埃政权的态度,并且决定将高尔察克占领区内的各级党组织转入地下。1919 年 2 月 6 日至 8 日,在莫斯科召开了党的代表会议,决议谴责各资产阶级政党"妄图建立个人独裁和恢复不受限制的横征暴敛",并表示要停止反苏维埃的武装行动,因为这种行动会"助长反动势力的气焰"。1919 年 6 月在莫斯科举行党的第九次会议,正式宣布"停止对布尔什维克政权的武装斗争,代之以通常形式的政治斗争"。会议的决议对所谓"第三势力"作了很明确的概括:"第三势力既不是布尔什维克主义,也不是复辟势力";"它既反对无产阶级专政,也反对地主资产阶级反动派,只有它才能把俄国从死胡同中拉出来"。

社会革命党在策略上的这种转变并不表明它对苏维埃政权的基本立场有了变化。对此,该党的第九次会议的决议说得很坦率:"党做出放弃与布尔什维克统治进行武装斗争的决定是出于对当前整个政治局势的考虑,不应把它理解为接受(即使是暂时的和有条件的)布尔什维克政权"。"不能允许那种有害的幻想,似乎布尔什维克专政可以逐渐转变为人民政权"。事实上也是这样。社会革命党,特别是它的地方基层组织,在提出"第三条道路"的策略以后,从未停止过反苏维埃政权的武装叛乱活动。这种两面派的行径引起了广大基层党员日益增长的不满。

国内战争结束以后,濒临瓦解的社会革命党还企图继续活动,成立了由 5 名委员组成的秘密的领导机构——中央局。1920 年 9 月,召开了党代表会议,号召全党行动起来,准备武装暴乱推翻无产阶级专政的苏维埃政权。1921 年 2 月,党中央发表了《关于策略问题的指示》,要求各地方组织积极开展武装叛乱活动,推翻布尔什维克统治,在俄国建立"民主的国家机构"。1921 年 8 月,在萨马拉举行的一次中央秘密会议指出:"以革命手段推翻共产党专政的问题,已经刻不容缓地提上了日程,这是有关俄国劳动民主派生死存亡的问题"。此后,各地的党组织加紧了反革命的武装叛乱活动。

1922 年,苏维埃政府对 34 名社会革命党的重要人物提出起诉,罪名是进行反苏维埃国家的颠覆和恐怖活动。审判结束后,大批党员纷纷宣布与党脱离关系。1923 年 3 月,由乌拉尔和西伯利亚的一些党员发起召开了党代表大会。大会解散了党的中央机构,号召党员加入俄共(布)。大会选出了一个执行小组,任务是解散本党。至 1924 年初,国内各地党组织业已完全解散,据此,执行小组于 1924 年 2 月停止活动。

"巴拿马保护国"

巴拿马地峡位于北美和南美之间,联结南北大陆,形成阻隔大西洋和太平洋的天然大坝。它扼守南北美大陆和两个大洋的要冲,具有十分重要的政治、经济和战略价值。16 世纪以来,它成为欧美各强国必争之地。

早在 16 世纪初,西班牙殖民者为了在美洲进行殖民扩张和经济掠夺,试图开凿一条打通巴拿马地峡的运河。但是这个计划从未实现。

19 世纪初期，拉丁美洲各国纷纷摆脱西班牙殖民统治而独立。1821 年巴拿马也宣布独立，加入大哥伦比亚联邦。1830 年，联邦分裂为哥伦比亚、委内瑞拉和厄瓜多尔三个国家，巴拿马成为哥伦比亚的一个省份。

为了促进拉丁美洲的政治统一和经济发展，拉丁美洲民族解放运动著名领袖、大哥伦比亚总统波利瓦尔，1826 年曾经号召美洲各国协力合作开凿巴拿马运河。1843 年，新格拉纳达（1831－1861 年哥伦比亚改称新格拉纳达共和国）曾向英、法、美等国建议共同开凿地峡运河。

19 世纪以来，随着西欧、北美资本主义的发展，英、法、美等资本主义国家加紧进行殖民扩张、商品倾销和原料掠夺，它们越来越认识到开凿巴拿马运河的重要性。它们为争夺巴拿马运河的开凿权，展开了激烈的角逐。特别是新兴的、力图统治整个美洲和谋求世界霸权的美国，和西班牙势力衰落后实际上掌握拉丁美洲霸权的英国，争夺尤为激烈。

19 世纪 40 年代，美国吞并了墨西哥的大片领土，从而把它的版图扩展到太平洋沿岸。1849 年加利福尼亚金矿发现后，美国更急于打通巴拿马地峡，以便加强美国东西两部分的政治经济联系和迅速向太平洋扩张自己的势力。1846 年，美国强迫新格拉纳达政府签订了一项条约。条约规定：美国在巴拿马地峡享有自由贸易和通行的权利；而美国则保证巴拿马地峡的中立，维护新格拉纳达对地峡的主权。不久，美国资本家取得在巴拿马地峡修筑铁路的租让权。1850～1855 年，美国修成了巴拿马铁路。美国在控制这条铁路的同时，进一步要求开凿和控制地峡运河。

美国企图控制巴拿马的活动，从一开始就遭到英国的激烈反对。在英国的强大压力下，1850 年美国被迫同意签订《克莱顿－布尔沃条约》。条约规定：未来的地峡运河对两国平等开放；两国共同保证运河的中立；两国都不在中美谋求殖民统治权和特权。

法国不甘落后，它也野心勃勃地争夺地峡运河的开凿权。1878 年，法国从哥伦比亚取得开凿地峡运河的租让权。1880 年法国人勒塞普斯建立法国运河公司。1881 年 3 月，运河工程开始上马，但是水闸式运河工程十分艰巨，加上热带病流行，因而工程进展非常缓慢。法国运河公司内部，贪污盗窃和营私舞弊成风，造成严重的财政亏空，1889 年 2 月公司终于倒闭。这就是臭名远扬的"巴拿马丑闻"。1894 年，法国虽然又组织新的巴拿马运河公司，继续开凿，但最后仍然没有成功（只完成工程的三分之一）。

19 世纪最后 30 年，美国资本主义经济急剧膨胀，美国逐步变成强大的帝国主义国家，日益疯狂地向外扩张。1898 年，美国发动美西战争，从西班牙手里夺得了古巴、波多黎各和菲律宾。接着，美国政府决定非把巴拿马运河抢到手不可。1898 年 12 月，美国总统麦金莱叫嚷："现在，我们国家的政策比任何时候都更为坚定地要求运河必须由美国控制。"

为了霸占巴拿马运河，美国首先必须排除英国在加勒比海地区的势力，废除 1850 年同英国签订的《克莱顿－布尔沃条约》。美国看到英国与德、法、俄有矛盾，在国际上陷于困境，无暇远顾西半球，1901 年 11 月迫使英国签订了《海－庞斯福特条约》，废除《克莱顿－布尔沃条约》，由美国独占巴拿马地峡。从此，英国在加勒比海地区的海上霸权消逝了，美国成为西半球的霸主,任意侵犯和践踏拉丁美洲各国的独立和主权。

1903 年 1 月,美国利用哥伦比亚发生内战的机会,迫使哥伦比亚政府签订了《海-埃兰条约》。条约规定:哥伦比亚政府准许法国巴拿马运河公司将其租借权转卖给美国;美国有权开凿、经营和控制运河;有权在运河区驻扎军队;美国承认哥伦比亚在运河区的主权;作为补偿,美国立即交付 1 千万美元,从条约生效后第九年起,每年再交付 25 万美元。就这样美国轻易地取得了它长期梦寐以求的独占巴拿马运河的权利。

美帝国主义侵犯哥伦比亚主权的行径激起哥伦比亚人民的强烈愤怒。在全国人民的压力下,哥伦比亚参议院否决了《海-埃兰条约》。

美国不甘心失败,暗中收买以阿马尔多为首的一小撮巴拿马反动分子,策划分裂哥伦比亚,制造巴拿马"革命"。1903 年 11 月 3 日,在美国军舰的保护下,美国傀儡阿马尔多之流在巴拿马发动了一场"革命"。第二天,阿马尔多宣布成立巴拿马共和国,并就任这个新共和国的第一任总统。阿马尔多在就职演说中宣称:"美国军舰保护着我们……巴拿马共和国万岁! 罗斯福总统万岁! 美国万岁!"可见,巴拿马的"独立",完全是美国为了开凿和霸占运河而导演的历史丑剧。

11 月 18 日,阿马尔多傀儡政府秉承美国的意志,与美国政府签订了《美巴条约》。根据这个条约,美国不仅占领巴拿马运河和运河区,而且有权干涉巴拿马内政。这个奴役性条约使巴拿马完全沦为美国的保护国。

美国占领巴拿马运河区后,1904 年迅即积极开凿运河,1914 年全部工程竣工。在修筑运河过程中,约有 7 万名黑人、印第安人和其他国家工人死亡,因此这条运河地区有"死亡的海岸"之称。从此,美国凭借巴拿马运河,更有效地控制拉丁美洲,更加野心勃勃地向外侵略扩张。

葡萄牙共和政府下台

1917 年 12 月 9 日,葡萄牙发生军事叛乱,现政府被迫下台。伯纳迪诺·马查多总统已被逮捕,原首相阿方索·科斯塔成立临时政府。预计发动这次军事叛乱的原葡萄牙驻德国大使西多尼奥·佩斯将军将出任总统。佩斯是军界中亲德派的成员。1915 年 1 月,在葡萄牙国会投票通过与英国和法国结盟,并参加对德作战之后皮门塔·卡斯特罗将军曾领导亲德派建立起军事独裁政权。独裁政权于 1915 年 5 月被民主派举行的起义所推翻,马查多当选为总统。1916 年 3 月,德国向葡萄牙宣战。这次具有政治目的且推翻现政府的军事叛乱发生在里斯本,但是在波尔图也出现了多起暴力事件,这主要是由于食品价格,特别是面包和土豆等日常食品价格的大幅度上涨而造成的。许多家面包店和食品遭抢劫。骚乱发生时有 2 人丧生,60 人被送进医院。波尔图地方长官已下令实行宵禁。

英军占领耶路撒冷

劳合·乔治首相希望得到耶路撒冷来作为他的圣诞礼物。素有"公牛"之称的将军埃德蒙·艾伦比爵士使首相如愿以偿。1917 年 12 月 9 日上午,他指挥 7 个步兵师和 3 个骑兵师(骑兵师骑的是骆驼)攻占了这座城市。巴勒斯坦已经属于英国人了。10 月 31 日,艾伦比攻克贝特谢巴。休整之后,艾伦比和他的部队向北进军。法金汉将军于 11 月 1 日到达这个地区,但由于他的兵力不足,战线又一直拉到海边,只能做出微弱的反抗。艾伦比的部队占有绝对优势。他拥有 433 门大炮,而土耳其军队只有 258 门,而且法金汉部队中开小差的日益增多。他派了一位名叫 T·E·劳伦斯的阿拉伯学者领人袭击土耳其部队。劳伦斯炸毁了铁路和桥梁,在敌军中造成混乱。

俄国签署停战协议

1917 年 12 月 16 日,俄国脱离三国协约,单独与德国及其同盟国奥匈帝国、保加利亚和土耳其等国在白俄罗斯城市布列斯特－立托夫斯克举行谈判,并签署了停战协议。根据停战协议的规定,俄国和德国必须立即停止互相间的敌对行动,并着手进行谈判以便最终达成一项和平条约。这项停战协议结束了俄国历史上一个灾难深重的时期。俄国曾在毫无准备的情况下加入了这场战争,结果沙皇尼古拉二世被迫退位,激进的布尔什维克党在 11 月发动的革命获得成功。新生的布尔什维克政权把同德国的和平看作头等大事,这项停战协议对俄国无疑是一次胜利,但是俄国也要为此付出很高的代价。德国很可能要求得到对那些在战争中被它占领的地区的控制权,其中包括波兰和乌克兰。三国协约中剩下的两个成员国法国和英国对失去他们的盟国而感到惊恐。

飞机正式投入战争

1917 年,一种新式武器在第一次世界大战中出现,并翱翔在战场上空——飞机在战斗中第一次投入使用。战争爆发初期,参战国的军事统帅部将飞机的作用主要限于侦察,很少用作一种独立的武器。直到 1914 年 8 月,尚没有一个国家拥有相当数量适宜于作战的飞机,运送炸弹更是一件无法想象的事情。最早的一批飞行员都是侦察员,遇到要在敌人的地方紧急降落的时候,他们身上只有一把手枪可以自卫。1914 年初,德国的海军军官开始考虑从空中投掷炸弹的可行性。战争爆发不久,飞行员赫尔曼·德雷斯勒从他的飞机上向巴黎扔了两颗炸弹。但是,这次行动并没有得到海军部和最高统帅部的

防毒面具是一批开上前线的美军必备的装备

重视。在德国,少数几个想到空战的军官把希望寄托在齐柏林的飞艇上。陆军少校威·西格特制订最初用飞艇攻击英国的战略计划。1915 年 1 月 19 日,飞艇攻击英国的沿海地区,5 月攻击首都伦敦。起初,英国人面对飞艇的攻击束手无策。但是,他们很快发明了防空火炮,庞大而缓慢的齐柏林飞艇变成理想的靶子。此后,德国开始积极开展用于作战的飞机。1915 年,第一批轰炸机飞行员还仅仅满足于从战术上用飞机支援地面部队的行动。然而到了 1915 年底,德国已开始迅速发展装配起来的双引擎和四引擎,双翼超过 30 公尺的重轰炸机替代原来 80 马力的单引擎飞机。飞机射击同步装置设备的发明,使人联想到生产战斗机的可能性。1916 年初,大批"福克-盖塞耳"飞机开始在西线战场的上空出现。1916 年底,这批飞机又被"信天翁"和"哈耳伯施达特"战斗机取代。协约国在 1917 年才拥有与之性能相当的飞机,而此时,德国的下一代"哥达"远程轰炸机已投入战场使用,并于 6 月 13 日对伦敦进行了空袭。战争的最后一年,德国把它迄今发展最为成功、时速 200 公里的福克 D—VⅡ型战斗机开往前线。

威尔逊提出十四点方案

1918 年 1 月 18 日,伍德罗·威尔逊总统发表了他的 14 点方案。这是他对解决战后问题提出的建议。他在匆忙召集起来的国会联席会议上发表了演说,但他的话是讲给整个世界的。他的14点方案的内容大致如下：1.以公开方式订立公开和约。2.无论平时或战时，有公海上航行的自由。3.撤销各种经济障碍，贸易平等。4.实行裁军。5.对于殖民地的全部要求，应坦率公正地予以调整；有关居民的利益，必须予以同等的重视。6.从俄国领土撤军，允许俄国自愿选择自己的政治制度。7.从比利时撤军，对其所应享有的主权不能给予任何限制。8.解放全部法国领土，把阿尔萨斯-洛林归还给法国。9.按民族的分布重新调整意大利的边界。10.给予奥匈帝国各民族发展自治的充分机会。11.撤离罗马尼亚、塞尔维亚及黑山，并给予塞尔维亚出海口。12.奥斯曼帝国的土耳其部分仍享有主权，但属于土耳其统治的其他民族应享有发展自治的机会。达达尼尔海峡向一切国家的船只开放。13.建立独立的波兰使其拥有安全自由的出海口。14.成立国际组织，以保证所有国家的政治独立和领土完整。威尔逊的14点方案与英国首相劳合·乔治所提出的建议相似。

苏联红军成立

1918年1月28日，俄国革命家利昂·托洛茨基从流放地返回，并建立起他自己的军队。托洛茨基和列宁计划用这支红军达到他们激进的目标。列宁已经明确表示他要用武力来赢得他在投票箱前所失去的东西。9天前，列宁提出了一项议案，要求建立一个由苏维埃，即工人委员所组成的政府，但是遭到立宪会议的否决。布尔什维克代表站在列宁一边，命令立宪会议解散。忠于列宁的赤卫军部队阻止会议代表进入会场，并同上街示威游行的市民发生战斗。布尔什维克党目前仍是少数派党，但这对列宁来说无关紧要，"只有傻瓜才会认为无产阶级会立即赢得大多数的支持，"他说道，"我们首先推翻资产阶级，然后再夺取政权，这就是无产阶级专政。"

德军迫使俄国人求和

同盟国与俄国的休战于1918年2月20日中午结束，德军向俄国发起了猛烈进攻。德国的目标似乎是使俄国人屈服，以迫使其谈判代表在布列斯特-立托夫斯克签订和约。基尔巴赫将军指挥的德军挺进利沃尼亚和爱沙尼亚的许多城镇。德军几乎没有遇到抵抗，甚至得到了反对布尔什维克革命的当地居民的支持。德军很快占领了里加和海湾周围的城镇。一份军事战报说德军已破坏了俄国的一条主要供应线："里加-彼得格勒铁路两侧的俄国阵地均已突破，我军的前沿阵地又向前推进了20公里，敌军微不足道的抵抗顷刻间被打垮。"德军攻势锐不可当，他们似乎要一举拿下彼得格勒。德军攻占德维斯克要塞对苏联人又是一个沉重的打击。德国军事战报说："敌军中大多数人已经逃跑，俄国人没能炸毁德维纳大桥，因为我方早有准备。"俄国人还留下了大批武器和弹药。上次没有能攻下德维斯克的德国军官们,现在兴高采烈。由亚历山大·林辛根将军指挥的另一支德军经乌克兰政府的同意已占领了乌克兰的各要害阵地。德军还占领了基辅,切断了一条重要铁路线。在很短的时间内德军已俘虏了上万名俄军官兵,缴获了无数的枪支、弹药和装甲车辆。苏联领导人对德军势不可挡的攻势感到十分震惊,他们命令士兵在撤退时破坏一切军需品。布尔什维克们犯了一个大错误,他们以为德国士兵会拒绝进攻革命的俄国。利昂·托洛茨基正设法决定下一步该怎么办。就目前情况看,和谈似乎更具有诱惑力,一败涂地比投降更使人痛苦。

大威力新式枪试验成功

谁说将军不能射击?使用新式勃朗宁自动步枪,他们成了真正的神枪手威廉·特尔。1918 年 3 月 25 日在迪克斯军营,到场的将军依次把整整齐齐圆环的纸靶射得满是弹孔。这种新式武器是 0.3 口径步枪的改进型,因研制太晚而来不及用于战争。这种汽动肩射步枪重量约 25 磅,并带有双脚支架。一个泽西南部的下士以卧姿射击 100 码距离上的 6 英寸靶心获得了发发命中的最佳成绩。

福煦受命统帅协约国联军

1918 年 3 月 26 日,法国陆军总参谋长费迪南德·福煦将军被任命为西线英法军队总指挥。3 月 25 日,福煦和克列孟梭首相及法军事领导人在贡比涅进行磋商。他们面临德国第 7 集团军最近对瓦兹河的进攻。福煦主张:"面临协约国战线破裂的危险,我们必须对西线所有军队实行统一指挥。"与会的其他人推选福煦协调西线协约国军的行动。66 岁的福煦在马恩河和索姆河地区指挥战斗。

巴鲁克任美国战争工业委员会主席

1918 年 3 月 29 日,威尔逊总统已任命富有的金融家伯纳德·N·巴鲁克领导战争工业委员会。作为这个至关重要的委员会的主席,巴鲁克将是保证军需品及时生产和工业生产协调发展的关键人物。他接替了已辞职的巴尔的摩和俄亥俄铁路局董事长丹尼尔·威拉德。这次战争工业委员会改组,由巴鲁克担任主席,是应国会在欧战期间集中工业生产的要求进行的。总统授权该委员会开辟新的供应渠道,将现存设备改换新的用途,帮助政府采购代理人协商购买价格以及为协约国政府购买军需物资。威尔逊总统在最近写给巴鲁克的一封信中说,战争工业委员会的新主席应该"充当纵观工业领域所有供应部门的千里眼"。

苏俄与同盟国签订和约

1918年3月14日,同盟国与苏联签署了一项和平条约,但几个关键问题尚未解决。根据《布列斯特-立托夫斯克和约》的条款,俄国同意解散其军队,并承认芬兰、波兰和乌克兰的独立。德国军队将留在乌克兰和其他地区,这就是症结所在。乌克兰人想摆脱俄国,但认为德帝国主义不会把他们从俄国的统治下解救出来。德国领导阶层正力图把合约描绘成一次巨大胜利。但是显而易见,德国军队仍需留在东部前线,因为他们对乌克兰和其他地区的局势不放心。这将削弱预期的西欧春季攻势。在德意志帝国国会上,一位保守党发言人说,德帝国主义在东部的存在只能增加西方对德国的仇恨,从而促使敌军决心血战到底。

法国作曲家德彪西因病逝世

1918年3月25日,癌症结束了作曲家克劳德·德彪西(生于1862年8月22日)的创作。德彪西与俄国和东南亚音乐的接触使他的作品具有一种独特的风格。他的音乐在很大程度上立足于教堂音调和全音阶,消除了谐和音与不谐和音的对立,同时发展了一种感官上的与象征派绘画和象征派诗歌如出一辙的音乐语言,创造了一种独特的音乐结构体系。

德军在西线发动强大攻势

1918年3月,德国在西部前线发动了大规模进攻。德国皇帝威廉宣称:"胜利的奖赏不会令我们失望;没有温柔的和平;只有符合德国利益的和平。"据德皇说,德国军队得到来自东线若干师部队的增援,这场战争进入决定性阶段。3月11日,约60架德国飞机在夜间轰炸了巴黎,炸死13名巴黎市民,炸伤50多人,并且炸毁很多建筑物。法国炮火击退许多轰炸机,避免使巴黎遭受大规模的破坏。一架德机被击中起火,垂直坠毁。21日在坎布里亚和菲尔贝克斯-阿尔芒蒂耶尔沿线,德军向法国境内的英军防线发动猛攻。德军首先用大炮猛轰造成地面是一片浓密的毒气与地面的浓雾相混合的烟幕。5小时的重炮袭击之后,德军涌入战壕与早有准备的英军拼杀。一位英国发言人说,"对于这次攻击没什么可吃惊的",并补充说前线增加了兵力。德军占领了一些地盘,但也付出了惨重的代价。到27日,德军在西线已有300万兵力。如果现在是协约国军占优势,那么这可能是德国的最后一次进攻。一位《每日邮报》记者写道："显然,我们一直在与德军可调集的全部兵力较量,而我们的士兵能如此顽强沉着地坚持战斗,以寡敌众,这真是奇迹。"尽管协约国军作战勇敢,强大的德军仍占领了许多法国城镇,其中包括利翁和努瓦永。英国援军从阿尔贝方向举行一次反攻,经过一场苦战还是被击退了。在一星期的防御战中,英国军队在50英里法国防线上共损失77650人。面临着德军的胜利,英国首相劳合·乔治任命费迪南德·福煦将军为西线协约国军总司令。大多数军事专家都支持这一决定。虽然德军在向前推进,但他们的目标并没有达到。德国加冕王子鲁普雷希特将军说战线上的推进"极不令人满意"。他要求再增派3个师的援兵,但被拒绝。德皇只能用言词来鼓励他们:"在这里出征的每个人把一切都赌上了;大家都知道而且确信我们会赢得一切。整个德国都在为未来而战。"据报道,德军在继续发动进攻,美国军队与法英军队在索姆河以南并肩战斗抵抗敌军,今春可能成为西线的转折点。因为许多人推测德军的攻势将耗尽其兵力、武器和精力。决定胜负只是个时间问题了。

日本出兵西伯利亚

1918年3月苏维埃俄国与德国在布列斯特和谈的前后,英法两国政府曾强烈要求日本出兵对苏维埃俄国进行武装干涉。当时美国对此持反对态度,担心这样会把西伯利亚置于日本势力之下,而且恶化同苏俄的关系。日本国内统治阶层对出兵也意见不一,军部、外务省积极主张并寻找出兵的时机。1918年4月5日,日本海军以"保护侨民"为借口在海参崴登陆。5月经西伯利亚向西部战线转移的捷克斯洛伐克兵团叛乱,使帝国主义进行武装干涉有了借口。7月初根据英法两国的要求,美国向日本提出以援助捷克斯洛伐克兵团为目的的、限定各国出兵7000到海参崴的建议,于是上述四国缔结了一项协定,四国派兵2.8万去苏俄。但日本寺内内阁计划全面出兵干涉苏俄革命,最后决定出兵1.2万人,而且声明日军行动将不止于海参崴,"为援助捷克军,可向海参崴以外地方出动,并随形势的发展,预料有增派的必要",这就为扩大武装干涉埋下了伏笔。8月中旬日本第十二师团在海参崴登陆,第三师团向外贝加尔方向出动,并对海参崴增派了兵力。9月上旬日本占领了从海参崴到伯力、赫塔的铁路沿线,10月末在西伯利亚的日本干涉军已达7.2万人。1920年6月,日本继续出兵西伯利亚。直到1922年6月,日本政府才声明在10月末以前从北库页岛以外的地区撤兵。日本出兵西伯利亚以日军的惨败而告终,结果死亡官兵6000余人,耗资6亿日元之多,在国内外遭到了强烈的谴责。

德国王牌飞行员被击落

德国的王牌战斗机飞行员曼弗列德·芳·李希特霍芬男爵,1918年4月21日在索

1918 年 3 月 3 日，苏俄与德国签订《布列斯特一立托夫斯克和约》。

姆河之役中被击落而丧生。李希特霍芬被人称为"红色男爵"，这个称号取自于他所驾驶的福克之翼机机身的颜色。在第一次世界大战期间，交战双方没有一名飞行员的战绩可以超过红色男爵。他在不到 2 年的时间里击落了 80 架协约国的飞机。他所领导的战斗中队，被人誉为是凶猛而准确的狙击手。一般相信，这位王牌飞行员是如此热衷于为德国而战，以致他在击落敌人的时候会获得很大的快感。他把耐性推崇为一种美德，因此他曾建议部属，等待敌机先动手自己再开火，他的名言是："先等顾客进入店里"。协约国的飞行员对他深恶痛绝，一名英国战斗机飞行员听到他的死讯时说："我希望他掉到地面以前一直都是烈火焚身。"

德军向美军施放毒气

1918 年 4 月初美军遭到毒气严重杀伤，后来重整旗鼓协助法军阻止德军对索姆河、艾尔和瓦兹河的侵犯。毒气仅是美军开进前线所面临的许多新危险之一。法国劝美国从错误中吸取教训。出于安全，官员们没有透露施放毒气的地点，只是说这次袭击于 4 月 3 日发生在一个普通的被占领防区，不属图勒地区。攻击从深夜开始，混合着炸药的毒气弹猛烈投入协约国军战壕。死伤人数没有向新闻界透露。前线阵地设有陷阱及诡雷。4 月 21 日，当美军重新占领塞什普里时，一些士兵被拦在街道上的低低的铁丝绊倒，隐藏的甘油炸药爆炸。这些陷阱很快被拆除。4 月 28 日，潘兴将军的几支部队推进到大索姆河凸出地带的尖端。他们仍没有加入恶战,附近的法军是首当其冲。

美国飞机在法参战

1918 年 5 月 25 日,首批美国军用飞机在法国上空飞翔。这个小型空军中队的大多数飞机为"詹尼斯",柯苇斯 JN—4 型,由原自行车技师格伦·柯苇斯设计。虽然这种飞机对欧洲上空是陌生的,但他们的驾驶员都是老手。这个由美国志愿飞行员组成的空军中队号称"拉斐特·埃斯卡德里勒飞行队",是 1916 年 4 月到达法国的。那时他们描述兵力和炮火的部署情况,有时拍摄敌军的配置。遇到德国飞行员驾机掠翼飞过美国飞机时,他们总是挥手致意。当一名德国飞行员在佛克飞机上架起了机关枪时,这种空中友谊便结束了。现在美国报纸登载许多王牌飞行员的战绩,如埃迪·里肯巴克击落 4 架敌机;但拉乌尔·拉斐特少校驾驶的飞机于上星期日被一架德国双翼飞机击落。

美军在亚眠前线获胜

1918 年 5 月 31 日,德军对埃纳河及瓦兹和马恩河之间的地区发动的攻势已被得到美军援助的法军击退。亚眠城险些遭到破坏。亚眠的教堂像是永恒的象征仍完好无损。这是德军于 5 月 27 日发起第三次攻击。埃里希·鲁登道夫将军命令德第一和第七集团军攻击法国第六集团军。坦克开路,17 个师的兵力发起猛攻。法军大败。到中午 12 点德军渡过埃纳河。与此同时,亚眠西北 50 英里的坎蒂格尼之战也在激烈进行。美军第一师在罗伯特·李·布拉德少将指挥下向设防严密的德占小村发动一次小规模进攻。猛烈的炮火射向这座村镇,疲劳的步兵在 300 米远处挖战壕。几个师的法军参加了炮火攻击。美军机枪射手也调上来第一师挖了两条战壕。一条是假的以吸引火力。士兵们由另一道战壕前赴后继地向前推进。最后,他们冲进村口,俘虏 200 名德兵,占领了坎蒂格尼。这次胜仗是美军在这场战争中的首次的进攻战。

俄国内战开始

对俄国新生无产阶级政权的考验,是 1918 年 3 月《布列斯特和约》签订后开始的。那时,苏维埃俄国的执政党已由"俄国社会民主工党"改称"俄国共产党"(布尔什维克),列宁为党的、国家的最高领袖。由于签订《布列斯特和约》,协约诸国有理由(尽管不充分)认为俄国与德国勾结,这是协约国所无法容忍的。另一方面,社会主义国家的出现,这在世界上是惊天动地的大事,共产党人所主张的各种学说与思想,使一切帝国主义和资产阶级感到了惊恐和害怕,因而对此充满了仇恨。出于资产阶级和帝国主义本能,列强欲将苏维埃置于死地。因此,《布列斯特和约》公布不久,英、法、美、日等便开始对俄"干涉"。同时,俄国国内的反革命武装也开始活动起来。3月9日,英法美军队联合在俄国北方港口摩尔曼斯克登陆;4月5日,日本和英国军队联合在远东海参崴登陆。反革命的邓尼金将军,也在外国干涉军支持下在南方发动叛乱,建立了反动政权。由此,俄国的内战开始,苏维埃政权顿时处于血雨腥风之中。在这个极端困难的时刻,列宁领导人民采取紧急措施,提出"一切为了前线,一切为了战胜敌人"的口号,将全部工作转移到战争的轨道上来。这场战争的胜负,决定着国家的命运、无产阶级革命的命运、社会主义事业的命运。7月,苏维埃政府实行"战时共产主义"体制,集中使用一切人力、物力、财力,同时成立了以列宁为首的工农国防委员会,领导全国财、政、军各部门投入战争。战争于7月在伏尔加、乌拉尔以及中亚细亚边境一带展开。内战中红军面对的情况极其复杂。敌人不单是国内的反革命分子,还有四五个帝国主义国家进行了干涉。乌拉尔的红军为了打击敌人的气焰,鼓舞士气,在叶卡特林堡枪毙了前沙皇尼古拉二世夫妇及其5个子女和一群皇室扈从,从精神到肉体消灭了君主专制和罗曼诺夫王朝。内战显示了新生苏维埃政权的顽强生命力,也加强了国内革命力量的团结,扩大了工农联盟。年轻的苏维埃,在这场严峻的战争中经受了考验。

贝尔塔巨炮轰击巴黎

1918年6月26日,经过短暂的喘息之后巴黎又笼罩在"贝尔塔巨炮"布下的弹幕之中。这是庞大的420毫米榴弹炮,已使800多名巴黎市民死于非命。这门巨炮于3月24日在索姆河第二战役打响后不久首次轰炸这座城市。它很快便被飞机发现。拍下其位置。这并非易事。这种炮可移动,安装在火车上或隐蔽在山坡的土坑里。一旦查明其位置,它并不是不可摧毁的。现在威胁着巴黎的"贝尔塔巨炮"是这种炮的最后一门,其他三门已被毁坏。一门是飞机炸毁的,一门是被地面炮火打哑的,而另一门大概是在使用的第二天自行爆炸的。协约国没有制造出能与"贝尔塔巨炮"匹敌的武器。法军依靠1897年制造的75毫米野战炮抵抗敌炮火。英国的马克IV型坦克可以轻易消灭机枪装置,但不能抵抗猛烈的炮火。"贝尔塔巨炮"是以其制造者古斯塔夫·克虏伯的妻子的名字命名的。这种榴弹炮的炮弹重1764磅,虽然能保证射程(炮弹能射出65英里远),但不能确定方向。这种炮极不精确。如果在炮架上测距有1英寸的误差,那么实际可能错过目标数英里。一些巴黎人认为有一座教堂在耶稣受难节遭到炮击,不是出于蓄意,是出于蠢笨。

"贝尔塔巨炮"在索姆河

德国向英法发动和平宣传战

　　1918年6月,德国最高军事统帅部试图以一场宣传运动在德国民众中重新唤起必胜的决心。尽管实行新闻检查,打击人民对战争信心的消息还是时常流传民间。谣传说,鲍尔·芳·兴登堡曾说:"我无法让饥饿的士兵去进攻!"关于前线部队抗命和违纪的事情也时有传闻。因此,埃里希·鲁登道夫将军要求政府在民众中展开一项宣传攻势,要使国内百姓确信如下原则:(1)德国政府希望和平,但协约国阻碍和约的达成。(2)德国东欧政策的目的不是压迫当地人民,而是要保护他们免于布尔什维克的奴役;德国工人受到世界上最好的社会立法的保护。(3)德国无意吞并比利时。鲁登道夫期望这场宣传运动能在国外收到决定性的功效,英国和法国的老百姓可以从飞机投下的传单接触到这项宣传。外国民众在了解德国人的决心后,或许会攻击自己的政府,要求和平。鲁登道夫认为,争辩战争意义之所在,可以削弱对手的战斗力。他准备以宣传的方式展开德国最后一次攻击行动。鲁登道夫在该月8日向帝国当局报告了他的目的:"必须以任何方式蒙骗敌国,让他们相信,德国的通告乃是德国和平建议的先声……。我们的任务是,不惜代价鼓动敌人方面的和平运动,使他们首先露出混乱的情势,然后导致他们内部战线的瓦解。"然而,近几个月以来,协约国对德国的宣传攻势也不断加强。

协约国举行大反攻

德军于1918年6月9日发动了这场战争的第四次最大规模的攻势,企图切断蒙迪迪耶防线。协约国军由于补充了美军步兵正在举行反攻。美军其实并不比法军或英军威力大,但他们具有无知的优越性。他们太年轻,不知道此刻还根本看不到胜利。6月早些时候,法国总理乔治·克列孟梭,英国首相劳合-乔治和意大利首相维托里沃·奥兰多请求美国派遣100个师-约400万兵力。他们对后勤或技师方面的援助不感兴趣,因为他们需要步兵。目前,协约国军有145万步兵,德军有164万。美军将全力使之消灭差额。美国人将提高欧洲的士气。英国民众一直要求国会削减陆军元帅黑格的部队;人们听说步兵们无休止地行军,在酷暑中倒下。在巴黎,这种情绪更为激烈。福煦元帅最近才抽出驻守在城市的一个团兵力以镇压可能叛乱的部队。协约国对在5月27日德军30个师渡过埃纳河的攻势略有所知。他们隐秘地前进:马蹄裹着粗麻布袋,马具扣涂上油脂以减低响声。白天部队隐藏在树丛中,侦察机没能发现,夜晚他们才偷偷地行军。5月30日,部分德军到达主要交通中心蒂耶里堡。美军第七兵团已守候在那里。几名士兵使用一挺机枪在通往城里的大桥上阻止德军前进。随后展开了分散的白刃战。弗兰纳里中尉沿马恩河游出50码抢救了一名被抛弃在岸上即将咽气的法国伤兵。德国人向蒂耶里堡东部进犯,6月3日他们又至马恩河,距巴黎仅有56英里。然而,德国皇储感到他的部队由东向西过于分散,不能顺利推进。德军在瓦兹河支流马茨河整编。蒙迪迪耶-贡比涅-苏瓦松铁路是他们的目标,6月9日开始进攻。协约国军并非毫无准备。一名德国俘虏泄露了进攻时间和日期。但是他们无法对抗德军的猛攻。德军迅速推进6英里。一位法国军官从前线跑回来,气喘吁吁地劝告美军第五海军陆战队温德尔·内维尔上校率领他的部队撤退。内维尔说:"撤吧,该死的,我们不得不这样做。"6月11日,法军3个师和美军第一师和第二师利用反攻的心理优势。这种优势并非总是确然无疑的;协约国军和德军双方都伤亡惨重。炸弹犁遍了麦田,尸体残肢遍地可见。一些遭毒气袭击送进医院治疗的美军士兵过早地返回前线。痉挛发作时他们口吐泡沫,缩成一团,战友们把他们拖到安全地方。一些美军部队伤亡高达40%。至于德军,西班牙流感这个天然的敌人从26日起开始大大削弱了他们部队的力量。6月末,大多数德军已撤退,毫无疑问他们会再次进攻马恩河。协约国军将同迅速成长的美国部队并肩迎战。

布尔什维克处决沙皇及其家族

1918年7月16日,布尔什维克处决了前沙皇尼古拉二世和他的儿子即继承人阿列克谢,结束了统治俄国3个世纪的罗曼诺夫王朝。尼古拉之妻,前皇后亚历山德拉,他们的 4 个女儿及几个仆人也被处死。他们都是在西伯利亚被处决的。自从 1917 年尼古拉下台后他们几乎一直被囚禁在那里。处决由地方苏维埃政府官员受权执行。他们担心白军或亲君主主义者的武装力量会迅速赶来。尼古拉的存在对新生布尔什维克政权的合法性是最严重的威胁。尼古拉从 1894 年统治到 1917 年,实行家长式的专制政治,然而他无力压制他的国家要求改革与和平的愿望。

协约国击退德军进攻

1918 年 7 月 31 日,德国人民情绪普遍低落,他们意识到失败的来临,在最近 3 个月中战死人数将近 100 万。3 月份发动的大规模进攻在协约国军集中力量抗击下遭到挫败。德军仍在负隅顽抗,费尔昂塔德努瓦的美法联军冒着猛烈的炮火昨天把战线往前推进。在马恩河和威斯尔河之间协约国军痛击普鲁士和巴伐利亚近卫军团,打了一个"漂亮仗",迫使德军后退 2 英里。3 天以前,法军在贝当将军的优秀战略的指导下在马恩河畔击败了兴登堡将军的军队,贝当找到了反击的机会,福煦总司令即批准他反攻,兴登堡的部队被迫后退,差点全军覆没。德军在休整之后企图夺回失去的阵地,但没有成功。从被俘的德国军官所提供的情况可以看出一个鲜明的对比:法国士兵士气高昂,而精疲力尽的德国兵却士气低落。24 日,美军在乌尔克和马恩河之间的村庄里打了几个大胜仗。在争夺埃皮耶村和特鲁-埃皮耶村时展开了拉锯战,美军终于打退了德军,又推进了 1 英里。德军在撤退时发射出猛烈的炮火,美军则用重炮打乱了敌人的后卫部署。倾盆大雨迫使德军把机枪丢弃在泥潭里。由于德军已威风扫地,法国人估计这次战争的结束为时不远了。"美国人刚参战,德国人就败退到这种地步。等到 10 月份 100 万美军和我们并肩作战时,我们准能把他们打个落花流水。"巴黎的报纸洋洋得意地写道:德军的统帅有没有可能创造奇迹来挽回败局呢?

美国妇女做工支援战争

1918 年 8 月 1 日,女权主义者对规模空前庞大的妇女队伍参加工作这一点并不一致感到高兴。追随和平主义者卡里·查普曼·卡特和简·亚当斯的那些主张妇女参政的人不赞成支援战争的行为,不论其参加者是男还是女。那些赞成支援战争女权主义者辩驳说,事实上,只有极少数妇女是第一次参加工作。一般的女工都是从工资较低的工作岗位转来的年轻人,与原来的工作相比,现在干的工作并不繁重多少。只有少数妇女在重工业部门工作。大多数工会拒绝吸收女工,这些女工的健康和工资标准无人过问。以纽约为例,那里 91% 的女雇员的工资都低于从事相同工作的男人,对于战争结束之后这些女工的去向问题大家议论纷纷。有些雇主认为,等男人们一回来妇女就离职,这也是妇女爱国的表现。

德军上下弥漫厌战情绪

1918 年 8 月 31 日，一封前线战地信件这样写道："在前线我尽全力地逃避作战。"德国第六军的军队检查处从该月 21 日至本日检查了所有寄往部队和从部队寄出的邮件，53781 封信受到拆检，886 封因有不满情绪被扣押。即使是没有发泄不满的信件中，检察官们也注意到了普遍厌战和悲观情绪。大多数人不再相信胜利，而甘于接受失败："我们不可能获胜。"甚至军官也沾染部下绝望情绪，一封不满的信写道："我们的军官也无精打采，他们只是不敢公开说罢了，但偶尔也会露出一两句来。"由此可知德军上下弥漫厌战情绪。

美国出兵海参崴

继日本政府 1918 年 8 月 2 日宣布出兵西伯利亚之后，美国总统威尔逊 1918 年 8 月 3 日也宣布，美国将派遣一支小型部队前赴海参崴。协约国介入俄国事务始于 1918 年的春天，当时英国部队在俄国北部登陆、日本部队在俄国远东地区登陆，以保护军需补给品免于落入德国人手中。然而军事目的不久即演变为政治目的。外国部队开始鼓动反布尔什维克势力——白军——对抗苏维埃政府。苏维埃政府相信，协约国联军之所以鼓动俄国内战，除了政治上的目的外，还有领土上的野心，特别是长久以来即有心染指西伯利亚的日本。美国并不是很乐意派遣部队前往俄国，因为威尔逊担心此举会把俄国推向德国人的阵营。然而，在其他盟邦的压力下，威尔逊改变了原来的主意。他表示，美军将会协助捷克兵团撤出俄国。

美俄断绝关系

1918 年 8 月 15 日，在伍德罗·威尔逊总统决定与法、英、日联合向俄国派兵的几天后，美国大使便撤离莫斯科。德·威特·C·普尔大使是在布尔什维克逮捕了英国和法国大使后决定离开俄国的。协约国对俄国的干涉是从 1918 年春开始的。英国军队在俄国北部登陆，日本人进入远东以保护军用物资供给不遭德军破坏。军事目标很快变成政治目的。外国军队开始援助反布尔什维克的白军。布尔什维克认为协约国对内战的结局不仅在政治上而且在领土上存有野心。尤其是日本长期以来一直对西伯利亚颇感兴趣。美国不愿派兵，因为威尔逊担心这种举动会促使俄国人与德国结盟，但是在协约国

1918 年 8 月 8 日,协约国军队在亚眠战役中发动攻势。

压力之下,威尔逊改变了主意,于 8 月 3 日宣布美国将要向符拉迪沃斯托克派出小股部队。威尔逊说美国还将援助原属沙皇目前在抗击德军的捷克部队。

奥国和谈要求被协约国拒绝

断然拒绝——这就是威尔逊政府对奥匈帝国政府 1918 年 9 月 14 日向所有交战国提出的和谈建议的答复。请求书要求所有交战国派代表到某一中立国无拘无束地商讨和平问题。奥国在公报中说:"对所有交战国的客观考察证明所有的民族,无论在哪一方参战都渴望尽快结束这场残酷的战争,这是毋庸置疑的。"美国国会领导人一致赞成白宫的意见,即应该把这场战争进行到胜利结束为止,此刻和谈对协约国并非最有利。总统表示这场战争是一场解放战争,现在任何形式的同意都将削弱福煦元帅潘兴将军和其他主要军事战略家的有力领导。英国愿意"认真考虑"和谈请求,但认为奥国的声明是敌人"不真诚"的一个请求,伦敦发来的电报说这场战争已快把他们折磨死了。人们预料英国将请求威尔逊总统作为协约国发言人参加初步谈判。在英国,人们普遍认为接受奥国的和平请求只有两种结果:要么延长与德国的交战,要么导致不能令人满意的和平。

协约国联军全面反攻

1918 年 9 月,协约国联军已经切入德军在法国境内的防线,打了几场胜仗,俘虏了数以千计的德军。德国的人力随着联军的每次攻击而减少,现在连最乐观的德国人也开始感到忧虑了。在联军部队强力推进的 3 个月以来,德军可用之兵已经减少了 60 万人之多。一位德国的大学教授表示:"我们无法为人力找到代替品。"在 9 月 18 日,一支英法联军在圣·昆恩屯突破由兴登堡将军所把守的防线,联军从维勒列特和高卓柯特两个据点向前推进。在凄风冷雨中,很多德国士兵阵亡,有 6000 人被俘虏。第二天,由陆军元帅海格所领导、身经百战的英军全线突破德军防线。对昨日之败犹有余悸的德军虽然以 40 个炮兵中队的火力炮轰联军,然而海格的部队冒着炮火向前推进,又被俘虏了 8000 人。这一天被称为是不列颠人的"最佳作战日。"同时,美国部队也摧毁了德军在圣米契尔的德国防线。这个突破的意义非常重大,因为自 1914 年以来,德皇的军队即据守此地,并一直对驻守在香槟地区的协约国部队摆出威胁态势。现在,在美军强大的攻势下,德国人终于被迫从他们的据点中撤出。15000 名德军被俘、250 门大炮被虏获。就连德国人自己的报纸都不得不承认:"对圣米契尔的攻击,是一次计划缜密的大规模攻势。"协约国联军每打一次胜仗,都使战争趋向结束。

美国步兵数量激增

1918 年 10 月 1 日,欧洲局势大概已经转变,但初出茅庐的美国步兵以不可预测的数量不断涌入训练营。到目前为止,已有约 300 万士兵应征,包括约 100 万志愿兵。他们持续开往欧洲战场,使美国远征部队成为一股最强大的力量。逃避兵役者甚少。诚然有些农民曾不愿意丢弃耕犁;有些"逃避征兵者"被保安委员会抓获过,但现在已有 1400 万人注册应征。历史上的第一个义务兵役法取得了彻底的胜利。

奥地利宣布共和

1918 年 10 月 31 日,煽动这场长期恐怖的战争的同伙奥地利爆发了革命,奥地利人民宣布奥帝国为共和国,奥皇被迫逃离首都。在维也纳和布达佩斯,示威的学生和工人高呼"打倒哈普斯堡皇族!"的口号向政府抗议。一位记者报道:"没有人把政府或拉马施内阁放在眼里。"在捷克斯洛伐克,人民也推翻了哈普斯堡统治,占领了布拉格。起义紧随这些宣布而爆尽,彻底投降已临近,因为意大利军队已在蓬泰内拉尔卑摧毁了奥国的最后堡垒。这次失败不过是一连串败仗中的一次。塞尔维亚、俄国和意大利军队已击溃了奥军。他们只是在获得盟友德军援助时才略微尝到一点胜利的滋味。据说查理皇帝隐藏在布达佩斯东北的格德勒皇宫。在 9 月,他与德皇威廉接触,宣告说奥匈帝国的财政和军队已崩溃,不得不接受和谈请求,战争应尽早体面地结束。

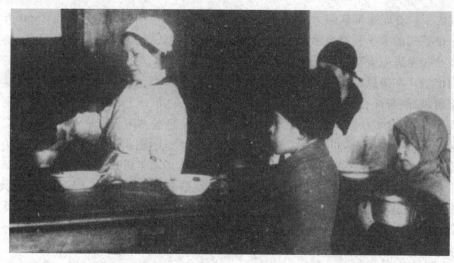

刚成立的苏维埃政权,面临着重大问题,经济萧条;人民吃饭不得不实行食品分配。

美王牌飞行员里肯巴克

　　美国空军引以为自豪的埃迪·里肯巴克上尉,1918年10月击落14架敌机为他的显赫战绩再添异彩。在这场战争中他累计击毁22架飞机和4只侦察气球。里肯巴克既是司机又是机械师。他对汽车的爱好激起他对飞行的兴趣,26岁时参加了空军飞行队。(大部分飞行员都是从16~19岁左右开始学飞的)然而他的战绩远远弥补了初学时的落后。他被编入第94驱逐机中队,于4月29日击落一架德战斗机,取得第一次空战胜利。他的坚韧、勇敢和对飞行的热情,使第94师的标志"环中之帽"名声显赫。

美国坚持以德皇退位为和谈条件

　　1918年10月14日,经过一连串的败绩后,德国在西线的军事已经岌岌可危。刚刚才上任的德国首相威廉·马克思对美国总统威尔逊提出了和谈的请求,希望他可以从中斡旋德国与协约国之间的停火事宜。德国政府声明,愿意以威尔逊于1918年1月8日在年度报告中阐明14点建议为基础进行谈判。但是,美国政府并不愿意在毫无先决条件的情况下出面斡旋。毕竟,美国已经在欧洲战场投下了400万的兵力,而且自本年1月以来,已经有接近5万名美军阵亡。威尔逊宣布,除非德国一开始就接受美国及其盟邦所提的全部条件:立即停止无限制潜艇作战,并且以一个人民建立的政府来代替德皇的专制政体,否则美国不拟出面提请英国及法国政府准备停战。威尔逊所提的各点,德国政府已经同意考虑,但最后一点对他们来说却是完全无法接受的。美国人对德国内政事务的干涉,就是连社会民主党人都觉得不能接受。马克思再次向美国声明,德国已有一个向议会负责的政府,但威尔逊坚持他的要求。他在 10 月 23 日的照会中说,如果不废除专制政府,则"德国不能就和平条件进行谈判,而只能投降"。为此,埃里希·鲁登道夫将军退职,威廉·格雷纳将军接替了他。奥地利政府于 26 日宣布,奥地利军事上已面临崩溃,不得不寻求停火。这一举动促使德国政府彻底向威尔逊的要求让步,他们致电华盛顿:"和平谈判将由人民政府执行。"

土耳其与协约国签订停战协议

土耳其于 1918 年 10 月 30 日中午 12 点投降。英国和土耳其代表在停泊在穆德雷斯湾的"阿格门农"号军舰上签署休战书。即土耳其将解散其军队,归还战俘,并对协约国船只重新开放达达尼尔海峡。在英国一连串的有力攻势之后,土耳其投降。贝鲁特、的黎波里和大马士革都已在该月初沦陷。10 月 29 日在舍尔加特的最后战斗俘虏 11000 人。当天,苏丹穆罕默德六世罢免了所有主张持续战争的部长。他致电给伍德罗·威尔逊总统,请求他促成一项解决办法。威尔逊没有答复。尔后苏丹赦免了在押的库特之战英雄查尔斯·汤森将军。被监禁了两年半的将军在阳光下瞬目而视,朝着最近的英国军舰走去。按照苏丹的吩咐,他在那里将代表土耳其求和。美索不达米亚摆脱了土耳其统治获得自由,为此协约国军付出 15814 人的代价,当然 12807 人死于瘟疫。协约国不想在这地区继续滞留。

流行性感冒肆虐全球

1918 年 10 月 31 日,据美国及国外公共卫生官员估计,目前横扫全球的流行性感冒,可能会导致 2000 万或更多的人死亡。这股流行性感冒以史无前例的速度和剧烈程度传遍世界,新类型的病源似乎最先出现在西班牙。这种传染从欧洲迅速传到亚洲,据估计,单是中国一地,便有数百万人死亡。在美国,联邦公共卫生局表示,国内平民的死亡人数远超过在前线部队的死亡人数,而且,死于流行性感冒的军人比因战争受伤而死的军人还要多。过去两个月来,美国 46 个城市(占全国人口 1/5)的流行性感冒死亡人数合计为 8 万人。现在,试图生产出一种疫苗来对抗流行性感冒的希望已经破灭了,而大部分国家可资使用的药剂也差不多告罄,但距离流行性感冒结束的日子看来还是遥遥无期。

第一次世界大战结束

1918 年 11 月 11 日晨 10 点零 1 分,寂静降临欧洲战场,犹如薄雾笼罩一切。早晨 5

点，德国人签署了停战协定，6 小时后停火生效。大战结束了。奥匈帝国已在 11 月 3 日投降，德国的崩溃是必然结果，它缺乏人力，最后一次征兵把 14 岁的孩子和 60 多岁的老人都征去了。由于海上封锁，粮食和给养用完了。布尔什维克和自由派制造的国内动乱震撼了政府。昨天，德皇仓促逃往荷兰。11 月 8 日，天主教中间派首脑马塞厄斯·埃尔茨贝格尔率领其他的德国代表来到贡比湟的协约国司令部外的一个地点。他们会见了福煦元帅，他用两天时间考虑了投降要求。德国须交出重炮和飞机，5000 辆卡车，5000 辆火车头和 150000 节车厢。大型军舰和大多数潜水艇要停泊在各协约国港口。驻扎在奥匈帝国、罗马尼亚、土耳其和俄国的德国军队必须立即撤出。莱茵河西部领土上的军队必须撤走。埃尔茨贝格尔和他的同胞们同意这些条件。停战协定是在福煦的铁路专车里签订的。西欧和外部战区面临着多年的重建工作。德国可以知足了；没有战争破坏肥沃的土壤。然而经济上却破烂不堪。皇太子选择社会党人弗里德里希·艾伯特当总理，欧洲将向他要求赔偿。1000 多万人死于这场为期 4 年的战争，600 万是平民。今天，尽管人们了解这场大战是怎样结束的，但对大战的起因不甚了解。只要人们对这场大战的起因存在误解，谁都无法肯定这是第一次还是最后一次世界大战。

德国十一月革命

1918 年 11 月 9 日，参加游行示威的社会党人挤满了德国大街。水兵哗变，陆军占领了指挥部。革命热情支配着德国人民，德皇威廉二世已被迫退位，踪影皆无。在德国各地，皇室垮台。巴伐利亚国王路易三世逃之夭夭，不伦瑞克公爵和 5 位其他国王、王子和大公们均被赶出了城堡。社会党夺取了政权，不同派别在争夺领导地位，社会民主党人似乎占了上风，但又担心被群众抛弃，因为激进的独立社会党人正在向他们暗送秋波。当天事件发展之快令人炫目。上午 11 点 30 分，德军司令给总理官邸打电报通知说，威廉将立即退位。中午，德国总理、巴登亲王马克西米利安宣布皇帝正式退位。12 点 30 分，柏林报纸号外大肆报道德皇退位的消息。12 点 30 分，总理在办公室接见社会民主党领导人并把权力移交给社会民主党主席弗里德里希·艾伯特。下午 2 点，社会民主党菲利普·谢德爱站在总理官邸的窗前，向人群宣布成立德国共和国。下午 3 点，军事司令部给总理官邸打来一封电报说："为避免流血，威廉二世陛下愿意放弃德国皇位，但决不放弃普鲁士国王头衔。"下午 3 点 30 分，总理官邸拍给军事司令部的电报说："没有必要再注意威廉二世的行踪，因为他退位的消息已于午间宣布。"下午 4 点，斯巴达克斯党领袖卡尔·李卜克内西宣布："自由的社会主义德意志共和国诞生了。"在这一天中，艾伯特巩固了他的新政权。他是一个社会党人，但却不是一个革命者。很可能他会同那些独立的社会党人有分歧。独立派要求以苏俄为模式建立苏维埃共和国。当天举国上下、工人和士兵们都在组织委员会，他们希望把他们的普遍支持变成政治力量。他们坚持要进行彻底的社会改革，包括改善工作条件，住房和吃饭问题。威廉二世在当政府期间忽视了社会项目,他更感兴趣的是国际事务和军事征服。偶尔他也提倡一下社会改造,但他同样可能以镇压的手段对进行社会改革的号召做出反应。威廉当政时,激进派曾一度很活跃,他们从俄国布尔什维克那里得到启示,进行新的甚至是革命的试验。1918 年德国在战场上的挫折似乎决定了威廉的命运。国内有一批人认为威廉的帝国主义阴谋对战争爆发负有部分责任,但他与战场上的军事行动无关。此外,威尔逊总统坚持把威廉退位作为和平谈判的先决条件。

哈普斯堡帝国走向灭亡

哈普斯堡帝国 1918 年 11 月灭亡后分裂成四个新的国家:奥地利、匈牙利、捷克斯洛伐克和斯洛文尼亚-塞尔维亚-克罗地亚王国。它们的边界是按种族关系划定的。虽经哈普斯堡帝国数世纪的统治,这种关系仍然保留着。哈普斯堡王朝起源于 10 世纪,历尽沧桑。玛丽亚·特雷西亚女王于 1740 年～1780 年在位,虽以铁腕统治国家,还是丧失了西里西亚,并因此与欧洲大多数国家屡屡征战,企图收复失地。1867 年,哈普斯堡国土分成以维也纳为首都的奥地利帝国和以布达佩斯为首都的匈牙利王国。联合只是名义上的,各族人民的文化完全不同:捷克人、波兰人、斯拉夫人、斯洛伐克人、意大利人和罗马尼亚人,日尔曼人在奥地利占大多数,马扎尔人在匈牙利占大多数。金钱也使王国分裂开。豪华的哈普斯堡生活与农民的贫苦生活形成鲜明对比。1914 年加弗里洛·普林西普暗杀弗兰茨·斐迪南大公时,塞尔维亚把这一行动看成是对冷漠的统治阶段的打击。最后一个哈普斯堡皇帝查理一世,战争期间把奥匈帝国变成了事实上的军事联邦。这样再加上极度通货膨胀和世代相传的种族不满,完全可能引起一场流血变革。然而各民族主义团体多年来经常在国外会晤,以求用和平方式解决问题。11 月初社会党和泛日尔曼党请愿要求查理一世放弃王位。11 月 11 日,查理退出帝位,两天后又退出匈牙利王位。于是各民族立即开始建立政府。捷克斯洛伐克掌握在托马斯·马萨利克手中。他原是奥地利议会的代表,妻子是美国人,他是个具有崇高民族主义理想的人。他的较实用的设想可能由他的务实的同胞爱德华·贝奈斯来实现。奥地利很顺利地过渡到独立。它原来就有普选的历史帮了大忙,因而旧的封建主义没受多大压力便俯首让步。匈牙利的独立便不像这样容易。一个名叫米谢尔·卡罗里依的自由派贵族,他不得不容纳许多互有怨恨的少数民族以及事实上实行寡头政治的马扎尔人,内战是预料中的必然的结局。塞尔维亚人、克罗地亚人和斯洛文尼亚人将面临最严重的挑战。把这些山民们联合起来的最主要的共同因素是他们都有要求独立的愿望。

威尔逊访问欧洲

1918 年 12 月 31 日,自威尔逊总统 12 月 13 日到达欧洲以来,在各主要城市人们把他作为战无不胜的英雄加以欢迎。他被授予巴黎荣誉市民称号。英国乔治国王向他举杯祝酒。和平会议在法国凡尔赛召开的前几个月,威尔逊总统和他的随行人员就于月初登上"乔治·华盛顿"号军舰去欧洲,各国首脑进行了重要会谈。威尔逊在法国布列斯特走下船时,身体强健,气色很好,数千人拥挤在码头上欢呼他的到来。当天晚些时候,他获得了巴黎市授予他的一枚金质奖章,接着他拜访了政府主要领导人。在伦敦,威尔逊总统和夫人成了白金汉宫的座上宾,英国乔治国王举行国宴迎接他。在祝酒词中,英国国王指出威尔逊是来英格兰做客的第一位美国总统。国王是作为"与我们有着密切联系的强大的英联邦的正式首脑"来欢迎他的。在伦敦访问期间,威尔逊与英国首相戴维·劳合-乔治以及其他国家首脑和外交官员进行了3个小时的会晤,对在和平会议主要研究的问题进行了讨论。访问了伦敦之后,威尔逊回到法国,在肖蒙的美军司令部度过了一周。然而,这位总统拒绝访问那些被世界大战破坏的欧洲地区。他是在弗吉尼亚长大的。他说,当威廉·特·谢尔曼将军在美国南北战争期间大举进军南方时,他的故乡变成一片废墟。在一次会见时,他解释说:"我不想生气。我想在这张和谈桌前需要一个没发过脾气的人。"

柏林举起革命旗帜

1919年1月12日晚上,忠于德国政府的军队镇压了柏林斯巴达克斯同盟的一个革命小组,但是一周来的巷战使这个城市付出了代价。一个记者报道说,他看到人行道上堆积着成百上千的尸体和负伤的人。事端是1月初开始发生的。在一次激进的斯巴达克斯同盟会议上,卡尔·李卜克内西和罗莎·卢森堡组建了德国共产党。这个新的政党要求建立一个社会主义的共和国。它号召人们抵制在19日召开的大会所进行的选举。同时,左翼社会党人在全国范围内辞去了在政府部门的任职。只有柏林警察局长埃里奇·艾希霍恩仍然在职,该人是一个独立的社会党人。令人啼笑皆非的是,正是由于艾希霍恩被内务部解职才引起了反叛。李卜克内西号召柏林工人起来造反。一周前的这个晚上,左翼军队占领报社,号召工人阶级参加武装斗争。但让人们拿起武器的号召实质上被忽视了。大多数军队仍忠于政府。斯巴达克斯党人有子弹,但没有足够的支持者去放枪,起义被镇压下去了。李卜克内西和卢森堡隐藏了起来。他们的政治理论受到弗里德里奇的谴责。他说:"布尔什维克意味着和平的灭亡,也意味着自由的灭亡。"

美国前总统罗斯福去世

1919年1月6日,西奥多·罗斯福,在战争中和政治方面都很有威望的莽骑手与世长辞了。这位60岁的前总统,是在长岛的奥伊斯特贝的萨加莫尔山家里睡眠时,很令人意外地离开人世的。他是由于肺部血管栓塞致死的。临终前他和一个黑男仆说的话"请把灯熄灭,詹姆斯",是有预兆的。罗斯福曾一度担任过纽约的州长,并在 1898 年美西战争中是个英雄的莽骑手。1900 年他被选为副总统,1901 年威廉·麦金利总统被暗杀以后接任总统,并在 1904 年被正式选为总统。他在任职期间以其国内实行进步的改良政策,国际采用"棍棒"式的外交政策而出名。1912 年他对共和党的政策感到失望,以进步党员的身份试图重进白宫,东山再起,但功亏一篑。

柏林革命领袖被暗杀

1919 年 1 月 16 日,德国共产党领袖卡尔·李卜克内西和罗莎·卢森堡,在被政府监禁期间于柏林遇害。一个独立的社会党人报纸声明:"他们的流血事件应由新政府负责。德国无产阶级将会审判他们。"政府答应进行全面调查,后来看管这两名囚犯的军官们被监禁起来。卢森堡被一伙人打昏,因军队要把她从伊登旅馆带走,她在那里曾受到审讯。然后有人对她的头部开了一枪,并把她扔到了运河里,她的尸体至今没有找到。李卜克内西的看守们竭尽全力把他从混乱的人群中用汽车带了出来。一份报告说,过了一会他们就把他残酷地杀害了。这些看守说,当李卜克内西企图逃跑时,他们开了枪。

德国民议会在魏玛聚会

德国 1919 年 2 月 6 日希望在其历史上写下新的一页。参加集会的议员离开纷乱的柏林市在魏玛聚会。魏玛是文化中心,歌德和席勒的家乡。议员们选举弗雷德里希·艾伯特为新共和国总统。人们预料将会提名菲利普·谢德曼担任总理。这次集会也同奥地利集会互通信息。两国议会都表示,希望德属奥地利不久将同德国再度联合起来。

第一架商业性飞机飞行

一架商业性飞机 1919 年 2 月 9 日完成了首次巴黎与伦敦间的往返飞行,这在欧洲的飞行史上是一次创新。这架名为"歌利亚"的飞机下午 12:20 分从英国起飞,3 小时 30 分钟以后,到达法国凡尔赛附近的一家机场。"歌利亚"号有两个发动机,最高行速达每小时 97 英里。法国飞行员说,在昨天的巴黎至伦敦的一段航程中,他遇到了几个问题。他说当时北风太强了。但是旅客们似乎没有抱怨。他们忙于吸烟、打桥牌。

巴黎和会与《凡尔赛和约》

　　1919 年 1 月 18 日,和平会议在法国巴黎召开。这是人类历史上第一次召开的具有世界规模的缔约会议。参加和会的代表共有 70 人,分别来自全世界各大洲的 32 个国家。战败国和苏维埃俄国被排斥在大会之外。总统、首相、政治家、外交家、地理学家、银行家、将军等各种人物聚集一堂,而协助这些代表工作的秘书、历史学家、地理学家、金融家以及各种专家学者等,有数百名之多,可谓冠盖云集,济济一堂。然而,在整个和会期间操纵一切的,不过是美、英、法、日、意 5 国而已,决定命运的人物也只有 3 个:美国的学者

德国军队在柏林与斯巴达克斯同盟成员作战

总统伍德罗·威尔逊、老练的英国首相劳合·乔治、有"老虎"之称的法国总理克列孟梭。有时,意大利首相奥尔兰多也算一个场面人物。强国各有各的打算,各怀各的鬼胎,因而整个和会期间充满了争吵、勾结、妥协、让步甚至恫吓,最后总算取得一致,签订了合约。条约由 5 大国拟好,然后把战败国召来签字。其他 27 个国家的代表只在条约内容与其利益有涉时才参与讨论。会议争吵半年,结果大致如下:1919 年 6 月 28 日在凡尔赛著名的镜厅签订对德和约;9 月 10 日在巴黎市郊签订对奥和约;11 月 27 日在巴黎近郊的纳伊签订对保和约;对匈牙利和土耳其的和约定于 1920 年 6 月和 8 月签订。一系列和约构成了战后帝国主义的凡尔赛体系,并由此确立了资本主义在欧、亚、非三大洲的新秩序。条约内容极其复杂。举其要者如下:最大限度解除德国武装,没收其大部分船舰和所有潜艇,剥夺它的所有殖民地,停止德国的所有军事工业,1921 年 5 月 1 日前德国首先偿付 200 亿金马克赔款。保加利亚则应在 27 年内偿付 22.5 亿法郎的赔款。让英国控制西亚,并与法、澳等国瓜分德国在非洲、大洋洲等两洲的殖民地。日本则"继承"德国在中国的

权益。中国代表顾维均曾据理力争并拒签和约,但条约还是被列强通过。法国分得阿尔萨斯-洛林等地的主权。意大利完成了国家的统一,从奥地利得到许多领土。日本除中国山东以外,还得到了太平洋上赤道以北的所有德属岛屿。美国是唯一没有从和会上得到领土的国家——战争期间它在南美和加勒比海的扩张已使它获得不少殖民地。至于其他中欧、东欧、巴尔干、西亚等地的领土更改变迁,也很频繁和迅速。世界,以一个新的面孔又开始了进步。

匈牙利革命成功

不久前,一位名叫贝洛·库恩的革命者在俄国坐牢。1919 年 3 月 21 日,他成了匈牙利新政府的头面人物。库恩领导着共产党人和社会民主党人组成的联合政府。他们是在迈克尔·卡罗伊及其政府因反对协约国把特兰西瓦尼亚划归罗马尼亚的决定而辞职之后控制布达佩斯的。在 1915 年,库恩被监禁在俄国。布尔什维克党人释放了他,让他担任红军中的一名指挥官,并把他送回匈牙利当宣传员。计划奏效了。库恩想要在匈牙利实行无产阶级专政。

墨索里尼建立法西斯政党

1919 年 3 月 23 日,意大利因战后所出现的罢工、社会骚乱和国会瓦解等问题而困扰,贝尼托·墨索里尼组织了一个新的运动。他的“战斗的法西斯”想通过侵略性的民族主义和严格的军事训练来同自由主义和共产主义势力进行战斗。

共产国际宣告成立

1919 年 3 月 4 日,一个以推动世界革命为目的的国际共产主义组织在莫斯科建立。第三国际或共产国际将在苏联的对外政策中起主要作用。布尔什维克领导人弗拉基米尔·列宁认为,俄国政权的稳定取决于欧洲其他国家掀起的革命进而在全欧洲建立起友好的政权。列宁认为,虽然欧洲人民准备革命,但是第二国际或社会党国际的胆小懦弱扯了他们的后腿。这个较老团体的成员被民族主义分子所吞没,因而完全丧失了它在大战爆发时所具有的团结一致性。第一国际是由卡尔·马克思于 1864 年在伦敦建立的,宗旨是协调世界各地的工人阶级运动。它于 1876 年解散。第三国际第一次会议有 35 名选举代表,代表 19 个团体,由于战争妨碍代表出席会议,只有 5 人来自俄国境外。

卓别林等建立"联艺"公司

1919 年 4 月 17 日,4 位电影开拓者已宣称把自己的赌注压在电影业上。C·卓别林、D·W·格里菲斯、M·璧克馥和 D·范朋克在加利福尼亚创办了一家名为"联艺"的电影公司。该公司将制作并发行他们自己的新影片。很多人说事业上的同伴难成家庭的同伴,而璧克馥和范朋克——他们已于 1919 年年初结婚了,他们同卓别林是好朋友。格里菲斯对璧克馥如同父亲一样;他在几部影片中是她的导演,包括神秘片《被折断的花朵》。然而,这种联合仅仅是由于需要:他们因要价过高而陷入失去市场的危险之中。他们以往的巨额薪金使利润所余无几了;雇主们慢慢地会把他们视为一种包袱。现在,他们能够自由自在地放手去干了。

国际联盟章程草案通过

1919 年 4 月 28 日,在巴黎和会中,协约国通过了国际联盟的章程草案。美国总统威尔逊希望创立一个主要调解国际间争端的组织的计划得以实现。国际联盟将成为一个保障巴黎和约所塑造的世界新政治秩序的和平及安全的组织。各成员国在遇到争端时有责任相互帮助,有冲突时应当服从海牙国际法庭的判决,违反章程者,法庭有权实行制裁。

阿富汗独立战争

直到 1919 年,阿富汗还是一个封建的半殖民地国家,是英帝国主义的势力范围。第一次世界大战前后,青年阿富汗党人在穆罕默德·塔尔吉(1863~1933 年)的领导下,重新活跃起来。1919 年塔尔吉创办《光明报》,提倡科学和民主,宣传现代工业和教育的重要性,批评伊斯兰教的陈规陋俗和封建王室的腐败昏庸,主张完全摆脱英帝国主义对阿富汗的控制。1919 年 2 月 20 日,哈比布拉国王在贾拉拉巴德的狩猎行宫被刺身死。哈比布拉的第三个儿子阿马努拉在青年阿富汗党人的支持下于 2 月 28 日在喀布尔正式宣布即位。他宣布:"从现在起,阿富汗是一个独立自由的国家,它不承认任何外国的统治权。"要求英国承认阿富汗的"主权完整、行动自由和完全独立"。但是,英国顽固地拒绝阿富汗的正义要求。1919 年 5 月 3 日,英军向开伯尔山口的阿富汗边防军发动进攻。5 月 7 日,阿马努拉政府颁布动员令,向英国宣战,阿富汗抗英独立战争正式开始。战争在瓦西里斯坦和开伯尔山口激烈进行,阿富汗军民英勇抵抗。英帝国主义在阿富汗军民打击下,加上苏俄对阿富汗独立的承认和道义的声援,以及印度革命运动正在高涨,被迫同意停战谈判。1919年6月3日,双方签署停战协定,8月8日,在白沙瓦签订了双方暂订和约,英国承认阿富汗在内政和外交上是"自由的主权国家"。经过两年多的谈判斗争,1921年10月22日,英阿缔结了最后和约,英国正式承认阿富汗的完全独立。阿富汗抗英独立战争取得了胜利。

美海军飞机横渡大西洋

美国海军NC—4型水上飞机1919年5月27日抵达里斯本,完成第一次横渡大西洋的空中飞行。NC—4型从纽约州罗卡威起飞,飞行了将近44小时,总航程达3150海里,NC—4在旅程第一阶段被迫降落在马萨诸塞州查塔姆,做了一次意外的停留。经修理后,它继续飞往新斯科舍省哈利法克斯,接着飞往纽芬兰。横渡大西洋的实际飞行是分3个阶段进行的:5月10日至17日,从纽芬兰的特雷帕赛海湾(Tlepa ssay Bay)飞往亚速尔群岛,航程1200海里;5月20日,从亚速尔群岛一端飞行另一端,进行150英里的短距离飞行;最后飞行800英里抵达里斯本。在纽芬兰和里斯本之间设置了一条海军驱逐舰的警戒线,以便密切注视NC—4的飞行动向,必要时提供帮助。这架水上飞机到达里斯本时受到沿岸站成一排排的群众的热烈欢迎及港口船只长达5分钟的鸣笛致意。由海军少校AC·里德驾驶的NC—4即将飞往英国的普利茅斯。与此同时,一艘英国R—34号飞艇准备进行一次横渡大西洋的直达飞行。

土耳其凯末尔革命

在第一次世界大战中,土耳其是一个日趋衰败的封建性帝国——奥斯曼帝国。由于它参加德、奥集团一方作战,在战争中失败,协约国不仅瓜分了这个帝国的所有属国,而且要瓜分土耳其本土。1919年5月,由英国提供金钱和武器的希腊军队侵占了伊斯密尔。在民族危亡的关头,土耳其人民反对外国占领者的游击斗争迅速展开,取名为"保护民族权利协会"的资产阶级民族主义组织也在各地纷纷成立,领导这一斗争的是当时负有盛名的爱国军官穆斯塔法·凯末尔(1881~1938年)。1919年7月23日,在埃尔祖鲁姆召开了安那托利亚地区的"保护民族权利协会"的代表大会。大会选出了以凯末尔为首的代表委员会。这时凯末尔党人还没有公开反对在首都伊斯坦布尔的、已经成为英国傀儡的素丹(奥斯曼帝国政教合一的君主),而是推动素丹政府召开土耳其议会。1920年1月,素丹政府被迫召开议会,凯末尔党人在议会中占了多数,从而使议会通过了确认民族独立原则的《国民公约》。但是,素丹政府在英国唆使下,竟然解散议会,3月16日,英军占领了伊斯坦布尔。凯末尔党人正式宣布不承认素丹政府代表土耳其国家,并于

1920 年 4 月在安卡拉召开大国民会议,成立了以凯末尔为临时总统兼国民军总司令的国民政府。1920 年 8 月,协约国迫使素丹政府签订了丧权辱国的色佛尔条约,更加激起土耳其爱国军民的义愤。在凯末尔领导下,土耳其国民军和农民游击队在极其艰难的条件下坚持抗击英国、希腊等国的侵略军。1922 年秋,终于战胜了英、希侵略军,并进军伊斯坦布尔,素丹穆罕默德六世乘英国军舰逃往马其他岛。11 月 1 日,大国民会议废除了素丹制度。1923 年,协约国和土耳其新政府签订了洛桑条约,废除了色佛尔条约。洛桑条约规定土耳其的本土归土耳其所有,承认土耳其领土完整和国家独立;取消赔款;关税自主等等。1923 年 10 月 29 日,土耳其共和国宣告成立,凯末尔被选为第一任总统。土耳其新政府实行了一系列资产阶级性质的民主改革,如发展民族经济;废除伊斯兰教主("哈里发")制度,实行政教分离;以资产阶级的民法和刑法代替伊斯兰教法规;扩大世俗教育;给予妇女在选举、教育和就业方面以一定的平等权利,废除陋习,等等。后来,凯末尔领导的土耳其人民共和党的党纲,把凯末尔主义概括为六项原则:"共和主义""民族主义""平民主义""国家主义""世俗主义""改革主义"。但没有从根本上解决封建土地所有制问题。从总体说来,凯末尔革命起了振兴土耳其的作用。

德国代表在凡尔赛对德和约上签字

在导致世界大战的萨拉热窝枪杀案 5 年后的 1919 年 6 月 28 日,和平条约在法国签订,凡尔赛条约正式结束这场战争,但在德国引起了新的愤恨和摩擦。事实上,德国代表说如果事先知道被如此对待他们是不会到凡尔赛来的。德国代表因被迫由隔离通道进入明镜大厅而感到耻辱。他们拒绝进入大厅,直到协约国同意仪式结束时向他们致以军礼,他们才走进大厅。法国主人尽其所能将会场布置得华丽壮观。1871 年德国人曾在凡尔赛使法国人处在卑躬屈膝的地位。绝大多数与会代表驱车沿着漂亮的城堡大街行驶,穿过铺着鹅卵石的洪诺大院。他们受到修饰一新、身着制服的共和国卫队军官的迎接。大厅内侧是一番迥然不同的景象。观众们不断地向前拥挤着,以目睹为快,他们出其不意在向某些代表们欢呼。但协约国的领袖们却显得比较拘谨,他们身穿朴素的市民服装。很少有人穿着金碧辉煌的制服,重现昔日君主时代的气派。协约国希望每一个人都知道新的和平意味着一个新的世界纪元的开始。法国总理克列孟梭是到达凡尔赛的第一位协约国领袖,他在大会开幕式上发表简短演说,警告德国要尊重条约的规定。但克列孟梭并不是第一位在和约上签字的协约国领袖。此项殊荣给予了美国总统伍德罗·威尔逊。签字仪式结束后,威尔逊、克列孟梭和英国总理大臣劳埃德·乔治从明镜大厅走到凡尔赛宫后面的平台上,为此成千上万的观众激动不已。人群簇拥着向前移动以便能看见这些政治家。他们欢呼着,"克列孟梭万岁!威尔逊万岁!劳埃德·乔治万岁!"如此这般的激动和混乱以致协约国的其他代表一时也被挤在大厅里面。德国代表蒙耻离开会场,并在他们所住旅馆中发表他们对所受的对待感到十分愤慨。在德国国内那些凡尔赛和约的批评家们又何止是愤恨呢！抗议者们涌入街道，德国学生放火烧毁法国军徽。远离苏格兰海岸的德国海军上将路德维希·冯·罗伊特宁肯使他的舰队沉没，也不

会议各国代表在审议和平条约

投降。条约包括威尔逊总统计划创立国际联盟的规定。但条约也对德国施以有伤害性的惩罚。它要求德国付巨额赔款，并召威廉二世及其他战犯到庭受审。此外，德国丧失了相当一部分领土并被禁止制造新的军事武器。出席和谈会议的英国代表，经济学家约翰·梅纳尔·凯恩斯警告人们说：和约可能给德国经济带来严重破坏。其他批评家对凡尔赛和约能否真正带来一种永久的和平表示怀疑。

人类首次飞越北大西洋上空

在伦敦《每日邮报》一万英镑的赞助下，英国飞行员约翰·威廉·埃尔库克和他的领航员阿瑟·布朗冒险驾驶一架双引擎的"威克斯-威米"双翼机，进行了人类首次跨越北大西洋的飞行壮举。他们1919年5月14日从纽芬兰的圣约翰起飞。他们的双翼机装有2个350马力发动机，油箱装了3200公升汽油。起飞后不久，电讯设备即告失灵。他们在浓雾中飞越大西洋上空，飞机大部分时间都在400公尺的高度飞行，但有时候也会离海面仅数公尺。16小时后，飞机降落在爱尔兰克里夫顿附近的一块农田里。英国举国上下都为首次成功飞越大西洋而欢呼雀跃不已，国王还特地授予2位飞行员勋衔。

德国海军自沉船舰

很多德国水兵宁愿把自己的军舰弄沉,也不愿把它们拱手送给协约国。德国的海军官兵们 1919 年 6 月 12 日中午相约登上被扣押在斯卡帕夫罗海湾的德国军舰上,以升上一面红旗为讯号,准备把这些船只弄沉。他们打开船上的防水活门,使除了巴登号以外所有的大型船只、主力舰和战斗巡洋舰迅速沉没。英国警戒舰立刻向他们开火,德国人或者利用救生筏,或者靠着游泳返回岸上。他们随即被岸上的英国海军拘捕,有部分拒绝从命的德国水兵丧生在英军的枪下。

墨索里尼发表法西斯主义宣言

贝尼托·墨索里尼曾在瑞士和奥地利当过报纸编辑,是个社会主义者。返回祖国意大利,重操旧业后,但他声称他已不再是一名社会主义者了。大战爆发后他脱离了意大利社会主义政党并成立一家新报纸:《意大利人民报》。其读者大都是民族主义战争时期的老战士。他们自称为法西斯战士。当时,墨索里尼已为其追随者发表了一份宣言。宣言内容如下:满 18 岁以上者有选举权;妇女有选举权;比例代表制;地方政府自治权;公民复决权;解散议会和政警部队;结束秘密外交;创建一支单纯的防卫军;没收教会财产;禁止股票市场上的投机买卖;55 岁退休;8 小时工作制;法定最低限度工资;战争利润上升到 85% 者,收资本累进税。墨索里尼声称他已不再是社会主义者,但他的一些观点还是革命的。有些观点似乎能为所有人所接受。如若这位铁匠和教师的儿子能以作为报纸编辑度过余生为满足的话,那就将令人大为惊讶了。

美国镇压芝加哥种族暴动

美国政府 1919 年 7 月 30 日出动军队前去镇压芝加哥的种族暴动。这场暴动导致 31 人死亡和 500 多人受伤。军队所接到的军令写得很直率:"不要分白人还是黑人:一名参加暴动的白人跟一名参加暴动的黑人一样危险。"芝加哥南区黑白之间的种族冲突,既构成财物上的损失,也影响了邮递服务。居民被劫掠,商店遭破坏。白人和黑人在街上以石头或砖块互相投掷,并以手枪及猎枪互相射击。根据警方报道,有好些黑人被丢进香槟河里去——那是一段充满家畜排泄物的死水。芝加哥的种族暴动和发生在美国其他主要城市的种族暴动如出一辙。该月初,在华盛顿,几乎就在白宫及国会山庄极目可及的范围内,黑人在街头上成群结队,四处攻击白种人。白人不分男女,一律受到黑人的攻击。据报还有小孩子受到暴乱者的伤害。在黑白双方的冲突中,有数人死亡,近百人受伤。华盛顿地区的暴乱最后由警察及步兵与骑兵所组成的军队平服。在镇暴过程中,有数名镇暴人员殉职。全国有色人种促进协会的官员们,事后指控首都的国民自卫队滥用武力,不分青红皂白,伤及一些"无辜而青白的黑人"。

英国飞艇飞越大西洋

英国飞艇"R—34"号1919年7月13日凌晨到达它在普尔海姆的基地,完成了首次跨越大西洋的往返空中飞行。两段航程都没有着陆。首先从苏格兰的爱丁堡起飞到达长岛的米尼奥拉,然后返回英格兰。"R—34"于7月2日上午1点48分飞离爱丁堡,7月6日上午8点45分到达米尼奥拉。飞行时间为4天零12小时。这次飞行时间略长于1909年"毛里塔尼亚号"班船所创的汽船纪录。但R—34号飞行的航线比较之下要长得多,为3200英里,平均时速为30海里。数千名观众聚集在纽约市米尼奥拉的罗斯福机场观看飞艇着陆。他们目睹了第一位机组人员踏上美国土地时异乎寻常的情景。这第一位机组人员就是"R—34号"飞艇的二副——约翰·E·M·普里查德少校,他乘降落伞先着陆帮助其他人员固定飞艇。"R—34"号驻留在米尼奥拉,直到7月10日才开始返回飞行。飞艇起飞后飞越纽约市上空,继而飞越纽芬兰然后跨越大西洋。回程飞行时间为75小时,这是由于飞艇借助了西风的缘故。皇家空军上校"R—34号"飞艇指挥官G·H·司各特说,正在英格兰试制的新式飞艇将能完成从英国到澳大利亚的不着陆飞行。除了30名机组人员外,"R—34号"飞艇还携带了一名未安排在旅行行程上的旅客。威廉·巴兰坦是一名23岁的装配工,在最后阶段被排出机组人员之外,但他却藏在了飞艇上,这样便成为世界上第一位跨越大西洋飞行的偷乘者。

胡佛呼吁援助欧洲

1919年8月8日,被美国总统委任为欧洲粮食供应组织者的赫伯特·胡佛呼吁欧洲矿工加倍工作,不加班的话,1919年冬天欧洲煤炭的供应将会受到威胁。由于8小时工作制的实施及经常不断的罢工,煤炭的开采量下降惊人。据胡佛的估计,当年冬天欧洲将缺少2000万吨煤。德国煤炭开采量的下降尤为剧烈,7月份鲁尔区仅开采223万吨煤,而1918年同期的开采量则为334万多吨。当年上半年德国的煤炭采量共减少了2400万吨。根据胡佛的调查,即使德国提高生产量,欧洲也需要美国强而有力的支援。8月份的失业人数为1500万。以预估中的粮食收成与人口数相比,预计将有1亿人无法得到足够的粮食供应。胡佛在其所递交的备忘录中促请美国必须给予欧洲援助。

卡内基与世长辞

安德鲁·卡内基,一位布施数百万美元的钢铁大王,1919 年 8 月 11 日晨因支气管炎病发与世长辞。这位 83 岁高龄腰缠万贯的慈善家是在马萨诸塞州他自己的影溪庄园中逝世的。卡内基生于苏格兰,是一位穷纺织工人的儿子。他随家人移居美国,在匹兹堡附近定居。他曾在棉织厂当绕线筒童工。14 岁时成为一名电报投递员。在做过一些其他工作之后,开始从事钢铁生意。临终时,他的财产估计超过 5 亿美元。他生前曾为各种慈善事业捐赠 3 亿 5 千万美元,其中包括一个大型图书馆网络。他曾说过:"带着这么多的钱进棺材是不光彩的"。

奥匈帝国解体

1919 年 9 月 10 日,协约国向奥地利和约代表团递交了和约条件。面对协约国最后通牒式的要求,维也纳的国民议会在该月 6 日投票接受和约。双方的签字仪式是在巴黎附近的圣日耳曼进行的,战胜国宣布奥地利和匈牙利各为独立国家;奥地利须对战争负责;捷克人、南斯拉夫人和特兰西瓦尼亚的罗马尼亚人被认定为战胜国。条约具体规定:至勃伦纳为止的南蒂罗尔地区归属意大利;此外,意大利还获得包括伊斯特里恩在内的特里埃斯特、克思滕的一部分,克莱恩和达尔马提亚。另外,一支意大利部队在 12 日占领了阜姆——和平会议并没有把这个地区明确地判给意大利。奥地利必须承认捷克、波兰、匈牙利、南斯拉夫这些国家及其领土的独立。

波士顿警察罢工

马萨诸塞州,波士顿官方 1919 年 9 月 15 日开始雇用新警察以替换参加罢工的警察。这次罢工骨干力量,已在 4 天前被粉碎。州长卡尔文·柯立芝命令全州警察维持该市秩序,暴徒曾在街上游荡时砸碎门窗并抢劫了商店。在发给劳工领袖的一封电报里,州长坚定地表明:任何人在任何地点和任何时间都无权罢工破坏公共安全。1500 余名波士顿警察离开工作岗位,抱怨低工资及恶劣的工作条件。他们还抗议他们的 19 名同伴被警察局认定犯有破坏警察局反对联合行动的命令的罪名而被解职。官方开始征募新的警察部队,工会的官员呼吁要为罢工者复职。然而,他们的要求遭到拒绝。

苏俄红军击败白俄军

内战已使俄国分裂,但红军正在获胜。1919 年 10 月初哥萨克军队在安东·邓尼金的带领下驻扎在莫斯科郊外,准备向这个城市发起最后进攻,正在这时,红军开始反击,迫使邓尼金撤退,红军占领了厄雷尔、沃罗涅日和库尔斯克。这意味着白军的崩溃。这只是一系列惨败中的一次而已。一队由尤登尼奇和罗江科将军领导的自愿军驻在彼得堡郊外,威胁着这个城市。他们由芬兰海湾的英国海军舰队支持。但紧接着红军首领托洛茨基打败了尤登尼奇并追击他的溃散到爱沙尼亚的部队。英军从海湾撤出,驶向里拉湾。红军也在与亚历山大·高尔察克率领的军队较量,并向乌拉尔进发。前线报道声明,高尔察克已经控制不住他的军队,不久,红军将胜利到达乌拉尔。

美参议院拒绝批准凡尔赛条约

1919 年 11 月 19 日,共和党控制的参议院,在历时两个月的辩论之后,拒绝批准旨在结束战争和建立国际联盟的《凡尔赛条约》。参议院的这一行动对威尔逊总统来说是个严重的挫折。因为威尔逊总统曾力劝巴黎和平会议接受国际联盟。直到 10 月患病之前他还在美国为这项条约而奔走呼号。争论的中心问题是对该条约中有关建立国际联盟的条款持有保留权问题。这些保留权是参议院对外关系委员会主任、马萨诸塞州参议员亨利·卡伯特·洛奇提出来的。这些保留权明确地表示,不经国会批准美国根本没有责任和义务按照该条款的第 10 条规定去保卫国际联盟的各成员国。威尔逊总统力劝参议员们投票反对附有洛奇的保留权的条约。他说坚持这些保留权等于取消整个条约。最后,参议院以 55 票对 39 票把包含洛奇的保留权内容的条约也给否决了。46 名共和党人投反对票。

英国议会第一位女议员

阿斯特子爵本人 1919 年 11 月 28 日向外界宣布,他的妻子南茜·阿斯特已经以5203 票击败工党的候选人,而取得他在英国下议院席位的继任权。南茜的得票数比其他两位对手加起来的还要多。第二位恭贺她的人是她 12 岁的儿子,他向这位第一位入选英国国会的女性说:"妈,干得好!"南茜以保守党员的身份竞逐下议院中的普利茅斯席位。她主张"保守的民主制度",而她所选择的衣着,是将来每个可能入选国会的女性都可以买得起的:黑色的外衣、裙子和帽子,再搭配一件简朴的白衬衫。南茜生长在美国维吉尼亚州,是美丽的朗荷恩两姐妹之一,她的妹妹嫁给美国插图画家查尔斯·达纳·吉布森,而且成为吉布森的名作《吉布森少女画》的首位模特儿。南茜在辩论时词锋犀利,对禁酒主张的热烈拥护和对争取女权与儿童福利的不遗余力,使她赢得了大众的注意与尊敬。

美国煤矿工人大罢工结束

美国联合矿工工会 1919 年 12 月 10 日接受威尔逊总统的条件,正式结束 40 万煤矿工人 8 个星期以来的大罢工。美国历史上规模最大之一的一次罢工事件随之落幕。威尔逊答应给工人调薪 14 美元,而并不增加煤价;他同时任命一个由一名矿场场主代表、一名矿工代表及一名公众代表所共同组成的委员会,在 60 天之内协商新的薪资结构。美国联合矿工工会执行主席路易士很高兴工会接受了政府的复工建议,并表示矿工立刻会返回工作岗位并恢复正常生产。

洛克菲勒捐款慈善事业

1919 年 12 月 24 日,工业巨子约翰·洛克菲勒捐出了 1 亿美元,以供慈善用途。这是当时世界上最大一笔慈善捐款。款项的半数捐给普通教育董事会,主要用以提高教师的薪资。另一半则给洛克菲勒基金会,这个基金会成立于 1917 年,以促进“全人类的幸福”为宗旨。还有 500 万美元则是捐给加拿大一些具有领导地位的医学院。据统计,到目前为止,洛克菲勒对各种社会、宗教、福利及教育机构已经捐赠了总数接近 5 亿美元的款项。他曾捐赠 2000 万美元给美洲的医学院。他也赞助欧洲及中国的医学研究。在洛克菲勒的支助下,很多种类的疾病受到控制,乃至于销声匿迹,其中包括疟疾、十二指肠虫病和黄热病。

爱因斯坦的理论得到证实

据 1919 年在伦敦举行的皇家学会和皇家天文学会的一次历史性联合会议上的报告,阿尔伯特·爱因斯坦的相对论的基本理论得到了完全的证实。远征巴西北部和非洲西部沿海的普林西比岛进行考查的几队英国天文学家观察到,3 月 29 日的日食表明光线接近太阳时的弯度和爱因斯坦预测的完全一样。约瑟夫·汤姆森是皇家天文学会主席,他在听了报告后说,爱因斯坦的著作“是最伟大的著作之一,可能是人类历史上最伟大的成就”。他的赞扬意味深长,因为爱因斯坦是在战争期间于 1915 年在柏林宣布他的理论的,还因为这两个昔日的敌对国家的仇恨今天依然很深。爱因斯坦理论的证实表明艾萨克·牛顿爵士的绝对的时间和空间的形象必须用一个宇宙的时间和空间来代替,这个宇宙的时间和空间是相对的。爱因斯坦的理论如此复杂以至于很少有人能完全理解他的理论。

画家雷诺阿与世长辞

1920年1月17日,印象派大师皮埃尔·奥古斯特·雷诺阿在法国海边村庄卡涅斯逝世。他捕捉着美与光,直到生命的最后时光。1907年到1913年之间由于患风湿病,抬笔极为痛楚,他不得不将笔绑在手上。在最后的6年里,他创作的雕塑是通过其助手按他的设计完成的。雷诺阿1841年2月25日生于法国的利摩尔。他早期的徒工工作是在陶瓷上涂花。1862年他结识克劳德·莫奈和阿尔弗雷德·西斯莱,他们三人开始室外工作。雷诺阿非常敬佩像德拉克洛瓦这样的画师,他的作品《女奴》(1870)就充分地反映了这一点。但到了19世纪70年代中叶,他完成沉浸在强调自然之光、强调颜色艳丽的印象主义思想之中。他那具有丰富感情色彩的《狄千》(1876)表现了欢乐的户外景象,是这个时期的代表作。19世纪80年代雷诺阿感到一度自由不羁的印象主义现已变得闭关自守了。于是他出游阿尔及利亚和意大利,研究文艺复兴时期的艺术大师并专心致志于一种新画风。《红磨坊街的舞会》(1883)表现静物几乎近似平面画。批评家称之为雷诺阿"生硬"的一面。19世纪90年代雷诺阿又恢复其文雅、柔和的笔调。他选择肌肉暖色调,集中绘画了一些仪态万千的裸女。他的画中只有夏天,甚至像《弹钢琴的小女孩》(1892)这样的室内肖像画都被深色的影子所衬托。在他的最后10年中,他所雕塑的形象与他绘画的颜色一样给人以美感。

"国际联盟"建立

美国垄断资产阶级为了实现称霸世界的野心,早在第一次世界大战进行期间,就由总统威尔逊提出战后建立一个国际机构的主张,并标榜这个机构的目的是制裁侵略,维护和平。1918年1月他在交给国会的十四点"和平计划"中,提出了组建国际联盟的建议。在巴黎和会上经过激烈的争论,于1919年6月28日通过了国际联盟盟约,并列为《凡尔赛和约》的第一部分。和约由各国签字以后,1920年1月10日,国际联盟在日内瓦正式成立,简称"国联"。英、法、意、日、中等44个国家参加了国联,后来逐渐增加到60多国。美国本来是成立国联的首倡国,但由于它在巴黎和会中没有达到预期的目的,国会拒绝批准凡尔赛和约,因此没有参加国联。这样,国联从建立时起就为英、法所操纵。国联标榜的目的是"促进国际合作,维护国际和平与安全";声称凡对国联成员国任何一国从事战争者,即被确认为对国联所有成员国的战争行为,国联应给予经济,甚至军事制裁。国联盟约还规定维护殖民主义的委托统治制度。根据这种制度,国联把第一次世界大战的战败国德国的殖民地和奥斯曼帝国在中东的藩属领地分别委托给英、法、日等帝国主义国家来统治。所以委托统治制度实际上是帝国主义重新瓜分殖民地的制度;但从另一方面看,帝国主义列强不得不承认,这是受国联"委托",一旦这些殖民地能够自主,它们将取消这种"委托"。总之,帝国主义企图通过国联,在世界人民中制造和平幻觉,以巩固巴黎和会所形成的凡尔赛体系的"新秩序"。到30年代,国联对日、德、意法西斯的侵略行动,不但未加制止,反而纵容包庇,终于导致了第二次世界大战的爆发,国联也就随之瓦解,至1946年4月正式宣告解散。

美国进入"禁酒法时代"

从1920年1月17日凌晨0时开始,美国宪法第十八号修正——所谓禁酒法案正式生效。根据这项法令规定,凡是制造、售卖乃至于运输酒精含量超过0.5%以上饮料,皆属违法。自己在家里喝酒不算犯法,但与朋友共饮或举行酒宴则属违法,最高可被罚款1000美元及监禁半年。1月16日,道路上运酒车辆络绎不绝,人们都赶着在禁酒法实行

合法饮酒的最后一夜,令人心情沮丧的干杯。

的前一天尽量把酒运回家里收藏。到了晚上,街道上空无一人,大家都聚在朋友家里或其他公众场所举行最后一次合法的"惜别酒会"。一位参议员在晚餐会上举杯说道:"今天晚上是美国人个人自由被剥夺的前一个晚上。"这番话换来热烈的掌声。在联邦政府通过这个法案以前,美国已经有25个州拥有自己的禁酒法。但纽约市长拉加第对这项法令的可行性表示怀疑。他指出,单是在纽约一地,要切实执行禁酒法令,需要动员的警

力便高达 25 万名。由于禁酒法无视于执法上的困难,以及忽略了人的欲望无法纯粹以压抑的方式消减,乃产生了适得其反的后果:让造私酒成为庞大的非法事业。美国黑社会在私酒利润的滋养下,变得空前繁荣。

德国纳粹党建立

德国民族社会主义工人党又称纳粹党。前身为 1919 年 1 月由铁路工人安东·德莱克斯创建的德国工人党。同年,希特勒成为德国工人党党员。1920 年 2 月他与德雷克斯勒合作起草了《二十五条纲领》,4 月 1 日,德国工人党更名为民族社会主义工人党,《二十五条纲领》成为该党正式的党纲。1923 年啤酒馆暴动失败后纳粹党被取缔,1925 年 2 月重建。重建后利用德国人民对《凡尔赛和约》的不满,大肆煽动德意志民族主义情绪,党员人数剧增。1930 年国会选举中,该党议席从 12 席增至 108 席,1932 年又增至 230 席。1929 年~1932 年的世界经济危机,为纳粹运动的发展提供了土壤。愈来愈多的垄断资本家支持纳粹。1932 年 11 月,大资产阶级和大地主联名上书魏玛共和国总统冯·兴登堡,要求委任希特勒为总理。1933 年 1 月 30 日,希特勒出任德国总理,纳粹党成为执政党。希特勒上台后,大力宣扬泛日尔曼主义,打击取缔其他政党,确立了法西斯一党专政,对内取消民主自由,煽动排犹运动,实行法西斯恐怖统治,对外撕毁《凡尔赛和约》;疯狂扩军备战,组织轴心国集团,实行侵略扩张政策,发动第二次世界大战,给德国和世界人民带来了深重灾难。1946 年 9 月 30 日,纽伦堡国际军事法庭宣布纳粹党为犯罪组织。纳粹党的理论是 19~20 世纪各种思潮的大杂烩。它竭力宣扬种族优越论,生存空间论和极权统治论,为其侵略扩张和战争政策制造理论根据。宣传喉舌为《民族观察家》《进攻》《民族社会主义通讯》。党旗上有红底白圆心中间是一个"卐"字的图案。纳粹党声称红的象征社会主义,白的象征民族主义。

德国国防军政变失败

1920 年 3 月 12 日在柏林,德国国防军和志愿军对共和国发动进攻。晚上,他们在瓦尔特·弗莱赫尔·芳·吕特维茨将军和海军少校赫尔曼·艾尔哈特·芳·多不里茨的率领下朝柏林进发。次日早晨,他们举着黑、白、红三色旗进入首都,占领了政府办公区。东普鲁士邦政府机关高级官员、地方总督沃夫冈·卡普是政变的领袖,他自封为德国首相。在政变分子到达之前,政府官员逃到了德累斯顿,后来又转往斯图加特。政变的原因是数月以来极右运动和民族主义分子与军人势力中一直有潜在的诉诸武力的情绪。另一方面,凡尔赛和约的签订使国防军和民团陷入一种不稳定的状况之中,这种不稳定的状况也是导致政变的因素之一。军队必须从 40 万人裁减为 10 万人,2 万名高级军官和40万名士兵面临被解雇的命运。政府的解散令很自然地引起了军队的反抗。艾尔哈特的海军旅奉命在柏林附近的多不里茨集合，执行解散军队的任务，但他拒绝执行命令。这个做法得到柏林卫戍区司令吕特维茨的支持。该月10日，吕特维茨向总统提出最后通牒性的政治要求。第二天，国防部部长古斯塔夫·诺斯克解除了吕特维茨的职务，并下令逮捕卡普和其他政变参与者。这个行动迫使国防军提前行动，然而卡普和吕特维茨的政变准备工作并未就绪。当政变分子开始进军时，国防部部长诺斯克请求国防军军官们保护共和国，但为汉斯·芳·赛克特将军所拒；他不答应对政变分子采取任何行动，他说："军人不能向军人开枪。"为了维持政府运作的能力，政府离开了柏林。在此之前，政府曾要求居民举行大罢工。政变分子成立的反对派政府最后不免失败。官员们的观望态度和全国性的大罢工，使卡普的反对派政府处于瘫痪状态。该月17日，政变彻底失败。迄今为止，政变没有出现流血事件，卡普与吕特维茨逃出柏林，前往瑞典，艾尔哈特旅逐渐结束行动。在20日，政府从斯图加特重返柏林。

卡普在柏林领导了一次短命的军事起义

协约国第三次武装干涉苏俄

1920年4月，第一次世界大战中获胜的协约国帝国主义集团利用波兰地主武装和弗兰格尔匪帮为主力向苏维埃俄国发动的一场武装进攻。在协约国唆使和支持下，波兰于1920年对苏俄发动了战争，4月进入乌克兰，5月攻占基铺，与此同时，弗兰格尔军队由克里米亚自南向北发动进攻。苏维埃军队从5月下旬转入反攻，收复了大片失地，并于8

月中旬进抵华沙和利沃夫。波兰政府无力继续战争,遂于 10 月 15 日同意和谈。10 月 20 日,俄罗斯、乌克兰同波兰签订了初步和约。11 月上旬,继波兰军队失败后,红军多次重创弗兰格尔军队,并最终将其赶出克里米亚,从而彻底打败了帝国主义对苏俄的第三次武装干涉,基本结束了国内战争。

法国出兵占领鲁尔区

1920 年 4 月 7 日,愤怒的德国平民成群结队从法兰克福市的大街上走过,嘲弄法国士兵。这些多数从法兰西帝国的殖民地征召来的法国士兵用子弹回敬了德国人。至少有 7 个平民被打死,其中包括 3 名妇女和 1 名男孩。法兰克福市的形势十分紧张,法军的装甲车在街上巡逻。法军已接到命令,如果德国人不守秩序就开火射击。法军是在德军为反击共产党军队的起义而进行动员之后开进鲁尔盆地内的法兰克福市及附近城镇的。法国指责德国的军事行动违反了凡尔赛和约;根据这个和约,德军不许进入莱茵河以东 30 英里的中立区。鲁尔盆地发生的事件在法国引起一阵反德狂乱。法国没有把这次军事行动预先通知协约成员国。协约国很可能反对法国采取这次军事行动。

伊拉克举行反英起义

1920 年 5 月,英国对伊拉克进行委任统治初期,伊拉克爆发了著名的、声势浩大的要求民族独立的反英起义,起义的主要目的是要求取消英国委任统治。广大群众,包括城市工人、农民、许多部落和一些部落酋长、各民主党派及宗教人士,都积极投身于民族解放的斗争。7 月,武装斗争遍布全境,从前奥斯曼退役的一批军官积极帮助一些部落组织起义,帮助他们使用机关枪和大炮。起义军在全国分若干个战区,南、北、中及各个重要城市都成为独立的作战区,各区之间相互呼应。起义军切断了英军的电报、铁路、交通,炸毁了重要的桥梁,占领了铁路干线、英护路碉堡,杀死护路英军,把英占领军封锁在几个大城市达数月之久,巴格达的安全直接受到威胁。当时英国驻在伊拉克的 13 万军队已无力对付如此大规模的人民起义,只好再调动大批军队增援,仍无济于事,后被迫同起义军签订停战协议。之后,英国撕毁协议,一面派军镇压,一面又挑起各部落酋长之间的冲突,导致起义部队分化。10 月,起义被镇压下去。起义虽然失败,但最终迫使英国不得不考虑如何应付伊拉克的独立问题。

德国电影色情泛滥

1920 年 5 月 12 日,德国 4 月份通过的电影法开始生效。政府想藉着这项法律,取缔那些生产所谓启蒙电影的制片公司。这些公司利用没有电影检查制度之便,竞相拍摄参杂色情镜头的低品质电影。例如在 1919 年间,就有诸如《道德与性感》《贪婪快感的悍妇》《与众不同》《貂皮下的维纳斯》一类的电影出现。在柏林名噪一时的脱衣舞娘赛妮·德·赖特成了被攻击的对象。她在柏林酒吧里的演出被视为是有伤风化的丑闻。《德意志报》在一篇评论文章中大声疾呼:"我们是要让人们认识到……我们公众生活领域的色情化与淫猥化已经严重到了怎样的程度。"

马萨里克当选捷克总统

1920 年 5 月 27 日,托马斯·马萨里克当选为捷克斯洛伐克共和国总统。他曾领导捷克斯洛伐克开展解放运动,最后终于在 1918 年使捷克人民结束了 1000 多年被奴役的历史赢得了独立。托马斯·马萨里克已经赢得他的同胞们的尊敬,因此以压倒多数当选。大多数西方人为这一消息而高兴,因为马萨里克坚决支持保证公民自由,实行民主统治。

首届国际达达艺术展

1920 年 6 月,在柏林的奥托·布哈特画廊开始为举行第一次国际达达艺术展进行准备工作。这次展览主要由 1918 年成立的柏林俱乐部的成员劳尔·奥斯曼、乔治·格罗茨和约翰·哈特费茨尔德所主办,它是一份与传统绘画艺术决裂的宣言。拼凑的照片、粘贴的绘画、幽默漫画和堵塞而成的人体模型都使观众大为震惊。展览开幕时,格罗茨和哈特费茨尔德举着牌子站在门外,牌子上面写着:"艺术已经死了,塔特林的机器艺术万岁!"这两位艺术家曾经在塔特林所主办的《反对者》杂志上,撰文呼吁人们放火烧掉从彼得·鲁本斯至奥斯卡·考斯卡时代的中产阶级艺术。达达主义者的挑战引起了人们的愤怒。一名匿名的读者在《德意志报》上发表文章说:"当我走出会场的时候有一个感觉:有些人在德国是多余的。"

马克斯·韦伯病逝

1920 年 6 月 11 日,德国社会学家兼历史学家马克斯·韦伯因肺炎死于慕尼黑。在 20 世纪,很少有学者在社会学方面的影响可以跟韦伯相提并论。韦伯的学识渊博、思路宏阔、兴趣极为广泛。他最为家喻户晓的作品是有关宗教的社会学方面的著作,在 1905 年出版的《基督教理论与资本主义精神》一书中,他追溯现代资本主义的原动力,指出卡尔文禁欲主义与现代资本主义的兴起有密不可分的关系。通过比较社会学,韦伯在《中国的宗教》《印度的宗教》《古代的犹太教》几本著作中试图以反面的方式来说明同样的论点。在政治社会学的研究方面,韦伯发展出有关社会阶层和科层制的新理论。他指出,生活的"理性化"是西方文明在现代化过程中展现出来的最重要的特点。但是,韦伯对这种"理性化"的现象始终保持疑虑,"理性化"是人的成就,但它也反过来禁锢了人的个性,随着"理性化"的与日俱增,现代人也愈来愈忘记了目的才是价值的根源,反而用手段去取代它的地位。

共产国际二大召开

共产国际成立后,国际工人运动有了重大发展,又有一些国家建立共产党。1920年7月19日至8月7日,共产国际第二次代表大会在彼得格勒(后转到莫斯科)举行。出席这次大会的有来自41个国家的218名代表。大会的任务是在各国共产主义力量迅速发展的形势下,研究如何帮助一些年轻的共产党内部克服"左"倾宗派主义倾向(虽然这种倾向在当时并不是主要危险);确定国际共产主义运动的组织原则、行动纲领和战略策略。列宁在大会上作了《关于国际形势和共产国际基本任务的报告》。列宁着重阐明了反对机会主义的必要性和艰巨性。列宁认为,工人运动要不是由机会主义分子来领导,资产阶级就无法统治下去。因此,在各国党内进行反对右倾机会主义的斗争,正是共产国际的首要任务。第二次代表大会通过了列宁亲自制定的加入共产国际的"二十一项条件"。其中规定:凡是要求参加共产国际的党都必须系统地宣传共产国际的纲领和无产阶级专政的学说;与改良主义的"中派"分子决裂,并把他清洗出自己的队伍;支持殖民地半殖民地人民的解放斗争;必须按照民主集中制的原则建党;必须执行共产国际的纲领和决议等。大会还通过了列宁拟定的《土地问题提纲》和《民族和殖民地问题提纲》的决议。这两个决议从无产阶级革命的同盟军的观点来考察农民问题和殖民地问题,强调无产阶级必须对农民的革命斗争和被压迫民族的解放斗争进行领导。1920年9月,共产国际在俄国巴库召开了东方民族代表大会,中国、印度、伊朗、土耳其等30多个国家的代表出席了大会。大会决定设立"东方民族行动和宣传委员会",出版《东方民族》杂志。共产国际为东方民族提出了"全世界无产者和被压迫民族联合起来!"的口号。

叙利亚被置于国联管制之下

法国军队在亨利·古罗将军指挥下,1920年7月24日在同叙利亚国王埃米尔·费萨尔的军队激战以后占领了大马士革。费萨尔逃走,而他的作战部长在战斗中被击毙。古罗说,在费萨尔拒绝缩小他的军队规模和承认法国托管叙利亚之后,他命令他的军队继续前进。在圣雷英举行的国联大会已授权法国托管叙利亚。具有讽刺性的是,在阿拉伯起来反对奥托曼帝国之时,是英国将费萨尔扶上王位的。

比利亚向墨西哥政府投降

　　1920 年 7 月 28 日,在北墨西哥经过几年大搜捕之后,比利亚承认被击败。韦尔塔总统的墨西哥政府已接受匪徒的无条件投降,并保证他的生命安全。比利亚想要解甲归田,成为一名大牧场主,政府还保证他享有充分的公民权利和养老金。政府还同意为他的 600 名士兵补发 6 个月的军饷。墨西哥作战部的萨拉诺将军说他认为"比利亚现在正按爱国动机行事。"他补充说,"由于比利亚干了许多暴行,他将受到严密保护以防其敌人伤害他。比利亚的最终投降说明这个墨西哥最有名的暴徒已经走投无路。战场上再没有别的数得上的匪徒了。"由于墨西哥的革命热情似乎已发挥完了,留下唯一的麻烦地点只有加利福尼亚。当地政府迟迟不承认韦尔塔政权。联邦军队被派往那里去将可能发生的暴乱消灭于萌芽状态之中。比利亚可能会被引渡到美国,因为他曾于 1916 年大搜捕期间在新墨西哥的哥伦布搞过谋杀。但是鉴于墨西哥政府对他的优厚态度,似乎他们不会同意将他引渡,而很可能比利亚就是以此作为他投降的条件之一的。

战后首届奥运会揭幕

　　在经过 8 年中断之后,第七届奥林匹克运动会 1920 年 8 月 14 日在饱受战火蹂躏的比利时安特卫普市揭幕。原定 1916 年在柏林举行的奥运会虽然被取消,但在顺序排列上仍然得到官方的承认。在安特卫普市的运动会上,由比利时击剑选手维克多·波因所做的首次运动员宣誓仪式引起人们的重视。由国际奥委会主席皮耶·德·顾拜旦所亲自设计的奥运会会旗在广场徐徐升起,旗子上面的 5 个圆环象征着五大洲的联合。由于这个象征使然,本届奥运会并没有德国和奥地利的代表。国际奥委会虽然没有把他们开除出去,但是东道国没有向他们发出邀请。本届奥运会在 9 月 12 日结束,有来自 29 个国家的 2606 名运动员参加了比赛。比赛项目共 22 种,总计进行了 154 起比赛。由于票价昂贵,运动场上每次只有 5000 名至 6000 名观众。在仅有的几个运动员里,网球员苏珊·朗格茵脱颖而出,成为世界所瞩目的明星,她不仅赢得女子单打第一名,而且她还与马科斯·德库吉斯一起夺得混合双打冠军。这是最后一届把拔河列为比赛项目的奥运会。此外本届奥运会增添了多项射击比赛,仅军事武器射击比赛就有 9 项之多。《巴黎回声报》挖苦说:"就是在整个凡尔赛,也没有射出过那么多的子弹。"骑马比赛则在正式授奖仪式过后,才开始进行。

俄军进攻波兰受阻

　　1920 年 8 月 23 日,连续几周处于挨打地位的英勇的波兰军队,正在开始扭转局势向俄国人进攻。华沙被从布尔什维克的猛攻下挽救出来,而且波兰人过去几天里在北部也取得了显著的进展。战斗一直在米阿瓦和索尔达乌附近激烈地进行着,波兰军队抓获11000 名俄国俘虏。俄国士兵显然设法从西北部逃跑,但两支波兰部队用钳形阵势包围了他们。俄国人三周前在处于较好的战略地位时终止了与波兰人的和平谈判。英国力劝波兰政府屈从于俄国人的条件,但是法国人鼓励波兰人坚持战斗。俄国的军事挫折限制了他们的政治目标。布尔什维克官员们该月早些时候告诉一位美联社记者说他们计划同德国结盟随后相继进攻法国、英国和美国。

美国妇女获投票权

　　由于一份赋予美国妇女投票权力的宣言的签订,历时 81 年的斗争 1920 年 8 月 26 日上午静悄悄地结束了。当国务卿班布里奇·科尔比签署文件证明批准美国宪法第十九条修正案时,没有妇女在场。在欢呼这一长期斗争的最终一步的同时,全国妇女党的领袖们对把她们排除在华盛顿科尔比家举行的签字仪式之外一事提出了抗议。一位争取妇女投票权运动领袖阿比·斯科特·贝克夫人说:"这是非常可悲的"。这一运动的许多领导人整夜守望,等待着证明田纳西州已于两天前批准的这一修正案的文件的到达,以凑够批准议案所需要的州数。美国的鼓动争取妇女投票权的斗争要追溯到 1839 年,当时在伦敦的有关奴隶制的大会上,柳克丽霞·莫特被拒绝同她丈夫一起入席。但是直到许多年后,苏珊·B·安东尼才说服一位国会议员提出一项关于给予妇女投票权的宪法修正案。被扣押了几年之后,此修正案才被国会批准,然后送往各州。有些州已经允许妇女投票多年了。怀俄明州的妇女有着开拓进取的传统,早在 1869 年,该州就成为国内第一个允许妇女投票的州。当天的胜利使美国妇女走在她们姐妹的前头。尽管英国妇女进行了多年富有战斗性的斗争,还是没能全面获得投票权。世界大战爆发后,英国的女权运动者献身于战争。最近,她们赢得了一个有限的选举权,阿斯特夫人被选进议会。但她们仍在为得到与男人完全一样的投票权利工作着。第一批赋予妇女选举权的国家是斯堪地纳维亚国家。1906 年芬兰妇女争得投票权。1913 年,挪威妇女取得选举权。

爱尔兰反对英国的占领

　　爱尔兰的民族主义者为了抗议英国的统治,1920 年 8 月 28 日晚上在贝尔发斯特的街头上发起激烈战斗,造成 13 人死亡、40 多人受伤。这是自从英国下议院在该月较早时,通过爱尔兰高压法案,对爱尔兰实施戒严令以来,爱尔兰所发生的最严重一次暴动。新芬党把战斗引到贝尔发斯特的统一党人地区。暴动者的呐喊声、妇女的尖叫声及伤者的呻吟声在整个战斗过程中不绝于耳。除了枪械以外,到处有人蓄意纵火。警方以警棍驱散群众,但只等到乘着装甲车的部队出动后,秩序才告恢复。

华尔街发生爆炸事件

1920 年 9 月 16 日,一声爆炸震撼了整个华尔街金融区。据说当天的爆炸是定时炸弹引起的。共有 30 人被炸死,300 人被炸伤。爆炸摧毁了周围几个楼区的窗户,使整个金融区陷入了恐慌之中。大街上躺满了尸体及受伤者。官方认为这次爆炸是定时炸弹引起的。这颗定时炸弹放置于从 J·P·摩根大楼那边过来的马车上,该马车由一匹马拉着,正好经过华尔街时爆炸。执法官员确定这次爆炸事件是赤色分子或是无政府主义者所为。司法部调查局的首脑威廉·杰·弗林说,他相信,爆炸事件是意大利恐怖分子策划的。

丑闻震惊棒球界

1920 年 9 月 28 日,芝加哥白袜队的 8 名队员被指控在 1919 年棒球世界联赛中接受了赌客的贿赂。这一指控震惊了整个棒球联盟。这些被指控的人是左外野手"赤脚"乔·杰克逊,投球明星埃迪·西科特,中坚手哈普·费尔斯克,游击手斯韦德·里斯伯格,三垒手巴克·韦弗,从前的一垒手阿诺德·冈蒂尔,投球手莱夫蒂·威廉,可以担任任何位置的队员弗雷德·麦克马林。该指控的证据是白袜队的主人查理·A·科米斯基提供给库克县的大陪审团的。科米斯基发现问题后立刻下令暂停这 7 人的比赛权。若罪名成立他们将被监禁 5 年。大陪审团的官员透露说西科特和杰克逊已承认他们在此案中的过错。西科特承认以失败两球为代价获得了 1 万美元的贿赂,杰克逊也承认接受了赌客答应付给的 2 万美元贿赂中的 3000 美元。在杰克逊走出法庭的途中,他遇到了一位泪流满面的年轻棒球迷,哭喊道:"乔,你说呀,不是这么回事。"但事实确定如此。

波兰与苏俄签署停战协定

1920 年 10 月 6 日,华沙与莫斯科之间已签署停战协定,这是一系列和平步骤的基本开端的一部分。停战协定是在上星期天波兰军队击败苏联布尔什维克 16 个师的兵力取得令人生畏的胜利后达成的。在这次惨败中,苏联方面有 4.2 万人、成千上万件武器落入由波兰总统比苏斯基亲自指挥的波军手中。红军剩下的几个师撤离战场。他们饥寒交迫,不少人开了小差,士气低落。苏联政府得知这次失败的消息后,强迫人民捐助士兵们。政府发布的命令中写道:"凡是有两件大衣、两双靴子、两顶皮帽子的人,都要拿出其中的一件,用来救助那些士兵,使他们不至于冻死。"和平的条件包括:彻底承认波兰的独立与主权,归还波兰的国宝,停止在波兰进行布尔什维克的宣传。此外,按照民族区域界线划了一条分界线,将立陶宛从俄国国土中划出。这条分界线的起点是德文斯克以东,向南经过巴拉诺维奇,最后与罗马尼亚国境线相连。

英国百万矿工大罢工

　　1920 年 10 月 18 日,一次由大约 5000 名失业者参加的示威游行演变为一场暴动。游行队伍在大伦敦 15 个自治市市长的领导下,本来要前往首相府谒见首相。警察让 15 位市长通过,却把其他的示威者挡在后面,一场有如球赛般的混战随之发生。混乱中,有 22 名警察受伤。示威游行发生在 100 万煤矿工人开始罢工的两天后,这些罢工的工人要求工资提高 2 先令。据说,还会有另外 100 万矿工加入罢工的行列。除了矿工的罢工以外,英国政府还要应付一大堆其他问题:码头工人因为没有煤而无法工作,铁路工人正酝酿罢工,20 万被遣散的军人有待安置。英国的战后复生正面临该国有史以来最严重的工业困境。

美国记者里德长眠莫斯科

　　诗人兼新闻记者的约翰·里德 1920 年 10 月 19 日因伤寒病死于莫斯科,享年 33 岁。他最著名的一本书是《震撼世界的十日》。里德在 1910 年从哈佛大学毕业,之后他在美国杂志社工作,并且培养出对社会改革的强烈意识。1914 年,里德写了一系列有关潘乔·比利亚和墨西哥革命的报道,而建立起他的国际声望。1917 年,他和露易丝·布赖恩特结婚,并一起前往俄国旅行,报道布尔什维克革命的状况。革命后,里德回到美国,写成《震撼世界的十日》一书,叙述他的耳闻目睹。他曾协助美国共产主义劳工党建党,但在 1919 年,里德因叛国罪而被起诉,他逃到苏联,并且在那里讲学,直至去世,他的遗体被安葬在红场。

哈定当选美国总统

　　1920 年 11 月 2 日,沃伦·哈定在 55 岁生日那天,当选为美国第二十九任总统。哈定 1865 年出生于俄亥俄州。幼年喜好吹奏乐,具有朗诵天才。大学毕业后从事新闻工作,并主办《明星报》。1891 年哈定加入了共和党,1899 年当选为俄亥俄州议会议员,1904 年当选为该州副州长。1914 年,当选为联邦参议员,一直任职到 1920 年。他在参议院任职期间,是个无足轻重的人物,并经常缺席。但他结交甚广,而且忠于共和党并能按党的核心领导的意思办事,因此在 1920 年被共和党党魁们提名为该党总统候选人。哈定利用选民对威尔逊总统及其民主党的厌倦心理,提出了"恢复常态"的竞选口号,结果竞选成功。1921 年 3 月 4 日,哈定任总统后,解散了战时设立的各种机构,宣布政府不干涉私营企业活动,不过问企业的兼并等,不再规定物价或制订政府条例干涉经济,放任垄断资本家扩大势力,加强垄断地位。他还废除了威尔逊政府战时增收的所得税、遗产税和过分利税,特别是降低了高收入者的税率,使富有的资本家交纳的税款大为减少,而广大人民的负担相对增加。在外交上,哈定政府发起召开了华盛顿九国会议(1921 年 11 月 12 日到 1922 年 2 月 6 日召开),签订了《海军军备条约》和《太平洋协定》。哈定总统任内起用了很多大资本家,因而发生了不少利用职权营私舞弊和贪污渎职案件。1923 年 8 月 2 日,他因脑血栓阻塞症病逝于旧金山一家宾馆的总统套房里。遗体被用专列运回华盛顿。随后,副总统柯立芝宣布继任总统。

爱尔兰被分为两部分

1920 年 12 月 14 日,英国上议院通过一决定,将爱尔兰分成两部分。根据这项爱尔兰行政管理法案,这两部分将各设一个议会和一个行政机关。北方议会代表安特里姆、阿马、唐·弗马纳、伦敦、德里和蒂龙诸郡。这 6 个郡的居民大多数信仰新教。南方议会代表天主教的多数,它将设在都柏林。双方的公共利益由爱尔兰新枢密院处理,而国家的这两部分继续在英国议会中拥有代表席位。南部政界已声称他们反对这项新法。

伍德罗·威尔逊获诺贝尔和平奖

1920 年 12 月 10 日晚,伍德罗·威尔逊在挪威克里斯蒂安娜被授予诺贝尔和平奖金,以表彰他使被战争所破坏的欧洲恢复和平而做出的努力。这是这位总统悲喜交加的时刻。他曾于 1919 年 9 月患过中风,使他身体局部瘫痪。他的和平理想集中在促使美国加入国际联盟,但他的这一设想却在 3 月遭到参议院的反对。在最近就加入国联问题的公民投票中,他的意见被共和党人沃伦·哈定彻底击败。世界上一些弱小国家都很感激威尔逊。他们现在所享有的自治在很大程度上归于在凡尔赛和平大会上威尔逊个人的疏通活动。

协约国确定德国战争赔款

1921年1月24日在巴黎，协约国决定了德国应付的战争赔偿。基数近560亿，分42年付清。此外，德国还将被迫交纳其12.5%出口商品税。尽管德国没有派代表出席巴黎会谈，但会议上仍然产生了争议。法国首相白里安和英国首相劳合·乔治之间产生了尖锐的分歧。其中，劳合对法国要求更多的赔款这一点十分反感，以致拒绝离开他在格里朗旅馆的房间。白里安不仅向德国来要更多赔款，而且要求德国均分其战后重建新繁荣的利益。出口商品税就是对法国首相这种要求的让步。德国的谈判者很可能抵制支付苛刻性的赔款。如果德国不能支付，协约国威胁说要接管德国关税，在莱茵河西部地区驻扎军队并重新占领鲁尔。协约国的金融专家计算过，德国通过缩减军事预算和取消高薪可以负担一半赔款。但德国马克正在迅速贬值。一个在巴黎的记者说，要想收取赔款"不过是竹篮打水一场空。"

法国厚葬无名英雄

1921年1月28日，法国给其在战争中阵亡的英雄们以荣誉。上午8时，当巴黎市民走过香榭丽舍大街去上班时，庄严的仪式正在这条林荫大道上举行。当一个简陋的木制棺材被放在凯旋门下的时候，士兵们在这寒冷早晨的阳光下立正致敬。棺材中是一位不知名的法国士兵的遗体。一位军官高喊："法兰西万岁！"人们都脱下了帽子。这位战士的遗体安葬地下，但却放射出永恒的光辉。建立凯旋门的目的是纪念拿破仑的丰功伟绩，现在它用于纪念在另一次战争中阵亡的将士。

美国电影《佐罗》

1921年1月1日，道格拉斯·费尔班克斯的第三十部影片《佐罗》可能成为他最优秀的影片，也许是当时的最佳影片。在1920年12月11日这部影片首次上映之日，观众有19547位，创最高纪录；主顾买票用了11708美元也是最高纪录。甚至警察也不得不被招来，以使这些狂热的观众安静下来。《佐罗》卓立于费尔班克斯的其他部电影，以及现在的时髦电影。这位演员总是扮演美国的英雄，如在《好坏人》和《他在报纸上的照片》中。但在这里费尔班克斯扮演的是一位在加利福尼亚殖民地的西班牙男爵，挥动一把钝头剑，给他所有的仇敌都打上一个"Z"标记。这样除了把他想象成一位外国人之外，别的什么也不成。《佐罗》也是近年来第一部成功的装束影片。突然之间，公众们都渴望便帽、面具和剑,而且他们想了解关于费尔班克斯的一切,这位 37 岁的演员为了满足公众们的这种好奇心,出版了自传。费尔班克斯曾以道格拉斯·埃尔顿·乌尔曼这个名字在科罗拉多的丹佛起家。他现在和他的妻子玛丽·璧克馥正住在贝弗利山庄的他们的家中。

克鲁泡特金逝世

1921 年 2 月 8 日,俄国革命家和无政府主义理论家普林斯·克鲁泡特金在莫斯科逝世。终年 78 岁。1872 年,他开始在圣彼得堡和莫斯科的劳动者中进行革命宣传。两年后,他被投入监狱。1876 年他越狱逃到西欧。克鲁泡特金在其著作中设想出一种社会。在这个社会中,所有的物质财富归公共所有;各取所需;教育为这种理想的社会培养从事脑力和体力劳动的人才。克鲁泡特金于 1917 年返回俄国,因为他想使他的祖国成为第一个无国家的社会。令他十分失望的是布尔什维克掌握了政权,从此,他便退出了公共生活。

德·瓦莱拉领导爱尔兰反抗英国

1921 年 2 月 18 日,爱尔兰独立运动领袖,埃蒙·德·瓦莱拉煽起一场凶猛叛乱,反对驻扎在其国家的英国军队。他谴责英国议会允许这批军队占领都柏林,虐待犯人,杀害儿童,强奸妇女。目前,爱尔兰人民实际上是生活在恐怖统治之下,整个国家都处在反对英国统治的全面战争状态中。但爱尔兰的最近的几个邻国对这种事实完全漠不关心。两年前的该月,德·瓦莱拉从监狱逃出之后,被爱尔兰众议院议会选为爱尔兰总统,宣布爱尔兰独立。

巴勒维政变推翻波斯政府

1921 年 2 月 21 日,雷札·巴勒维率领了数千名哥萨克军人攻占首都德黑兰,发动政变,推翻现任政府,迫使波斯国王同意建立军人政府。月底,任命萨吉得·齐亚·马丁为首相,同时逮捕了许多重要的政府官员。巴勒维是波斯民族运动领导人,他所奋斗的目标是实现外交独立,并使波斯摆脱外国的控制。经过他不断地努力,终于在第一次世界大战后,替波斯除了来自北方(俄国)的威胁。2 月 26 日,波斯与俄国签署条约,俄国放弃在波斯的一切权利,并且明确承认两国在 1881 年所划定的界线。这是巴勒维的一大成就。

德国流行美国爵士乐和吉米舞

1921 年 2 月 2 日,爵士乐以及吉米舞使德国娱乐界应接不暇。吉米舞源自美国,初名"狐步舞",其舞姿粗犷,富有异国风味。跳吉米舞时,双腿及全身都要跟着爵士音乐的旋律摇摆和颤动。该月 27 日,《柏林画报》在向读者介绍练习这种舞蹈时指出,事实上它只不过是一种连续动作和单步舞而已,只要双脚不停地伸缩、颤动、痉挛性地拍打地板就行。现在爵士乐在德国颇为风行。这一年,德国爵士音乐团体"原版皮卡迪利四人队"灌制了吉米舞唱片。

苏俄喀琅施塔得叛乱

1921 年 2-3 月间,俄国社会革命党人、孟什维克、无政府主义者和自卫分子在外国帝国主义者的支持下策动了一场反革命叛乱,企图推翻苏维埃政权,这一反革命叛乱发生俄国波罗的海海军要塞喀琅施塔得。卷入叛乱的水兵和士兵达 27000 人。2 月 28 日和 3 月 1 日,叛乱分子的首领召开大会,要求改选苏维埃,允许所谓"左派社会主义政党"的自由活动,允许自由贸易,废除政治委员制。他们还提出了"没有共产党人参加的苏维埃"的口号,指望由小资产阶级政党掌权。3 月 2 日,叛乱分子逮捕了舰队指挥人员,占领了喀琅施塔得要塞,进而威胁彼得格勒的安全。为平定叛乱,俄共(布)中央和苏维埃政府采取紧急措施:3 月 2 日宣布彼得格勒特别戒严,3 月 5 日重组第七集团军,由图哈切夫斯基任司令员,负责进攻叛乱分子。正在参加党的十大的一些代表如伏罗希洛夫等人也加入了镇压叛乱的斗争,经过激烈战斗,叛乱于 3 月 18 日被彻底平定。这次叛乱反映了农民对战时共产主义政策的不满和他们在政治上的动摇,波罗的海舰队中参加过十月革命的水兵大都赴国内战争的前线,新补充的水兵多半是农民,不少人深受小资产阶级思想影响。布尔什维克党及时吸取教训,变战时共产主义政策为新经济政策,注意巩固工农联盟,从而摆脱了政治经济危机。

德国拒付赔款遭制裁

1921 年 3 月 1 日,在伦敦举行的协约国会议上,德国拒绝了为数 2260 亿马克的战后赔款。这笔数目是 1 月份才在巴黎会议上确定的。德国只同意扣除业已缴纳的赔款之外,再付 500 亿马克。德国想通过国际贷款来筹措赔款,但协约国驳回德国的建议,并指斥该建议是不可接受的。在 3 月 7 日,伦敦谈判中断,双方僵持不下,未取得任何结果。8

叛乱和游行示威在苏俄不断发生

日,协约国采取德国拒付赔款的制裁措施:比利时和法国军队占领了杜塞尔多夫、杜伊斯堡、鲁罗尔特,不久又占领了米尔汉姆和上豪森,并且解除当地警察、武装卫队的武装。

苏联制定新经济政策

　　1921年3月12日,在莫斯科召开的第十届全俄布尔什维克党代表大会的开幕式上,苏维埃主席弗拉基米尔·伊里奇·列宁指出:"我们不得不非常严肃认真地考虑苏维埃俄国的国内形势。"他承认,这些国内困难都属经济性质,是由于布尔什维克在战后采取过快恢复工业生产的一些策略所造成的。因此,他宣布,苏联将着手实行一项所谓新经济政策。这一政策实际上是削弱社会化和鼓励有限的自由经营。其目的在于把占苏联人口绝大部分的农民争取过来。自从战争结束以来,这些农民一直处于悲惨的困境之中。预计对外贸易将完全掌握在国家手中,以便防止外国的竞争。拥有全国工人85%人数的工业基地也将主要地由国家来控制。按照列宁的意图,农业将基本上不受政府的限制。这意味着接受了农民的要求。这些农民很希望拥有自己的农场。列宁说,这项新经济政策的最终目的是使苏联人摆脱严重的战后萧条。

首届女子奥运会揭幕

　　1921年3月24日,在蒙地卡罗举办的第一届女子奥林匹克运动会上,各种身怀绝技的女运动员得以一展身手。举办这次女子运动会的意义,是为了抗议国际奥林匹克委员会顽固态度。该会始终坚持不认可目前逐渐兴起的女性体育运动,并且禁止女运动员参加奥林匹克田径运动赛。来自英、美、瑞士和法国的女运动员希望能表现她们的能力,但是,若与男运动员在奥林匹克运动会中所缔造的纪录相比,她们的成就当然有限。不过,一般均认为,这次女子奥运会的一项重大成就是终于找到了破除社会禁忌的途径。因为迄今为止,女性不能在公开场合中穿着运动服装。

波顿改写相对论受奖

1921 年 3 月,美国杂志《美国的科学人》将 5000 美元的奖金颁发给伦敦专利局官员波顿。他获奖的原因是,成功地将爱因斯坦的相对论,按照要求在文章中没有使用任何术语和数字,而能精辟地概括在一篇不到 3000 字的文章中。

苏波《里加条约》签署

《里加条约》,全称为《波兰与俄罗斯和乌克兰和平条约》,1921 年 3 月 18 日正式签署。1919 年年底,巴黎和会波兰事务委员会依据"寇松线"负责划定了波兰东部边界。但波兰政府希望恢复 1772 年的波兰东部边界,故拒绝了"寇松线"和苏俄和平建议。1920 年 4 月,波兰军队向苏俄发动军事进攻,一度占领了乌克兰和白俄罗斯地区。不久,苏俄红军开始反攻,在迅速击败波兰军队之后,进逼首都华沙。7 月 12 日,英国外交大臣寇松致电莫斯科苏俄领导人,建议苏俄和波兰缔结停战协定,要求苏俄军队停留在 1919 年所划定的波兰东部边界线以东 50 公里之处。苏俄则提出直接与波兰进行谈判的要求。7 月 22 日,波兰要求停战。苏俄与波兰在草签停战协定及和平条约之后,双方于 1921 年 3 月 18 日在里加正式签署了《里加条约》。条约规定:缔约双方承认乌克兰和白俄罗斯的独立;划定波兰东部边界,将西乌克兰和西白俄罗斯划归波兰。第二次世界大战末期,苏波两国政府于 1945 年 8 月在苏联首都莫斯科签订边界条约,取代了 1921 年《里加条约》。该边界条约规定,根据雅尔塔会议苏、美、英三国首脑所做出的决定,苏联与波兰的边界应按"寇松线"进行划分,但允许某些地区离开该线做出 5 至 8 公里的逸出。

英国因罢工陷入瘫痪

1921 年 4 月 15 日,由 100 多万矿工参加的持续两周的大罢工使英国的工业陷入瘫痪状态。铁路和运输工人也威胁说今晚要参加这次大罢工。由铁路和运输工人规定的罢工的最后期限,至少已经被再次推迟了,他们现在威胁说要在晚间10点钟离开自己的工作岗位。劳合·乔治政府和矿工们都把这次罢工视为全面战争。这位首相被矿工们的罢工行动,以及阻挠志愿工从矿井中抽水的行为所激怒。矿井一旦停止开采就会被水淹没,而且有被永久毁坏的危险。劳合·乔治指责矿工工会"在胁迫国家屈服于他们的要求"。这位首相称他们的态度是一种孤注一掷的态度。这种态度将导致所有那些从采矿利益中获得生活费用的村庄遭到抛弃。劳合·乔治威胁说要动用军队来到矿井抽水。而且,他已做出了应急的计划。如果铁路和运输工人参加矿工们的罢工,他将动用空军向全国运送食物。矿工工会主席指责劳合·乔治向他的工人们宣战,他表示要进行回击。"这个政府必须滚蛋"。弗兰克·霍奇斯说:"我们的责任就是要让它滚蛋。"

英国工会支持工人大罢工

美国拒绝加入国联

哈定总统在 1921 年 4 月 12 日国会的一次联合会议上说,美国"将不参加"国际联盟。这位新总统对国际联盟的拒绝,赢得了主要来自他的共和党伙伴的热烈掌声。而这一国际组织是前任总统、民主党人威尔逊所竭力倡导的。在拒绝国际联盟的同时,这位总统保证,他的政府将与那些想组成一个他称之为非政治的国家联合体,以及想使惨遭战争蹂躏的欧洲国家复兴的外国政府合作。

美国盛行新式舞蹈与时装

1921 年 5 月 15 日,纽约州立法机关通过一条法令,给一位州专员以审查舞蹈的权力。在犹他州正在制定一条法令,规定妇女穿高出踝部三英寸的裙子就要受监禁,在弗吉尼亚,立法者将限制袒胸露背的服装。全国上下,美国青年异常活跃,他们疯狂反对其父母和祖父母们的道德标准及价值观。根据《纽约文摘》的最新调查,院校的官员和记者中的大多数人认为,在青年中萌发出来的这种对我们时代的反叛,是一种严重道德危机的标志。新式舞蹈和时装,已成为定罪的主要标志。《纽约大学新闻报》报道,"现在出现最小的衣服,最大量的化妆品,一流的装饰品、扇子和珠宝","20 世纪竟然出现了打扮得像南海岛上野人一样的初进社交界的女人,这种情况的确令人吃惊。"《新墨西哥农业大学报》和《机械技术报》写道,伴着舞曲的节奏,在地板上轻柔地跳舞,对观者来说是一种愉快的享受。但若是像一个放在燃烧得正旺的火炉上的一只鸡那样旋转着跳来跳去,同时还像将被碰倒的果酱杯一样摇动着身体的话,这不仅含有十足的猥亵意味,而且是一种违反公共行为标准的冒犯行为。这种行为即使是在公路旁供旅客休息娱乐的酒店、旅社这种不太高雅的地方也是不允许的。但受人尊敬的《民族周刊》却提出了一个让人不要大惊小怪的观点:"基本道德观念并没有发生巨大的变化",这家周刊安慰人心地写道:"所有这些表现好比一个钟摆,从一种压抑或放纵情绪摆到另一种压抑或放纵情绪,每当一个时代的道德观或罪恶观开始厌恶它时,总会出现这样那样的反响。"

女飞行员劳拉空难

飞行是她的生命,然而 1921 年 6 月 5 日下午在长岛的加登市郊外的飞行却夺去了她的生命。劳拉·布罗姆韦尔是美国一流的女飞行员。当她对一架加拿大生产的单座飞机失去控制时,从 1000 多英尺的高空坠落下来,即刻丧生。飞机是翻个儿着陆的,可能是由于座位上的皮带过松,她的脚下失去了控制。年仅 23 岁的劳拉·布罗姆韦尔取得飞机驾驶执照已有两年。5 月,她创下了两项女子纪录:一个是在空中连续翻 199 个筋斗,这可真是高超的技艺;另一个是做了一次时速为 135 英里的飞行。家在辛辛那提的布罗姆韦尔小姐最近曾对一位记者说过,有一天她将死于空难。

共产国际三大在莫斯科召开

随着世界革命形势的发展和共产国际影响的增长,1921 年 6 月 22 日至 7 月 2 日,共产国际在莫斯科举行了第三次代表大会,参加会议的有52个国家的103个组织的代表共605名。大会提出了各国共产党应以争取群众的大多数为主要任务。列宁在大会上提出:"为了取得胜利须取得群众的同情。……我们不仅应当把工人阶级的大多数争取到我们这边来,而且应当把农村居民中被剥削劳动群众的大多数争取到我们这边来。"(《列宁全集》)第三十二卷,第464页。)因为,不如此就不能推翻资产阶级政权和实现无产阶级专政。大会发出了"到群众中去"的号召,以争取群众的大多数和消除社会民主党的影响。1921年12月,共产国际执行委员会会议通过了关于建立统一战线的提纲,把争取群众大多数的思想,从政治上到组织上加以具体化。与此同时,1921年1月,意大利共产党成立;7月,中国共产党成立。

泰戈尔诗作风靡德国

　　1921年6月2日,印度诗人、哲学家兼音乐家泰戈尔在柏林大学朗诵他的诗作,听众座无虚席。泰戈尔在德国巡回朗诵作品时,处处赢得人们热烈的赞美。泰戈尔在1913年获得诺贝尔文学奖。为了宣扬他所主张的人道主义,一年以来,他不断巡游世界各地。他主张全面的博爱、革新人的精神、消灭种族成见。经过战争洗礼之后的德国人对他的学说特别关心,认为他是福音预言家。由于技术、物质的不断扩展,使西方文化日渐衰败,欧洲人希望借助东方的精神文明挽救危机,因而出现东方热。

空中投弹可击沉军舰

　　空军准将威廉·米切尔和他的飞行伙伴们,在1921年7月21日的军事试验中,做了一次令人信服的飞机摧毁力的表演。他们以6枚2000磅的炸弹、只用25分钟便击沉了德国战舰"奥斯特弗雷斯兰号"。许多海军军官曾对米切尔的观点,即飞机可以击沉任何无论装备得如何坚固的军舰进行过挖苦。他们说,这艘"奥斯特弗雷斯兰号"只有用海军的大炮才能击沉。但米切尔和他的飞行人员今天上午从弗吉尼亚的兰利飞机场起飞,用1000磅的炸弹直接彻底摧毁了3个目标。下午,又传来胜利消息:一行6架马丁轰炸机飞出100英里,到达"奥斯特弗雷斯兰号"停泊的弗吉尼亚海岸,他们用2000磅的炸弹投在这艘战列舰的身旁,船板的接合处一下子就炸开了,接着沉入海底。一位观察者说:"一枚炸弹投出去,全世界都会听到。"

摩洛哥里夫大起义

　　西班牙殖民地摩洛哥的里夫人(摩洛哥北部的柏柏尔部落)由阿布得·雅克林姆领

导,反抗西班牙的统治,1921年7月23日击败西班牙军队。西班牙在该月份损失的兵力达14712人。战争结束后,里夫人曾争取参政权,却未获允许。此外,摩洛哥的其他部落也纷纷起而反抗,希望获得自治权。

八百万美国妇女从业

1921年7月19日下午,加里福尼亚州,奥克兰的米尔斯学院院长阿米莉亚·莱因哈特博士对全国商业联合会和职业妇女俱乐部第三季度大会的代表们说,在美国,有800万从受雇中得益的妇女,其中有190万已婚。莱因哈特博士说,这些妇女中的50%是教师,37%是文秘工作。她们中仅有1600名妇女获法律方面的学位。该组织的这位全国领导人曾为改善妇女的工作前景而呼吁美国要有良好的教育,健全的思想,聪明的公民以及完全平等的选举权。许多职业仍然拒绝妇女;在这方面医疗职业尤为突出。整个国家大约有92%的医院不接收女实习医生,不管她们的医疗学校里做出多么优异的成绩,而在医疗学校里只有5%的学生是女性。比较积极的值得欢迎的一面是,儿童参加劳动的情况明显下降。目前,年龄在10岁至14岁的儿童中仅有8.5%在充当劳动力。而在10年前,儿童劳动力的数量则是现在的双倍。一个无可置疑的事实是,各阶层妇女的收入明显低于男人。

胰岛素分离成功

1921年7月27日,加拿大董生弗雷德里克·G·斑廷和他的合作者查尔斯·贝斯特从狗的胰腺中分离出一种可消除糖尿病致命症状的物质,这种提取物被多伦多大学博士约翰·麦克劳德命名为胰岛素。这位博士曾鼓励过斑廷并给他提供实验室。胰岛素可望拯救许多糖尿病患者的生命。尽管他们都严格地控制着饮食,但现在仍面临着缓慢死亡的威胁。对糖尿病患者大有裨益的胰岛素,可望很快就会开始使用。

列宁呼吁世界援助俄国战胜饥荒

1921年8月4日,俄国人民就要饿死了。据报道,有1800多万人缺少食物。在这些饥饿者中,已有47779人患有霍乱病。苏维埃领袖列宁在一次请求援助的呼吁中承认了这种状况。苏联政府请求世界各国都给予援助以帮助"他们在俄国挨饿的兄弟们"。预计许多国家都会响应。法国已同意出口过剩食品,说明实行一项人道主义计划和必要性。但法国也向协约国最高委员会指出,应该努力使一个更具有代表性的政府来取代苏维埃政权。最近释放被布尔什维克关押的美国囚犯,美国救济局伸出援助之手。

纳粹党组建冲锋队

1921 年 8 月 8 日,希特勒组建了冲锋队。冲锋队是纳粹党的武装恐怖组织。最初主要从事破坏革命运动冲击其他党派群众集会等活动。1923 年参加了啤酒馆暴动。1924 年 12 月,希特勒出狱后,委托罗姆重建冲锋队。希姆莱的党卫队隶属于冲锋队。希特勒上台后,戈林宣布冲锋队为辅助警察,冲锋队员人数剧增。1920 年为 10 万多人,1933 年增到 50 万人,1935 年已达 250 多万人,由于冲锋队与德国国防军矛盾的加剧,1934 年 2 月 28 日希特勒召集国防军和冲锋队首脑会议,商定国防军是第三帝国唯一的武器持有者,冲锋队则负责入伍前的青年和退伍军人的军事训练。以罗姆为首的冲锋队上层企图取代国防军,主张军行"第二次革命"。柏林、汉堡、埃森、弗赖堡等地的冲锋队员发生了骚乱。1934 年 6 月,希特勒在戈林和希姆莱协助下,将罗姆开除出德国军官联合会。6 月 30 日夜,戈林的特别警察和希姆莱的党卫队对冲锋队进行大肆镇压,枪决了罗姆和 150 多名冲锋队头目。7 月 26 日,党卫军因执行处决有功,脱离冲锋队而独立。至此,冲锋队被党卫军所取代。

摩洛哥成立反抗政府

1921 年 9 月 19 日,由于在摩洛哥北部成立一个新共和国,使欧洲在这个国家的利益受到了突然打击。里弗部落的领袖阿卜杜勒·克里姆在这块领土上取得一系列反对西班牙武装力量的军事胜利之后,宣布成立里弗共和国。阿卜杜勒·克里姆的反西班牙运动在北非受到了广泛的赞扬。阿尔及利亚作家梅萨里·哈吉说:这是一次使欧洲和基督教世界胆战心惊的辉煌的军事胜利,它树立了一个榜样,并鼓舞了穆斯林世界所有被压迫的人民。里弗是摩洛哥北部靠近海岸的一个山区。从欧洲人来到这个国家起,这一地区就一直是抵抗他们的帝国主义计划的中心点。阿卜杜勒·克里姆领导了里弗 300 万人民反抗西班牙的斗争,并结出了辉煌的战果。他是贝尼·欧里阿格尔部落的成员,一位"民事法官"的儿子,一位受人尊敬的地方行政官。直到 1915 年以前,阿卜杜勒·克里姆一直是受人高度尊敬的政府官员。

好莱坞巨星欧洲之行

好莱坞的三个最著名的喜剧大师在伦敦停留后于 1921 年 9 月 19 日到达巴黎。卓别林、范朋克和玛丽·譬克馥所进行的这次为期两个月的宣传性旅行在欧洲引起了巨大的轰动。法国人总是醉心于爱情故事，而且他们对范朋克、璧克馥在银幕以外的罗曼史也很着迷。这两个人是在1920年结婚的。范朋克完成了《三剑客》的制作。在法国受到崇拜的，被他的影迷们称作"夏洛"的卓别林和杰基·库根一起制作《坏孩子派克》和《有闲阶级》。这3位演员正在欧洲宣传他们的电影和联艺公司。联艺公司是他们在两年前创建的独立制作并发行电影的公司。

卓别林、范朋克和玛丽受到影迷的热烈欢迎

世界第一条高速公路通车

德国艾伏斯的10公里长公路是德国第一条高速公路，同时也是世界首条高速公路，1921年9月19日这条道路正式启用。艾伏斯公路位于柏林市的绿林与苑湖之间，是双线道的柏油路面，每道宽7.8公尺，两道之间以草皮及灌木隔开。艾伏斯路段上有10个十字路口，每个路口都以钢筋水泥高架桥加以高低错开，它是欧洲最好的一条道路。它同时也是为赛车而设计的。两车道尽头两端，各以回转相衔接，使整条公路形成一个长形的循环跑道。第一次赛车将于1921年9月24日及25日在这条公路上举行。

巴伐利亚末代国王去世

1921 年 10 月 18 日,巴伐利亚最后一位国王路易三世在匈牙利的萨尔瓦逝世,享年 76 岁。路易三世于 1912 年被立为其父路易特波尔得的继承人,成为巴伐利亚的摄政王储。由于巴伐利亚国王路易二世突患精神病,路易特波尔得遂于 1912 年 6 月 10 日接任摄政王位。1913 年,路易三世宣布继承王位。在第一次世界大战期间,路易三世采取大规模的扩张和并吞政策,但后来在其子鲁普瑞希特的影响下,他放弃了原定计划。在德皇威廉二世正式退位之前,巴伐利亚王朝便在 1918 年 11 月 7 日到 8 日夜间被推翻。路易三世流亡至匈牙利,并在该地了度余生。他至死仍不放弃继承王位的权利。

匈牙利国王查尔斯复辟失败

1921 年 10 月 25 日,前国王查理和王后齐塔,在企图重获匈牙利的王权失败之后,现在成了囚犯,并在等待着愤怒的协约国的法官们对他们的宣判。这位奥地利前领袖,在此之前在匈牙利 12000 名士兵的支持下,向布达佩斯推进,决定夺取政府的统治。开始的时候,这支新组织的武装部队为查理拼命作战,在布达佩斯的外围赢得了初步的战斗胜利,但抵抗部队在协约国的帮助下,阻止了查理主义者的进攻。查理主义者有 200 人阵亡,1000 多人受伤。这次政变遭到了阻止。在这次血腥的战斗之前,匈牙利政府曾向查理提出休战条件,即让他解除武装,交出部队,强迫他正式脱离王权,并将他和他的妻子驱逐出国;查理驳回了这些条件,他的部队随即遭到粉碎。他和齐塔可能被不体面地放逐到一个偏僻的地方。

墨索里尼成为法西斯独裁者

1921 年 11 月 7 日,墨索里尼宣布法西斯党为民族主义法西斯党,并自称是这个党的"总裁",即领袖。这个以意大利为根据地的运动始于 1919 年,是对战后革命运动的一种反动。它过去反对、现在仍然疯狂的反对共产主义。墨索里尼战前是米兰社会主义党日报《前进报》的编辑。战后不久,他便与意大利的实业家、地主和军官一起组织了"战斗的法西斯党",与一切社会主义者断绝了关系。法西斯党的党名来自古罗马权力的象征——法西斯(一种木棒束上插有战斧的武器,为古罗马长官出巡时所持的标记)。该党以"右翼激进主义"在政治界闻名于世。这种法西斯运动强调国家崇高和个人对领袖的绝对服从。严格的法律和命令,维护严格的阶级结构是该党的原则。

美国无名战士回到家乡

　　1921 年 11 月 11 日,战争结束 3 年后,美国自己的英雄,那位不知名的战士,庄严地躺在美国国会大厦宽敞的圆形大厅里。数日来,老年人和年轻人,黑人和白人,甚至那些跛足者,都来向他致意。也许他还不过是个孩子,战死在法国。装着他遗体的那个简朴的黑色灵柩所停放的地方,正是几位遇刺的国家总统林肯·加菲尔德和麦金利长眠之地。这位战士的遗体是由巨大的灰色的"奥林匹亚"号巡洋舰载着到达华盛顿海军造船厂的。然后遗体被送往国会大厦。从此成千上万的美国人和外国的外交官排着长队从国旗覆盖的棺材旁走过。英国国王乔治也送来了花圈。上面写着:你是无名的战士,然而人们都知道你,你已身亡,我们活着的人永远记着你。

华盛顿会议召开

　　巴黎和会主要是暂时解决了与德国有关的问题,也就是暂时调整了帝国主义在西方的关系。至于远东和太平洋地区,还没有来得及根据大战后帝国主义力量对比的变化来建立一个战后的新秩序。美、日、英三国为了争夺远东和太平洋地区,展开激烈的造舰竞赛。美国力图巩固其在远东和太平洋地区的霸权,为此倡议召开国际会议讨论限制海军军备和协调列强在远东和太平洋地区的利益。1921 年 11 月 21 日,美、英、日、中、比、法、意、荷、葡九国代表在华盛顿召开了会议,史称华盛顿会议。美国在会上居主导地位。会议经过激烈的争论,签订了三个条约:一是 1921 年 12 月 13 日签订的英、美、法、日《四国条约》。条约规定,各缔约国尊重彼此在太平洋岛屿属地和岛屿领地的权利;并规定,从条约批准生效以后,1911 年缔结的"英日同盟"宣告失效,从而使日美在太平洋上的矛盾暂趋缓和。二是 1922 年 2 月 6 日英、美、日、法、意五国签订的《限制海军军备条约》。条约规定,英、美、日、法、意五国的主力舰(凡非航空母舰的军舰,其排水量在万吨以上,或装有炮口直径在八寸以上的大炮的)比例为 5∶5∶3∶1.75∶1.75。美国以雄厚的经济实力,迫使英、日接受提高美国海军力量的地位。条约结束了英国一向占有的海上优势,反映了帝国主义列强力量对比的变化。三是 1922 年 2 月 6 日与会九国签订了《关于中国事件应适用各原则及政策之条约》,通称为《九国公约》。中国问题是华盛顿会议的中心议题,因为远东霸权的核心是争夺中国。在会上,中国代表要求取消《凡尔赛和约》关于中国山东问题的条款以及日本放弃"二十一条"等;由于中国人民反日斗争的蓬勃兴起和美、英对日矛盾的压力,1922 年 2 月 4 日,日本被迫同中国签订了胶州湾交还中国和胶济铁路由中国赎回的协定。在这种背景下,九国公约在名义上提出了"尊重中国的主权与独立及领土和行政的完整"的原则,但同时又提出美帝国主义所推行的"门户开放"和各国在华工商业"机会均等"的侵略原则,打破了日本帝国主义在第一次世界大战中暂时独霸中国的局面,使中国回复到几个帝国主义国家共同支配的局面。华盛顿会议反映了美帝国主义实力的增强,会议实际上是巴黎和会的继续,它确定了战后帝国主义在远东和太平洋地区的统治秩序。这样,巴黎和会和华盛顿会议形成了战后帝国主义重新瓜分世界的新体系,这就是凡尔赛——华盛顿体系。

南爱尔兰成为自由邦

1921 年 12 月 6 日,在伦敦和平会议上,经过长达数周的讨价还价,才使爱尔兰问题得以解决。会中决议南爱尔兰成为英国自治领之一,其地位将与加拿大、新西兰、澳大利亚和南非自治领一样。都柏林政府及议会拥有自治权、立法权和司法权。南爱尔兰改称为"爱尔兰自由邦"。英国允许爱尔兰可有本身的武装力量,但爱尔兰国防仍掌握在英国手中。爱尔兰独立运动领袖伊蒙迪·华勒拉在爱尔兰议会要求废除条约。29 日,议会秘密批准和平协议,正式承认爱尔兰归属英国。

美英法日四国签订海军条约

1921 年 12 月 13 日,华盛顿会议胜利结束,美国、大不列颠、法国和日本签订了太平洋条约。四国同意在国际联盟准则的基础上互相尊重各自在太平洋上的所有权。四国条约使美国享受国际联盟在太平洋上的特权,尽管它拒绝成为这个世界组织的成员。美国能在其他三国所占有的太平洋地区上进行贸易活动,她还将能够使用由日本管辖的雅浦群岛上的重要电报线路和电话中心。

德国获准延期偿付赔款

1921 年 1 月 6 日,巨额的赔款导致德国出现恶性通货膨胀,因此英国首相劳合·乔治和法国总理白里安本日在坎城召开会议,讨论德国请求延付赔款事宜。德国代表团在会上说明德国所处的经济困境。在坎城会谈中,德国代表表示:"德国为了偿付战争赔款,就得扩大出口,如此势必会威胁到法国的工业。"英法两国原先同意让步,但这一让步却随着白里安政府于该月 12 日的突然垮台而终止。法国新任总理雷蒙·朋加莱坚持德国必须履行凡尔赛和约中的条件。德国代表团在坎城会议中唯一争取到的,是允许其延期付款和在热那亚召开世界经济会议。

罗马教皇庇护十一世就位

庇护十一世(1857~1939),原名拉提。1879年受神职。曾任梵蒂冈图书馆馆长。1921年6月被任命为红衣主教。1922年2月6日贝纳蒂克图斯十五世去世后,被选为教皇。庇护十一世继任教皇后,先后同受第一次世界大战恶果影响的拉脱维亚、波兰、罗马尼亚、立陶宛、奥地利和德国等国家缔结协定,加强这些国家的天主教会并使之互相联合。1929年,庇护十一世同墨索里尼签订《拉特兰条约》,根据该项条约,梵蒂冈在教皇统治下独立存在;教皇则承认意大利王国并宣布梵蒂冈在国际军事外交冲突中永久中立。同时又签订一项协定,确定天主教为意大利唯一宗教。1933年庇护十一世为了缓和德国天主教徒的艰难处境而同纳粹政府签订协定,该项协定不久被撕毁。1933~1936年,庇护十一世对希特勒的第三帝国屡次提出书面抗议,1938年意大利步德国后尘,实行种族主义,庇护十一世对意大利的态度大为转变。庇护十一世是博学的人文主义学者,1925年创办宗座基督教考古研究所,1936年成立宗座科学院。他赞助国外传教工作,在这方面大大超过以前历代教皇,要求各修会一律参与这项工作,他在位期间国外传教士数目增长一倍。1926年庇护十一世任命了中国教区的主教。

美国《读者文摘》创刊

来自明尼苏达州圣保罗市的年轻人华利士·戴威特,对杂志上的方块文章非常有兴趣,他和太太决定出版一本袖珍型的杂志,取名为《读者文摘》,以启迪心灵,并作为读者日常生活的指南。1922年2月5日创刊号问世,第一篇文章是《如何保持年轻的心态》。

甘地因非暴力反抗而入狱

在印度,甘地的追随者称他为"圣雄"或伟人。1922年3月18日伟人被囚在铁窗之中,英国当局以煽动罪判处他6年徒刑。甘地在印度和伦敦学过法律。但他已放弃了他的律师事务所,现在穿着缠腰布和披肩宣传节制的生活,鼓动以非暴力不合作运动,反对英国对印度的殖民占领。在逮捕后6天,就被判决了。英国人是在伦敦和印度的政府官员因没有更早地逮捕甘地而遭到斥责后匆匆行事的。在伦敦,印度事务大臣因在甘地问题上的争议而被迫辞职。在印度,逮捕甘地和其他印度民族主义者只是增加了对他们事业的同情。

印度组织的非暴力不合作运动

第一次国际经济会议在热那亚举行

　　1922年4月10日至5月19日在意大利的热那亚举行了第一次国际经济会议。这次会议是由协约国最高委员会于1922年1月决定召开的。参加会议的有英、法、意、比、日等29个国家(包括英国自治领共35个国家),其中包括德、奥、匈、保等第一次世界大战中的战败国,苏俄也被邀参加会议,美国则拒绝正式参加,只派观察员列席。在热那亚会议上,帝国主义国家拟从经济上奴役苏俄,英、法等国在会上要求苏俄归还沙皇和资产阶级临时政府所借的一切债务;把十月革命收归国有的外国企业归还给外国资本家;取消苏俄对外贸易的垄断制;让各帝国主义国家享有领事裁判权等。苏俄代表团针对帝国主义的无理要求,进行了有力的批驳和回击,指出:如果协约国赔偿苏俄在受到武装干涉时的一切损失,苏俄就可以考虑偿还一切债务。苏俄代表团在会上还提出在互利平等和完全无条件承认的基础上,将同一切国家建立经济联系,并准备给予外国在苏俄境内租让某些企业的权益。苏俄代表团利用德国与战胜国之间的矛盾,提出修改《凡尔赛和约》

的主张,在道义上支持德国,以主动灵活的策略打破帝国主义建立反苏战线的阴谋。结果,英、法等帝国主义的讹诈未能得逞。会议期间,1922 年 4 月 16 日,苏俄与德国在平等的基础上,在热那亚附近的拉巴洛,签订了《苏德拉巴洛条约》,规定:德苏双方同时取消由于战争造成的损失和战费赔偿的要求;德国撤回列苏俄收归国有的有关工业企业的要求;恢复邦交;相互给予最惠国待遇等。这样,使英、法等帝国主义孤立苏俄和利用德国反对苏俄的阴谋遭到失败。热那亚会议由于帝国主义国家坚持不以平等互利原则对待苏俄和其他国家而陷于僵局。

巴黎时兴的短裙加长

杰克·登普西能在拳击台上打败乔治·卡庞捷,但在时装界法国是冠军。法国长裙又时兴起来了。1922 年 5 月 7 日下午,在社会名流来到传统展示设计师设计的新装的地方——雅致的朗查赛马场跑道时,每位巴黎妇女都炫耀着长裙。参赛的 1 万名美国人包括拳击家登普西,都不得不注意到这更庄重的款式。一个穿短小衣裙的美国姑娘说,她感到穿着它太暴露。我们是否可以设想她和其他漂亮的美国妇女今夏也会穿上长裙呢?

热那亚会议要求俄国偿还贷款

意见分歧争吵激烈的热那亚会议对棘手的苏联财政问题尚未做出决定便于 1922 年 5 月 19 日散会了,但欧洲各国决心要俄国偿还债务,并且计划 7 月在海牙复会。协约国要求苏联政府赔偿沙皇的债务,向外国人赔偿在革命中被没收的所有财产,并同意参加解决将来所有的财务争端的国际法庭。协约国要等到这些问题解决后才承认新的俄国政府,他们愿意对苏俄战争债务问题持宽厚的态度。西方代表从一开始就意见分歧,部分原因是因为比利时坚持收还实际没收的财产。到会的苏联代表拒绝承认沙皇的债务。大部分东方国家没有参加热那亚会议。他们坚持称"东方并不恨欧洲,为此东方已做出了很多努力,但确实憎恨帝国主义——某些恣意侵略国家的非正义和暴力行为的混合物"。不满的东方国家已同意下月在莫斯科召开他们自己的会议。

英国运动员登上珠峰

1922 年 6 月 7 日,根据伦敦收到的报道,一支英国登山队的几名队员成功地登上了人类到达的最高点。《泰晤士报》在社论栏中披露"珠穆朗玛峰探险队成员马洛里、萨默维尔·诺顿于 5 月 20 日登上 2.68 万英尺高峰,是人类到达的最高点。"《泰晤士报》指出,这项仅比峰顶低 3200 英尺的新纪录以大约相同的幅度超过了 1910 年创造的 24583 英尺前世界纪录。

德国外交部长拉特玛被枪杀

1922 年 6 月 24 日,一宗政治暗杀案震撼了德意志帝国。外交部长瓦尔特·拉特玛从格瓦尔德的别墅乘车到外交部上班的途中,遭到康苏尔组织的成员枪杀。这是德国自 1919 年以来,第 376 起政治谋杀案。凶手是退役的中尉艾尔温·科恩、大学生恩斯特·维尔纳、德霍夫(由他驾驶汽车)和 25 岁的工程师赫尔曼·弗雪。拉特玛自 1921 年起担任战后重建部部长,常常遭到舆论界的指责,签署拉巴特条约后,指责的声浪更加高涨。极右派分子谴责他同情布尔什维克主义。这位被杀害的外交部长,是德国通用电子公司的创建者——埃米尔·拉特玛之子。去年,在人们的多次请求下,他才决定担任约瑟夫·维尔特内阁的部长一职。他心中非常清楚,身为一名犹太人,而就任此一责任重大的职务,是非常危险的。因为自第一次世界大战以来,德国境内的反犹太主义气氛不断高涨,而且四处蔓延。拉特玛自 1915 年起担任德国通用电力公司的监事会主席,这位大企业家在战争中组织领导原料的供应。第一次世界大战爆发之时,他劝政府在陆军部内设战时物资局,并于 1914 年 8 月至 1915 年春担任该局局长。拉特玛是德国民主党的重要成员,同时也是杰出的自由知识分子和人道主义者。身为经济专家,他常常受政府邀请参与筹谋策略。此外,拉特玛还著有关于未来社会的经济、哲学作品,是当时最受读者欢迎的作家之一。

日本共产党成立

1922 年 7 月 15 日,日本共产党在高漱清租来的房间秘密召开成立大会。出席者有高漱清、界利彦、山川均、丘藤荣藏、吉川守国、桥浦时雄、高津正道、渡边满三 8 人。成立大会的主题是,根据第三国际规章和 21 条加盟条件,成立日本共产党,成为第三国际支部之一。与会人士全部同意正式成立共产党。11 月,第三国际在第四次大会上,正式承认日本共产党为第三国际日本支部。在同一次大会中,第三国际还要求日本共产党将废止天皇制度列为首要的革命纲领草案。但因意见欠缺一致,日本共产党没有采纳这项要求,结果草案未完成审议。不过,打倒天皇制度一直成为该党的口号。

电话发明者贝尔逝世

电话发明人亚历山大·格瑞罕·贝尔 1922 年 8 月 2 日晨逝世,享年 76 岁。贝尔只有中学毕业,他的学识主要来自自学和家庭教育。1864年开始声学研究,1872年在波士顿开办培养聋哑人教师的学校,并编著《可见的语言先导》,1875年担任波士顿大学发声生理学教授。1875年他的多路电报获得专利,1876年美国专利局批准他的电话专利。贝尔从事研究的范围极广,曾获18种专利,还和其他人共获12种专利,其中大多是有关电话、电报、光电话机、航空飞行器。这些专利只代表他发明才能的一部分,因为他工作的重点在基本原理方面。他丰富的创造性思想和许多观念直到今天才见到成果。

英国报业大王诺特克里弗逝世

1922年8月14日,英国报业大王阿尔弗莱德·查理·诺特克里弗(原名哈姆斯沃特)在伦敦逝世。1894年他接管了《晚报》,1896年创建了保守报纸《每日邮报》,这是第一家半个便士报纸。1903年他开始出版大众性的画报《每日镜报》。1905年至1911年,诺特克里弗对《观察家周刊》的财政进行整顿,使其扭亏为盈。从1908年起迄今,他还担任著名的《泰晤士报》主编。1918年担任政府公职,主管对敌国的宣传。

德国物价飞涨

1922年8月2日,由于偿付战争赔款和帝国银行采取膨胀性的贷款政策,德国的通货膨胀犹如雪崩一般急剧变化。8月,一美元兑换860马克,到了月底一美元可以兑换1990马克。由于协约国坚持执行德国分期偿付赔款,使马克在国际股票市场上的汇率立即下跌。德国必须以外汇和黄金支付赔款。但对外国人而言,德国,特别是柏林,仍是廉价天堂。《柏林画报》说:"柏林商店前面是一排排的外国汽车,食品店前人群拥挤,因为与外国相比,这里的食品还算便宜。"在柏林的格伦纳森林里,拾柴火的妇女比比皆是。中产阶级的妇女在马路旁摆摊叫卖着物品。

爱尔兰政府首脑被暗杀

爱尔兰共和国临时政府领袖——国家军队司令迈克·科林斯,1922年8月22日在科克郡遭伏击被暗杀。科林斯是爱尔兰争取独立的英雄,1906年起在伦敦任文官,1916年返国,曾参加复活节起义,被捕后因于弗朗哥奇,1916年12月获释。1918年12月以新芬党员身份,出席在都柏林召开的宣布成立共和国的爱尔兰议会。他是第一任内政部长,后改任财政部长。由于他是爱尔兰革命运动的策划者,英国当局悬赏1万英镑通缉他。去年7月停战之后,被选派伦敦担任和谈的主要代表,12月6日签订条约。临时政府成立后,格里菲斯任总统,他任议长。12日,格里菲斯因心脏病去世,由他继任政府首脑。10天后却在视察防务途中,遭伏击身亡,享年31岁。

乔艾斯杰作《尤利西斯》发表

1922年9月9日,爱尔兰作家詹姆斯·乔艾斯的小说《尤利西斯》发表。最初只刊登在《文学回声》杂志上,作为文坛新事介绍给德国读者,不料却蜚声文坛。这本小说由巴黎一家私人出版社出版,它以空前未有的准确性和十分复杂的情节,介绍了3名都柏林居民从1904年6月16日到第二天凌晨3时做了些什么,遭遇何种经历,遇见了哪些人,以及他们内心的想法和感受。乔艾斯以内心独白的手法,深刻地描绘书中主角的心理活动,使得迄今流行的假想小说失去了吸引力。通过新手法、丰富的素材和大量的象征,这部小说成为文学史上的开拓性著作。它同时又是一部史诗、编年史、报道、散文和发展小说。《尤利西斯》一出版立即受到瞩目。乔艾斯生于1882年,1904年起曾在巴黎、特里亚斯德和苏黎世担任语言学教师和记者。1918年至1920年,他因将这部小说分段刊登在美国杂志《小评论》上,使得有关编辑锒铛入狱;因为《尤利西斯》使用下层社会的语言谈论性问题,在美国和英国遭禁。

希土战争结束

1922年9月9日,希土战争出现了根本性的转变,土耳其军队攻占了士麦拿。9月16日,希腊军队全部退出小亚细亚而请求停战。对希腊人而言,这次失败是历史上的一个重要标记。自古希腊时代以来,小亚细亚深受希腊影响,但从今起,希腊文化传统开始崩溃。从小亚细亚返回希腊的军队要求惩罚决策失误者,并于27日强迫才刚在1920年12月重新登基的康斯坦丁一世退位,将王位让给他的儿子乔治二世。

《暴力论》作者索列尔逝世

1922年9月30日,法国社会主义者和革命工团主义者索列尔逝世,享年74岁。索列尔出身于中产阶级家庭,学土木工程。1892年他辞去了民政工程职务,专心于思考和研究问题。1893年注意到马克思列宁主义,并开始写分析评论文章。1909年他抨击社会主义和激进党派关于民主宪政是通往社会主义途径的主张。他热烈支持革命工团主义,这种主义强调阶级斗争的自发性。他最有名的著作《暴力论》(1908)被译成多国文字。在索列尔看来,暴力是对现存社会秩序的革命否定,而国家武力是强制的力量。他不认为人的本性是天生善良的,并由此得出结论说:令人满意的社会秩序必须通过革命行动才能产生。1902年后,他对工团主义不再抱有幻想。1917年俄国革命爆发后,他宣布支持布尔什维克。

墨索里尼进军罗马

墨索里尼(1883~1945)原是社会党人,1919年在米兰组织了名为"战斗法西斯"的第一个法西斯组织。在1920年经济危机的背景下,法西斯组织的活动日益猖獗,不断网罗富农、地主和具有沙文主义情绪的小资产阶级分子,在反对和镇压工人运动中迅速膨胀起来。1921年11月,法西斯党正式成立,接着又建立了法西斯"国民工会"作为其外围组织。武装的法西斯分子到处殴打和杀害工人积极分子,捣毁工人组织的办公室,解散地方政府。由于社会党领袖的投降主义立场和意共波尔迪加的宗派主义路线给劳动群众的反法西斯进攻的斗争造成了困难,结果意大利工人阶级发动的八月政治总罢工失败了,未能打退法西斯的进攻。法西斯党人得到企业主的工业联合会以及军部、王军和梵蒂冈的支持。1922年10月15日,武装的法西斯党徒在那不勒斯聚集,10月27日,墨索里尼下令"向罗马进军"。10月28日,武装的法西斯匪徒开进罗马,没有遇到政府军队和警察的任何抵抗。10月29日,国王屈服于法西斯势力的压力,任命墨索里尼组织政府。法西斯党自此取得政权。墨索里尼的法西斯政府由法西斯党的代表4人、资产阶级其他政党的代表10人、"无党派专家"数人组成。这个政府一开始就实行一系列反劳动人民的反动法律,把1918年~1922年分给无地、少地农民的少量土地夺走,重新交给地主;废除企业主欠国家的债务;撤销企业中的工厂委员会,改设政府特派员;工会须受法西斯党的监督;取消失业保险;增加捐税;扩充宪兵团;残酷屠杀共产党人和社会党人;派兵侵占科孚岛和阜姆等等。

《英伊同盟条约》签署

《英伊同盟条约》是英国与伊拉克费萨尔王朝所签署的同盟条约。条约于1922年10月10日正式签署,有效期为20年。条约全文共包括18项条款。其主要内容是:伊拉克未经英国同意不得任用外国人充任伊政府官员;伊拉克应在财政及国际关系方面听取和接受英国的"建议";英国承诺负责协助伊拉克加入国际联盟;英国保证向伊拉克提供军事援助;伊拉克承诺其领土不得割让或租借给任何其他国家;等等。《英伊同盟条约》确认了英国在伊拉克的委任统治地位,加强了英国在该地区的势力。该条约未及期满,英国又于1930年6月再度与伊拉克费萨尔王朝签署了另一项《英伊同盟条约》,使英国对伊拉克的控制在相当大的程度上被保留了下来。

英国首相劳合·乔治下台

1922 年 10 月 19 日在白金汉宫与国王爱德华七世会见时,首相劳合·乔治宣布他的政府辞职,并推荐请安德鲁·博纳·劳组成新政府。虽然自由党首相近来遇到些难题,但没人料到他会这么快便甩手不干,他下台之迅速确实出乎预料。近年来,由于工党的日益强大而削弱了的自由党依靠和保守党的联合来治国。许多保守党人对和自由党的这种合作越来越不感兴趣,在最近纽波特的补缺选举中已达到了顶峰。预料能轻易获胜的联合候选人意外地被保守党候选人击败。保守党人立刻以 187 票对 87 票反对联合政府,削弱了乔治的基础,迫使他辞职。安德鲁·博纳·劳是保守党人。其他问题近来也困扰劳合－乔治。去年他和爱尔兰签订的条约使某些保守党人感到被出卖了。许多批评家还指责他轻率处理了一项外交事务。这恐怕会导致与土耳其的一场新战争。

土耳其奥斯曼统治结束

1922 年 11 月 4 日,在土耳其,64 年奥斯曼的统治宣告结束,苏丹穆罕默德六世已在安卡拉被大国民议会废黜。据公告,共和议会宣布"苏丹王位由于几个世纪以来的腐败愚昧给国家带来了无数弊端,已成为历史。"议会将以一致选举称为"人民和农民"的代表来管理国家。他们将推举哈里发为宗教领袖。尽管苏丹激烈抗议说安卡拉政府把他撵下台是非法的,但预料他会提交辞呈。这个巨大的变动无疑将会引起该月下旬近东和平会议上协约国的密切关注。

洛桑会议在瑞士召开

洛桑会议是 20 年代的一次重要国际会议。由英国、法国、意大利、日本、希腊、罗马尼亚、南斯拉夫等协约国集团成员国家与战败国土耳其于 1922 年 11 月 20 日至 1923 年 7 月 24 日在瑞士洛桑举行。其目的是在英国、希腊等国武装干涉土耳其的行动遭到失败之后,根据希腊－土耳其停战协定修改《色佛尔条约》,重新商讨对土和约问题,解决中东问题和黑海海峡问题。美国派出观察员出席会议,一些有关国家应邀参加了黑海海峡公约问题的讨论。会议经过激烈的讨论和讨价还价,终于签署了《协约和参战各国对土耳其和约》《关于海峡制度的公约》《关于英、法、意军队撤出土耳其被占领区的议定书》等 17 项条约及文件。洛桑会议及其所签署的一系列条约、文件对 20 年代国际关系产生了重要的影响。

共产国际四大召开

1922年11月5日至12月5日,在莫斯科召开了共产国际第四次代表大会。出席大会的有来自58个国家的66个组织(其中有58个共产党)的408名代表,会上,列宁作了《俄国革命五周年和世界革命的前途》的讲演。列宁总结了苏俄在新经济政策基础上的社会主义建设,号召全国共产党人必须深入学习俄国和世界革命运动的经验。大会批准了共产国际策略提纲,指出共产党人必须组织工人统一战线,提出了建立工人政府或工农政府的思想,共产党人必须竭尽全力防止工会分裂,争取工会的统一和工会的革命化。在民族殖民地问题上,大会提出了建立反帝统一战线的口号。共产国际第四次代表大会关于统一战线策略的决议具有十分重要的意义,它推动着世界无产阶级革命事业向深广发展。1922年1月,智利共产党成立。3月,巴西共产党成立。7月,日本共产党在非法的情况下成立,主要领导人有片山潜(1859~1933年)、渡边政之辅(1899~1928年)、德田球一(1894~1953年)、市川正一(1892~1945年)等。

古埃及国王图特的陵墓被发现

1922年11月26日,在埃及,考古学家卡纳冯勋爵和霍华德·卡特打开了地下3300年没有开过的门,发现了一批认为是图特安哈门国王的墓中的异常珍贵的文物。这位国王葬于公元前1337年。这两位英国考古学家在卢克索附近的国王河谷工作时,在紧靠拉美西斯六世的墓穴的两个地室中发现了这些财宝。在楼梯底部有一个打着图特安哈门印记的门。当他们打开门时,他们大吃一惊。他们首先看到的是三尊木雕底座,镶有象牙和半珍贵的宝石的镀金塑像。在一个盒中,他们发现了绣花衣服,宝石和黄金制成的、画有狩猎场面的便鞋。国王的宝座在其中的一室中肃穆地安放着。旁边有两尊和真人一样大小的图特安哈门的塑像,四辆马车和其他的器具,它们大多雕刻精湛,镶嵌着宝石。墓穴被发现的消息传播很快,警卫人员只好限制好奇的旁观者进入。

爱因斯坦等获诺贝尔奖

1922年12月10日,爱因斯坦以其相对论,对物理基础理论进行了深刻而彻底的革新,获得补发去年的诺贝尔物理学奖。这位43岁的科学家是柏林普鲁士科学院的教授(无授课义务),此时已闻名于世。丹麦物理学家尼尔斯·伯尔获得1922年物理学奖,以奖励他在原子结构和原子辐射方面的成果。1921年的诺贝尔化学奖授予了牛津大学的教授费里德里克·索迪,以奖励他在研究辐射方面的成就。1922 年的化学奖也由英国的富尔希斯·威廉·阿希顿获得,他在同位素的研究上有杰出的成就。文学奖得主西班牙戏剧学家亚琴托·贝纳文特,他出生于 1866 年,是声名极为卓著的喜剧诗人。贝纳文特的作品题材,大多是社会各个阶层中的错误和弱点。挪威北极探险家兼外交官弗里多夫·南森获得和平奖。

苏联成立

　　1922 年,苏俄在恢复国民经济的斗争中取得了新的成就,苏维埃政权日益巩固。在此基础上,各苏维埃共和国相互之间的政治和经济联系不断扩大。早在 1920 年,俄罗斯苏维埃联邦社会主义共和国同乌克兰苏维埃社会主义共和国就缔结了同盟条约,规定两共和国在各方面实行合作。1920~1921 年,俄罗斯苏维埃联邦社会主义共和国同白俄罗斯苏维埃社会主义共和国之间,俄罗斯苏维埃联邦社会主义共和国同南高加索各苏维埃共和国之间分别缔结了互助合作的条约。随着经济、政治的发展,各苏维埃共和国的经济资源和财政力量需要进一步联合,社会主义建设计划也有必要加以协调,对外政策和同资本主义国家关系需要一致行动,军队和军事领导机构要求尽速统一。总之,形势要求建立一个统一的多民族的苏维埃国家的联盟。到 1922 年,建立联盟条件成熟了。列宁在 1922 年 9 月 27 日的信中提出,应该建立各个有主权的苏维埃社会主义共和国联盟。根据列宁的这一思想和提议,1922 年 10 月 6 日,俄共(布)中央委员会全体会议通过了关于各苏维埃共和国联合成为多民族联盟国家的形式的决议。全会为此设立了以斯大林为主席的委员会来草拟苏维埃社会主义共和国联盟宪法的基本原则。1922 年 12 月,各苏维埃共和国讨论了成立联盟的建议并表示赞同。1922 年 12 月 30 日,苏维埃社会主义共和国联盟苏维埃第一次代表大会在莫斯科大剧院开幕,出席代表大会的有俄罗斯苏维埃联邦社会主义共和国代表 1727 人,乌克兰苏维埃社会主义共和国代表 364 人,白俄罗斯苏维埃社会主义共和国代表 33 人,南高加索苏维埃联邦社会主义共和国代表 91 人。斯大林宣读了苏维埃社会主义共和国联盟成立宣言和成立条约,大会一致通过了成立"苏维埃社会主义共和国联盟"的决议,条约规定,保证这个联盟是各个平等民族的自愿联合,保证每个共和国有自由退出联盟的权利,保证一切苏维埃社会主义共和国都可以加入联盟。苏维埃社会主义共和国联盟(简称"苏联")的成立,为苏维埃国家各民族的发展开辟了广阔的前景。

德国鲁尔地区危机

　　1923 年 1 月 11 日,法国、比利时以德国不履行条约义务为借口,出兵 10 万人占领了德国的鲁尔地区。《凡尔赛条约》签订后,英、法、德、美、意、比诸国的矛盾依然严重存在。德国要求废除和修改条约,法国要求获得最大限度的赔款,英、美则不愿德国因赔款而破产,以致影响德国偿付英、美的债务;因此,德国政府在英、美支持下要求延期支付赔款,特别是在1920~1921年经济危机的打击下,1922年德国财政发生了严重危机。法国强烈反对德国延期支付赔款,比利时和意大利支持法国。同时,法国的工业和财政在经济危机打击下处于极度困难之中,期望通过占领鲁尔从经济上瓦解德国,从德国取得赔款,取得法国冶金工业用的煤炭和焦炭,化学工业用的化学半成品和颜料,以及为亚尔萨斯的纺织品免税输入德国提供保证,以便为法国在欧洲的军事、经济霸权奠定物质基础。但是,对法、比占领鲁尔的行动,英、美持反对立场。德国威廉·库诺政府在英、美支持下,对法国采取消极抵抗政策,在被占领区企业停工,居民不纳税,不执行占领当局的命令,不给占领当局运货和传递文件。整个德国工业迅速下降,经济陷入混乱,马克下跌,物价暴涨,并引起了行将发生革命的政治危机。萨克森、图林根等地成立了工人政府,10月底,汉堡工人发生武装起义。法国占领鲁尔以后,不仅没有捞到好处,反而使本国经济遭到严重的损失。鲁尔矿区几乎停产,法国生铁产量下降35%,为了维持鲁尔占领军的开支付出了10亿法郎。英国乘此机会把解决德国赔款问题的主动权抓到自己手中。法国占领鲁尔终于失败。1924年7月伦敦国际会议批准的道威斯计划提出,法、比两国军队应立即撤出鲁尔,德国财政经济应接受协约国的监督,实际上主要是受英美的监督。

德国纳粹党举行首次全国党代会

1923年1月27日~29日,德国国家社会主义劳工党(简称纳粹)在慕尼黑举行第一次全国代表大会。在此之前,该党只举行领导成员大会,并且是以秘密方式集会。28日突击队在马尔斯费尔德集合,阿道夫·希特勒为突击队举行首次授旗仪式。若不是突击队的首脑与慕尼黑警察局和军队领导人有良好的友谊,在当时已宣布实行紧急状态的时期,是不可能举行这种活动的。在党代表会上,希特勒要求废除凡尔赛和平条约,并在会上高喊"打倒11月的罪犯们"。心思细密的人士对这位号称"人民观察家"的讲演深感不安,《沃斯日报》甚至在27日提出希特勒有可能发动政变的问题。

列宁的政治遗嘱

正当苏联各族人民为恢复国民经济而奋斗的时候,列宁因遇刺受伤和工作过分劳累而病情加重。1922年12月~1923年3月,列宁口授了《日记摘录》《论合作制》《怎样改组工农检察院》《论我国革命》《宁肯少些,但要好些》《给代表大会的信》《关于使国家计划委员会具有立法职能》《关于民族或"自治化"问题》等最后几篇文章和信。《论我国革

命》一文阐明了十月社会主义革命的客观规律及其历史特点。《怎样改组工农检察院》和《宁肯少些,但要好些》是针对当时党和国家建设中存在的问题而写的,指出了改善和健全党政领导机构的办法以及发展远景问题。《论合作制》一文阐明了在小农占优势的落后国家里,无产阶级如何把千百万农民和其他小生产者通过合作制吸引到社会主义建设中来。为苏联的社会主义改造和建设指明了前进的方向。列宁在《给代表大会的信》中,对中央当时几个重要领导人作了评价。指出托洛茨基的"非布尔什维克主义""过分自负""过分热衷于事情的纯粹行政方面"的问题;"季诺维也夫和加米涅夫的十月事件当然不是偶然的";布哈林的理论观点"算作完全马克思主义的,那是很值得怀疑的";"斯大林同志当了总书记,掌握了无限的权力,他能不能永远十分谨慎的使用这一权力,我没有把握"。列宁在最后几篇文章中,还强调了保持党的统一和团结的重要性,希望俄国全体党员牢记俄共(布)第十次代表大会关于绝对禁止派别集团在党内存在的决定。他分析了国际形势,揭示了时代的特点,指出了国际舞台上力量对比的情况和世界革命的发展前景。列宁全面论证和发展了他以前所拟定的在苏联实现社会主义的计划和途径,用他的重要论断和理论丰富和发展了马克思主义。因此,可以说列宁的最后几篇文章和信是他的政治遗嘱。

X射线发现者伦琴逝世

1923年2月10日,第一位获得诺贝尔物理学奖的威廉·康拉德·伦琴在慕尼黑逝世,享年77岁。1891年11月8日,他在实验室进行阴极射线的试验时,偶然发现阴极射线有穿透人体的功能(当他将手放在阴极线管附近时,发现手指的骨骼呈现在纸析上)。但因为它不太明显地表现光的任何特性,如反射和折射,就被错误地认为这种射线与光无关。由于它的性质不确定,就把这种现象称为X辐射,又称为伦琴辐射。这项发现对本世纪的很多方面都产生了重要影响,它宣布了现代物理学时代的来临,并且为医学带来了革命,伦琴因此在1901年获得第一届诺贝尔物理学奖金。

鲁尔区德国人反抗法比占领军

1923年3月1日,鲁尔区法、比占领军宣布,若德国铁路工人敢以消极抵抗方式来威胁运输,将被判处死刑或监禁。自从法国和比利时接收铁路管理系统以来,德国人经常进行破坏活动,企图使整个交通运输瘫痪,因此常常出现车祸,至于运输任务不能完成,更是司空见惯之事。占领军对干扰和破坏活动进行报复,其中包括驱逐出境。特别是铁路部门的官员常常被迫在几小时之内带着家属离开当地。公路上经常可以看到满载行李的车队朝向未被占领区缓缓行进。为了帮助被迫离开家乡的人,德国政府建立了咨询所。在鲁尔区占领状态结束时,有将近 15 万人被驱离当地。在埃森的克鲁伯工厂,发生了一起严重事件。当法国军队没收车辆时,工人们离开了工作岗位,职工协会的代表试图与法国人谈判,一名法兵举枪威胁人群,却扣动了扳机,当场有 13 人毙命,30 人受重伤。结果企业主、经理和职工代表都被判重刑。

列宁因病离职

1923 年 3 月 9 日,由中风引起的右侧瘫痪和语言障碍,迫使苏维埃领导人弗拉基米尔·列宁离职。他保留了苏维埃政府主席的头衔。列宁自 1922 年 5 月第一次患中风病以来,病魔一直在折磨着他。那年的 11 月份他重返工作岗位,但是 1 个月后,又患第二次中风。自 1922 年 11 月 20 日以来,他没有公开发表演说。列宁的威望如此之高以致在他患病期间没有一位领导人能接替他的工作。因此,在苏联政治局组成了三人最高领导机构,产生了"三人执政"或"三人同盟"作为党和国家的集体领导。这三巨头包括总书记约瑟夫·斯大林,第二国际领导人格里高利·季诺维也夫和莫斯科共产党组织的领导人列夫·加米涅夫。

苏联处死高级教士

1923 年 4 月 3 日,俄国罗马天主教的副主教康斯坦丁·布奇卡维奇阁下因被控反对苏联政府于 3 月 31 日被判处死刑。一条来自华沙的报道说,他是在莫斯科肃反委员会大楼的地下室里被从脑后开枪处决的。这是苏联处死刑的一贯方式。《真理报》今天说这位牧师是因天主教"反革命分子罪"被宣判死刑的。他和另外 18 人按照"惩处一切从事不利无产阶级革命活动的团体"的法律受到审判。外国的抗议活动丝毫没能挽救这位原籍波兰的苏联公民、布奇卡维奇阁下的性命。

德国国防军秘密扩充武力

1923 年 4 月,法国占领鲁尔区之后,德国政府几乎无能为力,只能做消极反抗。这时,国防军却为发生武装冲突做好了准备。它悄悄地招募临时志愿军,以扩大军力。另外,国防军还非法打开武器库,这些武器库是他们违反凡尔赛条约私下偷建的。临时志愿军伪装成工人队伍,一时达到相当可观的数目。仅设在柏林的第三军区就有 18000 人,编成 27 个分队。整个部队自称"黑色国防军",实际上是在替秘密动员做准备。

疯狂的马拉松舞

1923 年 4 月 14 日在休斯顿,45 小时后,他们疲劳不堪,步履蹒跚,表现可怜,但是仍然还在跳舞。一对舞伴,一个 20 岁,一个 19 岁,打破了双人舞不间断的世界纪录,结束后,男伴瘫倒在地并被迅速送去进行蒸气浴。在巴尔的摩,由 8 对舞伴参加的马拉松跳舞,在 53 小时之后被警察阻止。在克利夫兰,4 对舞伴试图打破 52 小时 11 分钟的前纪录。获胜的姑娘在跳舞结束后,双腿踝关节肿了两倍,她在跳舞过程中曾累垮了 5 个男伴,使她体重由 113 磅减少到 89 磅。法律人士正在仔细考虑跳舞马拉松是否合法,还是按照对其他耐力竞赛所做的在 24 小时内比赛时间不得超过 12 小时的规定把跳舞比赛的时间限制在每天 12 小时之内。获胜者得到的可观赏钱,使许多参加者的父母对这一使人筋疲力尽的新式狂热保持沉默。

希特勒发动武装游行

1923 年 5 月 1 日,为了破坏社会民主党的五一劳动节庆祝活动,希特勒与他组织的"祖国武装团体工作协会"发动了一场武装游行,2 万名希特勒党员列队进入奥伯维森费尔德地区。希特勒声称左派即将发动政变。希特勒的党徒被值勤的巴伐利亚邦警察和国防军解除武装,于是希特勒的操练行动只好变成一场游行和集会。希特勒或许想发动政变,但这种近乎叛国的罪行并没有受到追究。此后几个星期内他暂时隐遁起来,继续筹划这类行动。

美空军不停顿横贯大陆

美国空军的奥克利·凯利和麦克里迪中尉 1923 年 5 月 3 日完成了第一次不停顿横贯大陆的飞行。下午 12 点 26 分他们驾驶的 T—2 单引擎飞机在加利福尼亚的圣地亚哥着陆。凯利和麦克里迪飞行了将近 2800 英里,到目前为止是不停顿最长距离的飞行,平均时速为 100 多英里。这是两位飞行员第二次试图不停顿飞越美国。5 月 2 日他们从长岛的亨普斯特德起飞开始了这次飞行。飞行开始后仅仅几分钟,他们就遇到了一个大难题,他们的飞机电压调节器熄灭了,但是麦克里迪在凯利控制飞行时,换下了这个仪器,他们又能够继续飞行了。这架飞机首先朝俄亥俄俄的代顿飞下去,下午 10 点 15 分飞越芝加哥上空,然后转南朝圣路易斯飞去。它在午夜飞越堪萨斯州的艾奇逊,第二天上午 8 点 30 分越过新墨西哥的圣萝莎。中午刚过它就在圣地亚哥上空出现,受到全市工厂所有笛声的欢迎。空军少校亨利·H·阿诺德在圣地亚哥的罗克韦尔机场欢迎了两位飞行员,他高兴地喊道:"不可能的事情发生了。"这一纪录与 1912 年的第一次从西到东横贯大陆的飞行是个鲜明的对照,当时鲍勃·福勒用 151 天,中间有停顿地从杰克逊维尔飞到旧金山。一年前,卡尔布雷斯·P·罗杰斯用 49 天作了一次从纽约到帕萨迪纳的旅行。

社会主义工人国际成立

两次世界大战期间国际社会民主党的重要国际联合组织,1923 年 5 月由伯尔尼国际和第二半国际(即维也纳国际)在德国汉堡合并而成。汉堡代表大会共有代表约 400 人出席,代表 30 个国家的 43 个社会民主党、工党等组织,党员人数共达 670 万。会议选举英国工党著名活动家阿瑟·韩德逊为社会主义工人国际执行委员会主席,奥地利社会民主党领袖弗里德里希·阿德勒等人为国际联合书记。该国际总部最初设在英国首都伦敦。后曾迁往瑞士苏黎士,1935 年又迁至比利时首都布鲁塞尔。国际先后召开过 5 次代表大会。其章程表示要以社会主义生产方式代替资本主义生产方式,承认阶级斗争是工人阶级获得解放的手段,提出该国际的任务是要将处于分散状态的政党组织联合在一起,争取实现国际社会主义运动的完全统一。在 20 年代和 30 年代,社会主义工人国际力图维护世界和平,主张裁军,反对法西斯势力的兴起和扩张。该组织还对世界各民族的民族自决权表示支持和声援。同时也曾攻击和谴责苏联的内外政策。法西斯主义势力曾对该组织及其领导人进行打击和迫害。1940 年德国法西斯军队占领布鲁塞尔之后,国际被迫停止公开活动。第二次世界大战结束后,国际社会主义政党恢复建立了社会民主党的国际联合组织,称"社会党国际",社会主义工人国际实际上即为其前身。

德国经济濒临崩溃

1923 年 6 月 5 日,德国国家银行行长鲁道夫·哈文斯坦公开承认马克支撑无望,因为法国对鲁尔区的占领及当地居民的罢工,给德国增加极为沉重的负担。被占领区有数以百万的居民需要资助和救济,政府必须购买煤炭供应那些缺煤的地区。为满足国家日益增长的要求,货币印刷机只好昼夜不停地运转。4 月份,政府的收入仅达支出的七分之一。直到 4 月中旬,国家银行还能在外汇交易所,通过出售外汇、黄金而购进马克,来支撑疲软的马克,但是,鲁尔区的持续斗争,使人无法采取任何支撑措施。堤坝崩溃了! 物价像脱缰的野马狂奔乱跑。德国人的忍受能力正面临严峻的考验,饥饿在全国蔓延着。在萨克森,愤怒的人群进行暴力活动,以抗议物价飞涨。

儿童们在街上玩着一文不值的纸币

幽灵一样的美国三 K 党

1923 年 6 月 30 日,美国三 K 党党魁宣称他们强烈反对哈定总统所提成立世界法庭的建议。"帝国巫师"伊凡斯在德州渥斯堡表示,三 K 党人不赞成与他国联盟。伊凡斯博士透露,坚决反黑人、反少数民族的秘密组织三 K 党,目前拥有 100 万人以上的党员,并且在北方各州三 K 党人的数目,已经超过这个所谓"隐形帝国"原根据地的南方各州。伊凡斯博士虽表示三 K 党不会公开支持任何人竞选美国总统,却又明确指出哈定总统的家乡俄亥俄州如今有 30 万以上的选民是三 K 党员。

内战阴影笼罩德国

1923 年 7 月,通货膨胀、鲁尔区被占领和饥饿所引起的动乱,使得德国内战迫在眉睫的传闻愈来愈多。在 7 月 18 日,政府发表文告,宣称年轻的共和国十分坚强稳固。但是罢工、游行和抢劫接二连三,有人因此丧生,也有人身受重伤。在布莱斯劳、格莱维兹和新鲁平等地,曾发生不幸事故。因物价每小时都在上涨,妇女们天天在工厂门口等候,领到工资后立即去商店采购,所以公司企业被迫变成天天发放工资。柏林警察局在该月底公布,有 23 间饭店和 23 个私人住家由于夜间营业和聚赌被查封。由于饥荒十分普遍,故敲竹杠和黄色裸体像四处横行,同时也出现狂饮暴食的风气。通货膨胀所造成的严重后果,连国家经济委员会也深感头痛。其中之一是医生弃职外流,有一位主治医师关闭诊所去夜总会任职,唱歌时是由其从前的医务助理伴奏。

叶芝获诺贝尔文学奖

爱尔兰著名诗人和剧作家威廉·巴特·叶芝(1865~1939)的创作大致可分为两个时期。第一个时期为1887~1896年。在这个时期之初他写了《欧辛漫游记》,这是一篇取材于中世纪爱尔兰民间传说的对话诗,出版之后一举成名。以后他的作品陆续发表,如表现神秘主义倾向的著名抒情诗《茵纳斯弗利湖中岛》《被拐逃的孩子》。1892年叶芝的第一个剧本《凯恩琳伯爵夫人》问世,剧中的主人公就是现实中叶芝长期追求的对象,但最后叶芝遭到拒绝。1893年叶芝发表了一部重要的散文集《凯尔特的黎明》,这部作品反映了他的爱尔兰民族主义思想。在第二个时期初期,他主要为修道院剧院创作了许多剧本,以恢复和发扬爱尔兰民族文化的传统,作品有《贝尔河滨》《绿盗》《迪尔特丽》《国王的门槛》。后期他模仿日本的能乐写出了新的剧本《鹰泉》。这一时期叶芝出版了许多诗集,如《职责》《苇林风声》《柯尔庄园的野天鹅》《七林》等,这些诗反映了他从早期虚幻朦胧的境地走向了坚实明朗的世界。除此之外,叶芝还写了一些具有浓厚民族主义色彩的诗歌,如《蔷薇树》《一九一六年复活节》等。叶芝的作品继承和发扬了爱尔兰民族文化的传统,其中许多作品都是与爱尔兰民间文学有直接联系的,如抒情诗《茵纳斯弗利湖

华盛顿哈定内阁机关之漫画

中岛》,叙事诗《欧辛漫游记》,剧本《奥立汉的凯思》等。由于他倡导了爱尔兰戏剧运动和他的"始终富于灵感的诗歌,并因为他以高度的艺术形式表达了整个民族的精神",所以1923年瑞典文学院决定授予叶芝诺贝尔文学奖。

波兰克拉科夫工人起义

　　第一次世界大战后,波兰虽然恢复了独立,但4年的帝国主义战争把波兰人民拖入灾难的深渊。货币贬值,物价飞涨,工人失业,社会矛盾极端尖锐。在德国和保加利亚等国革命的影响下,波兰的革命运动也出现了高涨。1923年8月,上西里西亚矿工首先举行罢工,得到了冶金、铁路工人和邮电局职工的响应,取得了局部胜利。10月间罢工的浪潮更加高涨,参加罢工的人数达40余万。毕尔苏斯基政府为了镇压工人运动,于10月13日阴谋策划了华沙火药库爆炸事件,以此为借口大肆逮捕共产党人和其他进步人士,封闭了许多工会。这一挑衅更激怒了工人阶级,10月22日克拉科夫各铁路工厂工人首先举行罢工,很快扩及到全国各大铁路枢纽站和大部分地区,11月5日罢工发展成为全国总罢工。11月6日克拉科夫工人的游行队伍遭到警察袭击,两名工人被打死,随后罢工发展成武装起义。起义的工人得到了前来镇压的部分士兵的同情和支持,很快控制了克拉科夫的大部分地区。正当起义工人与反动武装英勇斗争的时候,右派社会党领袖却同政府当局进行谈判并出卖了起义。他们欺骗工人说,政府已经让步,要求工人停止战斗、交出武器。由于起义工人缺乏正确的领导,轻信了右派社会党首领的谎言,反动政府立即进行了血腥屠杀。克拉科夫工人起义是1923年欧洲革命高潮中的最后一次冲击,起义虽然失败了,但它沉重打击了波兰资产阶级和地主的统治。

美国总统哈定逝世

　　美国总统沃伦·哈定1923年8月2日晚在旧金山去世,享年57岁。哈定之死令人震惊,他因前往阿拉斯加旅途劳顿,曾卧病一星期之久,他的助手却误认为他已在恢复中。这位前报纸发行人及参议员在皇宫大饭店的总统套房中,聆听他的妻子朗诵一本书时,突然中风去世。哈定是美国第二十九任总统,擅长演说,历任州参议员、副州长、国会参议员,属共和党,去年当选总统。根据他的提议,美国国会通过了建立联邦政府预算制度法案、福德尼-麦坎伯保护关税法案、修订战时税法案以及限制移民入境法案。并论限制和裁减列强海军实力。哈定的致命弱点是:虽然他为人正直,却不慎重挑选,也不监督内阁成员和下属的官员,其中有许多德薄才鲜,不称公职。

柯立芝继任美国总统

　　1923年8月2日夜,哈定总统去世。3日凌晨,美国副总统柯立芝按照宪法宣誓就任总统。他为人谦虚,敬事虔诚,美国公众都很喜欢他。1923~1929年,美国总统柯立芝任职期间美国一派繁荣。当时美国由于在第一次世界大战中大发战争横财,经济实力雄厚,较早地摆脱了1920~1921年经济危机,生产开始恢复、发展。同时在进入20世纪以后美国出现了"工业合理化"运动,各个企业采用新设备和新技术,实现生产的专业化、标准化、电气化和自动化。在管理上实行"泰罗制"和"福特制",不仅提高了劳动生产率,也使新兴工业部门迅速发展起来。而且在扩大国内市场的同时,大量输出资本和商品。这一切都促使美国在1923~1929年经济迅速发展而出现繁荣。

日本关东大地震

　　1923年9月1日,日本主岛本州相模海底发生了一次8级以上大地震。几分钟内,往北约80千米的东京和横滨市的许多建筑物都成了一片瓦砾。在东京,当时许多家庭正在他们传统的炭炉上烧饭。地震使炉灶翻倒,引起了大火。火势从城市的木房屋蔓延开来。家家户户惊恐出逃,接着人们发现自己已被困在火墙与隅田川之间。蔓延的大火迫使他们跳入河中,但也未能幸免于难。东京市内交通、水电供应严重破坏,谣言四起,一片混乱。军警当局也乘震灾之际而肆虐,进行诬陷、刑讯、屠杀朝侨和旅日华侨。他们在人类抗灾史中留下了血腥的一页。

　　日本关东大地震其袭击范围之广、受害面积之大、死亡人数之多,实为日本历史上所罕见。地震以及由地震引发的火灾、海啸给日本造成了巨大损失。东京、横滨在这场灾难中受害最深。东京城内85%的房屋毁于一旦,横滨96%的房屋被夷为平地。整个关东受灾地区,14.3万人丧生,20多万人负伤,10多万人无家可归,财产损失高达300亿美元。人口稠密的东京地区受灾最重,死亡人数也最多,达到7.1万人,其中大火烧死5.6万多人,海啸吞没了1万多人,地震中房屋倒塌压死了3千多人。

德布罗意与物质波理论

　　德布罗意(1892~1987)是法国著名理论物理学家,物质波理论的创立者。

　　德布罗意认为,任何运动着的物体都伴随着一种波动,而且不可能将物体的运动和波的传播分开,这种波称为相位波。存在相位波是物体的能量和动量同时满足量子条件和相对论关系的必然结果。德布罗意以狭义相对论原理和严格的量子关系式为基础,通过严格的论证得到:相位波的波长是普朗克常数,是相对论动量,这就是著名的德布罗意波长与动量的关系。此外,德布罗意把相位波的相速度和群速度(能量传递的速度)联系起来,证明了波的群速度等于粒子速度,确定了群速度与粒子速度的等同性。他的这些研究成果形成了比较完整的物质波理论。这一理论为建立波动力学奠定了坚实基础。

由于这一划时代的研究成果,使他获得 1929 年的诺贝尔物理学奖,同时也使他成为第一个以学位论文获得诺贝尔奖奖金的学者。

美国摄影家曼·雷的《安格尔小提琴》

曼·雷是美国 20 世纪最著名的超现实主义摄影家和画家。他多才多艺,在美国当代艺术发展上占有举足轻重的地位。1924 年他的作品《安格尔小提琴》堪称世界摄影史上最优照片之一。

这幅作品主要以人体为描绘素材,给人印象是具有一种强烈的形式感,这位女士的背部整洁对称而线条优美流畅,令人想到小提琴盒的造型。曼·雷为了更加强化出这种感觉,索性在女士后背画上两个所有提琴身上都有的音孔,摄影与绘画、现实与想象、似与不似,这种种不同都被曼·雷融为一体。曼·雷曾说过:"我摄我所不欲画,我画我所不能摄。"总之,因为有着创造性的思维,对曼·雷来说,没有什么不可以,也没有什么不可能。

沃尔顿州向三 K 党宣战

为了向三 K 党宣战,J·C·沃尔顿州长 1923 年 9 月 15 日晚给俄克拉何马下了戒严令。在召集 6000 多名国民警卫队时,州长声称反对州政府当局的反叛局面就是由这个臭名昭著的秘密团体造成的。此外,沃尔顿州长在他的声明中还说,任何帮助三 K 党实行白人霸权罪恶计划的人,都将被视为本州的敌人,并将受到军法处置。在紧张一天结束时,据报这位州长的生命也受到了威胁,于是他采取了行动。他的办公室外整天都有武装警卫站岗。沃尔顿州长注意到一些议员正策划召集一次特别会议企图弹劾他,便威胁说要把这些议员投入监狱。他说因为他反对三 K 党,才会有人弹劾他。

保加利亚九月起义

保加利亚是第一次世界大战中的战败国,战争结束后,革命形势有了较大发展。1919 年 5 月,左派社会民主党(紧密派)召开代表大会,正式成立共产党。在领导工人阶级展开斗争的过程中,共产党的影响迅速扩大,在第十八届人民议会选举中获 47 个席位,成为第二大党。为了削弱共产党的影响,1920 年重新进行议会选举,组成了以亚历山大·斯特丹鲍里斯基为首的农民联盟-党政府。这个政府虽实行一些很不彻底的民主改革,却引起了大地主和大资产阶级的强烈反对。国内形成了以国王为首的反动势力的联合,并成立了秘密法西斯组织"宪政联盟"。1923年6月8日夜法西斯发动政变,杀害了斯特丹鲍里斯基,组成了以赞科夫为首的法西斯政府。1923年9月12日,法西斯在全国发动了对共产党机关和共产党人住所的袭击,约有2500名党员和积极分子被捕,共产党的报纸被查封。保共中央为了反击法西斯分子的暴行,决定于9月14日举行全国总罢工,但这一决定却被党中央组织书记托道尔·卢卡诺夫擅自取消。在反法西斯斗争日益高涨形势下,保共中央于9月20日举行会议,经过激烈斗争通过了9月23日举行武装起义的决议,并成立了革命总委员会。9月21日,首都索非亚革命军事委员会部分委员被捕,未被捕的委员开始动摇并下令推迟起义。由于各地区未能采取统一的起义行动,被反动政府各个击败。只有西北地区的格·季米特洛夫和瓦·柯拉罗夫领导下按计划举行了武装起义,几天之内就控制了整个西北地区。法西斯政府立即调动军队,并利用流亡到保加利亚的俄国弗兰格尔的白匪军前往镇压。由于得不到其他地区的配合和支援,加之敌我力量悬殊,9月30日起义最后被镇压下去。保加利亚的九月起义,震撼了资本主义世界。季米特洛夫后来曾指出,九月起义是保加利亚共产党"从'紧密派'社会主义发展为布尔什维主义的转折点"。

德国柏林电台开播

1923年10月29日20时,德国柏林电台首次播放了娱乐性轻音乐,在全体市民中引起很大反响。其实,这种技术早在第一次世界大战时就已具备了,但是,因为当局禁止私人收受无线电信号,所以广播一直未能实现。《柏林画报》在21日刊出文章,认为这项新发明可能在农村和安静的小城市最受欢迎:"在令人沉思的寂寞中,收听电台的广播节目,将会成为偏远地区民众日常生活中的莫大享受。"

萨克森和图林根成立工人政府

德国投降后,由于经济危机、赔款问题和法比军队占领鲁尔,使德国的革命运动不断高涨。德国两个高度发展的工业区萨克森和图林根阶级矛盾尤为尖锐,全国的工人战斗队有三分之一集中在这里。随着革命斗争形势的发展,共产党的威信与日俱增。这两个地区执政的社会民主党人不得不同共产党人达成协议,1923年10月10日萨克森成立了由5名左派社会民主党人和2名共产党人组成的工人政府,10月16日图林根也组成了有共产党人参加的工人政府。由于参加工人政府的共产党人没有采取有效措施巩固已经取得的政权,武装无产阶级继续展开斗争,因而给德国统治集团创造了纠集力量进行反扑的机会。1923年10月13日,萨克森的国防军司令部宣布解散工人战斗队,两天内就有6万国防军开进萨克森境内。在危急关头,德国共产党中央委员会决定号召无产阶级举行总罢工,然后转变为武装起义,并要求汉堡工人10月23日首先开始。

啤酒馆政变

1923年11月8日,纳粹头目阿道夫·希特勒在慕尼黑东南郊一家名叫贝格勃劳凯勒的啤酒馆发动政变。这是他的法西斯理论的第一次实践,也是他想在德国建立一个法西斯独裁政权的第一次尝试。他的这次发难,虽然没能成功,但对他后来攫取政权有很大的影响。

青少年时代的希特勒,已经是一个"狂热的日耳曼民族主义者"。他24岁离开奥地利投奔德国时,就对民主主义、马克思主义和犹太人怀有刻骨的仇恨。

希特勒在慕尼黑一家啤酒店发动政变,但不久这次政变便流产了。

1919年1月,德国成立了"德国工人党"。9月,希特勒加入了这个党的委员会,成为该党委员会中第七名委员。由于他的活动,1920年4月,该党更名为"民族社会主义德意志工人党",即"纳粹党"。希特勒是该党的党魁。他企图以这个党来统一德意志国家,建立一个高度集中的独裁权力机构。希特勒准备采用恫吓和暴力的手段,先夺取巴伐利亚邦政权,继而向柏林进军,推翻中央政府,实现他夺取全国政权的野心。以能在"这个地球上"为德意志民族争得"足够大的空间",来保证它"民族的生存、自由",以便"能在东方进行扩张。"

1923年11月4日,是德国"阵亡将士纪念日",慕尼黑市中心要举行军事检阅。希特勒计划在这一天用卡车装上几百名纳粹党冲锋队员,在受阅军队到来之前,封锁、包围通向检阅台的街道和检阅台,在检阅开始前扣押巴伐利亚邦的头头:卡尔和洛索夫等,然后宣告政权移交。但当冲锋队长罗森堡提前到这里侦察时,发现这里戒备森严,已由全副武装的警察守卫着,希特勒感到不易得手,只好放弃这个计划。

希特勒的第二个计划在 11 月 10～11 日进行。10 日夜间把冲锋队员和"战斗联盟"的武装人员集中在慕尼黑北面的弗罗特曼宁荒地上,到 11 日"德国投降纪念日"的上午,把武装人员开进慕尼黑市内,占领各战略要地。然后冲进市府机关,夺取政权。然而,希特勒得知 11 月 8 日晚,巴伐利亚邦长官卡尔和驻巴伐利亚的国防军总司令洛索夫将在贝格勃劳凯勒大啤酒馆内,向三千名企业家、团体发表施政演说的消息,真是喜出望外。8 日晚 8 点 45 分,希特勒带领冲锋队员包围了贝格勃劳凯勒啤酒馆,在卫士的簇拥下,冲进大厅,走向讲台。一名少校警察想阻止他,他用手枪对着少校警察,少校警察只好闪开。

希特勒走上讲台,大声宣告:"全国革命已经开始","这个地方已由六百名武装人员占领,任何人都不准离开大厅!"希特勒喊道:"大家必须肃静,……巴伐利亚政府和全国政府已经被推翻,临时全国政府已经成立,国防军营房和警察营房已经被占领,军队和警察已在卐字旗帜下从郊区向市内挺进!"其实希特勒是在虚张声势、瞒天过海,他的最后一句话是假的。但在混乱中谁也辨不清真伪,而希特勒手中握着的手枪,却是千真万确的。卡尔、洛索夫及警察局长赛赛尔在冲锋队员的推搡下,进入了后台的一个房间里。台下喧闹的企业家们,有的向警察打手势,有的干脆嚷道:"快开枪,别那么胆小!"但是,警察们看着自己的局长和头头们都那么乖乖地被人押走,而冲锋队员们已占领了整个大厅,只好罢休。戈林走上了讲台,叫嚷道:"大家安静点,不要害怕,我们没有恶意。隔壁房间里正在组织新政府,喝你们的啤酒吧!"

隔壁房间里确实在组织新政府,可是三巨头谁也不愿意与希特勒合作。他们一言不发,长时间的沉默。希特勒火了起来,威胁道:"我的手枪里有四颗子弹,如果你们都不愿意跟我合作,那么三颗子弹送给你们,一颗留给我自己。"那三个人仍是无动于衷。希特勒感到毫无办法,于是急中生智,大步冲出房门,登上讲台,对着惶惶不安的人群,嚷道:"巴伐利亚政府已经撤换,……新政府今天将在慕尼黑这个地方宣布成立!""鲁登道夫将担任德国国防军的领导工作。"希特勒的谎言和欺骗确实灵验,喧闹的人群立刻安静了下来,一听说卡尔、洛索夫等与他们组成了新政府,有的将信将疑,有的欢呼,有的恐惧。这时,鲁登道夫将军被希特勒的亲信施勃纳·里希特接来,走进大厅。这个在第一次世界大战中给德国人带来死伤 600 万人、耗资 1940 亿金马克的同盟军统帅、1920 年 3 月又以推翻共和国重建君主政体为目标的"卡普暴动"的"英雄",此时又粉墨登场,与希特勒沆瀣一气,合演了一幕触目惊心的丑剧。

其实,鲁登道夫对希特勒很不满意,一是希特勒瞒着他干了这么一件大事;另是他不满意即将把持德国独裁政体的竟是个前陆军下士,一个无名小辈。他心中闷闷不乐,但也没办法,木已成舟。而希特勒却不在乎这些,只要他肯出面说服巴伐利亚三巨头与他合作就行。鲁登道夫立刻去劝说,三巨头居然同意了以"国王的代表"的身份与希特勒合作。希特勒喜不自胜,马上率众人回到讲台上,每个人都发表了几句效忠新政权的讲话。大厅里不少人听了以后兴奋得跳上了桌子,有的搬起椅子,有的扔起了帽子,乱敲乱舞。希特勒高兴得嘴都合不拢了,挥舞着拳头,叫嚷"立即向柏林进军"。

散会以后，赫斯"留下"几名巴伐利亚内阁阁员，希特勒留下了卡尔、洛索夫和赛赛尔三巨头，以"商量"具体的合作事宜。突然，希特勒接到一个报告说："高地联盟"在陆军工兵营房与正规军发生了激烈的冲突。希特勒急于前往解决，把啤酒馆里的一切交给鲁登道夫处理。

希特勒

希特勒走了以后，洛索夫向鲁登道夫提出，要回陆军司令部去一下，具体了解和安排以下措施，以"减少不必要的争端。"施勃纳·里希特要阻止，被鲁登道夫呵斥了一顿，只好作罢，任洛索夫走去。接着，卡尔、赛赛尔也各自找了个借口一个一个地溜了。

当希特勒处理完"高地联盟"的事，兴高采烈地回到贝格勃劳凯勒，满以为他那些新上任的部长们都正忙于处理公务，迎接着他的胜利归来时，弄得他目瞪口呆的是："鸟儿"全已出笼，除了罗姆占领了舒恩菲尔德街陆军军部的一个办公室外，其余的各战略要地、机要部门均未拿下，甚至连电报局也没拿到手，战略计划也没拟出，他大失所望，气得几乎昏厥过去。然而，此时的柏林很快地下达了镇压政变的命令。

洛索夫、卡尔和赛赛尔从啤酒馆溜回去以后，确实是做了各种了解、安排和部署的工作，然而不是帮助、配合希特勒，而是调兵遣将，做各种镇压希特勒叛乱的准备。

1923年11月9日上午11点钟左右，希特勒、鲁登道夫等，率领"三千名"冲锋队员，举着"卐"字旗和高地联盟的旗帜，从贝格勃劳凯勒啤酒馆的花园出发，每几排队伍后面跟着一辆卡车，车上架着机枪；冲锋队员挎着马枪，有的还上了刺刀。希特勒手里握着手枪。浩浩荡荡地向慕尼黑市挺进。他们自以为势不可挡、威风凛凛。在路德维希桥上，他们也确实唬住了一队守桥的武装警察。戈林威胁警察说："如果你们胆敢开枪，我们就首先杀死押在队伍后面被留做人质的内阁部长和阁员（其实只有两名内阁部长）"。警察果真把他们放过了大桥。

然而，他们在通往奥第昂广场的府邸街口时，却受到武装警察的顽强阻止，施勃纳·里希特首先应声倒下，接着戈林的大腿中弹也倒下了……在六十秒钟内，十六名纳粹党人毙命，不少人受伤；鲁登道夫当场被捕；两天后，希特勒也在朋友家中被捕；戈林受伤后被抬进一家银行，后来由他妻子陪同，化装逃往奥地利；赫斯也逃入奥地利。几天后，除戈林、赫斯等人外，其余的纳粹党头目全都被捕入狱，纳粹党被勒令解散。希特勒的第一次政变以他的全面失败而告终。

三个月后，1924年2月26日~3月20日，慕尼黑特别法院判处希特勒有期徒刑五年，鲁登道夫无罪释放。

从此，希特勒就在兰德斯堡旧炮台的监狱里，开始一章又一章地口述他的《我的奋斗》一书。

1939年10月10日,正当希特勒向他的高级将领宣布要越过中立国比利时、卢森堡和荷兰地区,发动进攻英法的西线作战计划时,谋杀他的幕后活动也在紧张地进行。陆军参谋总长哈尔德将军等高级将领已预备发动推翻希特勒的政变,但因怯懦尚未动手。11月8日晚,为纪念1923年啤酒馆政变,希特勒在慕尼黑的贝格勃劳凯勒啤酒馆里,向纳粹党内的"老战友"发表一年一度的演说。他的演说结束不久,突然,"轰隆"一声巨响,暗藏在讲台后面柱子内的定时炸弹爆炸了。顿时硝烟滚滚,血肉横飞,死亡7人,炸伤63人,希特勒也险些丧命。

　　谁是这次爆炸事件的真正凶手和幕后指挥者呢?几十年来众说纷纭,莫衷一是。

　　希特勒的喉舌——《人民观察家报》在刊登谋杀希特勒的新闻消息时说,这一爆炸事件是英国首相张伯伦一手策划、由英国间谍机关直接指挥的。事实是:11月9日下午,党卫队保安处人员在文洛镇的一家咖啡馆门前,击伤了被他们骗来的荷兰谍报官克洛普中尉,并逮捕了与克洛普同来的两名英国谍报官斯·潘·贝斯特上尉和阿·亨·斯蒂芬斯少校,声称他们就是啤酒馆爆炸事件的案犯。接着,党卫队又在瑞士边境逮捕了这次谋杀事件的真正凶手、自诩同情德国共产党的艾尔塞木匠。尽管纳粹德国党卫队头目希姆莱明知艾尔塞木匠与这两个英国间谍之间没有任何联系,但他仍然宣布这次爆炸事件是英国谍报机关受张伯伦之令策划、并由谍报官斯蒂芬斯少校和贝斯特上尉直接指使德国共产党的同情者艾尔塞木匠干的。

　　啤酒馆爆炸事件的直接凶手艾尔塞供认,他是受达豪集中营的德国纳粹军官唆使的。1939天夏天,艾尔塞因同情共产党被关进达豪集中营。10月的一天,他被叫到集中营长官办公室,被介绍给两个陌生人。他们要艾尔塞做一个定时炸弹并安放在慕尼黑的贝格勃劳凯勒啤酒馆里一根位置适当的柱子内,当希特勒在11月8日晚到这里发表演说时发生爆炸,并许诺在事成之后,不仅可以给艾尔塞一大笔赏金,而且可帮他逃往瑞士享福。这位手艺高明的家具匠、电工兼补锅匠,为了获得自由和发财致富,竟然同意了这一冒险行动。达豪集中营长官改善了他的生活条件,为他提供木匠工作台和一套工具。艾尔塞按时做好定时炸弹并按要求将其安放在慕尼黑贝格勃劳凯勒啤酒馆内。啤酒馆爆炸事件后,艾尔塞被德国秘密警察诱骗到瑞士边境后逮捕了。1945年4月,德国秘密警察宣布艾尔塞被盟军炸死,实际上是被他们处决了。据此可知,啤酒馆爆炸事件的幕后指挥者是德国达豪集中营长官和两名身份不明的陌生人。

　　那么,策划这次爆炸事件的真正目的是什么呢?有人认为,这次爆炸事件是经过希特勒认可的,希特勒企图以此来抬高自己的声誉,激起德国人民的战争狂热。

　　一些忠于希特勒的纳粹党徒则认为这次爆炸事件是那些与希特勒政见不和的纳粹高级军官们策划的。其目的在于推翻希特勒的统治,改变德国的政策,与英国议和,结束英德战争。如纳粹战犯施伦堡供认,他起初怀疑海因里希·希姆莱是这次事件的策划者。

　　但是,据艾尔塞被捕后叙述,在达豪集中营的长官办公室里,让他做定时炸弹并安放在啤酒馆里的柱子内的两个陌生人声称,这是为了搞掉希特勒的几个"心怀二意的"追随者,消灭希特勒的政敌,摧毁他们的政变阴谋,确保希特勒战争计划的执行。

还有人认为,这次爆炸事件"很像是一次新的国会纵火案"。纳粹党卫队头目希姆莱宣称这次爆炸事件是张伯伦幕后策划、英国特务机关指使"德国共产党人"艾尔塞干的,是为了达到一箭双雕的目的:一方面想使那些容易受愚弄的德国人相信,英国政府打算通过谋杀希特勒及其高级助手们的方法来赢得战争的胜利,进而煽动德国人对英国人的仇恨,全力支持希特勒的西线作战计划。另一方面,乘机给德国共产党加上卖国投敌的罪名,大肆逮捕、屠杀反对希特勒发动侵略战争的德国共产党人和一切正义之士。

慕尼黑贝格勃劳凯勒啤酒馆爆炸的幕后指挥究竟是谁? 他们的真正目的何在? 大致就是上述几种猜测,至于哪种说法更合乎实际,还有待进一步考证。

1923 年 11 月 8 日晚,巴伐利亚州长官冯·卡尔要出席在慕尼黑东南郊比格布劳凯勒啤酒店举行的集会,出席大会的还有洛索将军、泽塞尔上校以及一些知名人士。卡尔向 3000 名听众发表了讲话。会议开始不久,会场入口处一片骚乱,希特勒率领冲锋队员们包围酒店,强行冲进会场。希特勒在戈林、赫斯及其警卫乌里希·格拉夫等人的簇拥下走向讲台。这时,会场仍然乱哄哄,希特勒向他右边的随员做了个手势,那个人朝天花板开了一枪。这时,希特勒叫喊道:"国民革命已经开始了! 这个地方已经由六百名武装人员占领,任何人不得擅离一步"。

在希特勒威逼下,卡尔、洛索和泽塞尔跟他一起来到讲台后面的一个房间。希特勒向他们宣布,巴伐利亚州政府已被推翻,巴伐利亚是全国政府的出发点,这里需要有一个全国的统治者。希特勒说他自己将出任德国政府总理,鲁登道夫担任全国军队领导。卡尔、洛索、泽塞尔将分别担任巴伐利亚摄政者、陆军部长和公安部长。三人不肯轻易就范,希特勒拔出手枪威胁道:"每一个人都要接受分配给他的职位,谁若不接受,他就没有继续生存的权力。你们必须同我一起战斗,同我一起取得胜利,或者一起死亡,一旦形势逆转,我的手枪里有四颗子弹,三颗子弹是为我的同事准备的,如果他们背弃我的话。最后一颗子弹留给我自己。"卡尔向希特勒说:"你们可以逮捕我,你们可以枪毙我,你可以亲自枪毙我。我的生死是无关紧要的。"

希特勒见威胁无效,便回到会场竟当众玩弄骗局,宣布卡尔等人已经支持他的行动,以稳定人心。同时,他派人去请鲁登道夫。鲁登道夫来到后向三位先生表白说,"我同你们一样为此感到惊奇。但这一步骤已经采取了,这是关系到祖国与伟大民族和种族的事业,我只能劝你们给予合作、共同行动。"鲁登道夫的到来使房间里紧张的气氛顿时有所缓和。在鲁登道夫的劝说下,洛索的态度有所转变,对鲁登道夫说:"阁下的愿望,对我就是命令。"

希特勒虽然利用鲁登道夫,但不允许三位先生同鲁登道夫进行讨论,也不允许他们三人之间进行商议。他坚持自己的暴动计划,只想从他们口中得到"同意"二字。他宣称:"已经采取了这一行动,不可能后退,它已经载入史册了。"经过长时间的说服,洛索和泽塞尔优柔寡断地表示了"同意",愿意同鲁登道夫站在一起。接着,希特勒对卡尔进行威吓和哄骗,卡尔也表示"准备作为君主政体的代表,掌管巴伐利亚的命运。"希特勒要求他到会场去宣布这一声明,但卡尔说,他既然已被那样地带出会场,就不愿再回去了。可是,最后他们还是一起步入了会议大厅,人们狂呼着欢迎他们。希特勒喜形于色地讲了一段话后,会议宣布结束。

11月8日晚,武装团体之一"德国战旗"在慕尼黑勒文勃劳凯勒啤酒店开会,传来了希特勒在比格布劳凯勒啤酒店用手枪威逼巴伐利亚军政领导人同意讨伐柏林的消息。罗姆和希姆莱兴奋异常。罗姆将一面帝国军旗交给希姆莱,随后列队向比格布劳凯勒啤酒店进发。当队伍行至布里恩纳街时,被希特勒派来的通讯员拦住,他带来希特勒的命令,要求罗姆占领舍恩菲尔德大街巴伐利亚第七军区司令部驻地的陆军部。可是,希特勒并没有派人去占领其他要害部门,甚至连电报局也没占领。希特勒暴动的消息便从这里传到柏林,西克特要巴伐利亚军队镇压暴动的命令也通过电报局发了回来。

奥总理舒施尼格与墨索里尼

当希特勒离开比格布劳凯勒啤酒店时,卡尔等人趁机溜走了,并改变了"同意"希特勒暴动的态度,声明在枪口威胁之下被迫发表的许诺一概无效。此后不久,在慕尼黑街头便贴了卡尔的声明,其中写道:"一些追求虚荣的人的背信弃义和欺诈行为,把已经形成的德意志民族重新觉醒的行动变成了一场令人作呕的暴行……假如这种既无意义又无目标的叛逆企图一旦成功,德国社会将堕入深渊,而巴伐利亚也在劫难逃。"声明宣布要解散纳粹党以及"高地联盟""德国战旗"两个武装团体。洛索控制下的军队和泽塞尔统治下的警察局部署了镇压啤酒店暴动的计划。这样,希特勒以突然袭击的方式劫持巴伐利亚领导人搞政变的阴谋便以失败告终。

为了挽回败局,希特勒建议退到罗森海姆附近的乡村,动员农民支持他们。鲁登道夫拒绝了这个建议,希特勒还想请王子普雷希特出面斡旋,以谋求和平解决,但也毫无结果。鲁登道夫建议举行游行来唤起军队士兵和居民的支持。希特勒稍事迟疑后,在无计可施的情况下表示同意。

11月9日下午12时15分,游行队伍从比格布劳凯勒啤酒店出发向市中心行进。希特勒、鲁登道夫、朔伊贝纳法官和戈林等人走在队伍前列,冲锋队、巴伐利亚南部联盟、战斗联盟的队员以及参加暴动的士官生们,计约二千余人跟随于后。队伍在横跨伊萨尔河通往市中心的路德维希桥上,击退了警察的阻拦,通过双桥大街走向市中心的马林广场。驻扎在政府官邸的警察在这个地区以及在普雷辛街旁边的梯阿汀纳街设置了警戒线。游行队伍行进在狭窄的府邸街上,想前去解救陷在陆军部的罗姆,但道路被州警察和部队封锁住,在铁丝网后面的罗姆和希姆莱正举着军旗直打哆嗦。

当游行队伍走进奥茅昂广场上统帅府大厦的时候,遇到一支人数众多的警察部队。双方在警戒线纠缠了许久。希特勒和鲁登道夫面色苍白地挪动着脚步,希特勒的卫士格拉夫跳起来喊道:"别开枪! 过来的是鲁登道夫阁下和希特勒!"突然间,游行者当中放出了一枪,警察队伍里也开枪射击。在枪战中,有16名希特勒党徒和四名警察丧命。这时游行队伍陷入一片混乱,一些人逃回马克西米里安大街,另一些人逃往奥茅昂广场。希特勒听到枪声便卧倒躲避,是"第一个跳起来向后跑的人",他不顾地上的死伤者,登上汽车去投奔他的朋友恩斯特·汉夫施滕格尔在芬兰的乡间别墅。11月11日,警察在那里逮捕了希特勒,并把他关进兰茨贝格炮台监狱。鲁登道夫没有卧倒,在行进到奥茅昂广场时被捕。受伤的戈林被抬到附近一家银行里,经过急救后,偷越边境到了奥地利。赫斯也逃到奥地利。游行队伍顿作鸟兽散。希特勒苦心策划的"向柏林进军",就这样不光彩地被镇压下去。

希特勒暴动之所以遭到镇压,首先因为柏林政府对巴伐利亚政府施加了压力,艾伯特政府将执行权和国防军的最高指挥权交给了西克特。西克特下令在全国取缔纳粹党。

其次,以希特勒为首的极端民族主义分子同以卡尔为首的地方分裂主义之间存在矛盾。虽然两者都企图反对柏林中央政府,但目标不一致。暴动时,希特勒对卡尔等人又采取了威胁和侮辱的手段,从而激怒了"三巨头"。洛索控制下的国防军和泽塞尔统帅下的警察都参与了11月9日镇压希特勒暴动的行动。

啤酒店暴动前,纳粹党在巴伐利亚境外还默默无闻。虽然慕尼黑的纳粹党员约有35000人,但参与暴动者仅有数千人。在纳粹党的实力还不足以抵挡国防军的时候,希特勒发动暴动是铤而走险。

希特勒暴动失败后,纳粹党瓦解了。1924年2月26日开始,由一个特别法庭对希特勒-鲁登道夫集团进行审判。这次审判不仅没有断送他们的前程,反而让希特勒和纳粹党捞取了一笔宣传资本。希特勒在法庭上滔滔不绝地为自己辩护,否认犯有罪行。他辩解说:"洛索、卡尔和泽塞尔的目标与我们相同——推翻全国政府……如果我们的事业确是叛国的话,那么在整个时期,洛索、卡尔和泽塞尔也必然一直同我们在一起叛国。"

希特勒把法庭当作进行煽动宣传的讲坛,他可以任意打断证人的话,不受限制地长篇发言。这是因为巴伐利亚司法部长弗朗兹·古特纳是纳粹党的朋友和保护者;法庭的首席法官与被告在"民族主义"思想上并无原则分歧。因而,希特勒被判处了最轻的徒刑——监禁五年,如表现好还可减刑。尽管如此,陪审法官还认为判得过严,于是主审法官表示,该犯在服刑六个月后就有资格申请假释。经过这次审讯,希特勒名震巴伐利亚,乃至整个德国,甚至许多外国报纸都登载他的名字。暴动没有成功,他却由此变成一个著名的政治人物,这为纳粹党的复兴奠定了基础。

从1924年4月1日判刑开始,希特勒实际上只服刑264天,而且是在较舒适的环境中度过监狱生活的。纳粹党领导人之一奥托·施特拉塞说道:无论是监禁,还是审判本身都是一幕滑稽剧。希特勒在兰茨贝格炮台监狱里,如同在旅馆里一样,独处一室。他可以在这里接见朋友、喝酒、玩牌,在附近的饭馆里订名贵的菜肴。八个多月适合思考的安静环境给希特勒提供了深思熟虑和计划东山再起的条件。希特勒从1924年7月开始,在狱中写《我的奋斗》,其中大部分是他口述,由其秘书赫斯等人笔录的。

1924年12月20日。希特勒获释出狱,他曾向巴伐利亚总理海因里希·赫尔德承认"啤酒店暴动"一举是个错误,表示今后不再攻击政府。他骗取了巴伐利亚政府的信任,使其对希特勒的活动采取了容忍的态度。希特勒出狱后重整旗鼓,次年2月26日,《人民观察家报》复刊,2月27日,重建纳粹党。他从"啤酒店暴动"中吸取了"教训",准备用合法的手段夺取政权。

英国首届工党政府的建立

1923年12月6日,英国举行大选。执政党保守党因内外政策交困、经济长期萧条,在议院的席位大量减少,只得到258席,比上届议会少86席;工党席位大增,得到191席,比上届议会多49席,成为第二大党;自由党人拥有158席,三党都没有获多数席位。保守党和自由党存在严重矛盾,不能在组阁问题上达成协议,鲍尔温政府只好辞职。1924年1月22日,在自由党的支持下组成了英国历史上第一个工党政府,詹姆士·拉姆赛·麦克唐纳(1866~1937)担任首相兼外交大臣。麦克唐纳政府实行了一些进步措施,如制定国家资助工人住宅建筑计划,增加失业者补助金,降低茶糖等食品的消费税,外交上正式承认苏联等。但工党在竞选时对工人和人民群众许下的种种诺言远未兑现,如没有实行煤矿和铁路国有化,没有开征财产税以及增加给企业主的贷款,在殖民地问题上实现与保守党政府同样的侵略镇压政策等。由于工党政府对资产阶级唯命是从,很快引起了广大劳动人民的不满,工人罢工事件屡屡发生。工党政府敌视和镇压工人罢工,甚至宣布全国处于紧急状态,从而使其威信扫地。麦克唐纳于10月初宣布解散国会,举行新的大选。保守党于10月25日公布了一封伪造的所谓"季诺维也夫信件",称共产国际在信中指示英国共产党准备发动武装起义。麦克唐纳不去揭穿这一骗局,反而向苏联发出抗议照会,这不仅损害了英苏关系,也损害了工党自己。在10月29日的大选中,工党议席减少到152席,保守党猛增到415席,获下院绝对多数。11月4日麦克唐纳辞职,首届工党政府结束。

列宁逝世

1924年1月21日,列宁不幸逝世。列宁是苏联共产党的创始人,第一个社会主义国家——苏联的缔造者。列宁于1870年4月22日生于伏尔加河畔的辛比斯克(现名乌里扬诺夫斯克),父亲为省国民教育视察,哥哥因谋刺沙皇而被杀害。1887年中学毕业后,进入喀山大学法律系,因参加革命活动而被开除,遭流放一年。在大学和流放期间,列宁开始研究《资本论》等马克思、恩格斯的著作。1889 年,列宁移居萨马拉(今古比雪夫),这时他已是一个忠实的马克思主义者。1891 年,列宁考入彼得堡大学,一面学习,一面做革命宣传工作。大学毕业后,曾从事律师工作,在萨马拉法庭上为穷苦农民和被压迫的少数民族伸张正义。1895 年 1 月 29 日,列宁流放期满,来到离莫斯科不远的一个小城镇。为了避开沙皇的追捕,1900 年 7 月离开俄国到德国慕尼黑,12 月,创办"火星报",把马克思主义小组团结在火星报周围。1903 年 7 月,俄国社会民主党第二次代表大会在伦敦举行,会上,形成了以列宁为代表的布尔什维克(多数派)。1905 年,列宁参加和领导了俄国 1905 年革命(第一次资产阶级民主革命)。1907 年再度离开俄国。列宁对第二国际机会主义进行了坚决的斗争。第一次世界大战爆发后,列宁揭露了第二国际机会主义的社会沙文主义面目,提出了"变帝国主义战争为国内战争"的革命口号。列宁写了《帝国主义是资本主义的最高阶段》一书,揭示了资本主义政治和经济发展不平衡的规律,提出了帝国主义是无产阶级革命的前夜的论断。在《论欧洲联邦口号》一文中,列宁提出了社会主义将首先在一国或少数几国胜利的理论。1917 年俄国二月革命后,列宁回国,他发表了著名的《四月提纲》,提出了从资产阶级革命过渡到社会主义革命的方针,领导了伟大的十月革命。十月革命胜利后,列宁当选为人民委员会主席,领导俄国人民在极端困难的条件下,击败了国内外反革命武装的进攻,巩固了无产阶级专政,恢复了国民经济,走上了社会主义道路。1919 年,在列宁领导下,建立了共产国际,积极推进国际共产主义运动的发展。1918 年 8 月,列宁曾遇刺受重伤。由于长期工作过分劳累,1923 年健康状况恶化,终于在 1924 年患脑溢血与世长辞。

英苏建交

　　1924 年 1 月 29 日,伦敦工人代表团代表 150 万伦敦工人向刚上台执政的英国工党麦克唐纳政府请愿,反对英国政府对苏采取不承认政策,宣布将举行罢工表示抗议。麦克唐纳政府迫于工人阶级和人民群众的压力,于同年 2 月 2 日正式承认苏联政府为合法政府。2 月 27 日,苏英两国正式建交。1926 年 6 月,英国保守党政府反对苏德签订友好中立条约,并以此为由进行反苏活动。1927 年 6 月,苏英两国断交。1929 年夏,英国麦克唐纳工党政府重新上台,开始同苏联进行复交谈判。1929 年 10 月,苏英两国政府正式复交。这表明苏联在国际事务中开始发挥越来越重要的作用。

美国前总统威尔逊去世

　　1924 年 2 月 3 日,美国第二十八届总统、1919 年诺贝尔和平奖得主伍德罗·威尔逊在华盛顿去世，享年 67 岁。他在总统任内的评价是毁誉参半。威尔逊最初是一位法律学教授，1910 年至 1912 年出任新泽西州州长，后来以自由改革派的民主党身份竞选总统。威尔逊在 1913 年开始的执政期间贯彻一系列的内政改革，这期间因而被称为"改革的时代"。战后威尔逊致力于成立一强有力的国际组织，但未能如愿。

德国左翼阵线组成超党派组织

1924 年 2 月 22 日，"黑-红-金帝国旗帜联盟"在德国马格德堡成立。该联盟自称为超党派国防阵线，是代表一次大战年轻退伍军人的协会组织。帝国旗帜的宗旨是为民主共和体制而奋斗，其成员大多数来自社会民主党和工会，领导成员也有国家党和中央党党员。帝国旗帜联盟的主席是腓特烈·奥图·赫尔辛。除赫尔辛之外，帝国旗帜联盟的其他创建者还有奥图·威尔斯，他是社会民主党的中央干部。联盟的成员与钢盔集团一样均着统一的制服。

美无线电广播转播七千英里

1924 年 3 月 7 日晚，纽约宴会桌上的讲话经过 6 家电台转播 7000 英里，覆盖两个大陆，在无线电广播史上树立起一个里程碑。广播电台从纽约发出的信号飞越全国传播到旧金山，然后又转播到曼彻斯特的英国电台。划时代的广播被人们欢呼为无线电连接全球人民的典范。最近的数字表明，在美国有将近 800 家广播电台，500 万美国家庭现在拥有无线电接收机，而且这个还在迅速增长。

女子正式参加奥运会

如果把古代奥运会也算在内，女子正式参加奥运会比赛至少要比男子晚 2670 年。古奥运会禁止女子参加，主要出于以下两个原因：一是古希腊竞技系宗教庆典仪式之一，女子出席有渎神灵；二是古奥运会的大部分项目在相当长的时间内，要求选手赤身进行比赛，女子观看有伤风化。违者会受到极刑处罚。但是妇女却从来没有放弃争取这一平等权益的斗争，许多妇女甚至为它献出了年轻的生命。直到 1900 年第二届奥运会，东道主法国为女子参加奥运会做出了榜样，率先派出 4 名女选手，英、美和波西米亚（捷克）等国也派出女选手，参加者共 11 人。虽然这次女选手参加人数较少，参加项目也只是高尔夫球和网球，且妇女参加 1900 年奥运会未获得国际奥委会的正式认可，但它却是一件划时代的大事。因为它冲破了希腊人设下的 2000 多年的禁锢，为女子参加奥运会开创了先例。此后国际奥委会在女子参加奥运会的问题上存在严重的分歧,赞成者和反对者各持己见、争论不休。1912 年第十四届国际奥委会会议上,这种争论达到了白炽化,最后只好采取折衷方案,既不禁止女子参赛,也不正式承认。直到 1924 年在巴黎召开的国际奥委会第二十二次会议上,才正式做出决议,女子同男子一样有参加奥运会的权利。于是 136 名女运动员名正言顺地参加了在巴黎举行的第八届奥运会,她们在游泳、跳水和花剑的三个项目中展开角逐。

希腊进入共和时代

1924 年 3 月 25 日,希腊成为共和国。国王乔治二世已被废黜。除非即将来临的公民表决出现意外的结果,古希腊人熟悉的国王称号已成为过去。当天雅典一派节日景象,人们挥舞着写有"共和与和解"的小旗。议会大厅挤满了人,通过了废黜国王和他的格卢克斯伯格王朝并禁止他们以后继承的议案。该议案"宣布希腊为共和国,条件是由公民投票来决定。"议案还批准没收原属于被废黜王朝的财产。海军上将杜利奥蒂斯在共和政体的宪法形成之前,继续行使他目前的权力。这位上将现在充当摄政者。任命他为临时执政官的计划因外交原因而改变。这样,正如拥护共和政体者所希望的那样,结束了希腊近代的磨难,这段历史目睹了亚历山大国王去世,康斯坦丁国王复辟与古代对手土耳其战争失败,后保皇主义的革命以及后来的康斯坦丁退位等等。随着乔治被废黜,共和便开始了。

希特勒被判五年监禁

巴伐利亚人民法院 1924 年 4 月 1 日对犯有谋反罪的希特勒、埃里希·鲁登道夫以及其他参与去年 11 月政变未遂案的被告人进行宣判。该法院提请将他们从轻判刑,因此虽然鲁登道夫的罪行证据很多,但仍被宣判释放。至于希特勒和其他几名被告则判处每人 5 年的监禁,这是最轻的惩罚,每人还被判罚款 200 金马克。不过,希特勒可以有法定的 6 个月缓刑的权利。这个审判法案从 2 月 26 日开庭之后,便引起德国国内外舆论界的极大关注,来自国内和国外的 70 名记者以旁听者的身份参加审判程序,另外有 300 人报名要求旁听。在 24 天的审理期间,德国各大报纸均以头条大标题的篇幅报道发生在法庭上的一切事情,各家报纸都刻意着重报道希特勒在法庭上所发表的极具煽动性及蛊惑性演说以及对德国共和国的攻击,而且他滔滔不绝的讲话并没有被巴伐利亚人民法院的法官们打断。因此,希特勒之名首次越过巴伐利亚邦的范围,而成为全国性的知名人物。希特勒很成功地将这次对他叛逆谋反罪的审理变成一次政治上的免费宣传。此次审理仅在巴伐利亚人民法院进行,并未提交更高级的国家法院,原因是总统艾伯特对中央地方均权所做的让步。在这次审判案件中,成为德国家喻户晓人物的希特勒,将在距慕尼黑 60 公里外的列锡附近的兰茨堡监狱服刑。

人类完成首次环球飞行

1924 年 4 月 6 日,由美国飞机设计家道格拉斯设计与制造的"世界巡航者"号双翼机从西雅图市起飞,开始首次环球航行。飞机越过太平洋,途经日本、中国、缅甸、泰国,以及中东、巴尔干地区,于 7 月 14 日平安抵达巴黎。次日,又穿越大西洋后,于 9 月 28 日,终于飞返始发地西雅图。历时 175 天,共着陆 57 次,飞完 42400 千米。

这次环球飞行的成功,使美国公众对航空的兴趣空前高涨,促使许多工业家投资航空业的开发,并带动了科技领域航空技术市场化的进程。这种社会环境推动美国航空技术迅猛发展,居于世界领先地位。

麦克唐纳当选英国首相

英国工党成立于 1906 年,但 1924 年以前的英国一直是由自由党和保守党轮流执政。1923 年大选中保守党失败,工党获得比自由党更多的席位。

1924 年 1 月 22 日,工党领袖麦克唐纳组成英国历史上首届工党政府。麦克唐纳任首相兼外交大臣,内阁成员多数是工人出身。工党执政期间,对内通过了"惠特利住宅计划",增加国家补助金用于住宅建设,还改善了保障制度,增加养老金和失业补助,废除了保护关税的原则。在外交上,1924 年 2 月同苏联建立外交关系并签订贸易协定。1924 年的伦敦会议上麦克唐纳从中调停,使法德接受道威斯计划。工党政府执行的这些较激进的政策受到保守党和自由党的攻击,他们抓住"坎贝尔案"反对麦克唐纳,说他有同情共产主义的嫌疑。麦克唐纳被迫于 1924 年 10 月辞职,第一届工党政府结束。

电视的诞生

电视的诞生,是 20 世纪人类最伟大的发明之一。1925 年 10 月 2 日,英国科学家约翰·洛吉·贝尔德在他的实验室里成功地进行了一次影像试验。在试验装置上他应用电子管放大器并使用一个孔径上带有透镜的尼普科盘来扫描景象,每秒 5 幅图像,各个图像 80 条扫描线。随后,约翰·洛吉·贝尔德对他的朋友比尔进行动作扫描,因而映像接收机里,也同样收到了比尔表演用的玩偶的脸。尽管图像很小,暗淡而且摇晃不定,但却是一次成功的试验,意味着电视诞生了。

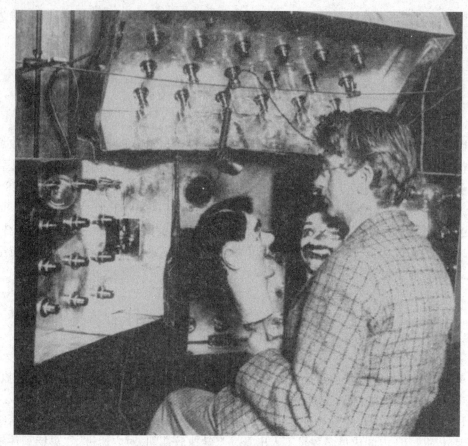

贝尔德发明由无线电传递活动图像的电视

在他以前,许多科学家的重要发明为他的电视系统奠定了基础。这些科学家是:发现化学元素硒的瑞典科学家布尔兹列斯、发现硒元素光电效应的英国科学家约瑟夫·梅、发明机械扫描罗盘以解决图像传送问题的德国科学家保罗·尼普柯夫、发明电子显像管的俄国教授鲍里斯·罗津等等。据统计,从 1919 年到 1925 年,各国科学家提出的有关电视的发明专利申请达 100 多项。

马泰奥蒂事件

1924 年 4 月 6 日,意大利举行大选。在选举之前和选举过程中,法西斯党公然践踏公民权利,破坏选举规则,采用各种强暴行为和无耻的弄虚作假手段,使法西斯党获得65%的选票。1924 年 5 月 30 日新议会举行会议,墨索里尼提出对选举中非法行为的指控不列入议事日程,要求全体议员一致通过他的提议。意大利统一社会党总书记、议会中反对派领袖贾科莫·马泰奥蒂即席发表了讲话,用大量事实详细披露了法西斯党在选举中施用暴力和欺骗手段的卑劣行径。他讲道："政府多数派虽然名义上获得了400万张选票,但我们知道,这是由于可怕的暴行的结果。"他还匿名写了一本书,记录法西斯党执政一年多的大宗暴行。墨索里尼决定铲除马泰奥蒂,他对下属说:"像马泰奥蒂这样的对手就得拔出手枪对付。"于是他的心腹干将菲里普·马里纳利和切萨雷·罗西下令杀害马泰奥蒂。职业杀手杜米尼和普塔托于1924年6月10日在家中将马泰奥蒂绑架,然后拖到守候在门口的汽车里加以杀害,又把尸体运到乡下埋掉。事情败露之后,全国人民极为愤慨。议会中所有反对派议员150人退出议会组成阿文廷派,宣布除非把案件查清并证明与政府无关,否则他们决不返回议会,并要求解散法西斯民团,停止其暴行。法西斯党也乱作一团,陷入瘫痪状态。为了摆脱危机,墨索里尼一方面千方百计否认和掩饰他与案件的关联,同时不得不强迫其亲信戴悟诺辞去警察总监和民团总司令之职,免去马里纳利和罗西的职务并予以逮捕,授意另外4名法西斯分子辞去大臣职务,又把凶手逮捕入狱。对反对派墨索里尼则软硬兼施,扬言用武力镇压阿文廷派,又利用自由党害怕社会党执政的心理支持自由党,既震慑又分化了阿文廷派。于是阿文廷派议员陆续返回议会,1924年11月11日,议会通过了对政府的信任案,马泰奥蒂事件宣告了结。

马莱威茨发表《超现实文告》

1924年5月2日,苏联艺术家卡斯米尔·马莱威茨发表一篇关于超现实的文章,题目为《超现实文告》。在这篇文章中,马莱威茨宣扬一种抽象派艺术,该艺术是以基础几何原理为依据的。马莱威茨自1913年开始从事这种超现实艺术,通过其友艾尔·里西斯基,使欧洲的结构主义绘画深受马莱威茨的影响,甚至德国建筑学理论亦受到感染。

美国禁止日本人入境

日本政府抗议美国立法机关1924年5月26日签署的禁止日本向美国移民的法令。美国军团、美国劳工联合会和其他有影响的组织概括了排除日本人的5个原因:1)日本人难以同化,他们的文化差异太大。2)他们的出生率在加利福尼亚是白人的3倍,将使那里的白人成为少数人种。3)他们构成了经济上的威胁。4)日本劳工可能在美国建立外国殖民地。5)日本从它的国土上排除华人和朝鲜人,因此无权抗议美国的这种排斥。日本召回驻美大使并在国内爆发了"仇恨美国"的示威游行。

第八届奥林匹克运动会

1924年5月4日至7月27日,第八届奥运会在法国巴黎举行。参赛国共44个,运动员 3092 名,其中女选手 136 名。德国仍被拒之门外。自此届开始,女子正式获得参加奥运会的比赛权力。法国人民为此届奥运会的召开做出了巨大的贡献,法国总统、政府要员、各国皇室名流、国际奥委会官员和近 7 万观众出席了开幕式。比赛项目共 19 个,设金牌 127 枚。田径比赛共打破 14 项奥运会纪录,在径赛方面,美国惨败在芬兰手下,17个径赛项目中美国得 5 项冠军,芬兰获得 8 项。上届初露锋芒的芬兰长跑选手努尔米大显威风,独得 5 枚金牌,为此人称此届为"努尔米奥运会"。有希望获 100 米冠军的英国选手埃·利德尔,因星期天的宗教活动而放弃了参加 100 米决赛的机会,但他却获得了400 米金牌和 200 米铜牌。美国不仅确保了在田赛方面的优势,而且在游泳方面也占优势。在男、女共 11 块金牌的游泳项目中,美国获 9 块金牌。其中美国约翰·魏斯米勒技高一筹,一人独得 3 枚金牌,并以 59 秒的成绩打破 100 米自由泳世界纪录,他是世界上第一位在 1 分钟内游完 100 米距离的选手。在闭幕式上,国际奥委会主席顾拜旦发表告别演说,郑重宣布从此退出世界体坛。此届排列名次首次出现了两种不同方法。一种是非正式团体计分方法,即第一名得 7 分,第二名得 5 分,以下名次各得 4、3、2、1 分。另一种是按奖牌顺序排列,金牌多者列前,如金牌相等则按银牌多少排列,以下类推。获奖牌前三名的是:美国金牌 45 枚、银牌 27 枚、铜牌 27 枚;芬兰金牌 14 枚、银牌 13 枚、铜牌 10枚;法国金牌 13 枚、银牌 15 枚、铜牌 11 枚。如按非正式计分方法,法国名次在芬兰之前。

芝加哥青年坦白凶杀惨案

　　1924 年 5 月 31 日,有才华的学生和百万富翁的儿子,内森·利奥波德和理查德·洛布已经供认他们勒死了一个 14 岁的男孩。10 天前,利奥波德和洛布用租来的一辆小汽车带洛布的远房堂弟去兜风。然后他们将其打死,把尸体扔在伊利诺斯边界的铁路涵洞里,并以假名用信件要挟弗兰克斯的父母交纳赎金。侦探以洛布掉在尸体附近的一副眼镜为线索,查出了利奥波德和洛布的犯罪事实。这两个 19 岁的青年无动于衷地叙述了这起凶杀事件。他们的律师克拉伦斯·达罗打算做一次独特的辩护:由于患有情绪冲动病,他们是无辜的。

共产国际五大召开

　　在欧洲各国革命被镇压、工人运动处于低潮的情况下,共产国际和各国共产党的处境非常困难。他们不仅遭到资产阶级和右翼社会党人从外部的围攻,而且还遇到党内各种机会主义集团的破坏活动。特别是 1924 年 1 月 21 日国际无产阶级伟大领袖列宁逝世后,联共(布)党内托洛茨基分子的反党活动以及他们和各国机会主义集团的彼此勾结和互相策应,更增加了共产国际和各国党的困难。在上述情况下,共产国际决定召开第五次代表大会。1924年4月18日发出了关于召开第五次代表大会的通报。通报提出,第五次代表大会必须就过去几年运用统一战线策略的情况做出总结,并本着真正列宁主义精神来解决它面对的一切问题。代表大会于1924年6月17日至7月8日在莫斯科举行。出席这次大会的代表有510名,代表49个国家的60个组织。大会总结了前一阶段斗争的经验,讨论和决定了在资本主义相对稳定时期的策略方针和加强各国共产党的建设等问题。代表大会完全肯定了第四次代表大会后执行委员会所进行的活动,并对1923年欧洲革命失败的教训做了总结。这次革命失败的教训是很深刻的。在革命过程中,共产国际向各国无产阶级指出了为无产阶级专政而斗争的正确道路。如德国革命,早在1923年春共产国际就指出,由于法、比占领鲁尔区而带来的危机,欧洲各国无产阶级特别是德国共产党要加强革命准备工作。到8月间,在群众革命运动高涨的情况下,共产国际要求德国党立即确定直接夺取政权的方针。并动员其他国家支部大力支援德国革命。但是,由于社会民主党首领的背叛行为和共产党内右倾机会主义集团的投降行动,招致了这次革命的失败。从当时各国革命斗争主观指导方面来看,这次革命之所以失败,更主要的是因为欧洲各国还缺少一个无产阶级革命政党。在革命高涨年代所建立的各国共产党都还年轻,他们缺乏斗争经验,马克思列宁主义理论修养不够,对列宁主义的战略、策略原则的理解不够,尤其还不善于把马克思列宁主义的普遍原理同各国的具体情况结合,组织上也很软弱。这就造成在斗争的决定时刻不能强有力地反击资产阶级的进攻。代表大会对实现工人队伍统一问题给予了极大的注意。要取得工人队伍的统一,必须有正确的统一战线的政策,只有这样才能把广大工人群众争取到自己的方面来,为新的革命高潮的到来积蓄革命力量。代表大会指出,欧洲各国支部中的右倾机会主义倾向,是统一工人阶级队伍的严重障碍。共产国际关于统一战线的策略过去和现在一直是革命的手段,而不是和平进化的手段。它是四面受敌人包围的共产主义先锋队的革命的灵活战略。它的主要目的在于反对社会民主党的右翼领袖,把社会民主党工人和大多数非党工人吸引到共产党这方面来,吸引他们参加斗争,从而准备对资产阶级采取进攻。共产国际统一战线的策略绝不是把共产党人的目的降低到社会民主党工人和非党工人水平的策略。共产国际所提出的"工人政府"的口号,也绝不是为了达成议会协议和与社会民主党结成政治联盟的策略。共产党人的议会活动是为了揭穿社会民主党右翼的欺骗作用并对广大劳动群众说明资产阶级成立的所谓工人政府的伪装的、叛变的性质,它是革命无产阶级进行夺取政权的斗争和当时资产阶级不可避免的动摇不定的派生物。它实际上是自由派资产阶级政府。"工农政府"的口号是用革命的语言,用人民群众的语言,来表达"无产阶级专政"的口号。从俄国革命经验中所产生的"工农政府"的公式,是动员和鼓动群众用革命手段推翻资产阶级和建立苏维埃制度的一种方法。它是为劳动人民中的广大阶层所易于接受的一个好公式。特别当社会民主党的领袖们越来越多地被邀请参加资产阶级政府,而社会民主党所掌握的广大工人阶层生活愈来愈坏的时候,对执行这一策略则更加有利。共产党人在执行这一策略时,要善于吸引社会民主党的大多数普通工人群众和共产党人一起,首先参加经济斗争,然后参加政治斗争,以消除社会民主党右翼领袖们的影响,从而使劳动人民中的主要阶层转到共产主义方面来。但共产国际欧洲各国支部中的右倾机会主义分子不是这样,他们把工人政府说成是一种"资产阶级民主制范围内"的政府,是和社会民主党的一种政治联盟。在统一战线问题上这种右倾机会主义的表现,德国最为典型。回顾 1923 年德国无产阶级战斗的历史,就可以清楚地看出这一问题。

小说家卡夫卡离开人世

探索异化和自我拯救的幻想小说作者弗朗兹·卡夫卡 1924 年 6 月 3 日逝世,年仅40 岁。去世时他正准备出版一套叫作《饥饿的艺术家》的故事集。卡夫卡 1883 年出生在

小说家卡夫卡

布拉格一个犹太中产阶级的家庭。他既爱又恨他的父母。他们对他要求十分苛刻。他的作品反映了他的幽闭恐怖症:《变形记》(1915)描写了一个人的儿子沦为使人讨厌的小虫;《乡村医生》(1919)则是一个犯罪和节制的故事。卡夫卡留下了一些未被发表的小说。

希特勒在监狱服刑

1924 年 7 月,希特勒目前于巴伐利亚兰兹堡服刑,在形式上放弃德国国家社会主义劳工党(纳粹党)的领导权,以暂时让德国政府安心,因为后者一直提防国家社会主义派

制造颠覆活动。希特勒在被捕前曾要求阿弗列德·罗森伯格出面领导这场运动,但罗森伯格未同意。在这个月中,希特勒开始撰写《我的奋斗》。他的秘书起先是艾米尔·莫里斯,后来是专程从奥地利赶回来的鲁道夫·海斯。对于服刑的希特勒等人来说,监狱中的条件相当不错,希特勒拥有一间宽敞的房间,不需穿囚衣,可以阅读报纸、接待来访者,并且与许多人保持书信来往。还有一些崇拜他的女性,不断地寄送礼物。

原子核人工嬗变实现

1924 年,卢瑟福从 α 粒子轰击氮原子核,在用"闪烁法"观察被轰击粒子的情况后,卢瑟福就猜测氮原子核可以俘获一个 α 粒子,而放出一个氢核并转化为另一个原子核。利用威尔逊云室所拍摄的 α 粒子的径迹,证实了卢瑟福这一猜想。1924 年,英国年轻的物理学家帕特利克·迈纳德·斯图特·布拉克特·布朗·布莱克特(1897~1974)从 2.5 万张云室照片中找到了 8 张能够描述上述过程的照片,对此做出了正确解释。他认为 α 粒子轰击氮原子核后,得到了一个氢核和一个 O^{17} 原子核。布莱克特这一成功的解释,使人们意识到卢瑟福已经完成了人类历史上第一次原子核的人工嬗变。为此卢瑟福以《新炼金术》为名著书,纪念人类探索原子核时代的到来。布莱克特也因在这方面的贡献获1948 年诺贝尔物理学奖。

道威斯赔款计划出笼

1924 年 7 月 16 日~8 月 16 日,协约国伦敦国际会议批准了关于德国赔款问题的计划,并得到德国议会立即通过。这个计划是由美国银行家查理斯·道威斯为主席的专家委员会拟定和提出的,所以称"道威斯计划"。道威斯计划在 1924 年 4 月 9 日公布,计划所依据的原则是所谓"只谈业务,不管政治"。计划规定,在协约国的监督下改组德国国家银行;但没有确定德国赔款的总数,只规定 1924~1925 年的赔款数为 10 亿金马克,以后逐年增加,5 年后增至每年 20 亿零 5000 万金马克;德国将得到 8 亿金马克的外国贷款,其中美国承担 1 亿 1000 万美元,余额由欧洲国家承担。计划规定,德国工业企业和铁路运输收入的一部分,关税的一部分作为赔款支付,法、比军队立即撤出鲁尔。道威斯计划的通过和实施,说明法国对德政策的失败,英、美对德政策起了主导作用。道威斯计划实施后,德国所得到的贷款远远超过 8 亿金马克,据统计,1924~1929 年英、美两国给德国的贷款至少有 200 亿至 250 亿金马克,而美国给德国的贷款就占了德国全部外国贷款的 70%。德在此间支付的赔款为 110 亿金马克。美、英的贷款和道威斯计划对德国经济的恢复起了不小的作用,德国借此有利条件以现代化的技术更新了本国的装备。到 1927年德国生产已经恢复到战前水平,1929 年德国的工业经济已经超过英、法。

德国进行货币改革

1924 年 8 月 30 日,在稳定经济并在柏林政权中注入新信心的不断努力中,德国帝国银行已脱离中央政府独立,随之采用了一套新德国马克货币。这项措施是继道威斯计划赔偿外国贷款价值 800 万美元的德国马克之后出台的。一年多以前,马克的兑换率是 1 美元等于 4 万亿马克,使许多受到严重创伤的中产阶级在阿道夫·希特勒的有争议的行为中看到新的经济稳定和发展的希望。

"可卡因大王"被抓获

1924 年 9 月 5 日,经过 3 年的调查,联邦特工人员抓获了号称"可卡因大王"的阿尔伯特·马里诺。一位化装为吸毒者的特工人员在波士顿见到过马里诺,并跟踪他到了在布鲁克林的住处。侦探包围了他的房子。几位手持左轮手枪的侦探冲进马里诺房间,他跳起来奔向太平梯,侦探们伸手抓住了他,经过一番搏斗将他擒获。马里诺被捕时 26 岁,被指控在美国、德国、英国出售过海洛因、可卡因和其他毒品,被捕时他身上带有价值 5 万美元的麻醉剂。

超现实主义流派的兴起

第一次世界大战结束后,一批亲眼目睹了战争的灾难与荒谬的法国青年,对以理性为核心的传统的道德、理想和文化产生了怀疑。他们为寻求新的理想,首先从文学领域开始了新的探索。战争期间曾在精神病医院服役的法国诗人、医生勃勒东,于 1919 年与阿拉贡、苏波等人组成小组,创办《文学》杂志,并同查拉的达达运动汇合。他们经常在咖啡馆交换各自探索弗洛伊德潜意识的经验,进行集体创作,开展对资本主义文明代表巴雷斯的批判。勃勒东与苏波合作,以"自动写作法"创作了诗集《磁场》(1920),代斯诺斯在似睡非睡的状态中吟诵了诗句。1923 年勃勒东小组因与达达运动缺乏明确统一的目标,终于导致分裂。1924 年 11 月,勃勒东发表《超现实主义宣言》(第一篇),正式亮出了超现实主义流派的旗帜,系统地阐释了这个流派的宗旨,从此超现实主义运动进入兴盛时期。超现实主义者追求"纯精神的自动反应",为此强调潜意识、强调梦幻,提倡写"事物的巧合"。他们认为,清醒的、理智的、合乎逻辑的思维活动已受到资本主义文明的毒化,成为不纯的精神,只有潜意识、睡眠状态或偶合情况下的思维活动才是纯精神。为寻求、搜集人的思维的原始状态,超现实主义者经常出入电影院、酒馆等公共场所,进行"现场原始记录"。1928 年勃勒东创作的小说《娜佳》,集中体现了超现实主义者这一阶段的活动以及作者对"事物的巧合"的运用。随着运动的发展,超现实主义者围绕着"精神解放可以单独进行,还是必须首先消灭资产阶级物质生活条件"问题展开了激烈的争论,因意见不一导致运动分化。1930 年勃勒东发表的《超现实主义宣言》(第二篇),进一步加剧了内部分裂。从 1931 年起,超现实主义 10 年的兴盛时期基本结束。随着 30 年代法西斯力量的抬头和阶级斗争的日益尖锐化,超现实主义内部原有的裂痕更加扩大。一些重要领导人脱离超现实主义运动,有的加入法国共产党,有的去西班牙参加战斗,也有的自杀。开创时期的骨干仅剩勃勒东一人,运动进入低潮。第二次世界大战中勃勒东赴美国宣传超现实主义,1946 年他返回法国后,曾多次举办国际超现实主义作品展览,并重建过新的超现实主义团体。超现实主义后期活动虽没有 20 年代那样的声势,但其影响波及欧美其他国家。它的内容不仅限于文学,也几乎遍及各个艺术领域。超现实主义作为一种艺术流派,作为一种美学观点,至今仍有一定影响。

国际商业机器公司的创立

国际商业机器公司简称 IBM 公司,是美国和世界最大的电子计算机公司。它的前身是由查尔斯·R·弗林特于 1911 年创办的计算、报表和记录公司。1924 年该公司吞并了国际商业机器公司,并采用了现在的名称。50-60 年代该公司由于研制了第二代计算机 IBM~1400 系列产品和 IBM—7000 系列产品,成为支配世界电子计算机的主要力量,1962 年它的销售额已排列美国大公司的第 18 位。70 年代随着第三代计算机及改进型投入市场,IBM 公司的销售额从第 18 位跃居第 6 位。IBM 公司在科研上投入大量资金,得到大量专利权,在生产上始终比对手抢先一步,并通过提供优质服务,开展租赁业务,在价格方面采取垄断低价,因此得以长期独霸世界电子计算机市场。IBM 公司在西欧、加拿大和太平洋地区 40 多个国家拥有子公司,并在德、英、法、日等 14 个国家设有 33 个制造厂,其销售网遍及 125 个国家。公司资产额在 1983 年为 37.2 亿美元,雇佣职工 36.95 万人,销售额为 401.8 亿美元,居美国工业公司第 5 位,资本主义世界第 7 位。每年的净收入为 54.9 亿美元,居美国工业公司第一位。总部设在纽约州阿尔蒙克。

国际联盟发表日内瓦草案

1924 年 10 月 2 日,第五次国际联盟大会经过长时期讨论关于裁军和安全政策问题后,发表了和平解决国际间争端的日内瓦草案。文献倡议建立保卫世界和平的全球性公约,并谴责侵略行径。由于大英帝国被卷入国际法律的争端中,因此未在草案上签字。

ZR—3号飞船飞抵纽约

1924年10月15日,德国ZR—3号飞船经过5060英里的飞行后,从腓特烈港到达新泽西的莱克赫斯特。这是当时飞船所进行的最远距离的飞行,这架ZR—3号飞船81小时飞完行程后作为德国的战争赔偿转交给美国。飞船的航线经过亚速尔群岛,再到纽芬兰,最后一站是纽约城。ZR—3号飞船驾驶员着陆后的第一件事就是降下德国国旗将飞船转交给海军军官。这样ZR—3号就成了海军飞船队的成员。人们期待着它会在美国军事行动中起重要作用。

日本天皇裕仁清洗军队

1924年初,在升官发迹的舞台的幕后,长州藩的武士正在作最后的顽抗。长州藩的首领田中义一将军——一个接替前辈实力派、搞权术的山县的头脑简单的家伙——召集陆军中的元老们在他家开了一次会。他扬言:"我们面临着萨摩藩的阴谋。让我们彻底粉碎他们。"六个月后,长州藩的一些将军和少数政友会的同盟者,仅得以在公众面前保全了面子。他们获准去搞垮这个卑躬屈节的、臃肿的清浦内阁,条件是他们要接受陆军的改组计划。1924年6月,由戴单眼镜的外交家加藤高明组成新内阁,此人在十年前曾对华提出二十一条要求;新内阁把陆军的清洗当作一项例行的经济措施而满不在乎,而把公众的注意力引向普选法的新问题方面。自1902年以来,所有的日本自由党人都在为取消三日元的人头税而斗争。这时加藤首相和裕仁表明态度,赞成取消,同时又赞成把全体选民从330万人增至1400万人,使25岁以上的男人都有选举权。保皇派的报纸却捏造了一些反对增加普选人数的极端守旧的评论员写的文章,于是一场无中生有的大论战充斥于报纸的头版上。当全国的注意力被转移时,陆相宇垣却站在一边没有受人注意,他表面上是对陆军进行"裁军",实际上他正在军官团中进行一笔复杂的讨价还价的交易,通过这笔交易,所有最重要的长州藩将军连同一批经过选择并给以补偿的萨摩藩将军和其他藩族的将军均自动辞职。约有2000名军官被裁减,另外在一开始似乎有8万名左右士兵与他们一起退伍。第十三、第十五、第十七和第十八四个师团被宣布解散,但这些师团中的许多中队和大队则不予触动,待命处理。当许多长州藩族的军官退伍后,他们的部队重新被分配去充实还保存着的师团,或到新成立的辅助部队去充当军官。当这项工作结束时,只有33894人和6098匹马被裁出陆军,原来看来要退伍的46000多名士兵重新被编入部队。此外,强制军事训练时间被缩短到六周,以便万一在全国动员时,政府能为每个男青年提供一些靠得住的基本训练。为了弥补训练时间的不足,组织了有1200名教官的陆军教导团,其成员被分配到著名的高等学校和预科学校。体育教官保证每个青年在服役前要学好尚武精神的原则、列队操练、军刀和步枪操练。他们通过对教职员的恫吓威胁，在以后几年中将逐步严密地控制课程，于是，日本的教育就成为一种教条口号式的平淡乏味的教育。当陆军改组计划逐步地一个营一个营地展开时，被裁减的长州藩军官在私下大发牢骚，但在公开场合，竟不可思议地毫无怨言。这种沉默，一方面的确纯应归因于日本士兵遵守命令和纪律；但另一方面也反映了"三羽鸟"所制订的人员计划的高明。他们在开始改组时，已把裕仁的年轻军官党羽分配到所有最要害的岗位。"三羽鸟"中为首的永田铁山中佐在1924年，亲自在行将撤销的一个联队中担任了四个月的军官，该联队驻于长州境内，由长州藩族的军官担任联队干部。他巧妙地使用政治权术，防止了该联队士兵所策划的一场哗变。到了1925年3月，当撤销四个师团——四幅先辈在其周围牺牲的神圣战旗——的消息最后公诸于众时，裕仁皇太子的地位已经如此巩固，以致他在贵族院的宠信们得以在普选法案上加上一条附款。当普选法在1925年5月5日获得通过时，它的支持者还保证投票赞成治安维持法。这个功劳在很大程度上要归诸裕仁的老大哥，那个瘦长衰弱的藤原族近卫公爵，此人在十年之后，也就是在蹂躏南京期间以首相身份主管日本政务。这个法案被人攻击为"危险思想法"，因为它使警察几乎拥有无限的权力来镇压持不同政见的人。它于1925年5月12日在议会没有经过多大辩论就通过了。这是通过普选法后一星期的事。15年后，它将使近卫公爵得以把普选改变成普遍协议，从而组成了一个虔诚的帝国主义分子的单一大政党。

英保守党鲍德温执政

1924年11月6日夜里，英国人都在密切注意首相斯坦利·鲍德温任命它击败执政11个月的工党政府的新内阁成员。人们期望新内阁能够结束3年来使一切陷于瘫痪的罢工所引起的骚乱。新内阁成员中有张伯伦兄弟俩。前任印度事务国务大臣奥斯汀·张伯伦爵士任外交大臣；他的兄弟内维尔·张伯伦任卫生大臣。鲍德温首相任命一位于1904年从保守党转为自由党而又转为保守党的人担任财政大臣，他就是温斯顿·丘吉尔。

意大利作曲家普契尼去世

1924年11月29日，贾科莫·普契尼，这位《蝴蝶夫人》以及其他许多具有强烈感情调的歌剧作者于布鲁塞尔逝世，享年65岁。最后一部伟大的歌剧《图兰多》未能完稿。普契尼出生于意大利的卢卡，当地出过许多音乐家，靠意大利王后玛格丽塔的奖学金，他得以在米兰的一所音乐学院里学习作曲。他的第三部歌剧《曼侬·雷斯科》受到批评，但《托斯卡》和《西部女郎》尽管有时被认为矫揉造作，并充满伤感情调，但人们还是非常喜

普契尼歌剧大师

爱这样的歌剧。

美劳工组织领袖龚帕斯去世

　　美国人 1924 年 12 月 13 日哀悼伟大的工人组织者塞缪尔·龚帕斯去世。他担任美国劳工联合会领袖已有 40 多年。他死于圣·安东尼奥,享年 74 岁。他在参加墨西哥城举行的工人会议时生病,被送到圣·安东尼奥。在预感到不久离世时,龚帕斯向护士留下遗言说:"我已经不行了,愿上帝保佑美国劳工组织,愿它们天天向上。"当晚这位工人领袖的尸体被装在铜制棺材里用专列运往华盛顿国会大厦,以供公众瞻仰。葬礼将在纽约城的埃尔克斯俱乐部举行,龚帕斯的遗体将埋在纽约塔里敦睡谷公墓。

希特勒获假释

　　德国纳粹领袖阿道夫·希特勒在监狱服刑仅 8 个月后的 1924 年 12 月 20 日被假释。他曾企图发动啤酒店暴动推翻政府。他原被判刑 5 年。即使判 5 年徒刑,人们当时还认为判得太宽。1923 年 4 月,希特勒被宣判犯有叛国罪,但被关在兰兹堡的堡垒中,看守对他毕恭毕敬。他有自己的房间,从房间里可以看到窗外累赫河面上美丽的景色,来访者可以带礼物。希特勒狱中的大部分时间用来向一位名叫鲁道夫·海斯的老朋友口述一本书。

墨索里尼建立独裁政权

1925 年 1 月 5 日,意大利首相墨索里尼开始采取行动,以对抗反对法西斯主义的代议院议员及在野人士。由于 1924 年稳健社会主义领袖及代议院议员吉亚科莫·马提奥谛被谋杀,此谋杀案因牵扯到法西斯党人与安全警察,而震撼了意大利,形成墨索里尼当政以来所遭遇到的最大政治危机。1 月 3 日墨索里尼宣布其个人对马提奥谛案负责,并要求原任内阁部长辞职。但是在当天组成的新内阁名单中,仅有原任的自由派部长沙罗奇和卡沙提被革名之外,其余均予留任,不过约有 20 多名自由派议员投票反对新内阁。在这次行动中,墨索里尼密令意大利警察搜查反对者的寓所,扣留一切文件,关闭会议场所,并且解散所有的政治团体,包括意大利自由共和派在内,此团体由一群退伍军人组成。另外还查封被指控为报道"错误消息"的报纸,并逮捕记者。

托洛茨基被撤职

布尔什维克领导人弗拉基米尔·列宁逝世后,在争夺继承权的斗争中出现了第一位主要牺牲品。列昂·托洛茨基 1925 年 1 月 16 日被免除在苏维埃军事委员会中的职务。托洛茨基在国外比在国内更受尊重。在国内,由于他最近对布尔什维克主义信仰的改变而得不到信任。直到 1917 年以前,托洛茨基一直属于孟什维克派,反对列宁。托洛茨基仍然是政治局的一名成员,但解除他的军事委员一职表明一直设法控制军事委员会权力的约瑟夫·斯大林、季诺维也夫和加米涅夫获得了胜利。他们谴责托洛茨基促成托洛茨基主义的产生,这一主义过分强调国际革命。托洛茨基的"永久革命"理论的含义是如果没有国际革命,布尔什维克主义者就必须在实行社会主义的问题上做出让步,以安抚农民。

柯立芝反对流行愚蠢时尚

1925 年 1 月 24 日,柯立芝总统不再是"沉默的柯立芝"了,他明确反对在大学流行的一种愚蠢的时尚。当他被邀请去普林斯顿大学向美国辉格学会做演讲时,他注意到有些学生在炫耀宽裤脚的裤子。他礼貌地问这些年轻人他们是不是不喜欢传统样式的裤子。他承认有一次儿子约翰从学校回来穿着这种裤子,这使他很难满意。总统给儿子找来带有背带的裤子,命令儿子换上。在向学生讲完话后,柯立芝同意和他们一起拍照。

1929 年 2 月 13 日,被斯大林流放的托洛茨基来到土耳其的君士坦丁堡。

巴达里文化的发现

　　考古学者认为,尼罗河流域的埃及文明最早溯源于巴达里文化。1925 年,考古学者在上埃及的阿西尤特东南哈马米亚村进行发掘,发现了 3 个文化层:最底层是巴达里文化层,上两层是涅伽达文化Ⅰ和Ⅱ。巴达里文化的遗址为 200 米,文化堆积深度约 150-180 厘米。除了这一发掘地区之外,在其他一些地方如塔萨、穆斯塔吉亚、卡瓦利得、马特马尔以及考·族尔·克比尔等地,都发现过同一类型的文化。考古学者将巴达里视为中心,因此称之为"巴达里文化"。该文化是铜石并用文化,在考古文物中发现的铜器仅限于一些小工具,如铜针、铜小刀等,使用的工具大都是石器、木器和骨器。此时的居民经营农业、畜牧业,农作物有小麦和大麦,主要畜养绵羊和山羊。在巴达里文化的遗址中,曾发现一些妇女雕像,女性的墓也比男性的大,表现出浓重的女性崇拜观念,这说明巴达里文化还处在母系氏族社会阶段。

希特勒重组纳粹党

　　在德国,阿道夫·希特勒刚出狱两个月就立刻重新组织曾在慕尼黑一家啤酒店组织暴动失败后遭禁的政党。1925 年 2 月 27 日,希特勒选择了另一家啤酒店,宣布恢复他的德国国家社会主义工人党,值得注意的是他的军事助手鲁登道夫将军当天没有出席,但希特勒受到其他一些信仰纳粹事业人的支持,包括尤里乌斯·肖布尤里乌斯·施特赖谢尔,戈特夫里德·弗德尔和赫尔曼·埃塞。在他的党报中,希特勒表示要重新开始。他重新宣布要使用武力,但保证只通过合法手段获得政权。德国人民对希特勒政党的反应还不清楚。自从 1923 年希特勒的政党发动暴动失败后,右翼党派就拒绝支持希特勒。希特勒在受审时就以其热烈的,具有民族主义情绪的讲话给很多人留下深刻印象,但他在押期间已被大多数人遗忘。但一些热心的拥护者希望希特勒能履行他受审时许下的诺言。他当时说:"我们建立的军队会一天天壮大。我自豪地希望这些庞杂的连会发展成营,营发展成师,我们从前的旗帜会重新飘扬,这一天会到来的。"

德国总统艾伯特逝世

1925 年 2 月 28 日,德意志帝国的首任总统艾伯特因腹膜炎去世,享年 54 岁。葬礼预定于 3 月 4 日在柏林举行,遗体将运往艾伯特的故乡海德堡安葬。外交部长古斯达夫·史特莱斯曼在悼词中盛赞艾伯特对稳定德国局势的重大贡献。在新总统未选出前,暂由帝国法院院长瓦尔特·西蒙斯暂时摄行总统之职。艾伯特出生于 1871 年,很早便从事政治活动。他起先积极参加工会,不到 30 岁便当选不莱梅市市民代表。1918 年 11 月继巴登邦马克斯亲王为帝国首相,1919 年 2 月魏玛国民会议选举他为德国总统。魏玛共和自始即受到左右两面的政治威胁和经济困境,艾伯特对危机四伏的德国贡献较大。

德国首映《追求健美之道》

1925 年 3 月 16 日,威廉·普拉格执导的影片《追求健美之道》,在柏林的全德电影制片联合公司首映。这部影片展现了现代体操、体育运动和舞蹈领域的成果,充满着矫健躯体的美感。片中出现许多健美的全裸青年男女,奔驰于原野上,在阳光下尽情活动及跳舞。此外还穿插古希腊罗马时代的天体活动,如希腊竞技场和罗马浴池中的裸体画面。报刊杂志的影评指出,这部电影具有极大的教育意义,能够推动德国人积极从事健身运动。这部影片极其卖座,因为早在上映之前,健身运动已成为现代德国女性的时尚,她们崇尚健美,经常从事如日光浴、韵律操、滑雪、赛车等活动。

日本通过普选法案

日本民众所期待的普选法案,1925 年 2 月 29 日终于通过立法程序。根据普选法案,

办公室装饰设计

选举权中废除纳税额的限制,因而使具有选举权的公民由 330 万人增加到 1250 万人。法案规定年满 25 岁的男子有选举权,30 岁以上的男子有被选举权。但是"接受救济的贫民"和"未有固定住所者"没有选举权和被选举权。原先,法案规定只要年满 25 岁以上的男子就有被选举权,除了"接受公费者"例外。枢密院则将被选举者的年龄提高为 30 岁,并且增加上述两项限制。因此,根据修正后的法案,凡是接受家庭资助的学生,以及寄住在亲戚家的人,都没有选举权和被选举权。此外还附加一项政友会的修正案,当选人若在选举中违反选举法,必须追究连带责任,这反映出相当浓厚的政党色彩。此外,选举候选人还必须缴付 2000 日币的保证金。

人智学创始人斯坦纳去世

1925 年 3 月 30 日,人智学创始人鲁道夫·斯坦纳在瑞士巴塞尔附近的道纳赫城去世。他接受数学及自然科学的专业教育,却在魏玛市的歌德及席勒档案室从事资料处理工作,并且在柏林职业学校教书。1913 年组织人智学社,并经由此学社在道纳赫城创立名为歌德学院的"自由大学",借以传播其人智学理论。他的理论强调每个人都有提升心灵能力及提升认知力量的潜能。斯坦纳的思想体系除了包含歌德哲学外,还掺和印度教、诺斯替教、希伯来神秘哲学、基督教和神智学成分。斯坦纳的人智学理论具体体现在设立"瓦尔道夫学校"教育体系、设立智障儿童医疗所,以及设立药用植物、园艺作物、农业产品的生产及研究所。他所建立的瓦尔道夫学校教育体系,至 1969 年在欧美共有 80

所学校。

兴登堡当选德国总统

兴登堡在 1925 年 4 月 26 日当选德意志帝国的第二任总统。当年 77 岁的兴登堡获得 1470 万选民的支持。在这次大选中,右派政党(德国国家人民党、德国人民党、巴伐利亚人民党和巴伐利亚农民联盟)支持兴登堡为候选人,结果击败了德国社会党、德国民主党和中央党所支持的前帝国首相威廉·马克斯和德国共产党提名的恩斯特·塔勒曼,而当选总统。马克斯获得 1370 万张选票,塔勒曼则获得 190 万张选票。决定兴登堡获胜的近百万张关键性选票,来自巴伐利亚人民党,这个政党一向与中央党联盟,不过这次大选却加入右派政权的联盟。国外人士对兴登堡的当选,多采取观望存疑的态度。因为他们感到其中似乎蕴含德国对协约国的挑战,以及德国人民否认败于世界大战的心理。法国的《时代报》评论说,兴登堡的当选透露一种讯息,代表"德意志民族意欲否认在世界大战中的失败"。兴登堡生于 1847 年,最初任职于参谋本部,1903 年出任陆军元帅,1911 年退休。1914 年世界大战爆发,被征召复职,在东普鲁士指挥坦能堡战役,大败俄军;继之又在马苏利亚湖泽区重创俄军。1916 年升为陆军总司令,这两场主要的东线战役,使兴登堡与参谋长埃里希·鲁登道夫成为德国胜利的象征。大战结束后,兴登堡强调德国战场上的失败,乃是"为内政纷争中伤"。他因而引退,隐居于汉诺威,并撰写回忆录。兴登堡当选总统之后,颇能遵守其维护宪法的誓言,因此他在 1932 年再度竞选时,获得社会民主党及中央党的支持而连任。

巴黎展示大型装饰艺术

1925 年 4 月 30 日在巴黎展示的"装饰艺术",是世界大战后最重要的一项艺术活动。装饰艺术简称"迪可艺术",迪可艺术结合优良的设计和最新的质料,以强调实用为目的。主要的装饰艺术包括家具、陶器、玻璃、银器、木制品、纺织品和建筑物。所用材料多种多样,多为高价材料,除天然材料(如玉、银、象牙等)外,也采用一些人造物质(如塑料,特别是酚醛塑料)。迪可艺术深受新艺术派、埃及与阿兹特克风格,以及现代光滑质感技术的影响,整个潮流趋向于运用简朴线条、立体和直线的结构。家具设计师爱弥儿一杰克·鲁兰、服装设计师保罗·波瑞特和建筑设计师拉科布西尔,都是迪可艺术中最负盛名者。

美国女诗人洛威尔去世

意象主义女诗人兼批评家艾米·洛威尔 1925 年 5 月 12 日去世。她在 1874 年 2 月 9

日出生于美国新英格兰的一个文学家庭,28 岁时开始致力于诗歌创作,但一直到 1910 年才有作品发表。1912 年出版第一部诗集《彩色玻璃大厦》,1914 年又出版诗集《剑刃与罂粟花籽》。《一则评论性寓言》是她模仿另一位作家的《写给评论家的寓言》而写成的,此后洛威尔成为美国诗坛最引人注目的人物。她个性坚强泼辣,我行我素,在诗歌界十分突出,被意象派领袖庞德称为艾蜜派。虽然她勇于探索新的形式和技巧,但创作上仍安于保守,保持诗的固定形式,并于晚年同激进的诗歌流派断绝关系。

英国总同盟罢工

1925 年夏,英国的矿主们在斯坦里·鲍尔温保守党政府的支持下,以封闭煤矿威胁矿工,企图强行降低工人 10% 的工资,并延长工作日 1 小时。为反击矿主的进攻,矿工们利用与铁路工人和运输工人的三角同盟,于 1925 年 7 月 31 日举行了同盟总罢工。由于鲍尔温政府和资方尚未做好应付准备,被迫让步,决定由政府补贴以暂时维护原工资水平。1926 年 4 月中旬,在 9 个月的工资补贴即将期满的时候,矿主们又重新提出降低工人工资 10%、延长工作日 1 小时的非理要求,并宣布从 5 月 1 日起封闭煤矿,实行所谓同盟歇业,并不再与矿工签订全国性的集团合同。这引起了矿工的极大不满,共产党积极领导了工人的斗争,提出了"工资不得少一个,工时不得加一分"的口号。但职工大会最高委员会却仍致力于同资方进行拖延时间的谈判,由于 5 月 1 日以后大批矿工被解雇,于是被迫宣布从 5 月 3 日起开始总罢工。罢工初期有 250 万人参加,随着每天大批工人的投入,各行业罢工人数迅速达到 600 万,使全国经济生活陷于瘫痪。工人们自动组织纠察队,建立行动委员会、罢工委员会来领导斗争,从而成为事实上的权力机关。工人们在街头武装巡逻,与警察发生冲突,罢工已向政治罢工发展。为此英国共产党做出了积极努力,提出了矿井国有和推翻保守党政府等口号。但职工大会仍想把罢工控制在经济领域,要求工人不要破坏"秩序",拒绝了苏联工会的捐款,并与保守党政府进行秘密谈判。5 月 12 日工会大会最高委员会宣布停止罢工,罢工遭到了破坏。但许多矿工仍然在艰苦的条件下坚持斗争,直到该年 12 月中旬。

德国广播协会成立

1925 年 5 月 15 日,德国柏林的 9 家私人广播电台和德国电信局共同成立德国广播协会。德国广播协会的成立确保了政府对广播事业的影响力。德国政府特别委派电台监督员,使各电台不受各党派的政治影响。德国政府还指定一个文化咨询委员会,负责审核广播节目的编排。一切政治新闻由政府监督的"无线电服务公司"独家报道。德国广播协会预定 1926 年开始工作,第一任监督员是汉斯·勃莱多。

美国教师因讲授进化论被控告

田纳西年轻的高中教师约翰·T·斯科普斯1925年5月25日晚受到指控,罪名是在自然科学课上向学生讲授达尔文的进化论。预计对他的审判将把全国的注意力吸引到这座山城代顿。多次被提名为民主党总统候选人的雄辩家威廉詹宁斯·布赖恩将代表田纳西州充当起诉人。著名的芝加哥律师克拉伦斯·达罗和纽约市的达德利·菲尔德·马隆将作为田纳西教师斯科普斯的辩护人。斯科普斯被指控违反了年初由田纳西立法机关通过的新法律,这条新法律禁止讲授否认《圣经》中上帝创造人的理论。起诉书指责斯科普斯确实讲授了人起源于低等动物的理论。法官约翰·T·劳尔斯顿在对陪审团说,课堂是使思想原则、自制能力和性格得以发展的地方,而不是违反法律的地方。法官还朗读了《圣经》的首卷——关于上帝创造人类的《创世纪》。同月12日,斯科普斯被判罚金100美元。

德国掀起爵士音乐热潮

美国山姆—伍丁爵士乐队1925年5月25日在德国柏林的海军将官大厦演出。这是世界大战以后,在德国演出的第一支黑人爵士管弦乐队。德国魏玛共和国成立以来,一方面因国内政治逐渐平稳,另一方面因发行的新马克币值稳定,德国人渐有余力从事休闲活动,故爵士音乐随之风靡全国。1925年除了山姆—伍丁爵士乐队以外,还有艾灵顿公爵乐队的巡回演出。这些黑人乐队以黑人特有的音乐风格及舞蹈,结合爵士音乐与查理斯顿舞步,在德国大为风行。极保守的《柏林画报》的一些批评家认为爵士音乐是"龃龉的音调",而且舞蹈动作如"神志丧失"。然而自由派的音乐评论人却赞扬这些外来的美国文化使德国

令人倾倒的爵士乐

人摆脱僵化的心态。1925年年初,德国人自组一支朱利亚·富斯乐队,曾在动物园附近的新剧院及梅塞德斯剧院演出,水准不逊于外国乐队。德国娱乐界立即感受到爵士音乐

及查理斯顿舞步的热潮。自 1924 年起,爵士音乐唱片的销售量迅速增加,许多唱片公司采用美国模版制作唱片。

《日内瓦议定书》签署

《日内瓦议定书》,全称为《关于禁用毒气或类似毒品及细菌方法作战议定书》。1925年 6 月 17 日在瑞士日内瓦正式订立。议定书宣布缔约国接受禁止在战争中使用毒气的原则,并且同意将其禁用范围扩大到禁止使用细菌武器方面。议定书明确规定:"鉴于在战争中使用窒息性、有毒的或其他瓦斯以及类似的液体、物质或器具,既经文明世界普遍舆论的谴责;鉴于世界上大部分国家所参加的条约中已宣布禁止使用……同意将此项禁止扩展于细菌武器之使用"。《日内瓦议定书》禁止人类深恶痛绝的有毒和化学武器的使用,并且明确提出扩及细菌武器。至本世纪 80 年代中后期,批准及加入此议定书的国家已达 100 多个,其中包括联合国安全理事会全体常任理事国。

克莱斯勒自组汽车公司

华特·克莱斯勒在 1925 年 6 月 6 日创建克莱斯勒汽车公司。他几乎囊括美国所有的主要制造业,并且获利极多,因此他自组公司是意料中的事。克莱斯勒出生于美国堪萨斯州,1916 年出任美国通用汽车分公司别克汽车公司的总裁。他在 1921 年加入麦斯威尔汽车公司,不久便买下这家公司,改名为克莱斯勒汽车公司。当天还展售了克莱斯勒所出厂的第一辆新车。这辆车配备最新设计的高压引擎以及四轮煞车。然而车价惊人,售价高达 1500 美元。

德国展出新客观派绘画

1925 年 6 月 14 日,德国的曼汉市美术馆举办"新客观派"绘画展览,展览表现主义以来的德国绘画艺术。这次展出的作品包括 32 位艺术家绘制的 124 幅画。曼汉市美术馆馆长古斯达夫·哈特劳伯筹备这一次展览会时,提出"新客观派"的概念。哈特劳伯所提出的这一概念来自艺术家奥多·迪克斯、马克斯·贝克曼和乔治·格罗斯。"新客观派"的概念并不局限在某一特定风格之中,而是包容来自不同阶层有着不同世界观的艺术家。"新客观派"早期的表现方式是激进现实主义,即真实主义,代表的画家是乔治·格罗斯和奥多·迪克斯,他们以冷酷犀利的手法反映当时人们行为的暴戾。后期则是"神秘现实主义",代表画家有亚历山大·卡诺尔特、乔治·施赖姆、卡洛·门塞以及柏林的奥托·内格尔、法朗士·伦克、奥古斯特·威廉·德雷斯勒等。

美国画家贝洛斯去世

1925 年 7 月 28 日,如实描写城市生活阴暗面的"垃圾箱派"主要画家乔治·贝洛斯去世,终年 42 岁。贝洛斯曾求教于罗伯特·亨利,此后又在纽约艺术学团任教。他帮助发展了"垃圾箱派"的艺术价值。"垃圾箱派"以现实主义的同时又是赞颂的笔触表现了下层社会的生活。亨利通过否认"垃圾箱派"的存在的方法描述了该派别与其他派别的共同特点。这些艺术家之所以形成一派,是因为他们彼此各不相像。事实上,贝洛斯的作品具有"垃圾箱派"的典型特点。他从没去过欧洲,也没有鄙视欧洲的艺术发展趋势。他的作品离不开灰暗的和忧伤的色彩。他的作品里有运动员,公寓里的孩子,也有贫穷潦倒的人。贝洛斯出生于俄亥俄州的哥伦比亚。他的作品《42 个孩子》(1907)使他享有盛名。这幅作品描绘了城市里的孩子们潜入曼哈顿东河令人作呕的水中的情景。《登普西和菲尔波》是许多描绘拳击家的作品之一。

叙利亚反法大起义

1925 年,黎巴嫩、叙利亚爆发了反对法国殖民统治的民族起义。第一次世界大战后,黎巴嫩、叙利亚成为法国的"委任统治"殖民地。1925 年 2 月,叙利亚、黎巴嫩资产阶级成立了合法的人民党。1925 年 7 月 16 日,叙利亚德鲁兹族人向法国专员沙赖耶尔请愿,要求撤换作恶多端的省督,遭到拒绝和逮捕。7 月 18 日,德鲁兹族农民在阿特拉什苏丹领导下发动起义,解放了杰贝尔·德鲁兹山区;与此同时,黎巴嫩南部展开了反殖民游击活动。起义者成立了由民族资产阶级领导的独立的叙利亚临时革命政府和"叙利亚国民革命军",由阿特拉什苏丹任统帅,革命军发展到 4 万人。10 月 18 日,首都大马士革爆发起义,并扩展到全国许多城乡。面对日趋高涨的民族起义,殖民者变换手法,新任专员德茹文纳尔一面拉拢民族资产阶级的上层人物,一面调集 10 万殖民军血腥镇压起义者。1926 年 5 月,曾经领导起义的人民党右翼成员在法国专员拉拢下妥协投降,成立了"叙利亚民族政府",杰贝尔·德鲁兹的独立叙利亚临时革命政府解体。起义军在军事上遭到严重挫败后,余部 600 多名,在阿特拉什苏丹率领下,于 1927 年中被迫退到外约旦。统治外约旦的英国殖民者竟扣押了起义军,并将他们引渡给法国殖民者。黎巴嫩-叙利亚民族起义归于失败。

摩洛哥里夫民族起义

第一次世界大战前,除丹吉尔一地归"国际共管"外,摩洛哥被法国和西班牙瓜分。但是,摩洛哥北部里夫山区诸部落,尚处于独立状态。1921年9月,里夫12个最大的部落在反侵略斗争中联合组成了"里夫共和国",并在1924年打败了西班牙和法国殖民军的进攻。1925年7月,法、西殖民者在马德里举行会议,策划联合进攻里夫部落的勾当,里夫人民被迫掀起了可歌可泣的民族起义。1925年8月,法国调集20万殖民军,西班牙调集10万殖民军,装备着飞机、坦克和重炮等大量现代化武器向里夫人民扑来。里夫共和国只有7万军队,其中经过军事训练的只有七八千名,他们只有步枪和少量大炮。但是里夫军民进行了英勇顽强的战斗,牺牲虽大,却取得不少胜利。最后,由于法、西殖民者对摩洛哥进行了海、陆封锁,切断了里夫军队的一切供应;派遣了大量特务、间谍,收买、拉拢了一部分里夫酋长,分裂起义队伍。这样,里夫民族起义终于在军事力量过分悬殊以及里夫共和国缺乏正确领导的情况下失败了。1926年5月,里夫军司令部所在地塔尔吉斯特被包围。5月25日,里夫共和国"总统""军队总司令(原里夫部落酋长)阿布德·凯利姆被法军所俘,随后被放逐于莱翁岛。坚持战斗的部分里夫军民退入山区继续斗争。里夫民族起义虽然是由封建部落酋长领导的,所建立的共和国也不是现代意义上的资产阶级共和国,但它沉重地打击了帝国主义的殖民统治,具有明显的进步意义。

美国流行查尔斯顿舞

"翘起脚跟,脚尖着地……"指导跳查尔斯顿舞的人开始时这样说。1925年9月,查尔斯顿舞很快流行起来。这种舞在南卡罗来纳得以发展,然而最初引起人们注意的是1923年在纽约开始上演的音乐剧《黑人风貌》中,跳舞的人脚尖往内侧扭,双臂按切分音的节奏摆动,两腿飞快地舞动。这种舞跳起来比电影丑角卓别林还疯狂。它打破了年龄的界限。中年人可按4/4拍的节奏跳这种舞。那些通常讨厌狂舞的人跳此舞时可以站着不动,双手在膝盖处前后交叉舞动。

萧伯纳获诺贝尔文学奖

英国批判现实主义文学家乔治·萧伯纳(1856~1950),是继莎士比亚之后英国最伟大的戏副家和讽刺作家。他是个多产作家,一生中共写了大小剧本51个,其数量之多、质量之高,在英国文学史上是不多见的。他的第一个戏剧集《不快意的戏剧集》,由《鳏夫

萧伯纳画像

的房产》《荡子》《华伦夫人的职业》3 个剧本构成。第二个戏剧集《快意的戏剧集》，由《风云人物》《武器与人》《难以预料》《康蒂妲》4 个剧本构成。第三个戏剧集是《为清教徒写的戏剧集》，由《恺撒和克莉奥佩屈拉》《布拉斯庞德上尉的转变》《魔鬼的门徒》3 个剧本构成。萧伯纳在自己的作品中对资产阶级的损人利己、巧取豪夺、道德沦丧、尔虞我诈等进行了无情的揭露，对资产阶级上层人物那种道貌岸然的伪君子形象进行了尖利的讽刺。如《真相毕露》一剧，再现了大英帝国衰落的景象，表达了作者向往真理，憎恶旧事物的鲜明态度。萧伯纳的作品有极强的感染力，而且题材广泛，其中许多堪称不朽之作，许多国家都上演他的剧本。因此，他于 1925 年获诺贝尔文学奖。

约瑟芬·贝克风靡巴黎

1925 年 10 月 7 日，巴黎剧院上演的《黑人风貌》引起了观众的极大兴趣。面对贝克的狂舞，观众似乎心醉神迷，忘记了一切。贝克女士总是面带微笑，用她那甜美的歌喉歌唱。在舞台上她几乎是一丝不挂，而且她也是一名很优秀的舞蹈家。一些评论家说这种表演颓废，疯狂，淫荡；而一些人却认为这种表演很成功。自从《黑人风貌》上演以来，贝克女士便开始了她显赫于世的舞蹈生涯。这位美国歌唱家开始时在旅游戏剧公司演出，于 1923 年在百老汇音乐片《拖步舞》中参加了合唱。现在她是巴黎最走红的人物。

《洛迦诺公约》签订

《罗加诺公约》又称《罗加诺保证条约》，1925 年 10 月 16 日由英、法、德、意、比、捷、波七国代表在瑞士罗加诺召开的国际会议上通过，同年 12 月 1 日在伦敦正式签字。1925年 10 月 5 日至 16 日的罗加诺会议，是在"巩固欧洲和平"的名义下，调整西欧各国关系，

在政治上抬高德国的一次国际会议。美国虽然没有直接参加会议,但实际与英国一起,对会议起着重要作用。罗加诺会议是道威斯计划在政治上的继续。在这次会议上签订了七个条约,总称"罗加诺公约"。这七个条约是:德、法、比、英、意共同保证条约(即莱因保安公约);德、法仲裁专约;德、比仲裁专约;德、波仲裁专约;德、捷仲裁专约;法、波相互保证条约;法、捷相互保证条约。其中最主要的是《莱因保安公约》,规定:德、法、比相互保证不破坏《凡尔赛和约》中规定的德、法之间和德、比之间的领土现状,不得违反《凡尔赛和约》关于莱因非军事区的规定,英、意作为保证国承担援助被侵略国的义务。但是,德国与其东部邻国波兰和捷克斯洛伐克之间的边界则不如西部边界那样强调"保证",而是规定根据德与法、比、波、捷签订的仲裁协定,把各方的争议问题通过外交谈判和仲裁办法来解决。所以,公约实际上示意德国不准改变西部边界,而东部边界尚可留待"仲裁"。公约规定,德国将被允许加入国际联盟,即在法律上承认德国在国际关系中的大国地位。《罗加诺公约》以"巩固欧洲的和平"为名,实质上是纵容德国势力向东扩张;同时削弱了法国的地位,法国的边界安全竟要依赖英、意来帮助"保证"。所以说,《罗加诺公约》实质上孕育着欧洲的新战争。

巴黎超现实主义艺术展

1925 年 11 月 14 日,法国巴黎的皮耶洛柏画廊举办超现实主义大展,展示艺术风格的新潮流。这次是超现实主义的第一次集体展览,参展者有马克思·恩斯特、蒙恩·雷、璜·米罗、帕布洛·毕加索。超现实主义深受弗洛伊德精神分析学说的影响,表现内容亦包括文学创作。超现实主义的主要代言人、诗人兼批评家安德列·布勒东在 1924 年发表《超现实主义宣言》,认为超现实主义是把意识和无意识中的经验王国完美地结合起来的手段,直至使梦幻世界与日常的理性世界共同进入"一个绝对的现实,一个超现实世界"。布勒东等人在诗歌中称自己是反映两个并列的世界。超现实主义不取决于逻辑,而取决于心理无意识和观念过程。这次参展的画家均使用崭新的意象语言。

德国纳粹精卫队成立

希特勒授意海因里希·希姆莱组织的个人卫队——纳粹精卫队(SS)于 1925 年 11 月 9 日正式成立。希姆莱从 4 月开始召集队员,9 月份已扩展到德国全境。希特勒建立纳粹精卫队,目的要与纳粹突击队(SA)首脑恩斯特·隆姆对抗,故而成立一支完全效忠于他自己的精锐卫队。希姆莱在德国各地挑选纳粹党中 25 岁到 35 岁的精锐分子,采取精兵政策。

"道威斯计划"出台

1925 年 12 月 10 日在奥斯陆,美国副总统查理斯·盖茨·道威斯荣幸地站在了国际诺贝尔和平奖的领奖台上。这是对他在一年前解决德国赔偿问题上的卓越贡献的肯定。

"道威斯计划"是道威斯高超的经济、政治才华的结晶之一,也是一战后美国迈向"独立的世界主义"政策的重要一步。1921 年 3 月 4 日,共和党人沃伦·G·哈定就任美国 29 任总统,并宣誓美国决不卷入外国的纷争。4 月 12 日,哈定又在国会联席会议上说,美国"将不参加国际联盟"。但同时,这位总统又保证,他的政府将与那些想组成一个他认为非政治的国家联合体,以及想使惨遭蹂躏的欧洲国家复兴的外国政府合作。这就是说,哈定政府的所谓"不卷入"和"不参加",不过是要以美国的方式对欧洲施加影响罢了。因为他们知道当时美国还不具备控制"国际联盟"的"能力",但也清楚美国已具有的影响力,不参与欧洲事务显然是不可能的。这就是"道威斯计划"产生的美国大背景。作为解决德国赔偿问题的方案,"道威斯计划"的产生及其得以实施还有更具体的背景。众所周知,"计划"不仅结束了德国经济的混乱状态,解决了德国继续赔偿的一系列技术性问题,而且也使美、法等围绕

查理斯·道威斯

德国赔款问题的矛盾、斗争以及相持状态得到了大大缓解。再一个问题就是 20 年代德国对协约国的战争赔偿问题和战后协约各国对美国的战债偿还问题联系在一起。

爱森斯坦执导《战舰波将金号》

由 27 岁的谢尔盖·爱森斯坦摄制的《战舰波将金号》在首映之后便引起争议,有人赞扬,有人谴责。这是爱森斯坦拍摄的第二部影片。年初拍摄的第一部片子《罢工》产生的影响只有《战舰波将金号》的一半,影片的共产主义思想内容表达得很好,在电影技术上也算是一部杰作。"波将金号"是 1905 年短暂革命中一艘举行兵变的俄国战列舰。起初,爱森斯坦只想将这一事件拍成较长的政治题材影片中的一部分。但他感到在敖德萨发生的被沙皇残酷镇压的起义本身便可拍成一部片子。通过运用摇镜头及其他新方法(他通过跟进拍摄士兵们大步迈进的靴子的方法来表现他们似乎缺少人性),爱森斯坦生动地描绘了这一动乱时期。1925 年美国受欢迎的影片是由朗·钱尼主演的《歌剧院的幽灵》和由喜剧演员布斯特·基顿主演的《到西部去》。

美孚石油公司成立

　　加利福尼亚美孚石油公司是美国第五大石油公司,它的前身是1879年在加利福尼亚旧金山成立的太平洋海岸石油公司。1900年洛克菲勒财团收购了该公司,改名为美孚公司(加利福尼亚),成为新泽西美孚石油持股公司的成员之一。1911年美孚石油持股公司解散,它成为洛克菲勒财团控制下的一家独立的石油公司。1926年该公司同太平洋石油公司合并,改为加利福尼亚美孚石油公司,简称索加尔公司,商标为切夫隆。该公司在60年代中期前一直为洛克菲勒财团控制,后由于加利福尼亚财团的渗入,由两大财团共同控制。公司最初的生产活动集中在美国西海岸,1919年石油产量居美国石油公司首位。其后为了扩大销售网,加紧进行扩张和吞并活动。1947年购买了辛格纳尔石油和天然气公司的销售网,1961年吞并考夫曼燃料公司,打入美国东北部石油销售市场。同年10月又购买了美孚石油公司(肯塔基),使其势力扩展到东南部。1984年3月该公司以134亿美元收购了美国第十一大工业公司海湾石油公司,使其销售额和资产额大增。该公司在国内发展,同时不断向国外扩张,早在30年代就打入巴林和沙特阿拉伯。目前,这个公司在全世界90多个国家和地区拥有子公司和附属机构。该公司1983年资产额为240.1亿美元,雇佣职工4万人,销售额为273.4亿美元。居美国大工业公司第九位,资本主义世界工业公司第十一位。总部设在旧金山。

抽象代数学的发展

　　抽象代数学在19世纪末期就已经有了良好的开端,至今已发展成为包括群论、域论和环论等分支的现代数学的重要支柱之一。由于它的一般性,它的方法和结果带有基本的性质,因而渗入到各个不同的数学领域中,对现代数学的发展产生了重要影响。群论是抽象代数的重要部分之一,也是抽象代数的基础。域的抽象理论是由韦伯于1893年率先开始研究的,1910年施泰尼兹的《域的代数理论》奠定了域论的基础,成为抽象代数学发展的一个重要里程碑。环和理想的构造在上个世纪就可以找到,但抽象理论却是本世纪的产物,诺特对环和理想做了十分深刻的研究,并于1926年做出了环和理想的系统理论。这一总结性工作标志着抽象代数的诞生,范德瓦尔登的《代数学》一书是对诺特、阿廷和他本人工作的系统概括和总结,是抽象代数成熟的标志,从而成为学习抽象代数的经典名著。尔后,抽象代数的研究有了长足的进展。

女星嘉宝艳冠好莱坞

1926 年 2 月,整个美国都在崇拜一位鲜为人知的女演员,瑞典人葛丽泰·嘉宝。她只在这里拍了一部电影——在一部稍具浪漫色彩的影片中扮演西班牙农家女。然而这唯一的名为《急流》的影片轰动了全国,激起了人们强烈的崇拜。嘉宝以其令人倾倒的姿容出现在屏幕上,文静、庄重、充满神秘感,她的表演具有莉莲·基什和玛丽·碧克馥从未触及的气质(她们可能从不知道这正是人们所需要的)。现在人们发现只有这位来自远方的具有水晶般迷人的眼睛的女郎能满足他们的渴求。

世界上第一枚液态燃料火箭发射

1926 年 3 月,美国物理学家戈达德在马萨诸塞州沃德农场成功地发射世界上第一枚液态燃料火箭。火箭长约 3.4 米,发射时重量为 4.6 千克,空重为 2.6 千克。飞行延续了约 2.5 秒,最大高度为 12.5 米,飞行距离为 56 米。这是一次了不起的成功,它的意义正如戈达德所说的:"昨日的梦的确是今天的希望,也将是明天的现实。"

奔驰汽车公司成立

奔驰汽车公司是世界十大汽车公司之一,也是世界上资格最老的厂家,它以生产高质量、高性能的豪华汽车闻名于世。它创立于 1926 年,创始人是卡尔·本茨和戈特利布·戴姆勒。它的前身是 1886 年成立的奔驰汽车公司和戴姆勒汽车公司。1926 年两公司合并后叫戴姆勒-奔驰汽车公司,而轿车产品的品牌名称为梅赛德斯-奔驰。公司总部设在德国斯图加特。

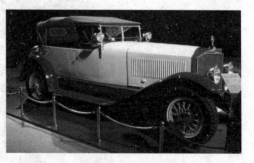

1926 年生产的奔驰汽车

时至今日,戴姆勒-奔驰公司已成为一家很大的集团控股公司,下设四家子公司,梅塞德斯-奔驰汽车股份公司是其中最大的子公司。1998 年,奔驰公司与美国的克莱斯勒公司合并成"戴姆勒·克莱斯勒"公司。

美国考古探测队发现玛雅人建筑

　　1926年2月8日,美国考古探测队证实了长期以来传说的关于丛林中有一座消失了的玛雅人城市的说法。他们在加勒比海岸附近发现了一座埋没的玛雅人城市。这座被认为叫"姆伊尔"的城市,曾是玛雅人各城市与中美洲之间重要的通商路线的途径站。据考察家们说,他们发现的10余座建筑和6座寺院保存完好。

墨索里尼被刺受伤

　　1926年4月7日,意大利首相墨索里尼(法西斯党魁)在罗马遭刺客暗杀,仅鼻部受伤。墨索里尼在罗马主持外科医生世界会议开幕典礼后,步出礼堂之际,突然有人发射4发子弹。狙击者是一名62岁的爱尔兰妇女凡丽特·吉卜森,她刚从精神病院出院。虽然这次狙击事件与政治背景无关,然而法西斯党党员乘机大力渲染,立即派人查封反对派人士所办的两家报社。午后,墨索里尼立刻宣布要"对抗世界上的民主主义",乘机向反对派宣战。

鼻子受伤的墨索里尼

德、苏在柏林签订友好条约

1926 年 4 月 24 日,德国外交部长古斯达夫·史特莱斯曼和苏联驻德大使尼古拉·克来斯金斯在柏林签署德苏中立友好条约,使德国和苏联之间,因商议德国加入国联问题而复杂化的关系趋向稳定。条约的主要内容为"若一缔约国在和平政策下受到一国或多国的入侵,另一缔约国在交战期间须保持中立"。此外,德苏双方并互相保证,不参加对缔约国的联合经济抵制。柏林条约的缔结,乃出于史特莱斯曼的均势构想。借着这个条约以及罗加诺公约,德国可以在国际间制造均势,"并借着自己在地理上中间的位置,担任西方与东方间桥梁的角色。"

伊朗巴列维王朝建立

1926 年 4 月 25 日,礼萨汗在伊朗建立了巴列维王朝。礼萨汗(1877~1944),出身于马赞得朗省一富裕农民家庭,没有受过正规教育,性格强悍。1891 年在波斯哥萨克旅中当士兵,1916 年晋升为中尉,1921 年初获中校军衔。他发动回历 12 月 3 日政变后,被国王授予军队总司令兼哥萨克师师长的职务,后任国防大臣。1922 年 1 月 4 日,他下令将哥萨克师、国家宪兵队、中央直属旅等各路军队统编成伊朗皇家武装部队,分 5 个师,官兵达 3 万余人,直属国防大臣统辖,从此牢牢抓住了军权。又通过在各州设立军政州长,军队向居民收税等措施,控制了部分财政大权。1922 年~1923 年间,礼萨汗向伊朗北部持分裂主义倾向的诸汗发动进攻,一一征服了他们,加强了伊朗的中央集权。在这些行动中,他的势力大长,培植的亲信控制了国家要害部门。国王受到排挤,于 1923 年 10 月 26 日被迫颁布两项手谕:第一,任命礼萨汗为首相;第二,宣布国王将长久地去欧洲治病,委任国王的兄弟为摄政王。礼萨汗又迫使摄政王立下契约不干预国事。新政府成立后,伊朗改组了财政制度,颁布了一些利于生产的措施,改善了与苏联的关系。1924 年 11 月,礼萨汗亲自率军出征阿拉伯人聚居的胡齐斯坦省,讨伐与中央分庭抗礼的省督谢赫·哈扎尔。12 月,谢赫·哈扎尔投降。1925 年初,他又击败库尔德人的起义。经济、军事上的顺利巩固了他的政治地位。1925 年 2 月 14 日,国民议会正式批准自回历 12 月 3 日政变后国王授予他的军队最高统帅的头衔。同年 10 月 31 日,议会通过废除恺加王朝、把临时政权交给礼萨汗的决议。11 月 8 日前,在伊朗设有外交机构的国家都承认了新政权。12 月 12 日,立宪会议宣布礼萨汗为伊朗国王,封号为礼萨·沙赫·巴列维,姓氏巴列维意味着与古波斯鼎盛时的联系。1926 年 4 月 25 日举行了加冕典礼。至此,统治伊朗百余年的恺加王朝覆灭,巴列维王朝开始。

波兰毕苏茨基政变

　　约瑟夫·毕苏茨基(1867~1935)是波兰近现代史上著名的资产阶级民族主义政治家,在反对沙俄统治、争取波兰独立的斗争中做出了卓越贡献,1918年任波兰共和国国家元首。1921年波苏战争结束后,波兰的国民经济濒临崩溃,工农运动如火如荼。代表波兹南地区资产阶级和地主利益的国家民主党对毕苏茨基的内外政策进行了全面抨击。在1922年的议会选举中,国家民主党占据了优势,毕苏茨基放弃总统候选人资格,辞去了元首职务。1923年他又辞去了陆军总参谋长和军事委员会主席职务,退出了政治舞台。毕苏茨基表面上置身于政治斗争之外,实际上是等待时机、积聚力量以图东山再起。国家民主党执政后,波兰的经济和人民生活状况继续恶化。毕苏茨基利用人民群众对国家民主党的憎恨情绪,猛烈抨击现存的政治制度,提出"萨纳奇"(即复兴国家政治经济)口号和减少国家机关开支、整肃贪污、改善人民群众生活状况的要求,获得了社会党、工会和代表中小农利益的波兰农民党、由中小地主贵族构成的军官集团及西乌克兰、西白俄罗斯民族主义者的支持,形成了毕苏茨基集团。波兰共产党也支持毕苏茨基的"萨纳奇"口号。这就为他的东山再起铺垫了广泛的社会基础,积聚了政变的力量。1926年5月10日,由国家民主党组织的基督教民族统一联盟与农民党(代表富农利益的彼稚斯特)联合组阁,农民党领袖文·维托斯任总理,那些政治上臭名昭著的人物重新上台,进一步加剧了政府同人民群众和少数民族的矛盾。1926年5月12日,毕苏茨基利用他在军队中的亲信力量,在中小资产阶级及其政党和共产党的支持下发动军事政变。经过两天的战斗,5月14日占领了华沙,强迫总理维托斯辞职,次日又迫使总统史丹尼士拉斯·沃依契霍夫斯基辞职,推翻了联合政府。毕苏茨基拒绝担任总统职务,按照他的建议选举伊·莫希齐茨基担任总统,卡吉米日·巴尔泰耳被指定任总理,毕苏茨基则担任国防部长和武装部队总监,实际上掌握着国家大权。波兰开始了毕苏茨基个人军事独裁的时期。

英国工人全国大罢工

　　1926年5月4日,英国爆发了历史上空前规模的总罢工。早在1925年夏天,煤矿工人为抵制矿主降低工资,联合运输工会、铁路工会,决定于7月31日三业同盟罢工;结果取得了胜利,矿工照发工资,企业主取消了同盟歇业。工人阶级把7月31日(星期五)这一天称为"红色星期五"。但是,资产阶级的让步完全是预谋的。资产阶级和政府利用斗争暂时缓和的时机,加紧收买工贼,强化警察力量,逮捕共产党人和工会运动的左翼领导人,而且储存了煤炭、粮食等生活必需品。政府还成立了"煤矿业调查委员会"。1926年

3月10日，"调查委员会"公布报告，同意矿主降低矿工工资百分之十，工作日延长一小时。1926年4月30日，矿主借口政府补助金的期限已到，宣布煤炭工业于5月1日起同盟歇业，向工人阶级进行猖狂挑衅。在工人群众斗争的压力下，工会总理事会被迫决定全国总罢工。5月4日，总罢工开始，工人们表现得非常团结，罢工人数迅速增加，六百万工联会员中约有二百五十万人参加，铁路工人百分之九十九参加了罢工。罢工工人自动组成罢工委员会、纠察队和工人自卫队等等。不少地方的罢工委员会还掌握了发放车船通行证、调配居民粮食等事务，俨然执行地方政权的职能。全国重要企业处于瘫痪状态，政府和垄断资产阶级受到沉重打击。罢工得到国际无产阶级的热烈支持。苏联、中国、美国和西欧等国家的工人和劳动者都募集捐款，支援英国工人。但是，作为总罢工的领导、工党分子与共产党人之间存在严重分歧。把持工会总理事会领导权的工党右翼分子，背着工人与政府和企业主秘密谈判。1926年5月11日，政府最高法院"裁决"此次罢工为"非法"。工会总理事会竟然屈服于"裁决"，仅在得到官方同意恢复了工资和工时谈判的谅解后，于5月12日宣布停止总罢工，强令工人复工。轰轰烈烈的罢工失败了。罢工失败的主要原因有二：其一，领导罢工的工会总理事会掌握在工党右翼分子之手；其二，英国资产阶级在政治上老奸巨猾，富有反革命斗争经验。总罢工被破坏后，矿工们在异常困难的条件下，坚持斗争到11月19日才无条件放弃罢工。

汉城爆发反日示威

1926年的"六一〇"万岁斗争，是朝鲜20年代最大的反日爱国斗争事件之一。1926年4月，李氏王朝末代国王纯宗死亡的消息传出后，激起了朝鲜各阶层人民的反日情绪。它不是出于对旧王朝的留恋，而出于殖民地人民对日本帝国主义的残酷剥削和压迫的反抗。在共产党领导下，汉城和其他许多城市为开展万岁示威运动进行了准备。6月10日为纯宗举行国葬这天，汉城数万名工人、学生和市民冲破了森严的警戒，高喊"朝鲜独立万岁""驱逐日本帝国主义"等口号，展开了激烈的万岁示威斗争。这一斗争遭到军警的镇压，160余人受伤，200余人被捕。同一天，仁川的青年在万国公园也举行了同样的示威活动。平壤、开城、大邱、全州等地由于计划事前暴露，示威活动遭到失败。"六一〇"万岁活动虽有一定的局限性，而且由于共产党内的宗派活动，未能使群众统一行动，但它促进了朝鲜工人、农民和学生革命斗争的进一步发展。

德国纳粹党召开首次全国代表大会

1926年7月4日，希特勒在德国魏玛举行德国国家社会主义劳工党（纳粹党）重组后的第一次全国代表大会。会上希特勒击败了他的对手斯特拉塞集团。该集团的领袖格里高尔·斯特拉塞和奥托·斯特拉塞在德国北部及莱茵河地区颇具影响力。斯特拉塞集团在魏玛大会中所提出的纲领却不合时宜，以致约瑟夫·戈培尔转而投靠希特勒。希特勒在魏玛检阅了5000人组成的行列，并首次以高举手臂的方式致意。

苏联托季联盟成立

　　1926年7月，以季诺维也夫、加米涅夫为首的"新反对派"同托洛茨基等人结成了一个新的反对派联盟（简称托季联盟）。他们提出比较系统的理论、政治纲领。同年7月托季联盟的第一个联合行动，是向联共（布）中央提交了一份《十三人声明》。《声明》系统地阐述了该联盟的政治纲领，认为最近一个时期，党内危机日益加深，党的最高领导层日趋脱离群众。最高领导层出现了官僚主义蜕化。党内普通的党员发挥不了作用，不能避免官僚主义的弊病和其他危险。《声明》指出，要提高工人的工资；调整工农业间的不平衡关系；在农村中，必须通过税收政策和价格政策，对富农加征税收。《声明》认为，必须在党内恢复一种制度，使得一切有争议的问题都能按照党的传统和无产阶级先锋队的感情和思想来加以解决，只有这样，党内民主才是可能的。7月，联共（布）召开中央全会，双方在经济问题、工业化问题和农村政策问题上展开了十分激烈的争论。全会决定将季诺维也夫开除出党中央政治局，将拉舍维奇开除出中央委员会。9月和10月，托季联盟在全国发起公开争论，10月16日，托洛茨基、季诺维也夫、加米涅夫、皮达可夫、索柯里尼柯夫、叶甫多基莫夫等6名反对派首领发表声明，表示放弃派别活动，但仍然坚持自己的观点。10月23日~26日，联共（布）中央和中央监委召开联席全会，决定撤销托洛茨基的政治局委员职务和加米涅夫的政治局候补委员的职务，解除季诺维也夫的共产国际主席职务。1927年5月26日，托洛茨基、叶甫多基莫夫、斯米尔加联名写信给中央政治局，递交了一份由83名共产党员签名的《八十三人政纲》，声明联共（布）中央对外执行了一条右倾路线，对内则继续执行错误的路线，在工业、农业和党内生活方面出现了危机。提出克服党内分歧和加强党的团结的八项建议，其核心是要求恢复列宁在世时对待党内分歧和争论的一贯做法。7月29日—8月9日，联共（布）中央和中央监委举行联席全会，讨论托、季等人违反党纪的问题。鉴于13名反对派首领发表声明，放弃派别活动，全会决定暂不把托、季开除出党中央委员会。9月初，托季联盟又秘密散发《反对派政纲》，全面阐述了对国内外形势、工农业方针、苏维埃和党的看法。10月，联共（布）中央宣布举行全党辩论，11月初，辩论结束。在庆祝十月革命10周年之际，托季联盟成员在莫斯科、列宁格勒组织了游行示威。联共（布）中央委员会和中央监察委员会于14日举行联席会议，决定将托洛茨基、季诺维也夫开除出党。在联共（布）第十五次代表大会上又将托季联盟75名骨干分子开除出党。至此，托季联盟宣告瓦解。1928年1月，托洛茨基被流放到阿拉木图。1929年1月，托洛茨基被驱逐出境，赴土耳其。1940年8月20日，托洛茨基在墨西哥遇刺，次日身亡。季诺维也夫和加米涅夫于1936年8月被处决。

美国影星瓦伦蒂诺去世

1926年8月23日,数千名妇女坐在收音机旁,为瓦伦蒂诺的去世而痛哭。这位演员年仅31岁。在过去的5年中,他在影片《血与沙》《年轻的拉耶王》《眼镜蛇》中的表演曾使她们激动不已。由于阑尾穿孔和胃溃疡等疾病的加重使他不得不住进曼哈顿医院,在那儿他用含糊不清的法语和意大利语留下几句悲伤的遗言。妇女们采取不同的方式纪念他:波拉·内格里定购了4000支玫瑰花放在他的棺材上,另一位影迷则开枪自杀殉情。

德国获准加入国联

1926年9月9日,德国正式加入国际联盟。此后不久德国又成为国际联盟行政院的常任理事国。德国加入国际联盟是20年代欧洲国际关系中的重大事件。德国之所以提出加入国联的要求,主要是由于它想修改《凡尔赛和约》对德国所进行的一系列限制规定,解除德国承担的战争责任,争取殖民地委任统治权并恢复其在军备方面的平等权利。英国和美国同意德国加入国联,最重要的原因是:首先,德国因此将承担《凡尔赛和约》中有关莱茵区非军事化义务;其次,德国因此将应该参加国联对"和平的破坏者"所采取的"惩罚措施"。在英美等国眼中,这两方面都是对自己有利的。而德国恰恰以此要挟西方国家,指出如果德国继续处在被解除武装的状态,是无法依照国联盟约对"和平的破坏者"实行制裁的。最后,西方国家不得不做出一些让步,使德国在加入国联的条件问题上获得了较大的自由。德国加入国际联盟,标志着欧洲国际关系格局发生了新的变化。从此它的战败国地位得到改变,恢复了与英、法等国的平等的大国地位,从而动摇了凡尔赛体系的基础。

第一次泛欧大会在维也纳召开

1926年10月3日,28个国家的代表在维也纳聚会,召开第一次泛欧代表大会。泛欧运动的创始人理查·尼古拉·格拉夫·古登霍夫-卡拉奇就他的方案做了报告。他早在1923年的《泛欧》一书中就提出此构想,主要论点是希望在战略、经济、民族关系方面,消除欧洲的内陆国界线,以实现欧洲统一的构想。泛欧大会由德国国会主席保罗·劳贝主持。6日,大会发表宣言,要求再召开一次泛欧大会来筹备欧洲联盟。

意大利实行党政合一

1926 年 10 月 7 日,意大利法西斯党最高会议通过一项新党章,将党与国家合而为一,严厉禁止国内的其他政治团体干涉国家政权。新党章中没有只字片语提到国王。同时,法西斯党员的新誓言只向墨索里尼个人效忠。在意大利,谋刺墨索里尼的事件仍不断发生,31 日,墨索里尼在波洛尼亚遇到一名 15 男孩的枪击,但未受伤,凶手立即被处死。

印尼反荷大起义

1926 年 11 月至 1927 年 3 月,印度尼西亚爆发了反荷民族大起义。印尼在荷兰殖民者的长期统治下,劳动人民过着牛马不如的生活。第一次世界大战后,工人阶级的觉悟不断提高,1920 年 5 月,成立了"东印度共产主义联盟",1924 年 6 月改名为印度尼西亚共产党。1925 年,荷兰殖民政府多次颁布反动法令,禁止共产党人集会,逮捕工人和农民运动领导人,组织反革命恐怖社团"绿色同盟",在劳动人民中制造白色恐怖。共产党主要领导阿里阿罕姆被流放,慕梭等被迫流亡国外。荷兰殖民当局的暴行和倒行逆施,终于导致了民族大起义的爆发。1926 年 11 月 12 日晚,爪哇岛万丹的麦尼斯村农民首先发动起义。接着,雅加达的起义者向草埔监狱和城区电话局进攻。起义迅速扩展到勃良安、梭罗和谏义里等地区。1927 年 1 月 1 日晚,西苏门答腊的西龙岗也爆发了以农民为主力的人民起义。共产党人站在起义的最前列,起义的主力是农民、工人和青年学生,深受荷兰殖民者压迫剥削的华裔、华侨和印尼人民并肩战斗,一些爱国的伊斯兰教长老也积极支持起义。起义者用最简陋的武器与荷兰殖民军警搏斗,攻打电话局,袭击监狱和警察局,破坏铁路和桥梁,惩办殖民官吏和特务走狗。荷兰殖民者一时疲于奔命,求救于国际帝国主义。英、美、日、法等帝国主义在印尼均有投资,因此与荷兰殖民者狼狈为奸,残暴地镇压起义者。由于军事力量过于悬殊,以及革命的领导力量还不够成熟,起义于 1927 年 3 月失败。据不完全统计,在这次起义中,殖民当局逮捕了 1300 多人,被杀害或判刑者 4500 人,有 2100 多人被流放到利辜苦役营。印尼共产党和进步社团被宣布为"非法"或被解散,许多共产党员和革命者在殖民者的刑场上英勇就义。起义虽然做出了巨大牺牲,但进一步唤起了民族觉醒。

萧伯纳拒绝领取奖金

1926 年 11 月 18 日,1925 年度的诺贝尔文学奖得主乔治·萧伯纳表示,他不准备接受这笔奖金。这项消息使诺贝尔奖奖金委员会表示震惊。英国文豪解释说："我的小说读者及戏剧观众已经使我的收入远超过我的需要,而且名声太大也有碍我的精神健康。"后来他还是接受了这笔奖金,将它全部运用于英国和瑞典的文学研究工作,才解决了这一尴尬的局面。

著名戏剧家萧伯纳酷爱海上游泳

苏德进行军事合作

1926 年 12 月 3 日,英国曼彻斯特的《前卫报》披露德国军队和苏联红军在苏联武器生产方面进行合作。德国议员菲利普·赛德曼(德国社会党)于 16 日在国会中就国外比国内更了解德国军队扩充军备活动一事,发表谈话。他抨击德国军方介入莫斯科与容克飞机公司的契约缔结,以及德军活动不受公议的监督。

包豪斯学校在德绍办学

德国著名的包豪斯艺术、建筑、设计学校对世界范围的艺术家都产生了影响。但是它在德国却很难找到一个立身之地。学校被迫离开魏玛,现在德绍办学。包豪斯艺术以其闪光的钢铁和玻璃构成的均匀的合成物为代表。包豪斯的创建者,建筑师沃尔特·格罗皮乌斯,认为艺术功能和技术是分不开的。他还认为,艺术家应当精通生产工艺。沃西里·康定斯基和保尔·克利就是包豪斯的两位门徒。然而,自从右翼政治家攻击包豪斯作品过于激进开始,这所学校的许多艺术家便改为暗中为这个学校工作了。

日本大正天皇去世

常年体弱多病的日本大正天皇于 1926 年 12 月 25 日上午 1 时 25 分去世,享年 47 岁。日本新闻报社纷纷以《圣上驾崩》为题发表号外。大正天皇去世后约 2 小时,现年 25 岁的皇太子裕仁亲王正式即位为第 124 代天皇。登基典礼的同时,内阁议决"昭和"为新年号。裕仁亲王经枢察院同意后,发布《昭和改元诏书》。

法国印象派绘画大师莫奈去世

1926 年 12 月 6 日,法国印象派绘画大师莫奈去世,终年 86 岁。

1840 年 10 月 14 日,莫奈生于巴黎。1845 年,莫奈随父亲来到一个名叫勒阿弗尔的港口城镇,并在那里度过了他无拘无束的少年时代。他自幼厌恶学校,但唯独喜欢画画,15 岁就已展露出绘画的天赋。后来,他认识了青年画家欧仁·布丹。在布丹的启迪下,他逐渐走上了艺术的真正道路。1859 年,他到巴黎学画。1874 年,他同其他二十多位法国画家一起组成了一个"无名画家协会",在巴黎举行一个画展,引起了很大轰动。其中,莫奈的画《日出·印象》受到人们的普遍关注,此画奠定了他在现代画坛上的地位。

莫奈的创作目的主要是探索表现大自然的方法,记录瞬间的感觉印象和他所看到的充满生命力和运动的东西。他曾长期探索光色与空气的表现效果;常在不同的时间和光线下,对同一对象连续做多幅描绘,从自然的光色变幻中抒发瞬间的感受。莫奈很重视笔触,并运用不同的笔触充分表现色彩以符合自然的本来面貌。晚年的莫奈把全部精力都投入到了作品《睡莲》上,这也成了他后半生唯一的主题。

莫奈的主要作品有:《草地上的午餐》《圣阿德列斯的阳台》《花园里的女人们》《日出·印象》《巴黎圣拉查尔火车站》《干草垛》,其中以《鲁昂教堂》、组画《睡莲》最为著名。

格楚德·厄德勒第一次横渡英吉利海峡

在游泳运动员眼里,横渡海峡是极富挑战性、最令人神往的项目。在世界上许多著名的海峡中,横渡难度较大、参与人数最多、影响最为深远的当数英吉利海峡。

在马修·韦伯横渡成功后的二十多年中，不少人曾尝试横渡英吉利海峡，但鲜有成功的例子。直到 1911 年，托马斯·伯杰斯在他第 13 次尝试中才为横渡又增添了一个成功者。如此低的成功率让人们对横渡英吉利海峡的兴趣大减，直至 20 世纪 20 年代，横渡活动才进入新一轮高潮。1923 年，一个意大利人首次从法国一端下水，成功横渡英吉利海峡。1926 年 8 月 5 日，美国奥运会游泳冠军格楚德·厄德勒从法国的内兹出发，耗时 14 小时 39 分钟，抵达多佛尔，不仅成为第一个成功横渡英吉利海峡的女性，同时也刷新了首渡成功者马修·韦伯创造的 21 小时 45 分钟的横渡纪录。

尼加拉瓜反美游击战争爆发

1926 年 5 月，尼加拉瓜爆发护宪战争。美国以保护美国侨民的生命财产安全为借口，派海军在尼加拉瓜登陆。10 月 26 日，桑地诺率领矿工，炸毁美国资本家矿场，宣布起义。1927 年 2 月，起义军人数逐渐增多。4 月，桑地诺起义军与自由党蒙卡达军队会师。5 月，蒙卡达放下武器，与美谈判，签订《黑山植条约》。12 日，桑地诺发表宣言，揭露美国的阴谋和蒙卡达的背叛。美军和政府军开始联合围剿桑地诺部队。7 月 1 日，桑地诺在北部塞戈维亚山区发表《圣阿尔宾诺宣言》，宣布保卫民族尊严和拯救被压迫者，并随即整顿军队，采取游击战术，有效地打击敌人，同时在游击区实行系列改革，给农民以实惠，得到人民的广泛支持。

1928 年，美国总统胡佛提出与桑地诺谈判，遭到拒绝。至 1931 年，起义军发展到 3 千多人，占领全国一半以上的土地。1932 年 11 月，萨卡沙当选尼加拉瓜总统并继续围剿游击队。12 月 23 日，萨卡沙以美军已撤走为由呼吁与桑地诺和谈。1933 年 1 月 2 日，美海军撤出尼加拉瓜，2 月 2 日，游击队与政府签订和约，政府承认游击队是为祖国自由而战，保证维护国家主权和独立，游击队则有步骤地放下武装，反美战争取得胜利，但桑地诺在 1934 年 2 月 21 日被谋杀，游击队及其根据地遭到摧毁。1937 年索摩查出任尼加拉瓜总统，开始建立其亲美独裁政权。

魔术大师哈里·霍迪尼逝世

1926 年 10 月 31 日，魔术大师哈里·霍迪尼在底特律去世，终年 52 岁。他以锁链锁不住、密封箱子关不住、能轻而易举地从监狱脱身而闻名于世。

霍迪尼在表演中几乎没有东西能将他禁锢，在手腕和脚腕都被绑住的情况下，他仍能从一个沉入水底的被锁住的大铁箱中逃脱。他也曾经从保险柜中、银行金库中和监狱地牢中逃出来。他身体的每个部位都灵巧异常，能用一只脚的脚趾将绳子打结或将绳结解开。许多人看过他的表演，都为之震惊，称他是伟大的逃跑表演艺术家。

毕苏斯基在波兰建立独裁政权

1926 年 6 月 13 日,波兰元帅约瑟夫·毕苏斯基发动军事政变,夺取大权。总统与内阁被迫接受毕苏斯基的条件,同意任命他为军队的终身司令官,地位不受政府变动的影响,不受内阁和议会限制。

毕苏斯基夺取政权的最初举动是率军将农民党领袖维托斯驱逐下台。他以受贿、滥用政府资金为由,指控维托斯腐败,并伙同激进党派将这一事实刊登在报纸上。当维托斯得知此事后立即将刊登这些内容的报纸全部查封,这激怒了激进派。就在维托斯派武装警察袭击毕苏斯基住宅时,忠于毕苏斯基的部队举行暴动并进逼华沙。维托斯于 5 月 14 日被迫辞职。

日本进入昭和时代

1926 年,日本大正天皇驾崩,皇太子裕仁登基,改年号“昭和”。昭和时代初期,日本军国主义的侵略扩张大规模展开。1931 年(昭和 6 年),九一八事变爆发,日军侵占中国东北。1937 年(昭和 12 年)7 月 7 日,日军挑起“卢沟桥事变”,发动全面侵华战争。同年 12 月 13 日,侵华日军占领南京,发动了长达 6 周、惨绝人寰的“南京大屠杀”。1941 年(昭和 16 年),日军偷袭珍珠港,太平洋战争爆发。这一系列战争,给中国、朝鲜、东南亚及太平洋地区的人民带来地狱般的灾难,同时,日本人民也承受着战争所带来的苦难。这是日本历史以及中日关系史上最黑暗的时期。而昭和天皇裕仁,对于这一系列战争的发动有着不可推卸的责任。

1945 年(昭和 20 年)8 月 15 日,日军投降。美军占领日本,改日本专制天皇制为君主立宪制,天皇作为日本的象征被保留下来。1972 年(昭和 47 年)7 月,田中角荣出任日本首相,开始执行“多边自主”外交政策。1989 年(昭和 64 年,平成元年),昭和天皇病亡。皇太子明仁即位,改年号为“平成”。

人类第一次实现远程电视传播

1927 年 4 月 27 日,美国贝尔电话实验室在纽约和华盛顿之间使用有线方式传送电视节目,播出了当时的联邦商业部长赫伯特·胡佛(后当选美国第 31 届总统)的演说。就此人类第一次实现远程电视传播。

有声电影的诞生

1927 年,美国著名的华纳制片公司推出了电影史上第一部有声片《爵士乐歌星》,给世界电影带来了一场翻天覆地的革命。在这之前,人们只能借助乐师给电影配乐;在日本,甚至有专门的说唱演员,当影片放映时,他们以说唱形式讲解影片的内容。所配乐曲一般是由乐师根据银幕展示的剧情即兴演奏。当有声片在美国出现后,上述情况发生了根本的变化。

在《爵士乐歌星》中,演员阿尔·乔尔森担任主角,他的声音稍微有些呆板,不如电话传送得清晰,演员的动作与他们的语言脱节,声音没有像在广播里那样抑扬顿挫,但无论如何,这是一次首创。

《爵士乐歌星》的情节部分地反映了乔尔森真实的一生,像他所扮演的主人公一样,乔尔森出身一个犹太家庭,这个家对他的爵士歌手的职业是很不赞成的。乔尔森同父母的疏远及至后来的飞黄腾达是这部影片的精彩之处。他扮演黑人,深情地演唱了圣歌《柯尔·尼德里》和《妈妈》。

英美日海军会议在日内瓦开幕

1927 年 6 月 20 日,英、美、日在日内瓦召开海军会议。海军会议上英美讨论限制海军军备意见分歧很大。美国策划把华盛顿会议所规定的 5∶5∶3 的比例原封不动地应用于辅助舰只。英国则坚持由于它海岸线长,必须拥有 70 艘各种类型的巡洋舰。它还提出,万吨级的大型巡洋舰,可按 5∶5∶3 的比例建造,小型的则不按此比例。这样,英国的舰队就超过了美国舰队。美国表示反对,因小型巡洋舰对它毫无用处,它希望建造更多的大型巡洋舰,以弥补其海外基地不足。日本站在英国一边。英美各持己见,会议最终未达成什么结果。

体坛名将巴贝·鲁思

棒球于 20 世纪 20 年代进入成熟期,1927 年,美国著名棒球运动员巴贝-鲁思(1895-1948)创下了一个赛季 154 场比赛 60 次本垒打的纪录,该纪录 34 年后被打破。巴贝·鲁思曾率领纽约的扬基队,赢得了众多世界大赛的冠军,并因其本垒打的力量而成为民族英雄。此事件后来被美国弗吉尼亚州阿灵顿的新闻博物馆评选为 20 世纪 100 大新闻之一。

青霉素的发明

青霉素是抗菌素的一种,是从青霉菌培养液中提制的药物,是第一种能够治疗人类疾病的抗生素。

青霉素的发现者是英国细菌学家亚历山大·弗莱明。1928 年,他在检查培养皿时发现,在培养皿中的葡萄球菌由于被污染而长了一大团霉,而且霉团周围的葡萄球菌被杀死了,只有在离霉团较远的地方才有葡萄球菌生长。他把这种霉团接种到无菌的琼脂培养基和肉汤培养基上,结果发现在肉汤里,这种霉菌生长很快,形成一个又一个白中透绿和暗绿色的霉团。通过鉴定,亚历山大·弗莱明知道了这种霉菌属于青霉菌的一种,接着他又把这种霉菌接种到各种细菌的培养皿中,发现葡萄球菌,链球菌和白喉杆菌等都能被它抑制。这极大地鼓舞了正急于找到一种治疗化脓性感染药物的弗莱明。经过一系列试验和研究,亚历山大·弗莱明肯定地认为这种霉菌可能成为一种可以全身应用的抗菌药物。于是,他把这种霉菌分泌物的液体叫作"青霉素"。

米老鼠诞生

迪斯尼电影制片公司生产的动画片是好莱坞动画电影的代表。这一电影类型的创始人是娱乐业大王沃尔特·迪斯尼。1928 年,迪斯尼创造了著名的卡通形象米老鼠,而且亲自为其配音。随后,迪斯尼又将此卡通形象拍成电影,在美国播出后立刻引起了轰动。剧中主角是一只有着大而圆的耳朵,穿靴戴帽的小老鼠。它虽然没有说什么话,但是随着轻快的音乐而跺脚、跃动、吹口哨……这可爱的形象,博得所有观众的喜欢,不到几年,米老鼠就成了举世闻名的"明星"。迪斯尼也因此名声大振,他的动画制作公司从而成为全美最受欢迎的公司。

德国电影《大都会》上映

1927 年 1 月 10 日,全德电影联合制片股份有限公司耗资最大的影片《大都会》开始上映。这部以特阿·芳·哈保的长篇小说为题材拍成的影片,是为了与美国电影竞争而拍摄的。全德电影联合公司夸耀本片拍摄了 62 万公尺长的电影胶卷,耗费了 500 万马克的生产成本,动用了 36000 名演员,全片拍摄时间共花了 360 天。虽然有这样的宣传,以及颇负声望的导演弗列兹·朗格执导,但是评论界则指责这部影片过于肤浅。影片描写在一个幻想中的未来大都会中,身处社会最底层的劳工艰辛地操作庞然大物般的机器,

《大都会》这部史诗式的无声电影花了两年时间才拍成,是德国摄制最昂贵的影片。这部幻想片,背景设在2000年的一个专制社会里。

而上层社会的资本家则靠对劳工的剥削,享受奢侈豪华的生活,结果劳工们试图破坏机器而进行暴动。哈保在小说中所揭露的劳资间的冲突,导演朗格也极力将它表达出来。哈保在小说中提出解决劳资纠纷的看法,认为"在脑和手之间应该是心脏。"这部影片给予人的印象是,导演既对机器世界所创造的奇迹感到骄傲,但是又对毫无人性的机器世界感到十分恐惧。

小神童梅纽因在巴黎演出

1927年2月6日,一个新的引起轰动的事情使巴黎上百名音乐爱好者站起来为之鼓掌。用小提琴演奏对这位小提琴手来讲,似乎就像鸟儿唱歌一样轻而易举,他就是耶胡迪·梅纽因。他的崇拜者们被征服了,而且也震惊了,因为这位音乐演奏名手仅仅10岁。小梅纽因选了法国作曲家爱德华·拉罗的一部曲子。他用提琴完美无缺地演奏了一首小提琴管弦乐曲。这就是梅纽因在巴黎的初次登台,但却不是他第一次职业性的演出。3年前,他曾同旧金山交响乐团一起演出过。梅纽因生于美国,父母是俄国人。他两岁以前就开始听音乐,三岁的时候,要求学习小提琴。现在,他每场音乐会能挣约5000美元。

美国建立联邦无线电委员会

柯立芝总统 1927 年 2 月 23 日签署一项法案,整顿国家迅速扩大的广播网。这项法案规定,总统将任命一个联邦无线电委员会,把所有的电台都分出层次,定出波长,而且制定必要规则。以确保各个广播电台之间不会互相干扰。这个委员会将由 5 人组成,其产生方法是:先把国家分成五个大区域,然后每个大区出一名代表,同一政党不能选出 3 名以上成员。这项法规禁止该委员会任用生产或销售无线电设备的企业中的股东和电报、无线电话或无线电广播事业中的股东。

伦敦与旧金山通话

1927 年 2 月 26 日,旧金山与伦敦之间的电话线开始使用,从而创造了远距离电话服务的一个新纪录。第一次通话是在旧金山时间上午 9 点零 5 分(伦敦时间下午 5 点零 5 分),在太平洋电话局和伦敦美国电话电报局之间进行的。尽管两地相距 7287 英里,但彼此听得十分清楚。伦敦和西海岸城市通话的次数迅速增加,因此,不久将召集一次会议制定计划扩大这项服务,以便使美国人能够同欧洲的几个大城市进行通话。

日本爆发金融危机

1927 年,日本爆发大规模的金融危机,又称"昭和金融危机"。第一次世界大战结束后,日本经历了 1920 年的经济危机和出兵西伯利亚的惨败,致使日本经济在困境中挣扎。1923 年的关东大地震更使日本经济雪上加霜,成为此次金融大危机的直接导火索。政府以财政资金作为贷款用以赈灾,使产业与金融的关系混乱不堪。第一次若内阁藏相片冈直温在第 52 届议会上提出两个整理震灾票据的法案时,由于不慎将渡边银行的经营内容和盘托出,引起东京、横滨一带发生银行挤兑现象,继而各大银行相继宣布歇业。3 月 22 日,议会通过决议发行公债救济震灾区票据持有者,日本银行同时放出 3 亿多日元贷款,危机暂告平息。1927 年 3 月,挤兑现象开始波及全国,许多银行宣布破产,金融危机开始。4 月 17 日,第一次若槻内阁倒台,随之金融混乱达到顶点,危及许多工业部门。继任的田中义一内阁发布《延期支付令》,命令银行暂停营业,努力收拾残局。5 月,金融危机才算告一段落。此次金融危机导致日本政府下决心解除了黄金出口禁令,并使银行高度垄断集中。确立三井、三菱、住友、第一和安田等五大银行的优势地位。

美国艳星韦斯特被判犯罪

1927 年 4 月 19 日,百老汇大街演出的戏剧《性》的作者及主演梅·韦斯特小姐被判

艳星梅·韦斯特小姐

定犯有猥亵罪。她被处以 10 天监禁并被罚款 500 美元。这个个子矮小的韦斯特小姐还创作了《童贞男子》。她声称警察看了《性》的首场演出并没有指出毛病。但是一年以后,韦斯特小姐主演此剧时却即席进行了淫猥的表演,法庭在 2 月 5 日命令该剧停演。

共产国际执委会第八次全会举行

这次会议于 1927 年 5 月 18 日到 30 日举行。会议记录始终没有发表。到会的代表共 71 名,其中 33 名有表决权。会议议程只有中国问题和战争危险问题两项。执行委员会这次不像往常那样在一个大厅里开会,而是在旁听者无法容身的一间小小的委员会办公室里举行的。有关文件直到会议开幕前夕才散发,而且在会议结束时必须交还。只有斯大林关于中国问题的演说和布哈林向莫斯科党组织做的报告事后发表了。过了大约一年,在俄国反对派的海外支持者公布了托洛茨基在这次全会上的演说以及季诺维也夫关于中国问题的提纲以后,共产国际执行委员会政治书记处才在莫斯科发表了一篇简短的全会工作报告。据报告说,召开这次全体会议的原因在于:"极端复杂和日趋严重的政

治形势要求共产国际做出新的决定并颁发新的指示。"第二国际和国际工会联合会正在积极参与对苏战争的准备,战争的危险空前巨大。导致战争的主要因素是中国的形势和英苏外交关系的断绝。英国新工会法的用意在于一旦发生战争时捆住工人阶级的手脚。执行委员会首先讨论了这一问题,并拟出了给各支部的指示。其次对中国革命问题进行了彻底的讨论,布哈林就这一问题做了报告。会议一方面肯定共产国际以往主张中国共产党人和民族资产阶级结成联盟的路线是正确的,一方面又指示中国共产党人要根本改变策略,把土地革命作为他们反帝斗争的中心。要把左派国民党变成一个包括工会、农会等在内的广泛的群众组织。共产党人应该继续留在国民党内,并把武汉政府变成工农革命专政的政权。会议还讨论了英国的形势和英国共产党的任务,并且"对共产国际执行委员会主席团的人选作了某些更动"。会议决定在 1928 年夏季召开第六次共产国际代表大会。报告接着说,"尽管当时的政治局势极其严重,苏联共产党的反对派还是要在全体会议上对苏联共产党和共产国际进行空前猛烈的攻击。托洛茨基和魏奥维奇两同志散发了有关议程上的主要问题的反提纲以及他们那派的若干文件,并且公开以反对派集团的名义发言,如此等等,不一而足。他们的全部文件都给苏联共产党中央委员会和共产国际加上了'无数叛变'的罪名等等。"发表各项决议时做了"若干无关紧要的删节,因为资产阶级恐怖政权在一些国家所造成的情况使我们不得不如此"。

英苏断交

1926 年至 1927 年,英苏关系出现了严重的危机。此次危机的起因是 1926 年英国工人大罢工。1926 年 5 月,英国工人爆发了一场规模巨大的罢工运动。早在罢工举行之前的 1925 年 12 月,苏联重要领导人之一季诺维也夫就在苏共 14 大上宣布这次罢工的消息,罢工爆发后,苏联工会还向英国矿工募捐,并举行了声势浩大的声援活动。这些情况均被英国政府视为苏联对英国内政进行干涉,导致双边关系不断恶化。1926 年 6 月 12 日,英国向苏联发出抗议照会,6 月 24 日,英国政府发表了一本蓝皮书,集中揭露苏联干涉英国内政的一系列文件。1927 年 5 月,英国警察当局对苏联驻英贸易机构进行搜查,并占领了苏联商业代表处的档案室。此后不久,英国政府宣布废除《英苏贸易协定》,同时与苏联断绝了外交关系。

林白单人越洋飞行

1927 年 5 月 21 日,将近 10 万巴黎人冲到布尔歇机场的柏油路面上为一个新的世界英雄的到来而欢呼。查尔斯·林白已安全着陆,完成了第一次独自一人从纽约到巴黎的直达飞行。其他人也曾飞过大西洋,但是没有一个人能比这位身材瘦长、说话温柔、25 岁的飞行员更能引起公众的注意。当他的瑞安式 NYP 单翼飞机"圣路易斯精神"号经过长达 33 个多小时,距离 3600 英里的飞行着陆后,人群吞没了林白和他的飞机。两个中队的法国士兵都无法阻挡他们。林白出生于底特律,在明尼苏达长大。他是一个典型的美国中西部人。他弄不明白人们为什么要如此大惊小怪。况且他不能肯定自己一定喜欢这样的场面。仅仅在几周以前,当人们展开争夺从纽约到巴黎的首次不着陆飞越大西洋而设立的 2.5 万美元奖金时,林白还是一匹实力未明的黑马,只有他的支持者——圣路易斯实业家们相信他会成功。他大胆地从加利福尼亚直飞纽约,企图在所有的对手中夺魁。林白昨天黎明从长岛的罗斯福机场起飞。这次飞行在两个大陆都成为头版消息。由于他的飞行汽油过重,飞起来就像一只喝醉的海鸥,差点擦上跑道终端的树梢。报纸电台的宣传使成千名观众注意到了这一消息。当林白的飞机沿海岸向北飞行,于纽约时间下午 7 点 15 分在纽芬兰岛的圣约翰的大西洋上空转而向西飞行时,人们就在期待着林白的到来。从那时起林白的飞行仅凭测程器和罗盘进行机位推算,有时飞机急降到海拔 10 英尺高度,有时则一直升到 1 万英尺高空。这位飞行员警觉地坐在飞机中,大口嚼着贮藏的食物——5 个自己做的三明治。林白于下午 10 点看到巴黎的灯光,于 10 点 24 分在布尔歇机场着陆。正如这次飞行是连续飞行一样,人们在飞机着陆后同样也没有停顿,马上举行庆祝活动。一些人可能只把他的成绩看成是挣钱的绝技飞行,而对其他人来讲,他却有着更深的含义:航空事业和空中旅行事业的未来正酝酿着腾飞。

林白受到热烈欢迎

1927 年 6 月 13 日,查尔斯·A·林白完成横跨大西洋的具有历史意义的独自飞行后返回家中,像英雄一样受到人们的欢迎。当这个"孤胆之鹰"乘坐"孟菲斯"号巡洋舰通过弗吉尼亚海角时,4 艘驱逐舰、40 多架飞机和切萨皮克湾海岸上欢呼的人群一起欢迎他。"我很高兴重返家中"。他只是这样简单地说道。柯立芝总统在华盛顿也接见了林白上尉,并授予他飞行十字勋章。今天纽约市举行盛大游行,彩色纸带如雨丝般纷纷洒向林白。

苏联驻波兰全权代表被害

1926 年和 1927 年,英国在国际上掀起反苏浪潮,尤其在波罗的海各共和国和波兰开展了反苏运动。正如伦敦《经济学家》杂志 1927 年 6 月 4 日所写的"英国将挑动波兰和俄国的其他邻国进攻俄国,并支持他们的进攻"。英国利用那里的地下恐怖组织和间谍从事暗杀苏联驻外代表的活动,以图把苏联拉入战争。继 1926 年 2 月 5 日拉脱维亚白俄分子袭击苏联外交信使之后,一个波兰籍俄国自卫分子科维尔达又于 1927 年 6 月 7 日在华沙车站刺杀了苏联驻波兰全权代表彼·拉·沃依柯夫。沃依柯夫受致命伤而未得到及时抢救,于当天死去。事件发生后,英国进一步向波兰施加压力,鼓动其进行反苏活动。苏联政府采取了积极的外交措施,阻止苏波关系的破裂。沃依柯夫遇刺当天,苏联政府就向波兰政府提出了强烈抗议,指出"这不可思议的罪行里面,苏联政府看出是具有通盘计划的性质。目的在于消灭苏联的驻外代表,造成对和平的直接威胁。"波兰政府推脱责任,说沃依柯夫谋杀案是"外国籍疯人的个人行动",而对其境内恐怖组织没有采取任何惩办措施,就连科维尔达后来也到了美国并取得美国国籍。然而波兰人民都反对战争,表达了对苏联的友好感情。沃依柯夫遇害后,华沙5万多劳动群众参加了这位因公殉职的苏联外交官的送葬行列,几十个华沙工人代表团前往苏联全权代表处,向苏联人民表示深切的同情,有远见的波兰政治家也反对恶化苏波关系。在波兰人民坚决维护苏波友好的压力下,波兰政府才对凶杀事件表示遗憾。苏波两国政府恢复了关于缔结互不侵犯条约的谈判,使苏波冲突得以防止,英国的反英阴谋未能得逞。

日本召开"东方会议"

1927年,日本爆发经济危机,垄断资产阶级期望从对外侵略中寻找出路,因而重用军阀。4月17日,政友会总裁、陆军大将田中义一男爵出任首相兼外相。田中义一代表最反动最富侵略的日本统治集团,公开推行帝国主义侵略政策。1927年6月27日至7月7日,田中义一主持在东京举行了所谓"东方会议"。参加会议的有外务省、陆军省、海军省和参谋本部的代表。会议研究了政府提出的对华"积极"行动纲领,即公开侵略中国的纲领。这个纲领的核心就是田中在会上提出的"欲征服世界,必先征服中国;欲征服中国,必先征服满蒙"的侵略方针。东方会议的决定成为臭名昭著的田中秘密上奏天皇的"田中奏折"的基础。尽管"田中奏折"的原件至今尚未发现,但历史已经证明,日本帝国主义正是按照"东方会议"和"田中奏折"的侵略方针进行侵略和争夺东方和世界霸权的。在田中执政的两年中(到1929年7月2日),仅1927年5~6月和1928年4~5月,即曾两次出兵山东,侵占我国青岛和济南。东方会议决定了对华政策纲领,根据公布的内容:第一,区别"中国本土和满蒙",坚决把中国东北从中国分割出来,置于日本势力之下;第二,认为当前中国不可能统一,应和"各地的稳健政权"取得适当联系,即极力使军阀分裂互斗,从中选择日本的走卒;第三,"帝国在华权益以及日侨生命财产如有受'不逞分子'非法侵害之虞时,帝国当根据需要采取坚决自卫的措施",即日本坚决和反对帝国主义争取民族独立的人们为敌;第四,"万一动乱(中国革命)波及满蒙,扰乱治安,使该地日本的特殊地位与利益有受侵害之虞时,帝国将不问它是来自哪一方面,有立即坚决采取适当措施加以保卫的决心"。

奥地利发生暴乱

1927年7月15日晚上,奥地利的维也纳成了一个火药桶。大火已经烧毁了"司法宫"。枪声在整个城市中回响,尸体堆满了街道。左派分子号召推翻伊格那兹·赛佩尔总理的政府。"退伍军人运动"的3名成员被指控犯有藐视"共和国辩护团"罪之后又被宣布无罪释放,暴乱因此发生。这几名退伍军人被指控打了一名工人和一名儿童。无罪释放的裁决刚一宣布,工人们便举行罢工,涌入街道。其中一些人占领了维也纳大学,这里被认为是纳粹活动的一个中心。另一些人则占领了司法宫,并将其付之一炬。警察迅速行动控制暴乱。他们向罢工者开枪射击,至少有89人中弹身亡,600多人受伤。社会民主党领袖利用这种极为紧张的局势要求赛佩尔总理辞职。社会民主党人指控他容忍退伍军人的非法活动。赛佩尔阁下三年前曾遇刺但幸免于难,他是一位狂热的反社会主义者,这次没有让步的表示。维也纳报纸指控莫斯科唆使这些暴乱分子暴乱。一篇社论说如果暴乱继续发生,奥地利将被德国吞并。

法国农业信贷银行建立

法国农业信贷银行是法国最大的银行,也是世界的大银行之一,它由法国最早的农业信贷机构发展而成。1885年,法国建立了第一个农业信贷合作社,为农业发展提供资金。1894年11月5日,法国颁布法令正式批准农业信贷合作社组成信贷互助公司,即农业互助信贷地方金库。1897年11月17日,法国又颁布法令,规定由法兰西银行给其提供赠款4000余万法郎,并每年提供特种使用经费200万金法郎。1920年8月5日,法国又建立了国家农业信贷管理局,1926年该局改名为国家农业信贷金库。这样就形成了一个庞大的、完整的农业信贷银行集团。由于法国国家的资助,该银行发展非常迅速,业务范围不断扩大,信贷资金日益增加。70年代开始大力发展国际业务,到70年代末一度成为世界最大的商业银行。但80年代以后,这家银行同世界上其他几家大银行相比发展不大。1980年银行的资产额已退居世界第三位,1981年退为第四位,1983年居第十位,到1986年银行的资产额为1544.07亿美元,居世界大银行的第九位。目前这家银行在法国拥有1万余家分支机构,在国际上的信贷业务联系几乎遍及全球。银行的组织机构由三级构成,即地方金库、地区金库和国家农业信贷金库。全体委员会是其管理机构,总部设在巴黎。

飞越大西洋的热潮中事故频生

据 1927 年 9 月 3 日报道,在飞越大西洋的热潮中,又发生一起不幸事故。吕汶斯泰一威德海姆一弗劳茵登堡 63 岁的公爵夫人及其同伴一行人,至今下落不明。她从温莎起飞,想要成为第一名飞越大西洋的女人。在法、英等地,不断有大胆的飞行员向飞越大西洋的壮举挑战,但是大多数均坠毁或失踪,救难工作所费人力、物力无以数计。到当日为止,已有 25 名飞行员丧生。愈来愈多的呼声要求限制设备不足的航空飞行,加拿大起草一份法律草案,严格限制长途飞行。

美国著名舞蹈家邓肯去世

1927 年 9 月 14 日,法国尼斯的一场车祸,夺走了 49 岁的舞蹈奇葩——伊莎朵拉·邓肯的生命。邓肯是将诠释性的舞蹈提升到创造性艺术地位的先驱者。她主张把舞蹈建立在自然的节奏和动作之上,并应用这种方法表现作曲家布拉姆斯、华格纳和贝多芬等人的作品。她 21 岁赴英国,通过对古希腊艺术的研究,进一步从本能的舞蹈节奏出发,建立了她的舞蹈体系,很快风靡全欧。邓肯把舞蹈从人为的技术性限制中解放出来,摆脱对技巧的依赖,为尔后的现代舞开创了新的里程。

坦能堡纪念碑落成

1927 年 9 月 18 日,为纪念世界大战期间坦能堡之役的"坦能堡纪念碑"落成典礼,在东普鲁士的霍斯坦举行。以德国总统兴登堡及埃里希·鲁登道夫将军为首,共有 7000 人参加观礼。在庆祝过程中,现场到处飘扬着许多卐形旗帜和德意志帝国的黑白红旗帜。开幕仪式之后,全场观众向前陆军大元帅、现任总统兴登堡致敬。1914 年 8 月兴登堡及鲁登道夫指挥德军在坦能堡大败俄军,俘俄兵 10 万多人。退位的德皇威廉二世致电兴登堡,表示"愿我们分裂的民族能共同发扬坦能堡的精神"。

日本取得中东铁路所有权

1927 年 10 月 13 日,苏联籍中东铁路的经理与日本南满铁道株式会社社长山本条太郎签订密约,以借款 4000 万日币为代价,将苏联的所有权让与日本。中东铁路收回问题,一直是中苏两国间亟待解决的悬案。苏联鉴于近来中国收回中东铁路的宣传日甚。9月底,中国又拟提取中东铁路存款数百万,因此多方考虑,决定将路权转让给日本。目前苏联国库空虚,愿将中东铁路所有权让与日本,并要求借款 4000 万日币。13 日,中东铁路苏联经理即与日本南满铁道株式会社社长暗中缔结中东铁路密约,再由双方请示本国政府。

通用公司股息创历史纪录

1927 年 11 月 10 日,通用汽车公司宣布它的股息是美国历史上最高的,整个华尔街为此而欢欣鼓舞。那些持有 1740 万股金的股东们将得到总数为 6525 万美元的股息。这一事实表明,正像股份有限公司的官员们所说的那样,这家汽车公司具有强大的现金实力。

摩洛哥幼主即位

1927 年 11 月 20 日,年仅 10 余岁的摩洛哥国王穆雷·哈马达即位,并改称穆雷·穆罕默德。回教领袖选择哈马达继承其父穆雷·约瑟夫的王位,并指定摩洛哥首相艾尔·莫克里成立一个临时代理议会,以辅助幼主处理国事。不过哈马达与他的父亲一样,仅拥有摩洛哥的宗教权,至于政治权则仍归于宗主国——法国。

马戏创始人保罗·布希去世

1927 年 11 月 28 日,马戏创始人保罗·布希去世,享年 77 岁。布希于 1870 年从军中退伍后,在各国马戏团中充当驯马师,开始了他的马戏生涯。当他拥有 10 匹马时,便在丹麦独力演出。4 年后,布希马戏团首次在德国公演。布希早先是在维也纳的普拉特创建固定的马戏场,随后又在汉堡、柏林等地建造。他是第一个采用"马戏"这个名词作为表演节目的人。

福特公司推出 A 型汽车

亨利·福特设计的 A 型新式汽车 1927 年 12 月 1 日上午在纽约沃尔多夫旅馆展出,很快就订出 5 万台。这种汽车的值得称道之处是带有防震挡风玻璃,并且为便于操纵,还安装了一个变速装置。这种 A 型汽车时速可达 71 英里,马力是旧式福特牌汽车的 2 倍,价格较原来仅提高 10 至 35 美元。不管怎样,美国人花钱并不吝啬。正如总统赫伯特·胡佛 12 月 1 日在他的年度财政报告中所声明的那样,美国工人的工资始终"比世界上其他任何地方都高,比世界历史上任何时期都高"。胡佛将煤矿和纺织两个行业划为目前不很繁荣的行业。

笑星劳雷尔和哈迪走红

电影观众真是心满意足——他们笑了个够。哈罗德·劳埃德、布斯特·基顿和查理·卓别林对此是有一部分贡献的。海尔·罗奇制片厂又推出一对演员,通常被称为"胖子和瘦子"。英国人斯坦·劳雷尔是瘦子,他习惯将手指伸得直直的搔脑袋并娇声娇气地喊叫。佐治亚出生的"天真的"奥利弗·哈迪是胖子,他老是拍动领带、轻轻摸碰圆顶硬礼帽的沿。两个人都好将东西掉在地上、弄撒或弄坏。哈迪指责劳雷尔,劳便因此啼哭起来。老板的东西被弄坏后,总是想方设法报复他们,但这一对儿却总能在关键时刻逃脱。劳雷尔和哈迪 1926 年开始合作,共演了 10 部片子,最近的一部影片名为《布谷鸟的叫声》。他们的幽默同劳埃德及其他人一样,都建立在一点之上:普通而平凡的人被黄粱美梦搅得不得安宁,被他们的愚蠢笨拙搅得不得安宁。

苏联农业集体化运动开始

1927 年底,根据联共(布)第十五次代表大会提出的大力开展农业集体化的方针中苏联开始了农业集体化运动。到 1929 年 6 月,农民加入集体农庄的有 100 万户,此外尚有 1300 多万户农民被吸收到最简单的合作形式中。同年 12 月,联共(布)中央政治局建立了以雅可夫列夫为首的集体化委员会,领导农业集体化运动。1930 年 1 月 5 日,联共(布)中央通过了《关于集体化的速度和国家帮助集体农庄建设的办法》的决议,把全国完成集体化的速度分为三类地区。1930 年初农业集体化达到高潮。同年 2 月 20 日,全国已有 50% 的农户加入了集体农庄。由于集体化速度太快,普遍出现了违反农民自愿原则,用行政命令或变相暴力强迫农民加入集体农庄的现象。3 月 2 日,报刊公布了经联共(布)中央修订的农业劳动组合示范章程;同时,《真理报》发表斯大林的《胜利冲昏头脑》一文,批评在集体化运动中违反农民自愿原则的做法。3 月 14 日,联共(布)中央通过了《关于反对歪曲党在集体农庄运动中的路线》的决议,纠正全盘集体化运动中的"左倾"错误。1931 年 8 月 2 日联共(布)中央委员会通过了《关于加快集体化速度和巩固集体农庄的任务》的决议,提出农业集体化完成标准是 68%-70% 的农户、75%-80% 的播种面积土地加入集体农庄;决议要求争取在 1932 年基本完成集体化。1932 年底,苏共建立了

21.17 万个集体农庄,集体化的农户占总农户的 62.4%,集体农庄和国营农场的播种面积占全国播种面积的 80%。苏联农业集体化基本实现。苏联农业产量在以后很长的时期里一直徘徊不前,成为苏联社会的一个严重问题。

朝鲜掀起排华风潮

1927 年 12 月 7 日,朝鲜境内发生排华风潮,华侨商店多被捣毁,40 余名华侨被殴毙。日本于 1910 年并吞朝鲜后,不但移民朝鲜,且将大批朝鲜人移往东三省。后因东三省取缔无居留证的朝鲜人,加以北满一带的朝鲜佃农常有抗租拒缴情形,各地因而有地主收回土地的事发生,朝鲜境内的亲日派与亲苏派乃乘机煽动当地人民排华。暴行首先发生在全南等地,后渐扩及仁川等处,警察视若无睹。华侨被残杀失踪者有 40 余人,重伤者极多,财产尤陷入危境。

美国派军增援尼加拉瓜

1928 年 1 月 26 日,美国总统柯立芝决定增派 1000 名海军陆战队至尼加拉瓜,对付尼国游击队的领袖桑地诺将军。这项命令已使得美国在中美洲的兵力倍增。2 天前,5 名美国海军陆战队员遭到桑地诺的游击队枪杀,柯立芝因此下达此命令。不久,美军便占领了桑地诺政权的首都奎拉利。桑地诺自称是为祖国的自由而战,他反对史提森的解决方案以及美国在尼加拉瓜的影响力。美国驻尼国将领相信,桑地诺拥有外援,因为桑地诺所部人员在极短时间内就显示出训练有素,而且不但有新式制服,更配备有精良的武器。

托洛茨基被放逐到阿拉木图

1928 年 1 月 10 日,约瑟夫·斯大林经过一次戏剧性的行动,将所有主要的反对派领袖逐出莫斯科。列昂·托洛茨基已被放逐位于遥远的哈萨克的阿拉木图。格里戈里·季诺维也夫及其他 28 名反斯大林的布尔什维克党员已被放逐到西伯利亚或类似的边远地区。据苏方报道说,这 30 名持不同意见者是在半夜被抓捕的,然后被送上由秘密警察看守的火车车厢里。较为幸运的是一些人则被贬到小村庄,担任微不足道的小官职。但其余的那些则不得不自己谋生。

几百万人收听"牛仔哲学家"罗杰斯的节目

威尔·罗杰斯及来自全国的明星 1928 年 1 月 4 日晚吸引了几百万名听众。全国广播公司将所有 48 个州全部串联成一个巨大的"播音室",相距千百英里之遥的表演者都能在这里歌唱、欢笑、逗趣。牛仔幽默家罗杰斯从他的家乡贝弗利希尔斯进行广播。他表演了一段简洁的独白,其中的一部分是用西班牙语表演的,为的是照顾到墨西哥听众。然后他们介绍了在新奥尔良的阿尔·乔尔森。乔尔森演唱了《加利福尼亚,我来了》等最为流行的歌曲。接着,保罗·怀特曼及其乐队在纽约表演了格什温的《布鲁斯狂想曲》。最后,听众们的注意力被引到了芝加哥市,这里的弗雷德和多罗西·斯通演唱了二重唱。这一节目的主持人道奇兄弟利用这次机会介绍了胜利 6 号汽车。该汽车公司的经理从底特律通过广播简单描述了他们的汽车。道奇兄弟应当感谢仁慈的大自然,因为这天天空晴朗,向全国传送的广播讯号十分清晰。

第二届冬季奥运会开幕

1928 年 2 月 11 日,第二届奥林匹克冬季运动会在瑞士圣莫里茨开幕,并定于 19 日闭幕。此次冬季奥运会的参赛选手和观众比上届(1924 年)增加许多。来自 25 个国家的 491 名选手共同角逐 6 个项目的比赛。在此次的竞赛中,斯堪的那维亚地区的选手大放异彩,几乎囊括所有的奖牌,挪威获得 12 枚奖牌,瑞典获得 8 枚奖牌。

英国前首相阿兹奎斯逝世

曾担任英国首相达 8 年(1908~1916 年)之久的自由党领袖赫伯特·亨利·阿兹奎斯于 1928 年 2 月 15 日逝世,享年 75 岁。阿兹奎斯在 1886 年当选议员,1895 年成为自由党领导人之一。南非战争(1899~1902 年)之时,他另组自由党联盟,支持帝国扩张政策。1908 年接任首相。1909 年他向议会提出增加海军预算以及社会改革法案,遭上议院否决,乃于 1910 年提出限制贵族院权限案,翌年促使议会通过,此为著名的《1911 年议会法案》。1916 年因内阁意见分歧,对德战事失利,加之国内有都柏林起义事件,而被迫辞职,但仍继续担任自由党领袖直到 1926 年。阿兹奎斯死前数年,生活相当清贫,以著书为生。

日本三·一五事件

1928 年(昭和 3 年)3 月 15 日凌晨,日本政府对日本共产党进行了全国性的大逮捕。其原因是由于同年 2 月日本在举行第一次大选时,"无产政党"非常活跃。政友会与民政党只取得微弱多数,而日共支持的劳农党却获得 19.3 万张选票,各"无产政党"共得 48 万张选票。在这种形势下,共产党又号召"建立工农政府"。于是田中义一内阁在召集议会之前,决定对共产党及其有关系者实施这次大搜捕。当时日本内务大臣铃木起用了曾起草过治安维持法的前司法省刑事局长山冈万之助为警保局长,山冈下令日本警察机构全体出动,以违反治安维持法嫌疑为名,在全国范围内的 1 道 3 府 27 县一举逮捕共产党人及其同情者 1600 余人。在严刑拷打之后,对其中 483 人以违犯治安维持法起诉,其中学生和青年居多数。4 月 10 日日本政府又做出决定,禁止劳农党、日本工会总评会和全日本无产者同盟等团体集会结社。这次大镇压,使日本工农运动和民主运动受到沉重打击。

华尔街股市价格猛烈波动

1928 年 3 月 27 日,纽约证券交易所内买进抛出数额巨大,参加交易者有赚有亏。这是华尔街有史以来非同寻常的日子。股票行情自动显示器随着疯狂的买进抛出不时发出阵阵的响声,转手股票多达 4790270 份。这是一个股票交易数额惊人、为了美元而疯狂搏斗的日子。甚至在只有 10 分钟的时间里,价格的涨落造成的主要证券价值之差高达数百万美元。通用汽车公司的股票价格该月早些时候猛增到有史以来最高纪录,但 3 月 27 日首当其冲受到了打击,令人吃惊地跌入了低谷。到 27 日收盘时为止,它的股票从 198 点跌落了 8 点多。损失较大的还有克莱斯勒汽车公司、哈得逊汽车公司、赫普汽车公司、美国钢铁公司,钒矿公司、阿特拉斯火药公司和杜邦公司。美国广播公司股票的价格在上涨之列,上涨的幅度为 12 点多,达到了 169 点的新高度。股票价格上涨的主要公司还有美国罐头食品公司、通用电气公司、国际收割机公司、蒙哥马利·沃德公司、纽约中央铁路公司和辛克莱石油公司。

火箭式赛车创造新纪录

1928 年 4 月 11 日,在德国鲁塞夏姆的欧宝赛车场上,一声枪响之后,第一辆采用火箭推进器的赛车呼啸而过。这辆汽车是由欧宝汽车公司的马克思·伯利亚和弗里兹共同设计制造的。他们在汽车尾部加装 12 个火箭推进器,因此从静止到启动后,可在 8 秒钟内加速到每小时 100 公里。迄当时为止,凡是燃烧汽油汽车均无法达到这种速度。这辆车可以 238 公里的速度持续行驶。

戈培尔发表竞选政见

1928 年 4 月 30 日,约瑟夫·戈培尔是德国国家社会主义劳工党(纳粹党)的宣传部长,控制文宣及电影。戈培尔在《进攻报》上发表纳粹党的竞选政见:"我们之所以要进入德国国会,是为了从民主的武器库中,取得自己的武器。我们之所以要成国会的议员,是为了借着魏玛政府的体制,压制魏玛思想。如果民主是如此的愚蠢,对我们而言,所有能够变革现状的合法手续都是正确的。"

土耳其人改用英文字母

1928 年 4 月 29 日根据立法规定,土耳其小学生将很快学习背诵英文字母 A—Z,而不必学习传统的阿拉伯字母。这样做是因为土耳其的文盲主要是由于阿拉伯字母难学而造成的。全国 1400 万人口在强制使用新字母之前将有 15 年的过渡期。报纸将用阿拉伯文和拉丁文两种文字印刷。当时正在准备新字典,以备学校教英文字母时使用。这项改革是穆斯塔法·凯末尔总理的欧化计划的继续,是紧接着这个国家通过法案脱离伊斯兰教之后进行的。4 年前,凯末尔认为伊斯兰教是保守势力,因此废除了哈里发一职,借以开始废除国教。

华尔街股市成交额创历史新高

1928 年 5 月 15 日,华尔街股票价格在没有任何预兆的情况之下迅速地下跌,成交额之大是华尔街股票市场上前所未有的。到收盘为止,成交总数为 4820840 股,其中多半是在最后两小时易手的,许多最有活力的股票在抛出浪潮得以控制之前就已下跌 5 至 40 多点。股票价格这种戏剧性的下跌是随着人们竞相抛出诸如柯蒂斯航空公司和赖特航空公司的股票而开始的。随后,抛售的恐慌波及了其他股票的交易,受波及的有蒙哥马利·沃德公司、美国钢铁公司、通用汽车公司、通用电气公司、联合化工公司和美国罐头食品公司的股票。既然没有发生任何暗中破坏信誉之事,为什么证券交易出现恐慌呢?华尔街金融分析家们对此难以解答。

第九届奥林匹克运动会

　　1928 年 5 月 17 日~8 月 12 日第九届奥运会在荷兰的阿姆斯特丹举行。此届奥运会对入场式作了新规定,入场式由希腊队率先,其余各队按国名依东道国文字次序先后入场。这届奥运会首先举行了火炬接力活动,火种取自奥林匹克,途经希腊、南斯拉夫、奥地利、德国,最后传到举办地。主持这届奥运会的是接替顾拜旦的新任国际奥委会主席、比利时人巴耶·拉图尔。顾拜旦写信给大会表示祝贺,当他的信在大会宣读时,人们不断报以热烈的掌声,对他献身奥运会的精神深表钦佩。此届奥运会的规模超过历届,有46 个国家参赛,运动员 3014 人,其中女选手 290 人。德国重新参加了奥运会,中国派一名观察员出席。女子田径首次纳入奥运会项目,具体项目有 100 米、800 米、4×100 米接力、跳高、铁饼。这次比赛的各项成绩都高于当时世界最高水平,美国的伊丽莎白·罗宾逊以百米 12.2 秒的成绩,成为奥运会史上第一位女子田径冠军。加拿大是反对把女子田径列入奥运会比赛的国家,这次却派来了不少女选手,而且获两枚田径金牌。女子 800米决赛出现了异常情况,因体力不支,6 名选手在到达终点前相继摔倒在地,国际田联因此取消了该项目,直到 1960 年奥运会才再度恢复。芬兰老将努尔米再次夺得男子 1 万米冠军,在他长达 20 年(37 岁挂鞋)的比赛生涯中,先后 29 次打破世界纪录,3 次参加奥运会,共获 9 枚金牌、3 枚银牌,创造了空前的业绩。日本的织田干雄获三级跳远冠军,这也是亚洲人自参加奥运会以来拿到的第一块田径金牌。美国首次失去短跑优势。足球决赛乌拉圭队胜阿根廷队,再次夺得冠军。此届比赛裁判工作组织不够好,在拳击、摔跤、跳水、体操等项目中经常出现差错,引起了许多国家的不满。这届奥运会获奖牌前三名的是:美国金牌 22、银牌 18、铜牌 16;德国金牌 10、银牌 7、铜牌 4;芬兰金牌 8、银牌 8、铜牌 9。东道主荷兰列奖牌数的第八位。

德国哲学家席勒去世

　　1928 年 5 月 19 日,53 岁的哲学教授马克斯·席勒在德国法兰克福去世。卢得威格·马库色在追悼词中推崇这位宗教哲学及文化社会学的大师为"现代哲学领域中最具分析能力的人才之一"。席勒的基本思想就是把世界解释为个人的上帝,与尼采的价值相对论背道而驰。席勒对哲学人类学的建立贡献颇大,他并反对实证主义及马克思主义。

克莱斯勒公司与道奇公司合并

　　1928 年 5 月 28 日,道奇兄弟公司与克莱斯勒汽车公司合并,这一消息的宣布又添写了汽车制造史上新的一页。这是汽车工业史上最大的一次合并,它将使新近得到巩固的这一公司跃居第 3 位,仅次于通用汽车公司和福特汽车公司。筹划这项交易的有沃尔特·P·克莱斯勒,当年他还是堪萨斯州的一个穷孩子;还有克拉伦斯·狄龙,他的银行几年前曾用 1.48 亿美元现金从道奇兄弟二人的遗孀手中买走了由道奇兄弟二人创建的道奇兄弟汽车公司。

首位成功飞越大西洋的女性

1928 年 6 月 18 日,美国堪萨斯州艾契森市的爱茉莉亚·厄哈特成为首位成功飞越

美国飞行员厄哈特成功的飞越大西洋

大西洋的女性。当年 29 岁的厄哈特在 2 名男性飞行员伴随下,驾驶福克型飞机从波士顿起飞。经过 22 小时,18 日在英国南威尔斯的卡斯曼降落,他们飞行的时速约 190 公里。厄哈特本人说明飞行的动机是要显示"这种空中旅游相当安全,并值得大力推广"。她在本次航行之前,曾经单独飞行过。

德国内阁重新改组

1928 年 6 月 28 日,根据 5 月大选的结果,由社会民主党海曼·穆勒进行组阁工作。本次内阁由社会民主党、中央党、德国民主党、德国人民党和巴伐利亚人民党 5 个大党的

党魁组成,但每个党都不愿受制于新内阁的决策。因此这个联合政府自始便无法承担重责。不过外交部长古斯达夫·史特莱斯曼继续留任,这对于各派之间的协调有很大的作用。

美国对失业人数发生争议

1928年6月,美国无法说出失业人数的准确数目,但是这个国家确实存在失业问题,这可能会使那些仍将美国看作是慷慨之国的国家大为震惊。财政部报道200万美国人没有工作,劳工部报道的失业人数则接近400万。这就意味着美国将近10%的工人没有工作。失业者也没有得到政府的任何资助以帮助他们渡过找到工作之前这段困难时期。失业问题起初从纺织工业开始,后来扩大到各个行业,其中包括农业部门。削减工人人数以提高工资,依靠机械化,这是许多工人失业的原因。美国投资者正开始在海外投资。

共产国际六大召开

1928年8月17日~9月1日共产国际第六次代表大会在莫斯科举行。参加大会的代表有532名,来自57个国家65个组织,代表当时世界各国的1707769名共产党员。其中有381名代表有表决权,151名代表有发言权。大会最重要的议程有两个:一是讨论当前的国际形势,二是讨论共产国际纲领。布哈林在大会上做了题为《关于国际形势的报告》的开幕词,指出从第一次世界大战结束以来,世界局势经历了三个时期。第一个时期是资本主义制度危机,无产阶级直接进行革命的时期。第二个时期是资本主义制度逐渐稳定时期,资本主义经济"复兴",资本主义攻势的发展和扩张,无产阶级则继续处于守势。这个时期苏联在建设社会主义道路上取得了重要的成就。目前进入第三个时期,资本主义经济和苏联经济都已超过了战前水平,帝国主义国家生产力发展和市场缩小之间的对抗急剧增长,必然导致帝国主义之间的战争。大会通过的《共产国际纲领》概述了资本主义的发展规律,指出在各种增长着的矛盾的压力之下,帝国主义面临着不可避免的革命与灭亡,共产国际的最终目的是共产主义世界代替资本主义世界;阐述了苏联新型社会制度的形成;规定了无产阶级的战略和策略。大会还听取了库西宁关于殖民地半殖民地国家革命运动的报告、曼怒伊尔斯基关于联共(布)情况的报告。大会还通过了《国际形势和共产国际的任务》《制止帝国主义战争危机的措施》《殖民地和半殖民地国家的革命运动》《开展国际反战运动》等决议。大会选举布哈林负责主持共产国际的决策机构——政治书记处的全部工作。李立三、蔡和森等代表中国共产党出席了代表大会。

英国戏剧皇后埃伦·特里逝世

1928 年 7 月 21 日,在埃伦·特里逝世的这一天,人们几乎没有眼泪。笑声及欢快的音乐是这位伟大的女演员的最后要求。她曾说在她死时不要有悲哀气氛。两代的崇拜者只需清晰地记得她在莎士比亚戏剧中塑造的天真姑娘的形象:波西亚、奥利维亚、比阿特丽特;这些形象永远活在他们心中。埃伦·特里 1847 年 1 月 27 日生于一个英国戏剧世家。她 8 岁时在戏剧舞台上初露头角,在《冬天的故事》中扮演一个小男孩。16 岁时,特里同年龄比她大一倍的画家乔治·弗雷德里克·瓦茨结婚。他们的婚姻是痛苦而短暂的。在以后的 30 年中,她主宰了伦敦戏剧舞台,并时常在美国各地巡回演出。乔治·萧伯纳的戏剧《布拉斯邦上尉的改变》便是特意为她而作,1902 年她成为帝国戏院的经理。她使儿子爱德华·戈壁·克雷格成为设计师。1925 年,特里女士被命名为英帝国的贵妇人。

美国在奥运会上名列榜首

1928 年 8 月 12 日,据非官方统计,美国的得分在 1928 年阿姆斯特丹奥林匹克运动会上为最高,但这只归功于美国田赛的健将们的威力。雷·巴布提在 400 米跑中,为美国夺得唯一一枚田径单项比赛的金牌,但他们的总分还是达到了 437 分。在 22 个比赛项目中,芬兰获得四枚径赛金牌,并夺得一枚田赛金牌。参加两项接力比赛对美国起了很大作用,但加拿大的彼西·威廉在短跑中的两项胜利对美国有很大伤害。威廉是一名 19 岁的高中学生,他一路搭车穿过加拿大参加预赛,在他到达阿姆斯特丹奥林匹克体育场时,实际上是一位名不见经传的运动员。在英国的伯利勋爵赢得 400 米跳栏冠军后,美国又一次感到震惊。呼声很高的马拉松选手被巴黎来的汽车修理工埃尔·夸菲超越,美国的乔伊·雷为了赌胜未能跑完全程。

《非战公约》签订

1928 年 8 月 27 日,由法、美、英、比、德、意、波、捷、日等 15 个国家参加的《白里安——凯洛格非战公约》在巴黎签字。后来签字国增加到 62 个国家。帝国主义为了掩盖其侵略政策和战争政策,制造和平假象,在 1927 年 4 月 6 日,即美国参加第一次世界大战十周年纪念日,由法国外长白里安(1862~1932 年)致函美国人民,要求美国和法国一道以发表"关于不把战争作为推行国家政策的工具"的宣言来纪念这个日子。1927 年底,美国国务卿凯洛格(1856~1937年)表示同意法国的建议;但不同意缔结双边条约,主张缔结多边条约。法国同意美国的提议,于是美国向各国发出照会。经过一系列的谈判以后,"非战公约"文本取得有关国家的同意。1928年8月27日,15国代表在巴黎举行了签字仪式。"非战公约"共三条,主要内容为缔约国"反对用战争以解决国际争执,并反对在缔约国相互关系中用战争作为国家政策的工具"。主张各缔约国之间的"一切纠纷及争执,不问其起因及性质如何,其处理及解决,概不得用和平方法以外的方法"。"非战公约"打着"和平友好""消灭战争""永恒友好"的旗号,实际上这是为了掩盖帝国主义争霸的野心。法国期望通过加强美法关系来巩固法国在欧洲的地位。美国则认为条约对稳定欧洲局势是有利的,从而对它在欧洲的投资利润将起稳定作用,并能加强美国对欧洲的影响。事实上,签字的这些主要国家从来没有放弃用武力和战争解决与它们切身利益有关的问题的立场。英国宣称:"世界上有些地区的繁荣和完整,对我们的和平与安全具有特殊而重大的利害关系",因此,英国认为保护这些地区的"自卫行动"不受条约的约束。法国在缔约时就提出要"保留合法的防御权"。美国也声明:每个国家都有权决定,情况是否需要它诉诸战争,如此等等。所有这些保留条件和声明,清楚地暴露了帝国主义搞"非战公约"的虚伪性。

航空邮递价值的最新体现

1928年9月3日,一架水上飞机载着挂号邮件和记录着世界战争和平条约签字场面的胶片,从西行的法国班船"法兰西岛"号上起飞,到达波士顿,首次将横跨大西洋的邮件从船上运到岸上。凌晨2点刚过,当开往纽约的"法兰西岛"号距纽约900英里时,载有三名机组人员的水上飞机从甲板上起飞了。它穿过浓密的雨雾,于6点到达新斯科夏的哈利法克斯,在那里加油并装上了更多的邮件,于下午3点15分到达波士顿。邮件于晚上10点10分到达纽约。到达时间大大提前于"法兰西岛"号——它将于明天下午3点才能到达纽约。这次投递是航空邮递价值的最新体现,在过去的几年里,紧急邮件普遍运用了航空邮递的方法。

摩尔根的《基因论》发表

美国著名的生物学家托马斯·亨特·摩尔根(1866年9月25日~1945年12月4日),从1909年开始研究遗传学。他以果蝇为实验对象,用放射性射线照射果蝇,希望发生突变。结果一群红眼果蝇中出现了一只白眼雄性果蝇,他又用这只白眼雄性果蝇与其他红眼果蝇交配,其后代的白眼果蝇全是雄性。由于之前已知决定动物性别的因素是雄性精子中的染色体,于是摩尔根自然得出遗传因子是在染色体上的推论。但遗传因子还是个抽象概念,摩尔根和他的助手继续对果蝇进行研究,并用数学方法精确地确定了遗传因子在染色体上的具体排列位置。他发现了某种突然变异和染色体某种特定位置之间的关系,找到了染色体和遗传的变化规律,并用这种理论建立了摩尔根学派,从而为染色体——遗传因子理论奠定了可靠的基础。1917年,他开始把遗传因子叫作基因(采用丹麦植物学家所创"基因"一词)。1926年摩尔根系统总结了基因遗传理论,于1928年出版了著名的《基因论》。他在书中评述了达尔文的进化论及孟德尔遗传定律,阐明自己发展和充实了孟德尔定律,填补了达尔文进化论中留下的空白;同时证明染色体就是基因的载体,还推论基因可能属于有机分子一级的问题。由于摩尔根对遗传学的杰出贡献,荣获了1933年诺贝尔奖。摩尔根的染色体——基因理论为培育植物优良品种,为防治遗传性疾病提供了理论基础。直到20世纪中叶,摩尔根的学说在生物界始终占据主位,生物学的研究中心也由德国转移到美国。在转移过程中,由注重形态分析和历史方法,发展到注重物理和化学方法。

苏联实施五年计划

1928年10月11日,苏联展开第一个五年计划,目标为增加136%的工业生产,55%的农业生产,使生产成本降低1/3和使劳工生产力增加一倍。首要的目的是加强重工业,因此苏联允许外国投资,共同建造5000公里的铁路以及515000千瓦的火力、水力发电厂,开采400万公顷的林业和制造一万辆农业牵引机。

胡佛当选美国总统

共和党总统候选人赫伯特·胡佛在1928年11月6日举行的全国大选中,以绝对优势击败民主党候选人、原纽约州州长史密斯。史密斯主张废除禁酒令,又是一名天主教徒,这些直接影响了他的得票率。胡佛1874年8月10日生于衣阿华州西布兰奇一个教友派家庭。1891年进入斯坦福大学主修地质和采矿。毕业后不久即因主持开采金矿而成为富翁。1899年2月10日在加利福尼亚马罗·亨利结婚。婚后不久即前往中国,担任开滦煤矿的工程师达两年之久。后来回国开办公司,很快发迹,成为美国工商界的知名人士。1912年成为斯坦福大学的董事之一。第一次世界大战时,他出面组织"美国救济委员会"和"比利时难民救济会",从事难民救济工作,使他声名大振。1917年4月美国参战后,胡佛出任美国粮食局长,对保证美国和协约国的粮食供应做出了很大贡献。从1921~1928年,胡佛在哈定和柯立芝两位总统任内担任商务部长达8年之久,工作颇有成绩。1928年6月,他在共和党堪萨斯市代表大会上被提名为总统候选人,最后以绝对多数当选。竞选期间,他仅发表了7次演说,特别强调经济繁荣、农业救济和保护关税。他宣称美国即将消灭贫困,他当上总统后将使美国人"家家锅里炖鸡肉,户户车库有汽车"。1929 年 3 月 4 日,胡佛冒着冰冷的大雨,宣誓就任美国第三十一任总统。然而,就职后不久,美国就受到了经济大萧条的强烈冲击。他采取了一系列的应对措施,但他仍旧坚持"自由企业"的主张,反对联邦政府干预。他始终认为负责赈济的应是州、县政府以及慈善组织,而不是联邦政府。因而,美国经济一直未能回升,而且失业大军的人数越来越多。在对外政策方面,胡佛希望和平,主张国际范围内的裁军,并对日本侵占中国的领土不予承认。大萧条使胡佛"消灭贫困"的诺言化为泡影,也使他的个人声望越来越低。1932 年胡佛竞选连任,但选民对他的作为感到失望和不满,寄希望于新的领导,因此胡佛败于富兰克林之手。1933 年 3 月,胡佛卸去总统职务后仍继续活跃于美国政坛,成为罗斯福新政为主要反对者之一,强烈反对美国介入第二次世界大战。战后,应杜鲁门总统要求,到世界各地旅行,以研究粮食供应及提出避免战后饥荒的建议。1947 年被任命为政府行政部门组织委员会主席。1955 年 6 月 30 日,他以 80 高龄退休。此后仍坚持写作和公开演说。83 岁时发表《威尔逊总统的严格考验》,之后又发表《一个美国人的史诗》,记叙他的国际救济工作中的经验。1964 年 10 月 20 日,胡佛因病在纽约寓所逝世,终年 90 岁,成为卸任总统最长寿者。

纽约股票市场关闭

众所周知的华尔街最狂暴的购买股票风过后,纽约股票交易所的交易于 1928 年 11 月 23 日暂告停止。交易所的成交数额达到 6954020 股,创下了新的纪录,超过了 7 天前的纪录。然后,交易所管理委员会命令暂停营业。在周末前的当天停止交易,会使交易所内异常繁忙的职员们有几天时间来邮走支票,收藏和整理案卷。与此同时,购买交易所成员资格的竞争也创造了新纪录。每个成员资格的价格升到 55 万美元,超过了以前的 53 万美元的高价。

埃塞俄比亚国王隆重加冕

1928 年 11 月 7 日,英国、法国和意大利的官员们在埃塞俄比亚首都亚的斯亚贝巴观看了为 R·塔法里加冕的情景。塔法里被封为"埃塞俄比亚的大皇帝""征服犹太的雄狮"和"上帝的选民"的称号。虽然有这些堂皇的称号,他必须继续同他的姑妈、漫涅里克二世的女儿佐迪图女皇共同掌权。佐迪图女皇是于 1917 年加冕的。最近,这位新国王与在这个非洲国家进行内战的强大的部落军队取得了和解,这使他的加冕仪式进行得很顺利。加冕典礼使塔法里与佐迪图的 10 年的共同统治合法化。据说塔法里是所罗门国王和示巴女王的后裔。加冕典礼之后,几乎集中了全国所有强壮男子的埃塞俄比亚军队

世界传世藏书

世界通史

现当代世界史

一六四七

进行 7 天的庆祝活动。这一周的庆祝活动是这个圣经文化古国的传统。

《巴黎的美人》引起轰动

1928 年 12 月 12 日晚,乔治·格什温在卡内基音乐厅指挥演奏《巴黎的美人》。这是一首融爵士乐风格和音响效果为一体的管弦乐曲。入场券被抢购一空。这位美国作曲家、钢琴家于 1898 年生于纽约州的布鲁克林,1923 年因为钢琴和管弦乐队所做的交响爵士乐曲《蓝色狂想曲》而一举出名,他还写过流行歌曲《斯万尼》。

存在主义的产生和发展

存在主义又译为实存主义,是现代西方广泛流行的非理性主义哲学的一个重要流派。它的理论基础来源于丹麦哲学家克尔凯郭尔(1813~1855)的唯意志论和人生哲学,德国哲学家尼采(1844~1900)的"自我扩张"学说,以及胡塞尔(1859~1938)的现象学。存在主义在第一次世界大战后正式形成于德国。1919 年,德国哲学家卡尔·雅斯贝斯(1883~1969)发表的《世界观的心理学》,是第一部存在主义的代表作。而另一位德国哲学家马丁·海德格尔(1889~1976)于 1927 年发表的《存在与时间》一书,则标志着存在主义理论体系的形成。存在主义把个人存在作为思考的基本事实,企图通过非理性的主观心理体验,达到对人生的真理、意义和目的的领悟。第二次世界大战期间,存在主义传入法国,并与当时法国抵抗德国法西斯运动相联系,着重强调人的自由问题,使存在主义增添了"积极"意义。1942 年,法国哲学家马塞尔(1889~1973)提出"存在主义"概念,1944 年法国著名存在主义哲学家让·保尔·萨特(1905~1980)正式接受这个称号,并先后发表了《存在与虚无》等多篇著作,从此西方世界文化史上出现了"存在主义运动"。第二次世界大战后,存在主义的传播更加广泛。从 50 年代到 60 年代初,在西欧、拉美以及日本等掀起了一股推崇存在主义的热潮,使它不仅限于哲学领域,而且扩展到文学、艺术、街道、教育、社会学、宗教等意识形态和社会生活的各个方面。在苏共 20 大和波匈事件后,存在主义在苏联、东欧等国流传,并产生了重大影响。存在主义对资本主义社会中人们的压抑和不自由进行了抨击和揭露,但它所宣扬的意志绝对自由否认了客观条件的制约性和客观规律性,因此不可能为人的自由、解放指出正确的道路,而只能使人冒险盲动或悲观迷惘,以致迷失方向,走上歧路。

南斯拉夫王国成立

塞尔维亚—克罗地亚—斯洛文尼亚王国成立后,根据 1921 年通过的《圣维尔多夫节宪法》实行了君主立宪的中央集权制,国王是塞尔维亚卡拉乔治家族的彼得一世。1921年,彼得一世去世,亚历山大一世继位。亚历山大早从1918年起就已掌握实权,成为南斯拉夫政界中心人物。登上王位后,他便着手扩大自己权力,准备废除君主立宪制,实行独裁统治。由于塞尔维亚资产阶级推行大塞尔维亚主义,使南斯拉夫民族矛盾迅速激化,导致政局不稳。1928年6月20日,克罗地亚农民党领袖斯·拉迪奇在国民议会辩论中被刺身亡。这一事件引起了全国性的抗议运动,成为军事政变的借口。1929年1月6日,国王亚历山大一世乘机在军队帮助下发动政变,废除1921年宪法,取缔政党活动,建立了君主独裁政权。同年10月3日,亚历山大一世颁布法令,将国名改为南斯拉夫王国。1931年9月3日,他颁布新的宪法,规定国王兼有行政、立法、司法大权,议会民主制名存实亡。在独裁统治下,南斯拉夫民族矛盾和社会矛盾更加尖锐,各党派和人民群众对专制政权日益不满。1934年10月亚历山大一世在巴黎访问时被暗杀,年轻的彼得二世继位。

爱因斯坦把物理学简化成为一个定律

1929年1月24日,爱因斯坦用一套公式来表示地心引力与电磁之间的关系的新理论,在物理学界引起了极大的兴趣。在过去的10年里他一直研究这项新理论。4年前,他曾宣布他已获得成功,可后来又说他在自己的推理中发现了一个错误。这项新理论由一系列公式组成,它表明地心引力、电和磁都是同一个力的不同表现形式。如果这项理论得到证实,爱因斯坦就朝他的目标(即用场论概括一切自然力)前进了一大步。读过他的新理论的物理学家们预言,要证明这一理论需要长期的认真的研究。他们说,这种新理论很可能比他的相对论还重要。

小说《西线无战事》出版

1929年1月31日,德国普罗佩来恩出版社出版艾瑞克·马利亚·雷马克的长篇反战小说《西线无战事》。这篇小说于去年11月、12月在德国《福谢希报》连载,引起普遍的重视,原因是当时歌颂战争的小说充斥市场。雷马克以无情的现实描写,打破人民对战争的幻想,前言中提道:"本书只试图报道受到战争残害的那一代之生活。"

圣瓦伦廷节惨案

1929年2月14日,在号称圣瓦伦廷节惨案中,芝加哥帮中有7人被对方击毙,凶手中有些人身着警服。这次凶杀是在一个离富人住宅区只有一个街区远的啤酒库里发生的。受害者被排成一行,然后全部用机枪打死。据警方说,死者都是乔治、"臭虫"、莫兰手下的一群歹徒。在接受调查的人当中有"疤脸"阿尔·卡彭。令威廉·F·拉塞尔警官气愤的是这些杀人狂竟冒充警察,他说:"要和这伙人干到底,我从未经历过这样的挑战"。

修改赔款会议在巴黎召开

1929 年 2 月 11 日,各国组成的财经委员会在巴黎召开会议,会上建议应对道威斯计划进行修订。由于德国赔款的问题造成世界经济的恶性循环,各国觉得赔款的问题需要做一合乎实际需要的解决办法,美国财经界人士亦因关切在德国的投资而盼赔款问题有合理的解决。于是由美国人欧文·杨格召开本次会议,另一位美国代表是银行家约翰·摩根。德国代表为德国银行总裁哈尔马·夏赫特、联合钢铁工业总经理阿伯特·沃根勒及另外两位人士。

林白与未婚妻幸免空难

1929 年 2 月 27 日,查尔斯·A·林白与未婚妻安妮·S·莫罗所驾驶的飞机在墨西哥附近的瓦尔布埃纳飞机场坠毁。林白与未婚妻幸免于难,只受了点轻伤。飞行中他们所驾驶的单翼机失去了右轮,林白使它在一片松软的地面上着陆,但机轴和翼稍突然触地,机身翻转。事后林白轻松地把这起事故说成是"每个人都会遇到的一件小小的不幸"。

梵蒂冈城国建立

《拉特兰条约》是关于建立"梵蒂冈城国"的文件。1929 年 2 月 11 日由意大利墨索里尼和教皇庇护十一世于梵蒂冈的圣约翰·拉特兰大宫签订,旨在解决"教皇国"问题。公元 756 年法兰克国王丕平把罗马城及其周围区域送给教皇,此后教皇权逐渐扩张,产生以罗马为首都的教皇国。1870 年意大利完成统一,收复了教皇占领的罗马及其他地方,教皇的世俗权力被剥夺。但教皇不承认教皇国的灭亡,退居罗马西北高地上梵蒂冈宫中,自称"梵蒂冈囚徒"。1929 年 2 月 11 日,墨索里尼为谋求天主教会的支持,便与教皇庇护十一世签订了《拉特兰条约》。该条约规定:意大利承认教廷在梵蒂冈的独立主权,建立"梵蒂冈城国";意大利确认罗马天主教为国教;保障梵蒂冈的供水和服务设施,允许梵蒂冈火车和其他车辆在意大利国土上行驶，为梵蒂冈提供与其他国家之间的电讯、邮政等直接联系。允许进出梵蒂冈的商品和人员使用意大利口岸和道路；承认教皇和红衣主教在意大利享有与意大利国王和王族同等的荣誉；教廷承认意大利王国以罗马为首都；意大利承认教皇对梵蒂冈的绝对管辖权，承认梵蒂冈享有治外法权，并赔偿原教廷丧失的收入 17.5 亿里拉；教廷同意与意大利政府合作，并规定意大利天主教会必须效忠意大利政府。

密拉特审判

　　为了打击不断高涨的印度工人运动，1929 年 3 月 20 日夜，英国殖民当局在印度各大城市逮捕了 31 名印度著名的工会领袖和 1 名英国记者。被捕者中有印度工会大会、红旗工会、大印度半岛铁路工会、全印铁路工人联合会以及联合省、孟加拉省等地的工会联合会的著名领导和活动家。他们之中有 14 名共产党人、9 名工农党人及国大党人。当局把他们押解到德里东北一个远离工业中心的小镇密拉特进行审判。检察官依据刑法第 121 条甲款提出公诉，指控被捕者"图谋使国王丧失其对印度的统治""图谋借犯罪力量或迹近犯罪力量以颠覆印度政府"，证据是他们"煽动劳资对立""成立工农党、青年联盟、工会等"及"怂恿罢工"。高等法院审判官认为被告并无从事第一百二十一条所陈述的任何明显的非法行为，而检察官则宣称："就本案而言，证明被告是否确曾有何行动是不必要的，只要能证明阴谋就够了。"殖民当局故意把这种没有证据的审判拖了 3 年半之久。这期间受审者进行了坚决抵抗，共产党人在法庭上宣传自己的主张，控诉英国殖民统治的罪恶。印度人民也发出了强烈的抗议，全印和各大工业中心城市都成立了辩护委员会，印度各地一再举行抗议集会和示威游行。国际进步舆论也纷纷声援受审者。1933 年 1 月当局宣布了判决：工会大会副主席、孟加拉省工农党书记摩柴发·阿马被判处终身徒刑。工会大会两位副书记、大印度半岛铁路工会组织书记、全印工农党书记及工会大会前理事等 5 人被判处 12 年徒刑。此外有 3 人被判处 10 年徒刑，最轻的为 3 年徒刑。这种宣判在国际上引起了愤慨和抗议，殖民当局被迫大大减轻了刑期。最后又迫于各方面的压力，于 1933 年和 1935 年先后释放了被捕者。关于这次审判，英国工党和工联大会在 1933 年发行的一本小册子中承认："整个审判和法院的一切情形，从法律观点来看没有一点可以证明是正确的，而是可耻地违背了法典。"

卡尔·本茨逝世

　　设计并制造第一辆实用的内燃机汽车的德国工程师卡尔·F·本茨 1929 年 4 月 2 日在拉敦堡的家中去世，终年 84 岁。最早的三轮本茨汽车使用戴姆勒制造的汽油发动机于 1885 年初试车成功。1886 年本茨获得设计专利权。他的公司最初只为工厂生产发动机,1893 年转产客车并且在同年初又生产一系列赛车。1896 年本茨退出该公司,同他儿子建立新公司。1926 年本茨与戴姆勒汽车公司合并建立了戴姆勒-本茨公司,生产梅塞德斯-本茨牌汽车。

日本"四·一六"事件

1929 年(昭和四年)4 月 16 日黎明,田中义一内阁下令在全国进行了一次大逮捕,这是继"三·一五"事件后,日本政府对以共产党人为主要对象的又一次镇压活动。这一天政府出动警宪在各府县共逮捕了共产党人和进步人士 700 多人,日共主要领导人市川正一、锅山贞亲、三田村四郎和佐野军等均被逮捕。之后根据《治安维持法》,有 290 多人被起诉,日本共产党因此受到沉重打击,白色恐怖笼罩全国。连日本资产阶级自由主教授美浓部亮吉都说:"政治的光明正大几乎绝迹,使有良心的人痛叹黑暗政治的到来。"

苏联工业化的实现

苏联实现社会主义工业化的方针,是在 1925 年 12 月召开的联共(布)第十四次代表大会上提出的。当时提出这一总目标的出发点是,社会主义工业化是创立社会主义物质生产基础的决定因素,是从技术上改造国民经济各部门和保证经济独立与国防能力的唯一可行的道路上苏联的社会主义工业化主要是发展大机器生产,首先是发展生产生产资料的部门——机器制造、黑色冶金和有色冶金、石油、煤炭、化学工业以及电力工业。1926~1928 年是苏联工业化的开始阶段,这一时期以工业改造为主,优先发展重工业,并着重解决了工业化的资金积累问题。这一时期苏联通过存入储蓄银行和发行公债的方式,积累了 33 亿卢布投入社会主义工业建设。工业的生产年平均增长率达 21.7%。1928 ~1932 年为苏联国民经济发展的第一个五年计划时期,也是苏联工业的发展阶段。第一个五年计划期间的基本经济任务,是建立头等的重工业,加强生产资料的生产。在这一期间苏维埃国家在工业中用了 248 亿卢布,五年计划结束时工业固定基金为开始时所有固定基金的 2 倍,而重工业为 3 倍。1929 年工业产值首次超过了农业产值,1932 年全部工业的总产值为 1928 年的 202%。第一个五年计划后,苏联已从依赖进口机器设备的国家变为依靠自己进行技术装备的国家。苏联的社会主义工业化是在第二个五年计划(1933~1937 年)期间完成的。这一期间苏联的工业总产值达到 955 亿卢布,工业产值的全年平均增长速度是 17.1%,1937 年工业产值在工农业总值中占 77.4%。到这一时期结束时苏联工业的生产设备几乎全部更新,从此苏联由落后的农业-工业国发展成为社会主义的工业化国家。

英国第二届工党政府执政

1929年5月,英国举行议会选举。工党赢得下院287个议席(保守党260席,自由党59席),以相对多数受命组织政府。6月5日,麦克唐纳组成了第二届工党政府。不久,随着世界性经济危机袭击英国,这届政府便陷入内外交困之中。麦克唐纳政府拒不履行竞选期间对工人阶级的许诺,继续实行压制工人阶级的政策。对外则主张裁军和国际仲裁。1931年,英国财政危机达到高潮,工党政府责成梅伊为首的财政专家委员会提出对

1929年5月31日,英国工党在大选中以微弱的多数获胜。图为道路工人在投票站投票。

策,准备实行包括削减社会保险支出、降低失业补助金,增加间接税,减少教师工资等内容的"节约"措施,以应付严重的经济危机。这样做的目的是维护垄断资产阶级利益。由工人和穷人承担经济危机的损失。很快引起了全国范围的群众抗议浪潮。工党内部也出现分歧。8月24日,麦克唐纳宣布辞职,从而结束了工党第二次执政。25日,麦克唐纳同保守党人和自由党人结成联盟,成立了国民政府。工党反对麦克唐纳这一做法,宣布将他开除出党。

《战无不胜》遭禁演

1929 年 5 月 5 日,德国德勒斯登首次上演卡尔·克劳斯的戏剧《战无不胜》。这位维也纳籍的文化评论家在该剧中讽刺 1927 年 6 月在维也纳发生的示威游行事件。其中情节,使人联想到剧中道德败坏的新闻记者伯格塞是在影射维也纳警察局长,因此维也纳禁演该剧。此外,奥地利的大财阀卡斯蒂格里翁尼也发现该剧第三幕,有影射他的意图,因而这一幕亦被禁演,演出时第三幕仅以朗读大略情节草草带过。但是愈涉及政治,观众的反应愈热烈。

第一届电影"学院奖"在好莱坞颁奖

1929 年 5 月 16 日,由电影艺术与科学学院设立的电影奖——电影学院奖(又称奥斯卡金像奖)首次颁奖。颁奖典礼是在《马戏团》剧照好莱坞的罗斯福饭店花房大厅举行,有 250 人参加,每张门票售价 10 美元。

当时 22 岁的新秀珍妮特·嘉娜因主演 3 部电影而获最佳女演员奖;埃米尔·詹宁斯因主演两部电影而获最佳男演员奖;1928 年制作的《翼》被评为最佳影片;华纳兄弟影业公司的《爵士歌王》与查理·卓别林主演的《马戏团》同获特别奖。

好莱坞的演员阵容代表着一个时代的缩影

美国"繁荣"背后的危机

第一次世界大战以后,资本主义国家间的关系暂时缓和,1924 年至 1929 年,资本主义处于相对稳定时期。在此期间,各个资本主义国家大力发展经济,从而使世界资本主义生产发展较快,出现了一时的"繁荣"。美国的汽车工业,电气工业、钢铁工业和建筑业的生产都出现高涨局面。20 年代的美国,收音机相当普及,电冰箱、洗衣机、吸尘器、电话开始进入富人家庭,有声电影也问世了。因这一时期,正是美国柯立芝总统在任期间,因而人们把这时期的美国,称为"柯立芝繁荣"。美国资产阶级宣扬说资本主义已取得"永久的稳定",但实际上,在"繁荣"的背后,经济危机的萌芽正暗中滋长。

世界经济大危机爆发

1929 年 10 月,美国纽约华尔街股票价格暴跌,股票大量抛售,美国股票市场崩溃,从而宣告经济危机的到来。到 11 月中旬,纽约证券交易所股票价格下降 40%以上,证券持有人损失达 260 亿美元,严重削弱金融制度,动摇企业界信心,阻碍工、农业发展,缩小海外购买和投资,使美国经济陷入停滞状态。从 1929 年至 1932 年,银行破产达 101 家,企业破产 109371 家,全部私营公司纯利润从 1929 年的 84 亿美元降为 1932 年的 34 亿美元。1931 年美国工业生产总指数比 1929 年下降 53.8%。农业总产值从 1929 年的 111 亿美元,降到 1932 年的 50 亿美元。在外贸方面,进口总值从 1929 年的近 40 亿美元,降到 1932 年的 13 亿美元,出口总值从 53 亿美元降到 17 亿美元。

由于工业、农业、商业萎缩,到 1933 年 3 月,美国完全失业工人达 1700 万,约有 101.93 万农民破产,沦为佃农、分成制农民和雇农,许多中产阶级也纷纷破产。美国国民收入从 1929 年的 878 亿美元,降到 1933 年的 402 亿美元,1933 年的商品消费额,下降到 1929 年水平的 67%。

危机期间,一方面生产过剩、商品积压,甚至销毁大量农产品和牲畜,另一方面广大劳动人民又缺衣少食。据 1932 年 9 月美国《幸福》杂志估计,全国有 3400 万成年男女和儿童,即约占全国总人口的 28%无法维持生计。200 万人到处流浪,栖息在破烂的"胡佛"村落里。

这次由美国股市引发的全国危机整整持续了 4 年,波及整个资本主义世界,使世界贸易缩减 2/3,并进一步激化资本主义世界的各种矛盾,德、意、日三国法西斯乘机上台,相继发动了侵略战争,直至 1939 年爆发第二次世界大战。

首届世界杯足球赛开幕

世界足球的专门机构国际足联成立于 1904 年,但直到 1924 年巴黎奥运会足球才被列为正式奥运会比赛项目,1928 年 5 月 26 日,国际足联在阿姆斯特丹会议上讨论并通过了将于 1930 年举办一项新的足球赛事的议案,这项赛事将向全世界的所有国家敞开大门。1929 年 3 月 18 日,巴塞罗那会议投票选举乌拉圭成为首届世界杯的主办地。乌拉圭是最早开展足球运动的国家之一,1924 年、1928 年获两届奥运会足球冠军,而 1930 年,又恰逢乌拉圭独立 100 周年。

本届世界杯的举办时间为 7 月 13 日至 30 日。为举办本届杯赛,乌拉圭修建了一个能容纳 10 万人的"百年体育场"作为世界杯主赛场,但在开赛 7 天之后才落成。

虽然共有 13 个国家参加了这届世界杯,但是,球员们在赛场上的球技足以证明:世界杯是世界上最高水平的足球赛事。

两支南美球队阿根廷队和乌拉圭队进入到最后决赛,上半场阿根廷队以 2 比 1 领先,在东道主球迷的助威声中,下半场乌拉圭队连续三次洞穿对手的大门,最终以 4 比 2 夺得冠军奖杯。

美国天文学家汤博发现冥王星

19 世纪后期,寻找"海"外行星逐步成为热潮。1894 年,美国天文学家珀西瓦尔·洛威尔创办了洛威尔天文台。此后,他就在那里研究和搜索"海外行星"。洛威尔用一架折射望远镜拍摄天空照片,记录了成千上万颗暗星的位置。

1929 年 1 月,汤博继承了洛威尔的事业。汤博生于 1906 年,他从小酷爱天文学,并自制一架望远镜,从事天文观测。他到洛威尔天文台后,就开始对"行星 X"进行搜索。当时的台长维斯托·斯莱弗还专门建造一架 33 厘米的反射式天体照相仪。汤博经过日夜努力地工作,终于在 1930 年 1 月 23 日和 29 日夜晚拍摄到双子座附近的天区有一颗移动十分缓慢的新行星,斯莱弗台长立即对该天体做进一步的观测证实,到 1930 年 3 月 13 日,终于正式宣布发现了一颗海外行星。这个人类为之探索研究了将近一个世纪待解的谜,终于被解开了。

由于这颗行星远离太阳,接收到的阳光远远少于其他行星,它的星体上是一片黑暗、寒冷、阴森的世界。因此,人们用希腊神话中生活在幽暗阴冷之中的冥界之神普鲁托(Pluto)的名字来为它命名,即今天我们所说的"冥王星"。

回旋加速器的发明

英国理论物理学家爱丁顿曾经提出了一个设想,认为人类可以建造一种能量很高的仪器,能使原子核发生像太阳内部核反应一样的反应。在爱丁顿的提议下,美国著名的物理学家劳伦斯开始研制加速器。劳伦斯首先想到电动机的原理,普通的电动机是靠转子中通电流来实现在磁场中旋转的,那么能不能不用转子,直接让运动电荷代替电流来实现在磁场中旋转呢? 劳伦斯以惊人的想象力设计,研制回旋加速器。他不久便提出了回旋加速器的原理,并且制作出一个像儿童玩具一样精致的回旋加速器模型。他用两个 D 形空盒拼成一个圆形空腔,中间留一条缝隙,带电粒子在缝隙中由带正、负电的 D 形盒所形成的电场来加速,进入 D 形盘后在磁场的作用下旋转,最后带电粒子以很高的能量像炮弹一样从一个出射窗打出来,用来轰击靶原子。1930 年,劳伦斯经过长期努力终于研制成世界上第一台回旋加速器。

彩色电视在贝尔实验馆放映

一套全色传送电视图像系统 1929 年 6 月 17 日在纽约的贝尔实验馆展出。观看者说图像上的美国国旗、英国国旗和一束玫瑰都非常逼真。这套系统使用 3 个不同的显像管,每个显像管产生一种基色,和一组镜片一起以产生全色图像。在放映过程中,图像是有线传送的,画面仅有一枚邮票那么大。不过,发明者说制造较大的荧光屏和通过空间传送图像并不是一件难事。目前,纽约的三家电视台只限于播放剪影电影。

英国妇女进入内阁

新当选的英国首相拉姆齐·麦克唐纳 1929 年 6 月 10 日在唐宁街 10 号外面的草坪上介绍了新工党内阁,为此他再度名垂史册。内阁中有一名女成员。这在历史上还是第一次。首相在麦克风前、弧光灯下借助有声电影公布其内阁名单这也是第一次。新入阁的这位妇女是玛格丽特·邦德菲尔德。麦克唐纳称她为"我们的老朋友"。工会领导人将出任劳工大臣。麦克唐纳在摄影机前犹如一位老演员,谈吐潇洒自如。直到最后他才介绍邦德菲尔德小姐。新首相将把改善英美关系作为其主要目标之一。麦克唐纳还打算与苏联恢复外交关系,并实行裁军政策。在国内方面,首要任务是减少失业人口。

越南共产党建立

1920年,赴欧洲寻求革命真理的胡志明(阮爱国)在巴黎成立了马克思主义小组,1921年他本人加入了法国共产党。中国第一次国内革命战争开始后,胡志明来到广州,组织了东亚被压迫民族委员会,并以此为基础于1925年创立了越南青年革命同志会(又称越南青年党)。之后还在黄埔军校为在中国的越南青年举办了几期训练班,从组织上和思想上为建党做了准备。1929年5月~1930年1月,越南国内以越南青年革命同志会等团体为基础,相继建立了3个共产党组织。1930年2月3日,胡志明以共产国际代表的身份,在香港九龙召开了越南3个共产党组织的代表会议,决定合并为统一的越南共产党。同年10月党中央召开第一次会议,决定改称为印度支那共产党(1951年2月改名为越南劳动党)。会议还通过了第一任总书记陈富起草的《政治纲领》,指出革命的第一阶段是在无产阶级领导下的资产阶级民主革命,革命的任务是反帝反封建,它是社会主义革命的准备阶段。纲领还提出成立工农政府,实行土地革命,大企业国有化,承认民族自决权等革命口号。越南共产党的成立,使越南的民族民主革命进入无产阶级领导的新阶段。

东西海岸间的班机首航

洲际航空公司1929年7月7日开始办理跨国航运业务。该公司自称是第一家专门运送旅客而不运载邮件的航空公司。两天两夜几乎是连续不断的旅行。把乘客从纽约的佩恩站运送到洛杉矶郊外的格伦代尔机场。不辞辛劳的旅客白天乘飞机飞行,夜晚坐火车睡觉。飞机上的膳食不及火车上的好。机上必须备有充足的盒饭和热水。该公司班机沿途到站有:哥伦比亚港、俄亥俄、印第安纳波利斯、圣路易斯、堪萨斯城、威奇托、韦诺卡、俄克拉何马和新墨西哥的克洛维斯。单程票价共为351.94美元。

马其诺防线开始修筑

马其诺防线是第二次世界大战前法国为防备德国进攻,在从瑞士到比利时的东部边境上所修建的防御阵线体系。法国和德国是世仇,在历史上两国多次兵戎相见。因此法国为自身的安全,于1929年开始筹建这一庞大的工程体系。修建工作历时11年之久,于1940年全部竣工。法国为此投入了大量的人力物力,整个工程全部用钢筋混凝土建成,共耗资2000亿法郎。工程总长400公里,包括莱茵防线、阿尔萨斯和洛林设防区以及萨尔障碍区,共筑有 5600 个永久性工事。该防线以陆军部长马其诺(1877~1932)的名字命名。1936~1940 年,法国又在法比边境建造达拉第防线。第二次世界大战爆发后,德国并没有直接从正面进攻法国,而于 1940 年 5 月在法比边境的阿登山区发起进攻,绕过马其诺防线,使其未能发挥作用。

年鉴派史学的形成与发展

年鉴派得名于法国历史学家吕西安·费弗尔和马克·布洛赫在 1929 年创办的历史杂志《经济与社会史年鉴》。年鉴派是在对实证主义的批判中兴起的。实证主义史学局限于对政治、法律、军事、外交等方面上层活动的叙述,年鉴派则要求写"全体部构成的历史",而不是事件构成的历史,在强调历史连续性的同时,把史学研究的重点转向社会经济结构。年鉴派史学的发展,大体上可分为两个阶段。第一个阶段(1929~1945)中以抨击实证主义、制造舆论为主,并在史学研究的方向性和方法论上提出了新的看法:"一件文字史料就是一个见证人……只有人们开始向它提出问题,它才会开口说话。"由于费弗尔和布洛赫的努力,这一学派的理论在 30 年代中期获得了社会承认。在年鉴派的第二个阶段(1945~1968)出现了年鉴派有二、第三代历史学家,如布罗代尔、L·R·拉迪里、P·R·肖尼等,其中以布罗代尔影响最大。1949 年他出版了《腓力普二世时代的地中海和地中海世界》一书,全面发挥和发展了年鉴派的理论。他围绕地中海这个主题,力图反映 16 世纪下半期这一地区的全貌,并大量使用了数量的方法。在年鉴派这一"划时代"著作的影响下,研究 16~18 世界欧洲经济社会生活蔚然成风,数量方法成了热门。年鉴派还特别重视人口与生产比例的平衡或失调对社会的影响,大力提倡历史人口学。60 年代以后,运用社会心理学对中古末期和近代初期的群众心态的研究开始引起注意,如 Ph·阿里埃斯、肖尼等着重研究历史上对死亡的态度。1968 年法国"五月风暴"中,布罗代尔辞去《年鉴》杂志主编,把它交给该派第三代历史学家 J·勒戈夫、L·R·拉迪里和费罗,他们开始对年鉴派理论体系进行改造。1974 年勒戈夫与 P·诺拉合编《研究历史》,收集了引篇论文,从各个侧面探索历史研究的新问题、新方法、新对象。1978 年勒戈夫主编《新史学》百科词典,试图通过这部词典阐明新史学与年鉴派的区别和联系。年鉴派一新史学对欧美历史学研究有相当大的影响,1977 年 5 月,在美国纽约州立大学成立了一个研究经济、历史制度和文化的费尔南德·布罗代尔中心。

诗人霍夫曼斯塔逝世

1929 年 7 月 15 日,奥地利诗人雨果·芳·霍夫曼斯塔在维也纳附近的罗登去世。他兼容奥地利的象征主义和印象派风格。霍夫曼斯塔生于维也纳,与理查·斯特劳斯的合作期间赢得了广泛的知名度。自从 1906 年起,斯特劳斯为霍夫曼斯塔的剧本《无影夫人》《玫瑰骑士》《纳克索斯岛上的阿利亚得那》制作乐曲。霍夫曼斯塔是抒情诗人、剧作家和小品文作家,他自认是价值观念日趋堕落的世界中的捍卫战士。他也是萨尔兹堡公演活动的创办人之一,他曾为这些活动编写作品,如《人人如此》,希望通过音乐创作和欣赏来克服精神危机。霍夫曼斯塔的抒情诗围绕着美和死亡的主题。格哈特·哈普特曼在《柏林日报》上写道:"他经常比其他任何人更成功地接近柏拉图的境界。"

齐柏林号飞艇结束环球航行

格雷夫·齐柏林号飞艇结束一次具有历史意义的环球航行,1929 年 8 月 29 日返回新泽西州的莱克赫斯特。齐柏林号历时 21 天 7 小时 26 分的飞行创造了环球航行的新纪录,这艘飞艇载着 16 名乘客和 37 名机组人员于 8 月 8 日清晨离开了莱克赫斯特。它在 19500 英里的航程中只停留 3 站,第一站是其在德国腓特烈港的总站,由此经过西伯利亚飞往日本,在东京着陆,然后再向西飞越太平洋到达洛杉矶,最后在上午 8 时 47 分,在莱克赫斯特着陆。

耶路撒冷阿拉伯人暴动

1929 年 8 月 31 日,在四分五裂的耶路撒冷城里,英军的机枪声沉寂下来了。多亏英军为平息阿拉伯人的骚乱而做出的努力,人们最担心的星期五和星期六总算平安无事地过去了。危机还远远没有结束。穆斯林的骚乱已波及叙利亚的大马士革,有报道说叙利亚的阿拉伯人已越过边境,正在向耶路撒冷进军。由 13 架飞机组成的一支飞行中队在奥马尔清真寺上空盘旋,向聚集在那里做周末祈祷的阿拉伯群众表明,道比将军及其军队是认真的。然而不顾一切地阿拉伯人却准备进攻不设防的地区。已有 3 名英国军官和 12 名美国人被打死。据估计,到目前为止,犹太人死亡人数约 100 名,受伤人数约 300 名。镇压这次野蛮暴乱的英国人宣称,被打死的阿拉伯人有 100 多名。暴乱的原因尚不清楚,但显然是由于犹太人接近"哭泣墙"引起了阿拉伯人的敌意所致。与此同时,这个月早些时候,英国宣布的关于具有同情心的非复国主义分子的犹太人移民的计划正实施。最近犹太人移民已放慢速度,去年只有 10 人移入,但这一新的计划却会使这里的非阿拉伯人急剧增加。

白理安提议成立欧洲联合国

1929 年 9 月 5 日,在日内瓦举行的国际联盟第十次大会上,法国总理白理安发表一篇热情洋溢的讲话:提议成立一个"欧洲联合国"。白理安一再强调欧洲在目前面临着最严重的经济问题,他"坚信在政治和社会方面建立这样一种共同的关系,不但不会影响到各国的主权,反而对各国均有益"。他的讲话无论是在日内瓦或国外,都引起强烈的反应,德国大多数的报界都拒绝该提议。英国的《每日快报》说:"我们的人民既不想在政治组织上与欧洲结合,而且政策方面我们也不愿成为欧洲的一部分。"不过,白理安的提议在 4 天后得到德国外交部长史特莱斯曼的支持。在一次公开的讲演中,史特莱斯曼既坦率而又有分寸地表示赞成此一构想,因他亦认为欧洲经济是当前世界的首要问题。

德外长史特莱斯曼去世

德国外交部长古斯达夫·史特莱斯曼在 1929 年 10 月 3 日清晨因中风而去世。消息传出,引起国内外的极大震惊。德国政治家和新闻记者一致认为史特莱斯曼的死代表德意志共和时代的结束。就世界局势而言,意味和缓的国际关系时代的结束。史特莱斯曼担任外交部部长达 6 年之久,在 1923 年的危机时代还担任过总理,他使德国重新成为受到外国尊重和接纳的国家。世界大战之后,德国投降而遭到屈辱,在这种情况下,史特莱斯曼的成就实非同小可,但是他却无法亲眼目睹他的政治生涯中的最后一项成就——协约国实现了撤出德国莱茵河地区的承诺。史特莱斯曼的终身贡献,使德国的政治面貌焕然一新。在世界大战期间,他身为国家自由主义派的领袖,代表当时向外扩张兼并的政策。1918 年,他又主张进行无限制的潜艇战。后期所采取的和解政策是被利益所迫的政策,目的是恢复德国经济繁荣,他将之称为"民族的现实主义政策"。史特莱斯曼的国葬典礼在 6 日举行,他将安葬在柏林的路易森斯达特公墓。成千上万的人民伫立在丧礼队伍行经的道路两旁,以表达他们最后的哀思与怀念。

国际联盟第十届大会召开

1929 年国联大会是在海牙会议之后不久举行的。在海牙会议上英国、法国、意大利和比利时在德国同意下,达成关于赔偿的最后决定,并且同时约定到 1930 年夏季——比凡尔赛和约规定时间早五年——撤出莱茵河占领区。因此,斯特莱斯曼在逝世前几个星期完成了他六年来为之付出巨大努力地工作。海牙协议只是经过英国政府和它以前的盟国间的极艰巨的讨论还价才达成的。有很多次会议似乎必然要完全失败了。但是,当最后获得成功的时候,人们普遍表示了异乎寻常的宽慰和满意。贝奈斯在通常大会开始时举行的一般辩论中说:"现在,有关结束战争的重大而危险的问题可以认为已经在原则上得到了解决。"国联的建立和平、逐步裁军、发展经济的计划已经明白地草拟出来。过去这个计划的受到阻挠并不是由于它本身的原因。现在,看来它面前终于展开了宽阔的道路。一般辩论和整个会议的确充满了目标一致和希望一致的精神,这是历来大会没有能达到或以后注定不能恢复的。出席大会的会员国数目比以前为多,代表团的质量也比以前提高了。包括30位总理或外交部长的53个国家的代表团,坐满了改革大厅的炎热而拥挤的座位。这是第十届大会,在几个月之后,就到国联正式诞生的十周年了。因此各国发言人在讨论本国特别感兴趣的问题的前后,都要考虑一下国联总的情况,把它最初成立时的期望,和它头十年生命中的成绩以及它未来的展望做一番比较,那是自然的。来自欧洲、南美洲和远东各国的代表一个接一个地出来声明:尽管存在一切不如人意的事,国联仍然证明它的创立者的信念是正确的;它已经作了巨大的贡献,并且注定还要做出更大的贡献;它的实际工作经验,证明它的继续存在的必要;他们以及他们代表的各国人民依赖它并且决心维护它。从后来发生的事件看来,这些声明现在读起来几乎不能像当时听众那样感到。但是,当时发表声明的人都是具有实际知识和权威的负责政治家。他们说的都是正经话(因为在大会上的正式讲话既是对本国公众也是对其他代表们发表的),或者是舆论要求他们说的话。在估计国联当时在世界中的地位时,无论采取哪种解释都没有什么差别。在许多情况下,两种解释都是正确的。

华尔街金融崩溃

1929年10月25日,纽约证券交易所出现前所未有的股价暴跌,引发世界性经济恐慌。美国在20年代,因信托膨胀与股票市场过分扩展,大家竞相参与投机的股票交易,尤其是1926年至1929年间,因为股票上涨不已,许多人赚了大钱,其实此仅为一种纸面上的财富。1928年华尔街股票的平均价格上升25%,至1929年时又上升35%,但此种上升实因投机者烘托出来的,并非由于真正货物的增加或世界贸易的扩大所造成,因为在1926年至1929年间工业生产与就业数字实际上并未有非常显著的扩展,此种股票价格的上涨,是人为的因素(操纵与信贷)所造成,因而到10月,便因纽约股票市场的崩溃而导致了严重的金融危机,造成世界性的经济恐慌。10月初以来纽约股票市场的情况已很不佳,23日起发生客户竞相把所持股票脱手的现象。22日一天就有接近13万股脱手,是为"黑色星期四"。此后江河日下,至29日一天竟脱手1650万股左右,是为"大崩溃"。此后股市更是连续下降,持股者抢着抛售,工业指数连着下降。危机由财政而影响到工业,由美国影响到世界其他地区。由于国际信贷和支付机制息息相关,欧洲——特别是脆弱的德国受到极大的影响。世界经济大恐慌的形成,除了前述的原因之外,还有两个重要的因素:第一是美国对外筑起森严的关税壁垒;第二是大战后农业生产过剩。

苏联农业集体化高潮

1929年11月3日,斯大林为纪念十月革命十二周年写了题为《大转变的一年》的文

焦虑不安地注视着华尔街金融界动向的人们

章,称过去的一年是社会主义建设的各条战线上发生大转变的一年。这一年,也是苏联农业全盘集体化开始和走向高潮的一年。联共(布)第十五次代表大会提出了农业集体化的方针。随着粮食收购的困难,联共(布)和斯大林认为,只有加快实行农业集体化,才能解决粮食问题。为此,1929年11月,斯大林号召农民整村、整乡、甚至整个地区地加入集体农庄。12月,斯大林又发表消灭富农的讲话。1930年1月,联共(布)中央公布了《关于集体化速度和国家帮助集体农庄建设的办法》的决议。决议要求在集体化运动中"坚持自愿原则";对富农的政策决议指出由限制富农转变为消灭富农。在党的号召下,在政府的具体推动下,苏联全国出现了农业全盘集体化的高潮。1929年10月集体农户占全国农户的4.1%。到1930年,即不到半年,集体农户增加到58.1%。富农也随之迅速"消灭",原有富农100万户,到1932年只剩下6万户。在集体化高潮中,出现过许多严重错误。如有不少干部违背自愿原则,使用行政命令和强迫手段,侵犯中农的利益,强迫富农迁往西伯利亚和哈萨克斯坦等等。由于集体化进行得过急过快,脱离农民觉悟的实际,以及阶级敌人利用运动中的错误,以致不少地区发生暴乱,生产也遇到严重破坏。鉴于这些情况,1930年3月2日,斯大林发表了《胜利冲昏头脑》一文,3月5日,联共(布)中央又公布了《关于反对歪曲党在集体农庄运动中的路线的决议》,开始纠正运动中发生的错误和缺点。到1932年底,加入集体农庄的农户,占全国总农户的60%,在主要产粮区集体农户达80%到90%,集体农庄的耕地面积占全国总耕地面积的70%以上。到1937年,集体农庄已联合了90%以上的农户。苏联农业的全盘集体化,以所有制、劳动组合、阶级关系角度分析,是一场深刻的农村社会主义革命,个体生产改变为集体生产,富农阶级被消灭,富农的生产资料归集体所有,农村的剥削制度不存在了。但是,这场革命未能使粮食生产和其他农牧业生产迅速发展和高涨起来。

德国纳粹党势力持续上升

1929年11月8日,德国国家社会主义劳工党(纳粹党)在图林根邦议会的选举中,得票比例从4.6%提高到11.3%,显示出国家社会主义劳工党的势力有持续上升的趋势。国家社会主义劳工党的得势来自采取反对杨格计划的行动,以及通过赫根伯格出版社的宣传。这些措施不但使国家社会主义劳工党打出知名度,并且赢得了选民。1929年度在萨克森(5月)、巴登(10月)、鲁贝克(11月)的选举中,特别是该月在巴伐利亚举行的普选中,该党都赢得了议会的席位。希特勒的亲信威廉·弗列克并担任图林根邦政府的内政部和国民教育部的要员。国家社会主义劳工党曾积极地争取全民表决,共同反对杨格计划。到22日止,只有580万票表示赞同,离通过全民表决2000万票数之标准,仍有相当距离。

托马斯·曼获诺贝尔文学奖

德国近代文学史上杰出的批判现实主义作家托马斯·曼(1875~1955)的作品主要以小说为主,也有散文、诗歌、剧本等。在他众多的作品中,无论是长篇小说还是中短篇小说,都有一些颇为著名。如长篇小说《布登勃洛克一家》《魔山》《绿蒂在魏玛》《约瑟夫和他的兄弟们》《浮士德博士》等。中短篇小说有《特利斯坦》《死于威尼斯》《马里奥和魔术师》《弗里德里小先生》《法律》《受骗者》等。他的剧本、散文、诗歌及大量论文均收在《三十年论文集》内。《布登勃洛克一家》是他的第一部长篇小说,也是杰出的代表作。小说描写了19世纪30~40年代,在德国北部的商业城市吕贝克享有很高声誉的约翰·布登勃洛克家族从创业到破落的过程,同时以哈根施特罗姆家族的发迹为另一线索,最后以哈根施特罗姆吞掉布登勃洛克而告终。作者围绕这两条线索,向读者展示了一幅生动的画面,对当时的社会现实进行了无情的鞭挞、对资本主义社会腐朽的金钱关系和资产阶级唯利是图、贪得无厌、弱肉强食的本性进行了深刻的揭露。托

德国著名作家托马斯·曼

马斯·曼因这部巨著而蜚声文坛,奠定了他在文学上的地位,并于 1929 年获得诺贝尔文学奖。

纽约现代艺术博物馆开放

1929 年 11 月 8 日对公众开放的现代艺术博物馆,已经正在计划它的第二次展览会。以印象派艺术作品为主的第一次展出相当成功,然而有些爱国人士抱怨说,展品中没有一件是美国人的。下一次展出将包括查尔斯·德穆思、麦克思·韦伯、乔治亚·奥基夫、沃尔特·昆和爱德华·霍珀的作品。在 12 月份的印象派艺术展出的最后一天,5000 人集聚在纽约市第五大街 731 号的美术馆。文森特·梵高、保尔·高庚、乔杰斯·修拉和保尔·塞尚的作品受到热烈欢迎。

联共(布)批判"布李反党集团"

在农业全盘集体化过程中,联共(布)党内斗争也在激烈进行。当时担任政治局委员、《真理报》主编的布哈林(1888~1938 年),同李可夫、托姆斯基一起,对斯大林和联共(布)党中央的政策进行了激烈的批评和指责。1928 年 9 月 30 日,布哈林在《真理报》上发表了《一个经济学家的札记》,1929 年 1 月 30 日,布哈林、李可夫、托姆斯基向党中央发表了《三人声明》,批评党的现行政策。但是,布哈林等人的上述言行,被当时担任总书记的斯大林认为是阶级斗争在党内的反映,是党内两条路线斗争。1929 年 4 月,联共(布)党对布哈林等人进行了严厉的批判,认为布哈林是"左倾机会主义"的代表,"富农的代理人","反党集团"的首领。1929 年 11 月联共(布)中央会议把布哈林开除出政治局,1930 年 12 月,又把李可夫开除出政治局,并撤销其人民委员会主席的职务。这样,布哈林-李可夫"反党集团"被粉碎了。1937 年 3 月,布哈林、李可夫被开除出党,1938 年 3 月 15 日布哈林、李可夫以"叛国罪"被判处死刑,执行枪决。

印度第二次不合作运动

1929 年 12 月,国大党拉合尔代表大会通过了"争取印度完全独立"的决议,宣布 1 月 26 日为独立日。1930 年 1 月 26 日,全国各地到处举行了声势浩大的集会和示威游行。1月 30 日甘地向英印总督提出废除食盐专营、保护关税、限制纺织品进口等 11 点要求,但遭到拒绝,于是宣布开展新的即第二次不合作运动。3 月 12 日,61 岁的甘地率领 79 名信徒从孟买省的阿麦达巴德出发,于 4 月 6 日到达古吉拉特海滨村庄丹地。次日开始自取海水熬盐,以公开对抗英国当局的食盐专卖法,以"煮盐进军"开始了这次不合作运动。尽管甘地和国大党指令把不合作运动限制于和平抵制的范围,但英国殖民当局仍残酷镇压举行和平示威的群众,颁布取缔国大党的法令并逮捕国大党领导人。5月5日甘地被捕,许多信徒"自愿进入监狱"以示抗议。1930年,殖民当局共逮捕6万多人。印度人民不畏强暴奋起抗争,4月18日,孟加拉省吉大港(今属孟加拉国)的群众袭击了英国军火库,发展为武装斗争;4月20日,西北边境省白沙瓦(今属巴基斯坦国)群众举行大规模集会和游行示威,因军警开枪而于23日爆发起义,坚持斗争到5月中旬;5月8日,孟买省绍拉普尔工人发动武装起义,一直战斗到5月16日;1930年各地工人罢工148次,有19.6万人参加。在这种情况下,英国殖民当局采取又打又拉的策略,一面继续镇压群众运动,一面于1931年1月26日释放了甘地,撤销了取缔国大党的命令。英印总督欧文与甘地会谈,于3月5日签订了《德里协定》(又称《甘地-欧文协定》),英方答应释放非暴力的政治犯,允许沿海人民自制食盐,国大党同意停止不合作运动和抵制英货运动。协定签订后,第二次不合作运动遂告结束。

印度国民大会要求完全独立

1930年1月,在印度拉荷尔举行的印度国民大会中,以多数票赞成甘地提出的印度独立主张。大会并要求印度代表拒绝参加即将举行的伦敦印度会议,抵制中央政府及地方政府,并要求与会的印度人放弃在英国政府的公职。此外,大会还通过一项决议,拒绝由印度承担大英帝国的帝国主义政治所造成的一切财政负担,大会要求为此成立一个委员会来审查所有的财政负担,并认为要先解除这些负担,印度才能成为新而自由的印度。为了达成此一目标,由大会委任的一个委员会决定,25日在全印度举行示威。

日本黄金解禁令颁布

日本黄金解禁令颁布是指民政党滨口雄幸内阁撤销1917年以后实行的黄金出口禁令,实行国际金本位制。1929年7月滨口取代田中出任总理大臣后,进行了内阁人事调整,任命币原喜重郎为外务大臣,着手医治田中内阁时期由于执行冒险外交政策所造成的一系列失败创伤;任命井上准之助为藏相,以实施紧缩财政方针,健全经济。日本亟须通过利用外国投资和建立国际信贷关系,同英美等国进行协调,这成了"黄金解禁"的外部条件。第一次世界大战时的各主要资本主义国家都禁止黄金出口。战后,欧美等国家在渡过经济危机以后,先后实施黄金解禁方案,恢复金本位制。由于战后危机和震灾危机、金融危机,使得日本到1929年也未恢复金本位制。日本在这一期间的出口额逐年下降,尤其是对华贸易陷入绝境。要摆脱这种不利局面,必须对黄金出口禁令松绑,降低国内物价体系,使之达到国际水准,以扩大出口,缓解通货膨胀。以 1927 年金融大危机为契机,黄金解禁论抬头。1930 年 1 月 11 日,滨口内阁以藏相井上准之助为主,断然解除黄金出口和黄金兑换的禁令,同时,宣布削减政府预算,降低月工资,加强劳动制度和解雇工人等措施。可是,从 1929 年 10 月起,全世界就已出现经济大危机的前兆,1931 年又发生"九·一八事变"和英国停止实施金本位制等事件,使得日本黄金解禁令的出台引发本就不景气的国内经济更趋恶化,终于导致了经济危机。1930 年 12 月成立的犬养毅内阁宣布停止实施金本位制,再次禁止黄金出口。以后,金本位制始终未能在日本恢复。

海牙会议闭幕

第二次海牙会议经过卓有成效的讨论,于 1930 年 1 月 20 日闭幕。作为战败国的德国为世界大战所承担的经济后果终于获得调整。在海牙谈判的文件中规定,欧洲国家将两次海牙会议的全部成果和杨格计划合并处理,对德国因世界大战而产生的一切财政问题做了重新地安排。德国表示将负起新条约规定缴纳赔偿款项的义务,为执行这项会议决定,将建立一个国际银行,德国通过这个国际银行缴付债务。为确保德国付款,该条约的签字国规定德国在货币经济受到威胁时,可以使用延期偿付权。如果在执行过程中出现歧见,不可不顾德国的意见另做决定,而是应该通过一个有计划的规章,并在有德国参加的仲裁法庭中进行谈判。所有的与会国家均希望随着条约的批准,能有条理地处理大战之后赔款问题。

伦敦海军裁军会议

伦敦海军会议是 30 年代初期帝国主义国家间举行的一次重要国际裁军会议。1930 年 1 月 21 日在英国首都伦敦召开,4 月 22 日闭幕,美国、英国、日本、法国、意大利派出政府代表参加。会议是在 1929 年世界性资本主义经济危机爆发以及帝国主义争夺制海权矛盾更加激化的严重情况下举行的。经过与会各国代表的激烈讨价还价,会议最终通过了《限制和裁减海军军备的国际条约》,作为对 1922 年 2 月华盛顿会议所通过的美、英、日、法、意《五国海军条约》的补充。会议规定与会五国于 1930 年 10 月 27 日交存条约批准书。后因法国和意大利因争夺地中海霸权的斗争无法达成妥协而未能批准该条约,故条约在美国、英国及日本按期交存批准书之后,仅以此三国有效。1935 年 12 月美、英、日三国曾再度召开伦敦会议,并于 1936 年签署了《限制海军军备条约》。

德国通过杨格计划

德国国会的议员们在 1930 年 2 月份里全都忙于审查对国家具有特别重大意义的战争后续问题处理方案。1930 年 2 月 5 日,德国参议院批准杨格计划,同时,国会也开始扬格计划的提案。此后在 3 天的辩论中,赞成一方(政府派)和反对方(德意志民族主义派)各持己见,互相激烈地争论不休。最后国会将所有的提案提交主管委员会,该委员会马上着手工作,经过 14 天的激烈争议后,终于在月底通过了杨格计划的全部条文,提交国会。德国总统兴登堡在其中折衷协调,为困难重重的国会立法工作铺路。在磋商的过程中,兴登堡还会见了德国国家人民党的主席阿弗列德·赫根伯格和该党的国会领袖恩斯特·奥伯福伦,与他们交换了彼此的意见。由于这两个人都是反对德国以赔款的办法来解决战后问题的强硬派领袖,因此兴登堡煞费苦心。

越南安沛起义

1930 年 2 月 8 日夜,驻在越南北部军事要塞安沛的法国军队中的越籍士兵 200 多人举行起义。起义士兵袭击并占领了几个兵营,杀死和杀伤许多法军军官。起义迅速扩展到邻近其他地区,河内形势也十分紧张,南圻各省常常聚众数万人包围省府要求免税。殖民当局残酷地镇压了起义,2 月 18 日起义失败,数千人被逮捕。2 月 28 日安沛非常军事法庭判处 13 人死刑,3 月 25 日又有 39 人被判死刑,33 人被判终身苦役。安沛起义是越南民族资产阶级领导的规模最大也是最后一次起义,从此越南民族资产阶级领导民族民主革命的时期已经结束,无产阶级领导革命的时期在越南开始了。

有声电影中的嘉宝

1930 年 2 月,观众的忧虑消除了:嘉宝"说话"了。她的第一部有声电影《安娜·克里斯蒂》刚出台。她在影片中的第一个镜头就是大步走进一家酒吧说:"给我一杯威士忌稍微加上些姜汁酒,别吝啬。"嘉宝的某些影迷担心她是否能拍好有声电影。她终究是瑞典人,口音恐怕难以改变。她在无声电影里的老搭档约翰·吉尔伯特状况不佳。从他主演的第一部有声片里可以看出,他的声音软弱无力,平淡,不吸引人。《安娜·克里斯蒂》好像就是为嘉宝创作的。这部电影是根据尤金·奥尼尔的剧本改编的,故事的中心人物是一个不幸的瑞典血统的美国女子。嘉宝那副沙哑的动人的嗓子正符合这一角色,而剧情之悲切能使喜欢他的观众频频洒泪。

奥地利总理索柏访问德国

1930 年 2 月 22 日，奥地利总理约翰纳斯·索柏在访问柏林时，发表一次谈话。在谈话中他强调奥地利与德国 1000 多年来文化的同一性，并要求两国共同建设一个新欧洲。索柏将奥德两国比喻成"两个德意志兄弟"，他们在海牙会议上找到了结束德意志民族苦难的可能性之后，"就可以手携手，迎着太阳向前走。"索柏在 24 日表示，柏林之行的具体成果是使德奥对双方贸易条约获得一致的看法。条约的具体内容将在日内瓦关税和平会议结束后，立即由德国、奥地利两国派出有关代表团，共同领导拟订。

英国失业者向伦敦饥饿进军

1930 年，世界性的经济危机蔓延到英国。工党政府拒绝全国失业工人提出的增加失业补助金、取消失业保险法中某些不合理规定的要求，于是，全国失业工人运动组织失业者于 3 月 20 日开始向伦敦"饥饿进军"。参加者高呼"反对工党的饥饿政策""争取建立革命的工人政府"等口号，于 4 月 30 日到达伦敦。翌日在海德公园举行盛大的群众大会，5 万伦敦工人走上街头，欢迎进军队伍。1931 年 11 月 12 日，国民政府实行"贫困调查法"，把失业补助金总额每年削减 3000 万英镑，使英国失业工人处于饥饿线上。1932 年 10 月初，又爆发了向伦敦进发的全英"饥饿进军"。2500 名参加者分队从四面八方集结起来向伦敦前进，于 10 月 29 日进入伦敦，几万伦敦工人聚集在海德公园欢迎他们。进军队伍要求废除"贫困调查法"，停止削减 10% 失业补助金。10 月 30 日在特拉法加广场有 15 万伦敦工人和失业者举行示威，支持饥饿进军者的要求。1933 年底在英国共产党的号召下，失业工人运动再次组织了全国的"饥饿进军"，并在各城市和全国范围内建立了组织。1934 年 2 月 23 日，"饥饿进军"队伍浩浩荡荡进入伦敦。次日英国工党、独立工党、共产党和职工会的代表共 1500 人举行了团结和行动大会，接着又有 10 万伦敦工人在海德公园举行盛大集会。在工人阶级的压力下，国民政府被迫废除削减失业补助金的决定和建立失业者劳动营的法令。1936 年秋，当政府又企图削减失业补助金的时候，失业者全国委员会又发动了 20 万失业工人再次举行向伦敦的"饥饿进军"，迫使政府做出了让步。

著名作家劳伦斯去世

大卫·赫伯特·劳伦斯 1930 年 3 月 2 日在法国去世，终年 45 岁。他的最后一部小说是两年前出版的《查泰莱夫人的情人》。该小说在美英两国被禁止出版,因为书中露骨地描写了一位英国贵妇人与她的丈夫的猎场看守人之间的爱情关系。他的《儿子和情人》(1913)和《恋爱中的女人》(1921)都是描写企图否认人的自然结合所引起的后果。劳伦斯于1885年9月11日出生于一个矿工的家庭。后来他当了教师,和一个离了婚的女人结婚。劳伦斯夫妇因为反对战争,被指控有间谍行为。1919上,他们离开英国过着流浪生活。

甘地领导反盐税法斗争

1930年3月21日,在一小群追随者的陪同下,圣雄甘地开始了"向海洋的进军",以象征对英国统治印度次大陆的反抗。这是迄当时为止这位民族主义领袖发动的最大胆的民众反抗行动,他一直在号召结束英国的统治。他的目的是行进到坎贝湾,然后在那里制造食盐,以抗议英国人颁布的由政府垄断食盐生产的法令。这次长途进军的第一站是亚西亚里。甘地在当地的大型集会上发表讲话,他说为了反对盐税法,他的追随者们必须做好"最坏的,甚至是死"的准备。他还表示不怕英国当局逮捕他。在印度的各地到处都有支持甘地的示威游行的报道。这些游行大多是有秩序的。英国当局中的一些人士相信,民众反抗运动必然会导致暴力事件,因此英军处于戒备状态,估计甘地不久就会被捕。

印度吉大港人民起义

1930年3月甘地开展第二次不合作运动以后,印度掀起了反英斗争的新高潮。4月18日,孟加拉省吉大港(今属孟加拉国)的群众在市中心举行了示威游行。当晚,苏尔贾亚·森领导恐怖组织"吉大港印度共和军"袭击英国军火库和警察营房,杀死卫兵多名,发动了武装起义。起义者在街道构筑街垒,控制了全城,市行政长官逃入港口。之后驻港口英印军队对起义者发动进攻,起义者被迫撤出城市,退往贾拉拉巴德山。吉大港人民起义被镇压,"共和军"几十名成员和主要领导人被逮捕和审判。

伦敦海军条约签署

以控制海军军备竞赛为目的的伦敦海军条约,1930年4月21日在圣詹姆斯宫举行签字仪式。这个条约是5个海军大国进行长达14个星期讨论的结果。这5个国家是英国、美国、日本、法国和意大利。法国和意大利不同意条约的具体条款,因此,对海军的限制只适用于美国、英国和日本。条约限制各种舰艇的吨位,并且减少战列舰的数量。在通过无线电从伦敦向纽约广播的一篇谈话中,国务卿亨利·史汀生说,这次会议"使我更加相信和平的外交方式最终会代替战争"。

印度白沙瓦起义

1930年4月,英国殖民当局逮捕了印度国大党的几乎全部领导人,这更激发了人民的反抗斗争。4月20日,印度西北边省的中心白沙瓦(在今巴基斯坦)开始了不合作运动。大批农民和季节工人聚集到白沙瓦举行示威游行,工厂、机关、学校都停工停课,到处举行反英集会。由于军警向群众开枪,造成了流血事件。23日晨,白沙瓦市一队游行群众阻拦了押送被捕者的卡车,并与警察发生冲突,于是愤怒的群众把示威转变为武装起义。他们烧毁英军的装甲车,筑起了街垒。在起义群众的影响下,第一皇家哈尔瓦团的两营印度教士兵拒绝向群众开枪,并把武器交给起义者。英国殖民当局十分惊慌,急忙将军警撤离白沙瓦。于是起义者控制白沙瓦达两个星期之久。白沙瓦起义的消息迅速传遍全国,各地群众纷纷起来支援。5月3日,在旁遮普和其他省份的各大城市举行了"白沙瓦日"。边境部落的锡克人和巴克同人还组织了志愿队伍前来增援,但遭到英军的截击。白沙瓦起义推动了西北地区农民的斗争,惊恐万状的英国殖民当局用英军替换了印度营军队,调来了空军,在西北边境集结了在印2/3的英国殖民军队。1930年5月中旬,白沙瓦起义被镇压下去。

越南义安、河静起义

1930年5月1日,越南边水火柴厂工人在印度支那共产党的领导下举行游行示威,提出"减少工作时间""减少税收""反对白色恐怖"等口号,反对法国殖民当局和越南反动派的压迫和剥削。运动很快扩展到越南中部义安、河静两省的沿海地区,5月9日两省工人农民的大规模反帝反封建运动发展成为武装起义。示威者所提出的口号,已由免税、把公田分给穷人等,发展到打倒法国帝国主义和阮氏王朝统治、没收大地主土地分配给农民。起义者烧毁了法国殖民主义者及越南官吏、地主的住宅,捣毁了监狱,释放了犯人。法国殖民主义者与封建地主相勾结,调动军队和飞机进行了残酷的镇压,制造了千人死亡,万人被捕,千万幢房屋被烧毁的惨剧。但义安、河静两省人民不畏强暴,坚持斗争。到1930年9月底,两省一些农村地区的伪政权纷纷瓦解,南坛、兴源、香山、宜禄等县相继推翻殖民统治,成立了由党组织领导的公农会执委会,进行政治、社会管理,从而第一次出现了苏维埃式的革命政权。工农政权一成立,就坚决镇压反革命分子,强迫地主减租,废除农民债务,取消苛捐杂税;对人民实行民主自由,把公田分给农民,开办夜校,组织农民学习文化;还成立了农民协会、共青团、妇女会等,革命积极性空前高涨。法国殖民当局经过周密准备之后,调动了大批军警,动用了飞机大炮,对起义进行了残酷的镇压。同时又通过越南的地主、官吏和土豪组织起反革命"黑人党",利用宗教和推行所谓"改良"来瓦解和麻痹人民的革命斗志,加之两省党组织一度出现了"挖掉知识分子、富民、地主和土豪老根"的错误口号,扩大了打击面,又没有充分发动群众,没有统一计划和领导,因此义安、河静运动仅仅存在几个月,就被镇压下去。

印度绍拉普尔起义

1930年5月4日,甘地领导了印度第二次不合作运动。1930年5月8日,孟买省纺织工业中心绍拉普尔市的人民群众举行示威游行,警察向游行队伍开枪射击,示威的群众立即予以反击,于5月8日当天举行了起义。起义群众烧毁了军火库和警察局,占领并捣毁了英国殖民政府的各个机关,驱逐了所有的殖民官吏,包围了警察及官吏退守的火车站。起义者控制了绍拉普尔市,建立了自己的政权,设置了行政机构,并自己组织和调度市政生活,如调度运输,组织公用企业的工作等。英国殖民当局深恐起义对其他城市产生影响,急忙调动了约2000人的英国军队向起义者反扑。起义的群众坚持战斗数日,5月16日起义政权的成员被捕,起义最后被镇压下去。绍拉普尔起义是印度人民群众自发的反对英帝国主义殖民统治的斗争,起义虽然失败了,但它冲破了"非暴力"的束缚,鼓舞了印度人民的反帝斗争。

甘地被捕

1930年5月27日,圣雄甘地被捕之后,他那成千上万的追随者们掀起了一个反对英国统治的温和抵抗运动的高潮,印度各大城市群情激愤。在孟买,参加暴乱的人群与印度警察和英国军队发生冲突,至少有6人被打死,60人受伤。值得注意的是,当时对温和抵抗运动未表示支持的穆斯林在这次孟买骚乱中也加入到了印度教徒行列中。在浦那附近一所监狱的牢房里接受采访时,甘地说他对这样的暴力事件感到吃惊,但他说,他相信那不是他那些主张温和抵抗的门徒们搞的。当问到他是否估计到他的温和抵抗运动的危险性时,他回答说:"有人说我在疯狂地冒险,可是我冒险是有正当理由的,不冒险就做不成大事。"据说甘地的非暴力主义哲学是从1919年一群闹事的印度人在阿姆利则城遭到英国人屠杀时开始的:这一惨案使他相信自由不能用暴力来争取。甘地在南非当过律师,并曾用他的知识和地位力图结束当地印度人受压迫的状况。

《英伊同盟条约》签订

1922 年 10 月,英国曾与伊拉克签署过一项同盟条约,有效期为 20 年。期限未满,1930 年 6 月 30 日英国政府又与伊拉克费萨尔王朝签署了另一项《英伊同盟条约》。全文共包括 11 项条款及附件,有效期为 25 年。其主要内容为:英伊两国应建立密切的同盟关系;在外交事务方面进行充分协商;一旦发生战争,两国必须互助;英国获得伊拉克准许在伊建立两个空军基地并在那里驻军;由英国方面负责训练和装备伊拉克武装部队等等。1930 年《英伊同盟条约》在形式上结束了英国对伊拉克的委任统治,并且承认伊拉克的独立。但条约依然使英国保留了很多特权,从而使伊拉克在外交和军事上仍处于依附英国的地位。

法国军队提前撤出莱茵河

法国 1930 年 6 月 30 日把它的最后一批军队撤出德国的莱茵河,这一做法也许是得不偿失的。法国比凡尔赛和约规定的日期提前 5 年撤出军队。这主要应归功于德国的外交部长古斯塔夫·斯特列斯曼,他是一位谈判能手。法国从这一行动中,将会得到什么好处现在尚不清楚。法军驻在莱茵河是为了保证德国遵守凡尔赛和约,不再重新武装。德国人一直在反对占领军,但是现在他们被不断增长的失业率和政治上的不稳定弄得惶惶不安,他们对法国的提前撤军不见得会表示感谢。法国军队一走,德国就不得向莱茵河左岸派遣部队。德国还必须尊重莱茵河以东 30 英里的非军事区。这是凡尔赛和约原文所规定的,并且由德国在洛迦诺加以确认。负责监督占领的法国高级专员保尔·蒂拉德受到外交部的祝贺。

柯南道尔去世

创造了大侦探歇洛克·福尔摩斯形象的阿瑟·柯南道尔爵士 1930 年 7 月 7 日去世,享年 71 岁。福尔摩斯在 1887 年出版的《血字的研究》中第一次破案。以后又有 4 部小说和 55 篇故事写的都是福尔摩斯。有一些则是道尔勉强写出来的。在读者对侦探小说还颇有兴趣的时候,道尔早就厌烦了。1893 年他企图了结福尔摩斯,但未能如愿。1904 年,道尔又使他起死回生,出现在《歇洛克·福尔摩斯归来记》一书中。道尔生在爱丁堡,并在那里的医学院学医。他对毒药及其作用的知识后来对他写作某些情节离奇的故事帮了很大的忙。他的儿子死于第一次世界大战。从那以后,道尔放弃了自己善于分析的风格,倾向于唯心主义。道尔于 1902 年被授予爵士称号。

德国国会全面解散

1930 年 7 月份是德国历史上危机重重的一个月。虽然最后一批法国军队在 6 月 30 日撤离莱茵河地区,但是庆祝撤军的活动也因经济危机而黯然失色。由于德国财政状况严重萧条,兴登堡总统必须援引紧急条例来处理政府事务。新任财政部长海曼·迪特列希提出一项抵偿方案,虽经过不断的修改,在国会中仍然遭到德国社会民主党和左、右两派的反对党(德国国家人民党、国家社会主义劳工党、共产党)的反对。布鲁宁总理所领导的内阁认为,他们所提出的财政调整方案只有通过宪法第四十八条的协助,才可能实现。7 月 16 日,他们要求总统将方案作为紧急条例予以实行。2 天后,德国社会民主党、共产党、国家社会主义劳工党的国会议员和德国民族人民党的部分议员共 256 人否决了这项紧急条例。兴登堡按布鲁宁的建议,根据宪法第二十五条,解散国会,重新收回被否决的紧急条例。9 月 14 日再行选举,但激进党派获得胜利。

中子的发现

早在 1815 年,英国化学家威廉·普劳特(1785~1850)受各原子质量一般为氢原子质量的整数倍的启发,提出所有元素都是由氢原子构成的。1914 年当人们重新审视普劳特的假说时,把氢的原子核命名为质子,并认定质子荷正电。由此看来人们对原子的认识似乎已很圆满,即呈电中性的原子是由荷正电的质子构成的原子核与荷负电的核外电子组成,且原子核与核外电子所带电量在数值上相等。然而,这种原子的质子——电子模型在处理核自旋及原子核的稳定性方面遇到了无法克服的困难。1920 年,卢瑟福首先冲破质子——原子模型的束缚,提出了原子核中可能存在一种质量与质子接近的中性粒子的设想,并在实验中竭力寻找这种粒子。1930 年,德国物理学家瓦瑟·威尔赫·吉格·博特(1891~1957)和他的学生 H·贝克用 α 粒子轰击金属铍时,发出一种贯穿力很强的异常辐射,当时他们以为是 γ 射线。1932 年 1 月 18 日,居里夫妇的女婿和女儿约里奥·居里利用博特发现的射线轰击含有很多氢原子的石蜡时,很惊奇地发现有质子被打出来,这是一个很难解释的现象。当英国物理学家詹姆斯·查德威克(1891~1974)把这一消息告诉他的老师卢瑟福时,卢瑟福根本不相信会有此事。但查德威克却在重复上述实验及进一步轰击氢、氦、氮的过程中,发现打出来的是质量与质子质量很接近的中性粒子。他把这种粒子命名为"中子",这正是 12 年前卢瑟福预言的并一直寻找的粒子。查德威尔也因发现中子获 1935 年诺贝尔物理学奖。

人工降雨的实现

　　人工降雨是人类自古以来的理想之一。早在公元 1 世纪,希腊历史学家普鲁泰赫就曾提出战争后常出现降雨的现象。后来有人臆测,战争中的嘈杂声是否能催云致雨。为此 1890 年美国国会拨款 1 万美元,在云中进行爆炸催云致雨试验,但未见成效。1930 年荷兰人维拉尔特教授将干冰用飞机运载到 2500 米高空,在飞行过程中向云中播撒了近 1.5 吨的干冰碎块,并出动 10 架飞机在云中检验人工降雨的效果,结果发现在 8 平方公里的范围内,降雨量丰沛。这次历史性的试验成功,标志着现代气象学中人工影响天气的开端。试验虽然成功了,但维拉尔特并不清楚其中的道理。1933 年,瑞典科学家贝吉隆提出了"冰水转化"冷云致雨理论后,才解决了这一问题。此后,人工降雨的实验在全世界范围内广泛展开。目前世界上已有 60 多个国家开展了人工降雨试验研究工作,并在一些国家取得了相当可观的成就。

纳粹党成为德国第二大党派

　　1930 年 9 月 14 日,德国政府在议会选举中惨遭失败,而对议会表示轻蔑态度的党派却以优势获胜。阿道夫·希特勒的国社党在过去的议会里只有 12 个席位,而在新的政府里猛增到 107 个。现在纳粹党比共产党强大,他们是德国第二大党。西欧各国对希特勒的成功大为惊恐。他被视为战争贩子。他说德国一定要东山再起,要报上次战争中的一箭之仇。希特勒的一些年轻的追随者为他激烈的言辞所感染,老一代德国人为他对犹太人的憎恨和对战争所做的准备以及政府的议会形式所吸引。

德国法兰克福学派的形成与发展

　　法兰克福学派是现代"西方马克思主义"思潮中影响最大的一个流派。它产生于本世纪 20 年代末~30 年代初,因创立于德国法兰克福大学的社会研究所而得名。其创始人是麦克斯·霍克海默(1895~1973),他主张注重研究社会现实问题,从哲学和社会学角度考察现代资本主义社会,发展"社会批判理论"。同时撰写文章,对法西斯主义、种族主义和非理性主义等反动思潮进行批判。这个时期有一批年轻有为的理论家加入学派,其中主要有阿道尔诺、马尔库塞、弗罗姆、洛文塔尔、布尔克曼等,他们分别在哲学、社会学、心理学、文学等领域从事研究,发展社会批判理论,使法兰克福学派逐渐享誉国内外。30 年代由于德国法西斯势力日趋嚣张,该学派的研究所及其主要成员从 1932 年起相继离开德国,迁往瑞士日内瓦,一年后迁往美国,研究所设在纽约哥伦比亚大学。在第二次世界大战期间,该学派注重研究法西斯主义现象,对法西斯主义极为憎恨,发表了不少著作和文章,其中霍克海默的《独裁国家》、马尔库塞的《理性与革命》等影响较大。1949年霍克海默、阿道尔诺等人应西德政府邀请返回本国,并在法兰克福重建社会研究所。50年代以后,该学派成员积极著书立说,如马尔库塞的《爱欲和文明》(1955)、《苏联的马克思主义》(1958)、《单向的人》(1964)、弗罗姆的《在幻想锁链的彼岸:我同马克思、弗洛伊德的遭遇》(1962)、《马克思关于人的概念》(1961)、阿道尔诺的《否定的辩证法》(1966)等。

瓦加斯夺取巴西政权

1930年10月26日,巴西自由党的革命力量推翻了路易斯政府,G·瓦加斯任临时总统。在对"统治巴西达40年之久的政权"感到厌烦之后,反对派发起了一场深得人心的革命运动。这场革命在动乱的3周内席卷了全国。反叛者的目标是推翻当选的总统朱利亚·普列斯特斯,他被视为是前总统路易斯的傀儡。在这场革命中,路易斯被俘,普列斯特斯被迫隐退,从而实现了反叛者的目标。这个四分五裂的国家恢复了正常的秩序。瓦加斯要实行一项没有野蛮、没有武力专制的新政府纲领。他宣称:"我现在和3万人一起站在前线,全副武装,军需充足,不是为了消除路易斯,而是为了实现革命纲领。"这次政变的成功,使美国国务院大为震惊,因为它一直支持着不得人心的路易斯政府。很难说这次政变对美国和巴西之间的关系将会产生什么影响。

英印三次圆桌会议

1930年11月,拉姆齐·麦克唐纳组成英国第二届工党政府,他曾表示印度将成为英国新的自治领。印度穆斯林联盟主席穆罕默德·阿里·真纳(1876~1948)于9月写信给麦克唐纳,建议由英国首相直接邀请印度各界代表开会,寻求解决印度问题的办法。英国也打算拉拢印度各界上层人士,以平息日益高涨的印度反英斗争。英国驻印度总督伊尔温勋爵于10月31日宣布,将召开以确立自治领地位为目标的圆桌会议。1930年11月12日~1931年1月19日,英国国王在伦敦举行了第一次关于印度问题的圆桌会议。出席者有印度各王公、派别的代表58名。真纳率穆斯林联盟代表团参加,国大党抵制这次会议。会议对取消印度的殖民地地位和印度未来国家机构问题均未涉及,只就组织全印联邦国会、按宗教原则进行选举等一般性问题进行了讨论。因意见分歧,会议没有达成一致的决议。之后英国政府转而寻求与国大党领袖谈判,1931年1月26日释放了甘地等国大党领导人。3月5日签订德里协定,国大党停止了不合作运动,同意参加新的圆桌会议。9月7日~12月1日在伦敦举行了第二次圆桌会议。甘地作为国大党的唯一代表出席会议,在会上提出了给予印度自治领地位的要求,遭到英国拒绝。加上对居少数地位团体的代表权等问题有不同意见,会议仍未达成协议。1932年11月15日~12月24日,举行了第三次圆桌会议。甘地已被捕入狱,真纳也未赴会,会议只讨论了次要问题。三次圆桌会议没有达成积极的成果,但为英国政府和议会制定"印度政府组织法"(印度人民称之为"奴隶宪法")提供了材料。

日本首相滨口被刺

　　日本早在1927年3月就爆发了金融危机,之后又面临1929年开始的世界资本主义经济危机。依赖对外贸易,并与美国市场有密切联系的日本经济,很快遭到沉重打击,工农业生产严重萎缩,大批企业破产。国内阶级矛盾加剧,统治集团内部的矛盾也越来越尖锐。同时,右翼法西斯团体也猖獗活动,并与官僚、军阀加紧勾结。1929年6月上台的滨口雄幸内阁,为了寻找摆脱危机的出路,对内推行紧缩财政和产业合理化政策,对美英采取"协调"外交方针,并以政治手段将中国东北攫为己有,成为日本的独占殖民地。而日本军部特别是陆军省、总参谋部和关东军中的少壮派,则主张立即出兵侵占"满洲",以摆脱日本的经济危机。1930年4月22日,滨口内阁签订了《关于限制和裁减海军军备条约》,遭到军方和右翼反动团体的责难。他们指责政府软弱无能,借机进行军国主义宣传,主张改造国内"体制",加强军事独裁统治。11月2日,议会批准了伦敦条约。11月14日,滨口首相前去参加陆军大演习时,在东京车站遭到右翼团体"爱国社"成员佐乡屋留雄的狙击,身负重伤,后于1931年8月26日死去。滨口首相被刺,是军部准备发动战争的信号。同年末参谋本部和陆军省的少壮派军官组织了"樱会",企图发动政变,建立以陆军大臣宇垣一成为首脑的"改造政府",后因内讧政变未遂。4月间"民政党"总裁若概礼次郎继任首相后,就加速了准备发动侵略中国东北的步伐。在做好临战前准备的同时,日本军部和政府利用所谓"万宝山事件"和"中村大尉事件"加紧为侵略中国东北制造舆论,到1931年9月18日发动了侵略中国东北的战争。

苏联全面控制食品供应

　　1930年12月22日,苏联食品合作社和分配制度没有像约瑟夫·斯大林预期的那样成功。因此,共产党中央委员会做出决定:清除官僚主义,把食品供应给为共产主义献身的兢兢业业努力工作的工人。中央委员会特别批评了国内供应部。它指责"负责肉菜供应的官职上挤满了反苏维埃分子,他们其中有48人最近被枪毙。"中央委员会发布的命令中承认苏联存在着劳工问题,并且命令说食品一定要用作调动工人积极性的武器。中央命令道:"粮食分配一定要用来帮助工人们提高劳动生产率,抑制逃离生产第一线的行动。"中央领导人还试图剥夺私营商店出售食品及个人加工食品的权力。工人们应该以最低成本制作和销售食品。为了能得到食物,苏联人必须证明自己是政府承认的某家工厂或企业的一名工人。

刘易斯获诺贝尔文学奖

美国第一个获得诺贝尔文学奖的著名小说家辛格莱·刘易斯(1885～1951),一生共写了 20 多部小说。1916 年,他发表了《我们的雷思先生》和《鹰的途程》两部小说。1920 年,他的杰作《大街》出版,这部著作使他在文学界的声誉得以确立。小说以明尼苏达州戈弗草原镇的大街为典型代表,描写女主人公卡洛尔要改变这个小城镇的文化生活面貌,但遭到顽固守旧势力的种种阻挠,最后只能以失败而告终。这部小说被欧洲各国竞相翻译,在世界文学界引起巨大的反响。1922 年他发表了《巴比特》,小说以第一次世界大战后发展起来的中等城市泽尼思为背景,作者把主人公巴比特塑造成一个以追求物质利益和地位为目的,并想以此跻身于上层社会,一切都要"标准化"的典型形象。巴比特的形象非常生动,以致使这个姓氏成为英语中的一个普通名词,作为美国小城市市侩的象征。很多评论家认为,刘易斯最成功的一部小说就是《巴比特》。1925 年刘易斯发表了《阿罗斯密》。在这部小说中,他描写了善良的微生物学家马丁在追求真理和崇高理想的过程中屡遭挫折。与此相反,医道不精的皮克博医生却靠巴结和哄骗当上众议员。这部小说显示了刘易斯对医学的深刻研究。1926 年刘易斯因《阿罗斯密》被授予普利策奖金,但他拒绝接受。1930 年,"由于他的描述的刚健有力,栩栩如生和以机智幽默创造新型性格的才能",刘易斯获得了诺贝尔文学奖。

教皇反对性自由

1931 年 1 月 8 日,教皇庇护十一世发布了一项通告,谴责试婚、各种形式的人口控制以及离婚。这个 16000 字的文件有三部分:第一部分肯定了婚姻的圣洁性。指责一些诸如小说、报纸、电影等宣传工具把婚姻当儿戏。第二部分内容阐述了控制出生率的罪恶。重点谈到了"杀害未曾出生的无辜生命……"的合法化问题。最后,文件敦促天主教徒们再次为捍卫婚姻的圣洁而献身。教皇引证了梵蒂冈和意大利政府之间最近就宗教事务达成的契约,从而要求公职人员参加宗教活动,以保护道德不受侵犯。

圣雄甘地获释

1931年1月27日,马哈特马·甘地已从狱中获释,结束了他8个月的铁窗生活。他是因发起反对英国统治的非暴力主义运动而被捕入狱的。为了避免示威运动,甘地在傍晚被从耶罗夫达狱中释放,连夜他乘车去孟买。英国方面希望释放甘地会解决目前的争端,以致可以讨论印度的自治领地位问题。然而甘地却清楚地表明:他要坚持非暴力主义运动。

德国极右政党抨击政府

1931年2月9日,德国极右派政党钢盔协会和国家社会主义劳工党(纳粹党)试图削弱政府的实力。在审议预算项目中的"外交"一款时,纳粹党议员弗朗斯·史都尔在议程开始之前发表了抨击民主的声明。纳粹党员特别视会议的新议事规则为眼中钉,因为新规则让左派和右派喋喋不休地讨论没有意义的提案。史都尔在发言中宣称,纳粹党员不接受这样的议事规则,不再与这种破坏宪法的组织共事,于是纳粹党全体议员连呼三声"嗨"之后退出会场。几天之前,普鲁士邦政府被迫处理钢盔协会提出的公民表决建议,这个由退伍军人组成的协会曾援引邦宪法,强迫政府举行公民表决是否解散邦议会。钢盔协会的领袖在海德堡的一次集会上,宣布他们的奋斗目标是希望"通过民族的力量,争取群众,在1932年以前取得政权"。

甘地—欧文协定的签订

1930年印度第二次不合作运动开始后,印度人民冲破了非暴力的框框,与英国殖民者展开英勇斗争,遭到殖民当局的镇压,甘地也于5月5日被捕。其后英国政府为了继续维持其殖民统治,于1931年1月26日释放了甘地,建议与国大党进行谈判。1931年3月5日,甘地在德里与英印总督欧文谈判并达成协议。双方签订了德里协定,也称作甘地-欧文协定。协定规定,国大党停止不合作运动,同意参加第二次英印圆桌会议。英殖民当局停止镇压,废除戒严法令,释放除暴力罪以外的政治犯,对个别商品实行保护关税等。部分国大党领袖和一些爱国人士对此予以反对,但仍在1931年12月在卡拉奇召开的国大党年会上通过了这一协定,它标志着第二次不合作运动的结束。

纽约市长沃克被控渎职

纽约市长詹姆斯·J·"吉米"·沃克 1931 年 3 月 18 日被指责为效率不高,玩忽职守,很不称职。这些指责是由市政管理委员会提出的,被纽约州长富兰克林·D·罗斯福给披露出来。但是他拒绝表示是否要对沃克市长是否适合继续任职进行全面调查。这些指责只不过是最近提出的,在此之前,各种民间和宗教组织就曾对沃克政府中的坦曼尼协会的政客们提出一连串的指责。沃克市长因病已有几个星期没上班了。这个矫健活泼、爱开玩笑又受人喜爱的市长,是在加利福尼亚州棕榈泉的一个豪华的疗养胜地休养时,通过电话得到被指责的消息的。今天,这位市长穿着睡衣,接见了一些报界人士。但他拒绝对这些指责做任何评论。在这以前,他的助手曾劝他保持沉默,他们说,开玩笑的时代已经过去了。

德国制止激进分子活动

1931 年 3 月 28 日,德国发布紧急条例,要求德国的政治激进分子中止他们的行动,原因是 13 日和 14 日,汉堡的纳粹党积极分子展开暗杀活动,一名警察官员开枪打死了一名在政府主管部门工作的犹太人,因为他不愿意由犹太人审问他加入纳粹党的活动情况。此外,3 名纳粹党员枪杀一名市议会议员,因为他们猜想他可能与汉堡的红色退伍军人联盟的首领有关。为此参议院在汉堡禁止德国共产党和纳粹党的报纸,还禁止这些党派的一切群众集会。这次颁布的紧急条例,包括一系列关于集会和示威游行的规定。其中之一是,禁止政治团体穿戴统一的服装和佩挂相同的徽章,并且亦针对激进组织印刷证件制定了措施。德国政府对德政治和文化上的激进主义采取行动的原因有详细的说明。德国的天主教会也首次警告激进主义的危险性。

西班牙君主统治结束

席卷欧洲的政治浪潮 1931 年 4 月 14 日又宣告了一个牺牲者。国王阿方索十三世被迫逃离西班牙。这个国家在结束了 15 个世纪几乎从未中断过的君主统治之后,成为一个共和国。在夜幕的保护下,阿方索及手下的一小伙人穿过一个花园的门逃出了马德里的皇宫,他顺着南边一条巴黎方向的小路逃走。这条路通向塔赫纳,从那儿他将乘船去马赛,西班牙北部及葡萄牙的敌对分子给国王设下了重重障碍。一些分析家在去年普里莫·德·里维拉的军事独裁垮台后,已预见到国王会下台。因为阿方索支持了里维拉政府。两天前,共和党人在议会选举中获胜,阿方索的出逃就已经不可避免了。全国各个共和党控制下的城市都飘着共和党的旗帜。N·A·萨莫拉没经流血争夺,便就任了第一位总统之职。阿方索并不甘心,他希望卷土重来。可是,在目前看来,西班牙不要别的,只要个共和国。

现代电视技术的发展

电视最初是机械式的,后来演变成为电子式。1884 年德国人保罗·布尼科夫发明了机械扫描式的电视,但因他的摄像机元件由于用了硒电阻,对光的反应迟缓,所以没有成功。1897 年德国人卡布朗研制出电子扫描器,为后来研制性能良好的接收机提供了必要和充分的条件。1904 年英国人贝克威尔和德国人柯隆发明了一次电传一张照片的电视技术,传送一张照片需要时间大致是 10 分钟,这在理论和技术上是成功的,但在应用上速度太慢。其后人们积极研究快扫描点光线技术,1925 年美籍苏联人兹渥里金发明了光电显像管,即现代电视机接收管的原型,他成为现代电视技术的先驱。1926 年英国人巴豆制成第一台电视机,一秒钟可传 30 张照片。1928 年兹渥里金在威斯汀豪斯研究所研究成高敏度的实用"显像管",它的原理是扫描电子束遇到光电原件,利用适应光量的一时的放电现象,变换为电讯号送出。1930 年他又发明了摄像管,今天的电视摄像机有许多地方就是由它演变而来的。1936 年伦敦市民首次看到电视,用的便是兹渥里金显像管和摄像管。

庇护十一世指责法西斯主义

1931 年 5 月 31 日,最近在意大利政府和梵蒂冈教廷之间出现的分裂,逼迫庇护十一世教皇发布一项声明,谴责法西斯主义者的残暴可憎。教皇发布声明,把最近政府对牧师及教会财产进行的攻击,以及关闭了上百个天主教组织的行为说成是"第一次公开证明了与基督教和国内教育相对立的一种教育,一种全然推行憎恨、无礼和暴力的教育"。这项声明是在教皇上次发表演讲的两个星期以后发布的。他在上次讲话中谴责了共产主义。他认为共产主义和天主教堂的教义是格格不入的。

美国纽约帝国大厦落成

1931 年 4 月 9 日,纽约帝国大厦建成。它是 20 世纪 30 年代至 70 年代间世界上最高的建筑。因帝国州是美国纽约州的别称,大厦因此而得名。大厦建造历时两年,建筑占地长 130 米、宽 60 米。大厦的建筑师为施里夫、拉姆和哈蒙,工程师是巴尔科姆。

帝国大厦号称 102 层,由地面至顶层的观光平台高度为 381 米,1950 年在顶部加建电视塔后为 448 米。大厦只有下面的 85 层供租赁用,标准层高约 3.5 米。上面的 17 层实际上是以电梯为主的塔楼,当初设计时曾设想作系泊飞艇之用。1916 年纽约市颁布的法规规定,凡高层建筑每到一定高度,必须从马路向内退一段距离。因此,大厦在第 6 层、第 25 层、第 72 层、第 81 层和第 86 层分别缩进,体形略呈阶梯状。

大厦为钢框架结构,采用门洞式的连接系统,即在大梁与柱的接头处,把梁两端的厚度加大,呈 1/4 圆形,以增加梁和柱的铆接面。大厦的重量为 365000 吨,用钢 51900 吨,每平方米用钢 206 千克。帝国大厦比例匀称,它的外形轮廓一度成为摩天大楼的象征。大厦底部 5 层的外墙为石灰石和花岗石贴面,自第 6 层起即以金属板窗框和窗间墙相间。那些由镀镍钢板组成的垂直向上的图案,在朝阳和晚霞辉映之下,光彩耀目,为建筑造型艺术效果开辟了新的境界。

美国发明家托马斯·爱迪生逝世

1931 年 10 月 9 日,享誉世界的美国电学家和发明家爱迪生在新泽西的西奥兰治镇家里逝世。10 月 21 日,全美国熄灯以示哀悼。

爱迪生于 1847 年 2 月 11 日出生于俄亥俄州的米兰,从小未受到过正统的教育,他的母亲当他的"家庭教师"辅导他自学。12 岁时,由于家庭生活困难,爱迪生开始在列车上卖报,并用自己赚来的钱在行李车上建立了一个化学实验室。不幸有一次化学药品着火,他连同他的设备全被扔出车外。另外有一次,当爱迪生正力图登上一列货运列车时,一个列车员抓住他的两只耳朵助他上车,这一行动导致爱迪生终身耳聋。1862 年 8 月,爱迪生在火车轨道上救出了一个即将遇难的男孩。孩子的父亲对他非常感激,但由于无钱可以酬报,愿意教他电报技术。从此,爱迪生便和电的新世界发生了联系,踏上了科学的道路。

1868 年,他发明了一台选票记录仪,想推销给国会,但没有被采用。爱迪生的第一项发明没有找到市场使他更注意发明的实用性。1869 年,爱迪生由波士顿移居纽约。他改进了金指示器电报公司的电报机,得到公司经理的赏识,并受聘于该公司。1870 年,爱迪生移居新泽西州,开始了他的高效发明时期。1874 年他改进了打字机。1876 年,他给贝尔发明的电话加装了炭精话筒,提高了受话的声响。

1876 年,爱迪生创办了著名的实验室。在这个实验室里,他打破了以往科学家个人独自从事研究的传统,组织一批专门人才,由他出题目并分派任务,共同致力于一项发明,从而开创了现代科学研究的正确途径。1877 年,爱迪生发明了留声机,使他名扬四海。1878 年,他开始白炽灯的研究,在十几个月中经过多次失败后,于 1879 年 10 月 21 日成功地点亮了白炽碳丝灯,稳定地点亮了两整天。1882 年,他在纽约珍珠街创办世界

托马斯·爱迪生在新泽西家中寿终正寝,享年84岁。

第二座公用火电厂,建立起纽约市区电灯照明系统,成为现代电力系统的雏形。电照明的实现,不仅大大改善了人们生产劳动的条件,也预示着日常生活电气化时代即将到来。1883年,爱迪生在试验真空灯泡时,意外地发现冷、热电极间有电流通过。这种现象后来称为爱迪生效应,成为电子管和电子工业的基础。1887年,他移居西奥兰治,并于同年在该市创建规模更大、装备也更新的实验室,即著名的爱迪生实验室(后人称之为发明工厂)。在这里,他根据伊斯曼的发明,制作了自己的照相机。1914年,他用留声机和照相机制成了最早的有声电影系统。

晚年,爱迪生的发明和革新包括蓄电池,水泥搅拌机、录音电话、双工式和多工式电报系统、铁路用制动器等。第一次世界大战期间,他任海军技术顾问委员会主席,指导鱼雷和反潜设备研究,发明了几十种武器。为此,美国政府于1920年授予他卓越服务奖章,法国政府授予他军团荣誉勋位。1928年美国国会授予他荣誉奖章。终其一生,爱迪生和他的实验室共获1093项发明专利权。

爱迪生一生发明众多,但他毕竟缺乏系统的科学知识,因而对现代技术的发展不能做出正确判断。19世纪末,交流输电系统已经出现,但他仍坚持直流输电,并在与威斯汀豪斯发生的激烈竞争中丧失了承建尼亚加拉水电站的合同;他的实验室盲目试制磁力选矿设备,耗尽了发明电灯所得的资金,最后不得不放弃。但是,爱迪生在电力开发、电器制造推广和电能应用等方面所做的贡献,使他成为人类历史上最伟大的发明家之一。

著名的黑帮头子卡彭入狱

1931 年 10 月 24 日,大名鼎鼎的犯罪大王艾尔·卡彭因偷税漏税而被判 11 年徒刑。在当时,这个判罚在美国有史以来是因偷、漏税而被判处最严厉的一次。除了长期服刑以外,卡彭还被罚款 5 万美元,并被责令偿付诉讼费和 137328 美元的拖欠税款。

11 年前卡彭从纽约的布鲁克林来到芝加哥,他从一个收入微薄的酒贩一步步爬上了这个城市最有钱的黑帮头子的位置,并利用各种卑鄙的手段进行犯罪活动。他喜欢穿丝绸衬衫、昂贵的西装和钻石皮带扣。

经济恐慌影响德国偿还战争债务

1931 年 6 月 20 日,针对调整赔款及战争债务的杨格计划,目前面临着解体的危险,德国目前的经济状况显然已付不出 6 月份到期的赔款额,结果连带使德国的债权国无法付清对美国的战债。杨格计划规定至 1988 年为止,德国每年向一系列国家付款,其中大部分的款额又将转付给世界大战期间协约国的主要债权国美国。条款中规定德国每年须缴的款额达 10 亿马克,以目前的世界经济状况而言,任何一国均得不到这些款额,仅仅是从国际预算银行贷款,德国每年就得支付利息 1 亿 1000 万马克。德国总理布鲁宁和外交部长科蒂斯于该月 5 日至 9 日到英国访问,试图向对方解释目前极度困难的处境,但未获得具体的结果,无功而返。柏林当局转而求助美国,德国总统兴登堡致电美国总统胡佛,提请他注意德国的困境,胡佛因此建议有关国家制定一个延期偿付期,准允各债务国暂停付款一年。在欧洲停留的美国财政部长安德烈·梅隆立即与相关国家进行谈判。与此同时,一个国际银行财团贷款 1 亿美元给德国帝国银行,以缓和外国纷纷提走存款的危机。

静电加速器发明

1931 年 7 月 1 日,英国两位物理学家约翰·寇克罗夫特和恩斯特·华尔顿发表报告:将质子加速并增加能量,可以分裂锂原子。他们均任教于剑桥大学,共同发明了一种称为静电加速器的新仪器,此仪器可以增加高伏特的电量,并将高能量传送给质子,并成功地利用具有高能量的质子分裂锂原子的原子核。静电加速器是第一个为科学家提供有关物质特性珍贵资料的新仪器。

世界经济面临崩溃

　　1931 年的世界经济危机在 7 月达到了最高峰,导致德国和世界的支付交易陷于崩溃状态,外国债权者涌向德国银行,蜂拥的人群无法遏止。德国银行总裁试图运用在国外

德国开设了向失业者供应汤的厨房

进行贷款谈判,以挽救残局,但是,由于德国的债权国态度非常强硬而终告失败。达姆斯塔特和国家银行等最有影响力和最重要的信贷机构宣告不支而停止付款,结果引起连锁反应,对所有银行和储蓄造成的冲击使银行的支付交易陷于瘫痪。为避免完全崩溃,政府发布紧急条令,关闭所有的银行和交易所。15 日报道德国的失业人数已高达 395.6 万人,同一天采取的利息措施(贴现从 7% 提至 10%,贷款从 8% 提至 15%),对减低失业而言,几无成效。该月欧洲无数的银行陷于困境,均暂时关闭。

海尔·塞拉西的改革

　　"青年埃塞俄比亚派"领袖拉斯·塔法里·马康南(1892~1975),于 1916 年 9 月 27 日担任埃塞俄比亚摄政王,1930 年 11 月 2 日继承皇位,加冕为埃塞俄比亚众王之王,称海尔·塞拉西一世(海尔·塞拉西是塔法里的基督教教名,阿姆哈拉语中"圣父、圣子、圣灵三位一体的权力"之意)。登基后他立即进行了酝酿多年的改革:1931 年 7 月颁行宪

法,建立参众两院,公民享有迁徙、居住自由和财产不容侵犯等权利。但皇帝握有广泛的最高权力,以便加强中央集权制度,削弱封建割据力量;颁布诏书,重申禁止奴隶买卖,成立奴隶事务局,惩办奴隶贩子,制定"惩治犯罪条例",对犯罪分子实行法治;各省政权由中央政府统一管辖,地方财力集中于中央,政府文官和军队官兵实行薪金制;取消农民的封建义务和实物贡赋,丈量土地,实行统一的现金税收,降低放债利息;开办国家银行,发行国家货币,健全海关行政,建立征收关税制度;举办公共工程,修建道路,采用无线电话,进口汽车、飞机;设立教育部,开办中小学、女子学校和大专院校,派遣出国留学生,开办医院,建立印刷厂,出版报刊作品;建立军事学校,聘请外国顾问、教官,购买先进武器设备,训练现代化军队,建立空军;聘用多国专家到各部门充当顾问等等。塞拉西的社会改革代表了革新派地主、商业资产阶级和知识分子的利益,旨在不触动封建帝制的前提下,调整某些不适应生产力发展的环节。尽管这些改革很不彻底,但对埃塞俄比亚剪除割据势力,整顿统治机构,加强国家实力,巩固民族独立,缓和阶级矛盾仍具有进步意义。从 50 年代起,塞拉西抛弃了 30 年代的改革精神,走上了穷途末路。

七国会商德国经济

1931 年 7 月 20 日,由英国出面邀请的"七国会议"在伦敦召开。参加会议的有美国、英国、法国、意大利、日本、比利时和德国。七国会议的唯一主题是德国的经济状况。法国的态度始终是毫不让步,经过 3 天的激烈争辩,七国终于达成一项妥协的方案:国际预算银行和 11 个主要债权国要为德国在外国银行的私人债务订立延期偿付协定,并将 1 亿美元的贷款再延长 3 个月。此外,由一个名为"雷通委员会"的国际委员会具体详列德国债务的类别和范围。德国政府则试图在此期间颁布一些紧急条例来稳定币值,希望借这些条例使支付交易走上正常的轨道,这方面的措施还有提高利率。31 日,德国政府颁布:贴现率提高到 15%,贷款利率提高到 20%。前一日,政府批准铸造 5 亿枚硬币,统额为一亿马克,用以解决交易流通上的短缺。英国首相麦克唐纳和外交部长韩德森目前在柏林进行访问。英德双方终于在月底达到了预定目标:德国和英国、美国银行均订立协议,同意在延期偿付条例中,不提走外国的贷款,以便让德国经济有喘息的机会。

麦克唐纳重组英国联合内阁

1931 年 8 月 24 日,德国爆发财政危机后,英国是债权国中首先遭受国际债务交互冲击的国家。英国首相麦克唐纳鉴于自己提出的储蓄计划已摇摇欲坠,因此要求辞职。于是英王乔治五世亲自主政,他接见了三大政党的领导人,并委任麦克唐纳组成一个包括所有政党的联合政府。次日,新内阁成立,开始着手进行调整英镑的紧急方案。英国银行打算从法国和美国提取 200 万美元的贷款，但必须以等量的黄金存底作抵押。

远东战争策源地形成

九一八事变，日本帝国主义为了侵占中国东北而阴谋制造的一次大规模武装侵略行动。1931 年 9 月 18 日深夜，驻扎在中国东北境内的日本关东军令其守备队炸毁沈阳郊外柳条沟的南满铁路，却反诬此事系中国军队所为，随即便按计划对事发地点附近的北大营和沈阳城区发动大规模进攻。蒋介石集团不仅不予抵抗，反而密令中国东北军撤退到山海关以南。这使日本军队只用一天时间即占领了沈阳，很快又占领了辽宁、吉林和黑龙江三省。"九一八"事变是日本大规模侵华战争的序幕，它使日本的大陆政策进入了变中国为日本殖民地的阶段。日本胆敢发动"九一八"事变，与英美帝国主义推行远东绥靖政策有很大的关系。它们企图借日本侵略中国之机，将中国东北变成日本北上进攻苏联的一块跳板。但日本的侵略行径很快就引起了国际上正义舆论的强烈愤慨，许多国家对此表示严重关注。"九一八"事变是第二次世界大战的序幕。

英国失业工人示威游行

1931 年 9 月 30 日，随着对政府新制定的紧缩计划的对抗情绪的日益增长，伦敦的警方与示威者发生了一昼夜的冲突。有人认为起义者有共产党员。不过大多数人是失业工人。他们反对政府削减退休救济金。当晚在巴特西市政大厅附近，5000 名失业的抗议者，发动骚乱，要求恢复全部救济金，增加妇女儿童的福利费用，在伦敦西区，邮电工人举行了有秩序的示威，反对削减工资，因此所造成的交通阻塞持续了一小时之久。在这天的早些时候，越来越多的警察驱赶打着红旗的示威者。去商店采购的顾客飞快地跑到牛津大街上躲避。好几个示威者被警察踩在脚下。一些示威者表示他们要和一位 29 日晚在下议院前示威中被逮捕的年轻妇女站在一起。这位妇女名叫艾琳·波蒂厄斯，她被指控为用包着皮的铅头棍棒抽打一名警官的脸。削减失业津贴不是政府采取的唯一措施，还有先令贬值 20%，而且为了阻止向银行挤提存款，政府还废除了金本位制，还提高了利率。

美国潜艇试图到达北极

1931 年 9 月 20 日，美国鹦鹉螺号潜艇本日返抵挪威的卑尔根，完成穿越北极冰帽之下到达北极点的实验性航程。这次航程是由澳大利亚探险家乔治·哈伯特·威尔京斯设计的。鹦鹉螺号潜艇的潜望镜于 7 日接近史匹兹柏根时就收起不用,但是仍然按照预定航程向北推进,终于在 11 日抵达北极冰帽的边缘。鹦鹉螺号在返回基地前成功地完成了一次潜航测试,这也是一项历史性的记录。

德国哈尔兹堡阵线建立

1931 年 10 月 11 日,德国纳粹党、德意志民族人民党、钢盔团、泛德联盟等反动政党和团体的代表在布伦瑞克的哈尔兹堡温泉举行会议。参加者有希特勒、民族人民党领袖胡根堡、泛德意志同盟主席克拉斯、联合钢厂代表彭斯根、钢盔团首脑译尔特·杜斯特堡、银行家沙赫特、塞克特将军及霍尔兹将军等。与会者一致要求尽快取消民主制度,由垄断资本中最富有侵略性和极端沙文主义的集团来建立政权。在这次会议上,纳粹党联合德意志民族人民党,在天主教党右翼的支持下成立了所谓的哈尔兹堡阵线,预谋 15 个月后在德国建立法西斯专政。他们在会上还明确宣布:"我们决心保卫我们的国家免受布尔什维克主义的毒害,以法律权力从经济崩溃的旋流中挽救我们的政策。"

日本十月事件

日本十月事件是指 1931 年 10 月樱会首脑策划的武装未遂政变事件。"三月事件"被平息后,以桥本欣五郎等樱会陆军军官和大川周明、西田税等为首的民间右翼首领,为配合"九·一八事变",策应关东军占领中国东北,准备再次发动军事政变,建立独裁军事政权。原计划在 10 月 21 日动员陆海军少壮军官指挥步兵和一个机枪中队,在右翼势力配合下,袭击首相官邸和警视厅,枪杀总理大臣若概礼次郎和外务大臣币原喜重郎,建立以荒木贞夫中将为首的法西斯军部政府,因计划为军部首脑获悉而失败。10 月 17 日,桥本欣五郎等 12 名主谋被捕。但军部对该事件处理得很温和,仅对主谋者以形式上的处分,秘密了结了这一事件。若槻内阁也由于军部和右翼势力的压力而被迫辞职。继任的犬养毅内阁任命荒木贞夫为陆军大臣,为军部干涉政治开了先河。

行为科学学派的形成

行为科学是系统研究组织环境中所有成员行为的一门学科。它以个人、团体、整个组织及其外部环境的相互作用所形成的行为作为研究对象。行为科学学派是在人群关系学说基础上发展起来的一种管理理论,其奠基人是美国哈佛大学教授梅奥。1924 ~ 1927 年,美国科学院组织人员到芝加哥西部电气公司的霍桑工厂,做有关工作条件与生产效率关系的实验,没有取得预期的效果。1927~1932年,梅奥带领一批教授到该厂继续进行试验。试验提供了下列与传统管理不同的观点:第一,职工是"社会人"。传统管理把人假设为"经济人",认为金钱是刺激人积极性的唯一动力。霍桑实验则证明职工是"社会人",影响人积极性的因素除物质以外,还有社会和心理因素。传统管理认为生产效率主要受工作条件和工作方法的制约。霍桑试验则证明生产效率的提高与降低主要取决于职工的情绪。人的情绪好坏取决于家庭和社会生活以及企业中人与人的关系。第二,企业中存在着"非正式组织"。传统管理只注意正式组织,诸如组织结构、规章制度等。霍桑试验则发现了非正式组织的作用,在这种组织中人与人之间有特殊的感情,它往往左右其成员的情绪和行为。第三,新的企业领导能力在于通过提高职工的满意度来提高其士气。领导在了解人们合乎逻辑的行为时,还须了解不合乎逻辑的行为。要善于倾听和沟通职工的意见,以便在正式组织的经济要求同非正式组织的社会需求之间保持平衡。根据霍桑试验的这些观点,便形成了以梅奥为首的"人群关系"学说。1949年在美国芝加哥大学召开的一次跨学科的讨论会上,科学家们正式提出了"行为科学"的名词。后来又有管理心理学、组织行为学之称,其具体内容大同小异。从50年代开始,它普及了美国企业界,成为独树一帜、风行一时的一门学科。

菲律宾共产党的建立

十月革命后,马克思主义逐渐传入菲律宾。在工农运动日益高涨的基础上,涌现出一批早期的共产主义者。他们在工人和农民中积极展开活动的同时,开始筹建工人党和农民组织。1922年,一批共产主义者在马尼拉召开了有9省农民协会代表参加的大会,成立了全国农民联盟。该联盟提出了争取民族独立,反对地主暴行的政治目标。1924年10月工人党正式成立,先进知识分子安东尼奥·奥拉当选为工人党主席,伊万赫利斯塔当选为书记。该党确定了为争取无条件的独立,为建立人民政府,把土地分配给无地的农民而斗争的民族民主革命纲领。工人党在工农群众中积极开展活动,影响日益扩大。1929年,世界经济危机波及菲律宾,促使菲律宾的民族矛盾和阶级矛盾空前尖锐。为进一步领导民族民主革命斗争,菲律宾的共产主义者于1930年11月7日在马尼拉召开的群众大会上,宣布菲律宾共产党成立。1931年5月,召开了菲律宾共产党第一次全国代表大会。大会通过了《告菲律宾劳动人民书》,宣布党的最低纲领推翻帝国主义与封建主义的统治,建立一个独立、民主的菲律宾。这次会议选举了党中央委员会,伊万赫利斯塔当选为党中央书记。菲律宾共产党的成立,标志着菲律宾的民族民主革命进入了新的阶段。

甘地正式拜访英王

身穿民族的缠腰布,披着家织的大披肩的圣雄甘地 1931 年 11 月 4 日访问了白金汉宫,并且会见了印度的帝王。甘地脚穿的凉鞋踩在地面上发出啪啪的响声。他走进接见室觐见英王乔治五世及王后玛丽,当时英王和王后正在为 500 名客人举行招待会。甘地在身穿礼服大衣的国王面前深深鞠了一躬,又向穿着丝绸长袍的王后鞠了一躬。此后,他们亲切友好地握了握手。国王和这位印度民族解放运动的领导人进行了一次友好的、持续 5 分钟的会谈。国王似乎滔滔不绝,而这位圣雄只是听着,琇琅架眼镜后边的一双眼睛闪闪发光。甘地谢绝讨论他与国王进行过的会谈,说"这样显得不严肃"。但是他建议他们主要谈论一下英国的气候以及这种气候如何影响了最近从印度来这里的人。当问到国王对印度独立问题是否给予任何鼓励的时候,甘地双手合起说:"只有上帝才能给以鼓励,而不是国王"。

德国钢铁阵线联盟组成

1931 年 12 月 8 日,正当德国的布鲁宁内阁为第四项紧急条例《维护经济、财政和国内和平》,为遭受经济困境的政府竭尽全力时,德国国内的情势却日益加剧。11 月,青年社会民主主义激进分子针对纳粹党好斗团体而成立钢铁阵线,它的存在意味着社会政治观念的进一步分歧。早在 12 月 1 日,德国共产党领导人恩斯特·塔勒曼便已号召成立一个由德国社会党和帝国旗帜派组成的红色统一阵线,但社会民主主义分子不赞同,反而在该月中旬成立了自身的钢铁阵线。钢铁阵线由 5 个团体组成:帝国旗帜派、共和主义工会和职员协会、工人运动协会、帝国残废军人联盟及共和主义团体联合会。根据统计,12 月 15 日领取救济金的人数已达 5349000 人,面对迅速增加的失业率,布鲁宁的第四次紧急条例是一个冒着危险的尝试,想用缓冲措施来抑制危机。其内容有降低物价、利息和租金。但是工资降低的幅度却低到令人不可想象的地步。为推广利用"芬尼"单位,德国铸造了 200 万马克的面值 4 芬尼的铜制硬币。同一天帝国总理布鲁宁在电台演说中,试图说明形势的严重性。同时,他表明绝对遵守宪法,要用戒严令来警告反对宪法的人,他并针对希特勒指出,希特勒有关合法性的誓言,与纳粹突击队的实际行为格格不入。

英国威斯敏斯特法出台

《威斯敏斯特法》是英国国会 1931 年制定的确认各自治领地位的法律。第一次世界大战削弱了英国国力,英国统治自治领感到力不从心。20世纪20年代初,一些自治领要求明确规定自治领地位,在1926年的帝国会议上,英国代表团团长贝尔福(1848~1930)提出自治领"是英帝国内的自主实体,地位平等,在其对外事务的任何方面,一个绝不从属另一个"。1931年12月11日通过的威斯敏斯特法规定:白种人统治的自治领加拿大、澳大利亚、新西兰、南非联邦、爱尔兰共和国及纽芬兰与联合王国组成英联邦;自治领为"独立和平等"的主权国,拥戴英王为国家元首;主权国议会与帝国议会平等,不受帝国法律约束,自治领议会具有废止、修正与英国法律相抵触的法律、命令、规章的权力,未经主权国请求或同意,帝国议会对主权国无立法权;主权国外交自主,可派出及接受外交使团,除纽芬兰外,在国际联盟内都有自己独立的外交使团。该法还规定,此后英国议会通过的法律中的"殖民地"一词,不再包括自治领及其统辖地区。因此,该法成为英联邦的法律基础。

英印会谈不欢而散

1931年12月28日,英国和印度关于印度政府前途的第二轮会谈因印度民族主义者要求完全独立而宣告失败。英国政府看来愿意给印方一个有限的主权,即让印方掌管政府各方面的财务。圣雄甘地代表全印国民议会来参加会议。除完全独立外,他拒绝接受任何条件。会议的不欢而散导致印度的又一番混乱,当局采取新的步骤镇压独立运动。在孟买的街上,迎接甘地的是国大党中世袭贵族印度教教徒和那些背叛甘地的"不可接触的贱民"之间的骚乱局面。

萨莫拉当选西班牙总统

1931年12月10日,尼斯托·阿拉卡拉·萨莫拉被国民大会选为西班牙第一届立宪总统。被誉为"西班牙共和之父"的当选总统原来支持君主立宪。1923年君主立宪成为独裁政府,他就改变了态度。萨莫拉在共和的旗帜下领导了革命运动直到胜利。萨莫拉取得压倒一切的胜利并不仅是今天国民大会上的唯一新闻。交通部长马丁内斯·巴里奥斯还宣布全国电话公司是非法的。他说在电话系统建立一个垄断组织的协议是非法的。巴里奥斯主张接管整个系统。人们期待新总统在上任之后对此做出反应。

"抽象创作"派

最近10年在抽象绘画方面出现了一些新的概念。在这基础上,1931年成立了一个名叫"抽象创作"的新流派。其成员有汉斯·亚普,威里·鲍密斯特,费尔南德·里格尔,皮埃特·蒙德里安,卡尔·布切海斯特,古特·施维特斯和瓦西里·康定斯基。他们在法德两国的美术馆展览自己的作品。这些画家和雕塑家中的某些人,尤以荷兰画家蒙德里安为代表,认为他们的作品并不产生于抽象过程,而是产生于数学定律。根据这一说法,他的绘画就依赖直角和纯粹的原色。另外一些画家则说他们的灵感来自环境,指的是空间、颜色、表面和容积。他们都一致认为,他们作品中的主要因素绝不是象征性的。费尔南德·里格尔说:"我们赖以生存的各种要素有 80% 是在日常生活中注意到的,只有20%反映在艺术上"。"抽象创作"派的艺术家们力图使公众能百分之百地了解他们的作品。

抽象创作派成员费尔南德·里格尔画的《死的自然》

英国驻印总督逮捕反对派领袖

1932 年 1 月 4 日,新的一年刚开始,印度的独立运动就受到一次挫折。在伦敦举行的印度会议于 1931 年 12 月 1 日休会,双方没有取得任何成果。在这一次伦敦会议失败之后,甘地和全印度国民大会党向英国驻印度新总督弗里曼·汤玛斯·威林顿爵士提出他们一贯的要求,威林顿态度强硬,并威胁要采取对应的措施。甘地乃激励印人加强不合作运动,拒绝购买英国一切货物。结果英人在印度第一次骚动之后,逮捕了所有反对派的领袖,还对全印度国民大会党发出禁令,印度全国都设置即决法庭,这种法庭可以判决死刑或放逐。

国际裁军会议召开

1932年2月2日,有64国代表参加的国际裁军会议在日内瓦开幕。会议上提出要草拟裁军条约,以加强国际联盟,从而"维护世界和平"。但是,由于西方大国尤其是德法两国的尖锐对立,各自提出有利于本国的措施,使会议陷入了激烈对峙争论的状态。直到12月21日,英、法、美、德、意五国才达成协议,确认裁军会议的目的在于缔结一个公约,根据这个公约,法国关于"安全"的要求和德国关于"军备平等"的愿望都在表面上得到确认。1933年3月16日,英国代表麦克唐纳提出一项裁军公约草案,规定在5年之内,让德国获得与法、意、波等国同等的兵额,并要求成立一个常设裁军委员会,以监督公约的实施情况。法国表面上接受这项关于给予德国军备平等原则的草案,但要求将5年期限延长为8年。1933年10月14日,德国致电裁军会议,宣布由于"拥有庞大武装的国家"即不裁军,又不满足德国军备平等的要求而退出裁军会议。10月19日,德国又退出了国际联盟。12月18日,德国提出只有允许德国征兵30万,允许其拥有《凡尔赛和约》所禁止的各种武器,萨尔立即归还德国等,才能恢复参加裁军谈判。1934年1月1日,法国拒绝了德国的条件。1934年6月11日,国际裁军会议宣布散会。

洛克菲勒中心在纽约兴建

1932年2月,绝望中的一项充满希望的工程在曼哈顿初具规模。1931年破土动工的洛克菲勒中心建成后将包括14幢直线风车形的钢筋架办公大楼。这个复杂的结构正在建设当中。它的赞助者是小洛克菲勒,名闻遐迩的石油大王的儿子。此项计划的主体工程是70层的洛克菲勒中心大厦,它的周围是与它平行或成直角的小摩天大楼。该中心不仅将包括办公用房和广播设施,而且有商店,饭馆,两个剧院,一个溜冰场,一个由地下街道组成的迷宫,人行道和许多壁画。

威尼斯电影节

1932年,贝尼托·墨索里尼在水城威尼斯创办了世界上一个国际电影节。它的目的是为了促进电影工作者的交往和合作,为发展电影贸易提供方便。后来人们称他为"国际电影节之父"。

威尼斯电影节是世界上历史最悠久的国际电影节,它比戛纳电影节早14年,比柏林电影节早19年。起初,电影节主要奖项分为"最佳外国片""最佳意大利电影""最佳导演"，"最佳男演员"和"最佳女演员"。第一届威尼斯电影节于同年 6 月 6 日揭幕,共有 29 部影片参展,没有固定的评审委员会,由观众投票选出喜欢的电影和演员,结果千奇百怪,连米老鼠都上了最佳男主角的选票。后来威尼斯电影节一度被法西斯政府控制,奖杯叫"墨索里尼杯"。1953 年撤了"最佳意大利电影",增设了"圣马克银狮奖",显示了威尼斯电影节在逐步走向国际化。

威尼斯电影节最大特点是独立自主的原则和冒险精神,宗旨是"电影为严肃的艺术服务",评判标准为"艺术性"。戛纳电影节兼顾影片的商业性艺术性,而柏林电影节注重意识形态。

德国总统大选战

1932 年 2 月 27 日,德国国会决定 3 月 13 日举行帝国总统大选(德意志帝国实行民主共和制)之后,整个 2 月份都是总统竞选及各党派努力使自己的候选人获得更好职位的选举前奏。2 月底,德国社会民主党为候选人兴登堡拟订竞选口号,该党在《前进报》上公开标明:"打倒希特勒! 选举兴登堡!"在社会民主党确立立场之前,各党派已经为候选人展开了激烈的选战。纳粹党表明他们反对兴登堡,因为他重视布鲁宁政府,他们希望右翼的党能够推举出共同的候选人。德国共产党推选其主席恩斯特·塔勒曼为候选人。市民党派则通过一个由柏林市长领导的委员会,为候选人兴登堡拉票。右翼政党无法达成一致的意见。德国民族人民党和钢盔团于 22 日提出西奥多·迪斯特伯格为候选人。约瑟夫·戈培尔因而宣布纳粹党的候选人为希特勒。希特勒知道自己有违反选举法资格的规定,急待去克服,到目前为止希特勒并非德国公民,希特勒出生于奥地利,世界大战期间在德国军队中服役,并荣获一级铁十字勋章。他在战后失去了奥地利国籍,但亦未得到其他国籍。1930 年,身为纳粹党员的图林根邦前任内政部长曾协助希特勒担任公职,以便获得德国国籍,但遭到希特勒拒绝。然而当布伦什威克市政府在该月 25 日任命他为政府顾问时,他一口答应。布伦什威克市立即承认希特勒为德国公民,希特勒因而成为帝国总统的候选人。

兴登堡连任德国总统

1932 年 4 月 10 日,德国人民期待 4 月举行的选举结果能使德国国内政治状况明朗化,然而,目前只有部分的进展。虽然兴登堡在第二回合总统选举中获得 53% 的选票,取得了绝对多数;但是 2 个星期之后,在 5 个邦进行的邦议会选举结束时,却出现了议会的僵持状态。在重新选举兴登堡担任帝国总统过程中,其他的候选人与第一回合相比,选票的比例有了差异。希特勒增加到 36.18%,而恩斯特·塔勒曼则失去了 3%,只获得 10.

2%的选票。在普鲁士、柏林、符腾堡、汉堡和安哈特邦议会选举中（除汉堡以外），纳粹党获得大胜。无论是右翼党派，或是市民党派——德国社会民主党派联盟，都没有获得组成政府所需的多数。在汉堡的选举结果，则与其他四邦相反，德国社会民主党取得了部分的胜利。不过，普鲁士邦的竞选活动由于出现了有利于纳粹党现象而引人注目，该党获得36.3%的选票（前次选举只获2.9%选票），并在新的邦议会中有162个席位，以前只有9席。

在总统选举活动中，希特勒挥舞拳头，声嘶力竭地攻击政府，煽动德国人民的不满情绪，并将仇恨的目标指向共产党。这是希特勒在柏林路斯特公园面对数万人进行演讲。

高能粒子加速器的研究进展

粒子加速器是核物理学和粒子物理学研究的强大实验手段。在建成粒子加速器以前，要轰击原子核，只能用天然放射性元素发出的 a 粒子。但由于这种粒子能量和束流强度都很低，难以开展进一步的研究。为此科学家们开始试验用人工的办法来加速带电粒子，产生高能量、高强度的粒子束。1932 年，美国物理学家考克饶夫特和爱尔兰物理学家建成了世界第一台粒子加速器——信加加速器。利用这一装置，他们用质子轰击锂核，使之分裂成 2 个 a 粒子，这是历史上第一次用人工加速粒子来实现的核反应。半个世纪以来，粒子加速器的规模越来越大，已成为人类历史上规模最庞大、建造和维护费用也最巨大的实验装置。粒子加速器在 60 年代以后的一个重要进展是建造对撞机。对撞机顾名思义就是使两束高能粒子对头碰撞,这样会产生更高的能量。例如将两束 200 亿电子伏的电子对头碰撞,其作用就相当于 1600 万亿电子伏的电子去轰击静止的电子。1981 年,欧洲核研究中心建成了一台质子——质子对撞机,可产生 2×270 京电子伏的高能量。1983 年就在这个对撞机上发现了弱电统一理论所预言的质是为质子 80~100 位的中间玻色子 W+W−和 ZO。1983 年 8 月 16 日,美国能源部也开始研究价值 50 亿美元的 1995 超级超导对撞机,该对撞机可得两束 2 万千兆电子伏的互撞质子束和反质子束。这台对撞机的研制成功,将会为粒子物理学的研究提供更为先进的实验仪器。

勒布朗出任法国总统

1932 年 5 月 10 日,法国议会以压倒多数选举温和派阿尔伯特·勒布朗为法国总统,以接替被暗杀的保尔·杜梅。勒布朗在凡尔赛宫进行的选举中获 643 票,而社会党和共产党的候选人获得 122 票。法国还没有从这次暗杀所造成的震动中恢复过来。上星期五下午,杜梅总统离开爱丽舍宫,前往罗思柴尔德基金会,那里正在举行图书义卖,以帮助从事写作的老兵。杜梅看来兴致勃勃,他与小说家克劳德·法雷尔交谈,并买了他的一本书。站在他附近的是警察局长吉查德和专员勒洛。杜梅往前走去,显然是想走到人群中去。这时一个大汉突然冲过来,从口袋里掏出左轮手枪一边开枪一边喊:"这只不过是开始"。他连续开枪并殴打杜梅和法雷尔,直到最后被缴械为止。杜梅被立即送到医院并进行输血,但无效。14 小时后总统去世。暗杀犯自称是保尔·勃里德,但他的真名是戈尔古洛夫。他是俄国亡命之徒,自称要与共产党做斗争。医生说他精神不正常。

道尔法斯任奥地利总理

1932 年 5 月 20 日,奥地利在 5 月的一场政府危机,以现任内阁的总辞职告终,由农业部长恩格柏特·道尔法斯组成新内阁。由于 4 月举行的邦议会选举结果产生了新的多数党,首先导致内阁垮台,奥地利联邦总理卡尔·布莱希在 5 月 6 日辞职。由于布莱希不能达成联邦总统再度委托他的任务:建立一个新政府,因此,总统只好委托农业部长道尔法斯联合所有各市民派组成一个联合政府。由于民族经济集团拒绝合作,该计划就像试图建立一个"超党派"政府一样,招致失败。道尔法斯因此决定建立一个由基督教社会主义派和乡土联盟派组成的少数内阁,由于故乡集团派及时加入,使道尔法斯得以在议会中以一票的优势,勉强组成一个多数派的内阁。

日本"五·一五"政变

日本海军少壮派军官发动的武装政变事件。1931年"十月事件"和右翼团体血盟团制造惨案后不久,少壮派军官古贺清志、中村义雄、三上卓和山岸宏勾结士官学校学生,于1932年5月15日袭击首相官邸、内大臣官邸、政友会本部、三菱银行总行和警视厅等地,杀死首相犬养毅。同日夜,以橘孝三郎为首的"爱乡塾"分子组成"农民决死队",袭击东京附近的田端、龟户、淀桥、鸠谷、尾久等6个变电站,但未能得逞。在军部镇压下,参加者或自首或被捕,暴乱被平息。"五·一五事件"后,军部借口"时局非常",加强了对政治的干涉,但对叛乱者予以从轻处理。犬养内阁辞职后,成立了以海军大将斋藤实为首的"举国一致"内阁。内阁的人选恢复到从前由军部首脑推荐、再由天皇任命组阁的老办法。"政党内阁时代"就此宣告结束,军部强化了自己的势力,日本法西斯化进程大大加快。

《洛桑协定》签署

第一次世界大战赔款与战债问题是战后困扰西方国家的重大财政经济问题,在20~30年代国际关系中占有重要地位。赔款问题是战胜国对战败国进行处理的重要方面。巴黎和会所签署的《凡尔赛和约》虽明确规定德国必须偿付战争赔款,但并未对德国赔款的具体数额做出规定。1924年,美国曾经提出"道威斯计划"但这一计划也没有规定德国赔款的总额,只规定了德国从1924年算起的前5年的具体赔偿数额。1929年,美国所提出的"杨格计划"在大量削减德国赔款数额之后,将德国应赔偿的总额确定为1139亿马克,规定德国必须将其在58年零7个月之内全部偿清。德国历来无意真心偿付其战争赔款,加之经济危机等原因,一再宣布无力继续偿付赔款,并以国内革命危机和财政经济崩溃要挟西方国家。有鉴于此,1931年,美国总统胡佛提出延期偿还战争赔款的建议,意在保护美国等西方国家在德投资,但仍不为德国所满足。1932年1月,德国政府正式宣布以后将不再向战胜国支付赔款。为此,有关国家于1932年6月召开了研究赔款问题的桑洛会议。此会所通过的《洛桑协定》同意免除德国的战争赔款义务,只需德国交付一笔30亿马克的款项作为其免除赔款义务的补偿。《洛桑协定》标志着《凡尔赛和约》遭到重大修改;也使德国从此免除了赔款重负。事实上,后来德国亦未曾交付这30亿马克的补偿费。英国和法国是第一次世界大战中向美国借债最多的国家。它们同意免除德国战争赔款义务,在很大程度上是想以此为先例要求美国免除它们的债务。在洛桑会议闭幕之后,英国与法国达成口头协议,指出它们既然已经放弃了对德国的赔款要求,美国就应放弃对它们的战债要求。美国对此表示断然拒绝。但法国与英国分别从1932年和1933

年以后就在实际上停止了对美国偿还战债。其他国家亦纷纷效法英,法也不再向美国偿还战债。第一次世界大战的赔款与战债问题,在 1933 年以后最终得到解决。但是,这种解决没有给国际关系带来和平与安全。英国、法国为了私利而同意德国免除战争赔款的义务,使德国在外交和经济上取得了一次重大的胜利。德国从此更加加快了其法西斯军国主义进程,一步步地向集权、独裁和战争迈进。

德纳粹党获国会选举胜利

在 1932 年 7 月 31 日举行的德国第六届国会选举,现已揭晓。这次选举结果为德国的国内政治形势,带来了深远的影响。纳粹党在这次选举中,获得明显的胜利。纳粹党囊括了 37.4% 的选票和 230 个国会席位,成为德国国内最突出、最强大的政治力量。除此之外,只有德国社会党(占 21.6%/133 个席位)、德国共产党(14.5%/89)、中央党(12.5%/75)、德国国家人民党(5.9%/37)和巴伐利亚人民党(3.2%/22)成为重要的议会党派,游离党派则全军覆没。这次选举之前,纳粹党与德国社会党、共产党形成对立局面,双方曾发生流血冲突。最严重的是在阿尔登纳发生的血腥星期天事件。

英国实行帝国特惠制

第一次世界大战后,英国的国际经济地位大大降低,其产品竞争力也大为削弱。为保护商品市场,英国逐渐放弃一贯奉行的自由贸易政策,开始考虑实行帝国特惠制。1929 年爆发的世界性资本主义经济危机迫使英国完全放弃了自由贸易政策。1932 年 7—8 月在英国自治领会议上签订了关于帝国特惠制的协定,废除自由贸易制,执行保护关税政策。共签订了 11 个双边协定。根据协定,英国对来自自治领和殖民地的进口商品,给予关税优待;英国限制从帝国以外的国家输入农产品,以保证各自治领和殖民地农产品在英国的销售市场;英国工业品输往自治领和殖民地时相应享受优惠待遇;对来自英帝国以外国家的商品则征收高额关税。实行帝国特惠制有利于保护帝国内部市场,对英国摆脱经济危机的冲击具有积极作用。1938 年,英国出口到帝国内的货物占出口总额 40%,进口则占总进口额的 50%。

首届国际电影展开幕

第一届国际电影展 1932 年 8 月 6 日在威尼斯开幕,预订 21 日闭幕。这次电影展的参加国有美国、英国、法国、德国、苏联、意大利等,共有 29 部影片。这次影展的目的是要

美国4岁的女童星秀兰·邓波儿

振兴欧洲的艺术,因此连带举办一次艺术展览。由于这次影展相当受人注目,同时也带动了意大利电影事业的发展,奠定了意大利在二次大战后优异的电影基础。

希特勒坚持担任总理遭拒绝

1932年8月13日,德国国家社会主义劳工党(纳粹党)虽然在7月31日的国会大选中获得胜利,但是希特勒及纳粹党仍不能主政。原因是选举之后,在纳粹党和德国内阁举行的一次谈判中,纳粹党与总理巴本无法取得协调,双方出现严重的歧见。因为巴本只同意最多让希特勒担任副总理的职务,但是希特勒坚持要担任总理,他的党员要出任普鲁士邦的首席部长职位,以及其他许多重要的部长职位。总统兴登堡对此要求深表反感。

五名纳粹突击队员被判死刑

当德国国家社会主义劳工党(纳粹党)党魁希特勒在谈判参与政权的事宜之时,纳粹

突击队在街上的不法行为仍未停止。1932 年 8 月 10 日晚上,在上希莱辛地区波登巴市,有 5 名纳粹党突击队队员冲进一名共产党工人的家中,将他殴打致死。结果他们被送交一个特别法庭,22 日在博约登,他们被判处死刑,这是第一次严格执行 9 日公布的反恐怖活动紧急条例。该条例的目的是制止右翼和左翼的激烈行动,以死刑来遏止政治性谋杀,并成立特别法庭以便迅速判决暴力分子的罪行。

洛杉矶奥运会闭幕

1932 年 8 月 14 日,9.5 万名观众在洛杉矶体育场观看闭幕式。1932 年奥运会火炬在照耀美国队获得空前战果之后渐渐熄灭了。据非正式的统计,美国队以总分 740.5 遥居第一。意大利以总分 262.5 居第二。其他国家则差得较多。原来许多人估计注定要失败的这届西海岸运动会创造了最好天气、最多观众、最佳成绩和最高收益的纪录。获两枚短跑金牌的埃迪·托兰和他的队友、获 400 米金牌的 W·A·卡尔走在游行队伍的前面。欧洲人仍然在径赛中占优势,但美国队获得很多田赛金牌,从而使欧美双方势均力敌。阿根廷的胡安·卡洛斯·萨瓦拉获得马拉松金牌。

1929 年～1933 年世界经济危机

经过第一次世界大战和 1920～1921 年的经济危机后,资本主义世界的政治和经济进入了一个相对稳定时期。这一时期由于科学技术的发展和"产业合理化"的实行,使经济有了很大增长,建立和发展了一系列新兴的工业部门,采用各种新型机器设备,实行标准化大生产,到 1929 年经济发展已达到最高峰。经济的快速增长和对劳动人民剥削的加重,使生产和消费的矛盾急剧地尖锐起来,终于在 1929 年爆发了世界性的经济危机。这次危机以 1929 年 10 月 24 日纽约证券市场发生价格暴跌为序幕,紧接着大批银行破产、企业倒闭、工人失业,美国经济迅速崩溃,而且这种情况很快蔓延到其他资本主义国家直至整个资本主义世界。这次危机使资本主义世界的工业生产下降了 37.2%,各国的工业生产回到了 19 世纪末和 20 世纪初的水平。美国有 14 万家企业破产,6000 家银行倒闭,德国破产的企业为 6 万家,法国为 5.7 万家。整个资本主义世界失业人数达 3000 万人以上,仅美国就有 1320 万人失业。世界贸易额的缩减比工业生产的缩减更为严重。危机加剧了政治动荡,法国更换了 14 届内阁,德国也换了 4 次政府,美国由罗斯福代替胡佛担任总统,直到 1933 年危机才逐渐过去,但它沉重打击了资本主义的经济,激化了资本主义世界的各种矛盾。

伊拉克独立

　　1932年10月3日，国际联盟正式批准取消英国对伊拉克的委任统治权，接纳伊拉克为正式成员国。伊拉克以一个主权国家身份进入了国际社会。英国驻伊拉克的最高代表改任驻伊拉克大使。在伊拉克历史上被认为是费萨尔王朝的一个重要政绩，是伊拉克人民自1920年英国获得对伊拉克的委任统治权后、历经12年坚持不懈的斗争才取得的，自1920年4月列强在圣勒莫会议上决定把伊拉克交英国委任统治后，伊拉克人民多次爆发反英、争取民族独立、要求结束委任统治的斗争。1926年英伊签订条约规定，英国应在1928年考虑结束对伊的委任统治，推荐伊进入国际联盟。1927年伊拉克发现了石油，英国更不想很快放弃在伊的利益，1930年6月30日，英国高级专员弗朗西斯·汉弗莱爵士和伊拉克首相努里·赛义德签订了一项为期25年的《英伊同盟条约》作为英国在伊拉克享有全部利益的保证，作为英国同意结束委任统治的报偿。之后，英国才向国际联盟建议接纳伊拉克参加联盟。1932年夏，伊拉克送呈国际联盟行政院一份宣言、保证伊拉克将公正地对待国内民族、宗教语言问题，保证对国际联盟承担一系列具体义务。1932年10月3日，有52个国家参加的国联大会投票一致同意伊拉克为国际联盟成员国。伊拉克终于获得了形式上的独立。

英国失业者与警察发生冲突

　　持续了整整4天的骚乱打破了伦敦各街道的平静。1932年10月30日1.5万多名失业青年砸碎玻璃窗，掀翻汽车，同警察发生了冲突。在2000多名反饥饿的游行示威者抗议工党没有履行去年竞选中做出的保证充分就业的许诺之后，这场骚乱在特拉法尔加广场爆发了。骑在马上的和徒步的警察驱退了呼喊着"砸碎皇宫窗户"口号，并企图进攻皇宫的人群。星期四在海德公园有70人受伤，当天的伤亡数字是12人。抗议者们希望发生在皇宫附近的骚乱将会迅速引起人们对他们的穷困的更大关注。

罗斯福当选美国总统

　　1932年11月8日，罗斯福当选为美国第三十二届总统。经济危机自1929年开始，到1933年春，已使美国的经济下降到了近年来的最低点，工业生产下降53.8%，对外贸易缩减3/4，约有14万家工厂企业倒闭，1700万工人失业，100多万农民破产，整个国民经济的收入从1929年的810亿美元下降到1932年的410亿美元。人们对未来、对美国社会丧失了希望和信心。这时的白宫主人是柯立芝繁荣时期声名大震的前商业部长胡佛。胡佛政府一再预言危机即将过去，而现实是危机一步步加深。胡佛是"自由企业"的拥护者，一贯反对行政对企业的干预，但在危机日益加深的压力下也开始动用国家机器"干预"经济了。他照搬繁荣时期所谓"自上而下"的老套套，采取优先资助大公司、大银行、大农场主，紧急援救那些处于社会金字塔顶层的富豪等措施来对付危机。结果，在生产过剩、产销严重脱节的情况下，这种措施救活的大企业不多，而破产的小企业和小土地所有者却大量增加，排队等候慈善机构发放面包的失业者队伍越来越长。政治上的动荡也加剧了，1929～1932年，大约共发生2700次罢工。胡佛政府对于日益高涨的罢工运动采取简单镇压的办法，特别是镇压20多万退伍老兵向华盛顿的"饥饿进军"，更使政府名声扫地。人们把一切破旧的东西，一律冠以"胡佛"这个别号。这时美国的法西斯组织乘机大肆活动，要求建立法西斯专政，于是社会动荡不安加剧。正是在这种混乱的背景下，美国开始了第三十二届总统竞选活动。共和党仍推胡佛作为总统候选人，民主党则推出了富兰克林·罗斯福。罗斯福是纽约州一个富家子弟。在哈佛大学和哥伦比亚大学受过美国上流社会的传统教育。他有个比他早32年当总统的堂兄西奥多·罗斯福，具有先天的优越条件。1910年，年仅28岁的罗斯福竞选当上纽约州参议员，这是他在仕途上迈出的重要一步。此后他一帆风顺，不到40岁便被民主党提名为副总统候选人，名噪全国政坛。不巧的是，那时罗斯福因病导致下肢瘫痪而放弃了竞选。1928年和1930年他又两度出任纽约州长，对州政进行大胆改革，政绩显著。然而罗斯福并不以此为满足，他渴望能入主白宫，成为美国总统。胡佛政府的无能，正给了罗斯福一个大显身手的时机。罗斯福一向表白自己是美国民主传统的继承人，是林肯和杰弗逊等的后继人。主张继续维持"民主"的传统，在政治上采取更多的改良措施。在经济上，他赞成实行大规模地国

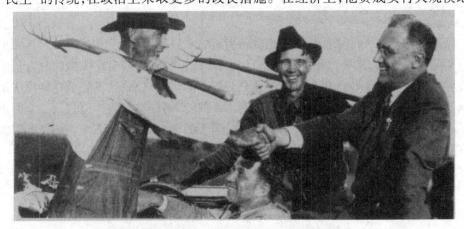

罗斯福在大选中获胜，但他得感谢所有支持他的选民。

家干预的政策。在对外政策方面，他是个"世界主义者"，主张在全球范围内建立美国优势。罗斯福为了从政，结识了一大批有远见、有学识、精力充沛的人，并任用他们为自己的政治顾问，后来这些人被称为"智囊团"。从1932年7月2日始，罗斯福公开以"新政"作为竞选纲领，指责胡佛"粗暴的个人主义政策"，抨击金融巨头，表示要为"那些在经济

金字塔底层被遗忘的人们"谋求好处。并强调国家对经济的管理,表示要用国家行政和经济力量,整顿经济混乱状况,扩大就业机会,增加社会消费资金,克服经济危机。1932年7月,罗斯福在演说中郑重宣布:"我向你们保证,也为我自己立下誓言,要为美国人民实行新政。"在全国经济濒于崩溃,社会矛盾激化,资产阶级民主政治岌岌可危的严峻形势下,罗斯福的纲领得到广泛的支持,加上他本人的组织才能和演讲才能,终于在竞选中以绝对优势击败胡佛,于1932年11月8日当选为美国第三十二届总统。1933年3月4日,罗斯福在白宫前面的草坪上宣誓就职,他以坚定的语调声称:"只有恐惧本身才是我们感到恐惧的东西。"就这样,他开始施用"新政"这帖药方,医治病情严重的美国资本主义。

希特勒出任德国总理

　　1933年1月30日,希特勒出任德国总理,建立了人类历史上最反动的法西斯政权。1929~1933年的世界经济危机,使失去了全部殖民地而又要连年付出巨额赔款的德国,受到比其他资本主义国家更为沉重的打击。危机期间。德国工业生产下降42%,贸易减少60%,大批工商企业和银行倒闭,失业人数高达100万。经济危机的后果使阶级矛盾激化,群众运动高涨。垄断资产阶级的代表人物忧心忡忡地预言:"共产主义将于1935年降临"。在深重的经济危机和汹涌的革命浪潮夹击之下,德国垄断资产阶级感到不能照旧办法统治下去了,议会制度已经成了碍手碍脚的"民主政治的无聊玩意儿",必须抛弃它,而代之以法西斯独裁统治。这样便于对内镇压人民革命,对外用大炮坦克去夺取殖民地。就在这时,希特勒和他所控制的纳粹党,博得了垄断资产阶级头面人物的青睐。阿道夫·希特勒,1889年出生于奥地利北部的布劳瑙小镇,年轻时是维也纳街头的流浪汉。1913年春,希特勒移居慕尼黑。第一次世界大战时,他是德国军队中一个默默无闻的下士。战后,他在巴伐利亚邦参加了一个人数很少而且并不知名的"德国工人党"。1920年4月,希特勒将该党改组为"德国民族社会主义工人党",简称"纳粹党"。纳粹党仇视工农,憎恨革命,以消灭共产主义为目标,但又挂着"社会主义"的招牌,还提出了工人分享企业利润,实行土地革命等等蛊惑人心的口号。纳粹党赤裸裸地鼓吹民族沙文主义,宣扬扩张主义和复仇主义,公然提出要通过战争夺取"生存空间"。希特勒叫嚷"不能用和平方法取得的东西,就用拳头去获取",要"用德国的剑为德国的犁取得土地"。他还狡猾地利用德国人民对凡尔赛和约的不满情绪,为他的对外扩张和战争政策披上美丽的外衣,说什么要"从凡尔赛和约的桎梏中解救德国人民"。纳粹党一开始就受到垄断资产阶级的赏识和扶植。在1929~1933年的危机中,德国接连建立起一个比一个反动的准法西斯政府,为希特勒上台扫清了道路;大资本家还出钱帮助纳粹党建立起庞大的机构,收买各种宣传机器,扩大党卫队和冲锋队这一类的恐怖组织,使纳粹势力在20年代迅速发展。在1925年底,纳粹党人数仅为2.7万人,1929年增至17.8万人,1930年更增至38万人。1930 年 9 月的国会选举,纳粹党获得的议席由 12 席增加到 107 席,从第九位一跃而成为国会中的第二大党,同时,还取得了绍林吉亚、不伦瑞克、奥耳登堡一些邦的政权。1930 年,纳粹党的武装组织冲锋队有 10 万多人,比国防军的人数还要多。1932 年,是德国政府的换届选举年。纳粹党认为夺取政权的时机已经成熟,于是倾巢出动参加竞选。他们在全国大小城镇张贴了 100 万张印有"德国猛醒""希特勒就是独立、工作和面包"等字样的彩色招贴画,散发了 800 万本小册子和 1200 万份纳粹党报特刊。希特勒到处进行竞选活动,甚至乘飞机一天跑十几个地方进行"飞行演说",有一天竟演说 49 次。希特勒滔滔不绝地大谈其人民的苦难、民族的仇恨和共和国的无能,并向人们许下种种美妙的诺言。希特勒这套骗术确实收到了不小的效果,一些处于绝望中的小资产阶级、公务员、大学生,以及一部分农民和失业工人,真以为他是国家的救星。在 1932 年 7 月的国会选举中,纳粹党竟获得了 230 个席位,成为国会中的第一大党。经过垄断资本家政客以及军队头子的牵线搭桥和幕后交易,1933 年 1 月 30 日,总统兴登堡正式授权希特勒组阁。于是希特勒粉墨登场,出任总理。一个最反动、最富有侵略性的法西斯政权在德国建立,它标志着欧洲已形成一个最危险的战争策源地。

西班牙局势动荡

1933 年 1 月 10 日,当革命扩展到南部城市塞维利亚。格拉纳达和赫雷斯城时,整个西班牙不断出现骚动、炸弹爆炸事件和枪战。燃起这场战火的是参加了无政府主义者叛乱的共产党人。这股联合的力量威胁说将在明天发动总罢工。这些事件的发展促使西班牙政府授权阿萨尼亚总理在必要时宣布实行军事管制法。虽然至今尚未宣布实施,然而,由于紧张的局势越演越烈,设防在许多地方的全副武装的卫兵实际上已将国家置于军事管制之下。在塞维利亚,以及在河对岸的特里安那区 7 名无政府主义者和 1 名公民警卫队成员在炮击中被打伤。接连的几次爆炸震撼了这座城市,街道上行人遭到搜查,检查是否携带武器弹药。著名的梅迪辛尼宫殿门前也发生爆炸,这座宫殿受到轻微损伤。因为政府害怕在劳动大军中发生骚乱,那将使整个安达卢西亚陷入瘫痪,塞维利亚省长命令部队看管工人。工团主义者和无政府主义者在巴塞罗那发表了一份联合宣言,在巴塞罗那曾发生过几起严重的流血事件,其中包括在一个星期天炸死 5 人的连续爆炸事件。这个宣言要求造反者中断电话、电报、铁路交通,并且烧掉所有过时的档案。西班牙政府宣称绝大多数西班牙人反对这场革命。

美国会通过菲律宾独立案

1933 年 1 月 17 日,参议院以 60 票对 26 票否定胡佛总统的否决权,从而使菲律宾独立议案成为法律。它规定,在大约 10 年内菲律宾在一定条件下独立,但是菲律宾人在两种情况下可废除它,它必须经由这个岛国的立法机构批准才可以执行,而且只有在人民投票批准建立新的菲律宾政府之后它才算是最后完成。这一议案制定了菲律宾向美国移民的限额,中止菲律宾产品自由地向美国出口,规定向美国出口食糖的税率,并且准许美国保持岛上的军事基地。菲律宾参议院议长奎松谴责这个法案是"可耻的,不友好的","完全不是一个独立的议案"。他描述这个议案,"倒不如说是旨在限制菲律宾的特产和劳力的议案,关于独立的成分仅仅是一层糖衣而已。"如果现在把这个议案提交立法机构将被压倒多数地否决,奎松建议国会目前至少要根据我们否定情况再次审议本法案。

国会纵火案

"千年易过,德国的罪孽难消",这是第二次世界大战结束不久,原德国驻波兰总督汉斯·弗朗克在纽伦堡就刑前,对曾经煊赫一时铁蹄踏遍欧洲的第三帝国的痛切之辞。至今,人们一想起令整个欧洲战栗十二年的黑暗时期,不禁都会感叹,一个以"理性"自豪的民族怎么会匍匐在一个狂人脚下,一个为世界贡献了康德、歌德、贝多芬、巴赫等许多人类崇高、美好精神代表的民族,怎么会在风景如画的东欧竖起高耸入云的焚尸炉烟囱。德国人民除了在"逃避自由"、自甘为奴这一点上要反躬自责外,还有责任重新审视制造种种罪孽的纳粹是如何在众目睽睽之下堂而皇之地把政权捞到手的。

纳粹党控制政权的关键一步就是在"国会纵火案"上做尽了文章,振振有词地制造了20 世纪令人叹为观止的弥天大谎。今天,当我们在自由的空气中翻开德国历史上这不堪入目的一页的时候,我们会发现,正是这一事件,点燃了纳粹党控制德国以至于吞并世界的欲火。

纵火案的发生

1933 年 2 月 27 日晚,德国国会大厦内有人纵火。来回在议会大厅内散布火种的男子被警察抓获时已累得汗流如雨,警察问他为什么放火,情绪激动的纵火犯竟脱口而出:"这是信号! 这是革命的烽火!"从他的裤兜里搜出了传单和护照,传单的内容是德国共产党号召进行阶级斗争。从护照上得知,此人名叫马里努斯·范·德尔·卢贝,1909 年1 月 13 日生,荷兰布莱登市人。放火的原来是个外国人。

此刻的卢贝欣欣然回味起已完成的神圣使命。昨天,他还和德国共产党的成员,他在德国新交的朋友瓦钦斯基想象大火烧起来德国工人阶级揭竿而起的壮景。十几个钟头前,他还想:"看着吧,到明天,世界就该变样子了,这可是我干的。"如今,兑现了,他的照片出现在报纸上,让那些卢贝看起来畏畏缩缩的荷兰工人看看! 让那帮软弱的成不了气候的荷兰共产党看看! 当初的那位羞怯、感情细腻、喜欢空想的荷兰布莱登市穷人家的孩子,现在长成了憧憬着成功和冒险的青年,他期待着轰轰烈烈的革命烽火燎原。卢贝退出他不满的荷兰共产党后,加入了一个叫"国际共产主义集团"的左翼团体。也凑巧,受德国一个左翼工人团体之邀,卢贝代替"国际共产主义集团"的负责人来到德国。卢贝对德国工阶级的政党——社会民主党和共产党——是不抱希望的。法西斯上台的危险是明眼人一望便知的事实,可是社会民主党和共产党竟以为会通过选举战胜纳粹。在卢贝看来,这是愚蠢的坐以待毙的政策,卢贝坚信他的使命是点燃德国工人阶级反抗法西斯的抗争火种。"最好是放把火把国会大厦烧掉",卢贝的想法得到了瓦钦斯基和其他几个对党的"老实"政策不满的德国共产党员的支持。

听到有人放火焚烧国会大厦的消息,戈林吃惊不小。

十年内,赫尔曼·戈林已由一个英俊年轻的飞行员变成体态肥胖的德国官员。这位第一次世界大战时的空中英雄、著名的里希特霍芬战斗机中队最后一任队长、德国战时最高奖章功勋奖章获得者,曾几何时已一头扎在希特勒脚下,原来仅仅是在希特勒的打手队——"冲锋队"——里当头,现在他已很风光地作为国会议长和控制着警察的普鲁士邦的内政部长,在普鲁士内务部大楼里加班。听国会大厦的守卫说最后离开国会大厦的是共产党议员恩斯特·托格勒和威廉·凯念两个人时,戈林认为他们是重要的嫌疑分子,下令将他们逮捕起来。戈林对周围人说,可能是共产党想通过纵火造成混乱,乘机搞武装暴动。他命令全体警察立即进入戒备状态。

不久,上任一个多月的新总理希特勒赶到了现场。听完戈林的报告,他挥动着双手,滔滔不绝地对身旁的人说:"非得让他们知道我的厉害不可!谁反对我们,我们就把他们彻底搞掉!德意志国民以前太老实了。共产党的活动家全都要枪毙!今天夜里就要把共产党的国会议员绞死!同情共产党的,要把他们关进监狱里!对社会民主党和国旗团(社会民主党的战斗团体)也要如法炮制!"在元首的亲自过问下,纳粹行动得相当快,案发后不到五小时内就提出了应予逮捕者名单和一项旨在扩大侦察权的法案。

也许是巧合,戈林手下的政治警察(盖世太保)近乎是阴错阳差地把保加利亚共产党人、在柏林工作的共产国际特派员季米特洛夫作为卢贝的同案犯逮住了。季米特洛夫所住旅馆的一个侍役向警察告密说,这个"俄国人"曾和卢贝一起坐在角落里嘀嘀咕咕。于是,盖世太保就找他的茬,说他的护照是假的,逮捕了他。能够把国会纵火案与共产党扯上就很不错了,若能把"共产国际"也扯进来,对于总是叫嚣要消灭"共产主义九头妖"、打翻"赤色恶魔"的希特勒来说,那真是天赐良机。

季米特洛夫作为共产国际和苏联共产党在保加利亚共产党内最信任的人物,当时是共产国际西欧局负责人。他来柏林是搞宣传和搜集情报的,并不是与德国共产党一起行动,岂料被便衣警察候个正着,和他一起被捕的还有另外两个保加利亚共产党人。在此之前,柏林警察局的政治警察就听说有个共产国际派来的外国人,有人看到他在公共场合和共产党员交头接耳。在盖世太保看来,赤色苏联来的人必定是居心不良的阴谋煽动家;何况,现在也正用得着,与共产党不是斗得正欢吗?可以利用这件事来杀杀德国共产党的威风。正因如此,事情变得有意义了。尽管纳粹党一度对季米特洛夫不是个俄国人很失望,然而,只要他是共产党,就够了。也正因如此,侦察工作不是由刑事警察而是由盖世太保来接手。

祸水引向共产党

希特勒和身为盖世太保总监的戈林为侦察工作定了调。希特勒于案发后一个半钟头,在幸免于火灾的议长室里召集了政府首脑会议,他从兴奋得有些失常的戈林那里听说案犯身上有共产党的党证,便别有用心地断定纵火案是共产党预谋的犯罪行为,他无比愤慨地叫道:"这是共产主义者干的勾当,这是天佑,光耀德国历史的伟大转折到来了,诸位,你们马上就会看到的。"

因此,侦察就根据所谓共产国际和德国共产党是卢贝的同谋犯的政治判断而进行。当然,盖世太保为了求证这一点,是会殚精竭虑的。没有事实也不打紧,难道不能制造一个事实吗?"谎言重复千遍,就会成为真理。"何况,现在的新闻舆论都控制在即将成为国民教育和宣传部长的戈培尔手里,这个瘸腿的摇唇鼓舌的天才现在有了攻讦的对象,可以大显身手了。他马上跑到纳粹党的喉舌《人民观察家报》编辑部内命令改版,并跟在希特勒身后气势汹汹地说:"应该马上在国会大厦前的广场上把逮捕的犯人处死。"

这些天对于纳粹党来说真是好戏连台。政治警察在案发前三天强行搜查了德国共产党总部"卡尔·李卡克内西馆",从抄来的文件中,普鲁士内务部以发现了"武装起义计划"为由,向人民发出了共产党"武装起义迫在眉睫"的警告;他们又耳闻德国共产党领袖恩斯特·台尔曼建议与社会民主党和自由工会建立对法西斯的统一战线;现在又出了这码事,天赐良机,有了如此好的借口,纳粹党可以好好地做一番文章了。

为什么德国法西斯这么急于要把共产党和社会民主党搞掉呢?事情很简单,新上任的希特勒要大权独揽,实现他"一个民族、一个国家、一个政党、一个领袖"的愿望。

1933 年 1 月 30 日。对于 20 世纪的人类来说,这是一个黑色的日子。"第三帝国",这个德国动乱政治中的怪胎被纳粹党从肌体衰弱的魏玛共和国体内拽了出来。这一天,希特勒通过无数桩见不得人的幕后交易,获得了他一直呵护得很好的陆军的支持和大垄断企业的撑腰,最后一刻,老朽的总统兴登堡也对任命他以往一直鄙夷不屑的"波希米亚下士"为总理勉强点了下头,于是,希特勒便在喽啰们弹冠相庆的聒噪声中实现了他梦寐以求的愿望——当上了德国总理。

但是,希特勒当了总理并不意味着国家权力就操纵在纳粹党手中。在内阁 11 个职位中,他们只占三个,而且除了总理外,他们所占职位都不十分重要。弗立克担任内政部长,但因为德国的警察是由各邦自己控制的,所以他这个内政部长等于是个空架子。空军英雄戈林免不了也要谋个一官半职的,但是没有合适的位子给他,于是他被任命为不管部长。内阁其他几个重要的职位则都在副总理弗朗兹·冯·巴本的手里。也就是说,希特勒及其纳粹势力的背后,还有总统、陆军、保守分子三股力量的掣肘,不能大权独揽,随心所欲。

希特勒、纳粹党通向独裁的关键就是要从兴登堡总统那里取得宪法第四十条规定的权利:在紧急状态下,只要总统批准,可以不需议会多数支持而仅凭总统紧急法令来行使职权。总理将取代国会获得立法权,也就是说,内阁政府——在希特勒看来,就是纳粹党和他本人了——有制订宪法的权力,把国会抛在一边。要达到这一点,必须修改宪法,需要国会里有三分之二的多数支持才能通过。因此,现在的首要任务是控制国会,争取大多数议员支持。但是,参加内阁的纳粹党和支持巴本的休根堡民族党在国会583个席位中只占247席,尚不足够成多数,因此,还需要至关重要的70票支持。为达此目的,希特勒及其同伙便开始玩弄政治手腕,诱使其他党派力量领袖同意进行国会重新选举。这是文的一套手法。

当选举逐步展开的时候,希特勒又施展了武的一套手法。他们指使手下那些拳大臂粗的冲锋队员不断制造挑衅行动,目的是引起与共产党和社会民主党的争斗,为政府出面收拾这两个工人阶级政党提供借口。戈培尔在希特勒被任命为总理的次日,就曾在日记中写道:"目前我们暂不采取直接的对抗行动。必须先让布尔什维克的革命尝试爆发出来。在适当的时候,我们将要采取行动。"但是他们一直没有动静。这两个工人阶级的政党早就结了冤家。共产党直到不久前才改变与社会民主党为敌的政策。此前,它一直认为希特勒夺权并不可怕,反而会激发无产阶级革命,建立无产阶级专政;而认为"中间派"的社会民主党比起纳粹党对工人阶级的毒害更大。在希特勒纳粹势力崛起后,德国共产党和社会民主党并未建立一个强有力的"反法西斯统一战线",甚至在对方召开大会时还相互打斗。分裂的状态使他们在希特勒粉墨登场的政治闹剧中无所作为。何况,希特勒一上台后,就取缔了共产党的集会,封闭了共产党的报纸,社会民主党则由冲锋队的打手来对付,总之,希特勒预计的革命并未爆发。

"国会纵火案"就发生在这节骨眼上。

纳粹党"趁火打劫"

现在,希特勒可以振振有词地跑到总统那儿去要求改变社会的无序状态,再也不能任其他各种力量撒野了。案发的当天,希特勒召开内阁会议后,直奔总统官邸,请总统签署内务部制订的《保护人民和国家法》。在此之前,总统被勃鲁宁、巴本、施莱彻尔三届政府走马灯式的换届搞得很恼怒,希望早日结束政治上的混乱、动荡状态。尽管当初他对任命希特勒这个"啤酒馆政变"中的小丑为总理颇以为然,说他顶多只能当个邮电部部长,但他现在并未阻拦新总理的应急举措,根据宪法第四十八条行使立法权的权力,批准了该法。第二天(2月28日),《保护人民和国家法》作为《总统紧急法令》颁布了。《法令》暂时停止执行宪法中保障个人和公民自由的七项条款。其主要内容是限制个人自由,限制表达意见的自由,包括出版自由;限制结社和集会自由;对邮件、电报和电话进行检查;对搜查住宅发给许可证件;发出没收以及限制财产的命令。

除此之外,它还规定中央政府在必要时可接管德意志各邦的全部权力,以恢复那里的公共秩序。

《法令》废除了《魏玛宪法》中对基本人权的规定,希特勒现在能处在合法的地位随意抓人了。不久,约4000多名共产党干部和许多社会民主党及自由主义领袖遭到了逮捕,一些根据法律享有豁免权的议员也照抓不误。国会大厦守卫说2月27日最后离开大厦的是共产党国会党团领袖托格勒,为证明自己的清白,他主动到警察局说明情况,即被逮捕。几天后,德共领袖台尔曼也身陷囹圄。季米特洛夫就是在这种情况下被逮捕的。

在3月5日举行选举之前。整车的纳粹冲锋队员在城市街道上横冲直撞,往往未经许可便破门而入,把人带走。共产党的报纸和政治集会被取缔,其他自由党派的报纸也被勒令停刊。纳粹党人手头掌握了普鲁士政府的权力,大企业纷纷掏钱援助,电台也尽是纳粹的危言耸听和拉拢许诺之言,纳粹的卐字旗在电台的聒噪声中淹没了大街小巷。

尽管如此,3月5日的选举,纳粹党并未大获全胜。他们得票数只占总数的44%,这表明仍有大多数人反对希特勒。在国会中,即使加上民族党的席位,也并未获得需要的三分之二多数。不过他们另有办法,81个共产党议席可以让它们空着,余下来的,戈林认为,可以用"不让一些社会民主党人入场"的办法轻而易举地解决掉。

第三帝国第一届国会于3月21日在波茨坦的忠烈祠举行。3月21日是俾斯麦主持第二帝国第一届国会召开的日子,而此次会议地址又是普鲁士主义的圣地,霍亨佐伦王朝历代君王都来此做过礼拜。腓特烈大帝的遗体在这里,兴登堡也来此朝过圣。希特勒用意很明显。煽起民族主义的热情,尤其是在众人怒斥的《凡尔赛条约》给德国人民带来的巨大民族创伤的情况下,这一点不会遭众人反对的。效果果然不错。希特勒甚至还煞费苦心地在兴登堡面前深深地鞠了一躬,这可真感动了这位老总统,尽管希特勒此时心里想着的是将这老朽的权力也夺过来。

纳粹控制的国会机器迅速转动起来了。3月23日,在旁听席上冲锋队员一片"交出全部权力"的叫嚷声中,希特勒如愿以偿地看到"授权法"——《消除人民和国家痛苦法》——通过。它规定,把立法权、批准与外国的缔约权、宪法修正权从国会手里拿过来移交内阁;甚至还规定,内阁制订的法律由总理起草,并且可以"不同于宪法"。就这样,希特勒果然实现了他在"啤酒馆政变"后拟定的用和平、"合法"手段夺权的计划。

从此,议会民主制度在德国已不复存在。国会尽管与第三帝国相始终,却只是仰元首鼻息的摆设,是元首声音的传声筒。同年8月,兴登堡死后,希特勒干脆就一身兼任数职,元首兼国家总理,同时又是武装部队总司令。德国从此朝着战争轨道迅跑。完全可以说,国会纵火案给他提供了消灭敌手的契机,难怪当初他接到报案时,大叫这是"天佑"呢。魔鬼撒旦总是要作恶的,多个行恶的借口只不过使他更肆无忌惮而已。

德国境内全面抵制犹太人

1933年3月,德国开始对付犹太籍居民,先是11日在市伦什威克发生纳粹精卫队攻击犹太人商店事件;到月底,德国针对犹太籍居民施行全面抵制,理由是犹太人在德意志帝国境内进行煽动性宣传。29日通过《芳·得鲁柏法》,对于破坏公共安全者,可以执行绞刑予以处死。反对犹太人是希特勒的一贯主张。他掌权后,对犹太人进行了骇人听闻的大掠夺、大屠杀。大批犹太人的店铺被砸、被抢,很多犹太中产阶级在一夜之间沦为赤贫。德国和占领区的大批犹太人还被投入集中营,从肉体上被消灭。在第三帝国期间,大约600万犹太人惨遭杀戮。

希特勒建立法西斯独裁统治

观察家们最初所怀疑的希特勒想要得到的权力,他1933年3月23日终于得到了。当天,希特勒操纵国会通过将自身的立法权、缔约权和修改宪法权交给内阁的所谓《消除人民和国家痛苦法》,建立起彻头彻尾的法西斯独裁统治。国会的最后一个行动实际上是将最高权力授予希特勒内阁,而不是授予作为纳粹领导人的他个人。德国总统保持罢免总理职位的权力,但是几乎每一个人都知道兴登堡总统是一位实际上已退出政治舞台的上了年纪的牌位。没有一个人敢大声说内阁比希特勒本人权力更大。照现在的情形看,希特勒和他的内阁根据命令就可以制定法律而无须提交国会审查,并且他们有凌驾宪法之上的权力。在国会被终止前,希特勒向国会所做的一次讲话中说,内阁不准备讨论恢复君主制。然而,得承认希特勒是历史上权力最大的总理。希特勒穿着纳粹军装站在主席台上,但是他的演讲很是节制,他使用一种非常特别的字眼来阐明一点:"对国家和人民的叛逆",他警告说:"在今后将要用无情的暴

希特勒当上德国总理时的留影

力使它根绝。"在那天的晚些时候,首席部长戈林责骂欧洲新闻界责难这个政府的残暴。他否认报道中所说的许多尸体漂流在柏林运河里以及纳粹分子割掉共产党员耳朵的情况。

纳粹分子强行取缔犹太商人

在德国众多标语牌昼夜悬挂,1933年4月1日开始抵制犹太人运动,"世界各地的犹太人正在企图扼杀新德国",标语牌上写道,"德国人民,你要自卫! 不要买犹太人的东西!"在3月31日前些时候,希特勒还在为自己开脱抵制犹太人商店的运动的责任。官方解释说这一行动是纳粹市民的主意。当3月31日晚希特勒的部长之一戈培尔博士发表强烈反对犹太人的讲话,并对激动的听众说明抵制运动将如何有效时,这个骗局才被揭穿。戈培尔声称抵制运动是暂时的。但是这位人民启蒙宣传部长却威胁说直到世界

犹太商店受到纳粹的抵制

各地的犹太人停止抵制德国货物,并且停止谴责德国政府的暴行时,抵制犹太人的运动才能停止。

罗斯福取消美元金本位制

1933年4月19日,美国取消金本位制,罗斯福的这一行动旨在禁止除属于外国的一切黄金的出口,使美国与世界上绝大多数国家保持平等的货币基础。联邦政府官员说这一行动只是出于国内和世界的状况而定的"权宜之计",但他拒绝说这将实行多长时间。放弃金本位制使华尔街上的股票价格上升,华尔街的股票交易异常活跃,一天所进行交割的股票总额达500万股,是过去6个多月来最活跃的一天。然而这一行动在国外特别是在法国受到猛烈攻击。在法国,美元价值的波动被一位经济学家描述成"几乎不能把它称作是一种自称以黄金为本位的货币"。美国人的行动在伦敦看起来可能要挑起美国与英国之间的一场贸易大战。

美国通过农业援助法案

1933年4月28日,援助美国困难的农场主的法案在参议院被通过,现在等待众议院的行动。这项议案为增加农业产值提供了可供选择的办法,例如像保证农业生产成本,重新提供利率占4.5%的农场抵押金,减少造成生产过剩的土地面积,以便根据国内现实农产品需要量削减产量,并且把农产品价格稳定在大概相当于比较繁荣的1909~1914年期间的水平。参议院还在农业援助法案中写入罗斯福总统所提出的条款,采用种种方法来和通货膨胀做斗争,总统能增加 30 亿美元的联邦储备货款,发行财政部证券,买回政府债券,并且使美元贬值 50%。虽然这个法案是新的罗斯福政府执政期间通过的最重要的法案之一,大部分参议院的争论都集中于总统所反对的并且最后被废除的在此法案中附加的关于退役军人津贴的提案。

德国禁止犹太人担任公职

1933 年 4 月 10 日,普鲁士邦针对犹太裔公民社会地位展开打击行动。德国政府首先发布命令,要求非雅利安裔的公职人员——主要是教员、律师、医生和文化工作者自愿放弃他们的职位。到月底,有许多犹太裔的大学教授被停职。至于犹太籍的艺术家,政府则发布一份禁止登台令。许多艺术家和科学家流亡出走。

德国查封焚烧书籍

1933 年 5 月 10 日,德国新执政者为了在精神上统一国民的思想,开始对德国科学界和文化界的无数杰出人物,采取严厉的管制措施。在被解职的大学教授中,有诺贝尔奖得主古斯达夫·赫尔兹、詹姆斯·法兰克;还有世界知名的性科学家马格纳斯·黑希菲尔德、宗教哲学家保罗·提利希、文学历史学家阿弗列德·康托洛维兹,以及许多其他学者:普鲁士文学创作学院也开除了阿弗列德·都伯林、理查达·别克、路得威克·福尔达、乔治·凯塞尔、伯恩哈德·凯勒曼、汤玛斯·曼等人。他们的作品成了德国国立人民图书馆首批“消毒行动”的牺牲品。从该月开始,国立人民图书馆又查禁了麦克斯·希罗德、里昂·弗希特凡格、华尔特·哈桑克莱弗、艾冈·埃尔温·克希、曼氏两兄弟、阿瑟·希尼兹勒、库特·土考尔斯基等人的作品。许多城市开始焚烧书籍。德国书报商联合会宣布这些艺术家的作品为“非正统德文”,并要求各书报商不再出售这些书籍。

希特勒解散所有工会

1933 年 5 月 2 日,纳粹的冲锋队员扫荡了德国工会办公室,逮捕了工会领袖,并且没收了工会财产。纳粹领袖说工会组织本身将不会被取缔,但要在纳粹的指导下重新改组。这次扫荡是在新普鲁士议会主席莱伊博士的监督下进行的。“当今马克思主义假装沉寂了,”莱伊解释说,“但它并没有全部被清除。”但是这次扫荡的实际目标并不是马克思主义者,而是针对那些要依靠工会的力量和纳粹做斗争的社会党人。

犹太人举行反对纳粹政权的示威

甘地为贱民权利再度绝食

　　1933 年 5 月 8 日,由于英国政府代表及驻印代表对于印度社会中最低阶层,即"不可接触阶层",仍然歧视,因此,被扣押在浦那监狱的甘地宣布绝食三个星期,如果政府在三个星期后仍不采取改善措施,他将继续绝食。英国政府负担不起甘地死在监狱中的责任,因此将他释放出狱。结果,甘地的第二次绝食成了一个众所关注的轰动事件。29 日,甘地在一个仪式中接受了一份印度贱民送过来的食品,结束了这次绝食事件。

摩根逃税

　　1933 年 5 月 23 日,根据参议院金融和货币委员会所得到的消息,美国最富有的人之一摩根没有交 1931 年和 1932 年的所得税。他只在 1930 年交纳了 4.8 万美元。摩根是以他的名字命名的国际银行集团的领导人。他说他在 1931 年和 1932 年亏本了 2100 万美元,因此没有交税的义务。但是委员会法律顾问则认为这些亏本是通过重新估价证券而人为地制造出来的。

美国通过工业复兴法

美国历史上最重要的一项议案——国家工业复兴法案，1933 年 6 月 16 日由国会审核通过，并经罗斯福总统签署。在这项由国家复兴管理局执行的法案中，联邦政府将就法定最低工资、较短工作时数及产量调整等，以寻求劳资双方的合作。法案中并进一步为公营事业提供联邦基金。罗斯福在条文中宣称："国家复兴管理局的成立，是为了促使群众回到自己的工作岗位，并具有较高的购买力，购买更多来自农场和工厂的产品，进而重新开拓新的生活水准。"他希望目前仍在失业的人口，能尽快地重返工作岗位。罗斯福并说，这个新法案的实施，将和他刚刚争取到的 40 亿公路营造基金、20 亿海军造船基金，同时自次日起生效。

纳粹党成为德国唯一政党

希特勒政府 1933 年 6 月 22 日以迅雷不及掩耳之势，宣告德国社会民主党为非法组织，于是得以扫除内阁中反对希特勒的最后一股势力，并瓦解了 3 月大选中仅次于纳粹党的社会民主党。3 月大选后不久，希特勒即宣布德国共产党为非法团体。6 月 21 日，德国国家人民党亦遭到解散的命运，该党领袖阿弗列德·赫根伯格向内阁提出辞呈。据纳粹宣传部长戈培尔说，这些措施的目的是为了创造一种真正德国式的民主。在这种民主下，人民不需要实际参与政治，只要将政治交给他们信任的人即可。他又说："有人误以为民主是让人民管理自己，其实，人民只要求合理的统治。"戈培尔这种"爱民如子"的论调受到希特勒的赞扬。希特勒并宣称要以国家的机构，剥夺反对人士教养子女的权利。

纳粹通过净化德国种族法令

几个月来，德国人不断从纳粹那里听到关于完善"雅利安人"的说法。1933 年 7 月 26 日，希特勒政府发布了一项消除不健全的德国人的计划。为了共和国的荣誉，医生将使这些人绝育。根据这项法令，对患有白痴、精神分裂症、神经衰弱症、癫痫、舞蹈病，或者像聋子、瞎子等身体有严重缺陷或属遗传性疾病的男女将要施以绝育手术。这条法令没有具体说明是否某些种族将要绝种。它规定德国人必须自愿接受绝育，对于未成年者可在他们的监护人的同意之下强行做绝育手术。这条法令显示了希特勒政府坚持种族主义观点，如果有必要的话，还会做出不近情理的事情来。

彩色胶片的出现

彩色胶片是 1932 年美国研制成功的。早在黑白片时期，电影先驱者梅里爱就以手工方式在正片画面上染色，如同照片着色一样，以加强情绪效果。如把夜景涂成蓝色、火光涂成红色等等。这种逐格手工涂色工作量极大，代价昂贵，而且效果较差。美国特艺色公司从 1919 年开始，研制能够比较正确地还原各种色调的彩色电影摄制系统，直到 1932 年才正式研制成功。特艺色公司利用三色光相加或相减的原理，使用一台专门摄影机，在镜头后面加有分光棱镜，用三条黑白胶片同时对景物曝光，使它们分别感红光、绿光和蓝光，摄成红、绿、蓝三条分离影像。然后将这三条彩色分离底片分别制成三条浮雕片，并各自染成青、品红和黄色，最后再准确地把它们叠印在一条空白片上，还原出景物的色彩。这种彩色影片的制作方法称为"染印法"，但它的设备复杂，操作不便，耗片很多。

甘地获释出狱体重仅 90 磅

1933 年 8 月 23 日，在医生们提出警告说他的绝食正危及他的生命之后，圣雄甘地已被从政府监禁他的浦那国民医院释放出来。8 天之前，为抗议再次被英国当局逮捕而进行绝食斗争的甘地，在被释放时只有 90 磅重。在他从这家医院里被释放时，两名给他检查身体的医生说没有理由对他的身体状况感到吃惊。这位民族主义领袖在体力恢复之后将做些什么，对此人们进行了广泛的推测，但是公众认为，如果他继续进行非暴力反抗活动的话，他将会再次被英国当局逮捕。

纳粹将犹太人投入集中营

1933 年 8 月来自德国的官方消息表明，纳粹正在逮捕大批犹太人并把他们关进集中营。被捕的原因不一：有些人是由于同冲锋队进行搏斗，另外一些人是因为损害了国家的尊严，还有些人仅因为"同德国女孩结合"，有一些人是因为模仿纳粹的敬礼手势。据非法的社会党报道，4.5 万人被关在 65 个集中营里，最大的集中营在达豪。伦敦泰晤士报报道，许多囚犯是由于他们的政治观点而被捕的。他们的饮食极差，还遭到纳粹看守的毒打。

德国退出裁军会议和国联

1933 年 10 月 2 日,有 64 个国家出席的国际裁军会议在瑞士日内瓦举行。德国出席会议的目的是希望废除《凡尔赛和约》,但这一企图与法国等国的愿望相悖。1933 年 3 月 16 日,英国代表在裁军会议上提出一项裁军公约草案,规定在未来 5 年之内允许德国获得与法国、意大利、波兰等欧洲国家同等的兵额。但这一草案受到法国的非议。法国要求将草案提及的 5 年期限延长至 8 年。在裁军会议未能取得任何有利于德国的妥协的情况下,1933 年 10 月 14 日,德国政府致电国际裁军会议主席,宣布德国退出裁军会议。后德国曾提出一系列违背《凡尔赛和约》规定的要求作为恢复出席裁军会议的条件,被法国断然拒绝。德国退出国际裁军会议使该会议实际上陷于瘫痪。此后,德国公然加紧扩军,使国际形势发生了重大转变。10 月 19 日,德国又退出国联,从而向实现法西斯称霸欧洲和世界的目标迈出一大步。

应用数学的发展

应用数学的代表人物是柯朗(1888~1972),他自 1933 年到美国之后,在纽约州立大学成立了应用数学研究所,现称柯朗研究所。他和费里德里希提出了非线性微分方程在流体力学上应用的系统理论(1948 年),在解微分方程方面,拉斯福特提出了解椭圆形或双曲线型方程的交替方向法,道洛尼钦提出解双曲线和混合型方程的积分关系法,都是应用数学重大的成果。进入 20 世纪 60 年代以后,伴随着高速电子计算机的大量使用,许多原来求助于解析方法的微分方程开始了数字计算的进程。有限元法将复杂的边界条件切成若干块,然后加以拼接,处理了一大批过去无法处理的问题。与此同时,样条函数也得到了广泛的使用,第一本介绍样条函数的著作《样条函数及其应用》于 1967 年问世。近年来,应用数学的发展更是日新月异。

苏美两国建交

苏维埃政权建立以后,美国政府对它一直拒绝承认。20 世纪 20 年代末 30 年代初,两国的国内外形势都发生了很大变化。美国陷入了空前严重的世界性经济危机,工农业生产大幅度下降,失业队伍迅速扩大,大批产品积压,经济趋于崩溃。而苏联的社会主义建设取得了伟大成就,已成为世界上强大的社会主义国家。出于尽快打开苏联这个巨大市场的需要,进一步发展从 20 年代后期已经开始的对苏贸易,美国各大财团、公司和他们在两大政党中的代理人便不断向政府施加影响,要求与苏联建立外交关系。农业部长华莱士就积极主张尽快与苏联建交,以解决美国过剩农产品的出口问题。在国际上,这个时期以德意日为代表的法西斯军国主义日益猖獗,对世界民主国家形成了严重威胁。与苏联建交将有利于制止法西斯侵略与维护世界和平。因此1933年3月刚上任的罗斯福总统决定与苏联建立正常关系,并开始秘密接触。1933年10月10日,罗斯福致函苏联中央执行委员会主席加里宁,建议就改善两国关系问题进行谈判,加里宁复函表示同意。同年11月7日,苏联外交人民委员马克西姆·李维诺夫应邀访美,并与罗斯福和国务院官员进行了一系列谈判。李维诺夫承诺苏联政府将不支持美国共产党的活动,并保证居住在苏联的美国公民和旅游者享有充分的自由和民权。11月16日,两国互换外交照会,正式建立了外交关系。苏美建交是苏联外交政策的胜利,它对稳定世界局势和促进反法西斯联盟的建立起了积极作用。

美国废除禁酒令

美国嗜酒者1933年12月5日大肆庆祝禁酒令的废除。这次饮酒合法化离上次合法饮酒规定相隔14年之久。就在当天的17时32分30秒,犹他州批准废除禁酒令,成为36州中最后一个通过这项法令的州。美国总统罗斯福呼吁全国人民仍要适量饮酒,以防止再出现1920年导致禁酒令的"不当运动"。他并要求不允许再设酒吧的各州取消此一禁令。

蒲宁获诺贝尔文学奖

俄国批判现实主义的杰出代表,著名诗人、小说家、散文家和翻译家伊凡·阿列克谢耶维奇·蒲宁(1870~1953)才华横溢,在文学的几个领域都取得了举世瞩目的成就。他的成名作诗集《在露天下》《落叶》于1898年和1901年相继发表。它们将大自然秀丽的风光,偏远的穷乡僻壤,浪漫的爱情、金色的童年融为一幅色彩斑斓的画面。他的诗既有前人的传统手法,也有自己的独特艺术风格。蒲宁的著名小说有:短篇小说《松树》《梦》《新的道路》《安东诺夫卡苹果》《宝地》等,中篇小说《干谷》《乡村》等。其中《乡村》是蒲宁的代表作,小说描绘1905年革命失败后农民生活的悲惨境状,揭露了富农的残酷与丑恶。蒲宁的散文造诣也是很高的,作品有《坦卡》《走向天涯海角》《中学教员》《在田野里》等。此外蒲宁还是出色的翻译家,1896年翻译了美国诗人朗弗罗的《海华沙之歌》,它绝妙地表现了北美印第安人的生活画面。总之,蒲宁的作品无论是诗歌、小说,还是散文及译著,都有一个共同的显著特征:语言准确精练,心理描写细腻,情节真实感人。由于他迁居法国,1933年他以法国作家的身份获得诺贝尔文学奖。

《德波互不侵犯条约》签订

《德波互不侵犯条约》,全称为《德国和波兰互不侵犯和谅解宣言》。由德国和波兰两国政府于1934年1月26日在德国首都柏林签署。该条约于同年2月24日生效。条约的主要内容是:德国与波兰两国保证将不使用武力解决双方关系中所出现的任何争端;遇到两国发生争执的情况时,两国将以和平协商的方式加以解决。德国利用这一条约成功地造成法国的东欧联盟体系出现裂缝,并严重地打击了法、苏为主签署《东方罗加诺公约》计划的实现,是德国外交的一次有力的突破。但此后《德波互不侵犯条约》对德国渐渐失去了意义,德国遂于1939年4月以波兰承担援助英国的义务是准备在英德冲突中"参加对德侵略"为由,单方面宣布废除了《德波互不侵犯条约》。

联共(布)十七大召开

1934年1月26日~2月10日,联共(布)第十七次代表大会在莫斯科举行。出席大会的有表决权的代表1225名,有发言权的代表736名,共代表1874488名党员和935298名预备党员。斯大林作了总结报告,莫洛托夫和古比雪夫做了关于发展苏联国民经济的第二个五年计划(1933~1937年)的报告,卡冈诺维奇做了关于组织问题的报告。联莱茵河共(布)第十七次代表大会通过了第二个五年计划。该计划规定到1937年全部工业产值达到927亿卢布,年平均增长16.5%,比战前增长7倍;整个农业产值要达到262亿卢布,基本上实现农业机械化;国民经济的基建项目投资规定为1330亿卢布,比第一个五年计划提高一倍多。大会通过了新拟定的《党章》,选举了党的领导机关。联共(布)第十七次代表大会是在第一个五年计划胜利完成之际召开的,它进一步巩固了联共(布)党的建设社会主义的总路线,它对苏联变成一个经济上和技术上独立的、先进的国家具有重要的意义。

德国重整军备

希特勒有一套极端反动的种族理论,说日耳曼民族是"地球上最高级的人种",应当统治其他民族。他还制造对外扩张的"生存空间论",说德国人口过剩,必须到国外夺取生存空间,即用武力征服其他国家和民族。他根据这套理论提出了一个狂妄的称霸世界的计划,宣称法国是德国不共戴天的仇敌,应该结果"这个法兰西的名头蛇";英国已患有不治之症,是一个垮掉的国家,理应灭亡;美国已奄奄一息,只能由德国统治;苏联的广阔领土和无尽宝藏,尤其使他垂涎欲滴。希特勒上台后,采取种种步骤,冲破《凡尔赛和约》对德国的军备限制,疯狂扩军备战。1933年10月,德国借口其他大国不给德国以平等待遇,宣布退出裁军会议和国际联盟。此后,德国的军费开支直线上升。1932年德国的军

为了扩军备战,希特勒竭力推行法西斯化教育,要求青少年从小接受法西斯训练,学习军事。他的目标是把青年培养成"具有强烈主动性的、主人气概的、不胆怯的、残忍的"法西斯接班人。图为1934年,希特勒青年团员在柏林大街上游行,卡车上的标语写道:我们全部执行元首(希特勒)的命令。

备支出10亿马克,占国民收入的2%;第二年增至30亿马克,占6%;至1938年,达到270亿马克,占国民收入的34%。1935年3月16日,德军发布重整军备的布告,宣布实施国防军法,恢复普遍义务兵役制。与此同时,德国大搞国民经济军事化,在戈林"宁要大炮,不要黄油"的口号下,开足马力发展军事工业。德国在1932年只生产36架飞机,到1935年已增至3183架,而1939年则达到8295架,比英国、法国、波兰3国空军力量的总和还要多。1935年6月18日,英国和德国不顾《凡尔赛和约》的限制,签订了《英德海军协定》。根据这个协定,德国可以建造相当于英国水面舰只总吨位35%的军舰和45%的潜水艇,即德国可以把舰队扩大4倍,达到421700吨。至大战爆发时,德国海军在吨位上虽尚不能与英国相比,但却远较英国海军集中,使英国海军吃尽了苦头。随着德国军国主义实力的增强,希特勒迫不及待地开始进行战争冒险。1936年3月7日,德国派3个营为前锋,以闪电般的速度占领莱茵河非军事区。德国总参谋部交给德军一份只准在法军出动时才能拆阅的命令:如遇法军抵抗,立即从莱茵河对岸撤回。希特勒后来也承认:"进军莱茵河以后的48小时,是我一生中神经最紧张的时刻。如果当时法国人也开进莱

茵河,我们就只好夹着尾巴撤退,因为我们手中可资利用的那点军事力量,即使是用来稍做抵抗,也是完全不够的。"然而,拥有100个师兵力的法军并未采取行动。希特勒的冒险成功了。

德国实施中央集权

1934年1月30日,希特勒担任德国元首一年之后,已经正式掌握整个国家的统治权。依据1933年11月12日公民投票的结果,由德国国家社会主义劳工党(纳粹党)执政的德国国会通过一项法律,取消各邦的代表,将邦主权交付帝国,而邦政府则由帝国直接管辖。此外,这项法律还授权政府无须经过任何议会委员会的同意,就可以修改宪法。内政部长威廉·弗立克认为,德国已经成为一个中央集权的国家,他在国会中表示,联邦制到此为止。一天后,外交政策部门和德意志文化战斗联盟的领导人阿弗烈德·罗森伯格开始正式监督"党的所有思想及世界观的教育及党的一切附属组织,以及'舒心壮体'的培训和教育"。

暴乱威胁巴黎公共秩序

愤怒的暴民对法国政客已经厌倦,他们1934年2月6日晚在巴黎各处与警察交战。这些人在街上横冲直撞,纵火烧毁汽军。来自巴黎的报道说骚乱中有17人被打死,700多人受伤。最激烈的一次战斗发生在协和桥上。当一些人试图穿过塞纳河冲向下议院时,警察向他们开枪射击。一名在风格典雅的克里伦饭店工作的无辜的女服务员双目间中弹,不久身亡。其他一些抗议者在香榭丽舍大街进行破坏,他们砸毁旅馆附近的街灯。当这伙暴民听说在爱丽舍宫附近游行示威的老兵遭到共和国马队排枪扫射时,他们变得更加凶暴。当局说抗议者没有任何动机。一些人是因为对随意指派一名警官而不满;另一些人则指控政府与斯塔维斯基事件有牵连。

奥地利发生武装冲突

奥地利国内形势愈演愈烈,1934年2月12日爆发奥地利社会党及其附属武装组织——共和主义防御同盟的暴动事件。奥国政府对社会党展开大搜查之后,维也纳和林茨都发生政府军队与防御同盟的武装冲突。维也纳形势更趋紧张,连炮兵都参加战斗。在其他邦,防御同盟亦袭击警察局和军队。奥国政府遂于维也纳和发生冲突的邦,颁布戒严法,并决定封闭社会民主党的出版社。大批的民主党派官员也遭到逮捕,其中包括维也纳市长卡尔·赛兹、国民议会主席和前首相卡尔·雷纳,以及一些维也纳市参议员。奥地利社会民主党遭到禁止,维也纳邦议会和区议会均被解散。奥国政府于14日又解散工会和属于社会民主党的所有同盟及协会。在这些冲突事件中,受害人共达1000余人。

德国兴建高速公路

1934年冬天,德国的失业情况较去年缓和,政府为了继续解决这个问题,在3月份制定了更多的创造就业机会的方案。这项方案的主要项目,是建造德国高速公路。到月底成立的22个建筑站就需要15000名工人(所谓的春季劳动会战)。此外,德国政府又计划从海港城市到全国各地,大量建造、整顿主要的交通干线,并进行土地开发工作,为实现这一目标,需要大量的劳动力。到该月24日,拟定建造的高速公路,其总长度已达1500公里。

陶尔斐斯成为奥地利独裁者

奥地利国会1934年4月30日开会,可是半数席位都空着。这些席位属于社会民主党人。他们中许多人还在监狱或集中营里。议会只开了3个小时,但竟然在471项政府

陶尔斐斯成为奥地利合法独裁者

法令上盖上了橡皮图章。在议会解散期间,恩格尔贝特·陶尔斐斯总理拥有独裁权。国

会通过一项议案允许陶尔斐斯不经审判把任何被怀疑为非法政党效力的人送进集中营。两名泛德意志党成员敢于提出抗议。其中一个对"得不到多数人拥护,只有靠武力维持的政府的为期12个月的违反宪法的统治"作了揭露。提出抗议的另一个人说:"这个政府12个月以来的违反宪法的统治,得不到多数人的拥护,是靠武力维持的。我们抗议破坏这种自由,迫害无辜的妇女和儿童的行为。抗议建立集中营和间谍、告密者系统。"当这两名泛德意志党的抗议者走出会议厅时,受到了陶尔斐斯支持者的嘲笑。

美国放弃古巴的权利

罗斯福总统1934年5月29日签署了一项条约,废除了1903年签订的允许美国干预古巴事务的普拉特修正案,美古关系的新时期将会到来。这项要经过参议院的批准才能生效的条约能够保证古巴的完全独立。罗斯福总统在一封催促批准条约的信中陈述道:"通过这一条约的签订,本届政府让人们清楚地知道,它不仅反对干涉政策,而且还要放弃修正案所给予它的对古巴事务的干预权。"然而美国将保留对关塔那摩海军基地的支配权。当听到罗斯福总统所采取的如此积极的行动的消息时,欢庆的人群突然出现在哈瓦那的街道上。教堂响起钟声,汽笛鸣响,行进中的乐队吹着小号庆祝这一消息。总统卡洛斯·门迭塔致电罗斯福总统,表示感激之情。他在电文中把这一条约的签订称为"将会载入我们民族史册,可与那些真正值得纪念的重大事件相并存的大事"。国务卿赫尔向古巴表示祝贺。他保证美国"将以极大的兴趣注视着古巴人民的进步"。

美国强化证券交易管理

1934年6月6日,为了对证券交易所内的混乱状况进行管理,罗斯福总统创立了证券交易委员会,并宣布约瑟夫·肯尼迪将领导这个组织。尽管从金融界传出恼怒之声,委员会仍将实行对证券交易所发放许可证的措施,并要求所有的证券都要登记注册。它使得合股经营成为非法,并授权联邦储备委员会对投机和边缘贷款确定信贷范围。肯尼迪被选为证券交易委员会的负责人是因为他有广泛地与华尔街打交道的经验,而且他与总统有着密切的政治上的联系和私人关系。他的任期为5年。

德国拒付赔款引发抗议

1934年6月14日,德意志银行宣布,德国暂时不再履行所有的中期和长期偿债义务。由于缺乏外汇现款,对接受道威斯和杨格计划提供贷款后所应付的义务也不再履行。虽然最大的债权国美国威胁要对迟迟不肯偿还债务的国家停止提供国际信贷，但德国仍然做出这个决定。德国在致各债权国的电文中试图解释他的行动。不过英国以制外贸措施对德国进行报复，其他国家目前仅限于发出书面抗议。

希特勒整肃纳粹冲锋队

1934 年 6 月 30 日，在纳粹冲锋队（SA）结束一切活动，准备休息一个月，并按照希特勒的命令准予开始放假的前一天，一场酝酿已久的权力争斗开始白热化，而且达到了戏剧性的高潮。6 月 30 日，希特勒在广播和报刊公开宣称，他压制了恩斯特·罗姆领导纳粹冲锋队所进行的颠覆活动，并且格里高尔·斯特拉赛和前帝国总理库特·史莱布将军也参加这项反对政府的阴谋。希特勒该月初从帝国卫军方面获知纳粹冲锋队计划要将该队建设成一支武装力量，并入帝国部队，而纳粹冲锋队的首领罗姆同时公开声称必须进行"第二次革命"，因此希特勒曾在 5 日与罗姆举行会谈，试图劝这位自 1923 年以来合作的战友达成和解，但罗姆仅保持沉默。数天后，罗姆在 10 日鼓动纳粹冲锋队，并向德国国家社会主义劳工党（纳粹党）的领导权挑战。军方亦响应这项反抗活动，国防部长渥那·芳·布拉姆伯格 21 日探望在努坦克养病的兴登保总统时，向希特勒发出一份最后通牒，其中他提及将在帝国部队中宣布紧急状态，并以接管行政机关相威胁。25 日，军队指挥部司令官弗莱贺·渥那·芳·弗利兹克果真向帝国部队发布紧急戒备令，希特勒便毅然采取行动。罗姆原定计划于本日在巴德·维悉湖召集纳粹冲锋队主要干部会议，希特勒针对这次会议展开整肃行动。戈林及希姆莱也分别在柏林警察局向纳粹精卫队（SS）下达命令，希特勒在慕尼黑亦命令党卫军开始行动。希特勒率领纳粹精卫队在凌晨 4 时左右冲进纳粹冲锋队的营地，逮捕罗姆及幕僚人员。他们被押解到慕尼黑斯达德尔汉监狱，立遭警卫队枪决。戈林在柏林同时展开"扫荡行动"，结果纳粹冲锋队和主要干部之一柏林纳粹冲锋队队长卡尔·恩斯特被枪杀。史莱希夫妇与布莱多将军均在家中被射杀。格里高尔·斯特拉塞被捕，随后在普林兹—阿柏莱契特街的盖世太保大楼遇害。希特勒任命维克多·鲁兹接替罗姆职位，并要求纳粹冲锋队服从命令。据统计，在这次整肃行动中全部被害者在 400 至 1000 余人左右。

居里夫人去世

获得两次诺贝尔奖的玛丽·居里 1934 年 7 月 4 日在瑞士桑赛勒英兹去世，享年 66 岁。这位法国籍的女化学家出生于华沙，她与其导师亨利·贝克勒尔在 1898 年发现了放射性的钋元素。然后与其夫物理学家皮耶·居里一起发现了镭。同年，她又证实钍元素的放射现象。1903 年获诺贝尔物理学奖，1911 年获化学奖，1922 年被选为医学研究院会员。此后,她便致力于化学和放射性物质在医学上的应用研究。

希姆莱掌管集中营

1934年7月13日,党卫军头目海因里希·希姆莱掌管了集中营。党卫军将承担一度由冲锋队担负的责任。这一变化表明了阿道夫·希特勒对希姆莱的不断增长的信任和对冲锋队信任程度的不断下降。就在六月,冲锋队卷入的"长剑之夜"给元首留下了很深刻的难以磨灭的印象。6月30日,希特勒亲自挫败了一起据说是由冲锋队头目恩斯特·罗姆和另外几名冲锋队员发动的政变。这几个人现在已全部被处决。冲锋队曾是纳粹不可缺少的武装力量。希特勒发觉它成了罗姆的私人部队。减少它所担负的诸如管理集中营之类的职责则能削弱冲锋队的力量,并使其驯服。自1923年的"啤酒馆暴动"以来,希姆莱一直是希特勒所信任的助手。从1929年开始,他就掌握着党卫军。1934年他33岁,是一个目光短浅,而且似乎还是神经脆弱的官僚。他为自己是一个种族主义者而感到骄傲。希姆莱认为自己是希特勒的私人朋友,可直到一个月前,罗姆也是这么认为的。希姆莱领导的党卫军很适合他们的职责。身穿黑上衣的党卫军是精选出来的,是坚定的、死心塌地忠于纳粹党的精良武装。党卫军经常围捕那些被送往集中营的人们。现在,他们要对这些人负责到底了。党卫军严格保密。慕尼黑和柏林城外的6座集中营里发生的一切将永远令人难以猜测。从1933年3月开始,纳粹政府就不断把犹太人、共产党人和其他的国家敌人送往那里。

奥地利总理遭暗杀

奥地利总理陶尔斐斯1934年7月25日晚在维也纳遭纳粹分子的枪杀。他们在陶尔斐斯的办公室行凶,结果使陶尔斐斯流血达4小时后死去,尸体蜷曲在地上。凶手同时还劫持数名内阁成员作为人质,以保障自己的安全,而且凶手不许医生探望陶尔斐斯。双方僵持到21时,奥地利政府态度趋缓,允许暴徒自由前往德国,以交换被绑架的内阁员。因为种种迹象显示,陶尔斐斯已遭杀害,所以凶手们在步出办公大楼后即遭逮捕。由于奥地利人民企图将凶手处以死刑,群情激动,因此政府宣布全国戒严。陶尔斐斯是基督教社会党党员,前年5月出任总理。当时他面临严重的经济危机,决定不参加德国的关税同盟,并日益加强极权体制,墨索里尼成为他的主要外国盟友。本年5月,奥地利颁布新宪法,他因此建立完全的独裁政权。

德国总统兴登堡去世

　　德国总统兴登堡 1934 年 8 月 2 日在普鲁士的努坦克饮地去世,享年 86 岁。兴登堡以军事方面的丰功伟绩在 1925 年当选为德意志帝国魏玛共和体制的总统。兴登堡于 1866 年入伍,1911 年以总司令的身份退职,于 1914 年担任第八军的最高统帅,并在坦能堡战役及马苏利亚湖泽战役中大败俄军。1916 年,担任陆军总元帅。战争结束时,他将失败的责任推给鲁登道夫。德皇被推翻后,兴登堡转而与新成立的共和政府合作,指挥德军从法国和比利时撤退,任务完成后退居汉诺威。兴登堡出任总统后,始终奉行保守的路线。他最关心德国东部的农业发展,而且坚持执行魏玛宪法。这位西普鲁士的农村贵族直到最后仍试图阻止他所蔑视的奥地利二等兵希特勒掌握大权,然而最终不得不屈从于周围近臣们的阴谋。纳粹势力的扩张,使兴登堡的亲信也认为不得不与之合作。若顾及兴登堡的此一立场,编写历史时可以推测,兴登堡的政治遗嘱至少有一部分是由纳粹分子所伪造的。

希特勒成为德国元首

　　德国总统兴登堡逝世两周后,希特勒在德意志民族面前表明他是总统继承人,虽然他从 1934 年 8 月 2 日就已开始掌握了行政职权。德国政府在兴登堡去世的前一天通过法律,决定将总统和总理的职务合并为一。由于希特勒在 2 日就已出任总统,因此在这种情况下,德国人民的表决将使他正式获得这个职衔。此外,希特勒还希望在官方的用词及一般的场合中,一律称他为"元首"(总统兼帝国总理)。事实上,所有的德国士兵都把这个惯用语当作一个新誓言,它取代了以往宣誓的对象——宪法,士兵们不再对人民和祖国承担义务,而是对希特勒个人负责。纳粹党为这次的公民投票大肆宣传。戈林、戈培尔以及鲁道夫·海斯和汉斯·凯尔等几位部长在全国组织大型活动,以统一人民的思想。该运动的第一个高潮是前总理巴本郑重地宣布兴登堡的遗嘱,遗嘱中希特勒及德国国家社会主义劳工党(纳粹党),被称为德国美好未来的开路先锋。大选当天,95.71% 具有选举权的选民参加投票。结果,希特勒获得 3800 万张赞成票(89.93%),430 万张反对票,874000 张票无效。从此希特勒可以合法地成为德国独裁者了。

人类走进使用原子能时代

　　1932 年英国物理学家查德维克发现中子,1934 年法国物理学家约里奥·居里夫妇发现人工放射现象,为人工改变原子核创造了有利条件。中子提供了改变原子核的新的有力武器,人工放射提供了察觉原子核改变的灵敏手段。1934 年意大利物理学家费米和他的同事利用慢中子轰击原子核,使 37 种元素发生人工放射现象,并蜕变成周期表中排在后一位的元素。当他们用中子轰击铀时,以为得到了超铀元素,其实不然,可人们一时又无法对这种现象进行正确的解释。1938 年底,德国物理学家哈恩和斯特拉曼发现,用中子轰击铀,产生出的是原子量大约为铀的一半的元素钡,这种现象叫作"核的裂变"。裂变的发现震动了当时的科学界,根据这个发现人们预测,一个铀原子核裂变过程中在放出能量的同时,还放出几个中子。这些新产生的中子能够连续使其他的铀原子核发生裂变,而且规模也越来越大,并放出巨大的能量,这种反应叫链式反应。这个预测很快就被在法、英、美等国进行的实验所证实。重核裂变时所释放的能量就叫作原子能,它的能量比普通化学过程大百万倍。铀原子核的链式反应的发现,奠定了使用原子能的科学基础。1942 年,在费米等科学家的指导下,美国制成了世界上第一座原子反应堆。1945 年,美国又制成了第一颗原子弹,使人类走进了使用原子能的时代。

苏联加入国际联盟

国际联盟会员国经过激烈的辩论,1934 年 9 月 19 日,苏联的外交委员马克辛·李维诺夫在国际联盟大会上发表了加入国联的演说,使苏联成为第 59 个加盟国。李维若夫在演说中代表苏联承认国联的规章,并感谢法国外交部长路易斯·巴瑟对接纳苏联加入国联所做的各种努力。由于法国在外交方面不断地奔走呼吁,因此在该月 17 日表决接纳苏联加入国联时,结果以 38 票赞成而获通过。有 3 个国家(荷兰、葡萄牙、瑞士)投反对票,4 国缺席,7 个国家投弃权票。

西班牙濒临内战边缘

自从西班牙成立共和国以来,一直处于党派纷争和各种分裂的阴谋阴影中。到了1934 年 10 月份,这种纷争已升级到内战的边缘。在少数民族区之一的加泰隆尼亚宣告成立共和国的同时,巴塞罗那亦设立一个临时中央政府,预备另行成立西班牙联邦共和国,这个临时政府由前总理曼纽·阿札那任主席。在这次分裂的同时,社会主义分子和工会主义劳工联盟也共同发动大罢工。马德里政府出动大批的军队、大炮和战舰来镇压这场暴动。据一项非官方的估计,双方约有 500 人死于战斗中。继而,在阿斯托里恩又发生另一起分裂行动,此次行动据推测是由社会主义分子策动。他们以同样的军力,并接受一支摩洛哥军团的支持,与马德里政府展开对抗。这一次工会亦号召举行总罢工。但是社会主义分子并未参加讨论这一局势的议会会议。他们的领袖拉哥·卡巴莱洛在

西班牙工业工人罢工，但在大批军警的威力镇压下以失败而告终，许多人被逮捕。

15日被捕，但阿斯托里恩的暴动直到23日方平息，许多参与暴动者均被宣布判处死刑，但没有执行。

南斯拉夫国王遇刺身亡

1934年10月9日，南斯拉夫国王亚历山大一世访问法国，他所乘坐的船抵达马赛后不久，便与陪同的法国外交部长路易斯·巴瑟一起遇刺殒命。在他乘坐的敞篷汽车通过市区时，有一个人冲过封锁线，连开数枪。结果，亚历山大一世、巴瑟及其他三名随从人员均死亡，凶手当场被保安部队擒获。隔天，南斯拉夫亚历山大皇太子宣布继任王位，是为彼得二世，这位未成年的君主由一个摄政参议会佐理。南斯拉夫政府于15日宣布，亚历山大是遭到克罗西亚极端分子杀害的，凶手是南保加利亚人法拉达·乔奇夫，他供称他的两个同伙都是克罗西亚秘密组织乌斯塔夏的秘密成员。南斯拉夫已请求拘捕流亡在托利纳的该秘密组织领袖安特·帕弗利亚克，并与意大利政府订立引渡契约。

汤因比《历史研究》发表

阿诺尔德·约瑟夫·汤因比(1889~1975)是英国著名的历史学家,历史形态学派的主要代表。他生于伦敦,早年学习希腊罗马史,从1919~1955年,长期在伦敦大学执教。汤因比一生中最重要的著作是《历史研究》,这是一部12卷本的巨著,从1934年第1~3卷出版,到1961年第11~12卷出版,前后相隔27年时间。汤因比在该书中继承并发展了德国历史哲学家斯宾格勒的"文化形态史观",认为人类历史上产生过21种(一说26种)文明,每一次文明都要经历发生、生长、衰落和解体4个阶段。历史学家的任务就是对不同的文明进行比较,从中找寻出关于人类社会发展的规律。他认为文明的发生和成长决定于人们对环境的"应战"能力和效果,但具有这种"应战"能力的只有少数具有创造性的伟人,他们是文明的创造者和推动者。汤因比还认为只有西方基督教文明可能避开第四阶段,尚可继续生存下去,这显然是为资本主义制度作辩护。《历史研究》在学术方面的贡献是巨大的,作者在使用历史比较研究方法的同时,还创造了一些新的概念和范畴,如:"渊源""间歇期""外部无产者""普遍教会"等。借助这些概念,本书提出了著名的"三态比较系列",即各种文明是怎样和为什么兴起、生长和破灭的,这是对史学方法论的大胆突破。因此《历史研究》前10卷一经发表,就引起极大的轰动,欧美评论界称赞这是一部"令人惊异的……不朽名作……我们时代的伟大著作……"。《历史研究》虽在1954年就已出齐前10卷,但因篇幅太大,令人难以卒读,直至美国作家索莫韦尔将该书缩写成两卷,才使它获得大量的读者而广泛流传。

达利画作在纽约艺廊展示

1934年11月22日,西班牙画家萨尔瓦多·达利的绘画作品在纽约艺廊展出。他的作品到底是充满情欲还是带有神经质,全凭观众的心领神会。作品的名称甚至有《厕所中的苍蝇》《当我在蚱蜢的10岁时》。达利于1931年创作了《记忆的持续》,从此,便从事超现实艺术,但是人们很久以后才对这种艺术形式有所赞扬。

20余国抵制第11届奥运会

1931年在西班牙巴塞罗那召开了国际奥委会,决定第11届奥运会在德国首都柏林举行。1933年希特勒上台后,法西斯主义和称霸世界的计划渗入德国的各个领域,举办奥运会便成了纳粹党宣扬日耳曼民族精神、积极扩军备战的借口。世界进步舆论和国际体育组织的有识之士对纳粹的阴谋有所觉察,纷纷起来反对在柏林举行奥运会。1934年在巴塞罗那再次召开国际奥委会,提出了德国是否有条件举办奥运会的紧迫问题。会上德国保证,一切都将依照奥运会的传统精神去办。但国际奥委会还是成立了一个专门委员会去德国了解情况,以便提出最后建议。委员会在德国搜集到许多有关纳粹罪行和种族歧视的事实,也摸到了纳粹对这次奥运会的真实意图。但是,国际上的绥靖浪潮却把国际奥委会的某些人士卷了进去,派往德国的专门委员会代表、美国人埃弗里·布伦戴奇回到美国后,发表了一份德国能在柏林按照奥林匹克精神举办奥运会的报告。德国也派人到各国游说,争取支持者。国际奥委会因受希特勒宣传和表面现象蒙骗,最后仍维持原议。1936年3月,希特勒撕毁了凡尔赛条约,派兵占领了莱茵非军事区,引起人们更大的警觉和忧虑。同年6月,法国、英国、比利时、美国等20多个国家在巴黎召开了"捍卫奥林匹克宗旨"代表大会,呼吁"一切善良豁达之士及拥护奥林匹克宗旨的朋友们抵制柏林奥运会,并决定在西班牙的巴塞罗那举行人民奥运会",与柏林奥运会相对抗。20多个参加国的体育代表团汇集巴塞罗那。7月18日,就在人民奥运会开幕的前一天,希特勒支持下的佛朗哥在西班牙发动法西斯叛乱,人民奥运会被迫停办。尽管这些国家抵制第11届奥运会最后失败了,但他们所表现出来的坚决维护奥运会宗旨、反对种族歧视、维护世界和平的信念与决心,却在奥运会史上留下了不朽的篇章。

法意非洲协定签署

1934年12月5日,意大利军队在意属索马里和埃塞俄比亚接壤的瓦尔瓦尔地区制造边境冲突,造成埃军的伤亡,这一事件拉开了意大利大举进攻埃塞俄比亚的序幕。国际上对意大利进攻埃塞俄比亚的反应不同,法国为换取意大利对其在欧洲政策上的支持,并将意大利的侵略矛头引开多瑙河流域和巴尔干地区,进而建立强有力的联合阵线共同对付不断增长的德国的威胁,因此决定在非洲对意大利做出让步。1935年1月7日,法国与意大利签署了有关非洲问题的协定。意大利放弃对突尼斯和赤道非洲等法属殖民地的扩张要求,法国则同意把与意属利比亚交界的突尼斯的一小块沙漠地带和与意属厄立特里亚接壤的一小块法属索马里领土划给意大利,并把从法属索马里的吉布提港通往埃塞俄比亚首都亚的斯亚贝巴的铁路20%的股权让给意大利。法国表示,它在埃塞俄比亚除上述铁路外没有其他经济利益。这实际是默许意大利对埃塞俄比亚的行动,法国的这种态度鼓舞了意大利的侵略野心。

皮蓝德娄获诺贝尔文学奖

意大利著名小说家、荒诞派戏剧创始人、诗人路易吉·皮蓝德娄(1867～1936),在诗歌、小说方面均取得了很大成就。1889 年他发表了第一本诗集《喜悦的痛苦》和最著名的长篇小说之一《已故的帕斯加尔》。在这部作品中,荒诞派的雏形已具备。然而皮蓝德娄最大的成就在于戏剧,其代表作有《六个寻找作者的剧中人》《亨利第四》。《六个寻找作者的剧中人》是一部轰动世界的剧本,它囊括了作者的全部哲学思想。作者运用精湛的写作技巧,描述了这台戏中戏。6 个自称被作者抛弃的不速之客突然闯进正在排练的舞台上,他们向导演和演员们讲述了自己荒诞离奇的悲惨遭遇,突然舞台上枪声大作,在一片纷乱中戏剧结束。通过它,作者向人们说明生活就是变化莫测的道理。《亨利第四》主要描写了主人公意大利青年绅士由于爱情的挫折而真疯、假疯以至永远装疯的离奇悲剧。一些评论家认为,作者的思想不仅在该剧中得以充分发挥,而且其舞台效果超过了他的其他作品。由于路易吉·皮蓝德娄"果敢而灵巧地复兴了戏剧艺术和舞台艺术",因而获得 1934 年诺贝尔文学奖。

斯大林清洗对手

1934 年 12 月 29 日,政治局委员、约瑟夫·斯大林的主要助手之一——谢尔盖·米·基洛夫于 1904 年加入布尔什维克党,并在过去的 8 年中担任列宁格勒地区党委书记的职务。12 月 1 日,他在列宁格勒共产党总部被一名枪手暗杀。斯大林政府立即审问并将 100 多人处死。基洛夫在一篇文章中被赞誉为勇敢的和无畏的革命者,共产党中央委员会说他死在工人阶级的敌人的罪恶之手。政府未经很好核实,就宣布列昂尼德·尼古拉耶夫已经被捕并将对他进行审判。与此同时,斯大林正利用这起谋杀案作为清洗共产党对手的借口,他们被指控进行反政府的恐怖阴谋。在暗杀事件后的一周之内,被苏维埃报纸说成是"白匪恐怖分子"的 66 人在莫斯科和列宁格勒的秘密法庭被宣判有罪并马上被枪杀。10 天之后,另外 27 人被判有罪,在基辅被处死。紧接着,前任共产国际主席格利戈里·季诺维也夫和《真理报》前任编辑列夫·加米涅夫也因基洛夫的暗杀而被捕。